Hesselberger
Das Grundgesetz

Das Grundgesetz

Kommentar für die politische Bildung

von Dieter Hesselberger

Zehnte Auflage

Luchterhand

Die Deutsche Bibliothek – CIP-Einheitsaufnahme

Hesselberger, Dieter:
Das Grundgesetz : Kommentar für die politische Bildung /
Dieter Hesselberger. – 10. Aufl. – Neuwied ; Kriftel ; Berlin : Luchterhand, 1996
Einheitssacht. des kommentierten Werkes: Verfassung ‹1949.05.23›
ISBN 3-472-02891-2
NE: Deutschland: [Verfassung ‹1949.05.23›]; Grundgesetz

Dr. Dieter Hesselberger, geb. 1939, Studium der Rechts- und Staatswissenschaften, 2. Staatsexamen 1968. Eintritt in den bayerischen Justizdienst, tätig zunächst im Bayer. Staatsministerium der Justiz, 1970 kurze Zeit Staatsanwalt in Nürnberg, von Mitte 1970 bis Ende 1973 abgeordnet an das Bundesverfassungsgericht als wissenschaftlicher Mitarbeiter, ab 1974 Richter am Landgericht Nürnberg, ab 1979 Richter am Oberlandesgericht Nürnberg, seit 1985 Richter am Bundesgerichtshof. Mehrere Jahre Lehrer für Sozialkunde an einer Privatschule.

Satz: Fotosatz Froitzheim AG, Bonn
Druck: Ebner, Ulm
Printed in Germany, Oktober 1996

♾ Gedruckt auf säurefreiem, alterungsbeständigem und chlorfreiem Papier

Inhalt

Gesetz zur Änderung des Grundgesetzes (Artikel 13)

Vom 26. März 1998

Der Bundestag hat mit Zustimmung des Bundesrates das folgende Gesetz beschlossen; Artikel 79 Abs. 2 des Grundgesetzes ist eingehalten:

Artikel 1
Änderung des Grundgesetzes

Artikel 13 des Grundgesetzes für die Bundesrepublik Deutschland in der im Bundesgesetzblatt Teil III, Gliederungsnummer 100-1, veröffentlichten bereinigten Fassung, das zuletzt durch das Gesetz vom 20. Oktober 1997 (BGBl. I S. 2470) geändert worden ist, wird wie folgt geändert:

1. Nach Absatz 2 werden folgende Absätze 3 bis 6 eingefügt:

   „(3) Begründen bestimmte Tatsachen den Verdacht, daß jemand eine durch Gesetz einzeln bestimmte besonders schwere Straftat begangen hat, so dürfen zur Verfolgung der Tat auf Grund richterlicher Anordnung technische Mittel zur akustischen Überwachung von Wohnungen, in denen der Beschuldigte sich vermutlich aufhält, eingesetzt werden, wenn die Erforschung des Sachverhalts auf andere Weise unverhältnismäßig erschwert oder aussichtslos wäre. Die Maßnahme ist zu befristen. Die Anordnung erfolgt durch einen mit drei Richtern besetzten Spruchkörper. Bei Gefahr im Verzuge kann sie auch durch einen einzelnen Richter getroffen werden.

   (4) Zur Abwehr dringender Gefahren für die öffentliche Sicherheit, insbesondere einer gemeinen Gefahr oder einer Lebensgefahr, dürfen technische Mittel zur Überwachung von Wohnungen nur auf Grund richterlicher Anordnung eingesetzt werden. Bei Gefahr im Verzuge kann die Maßnahme auch durch eine andere gesetzlich bestimmte Stelle angeordnet werden; eine richterliche Entscheidung ist unverzüglich nachzuholen.

   (5) Sind technische Mittel ausschließlich zum Schutze der bei einem Einsatz in Wohnungen tätigen Personen vorgesehen, kann die Maßnahme durch eine gesetzlich bestimmte Stelle angeordnet werden. Eine anderweitige Verwertung der hierbei erlangten Erkenntnisse ist nur zum Zwecke der Strafverfolgung oder der Gefahrenabwehr und nur zulässig, wenn zuvor die Rechtmäßigkeit der Maßnahme richterlich festgestellt ist; bei Gefahr im Verzuge ist die richterliche Entscheidung unverzüglich nachzuholen.

   (6) Die Bundesregierung unterrichtet den Bundestag jährlich über den nach Absatz 3 sowie über den im Zuständigkeitsbereich des Bundes nach Absatz 4 und, soweit richterlich überprüfungsbedürftig, nach Absatz 5 erfolgten Einsatz technischer Mittel. Ein vom Bundestag gewähltes Gremium übt auf der Grundlage dieses Berichts die parlamentarische Kontrolle aus. Die Länder gewährleisten eine gleichwertige parlamentarische Kontrolle."

2. Der bisherige Absatz 3 wird Absatz 7.

Artikel 2
Inkrafttreten

Dieses Gesetz tritt am Tage nach der Verkündung in Kraft.

Das vorstehende Gesetz wird hiermit ausgefertigt und wird im Bundesgesetzblatt verkündet.

Berlin, den 26. März 1998

Der Bundespräsident
Roman Herzog

Der Bundeskanzler
Dr. Helmut Kohl

Der Bundesminister der Justiz
Schmidt-Jortzig

Der Bundesminister des Innern
Kanther

Gesetz zur Änderung des Grundgesetzes (Artikel 28 und 106)

Vom 20. Oktober 1997

Der Bundestag hat mit Zustimmung des Bundesrates das folgende Gesetz beschlossen; Artikel 79 Abs. 2 des Grundgesetzes ist eingehalten:

Artikel 1

Änderung des Grundgesetzes

Das Grundgesetz für die Bundesrepublik Deutschland in der im Bundesgesetzblatt Teil III, Gliederungsnummer 100-1, veröffentlichten bereinigten Fassung, das zuletzt durch Gesetz vom 3. November 1995 (BGBl. I S. 1492) geändert worden ist, wird wie folgt geändert:

1. In Artikel 28 Abs. 2 Satz 3 wird der Punkt durch ein Semikolon ersetzt und folgender Halbsatz angefügt:

   „zu diesen Grundlagen gehört eine den Gemeinden mit Hebesatzrecht zustehende wirtschaftskraftbezogene Steuerquelle."

2. Artikel 106 wird wie folgt geändert:

   a) Absatz 3 Satz 1 wird wie folgt gefaßt:

   „Das Aufkommen der Einkommensteuer, der Körperschaftsteuer und der Umsatzsteuer steht dem Bund und den Ländern gemeinsam zu (Gemeinschaftsteuern), soweit das Aufkommen der Einkommensteuer nicht nach Absatz 5 und das Aufkommen der Umsatzsteuer nicht nach Absatz 5a den Gemeinden zugewiesen wird."

   b) Nach Absatz 5 wird folgender Absatz 5a eingefügt:

   „(5a) Die Gemeinden erhalten ab dem 1. Januar 1998 einen Anteil an dem Aufkommen der Umsatzsteuer. Er wird von den Ländern auf der Grundlage eines orts- und wirtschaftsbezogenen Schlüssels an ihre Gemeinden weitergeleitet. Das Nähere wird durch Bundesgesetz, das der Zustimmung des Bundesrates bedarf, bestimmt."

   c) Absatz 6 wird wie folgt geändert:

   aa) Die Sätze 1 bis 3 werden wie folgt gefaßt:

   „Das Aufkommen der Grundsteuer und Gewerbesteuer steht den Gemeinden, das Aufkommen der örtlichen Verbrauch- und Aufwandsteuern steht den Gemeinden oder nach Maßgabe der Landesgesetzgebung den Gemeindeverbänden zu. Den Gemeinden ist das Recht einzuräumen, die Hebesätze der Grundsteuer und Gewerbesteuer im Rahmen der Gesetze festzusetzen. Bestehen in einem Land keine Gemeinden, so steht das Aufkommen der Grundsteuer und Gewerbesteuer sowie der örtlichen Verbrauch- und Aufwandsteuern dem Land zu."

   bb) Satz 6 wird wie folgt gefaßt:

   „Nach Maßgabe der Landesgesetzgebung können die Grundsteuer und Gewerbesteuer sowie der Gemeindeanteil vom Aufkommen der Einkommensteuer und der Umsatzsteuer als Bemessungsgrundlagen für Umlagen zugrunde gelegt werden."

Artikel 2

Inkrafttreten

Dieses Gesetz tritt am Tage nach der Verkündung in Kraft.

Das vorstehende Gesetz wird hiermit ausgefertigt und wird im Bundesgesetzblatt verkündet.

Berlin, den 20. Oktober 1997

Der Bundespräsident
Roman Herzog

Der Bundeskanzler
Dr. Helmut Kohl

Der Bundesminister der Finanzen
Theo Waigel

Der Bundesminister des Innern
Kanther

Der Bundesminister der Justiz
Schmidt-Jortzig

Vorwort

In einer Zeit, in der die öffentliche Diskussion über politische Sachverhalte aller Art intensiv stattfindet, ist es für jeden Nichtjuristen, der daran teilnehmen will oder muß, wichtig, sich umfassend und übersichtlich über Verfassungsgrundsätze, über staatsrechtliche Begriffe und Verfassungsgeschichte informieren zu können. Ziel dieses für eine breite politische Bildung gedachten Kommentars ist deshalb eine Gesamtschau gesellschaftlich bedeutsamer Grundzüge des Staatsrechts der Bundesrepublik Deutschland unter Berücksichtigung der historischen, sozialen und wirtschaftlichen Zusammenhänge.

Die Erfahrung des Nationalsozialismus hatte nach 1945 dazu geführt, daß sich weite Bevölkerungsschichten von der Politik und dem Staat distanzierten. Nach der Gründung der Bundesrepublik erstrebte die politische Bildung in den fünfziger Jahren die Festigung und Verankerung der wiederaufgebauten Demokratie und die Bekämpfung aller, die dieser Staatsform kritisch gegenüberstanden. Zu Beginn der sechziger Jahre wurde hieraus eine Erziehung zum politischen Handeln, zur konkreten Mitarbeit bei der Gestaltung der Politik. Politische Bildung beschränkte sich dabei jedoch sehr oft auf einen moralischen Appell. Erst die allgemeine Rezeption der kritischen Theorie der sog. »Frankfurter Schule« und die darauf folgenden wissenschaftlichen und politischen Auseinandersetzungen sowie eine Weiterentwicklung der Pädagogischen Wissenschaft brachten neue Ansätze der politischen Bildung.

Seitdem muß die politische Bildung davon ausgehen, daß sie einerseits zur Übernahme der gesellschaftlichen Normen erziehen, andererseits aber die Fähigkeit zur Überprüfung der Normen wecken und zur Kritik an denselben ausbilden soll.

Auf dieser Grundlage und im Interesse der zahlreichen angesprochenen Nutzer, vor allem in der Schule, werden folgende Vorgaben beachtet:

1. Didaktisch werden allgemeine Staatslehre, besonderes Staatsrecht, deutsche Verfassungsgeschichte und das Recht der supranationalen Gemeinschaften, soweit sie für das Verständnis des Grundgesetzes unerläßlich erscheinen, zu diesem in Verbindung gebracht. Das geltende besondere Staatsrecht wird so unter Spannung gesetzt, weil der Leser erfährt, wie eine Verfassung auch anders gestaltet sein könnte. Er erkennt, daß Verfassung nichts Statisches ist, sondern erhält eine Vorstellung von der jedem Verfassungsleben innewohnenden Dynamik.
2. Die Darstellung ist komprimiert, soweit vertretbar vom theoretischen Ballast befreit und in einer auch dem Nichtjuristen verständlichen Sprache geschrieben.
3. Auch die Form des Kommentars bietet Vorteile: Der vollständig abgedruckte Verfassungstext erlaubt im Gegensatz zu einem Lehrbuch einen Überblick über die eigene Systematik des Grundgesetzes und regt gleichzeitig den

Leser an, die Verfassungsnorm und ihre Auslegung kritisch zu vergleichen. Folgt die Auslegung der Rechtsprechung des Bundesverfassungsgerichts, so bietet die Fundstelle die Möglichkeit eines vertiefenden Studiums.

Dieter Hesselberger

Bearbeitungshinweis:
Einleitung und Kommentierungen zu Art. 140 GG mit Artikel 136 bis 139, 141 WRV sowie Tabellen sind von Helmut Nörenberg bearbeitet.

Abkürzungsverzeichnis

a. E.	am Ende
AG	Aktiengesellschaft
AO	Abgabenordnung
AWACS	Airborne early warning and control systems
BAföG	Bundesausbildungsförderungsgesetz
BAG	Bundesarbeitsgericht
BFH	Bundesfinanzhof
BGB	Bürgerliches Gesetzbuch
BGBl.	Bundesgesetzblatt
BGH	Bundesgerichtshof
BGHSt.	Entscheidungen des BGH in Strafsachen
BGHZ	Entscheidungen des BGH in Zivilsachen
BSozG	Bundessozialgericht
BSHG	Bundessozialhilfegesetz
BVerfG	Bundesverfassungsgericht
BVerfGE	Entscheidungen des BVerfG
BVerfGG	Bundesverfassungsgerichtsgesetz
BVerwG	Bundesverwaltungsgericht
BVerwGE	Entscheidungen des Bundesverwaltungsgerichts
BWG	Bundeswahlgesetz
DDR	Deutsche Demokratische Republik
DVBl.	Deutsches Verwaltungsblatt
EG	Europäische Gemeinschaft(en)
EGKS	Europäische Gemeinschaft für Kohle und Stahl
EGV	Vertrag über die Europäische Gemeinschaft
EU	Europäische Union
EuGH	Gerichtshof der Europäischen Gemeinschaften
EuGRZ	Europäische Grundrechte-Zeitschrift
EVG	Europäische Verteidigungsgemeinschaft
EWG	Europäische Wirtschaftsgemeinschaft
EWR	Europäischer Wirtschaftsraum
FamRZ	Zeitschrift für Familienrecht
GASP	Gemeinsame Außen- und Sicherheitspolitik
GeschOBT	Geschäftsordnung des Bundestages
GeschOVermA	Geschäftsordnung des Vermittlungsausschusses

GmbH	Gesellschaft mit beschränkter Haftung
GG	Grundgesetz
i.d. R.	in der Regel
i. V. m.	in Verbindung mit
KG	Kommanditgesellschaft
m.abw. M.	mit abweichender Meinung
MdB	Mitglied des Bundestages
NATO	North Atlantic Treaty Organization
NJW	Neue Juristische Wochenschrift
NSDAP	Nationalsozialistische Deutsche Arbeiterpartei
OECD	Organization for Economic Cooperation and Development
oHG	offene Handelsgesellschaft
PreußALR	Preußisches Allgemeines Landrecht
Rspr.	Rechtsprechung
RuStG	Reichs- und Staatsangehörigkeitsgesetz
SED	Sozialistische Einheitspartei Deutschlands
StGB	Strafgesetzbuch
StPO	Strafprozeßordnung
UNICEF	Kinderhilfswerk der UNO
UNO	United Nations Organization
UdSSR	Union der Sozialistischen Sowjet-Republiken
WPflG	Wehrpflichtgesetz
WRV	Weimarer Reichsverfassung
ZIP	Zeitschrift für Wirtschaftsrecht
z. T.	zum Teil

1. Teil
Einleitung

A. Der Begriff des Staates

I. Staatswirklichkeit und Staatsideal

Jenes komplizierte Gebilde, das man »Staat« nennt, ist von alters her Gegenstand theologischer, philosophischer sowie rechts- und gesellschaftswissenschaftlicher Untersuchungen. Dabei läßt sich beobachten, daß schon früh zwei Fragen streng getrennt wurden: die Frage, welche Verfassung ein Staat tatsächlich hat, und die, welche er haben sollte.
Ein oft zitiertes Beispiel für die Beschreibung der Staatswirklichkeit ist »Il Principe« von Machiavelli; ihm scheint es »richtiger, die Wahrheit so darzustellen, wie sie sich in der Wirklichkeit findet, und nicht Wunschvorstellungen zu folgen«. Die klassischen Utopisten dagegen, die ihr Thema philosophisch und literarisch angehen, entwerfen, enttäuscht von eben dieser Wirklichkeit, den idealen Staat. Neben Platon (»Politeia«) wären hier vor allem Thomas Morus (»De optimo rei publicae statu deque nova insula Utopia« 1516), Tommaso Campanella (»Civitas solis«, 1602), Francis Bacon (»Nova Atlantis«, 1627) und James Harrington (»The Commonwealth of Oceana«, 1656) zu nennen.
Von Auguste Comte wurde die Beschränkung auf das Tatsächliche zur Wissenschaft, zur »Soziologie«, erhoben; ihre Blüte erlebte sie in dem Programm der »wertfreien Wissenschaft«. Heute hat eine Rückbesinnung eingesetzt; die Frage nach dem idealen Staat ist nicht mehr nur Sache der »Utopisten«.

II. Staatsgebiet, Staatsgewalt und Staatsvolk

Solange das Territorium, in dem ein bestimmter »Herrscher« Macht ausübte, als dessen privates Eigentum und die Bewohner als »Zubehör zu Grund und Boden« aufgefaßt wurden, war das Staatsgebiet praktisch identisch mit dem privaten Grundbesitz des regierenden Hauses. Erst als man langsam begriff, daß ein Gebiet, in dem Herrschaft eine große Anzahl von Menschen erfaßt, nicht dem Privatrecht zugeordnet werden kann, und erst als die landesherrliche Lehensgewalt immer mehr zur Fiktion wurde, ging man dazu über, das Staatsgebiet rechtlich dem öffentlichen Bereich zuzuordnen. Heute versteht man darunter das Gebiet, in dem nur die eigene Staatsgewalt Hoheitsbefugnisse ausüben darf, dies aber grundsätzlich über alle Personen, die sich in ihm aufhalten. Dementsprechend kommt einem exakt festgelegten Grenzverlauf große Bedeutung zu.

Im ausgehenden Mittelalter waren die Hoheitsbefugnisse noch vielfach auf verschiedene, miteinander teilweise nur lose in Beziehung stehende Machtträger (Fürst, Kirche, Ritter, Städte) verteilt. Die »Landeshoheit« des Fürsten war ein Bündel konkreter, zufälliger Rechte, welche seine Familie im Laufe der Zeit erworben hatte. Es kann nicht überraschen, daß die großen Fürstenhäuser diesen Zustand zu beenden trachteten und alle Gewalt in ihren Händen vereint sehen wollten. Diesem Bestreben kam nicht zuletzt Jean Bodin (1530–1596) entgegen, der zur Unterstützung seines Königs gegen die Ansprüche von außen (Papst, Kaiser) und innen (Stände) die Lehre von der **Souveränität** entwickelte, wobei er die Souveränität kurzerhand dem König persönlich zuordnete. Er verstand darunter, daß die Staatsgewalt absolut, also unabhängig von allen anderen Mächten bestehe.

Neben dieser absoluten Selbständigkeit der Staatsgewalt, also ihrer »Allgewalt«, ist ihre Einheit zu beachten. Das bedeutet, daß es im Staatsgebiet keine nichtstaatlichen hoheitlichen Kompetenzen gibt, die auf einem der Staatsgewalt gegenüber originären, eigenständigen Herrschaftsrecht beruhen.

Auch nach außen hin ist die Staatsgewalt absolut unabhängig von anderen Gewalten – jedenfalls theoretisch. Fremde Staaten dürfen keine Hoheitsmacht auf anderem Staatsgebiet ausüben und sich in die inneren und äußeren Angelegenheiten des Staates nicht einmischen (»Impermeabilität«). Die Souveränität eines Staates nach außen wurde oft unter Bruch des Völkerrechts von anderen Staaten verletzt. Heute ist auch zu beobachten, daß Staaten freiwillig auf Teile ihrer Hoheitsgewalt verzichten und sie auf supranationale Organisationen übertragen. Die Souveränität wird davon solange nicht berührt, als diese Staaten die – wenn auch nur faktische – Möglichkeit haben, ihre gesamte Hoheitsgewalt wieder auszuüben.

Am schwierigsten ist der dritte Bestandteil des heute noch weitgehend verwendeten Staatsbegriffes, das Staatsvolk, zu erfassen. Hier ist oft von der »Abstammungsgemeinschaft«, der »Kulturgemeinschaft« oder der »Schicksalsgemeinschaft« gesprochen worden, ohne daß es je gelungen wäre darzustellen, was darunter exakt zu verstehen sei. Am einfachsten macht man es sich, wenn man unter Staatsvolk alle im Staatsgebiet Ansässigen versteht und hinzufügt, dieses Volk im rechtlichen Sinne sei nicht identisch mit dem Volk im soziologischen Sinne. Man muß sich aber darüber klar sein, daß die Probleme des Nationalstaates und der nationalen Minderheiten dadurch nicht erledigt werden können.

Ist man sich der Vorbehalte bewußt, so kann der Staat an Hand der eben beschriebenen Kriterien als eine organisierte Vereinigung der in einem bestimmten Territorium lebenden Menschen unter einer übergreifenden Hoheitsmacht definiert werden.

B. Die einzelnen Staatsformen

I. Die Einteilung nach der Anzahl der Herrschenden[1]

Eine Möglichkeit, die verschiedenen zu beobachtenden Staatsformen zu unterscheiden, bildet herkömmlicherweise die Einteilung nach der Anzahl der in einem Staatswesen Herrschenden. Es kann ein einzelner, es können aber auch einige (herrschende Schicht) oder aber alle sein.
Die Einteilung nach der Anzahl der Herrschenden war schon im Altertum geläufig (vgl. Anm. II zu Art. 20). Die **Monarchie** wurde dabei als die Ausübung der Staatsgewalt durch einen einzelnen verstanden. Heute hat der Begriff »Monarchie« diese Bedeutung nicht mehr. England oder die skandinavischen Staaten haben noch Fürsten als Staatsoberhäupter, gleichwohl üben diese nicht mehr die Staatsgewalt aus. Insoweit sind an ihre Stelle demokratische Institutionen getreten. Zu Recht werden sie deshalb als Demokratien bezeichnet. Als Monarchie wird heute nur der Staat angesehen, an dessen Spitze ein Fürst steht, gleichgültig, wer die Staatsgewalt ausübt. Steht an der Spitze des Staates kein Fürst, spricht man von einer **Republik** (vgl. Anm. II zu Art. 20). Die Herrschaft eines einzelnen wird aus diesen Gründen heute nicht mehr als Monarchie, sondern als **Monokratie** (Einherrschaft) bezeichnet. Historische Beispiele dafür sind die absolute und die konstitutionelle Monarchie und die Diktatur. Die absolute Monarchie zeichnete sich dadurch aus, daß der Herrscher in der Ausübung der Staatsgewalt keinen rechtlichen Bindungen unterlag; allenfalls unterwarf er sich – wie bei den Monarchien des aufgeklärten Absolutismus – freiwilligen Beschränkungen. Auch in den konstitutionellen Monarchien war die Bindung des Herrschers freiwilliger Art. Sie war jedoch bereits verrechtlicht und konnte von ihm nicht einseitig widerrufen werden. Seine Befugnisse ergaben sich hier aus der Verfassung, der Konstitution.
Von absoluten und konstitutionellen Monarchien als Beispiele für monokratische Staatsformen spricht man deshalb weiterhin, weil in diesen Monokratien die Herrscher tatsächlich Monarchen waren.
Die Diktatur als weiteres Beispiel für eine Monokratie unterscheidet sich von den Monarchien nur dadurch, daß der Herrschende nicht Monarch (»Kaiser«, »König«) ist. Bei der kommissarischen Diktatur hat der Diktator seine Befugnisse nur für die Zeit der Behebung eines Notstandes oder zur Bewältigung besonderer Aufgaben erhalten. Im Falle der souveränen Diktatur liegt die umfassende Macht zeitlich unbegrenzt in seinen Händen.
Aristokratien oder **Oligarchien** zeichnen sich dadurch aus, daß die Macht bei einigen oder mehreren, meist bei einer herrschenden Schicht konzentriert ist (z. B. Patrizier). Auch eine Diktatur kann oligarchische Strukturen haben.
Die reine, unmittelbare **Demokratie** wird von dem gesamten Staatsvolk getragen. Alle sind Inhaber der Staatsgewalt. Da dies aber in den hochkomplexen

1 Vgl. dazu Tabelle 1.

Tabelle 1: Der Staat

Verfassungsform	Merkmal	Oberste Gewalt	Volksvertretung	Beispiel
Monokratien	Alleinherrschaft einer Person	Einzelner Herrscher	–	
Absolute Monarchie	Absolute Alleinherrschaft	Monarch uneingeschränkt	–	Frankreich: Ludwig XIV. Preußen: Friedrich der Große
Konstitutionelle Monarchie	Die Machtfülle des Herrschenden wird durch andere Organe oder Verfassung beshränkt	Monarch in Verbindung mit anderen Staats-organen	Volksvertretung vorhanden Wahlrecht	Verfassung von 1849[1] Reichsverfassung von 1871[2]
Diktatur	Absolule Alleinherrschaft	Diktator; herrschende Gruppe (Partei) uneingeschränkt	–	Hitler
Aristokratie	Herrschaft einer auserwählten Gruppe	Klassen, Stände, Adel, Reichtum einer Klasse	–	Sparta, Patrizier im alten Rom Lehensstaat des Mittelalters, Ratsgeschlechter der Städte
Unmittelbare Demokratie	Das Volk ist das höchste Staatsorgan und Träger allen Rechts	Durch Volkswahl gewählte Führer	Volksvertretungen treffen unmittelbar politische Entscheidungen	Staatsbildung im germanischen Volksstaat Landgemeinden in den schweizerischen Kantonen
Mittelbare Demokratie	Vertretung des Volkes durch gewählte Abgeordnete	Durch gewählte Organe	Volksvertretung durch ein oder zwei Kammern	USA, Frankreich, Schweiz, Bundesrepublik Deutschland

1 Vgl. unten G IV. 2 Vgl. unten G V.

modernen Staaten mit ihren Millionenbevölkerungen nicht mehr praktizierbar ist, hat sich die repräsentative Demokratie entwickelt, die nicht zu Unrecht als eine Mischung von Demokratie und Oligarchie verstanden wird. In ihr entsteht nämlich regelmäßig trotz der periodisch abgehaltenen Wahlen ein politisches »Establishment«, das allerdings über diese Wahlen und die Massenmedien an die Wählerschaft rückgekoppelt ist (»feed-back«). Erst diese Rückkoppelung macht diese Staatsform demokratisch ertragbar.

II. Die Einteilung nach der herrschenden Schicht

Eine andere Möglichkeit der Einteilung ergibt sich, wenn man danach fragt, welche soziale Schicht oder Gruppe die Staatsgewalt tatsächlich oder rechtlich ausübt. Von der Herrschaft der Priester, religiös orientierter Kasten oder der mit Grund und Boden belehnten Ritter spannt sich hier der Bogen theoretisch unterscheidbarer Gruppenherrschaften bis zur Herrschaft des Bürgertums oder des Proletariats. Eine Abkehr hiervon bedeutet die vielfach vorgetragene Lehre von der pluralistischen Struktur des modernen Staates westlicher Prägung, der sich durch eine legitime Organisierung der Interessen der einzelnen Gruppen in Verbänden und deren Einflußnahme auf das politische Geschehen auszeichnen soll.

C. Die Staatsverfassung

I. Das Staatsrecht als öffentliches Recht

Das Verfassungsrecht, auch Staatsrecht genannt, ist Teil des öffentlichen Rechts. Die gesamte Rechtsordnung gliedert sich in zwei große Bereiche:
1. das Privatrecht,
2. das öffentliche Recht.
Das Privatrecht, auch Zivilrecht genannt, regelt die Rechtsverhältnisse der Bürger untereinander, das öffentliche Recht das Verhältnis der Bürger zum Träger öffentlicher Hoheitsgewalt, wie sie ihm in Staat, Gemeinden, öffentlich-rechtlichen Körperschaften und Anstalten entgegentreten. Die Hauptgebiete des öffentlichen Rechts sind neben dem Staatsrecht das Verwaltungsrecht, das Völkerrecht, das Strafrecht und das Prozeßrecht.
Das Staatsrecht umfaßt grundlegende Normen über Aufbau und Funktionen des Staates und der obersten Staatsorgane sowie über die Stellung des Bürgers im Staat. Das Verwaltungsrecht regelt Aufbau und Funktionen der nachgeordneten Verwaltungsbehörden sowie Pflichten und Rechte der Bürger gegenüber

den Trägern öffentlicher Verwaltung. Das Staatsrecht gliedert sich in das allgemeine Staatsrecht und das besondere Staatsrecht.
Das **allgemeine Staatsrecht** umfaßt die Rechtsnormen und Einrichtungen, die allen Staaten oder den Staaten bestimmter Epochen in mehr oder weniger großem Umfang gemeinsam sind.
Das **besondere Staatsrecht** umfaßt die Rechtsnormen und Einrichtungen eines bestimmten Staates zu einer bestimmten Zeit.
Das Grundgesetz ist Teil des besonderen Staatsrechts der Bundesrepublik Deutschland. Es verfolgt wie die meisten modernen Staatsverfassungen zwei verschiedene Aufgaben:
1. Es regelt das **Verhältnis zwischen dem Staat und seinen Bürgern** in den wesentlichen Grundzügen, vor allen Dingen durch die Fixierung der Grundrechte.
2. Es regelt die **Organisation und die Arbeitsweise des Staates.** Dies geschieht dadurch, daß es die staatlichen Aufgaben und Befugnisse zwischen dem Bund und den Ländern aufteilt und dann noch die Zuständigkeiten und das Verfahren der einzelnen Bundesorgane bestimmt.

II. Verfassung als Erscheinung des Staatsrechts

»Verfassung ist kein bloßes System des Staatsrechts und überhaupt keine Erscheinung in der Welt des bloßen Rechts. Sie ist vielmehr ein Gesamtgefüge geistiger Bewegungen, sozialer Auseinandersetzungen und politischer Ordnungselemente – ein Inbegriff von Ideen, Interessen und Institutionen, die sich im Kampf, im Ausgleich und in wechselseitiger Durchdringung jeweils zum Ganzen der Verfassungswirklichkeit einer Epoche verbinden.« (Ernst Rudolf Huber, Deutsche Verfassungsgeschichte seit 1789.)
Verfassungen sind Erscheinungen des Staatsrechts. Jeder Staat zu jeder Zeit besitzt eine Verfassung im weitesten Sinne, soweit man unter Verfassung den Zustand eines Staates versteht. In diesem Sinne ist auch Anarchie ein Verfassungszustand.
Verfassung im engeren, eigentlichen Sinne meint jedoch gerade das Gegenteil von Anarchie: Verfassung eines Staates ist die Gesamtheit der – geschriebenen und ungeschriebenen – Rechtsnormen, welche die Grundordnung des Staates festlegen und insbesondere die Staatsform, Einrichtung und Aufgaben der obersten Staatsorgane (Verfassungsorgane), die Grundsätze des wirtschaftlichen und gesellschaftlichen Lebens und die Rechtsstellung seiner Bürger in ihren maßgeblichen – nicht allen! – Punkten beschreiben, so daß der tatsächliche Zustand als die gewollte Folge dieser Rechtsnormen erscheint.
Die Summe aller Rechtssätze kann sehr unterschiedlicher Natur sein. Es gibt oft spezielle Rechtssätze, z. B. über die Wahl des Königs, wobei die übrigen staatlichen Vorgänge ungeregelt bleiben. Den kasuellen Rechtsregeln wird die Bezeichnung »Verfassung« im eigentlichen (technischen) Sinne im allgemeinen verweigert. Die Goldene Bulle von 1356, die die Befugnis zur Wahl der deut-

schen Kaiser regelte, die Bill of Rights (1689), der Habeas Corpus Act (1679) waren daher keine Verfassungen im technischen Sinne.
Die auf den Gesamtkomplex Staat gerichteten, grundsätzlichen Rechtsregeln sind üblicherweise schriftlich niedergelegt. Von den modernen Staaten besitzt allein Großbritannien keine schriftliche Verfassung.
Man unterscheidet Ordnungsverfassungen (z. B. die deutsche Reichsverfassung von 1871), die nur die Funktion und die Besetzung der wichtigsten Staatsorgane regeln, und freiheitliche Verfassungen, die außerdem die Grundrechte garantieren und damit das Staat-Bürger-Verhältnis in die Regelungen miteinbeziehen.
Fragt man nun, was das Grundgesetz sei, so kann in Anlehnung an den Schweizer Staatsrechtler Werner Kägi geantwortet werden: Das **Grundgesetz** ist ein Ordnungsinstrument, mit dem die politische Struktur des Staates mit juristischen Mitteln verbindlich festgelegt werden soll; es teilt diesen normativen Charakter mit allen anderen Gesetzen (unmittelbar geltendes Recht), unterscheidet sich aber von diesen dadurch, daß es **»Norm der Normen«,** eben rechtliche Grundordnung sein will.

D. Verfassungsgeschichtlicher Überblick

Will man die Lage des Verfassungsrechts heute untersuchen, so muß im Interesse einer historisch richtigen Einordnung ein kurzer verfassungsgeschichtlicher Überblick die zwangsläufigen Zusammenhänge einerseits und die Neuerung durch Brüche alter Traditionen andererseits verdeutlichen.
Betrachtet man die staatliche Entwicklung in Deutschland, so wird klar, daß man erst recht spät Verfassungen im engeren, eigentlichen Sinne antrifft. Ein historischer Überblick folgt somit zweckmäßigerweise dem Begriff der Verfassung im weiteren Sinne, nämlich dem des Zustandes eines Staates.

I. Das alte Germanien

Das alte Germanien, von dem wir vor allem durch den römischen Feldherrn Cäsar und den römischen Schriftsteller Tacitus Kenntnis haben, bestand aus zahlreichen Völkerschaften. Die Staatsgewalt wurde von allen Freien in der Volksversammlung (»Thing«) ausgeübt. Hier wählte man den Fähigsten und Angesehensten als Herzog.

II. Völkerwanderungszeit

In der Völkerwanderungszeit schlossen sich die Völkerschaften zu Stammesgemeinschaften zusammen, die sich allmählich zu absoluten Erbmonarchien mit einem König als Oberhaupt entwickelten. Die Bedeutung der Volksversammlung trat dadurch in den Hintergrund.
Unter den germanischen Reichsgründungen ist als folgenreichste die fränkische zu nennen. Die bedeutsamsten Hofämter (und damit Staatsämter) waren:
- der Kämmerer (Schatzmeister)
- der Truchseß (Küchenmeister),
- der Marschall,
- der Schenk,
- der Seneschall, später als Leiter der gesamten Hofhaltung der Hausmeier, ein Amt, aus dem sich die Karolinger zur Macht aufschwangen.

Als Urteilsfinder, später auch Verhandlungsleiter fungierte
- der Pfalzgraf. Grafschaften bildeten sich als Gerichts- und Verwaltungsbezirke.

Zur Belohnung für den Königsdienst erhielten die Gefolgsleute (Vasallen) Lehen (feudum). Daher wird dieser Staat auch als Feudalstaat bezeichnet. Neben den germanischen Blutadel tritt damit der Dienstadel durch Verleihung von Ämtern und Rechten.
Aus diesem germanischen Heereskönigstum, das die Rechte der Volksversammlung nach und nach an sich gezogen hatte, entstand das fränkische Königstum. Unter Karl dem Großen erlangte das Frankenreich große Macht und wurde zur bedeutendsten Reichsbildung des Mittelalters. Während aber noch unter Karl (768–814) alle deutschen Stämme vereinigt waren, begann unter seinen Nachfolgern der Zerfall.

III. Das Heilige Römische Reich Deutscher Nation (962–1806)

Die Kaiserkrönung Ottos I. im Jahre 962 gilt als die Entstehung des sog. »Heiligen Römischen Reiches Deutscher Nation«, das nach einer teils glanzvollen, teils tragischen Geschichte im Jahre 1806 endete.
In seinen Anfängen war das Erste Deutsche Reich ein Einheitsstaat. Der Kaiser hatte die unbeschränkte Herrschaftsgewalt (Legislative, Judikative und Exekutive). Der ursprünglich vom Volk, später von den Fürsten gewählte König hatte Anspruch auf Kaiserkrönung durch den Papst. Später entbrannte der Streit zwischen dem Kaiser und dem Papst um die Frage der Bestätigung einer Krönung durch den Papst (Gang nach Canossa) und um das Recht der Investitur der Bischöfe (Investiturstreit). Das Recht der Kaiserwahl, das zunächst allen Fürsten zustand, wurde später auf zunächst sieben, dann acht Kurfürsten beschränkt. 1338 wurde die Zustimmung des Papstes als entbehrlich angesehen (»Kurverein von Rhense«). Das ausschließliche Recht der Kurfürsten zur Kaiserwahl wurde durch die »Goldene Bulle« (1356) bestätigt. Das Reich wurde

eine ständische Monarchie. Ausdrücklich geregelt ist in der Goldenen Bulle in bezug auf das Reichsoberhaupt nur dessen Wahl. Im übrigen ergeben sich die Kompetenzen aus der Tradition. Landfrieden und Privilegienverteilung machten den Schwerpunkt aus, die sonstige Gesetzgebung und eigentliche Rechtsprechung treten zurück.

Der Reichstag war die Versammlung der Reichsstände; er gewann seine staatsrechtliche Gestalt erst in der zweiten Hälfte des 15. Jahrhunderts, in dem die Zugehörigkeit zu dem nunmehr wichtigsten Organ der Reichsgewalt abgegrenzt und die Form der Beratungen und Entscheidungen festgelegt wurde. Er gliederte sich 1489 in das Kurfürstenkollegium, den Reichsfürstenrat und das Städtekollegium (der 51 freien Reichsstädte). Die Kollegien berieten getrennt über die Gesetzesvorschläge des Kaisers. Bei Übereinstimmung erhielten die Beschlüsse durch seine Genehmigung Rechtskraft. Sie wurden in Reichsabschieden zusammengefaßt. Dem Mitspracherecht der Fürsten im Reichstag kam eine wichtige Aufgabe zu, unabhängig davon, wie weit es in die Sphäre der Politik reichte.

»Da die sich konsolidierende Macht des Fürsten allenthalben an garantierte Rechte stößt, kann sie eigentlich nicht von individuellen Zustimmungsakten in ihrer Rechtsgültigkeit abhängig sein, ohne sich selbst aufzugeben. Man verlegt deshalb das Zustimmungserfordernis auf einen früheren Zeitpunkt; es wird dem Regierungsakt als solchem zugestimmt, nicht aber dem individuellen Eingriff. Auf diese Weise ist der Eingriff von vornherein legitimiert. In modernen Begriffen gesprochen heißt das: Der Gedanke der Staatsfreiheit wird abgelöst durch den Gedanken der Teilhabe am Staat, ein quasi-liberales Vorgehen durch ein quasi-demokratisches. Die Zustimmung durch Teilhabe am Staat setzt nun freilich einen anderen Modus voraus und bewirkt damit doch tiefgreifende Veränderungen in der ursprünglich gegebenen Rechtsvorstellung: Man verläßt bei dieser Entwicklung notwendig jene ganz auf die einzelnen Rechte abgestellte Sicht der Dinge und rückt in den Mittelpunkt die staatliche Maßnahme. Zustimmen kann letztlich nicht der einzelne, sondern eine Gruppe. Mit dem Aufzeigen dieser Wandlung ist bereits die Brücke geschlagen zu jenem Bereich des Gemeinwesens, der spezifischen Gesamtinteressen – nicht den Rechten – zugeordnet ist.« (Robert Schleyhing: Deutsche Verfassungsgeschichte der Neuzeit, Köln 1968, S. 24.)

Im ständischen, feudalen Staat des ausgehenden Mittelalters und der beginnenden Neuzeit erledigten der **Landesherr** und die **Landstände** eine Reihe von Aufgaben, die man heute zur Verwaltung rechnet. Dies beruhte aber nicht auf einer einheitlich vorgestellten Staatsgewalt im modernen Sinn, sondern auf einer Reihe von Rechten (die Post z. B. war Lehen der Familie Thurn und Taxis). Landesherr und Landstände waren zwar aufeinander angewiesen und der Landesherr z. B. an das Steuerbewilligungsrecht der Stände gebunden. Trotzdem verhinderte der Dualismus zwischen beiden die Entstehung einer einheitlichen Verwaltung.

Als **oberstes Gericht des Reiches** wurde das Reichskammergericht (seit 1527 in Speyer, später in Wetzlar), als oberste Verwaltungsbehörde der Reichshofrat in Wien errichtet.

Der einzelne Bewohner eines Territoriums stand in mancherlei Beziehungen zu obrigkeitlichen Gewalten und war infolge der vielfach verliehenen »jura de non appellando« oder »jura de non evocando« und wegen der Umständlichkeit und der hohen Kosten eines Prozesses vor den Reichsgerichten praktisch ohne Rechtsschutz. Verwaltungsgesetze im modernen Sinne fehlten fast ganz. In manchen Territorien erreichten die Landstände durch Vereinbarung mit dem Landesherrn eine gewisse Sicherung der Bewohner, so z. B. im Herzogtum Württemberg durch den Tübinger Vertrag von 1514, in dem den Bewohnern die Auswanderungsfreiheit, das Recht auf den gesetzlichen Richter und die persönliche Freiheit, Steuerpflicht nur mit Zustimmung der Landstände und eine auf Kriegs- und Notfälle beschränkte und an die Bewilligung der Stände gebundene Militärpflicht verbrieft worden sind. Entscheidende Schwächungen erlitt das Reich durch die Reformation und den Dreißigjährigen Krieg. Im Westfälischen Frieden (1648) wurde die unbeschränkte Landeshoheit (Souveränität) der deutschen Territorialherrschaften anerkannt, so daß von einer einheitlichen Reichsgewalt eigentlich nicht mehr gesprochen werden kann.
Die Landesherrn setzten aufgrund ihrer erweiterten Macht und ihrer Souveränität gegenüber den Ständen die absolute Gewalt der Krone durch. Außenpolitisch erlangten die Landesherren sogar das Recht, mit anderen Staaten Bündnisse zu schließen. Im Schatten dieser Schwäche des Reiches entwickelten sich Preußen und Österreich zu Großmächten und war die Gründung des Rheinbundes (1806) unter Napoleons Protektorat möglich.
Die Bewohner der absoluten Staaten waren zwar privatrechtlich in der Regel geschützt, gegenüber den Herrschern und deren Verwaltungsbehörden jedoch meist ohne rechtlichen Schutz. Allerdings standen nach Beseitigung ständischer Privilegien nun die Bürger als gleichberechtigte Untertanen dem Staat gegenüber. Der Staat war als Wohlfahrtsstaat bestrebt, die Untertanen glücklich zu machen, allerdings nach dem absolutistischen Grundsatz: Alles für das Volk, nichts durch das Volk.
Nach der früheren oder späteren Überwindung des ständischen Staates durch den absoluten Polizei- und Wohlfahrtsstaat war aus dem sog. **»dominium«** des Landesherrn das sog. **»imperium«** geworden. Aus den verschiedenen Einzelrechten hatte sich nach und nach ein Gefüge einheitlicher Staatsgewalt gebildet. Der Fürst als deren Inhaber schuf sich zur Erfüllung seiner Ziele und Zwecke auf politischem, wirtschaftlichem, kulturellem und sozialem Gebiet die erste geschlossene Verwaltungsorganisation. Diese Entwicklung wurde gefördert, wenn nicht verursacht durch die Aufstellung stehender Heere, die den Landesherrn große, aus ihren bisherigen Einnahmen nicht zu deckende Kosten bereiteten. Es entstand ein in der Person des Landesherrn gipfelnder Behördenaufbau. Der Verwaltungsvollzug richtete sich nach dem Willen des Fürsten. Die Behörden, vor allen Dingen die oberen, waren meist kollegial organisiert. Die Rechtsprechung wurde besonderen Behörden, den Gerichten, die allmählich unabhängiger wurden, übertragen und das von ihnen anzuwendende bürgerliche Recht (Privatrecht) kodifiziert (z. B. Preußisches Allgemeines Landrecht).

IV. Die Entwicklung bis 1871

Durch die Entwicklung Preußens zur europäischen Großmacht und seinen Gegensatz zu Österreich, insbesondere zur Zeit Friedrichs des Großen (1740–1786) und Maria Theresias von Österreich, verlor das Reich gänzlich an Bedeutung.
In den Stürmen der napoleonischen Zeit erhielt das Erste Reich den Todesstoß. Als die acht deutschen Fürsten des Rheinbundes von Napoleon Rangerhöhungen entgegennahmen (z. B. wurden Bayern und Württemberg Königreiche), legte Franz II. von Österreich als letzter deutscher Kaiser 1806 die Kaiserkrone nieder. Das Erste Deutsche Reich fand damit formell sein Ende. Nach der **Niederlage durch Napoleon** begann in Preußen eine umfassende innere **Staatsreform** durch die Minister Freiherr **vom Stein und Hardenberg.**
Zu erwähnen sind:
a) *Trennung von Justiz (Judikative) und Verwaltung (Exekutive),*
b) *Einführung einer kommunalen Selbstverwaltung,*
c) *Aufhebung der bäuerlichen Erbuntertänigkeit und der bäuerlichen Lasten,*
d) *Hebung des Schul- und Bildungswesens (Volksschulpflicht, humanistische Gymnasien, Gründung der Berliner Universität),*
e) *Einführung der Gewerbefreiheit,*
f) *Einführung der allgemeinen Wehrpflicht.*

In den süddeutschen Staaten begann unter dem Einfluß der französischen Freiheitsidee der Übergang zu konstitutionellen Monarchien durch Erlaß von **geschriebenen Verfassungen** und Beteiligung des Volkes an der Staatsgewalt. Nach den Befreiungskriegen (1813–1815) wurde auf dem **Wiener Kongreß** nicht, wie deutsche Patrioten erhofft hatten, das Reich wiederhergestellt, sondern durch die Bundesakte vom 8. Juni 1815 der Deutsche Bund errichtet. Dieser war kein Bundesstaat, sondern ein Staatenbund, ein »völkerrechtlicher Verein der deutschen souveränen Fürsten und freien Städte« (Wiener Schlußakte vom 15. Mai 1820). Gemeinsame Organe und Einrichtungen waren der Bundestag in Frankfurt am Main als ständiger Gesandtenkongreß der Mitgliedstaaten und ein für den Kriegsfall zusammengesetztes Bundesheer. Der Bund war nach außen und innen kraftlos infolge der Rivalität zwischen Preußen und Österreich. Dagegen wuchsen auf wirtschaftlichem Gebiet die deutschen Einzelstaaten enger zusammen. Nach Aufhebung der von Napoleon gegen die Einfuhr englischer Waren verhängten »Kontinentalsperre« hatten es die deutschen Staaten gegenüber der englischen Konkurrenz schwer. Ein System von Binnenzöllen in Deutschland behinderte zudem den innerdeutschen Handel. So kam es 1834 zum **Deutschen Zollverein,** dem fast alle deutschen Staaten außer Österreich beitraten.
Im Volk war der **Ruf nach einem neuen geeinten deutschen Reich** nicht verstummt. Die Einigungsbewegung, gleichzeitig von Freiheitsideen getragen, kam vor allen Dingen aus den Kreisen der akademischen Jugend. Die Bewegung war nicht zu unterdrücken, trotz Abstempelung als Demagogie und Hochverrat. Die Gegenmaßnahmen der konservativen Kräfte fußten auf der Konzeption der Karlsbader Beschlüsse von 1819 (offensiver Kampf gegen die Zentren der

politischen Gegner wie »Tugendbund«, »Hoffmannscher Bund«, studentische Verbindungen, Burschenschaften, Turnerschaft, die sich dann später beim sog. **»Hambacher Fest«** trafen).
Schwerwiegend waren die politischen Unruhen, die mit dem Jahre 1830 einsetzten (sog. **»Revolution von 1830«**) und zu den sog. **»Mitteldeutschen Verfassungen«** sowie der Ausdehnung des konstitutionellen Systems in Braunschweig, Hessen, Sachsen, Kurhessen und Hannover führten.
Im konstitutionellen Staat entwickelte sich die **Verwaltung im modernen Sinn.** Die wesentlichen Kennzeichen sind die Einführung geschriebener Verfassungen mit den Grundsätzen der Gewaltenteilung, der Anerkennung einer Freiheitssphäre des einzelnen, des Rechtsstaates, die Neuorganisation der Verwaltung und die Einführung der Verwaltungsgerichtsbarkeit. In den geschriebenen Verfassungen wurden die **drei Funktionen der einheitlichen Staatsgewalt:**
a) Gesetzgebung
b) Rechtsprechung
c) Verwaltung
voneinander getrennt. Da die Gesetzgebung als die übergeordnete Funktion vorgestellt wurde, führte dies in Verbindung mit den Grundrechten zur Bindung der Verwaltung an die Gesetze, und zwar in doppelter Hinsicht:
Die Maßnahmen der Verwaltung durften Gesetzen nicht widersprechen **(Vorrang des Gesetzes),**
die Maßnahmen der Verwaltung bedurften einer gesetzlichen Ermächtigung, wenn durch sie in Freiheit und Eigentum des Staatsbürgers eingegriffen werden sollte **(Vorbehalt des Gesetzes).**
Von wann an dieser als Gesetzmäßigkeit der Verwaltung bezeichnete Grundsatz gegolten hat, ist nicht einheitlich festgestellt. Während man einerseits unter Berufung auf § 85 Einleitung zum Preußischen Allgemeinen Landrecht davon ausgeht, daß er schon seit Beginn des 19. Jahrhunderts Gültigkeit gehabt habe, sind andere der Meinung, daß er nicht vor Ende des 19. Jahrhunderts verwirklicht worden sei. Das preußische Oberverwaltungsgericht hat ihn von seinen ersten Entscheidungen an als geltenden Rechtssatz behandelt.
Die Bewohner des Staates fingen an, nicht mehr Objekt der Staatsgewalt zu sein, sondern deren Subjekt zu werden. Im Anschluß an Georg Jellinek (System der subjektiv öffentlichen Rechte) läßt sich das verschiedenartige Verhältnis des Staatsbürgers zum Staat in vierfacher Weise historisch-systematisch umschreiben:
a) Passiver Status: Der einzelne ist der Staatsgewalt untertan. Er ist aber nur nach Maßgabe der Gesetze dem Staat rechtlich verpflichtet und kann nur aufgrund von Gesetzen belastet werden.
b) Negativer Status: Der einzelne ist als Bürger, d. h. als Mitglied der staatsfreien bürgerlichen Gesellschaft, im Besitz eines grundrechtlich gesicherten Freiheitsbereiches, in den die Verwaltung nur aufgrund von Gesetzen eingreifen darf.
c) Positiver Status: Der einzelne hat als Mitglied des Staates Anspruch auf Benutzung der für alle bestimmten öffentlichen Einrichtungen, insbesondere der öffentlichen Anstalten.

d) Aktiver Status: Der einzelne hat Anspruch auf Mitwirkung bei der Gesetzgebung und Verwaltung, z. B. aufgrund seines Stimm- und Wahlrechts, als Ehrenbeamter (z. B. Schöffe) und in der Selbstverwaltung (z. B. ehrenamtliche Stadtratsmitglieder).

Als im Jahre 1848 die **Pariser Februar-Revolution** auch nach Deutschland übergriff, gab der Frankfurter Bundestag schließlich dem Verlangen des Volkes nach und ließ Wahlen für eine Nationalversammlung zur Lösung der »Deutschen Frage« und Schaffung einer Reichsverfassung durchführen. Die im Mai 1848 in der Frankfurter Paulskirche zusammengetretene Nationalversammlung beschloß am 28. März 1849 die »Deutsche Reichsverfassung«.

Dem **Entwurf der Paulskirchenverfassung** gebührt einige Aufmerksamkeit, weil er zum Teil maßgebliche Impulse sowohl für die Weimarer Reichsverfassung von 1919 als auch für das Bonner Grundgesetz gegeben hat. **Der Paulskirchenentwurf ist eine sog. »freiheitliche Verfassung«. Er enthält einen neuzeitlichen Katalog von Grundrechten** in 9 Artikeln, die in Paragraphen untergliedert sind. Die einzelnen Artikel sind:

Artikel I: Reichs- und Staatsbürgerrecht;
Artikel II: Gleichheit vor dem Gesetz;
Artikel III: Unverletzlichkeit der Person;
Artikel IV: Preßfreiheit;
Artikel V: Glaubens- und Gewissensfreiheit;
Artikel VI: Unterricht und Erziehung;
Artikel VII: Vereinigungsfreiheit;
Artikel VIII: Eigentum und Grundbesitz;
Artikel IX: Recht und Gericht.

Der Verfassungsentwurf sah die Bildung eines Deutschen Reiches als Bundesstaat mit dem preußischen König als Erbkaiser vor (sog. **»kleindeutsche Lösung« ohne Österreich**). Als Volksvertretung war ein aus allgemeinen, gleichen, unmittelbaren und geheimen Wahlen hervorgehendes Volkshaus und als Vertretung der Einzelstaaten ein Staatenhaus, bei dem die Beauftragten jedes Mitgliedsstaates je zur Hälfte von der Regierung und der betreffenden Volksvertretung bestimmt wurden, vorgesehen. Das unitarische Volkshaus und das föderalistische Staatenhaus bildeten zusammen den Reichstag. Dem Kaiser sollte nur ein aufschiebendes Veto gegen die Gesetzesbeschlüsse der gesetzgebenden Körperschaft zustehen. Dem Kaiser oblag jedoch die Ernennung und Entlassung der Reichsminister, die nur durch das Mittel der Ministeranklage parlamentarischer Einflußnahme ausgesetzt waren. Unter anderem sah der Paulskirchenentwurf eine Verfassungsbeschwerde, also eine Verfassungsgerichtsbarkeit, vor.

Der damalige König **Friedrich Wilhelm IV. von Preußen lehnte** jedoch **die Kaiserwürde ab,** weil er »die Kaiserkrone nicht aus der Hand des Volkes, sondern aus der Hand der deutschen Fürsten annehmen wolle«.

Als darauf die Nationalversammlung die Reichsverfassung ohne Mitwirkung des von ihr bestellten »vorläufigen Reichsverwesers« in Kraft setzen wollte, wurden von den meisten Einzelstaaten die Abgeordneten zurückgezogen; der

Rest siedelte als sog. **»Rumpfparlament«** nach Stuttgart über, wurde jedoch mit Waffengewalt auseinandergejagt.
Nach dem Fehlschlag von 1848/49 wurden sowohl von Preußen als auch von Österreich weitere Versuche zur Gründung eines Bundesstaates entweder unter Führung Preußens ohne Österreich (kleindeutsche Lösung) oder unter Einschluß und Führung Österreichs (großdeutsche Lösung) unternommen. Die »Deutsche Frage« konnte jedoch nach Bismarcks Meinung »nicht durch Reden und Majoritätsbeschlüsse, sondern nur durch Blut und Eisen«, d. h. durch kriegerische Auseinandersetzung zwischen Preußen und Österreich, gelöst werden. Nach dem Krieg des Deutschen Bundes gegen Dänemark wegen der Annektierung Schleswig-Holsteins kam es zwischen Preußen und Österreich wegen der gemeinschaftlichen Verwaltung der Herzogtümer 1866 zum Krieg, der für Preußen siegreich ausging. Im Frieden von Prag mußte Österreich der Einverleibung von Schleswig-Holstein, Hannover, Kurhessen, Nassau und Frankfurt am Main in Preußen, der Auflösung des Deutschen Bundes und der Errichtung eines Bundesstaates unter Preußens Führung ohne Österreich zustimmen **(Norddeutscher Bund).**

V. Das Deutsche Kaiserreich von 1871

Die Erfolge Preußens durch den Krieg gegen Österreich lösten in Frankreich Kriegsstimmung aus (»Rache für Sadowa«). Infolge eines ultimativen Ersuchens Frankreichs um Verzicht auf jede spanische Thronkandidatur der Hohenzollern an den in Bad Ems weilenden König Wilhelm I. durch ein Telegramm (von Bismarck in verkürzter und verschärfter, also gefälschter Form als sog. »Emser Depesche« bekanntgegeben) entstand im Juli 1870 der deutsch-französische Krieg. Diese außenpolitische Lage ließ es geraten sein, die deutsche Einigung weiter voranzutreiben. Die Einigungsfrage konnte im Kriegsfall nicht mehr am Widerstand Frankreichs scheitern. Auf Seiten Preußens und des Norddeutschen Bundes kämpften daher von Anfang an die süddeutschen Staaten Bayern, Baden, Württemberg und Hessen aufgrund vorher geschlossener Geheimverträge. Der Krieg verlief für das verbündete Heer siegreich. In den sog. »Novemberverträgen« von 1870 wurde die Vereinigung der vier süddeutschen Staaten mit dem Norddeutschen Bund vereinbart. Durch die Kaiserproklamation vom 18. Januar 1871 im Spiegelsaal von Versailles wurde die Gründung des Deutschen Reiches verkündet (Zweites Deutsches Reich).
Nach der Verfassung des Deutschen Reiches waren Staatsorgane dieses Deutschen Kaiserreiches der Kaiser, der Bundesrat, der Reichstag und der Reichskanzler.
Der Kaiser war Staatsoberhaupt, vertrat das Reich völkerrechtlich, führte den Oberbefehl über Heer und Marine und ernannte und entließ den Reichskanzler nach freiem Entschluß. Er konnte den Reichstag und Bundesrat einberufen, eröffnen, vertagen und schließen. Er fertigte die Reichsgesetze aus und verkündete sie. Seine Anordnungen bedurften der Gegenzeichnung des Kanzlers.

Der Bundesrat war das wichtigste Reichsorgan. Er bestand aus den Bevollmächtigten der Bundesstaaten, nach deren Weisungen sie einheitlich abzustimmen hatten. Den Vorsitz im Bundesrat führte der Reichskanzler; er war einziger Minister und Leiter der gesamten Reichsverwaltung (ab 1878 gab es Staatssekretäre).

Der **Reichstag** war die Vertretung des deutschen Volkes. Das Wahlrecht war ein absolutes Mehrheitswahlsystem; die 397 Abgeordneten wurden in allgemeinen, gleichen, unmittelbaren und geheimen Wahlen gewählt. Aktiv und passiv wahlberechtigt waren Reichsangehörige nach Vollendung des 25. Lebensjahres. Allerdings herrschte weiterhin in Preußen das sog. »Dreiklassenwahlrecht«, ein nach der Steuerleistung abgestuftes Wahlrecht. Die erste Wählerklasse bestand aus den Wahlberechtigten, die zusammen ein Drittel der direkten Steuern aufbrachten, die zweite Klasse aus den Beziehern weniger hoher Einkommen, die das zweite Drittel aufbrachten, während in der dritten Klasse alle nicht zur Einkommensteuer Veranlagten auf der Grundlage eines niedrigen fiktiven Steuersatzes zusammengefaßt waren. Jede Klasse wählte eine im wesentlichen gleich große Zahl von Wahlmännern, die sodann die preußischen Abgeordneten bestimmten.

Die Gesetzgebungskompetenz des Reiches war in der Verfassung erschöpfend geregelt. Sie umfaßte insbesondere Staatsbürgerrecht, auswärtige Angelegenheiten, Währung, bürgerliches Recht, Strafrecht, Eisenbahnwesen mit Vorbehalten für Bayern, Post- und Telegrafenwesen mit Vorbehalten für Bayern und Württemberg, Militärwesen, Presse- und Vereinswesen. Reichsrecht brach Landesrecht.

Als **oberste Gerichte** bestanden das Reichsgericht in Leipzig als Revisionsinstanz für Zivil- und Strafsachen, das Reichsmilitärgericht, das Reichsversicherungsamt als oberste Spruchinstanz in der Sozialversicherung und das Bundesamt für Heimatwesen als oberste Spruchinstanz in Streitsachen zwischen Bundesstaaten über die Tragung von Fürsorgelasten. Im übrigen oblag die Rechtspflege durch ordentliche und Verwaltungsgerichte den Bundesstaaten.

VI. Der Erste Weltkrieg und seine verfassungsgeschichtlichen Folgen

Als Folge der Ermordung des österreichischen Thronfolgers brach der Erste Weltkrieg aus. Daß der Kriegsausbruch von so vielen als Befreiung aus einer kaum noch erträglichen Spannung empfunden werden konnte, ist kein gutes Zeichen für die damaligen europäischen Zustände. Nach anfänglichen militärischen Erfolgen wurde die Übermacht der Gegner zu groß. Die Versorgung mit Rohstoffen und Lebensmitteln wurde gegen Ende des Krieges immer schwieriger. Der zu Beginn des Krieges vereinbarte »Burgfriede« machte einer steigenden inneren Uneinigkeit zwischen den Parteien, der Regierung und der obersten Heeresleitung Platz. In der Osterbotschaft 1917 versuchte der Kaiser die Initiative zu wahren, indem er die Abschaffung des Dreiklassenwahlrechts zusagte. Die großen Fraktionen einigten sich auf das Pluralwahlrecht, das von plutokratischen Maßstäben weitgehend gereinigt war. Doch der Kanzler hielt das alte Reichstagswahlrecht für ausreichend, setzte sich damit durch, wurde dann aber gestürzt.

Im Oktober **1918** wurde die **Reichsverfassung** dahin **geändert,** daß der Reichskanzler des Vertrauens des Reichstages bedurfte und auch die militärische Kommandogewalt des Kaisers an die Gegenzeichnung des Reichskanzlers gebunden wurde.

Diese **»Revolution von oben«** wurde jedoch überrollt vom **»Umsturz von unten«.** Noch im gleichen Monat brach, beginnend mit Meutereien bei der Kriegsmarine, die Revolution aus, die sich schnell über das ganze Reichsgebiet verbreitete. Überall wurden nach russischem Vorbild **Arbeiter- und Soldatenräte** gegründet. Am 9. November 1918 bildete sich in Berlin der **»Rat der Volksbeauftragten«,** der die Regierungsgewalt übernahm. Der Kaiser dankte als Deutscher Kaiser, nicht aber als König von Preußen ab. Allein der Umstand, daß die preußische Bastion in gleichem Maße unterspült war wie die Macht im Reiche, machte die Teilabdankung zu einer Episode, über die die Entwicklung hinweggegangen ist.

Der Kaiser übertrug dem Sozialdemokraten **Friedrich Ebert** die Geschäfte des **Reichskanzlers** »vorbehaltlich der gesetzlichen Genehmigung«. Das rasche Siegen der Revolution ohne ernsthaften Widerstand sagt genug aus über die innere Kraft des gefallenen Systems. Die Revolution war eine Darstellung und Fortsetzung der tatsächlichen Machtverhältnisse, wie sie sich schon seit langem entwickelt hatten und nun unverhüllt zu Tage traten.

Die revolutionären Kräfte fanden ihre erste Organisation in den Arbeiter- und Soldatenräten. Diese Organisationsform erfaßte auch die Reichsregierung, in der die Zusammenarbeit der beiden sozialistischen Parteien zur Bildung des »Rates der Volksbeauftragten« führte. Friedrich Ebert hatte sich alsbald nach Antritt seines Amtes auch der Mitarbeit der Obersten Heeresleitung versichert. Es blieb abzuwarten, inwieweit sich das Heer in der Heimat als zuverlässiges Instrument erweisen würde. Bei einem Kongreß der Arbeiter- und Soldatenräte im Dezember 1918 in Berlin wurde beschlossen, Wahlen für eine verfassunggebende Nationalversammlung stattfinden zu lassen. In den zum Teil blutigen Auseinandersetzungen der Mehrheitssozialisten und Unabhängigen behielten die ersteren die Oberhand.

Die Wahlen zur Nationalversammlung konnten als eine Bestätigung, wenn nicht der Revolution, so doch der Neuordnung der Dinge angesehen werden. Die SPD errang 37 Prozent der Stimmen, die liberale Deutschdemokratische Partei als Vertreterin der Neuordnung ohne sozialistische Zielsetzung über 18 Prozent, das Zentrum 19 Prozent. Demgegenüber vermochte die neu gebildete Deutschnationale Partei, zu deren Gunsten sich eine grundsätzliche Gegnerschaft zur Revolution aus einer »rechten« Parteistellung auswirken mußte, nur 10 Prozent der Stimmen zu verbuchen. Eine Absage erhielt auch die USPD mit nur 8 Prozent, die die Abneigung gegen weiteres revolutionäres Vorgehen deutlich macht.

Am 6. Februar 1919 trat in Weimar die aus 423 Abgeordneten bestehende Nationalversammlung zusammen.

VII. Die Weimarer Republik

Die Nationalversammlung erließ am 10. Februar 1919 das Gesetz über die vorläufige Reichsgewalt, wodurch diese zunächst durch die Nationalversammlung, einen Staatenausschuß, den von der Nationalversammlung gewählten Reichspräsidenten und die von ihm berufenen Reichsminister ausgeübt wurde. Die Verfassungsberatungen fanden auf der Grundlage eines von dem Staatsrechtler Professor Hugo Preuss ausgearbeiteten Entwurfs statt. Einer der bedeutendsten Impulse im Verlauf der parlamentarischen Beratung war die Initiative von Friedrich Naumann: Seine Sorge galt einer ausreichenden geistigen Fundierung des neuen Staatswesens; er hielt dazu eine neue Konzeption der Grundrechte für den geeigneten Weg. Die »Verfassung des Deutschen Reichs« wurde am 31. Juli 1919 von der Nationalversammlung beschlossen, am 11. August 1919 vom Reichspräsidenten ausgefertigt und trat gemäß Artikel 181 mit der Veröffentlichung im Reichsgesetzblatt (Nr. 52, S. 1383) am 14. August 1919 in Kraft.
Die Weimarer Verfassung bestand aus 181 Artikeln und folgendem **Vorspruch:**
»Das deutsche Volk, einig in seinen Stämmen und von dem Willen beseelt, sein Reich in Freiheit und Gerechtigkeit zu erneuern und zu festigen, dem inneren und äußeren Frieden zu dienen und den gesellschaftlichen Fortschritt zu fördern, hat sich diese Verfassung gegeben.«
Das Deutsche Reich war nach der Weimarer Verfassung eine Republik. Jedes Land mußte eine freistaatliche Verfassung haben. Die Staatsgewalt ging vom Volk aus. Das Reich war ein Bundesstaat, in welchem die Staatsgewalt auf Bund und Gliedstaaten verteilt war.
Als **Kernstück** des Organisationsrechts kann das **Nebeneinander von Reichstag und Reichspräsident** bezeichnet werden. Entgegen manchen Bedenken hatte man sich in Weimar für ein vom Volk zu wählendes Staatsoberhaupt ausgesprochen und hatte damit einen Mittelweg zwischen der französischen und der amerikanischen Lösung gefunden.
In einem **zweiten Hauptteil regelte die Weimarer Verfassung die Grundrechte und Grundpflichten der Deutschen.** Der in der Überschrift angedeutete Zusammenhang von Rechten und Pflichten war nicht durchweg durchgeführt: Die Gewährung von Rechten stand durchaus im Vordergrund, wobei, ausgehend vom Individuum, eine aufsteigende Linie zu den höheren Ordnungen des Gemeinschaftslebens beobachtet wurde. Es liegt auf der Hand, daß die altüberkommenen Individualrechte nicht nur juristisch, sondern auch politisch stärker waren als die Normen über das Gemeinschaftsleben, die gerade im Wirtschaftsleben überwiegend nur Zielvorstellungen enthielten.
Im Gegensatz zum Bonner Grundgesetz waren die Grundrechte der Weimarer Verfassung (seien sie auch ein Zeugnis eines ernsten und sittlich hohen Strebens nach einer gerechten Sozialordnung) nicht aktuelles, bindendes Recht, sondern

lediglich Programmsätze, die ihre Aktualisierung erst durch sie konkretisierende, ausfüllende Gesetze erhielten bzw. erhalten sollten. Der Unterschied wird in folgender Formel klar:
»Grundrechte nur nach Maßgabe der Gesetze« **(Weimarer Reichsverfassung)** und *»Gesetze nur nach Maßgabe der Grundrechte«* **(Bonner Grundgesetz).**
Die Staatsorgane der Weimarer Republik waren der Reichstag, der Reichsrat, der Reichspräsident, die Reichsregierung und der Reichswirtschaftsrat.
Der Reichstag ging aus allgemeinen, gleichen, unmittelbaren und geheimen Wahlen aller Männer und Frauen über 20 Jahre nach dem reinen Verhältniswahlrecht hervor. In ihm spielten die politischen Parteien eine ausschlaggebende Rolle, obwohl sie in der Verfassung nicht genannt werden. Dem Reichstag stand die Gesetzesinitiative und das alleinige Recht zur Gesetzgebung zu, er hatte das Recht zur Genehmigung des Reichshaushalts, zu Anleihen, Amnestien, Bündnissen, Verträgen. Von seinen Kontrollrechten sind zu nennen: Präsidentenanklage und Ministeranklage wegen Verfassungs- und Gesetzesverletzung vor dem Staatsgerichtshof, Absetzung des Reichspräsidenten mit Zweidrittelmehrheit, Mißtrauensvotum gegen jedes Mitglied der Reichsregierung.
Der Reichsrat war die Vertretungskörperschaft der deutschen Länder. Er bestand aus weisungsgebundenen Mitgliedern der Landesregierungen. Der Reichsrat hatte ebenfalls wie der Reichstag das Recht der Gesetzesinitiative, jedoch lediglich ein Einspruchsrecht gegen die Gesetze des Reichstags.
Der Reichspräsident war das Staatsoberhaupt. Er wurde vom Volk auf sieben Jahre gewählt; Wiederwahl war unbeschränkt zulässig. Er vertrat das Reich völkerrechtlich, beglaubigte und empfing die Gesandten und schloß namens des Reiches Verträge mit auswärtigen Staaten, die der Zustimmung des Reichstages bedurften, wenn sie sich auf Gegenstände der Reichsgesetzgebung bezogen. Er ernannte und entließ den Reichskanzler und auf dessen Vorschlag die Reichsminister. Ihm stand das Begnadigungsrecht zu; Amnestien bedurften eines Reichsgesetzes. Er hatte den Oberbefehl über die Reichswehr (100 000 Soldaten), konnte den Reichstag auflösen und gegen die von ihm beschlossenen Gesetze Volksentscheide herbeiführen. Ihm oblag die Ausfertigung und Verkündung der Reichsgesetze. Mit Hilfe der Reichswehr war er in der Lage, ein Bundesland zur Erfüllung der diesem gegenüber dem Reich obliegenden Pflichten anzuhalten. Bei erheblicher Störung der öffentlichen Ordnung konnte er die erforderlichen Maßnahmen treffen, insbesondere Notverordnungen erlassen, bestimmte Grundrechte außer Kraft setzen. Alle Anordnungen des Reichspräsidenten, auch solche auf dem Gebiete der Wehrmacht, bedurften der Gegenzeichnung durch den Reichskanzler oder den zuständigen Reichsminister.
Die Reichsregierung bestand aus dem Reichskanzler und den Reichsministern. Der Reichskanzler bestimmte die Richtlinien der Politik, innerhalb deren die Minister ihre Ressorts selbständig leiteten. Der Reichsregierung stand das Recht der Gesetzesinitiative zu; sie erließ zu den Reichsgesetzen Verwaltungsvorschriften sowie bei entsprechender gesetzlicher Ermächtigung Ausführungsverordnungen und gesetzesvertretende Verordnungen. Bei der Reichsregierung

lag das Schwergewicht der vollziehenden Gewalt des Reiches nach innen und nach außen.

Als **Staatsfunktionen** des Reiches sind zu nennen: Ausschließliche und konkurrierende (mit den Bundesländern, nur solange diese nicht tätig wurden) Gesetzgebungskompetenz, Bedarfs- (bei dem Bedürfnis nach einheitlichen Vorschriften im Reich) und Grundkompetenz (verbindliche Grundsätze für die Landesgesetzgebung).

Verfassungsänderungen bedurften im Reichstag der Zustimmung von zwei Dritteln der anwesenden Mitglieder bei Anwesenheit von mindestens zwei Dritteln der gesetzlichen Mitgliederzahl; im Reichsrat ebenfalls einer Mehrheit von zwei Dritteln, bei Volksentscheid der Zustimmung der Mehrheit der Stimmberechtigten.

Auf dem Gebiet der **Rechtsprechung** kamen zu dem von früher her bestehenden Reichsgericht, Reichsversicherungsamt und Bundesamt für Heimatwesen hinzu: der Reichsfinanzhof, das Reichswirtschaftsgericht, das Reichsversorgungsgericht und der Staatsgerichtshof für das Deutsche Reich (zuständig für Streitigkeiten nicht privatrechtlicher Art zwischen dem Reich und einem Land, zwischen verschiedenen Ländern sowie bei Verfassungsstreitigkeiten innerhalb eines Landes, wenn in diesem kein Gericht zur Erledigung bestand). Für die Entscheidung von Streitigkeiten über die Vereinbarkeit von Landesrecht und Reichsrecht (»Reichsrecht bricht Landesrecht«) war das Reichsgericht zuständig. Eine besondere Militärgerichtsbarkeit war für Kriegszeiten und an Bord von Kriegsschiffen zugelassen. Das in der Verfassung vorgesehene **Reichsverwaltungsgericht kam nicht zustande.**

Die staatsrechtlichen Veränderungen im neuen parlamentarischen Staat wirkten sich zunächst auf dem Gebiet der Verwaltung wenig aus, was zu dem berühmt gewordenen Satz führte: *»Verfassungsrecht vergeht, Verwaltungsrecht besteht«* (Otto Mayer, 1924). Die Beamten waren von Dienern der Fürsten zu Dienern der Gesamtheit des Volkes geworden. Allerdings ließ sich die Forderung, daß die Beamten nicht Diener einer Partei sein sollten, nicht in vollem Umfang verwirklichen, insbesondere nicht bei den Gemeindebeamten.

Bisher hatte sich der Staat weitgehend darauf beschränkt, entsprechend freiliberaler Auffassung Hüter der Ordnung zu sein. Nur vereinzelt hatte die öffentliche Gewalt sich bisher auf dem Gebiet der **»Daseinsvorsorge«** (Ernst Forsthoff) betätigt, z. B. auf dem Gebiet des Verkehrs, der Eisenbahn, Post, Straßenbahn, Straßen, Schiffahrtswege, Wasser-, Gas-, Elektrizitätsversorgung, Krankenhäuser durch die Gemeinden oder auf sozialem Gebiet durch die Bismarcksche Gesetzgebung über Kranken-, Unfall- und Invalidenversicherung. Der Krieg von 1914 bis 1918 und die ihm nachfolgende Inflation machten offenkundig, daß die öffentliche Gewalt nicht nur die gute Ordnung zu hüten, sondern dem Staatsbürger weitgehend auch die Sorge für sein persönliches Leben abzunehmen hatte, wenn sie ihren Gerechtigkeitsauftrag erfüllen wollte. Es wurden daher weite Gebiete des Soziallebens, die bisher der privaten Initiative überlassen waren, in die öffentliche Verwaltung übernommen, z. B. Arbeitsvermittlung, Arbeitslosenversicherung.

Diese Daseinsfürsorge der Verwaltung wirkte sich vor allen Dingen auf die Stellung des Staatsbürgers aus. Hatte ihn die frühliberale Auffassung noch möglichst »frei vom Staat« sehen wollen (sog. »Nachtwächterstaat«), so war nun ein großer Teil der Staatsbürger als Fürsorge- oder Rentenempfänger zum Kostgänger der Verwaltung geworden.

VIII. Der nationalsozialistische Staat

Der Nationalsozialismus versetzte der Weimarer Republik und damit der Weimarer Reichsverfassung den Todesstoß. Ihr Ende war dadurch gekennzeichnet, daß der Reichstag unfähig war, regierungsfähige Mehrheiten zu bilden. Das zwang zur Bildung von Präsidialkabinetten, die nicht des Vertrauens des Parlaments bedurften, sondern lediglich das Vertrauen des Reichspräsidenten besaßen. Am 30. Januar 1933 ernannte Hindenburg nach vergeblichen anderen Versuchen Hitler zum Reichskanzler. Die Nationalsozialisten feierten dieses Datum als »Tag der Machtübernahme«. Der Reichstag wurde aufgelöst. Bei der Neuwahl errangen die Nationalsozialisten 43,8 Prozent der Stimmen. Nach dem Wahlsieg und der Ausschaltung der Kommunisten (Reichstagsbrand) beschloß der Reichstag mit 441 gegen 91 Stimmen das sog. **»Ermächtigungsgesetz«** (24. März 1933), wonach auf vier Jahre anstelle des Reichstags die Reichsregierung das Recht zur Gesetzgebung erhielt. Dieser Verstoß gegen das Prinzip der Gewaltenteilung besiegelte das Ende der Weimarer Republik. Durch weitere Gesetze wurde die Weimarer Verfassung mehr und mehr gegenstandslos.

Die Gesetzgebung der Jahre 1933 bis 1935 läßt den Weg des politischen Systems in folgenden Gesetzen deutlich werden:

31. 3. 1933: *Erstes Gleichschaltungsgesetz,* durch das die Volksvertretungen der Länder nach Maßgabe der Stimmverteilung bei den Reichstagswahlen umgebildet wurden, was in allen Ländern zur Bildung von nationalsozialistischen Regierungen führte.

7. 4. 1933: *Zweites Gleichschaltungsgesetz* (Reichsstatthaltergesetz). Es sah die Einsetzung von Reichsstatthaltern in den Ländern vor, die vom Reichspräsidenten auf Vorschlag des Reichskanzlers zu ernennen waren.

7. 4. 1933: Das Gesetz zur *Wiederherstellung des Berufsbeamtentums* entfernte mißliebige Beamte und schuf ein Parteibeamtentum.

8. 7. 1933: Gesetz über den *preußischen Staatsrat.*

14. 7. 1933: Gesetz gegen die *Neubildung von Parteien.*

22. 9. 1933: Das *Reichskulturkammergesetz* stellte das gesamte kulturelle Leben unter die Führung der Nationalsozialisten.

29. 9. 1933: *Reichserbhofgesetz*

4. 10. 1933: Das *Schriftleitergesetz* unterwarf die Presse nationalsozialistischer Führung und beseitigte die Pressefreiheit.

1. 12. 1933: Gesetz zur Sicherung der *Einheit von Partei und Staat.*

20. 1. 1934: Gesetz zur *Ordnung der nationalen Arbeit,* Ausschaltung der Gewerkschaften.

30. 1. 1934: Gesetz über den *Neuaufbau des Reiches;* dieses Gesetz löste die Landtage auf und übertrug deren Hoheitsrechte und die der Länder auf das Reich. Wichtig am Neuaufbaugesetz war vor allen Dingen die Ermächtigung an die Reichsregierung, neues Verfassungsrecht zu setzen. Damit war die letzte Schranke gefallen, die das Ermächtigungsgesetz der Reichsregierung noch vorenthielt, nämlich die Institutionen des Reichstages und Reichsrates unberührt zu lassen.
20. 12. 1934: Gesetz gegen *heimtückische Angriffe auf Staat und Partei.* Dieses Gesetz erklärte die allein noch bestehende NSDAP als »Trägerin des deutschen Staatsgedankens und mit dem Staat unlösbar verbunden«.
30. 1. 1935: Die *Deutsche Gemeindeordnung* führte das »Führerprinzip« auch auf kommunaler Ebene ein.
15. 2. 1935: *Reichsbürgergesetz* und *Gesetz zum Schutze des deutschen Blutes und der deutschen Ehre.*
Nach dem Tod Hindenburgs war mit dem »Gesetz über das Staatsoberhaupt« vom 1. August 1934 das Amt des Reichspräsidenten beseitigt und dessen Befugnisse auf den **»Führer und Reichskanzler«** übertragen worden. Dieser war damit Staatsoberhaupt, oberster Gesetzgeber, Regierungschef, Gerichtsherr (Reichstagsbeschluß vom 26. April 1942) und Wehrmachtsbefehlshaber sowie Führer der NSDAP als der einzigen Partei. Die absolute Diktatur war erreicht. Aus dem parlamentarischen Staat wurde ein **»völkischer Führerstaat«.** Die Verwaltung war »Apparat«. Recht war, »was dem Volke nützt«.
Im Zeichen des »totalen Staates« wurde der Staatsbürger ein **»Volksgenosse«.** Eine staatsfreie Sphäre des Volksgenossen wurde nicht mehr anerkannt, sondern nur noch eine gliedschaftliche Stellung, die häufig als Untertanenstellung verstanden wurde.
Zum **Totalitarismus im Innern** gesellte sich **äußere Machtpolitik.** Schon am 14. Oktober 1933 erklärte das Reich seinen Austritt aus dem Völkerbund, 1938 erfolgte der Anschluß Österreichs und die Angliederung des Sudetengebietes, 1939 wurde das Protektorat Böhmen und Mähren errichtet und das Memelgebiet zurückgegliedert.
Mit dem militärischen Überfall auf Polen begann im September 1939 der **Zweite Weltkrieg,** der im April/Mai 1945 mit dem totalen militärischen Zusammenbruch des sog. »Dritten Reiches« endete, das vielfach so genannt wurde, indem man das »Heilige Römische Reich« als das erste, das Bismarcksche Kaiserreich als das zweite Reich ansah und die Weimarer Republik einfach überging.

E. Die staatliche Entwicklung in Deutschland nach dem Zweiten Weltkrieg

Die Alliierten hatten sich vor dem Ende des Zweiten Weltkriegs hinsichtlich der Frage, wie das Deutsche Reich nach der geforderten bedingungslosen Kapitulation politisch zu behandeln sei, auf der **Konferenz von Casablanca** (26. Januar 1943) nicht in allen Einzelheiten festgelegt. Sie waren sich aber darüber einig, geeignete politische und wirtschaftliche Maßnahmen zu treffen, die verhindern sollten, daß Deutschland jemals wieder zu einem Aggressionsherd würde. Die Alliierten planten daher, das Reich nach der Niederwerfung in mehrere voneinander unabhängige Staaten oder Gebiete mit politisch selbständigen Schicksalen aufzuteilen (»to dismember«).
Mit der bedingungslosen Kapitulation war das Kriegsziel der Alliierten, wie es Roosevelt in Anlehnung an eine bereits im amerikanischen Bürgerkrieg gebrauchte Wendung formuliert hatte, erreicht. Mit der **Kapitulation am 7./8. Mai 1945 in Reims und Berlin** und der Absetzung der Regierung Dönitz durch die Engländer am 23. Mai 1945 ging die bisherige deutsche Staatsgewalt unter, nachdem vorher die USA, die UdSSR, Frankreich und England in der **Erklärung von Jalta** (11. Februar 1945) nochmals die deutsche Kapitulation als ihr Kriegsziel bezeichnet hatten.
Die politische und damit auch die staatsrechtliche Bedeutung der Vorgänge vom Mai 1945 erschöpft sich aber nicht in den Wirkungen einer einfachen »militärischen Kapitulation«. Die **Kapitulationsurkunde** hat zwar keinen unmittelbaren politischen Inhalt, doch kommt ihr tatsächlich **höchste politische Tragweite zu.** Der verbliebene Rest deutscher Staatsgewalt verkörperte sich allein in der Wehrmacht, so daß mit der Kapitulation zugleich die Vollendung des allgemeinen Zusammenbruchs zum Ausdruck kam. Gegenüber dem wehrlos gewordenen, verhandlungsunfähigen deutschen Staat wurde nunmehr de facto der politische Wille der Sieger allein maßgebend. In der Viermächteerklärung vom 5. Juni 1945 stellten die vier Oberbefehlshaber der Siegermächte (Eisenhower, Montgomery, Schukow und Lattre de Tassigny) fest, daß es in Deutschland keine zentrale Regierung oder Behörde mehr gebe, die fähig sei, die Verantwortung für die Aufrechterhaltung der Ordnung, für die Verwaltung des Landes und für die Ausführung der Forderungen der siegreichen Mächte zu tragen. Die Großmächte übernahmen deshalb zunächst die oberste Regierungsgewalt und teilten Deutschland gemäß dem **Londoner Abkommen** und den Beschlüssen der Konferenz von Jalta in **vier Besatzungszonen** und **Berlin** in **vier Sektoren** auf.
Durch die **Berliner Beschlüsse** vom 5. Juni 1945 wurde dann von den Regierungen der Siegermächte die gesamte öffentliche Gewalt einschließlich der Befugnisse der regionalen und lokalen Behörden übernommen. Art. 13 b bestimmte: »Alle deutschen Behörden und das deutsche Volk haben den Forderungen der Alliierten Vertreter bedingungslos nachzukommen und alle Pro-

klamationen, Befehle, Anordnungen und Anweisungen uneingeschränkt zu befolgen.«
Die öffentliche Gewalt wurde ausgeübt primär durch jeden einzelnen Zonenbefehlshaber, sekundär für ganz Deutschland und für die Deutschland als Ganzes betreffenden Angelegenheiten durch die vier Zonenbefehlshaber in ihrer Gesamtheit, den Alliierten Kontrollrat. Nach der Auffassung des Bundesverfassungsgerichts hatten die Alliierten die Staatsgewalt in Deutschland kraft eigenen Okkupationsrechts übernommen und nicht aufgrund einer Übertragung durch eine deutsche Regierung ausgeübt. Die Staatsgewalt der später neu gebildeten deutschen Regierungsorgane beruhe daher nicht auf einer Rückübertragung durch die Alliierten, sondern stelle die ursprüngliche deutsche Staatsgewalt dar, die mit dem Zurücktreten der Okkupationsgewalt wieder frei geworden sei.
Die Gesetze des Kontrollrats traten nicht von selbst in Kraft, sondern mußten von den einzelnen Zonenbefehlshabern verkündet werden, um in den einzelnen Besatzungsgebieten gültig zu sein. Über gemeinsame Angelegenheiten konnte überdies nur einstimmig entschieden werden. Das bedeutete bei der sich schnell vergrößernden weltpolitischen Kluft zwischen den Westmächten und der UdSSR und bei den zutage tretenden Meinungsverschiedenheiten über die Frage, in welchem Umfang, welcher Form und welchem Zeitraum eine eigene zentrale deutsche Staatsgewalt wieder errichtet werden sollte, daß diese Institution von ihrer Anlage her sich als unfähig erweisen mußte, eine einheitliche, sich auf alle vier Besatzungszonen gleichermaßen erstreckende Entwicklung eines neuen Staates zu fördern. Am 23. März 1948 vertagte sich der Kontrollrat auf unbestimmte Zeit, ohne der Erhaltung der Einheit Deutschlands irgendwelche Impulse gegeben zu haben.
Durch das Potsdamer Abkommen vom 2. August 1945 wurden u. a. die Grundsätze für die wirtschaftliche und politische Behandlung Deutschlands festgelegt, so über die **Aburteilung der Kriegsverbrecher, die Entnazifizierung, Reparationsleistungen, Industrieentflechtung.** Die Übereinkunft über das Kontrollsystem in Deutschland wurde bestätigt. Österreich wurde wieder ein eigener Staat. Die sog. »Oder-Neiße-Linie« wurde als vorläufige Westgrenze Polens festgelegt – eine endgültige Grenzziehung wurde bis zu einer Friedenskonferenz zurückgestellt. Das gleiche galt für die von der UdSSR besetzte »Stadt Königsberg und das anliegende Gebiet«. Die Bundesrepublik Deutschland hat diese Grenzen in den »Gewaltverzichtsverträgen« mit der UdSSR vom 12. August 1970 und mit Polen vom 7. Dezember 1970 als »unverletzlich« bezeichnet und im »Vertrag über die abschließende Regelung in bezug auf Deutschland« (Zwei-plus-Vier-Vertrag) vom 12. September 1990 »endgültig« garantiert.
Seit 1946 vollzog sich, uneinheitlich in den verschiedenen Besatzungszonen, der Wiederaufbau der deutschen Verwaltung. Das Ziel der von den Besatzungsmächten gesteuerten Maßnahmen war eine weitgehende Dezentralisation und Verlegung des Schwergewichts auf die **lokale Selbstverwaltung,** um so eine neue deutsche Staatsgewalt »von unten nach oben« aufzubauen. Zunächst

wurden auf der Kommunalebene deutsche Amtsträger eingesetzt, die zuerst als Hilfsorgane der Militärregierung fungierten. Im Sommer und Herbst 1945 ernannten die Militärbefehlshaber für die regionalen Gebietskörperschaften deutsche Leiter, Landräte, Oberbürgermeister, Regierungspräsidenten, Oberpräsidenten und Ministerpräsidenten, alle zunächst als **Hilfsorgane der Militärregierungen.**

Bedingt vor allen Dingen durch die Abgrenzung der Besatzungszonen bildeten sich die Länder mit neuem oder jedenfalls gegen früher geändertem Gebietsstand. Das ehemalige Land **Preußen** wurde durch Kontrollratsgesetz vom 25. Februar 1947 formell **aufgelöst.**

In der **amerikanischen Zone** entstanden folgende Länder:

a) Bayern, bestehend aus dem ehemaligen Land Bayern, jedoch ohne die Pfalz (Hauptstadt München).

b) (Groß-)Hessen, umfassend das ehemalige Land Hessen und die ehemalige preußische Provinz Hessen-Nassau, ohne die an Rheinland-Pfalz fallenden Gebiete (Hauptstadt Wiesbaden).

c) Württemberg-Baden, umfassend die nördlichen Teile der ehemaligen Länder Württemberg und Baden (Hauptstadt Stuttgart).

d) Bremen, umfassend die Hansestadt und Bremerhaven.

In den Ländern der amerikanischen Zone wurden im wesentlichen schon 1946 durch verfassungsgebende Versammlungen und Volksabstimmungen Staatsverfassungen erlassen. Im Oktober 1945 wurde ein Länderrat gebildet, dessen Hauptaufgabe die Koordinierung der Gesetze der Länder der amerikanischen Zone war.

In der **britischen Zone** entstanden folgende Länder:

a) Nordrhein-Westfalen, umfassend die ehemalige preußische Provinz Westfalen, von der ehemaligen preußischen Rheinprovinz die Regierungsbezirke Köln, Düsseldorf und Aachen und das ehemalige Land Lippe-Detmold (Hauptstadt Düsseldorf).

b) Niedersachsen, umfassend die ehemalige preußische Provinz Hannover und die früheren Länder Braunschweig, Oldenburg und Schaumburg-Lippe (Hauptstadt Hannover).

c) Schleswig-Holstein, umfassend die ehemalige preußische Provinz Schleswig-Holstein und die frühere Freie Hansestadt Lübeck (Hauptstadt Kiel).

d) Hamburg.

In diesen Ländern wurden Verfassungen erst ab 1950 erlassen. An zonalen Einrichtungen bestanden der Zonenbeirat als deutsches Beratungsorgan für die britische Militärregierung und eine Reihe von Zonenämtern mit unmittelbaren Gesetzgebungs-Exekutivbefugnissen für alle Länder der britischen Zone (z. B. das Zentraljustizamt in Hamburg und das Obergericht in Köln). Die Engländer traten in ihrer Besatzungszone nicht so sehr föderalistisch als zentralistisch auf. Der Zonenbeirat, der sich aus Ministern, Behördenleitern, Persönlichkeiten der Wirtschaft, Vertretern der Parteien, der Gewerkschaften und der Flüchtlinge zusammensetzte, hatte nur beratende Funktion. Dagegen erhielten die für das ganze Zonengebiet zuständigen zentralen Zonenämter für Wirtschaft, Land-

wirtschaft und Arbeit bald Gesetzgebungsbefugnisse. Ursprünglich hatten auch sie nur beratenden Charakter. Im Juni 1947 wurde der Zonenbeirat in eine parlamentarische Körperschaft umgewandelt, deren 37 Mitglieder aus den Reihen der Abgeordneten der Landtage gewählt wurden. Die zentralen Zonenämter wurden anschließend seiner Verantwortung unterstellt.
In der **französischen Zone** entstanden folgende Länder:
a) Rheinland-Pfalz, gebildet aus den Regierungsbezirken Koblenz und Trier der ehedem preußischen Rheinprovinz, Teilen der ehemaligen preußischen Provinz Hessen-Nassau (Montabaur), vom Regierungsbezirk Wiesbaden und der ehemals bayerischen Pfalz (Hauptstadt zunächst Koblenz, dann Mainz).
b) Württemberg-Hohenzollern, bestehend aus dem Südteil des ehemaligen Landes Württemberg und der preußischen Enklave Hohenzollern (Hauptstadt Tübingen).
c) Baden, bestehend aus dem Südteil des ehemaligen Landes Baden (Hauptstadt Freiburg i. Br.). Der bayerische Kreis Lindau fiel an die französische Zone.
Diese Länder erhielten Verfassungen durch beratende Landesversammlungen und Volksabstimmungen am 18. Mai 1947. Auf Zonenebene bestanden keine Einrichtungen, mit Ausnahme einiger technischer Sonderbehörden (z. B. Generaldirektion der südwestdeutschen Eisenbahnen in Speyer).
Das Saarland erhielt eine Sonderstellung. Es wurde im Dezember 1946 an das Wirtschafts- und Währungssystem Frankreichs angeschlossen und gegen das angrenzende Land Rheinland-Pfalz mit einer Zollgrenze versehen. Das Saargebiet hatte seit 1815 zu Preußen gehört, wurde nach dem Ersten Weltkrieg durch den Versailler Vertrag einer Völkerbundregierung unterstellt, kehrte nach einer Volksabstimmung 1935 zum Deutschen Reich zurück und gehörte zum preußischen Regierungsbezirk Saarpfalz. Am 23. Oktober 1954 wurde zwischen der Bundesrepublik Deutschland und Frankreich das Saarstatut vereinbart, das dem Saarland einerseits auf Betreiben der Bundesrepublik eine unabhängigere Stellung gegenüber Frankreich verschaffen sollte, andererseits auf den Wunsch Frankreichs die Absonderung von der Bundesrepublik Deutschland festigen sollte. Ein Jahr später, am 23. Oktober 1955, lehnte die saarländische Bevölkerung das Saarstatut ab, und der Landtag des Saarlandes beschloß am 14. Dezember 1956 den Anschluß an die Bundesrepublik. Der Bundestag erließ am 23. Dezember 1956 das Gesetz über die Eingliederung des Saarlandes, das seit dem 1. Januar 1957 ein Land der Bundesrepublik ist.
Als die Haltung der UdSSR eine gemeinsame Deutschlandpolitik unmöglich machte, wurde der Gedanke an einen wirtschaftlichen Zusammenschluß der Westzonen lebendig. Diese Planung scheiterte zunächst an der Haltung Frankreichs. Es kam anfangs nur eine wirtschaftliche Vereinigung der britischen und der amerikanischen Zone zur **Bizone** mit Wirkung vom 1. Januar 1947 an zustande. Die Verwaltung des »Vereinigten Wirtschaftsgebietes« hatte ihren Sitz in Frankfurt am Main. Sie hatte die Organe **Wirtschaftsrat** (als parlamentarisches Organ), **Länderrat** (Beauftragte der Länderregierungen), **Verwaltungsrat** (Exekutivorgan) und einen Oberdirektor, dazu ein deutsches **Obergericht in Köln** und die **Bank deutscher Länder** als Notenbank, die zugleich für die fran-

zösische Zone zuständig war. Diese führte mit Stichtag 20. Juni 1948 aufgrund entsprechender Gesetze die Währungsreform als erste Voraussetzung einer wirtschaftlichen Gesundung mit einem Umstellungsverhältnis von grundsätzlich 10 Reichsmark = 1 Deutsche Mark (DM) durch.
Wenn auch die bizonale Wirtschaftsverfassung noch kein staatliches Gebilde schuf, bildete sie doch die Vorstufe zu einer umfassenden föderativen Gesamtstaatlichkeit. Die vorgesehene Trizone durch Einbeziehung der französischen Zone kam nicht mehr zustande.
In der **sowjetischen Zone** entstanden 1945 zunächst folgende Länder:
a) Brandenburg, bestehend aus der ehemaligen preußischen Provinz Mark Brandenburg (Hauptstadt Potsdam).
b) Sachsen-Anhalt, umfassend die ehemalige preußische Provinz Sachsen und das ehemalige Land Anhalt (Hauptstadt Halle).
c) Sachsen, bestehend aus dem ehemaligen Land Sachsen (Hauptstadt Dresden).
d) Thüringen, bestehend aus dem ehemaligen Land Thüringen (Hauptstadt Weimar).
e) Mecklenburg, umfassend das ehemalige Land Mecklenburg und den Rest der ehemaligen preußischen Provinz Pommern (Hauptstadt Schwerin).
Diese Länder erhielten bis Anfang 1947 Landesverfassungen. Auf Befehl der sowjetischen Militärregierung waren bereits Mitte 1945 mit Zuständigkeit für die gesamte Sowjetzone deutsche Zentralverwaltungen eingesetzt worden. Die wirtschaftlichen Zentralverwaltungen wurden 1947 in die »Deutsche Wirtschaftskommission« eingegliedert, die ab 1948 Funktionen einer Zentralregierung in der sowjetischen Besatzungszone übernahm. Die Verwaltungen, als Fachbehörden der sowjetischen Militäradministration unterstellt, waren straff organisiert. Gleichzeitig begann die Sowjetunion, die gesellschaftliche und wirtschaftliche Struktur ihrer Zone in ihrem Sinne zu verändern. Die drei Westmächte hatten das in ihren Zonen zwar auch getan, jedoch war die Veränderung in der Sowjetzone aufgrund der kommunistischen Ideologie einschneidender und folgenschwerer. Außenpolitisch begleitete die UdSSR diese Maßnahmen mit ständigen Bekenntnissen zur deutschen Einheit: Das war kein bloßer Propagandatrick. Die UdSSR war tatsächlich an der Einheit Deutschlands interessiert, jedoch ging es ihr darum, dann ihre Kontrolle möglichst auf ganz Deutschland auszudehnen. Insbesondere wollte die UdSSR an der Ruhr ein zentrales Mitspracherecht erhalten. Unter diesen Aspekten forderte die Sowjetunion eine »allseitige Demokratisierung«, freilich in ihrem Sinne.
Im Oktober 1946 wurden in der Sowjetzone die Landtage gewählt. Der SED gelang es dabei nicht, die absolute Mehrheit zu erringen. Diese Wahlen waren nach dem westlichen Verständnis von Freiheit und Demokratie die letzten freien Wahlen. Die Länderregierungen wurden auf der Basis des »antifaschistischen Blocks« durch Allparteienkoalitionen gebildet, in denen die SED die führende Rolle spielte.
Eine Sonderentwicklung hatte sich in Berlin vollzogen. Die ehemalige Hauptstadt des Deutschen Reiches war nach Kriegsende unter die gemeinsame Kon-

trolle der vier Besatzungsmächte (Alliierte Kommandantur) gestellt worden. Diese bildeten zunächst auch eine gemeinsame Stadtverwaltung und beriefen einen Oberbürgermeister. Bei den Wahlen zur Berliner Stadtverordnetenversammlung im Oktober 1946 erhielt die SED nur ein Fünftel der abgegebenen Stimmen, während die SPD fast die Hälfte aller Wähler (48 Prozent) für sich gewinnen konnte. Damit hatte die SED ihren Einfluß auf die Gesamtentwicklung Berlins weitgehend verloren und konzentrierte sich mit Unterstützung der sowjetischen Besatzungsmacht auf den Ausbau der Kontrolle über den Ostsektor. Im Juni 1948 verließen die sowjetischen Vertreter die Alliierte Kommandantur, die Ausdehnung der Währungsreform auf die Westsektoren Berlins löste die Berlin-Blockade (Juni 1948 – Mai 1949) aus, im November 1948 wurde in Ostberlin eine eigene Stadtverwaltung (Magistrat) gebildet. Damit begann ein Prozeß der Verschmelzung mit der SBZ/DDR, der zur Folge hatte, daß Ostberlin 1949 zur Hauptstadt der DDR und zum Regierungssitz erklärt wurde. Obwohl Berlin (West) als Bundesland zum Geltungsbereich des Grundgesetzes gehörte, blieben einige Vorbehaltsrechte der Alliierten bestehen. So wurden die Berliner Abgeordneten für den Deutschen Bundestag bis zum Dezember 1990 nicht direkt gewählt, auch im Bundesrat war Berlin bis zum Juni 1990 nicht voll stimmberechtigt. Bundesgesetze wurden für Berlin zwar übernommen, jedoch als Berliner Gesetze verabschiedet. Für die Einwohner von Berlin (West) galt keine Wehrpflicht. Die westlichen Alliierten behielten sich vor, Maßnahmen zur Sicherung der öffentlichen Ordnung, des Status und der Verbindungswege zu ergreifen. Diese alliierten Vorbehaltsrechte haben die Zugehörigkeit von Berlin (West) zur Bundesrepublik Deutschland, die von sowjetischer Seite immer wieder in Frage gestellt worden war, dauerhaft gewährleistet.

F. Das Entstehen der Bundesrepublik Deutschland

I. Die Vorarbeiten für eine verfassunggebende Versammlung

Die deutschen wie die alliierten Stellen betrachteten die bizonalen Organisationen als Gemeinschaftseinrichtungen der Länder zur Meisterung der Not der Nachkriegsjahre. Politische Gemeinwesen der deutschen Staatsgewalt waren die Länder, von denen dann auch das stete Streben nach einem einheitlichen deutschen Staat ausging. Im Juni 1947 bereits trat eine **Konferenz der Ministerpräsidenten** in München auf Einladung des bayerischen Ministerpräsidenten (Ehard) zusammen. Auf dieser Konferenz sollten Maßnahmen beschlossen werden, »um ein weiteres Abgleiten des deutschen Volkes in ein rettungsloses politisches und wirtschaftliches Chaos zu verhindern und den Weg für eine Zusammenarbeit aller Länder Deutschlands im Sinne der wirtschaftlichen Einheit und künftiger politischer Zusammenfassung zu ebnen«. An die-

ser Konferenz nahmen auch die Ministerpräsidenten der Länder der Sowjetzone teil. Sie verlangten aber in der Vorbesprechung die Aufnahme eines Tagesordnungspunktes in die Tagesordnung, und zwar folgenden:
»Bildung einer deutschen Zentralverwaltung durch Verständigung der politischen Parteien und Gewerkschaften durch Schaffung eines deutschen Einheitsstaates.«
Damit sollte die Einheitsliste und die Einheitspartei der Sowjetzone auf Westdeutschland übertragen werden. Die Ministerpräsidenten der anderen Länder lehnten dies ab. Die sowjetzonalen Ministerpräsidenten verließen daraufhin die Konferenz, gaben jedoch deutlich zu verstehen, daß sie es auf Weisung der sowjetzonalen Besatzungsbehörden taten.
Nachdem immer deutlicher wurde, daß die UdSSR nur unter unannehmbaren Bedingungen einer Gründung eines einzigen deutschen Staates zustimmen würde, nahm der Plan Gestalt an, die drei westlichen Besatzungszonen zu einer Union zusammenzuschließen. Im Anschluß an die **Londoner Konferenz der Sechs** (Belgien, Frankreich, Großbritannien, Luxemburg, Niederlande, Vereinigte Staaten) wurden den elf Ministerpräsidenten der drei westlichen Besatzungszonen drei Dokumente, die sog. **»Frankfurter Dokumente«,** übergeben. Dokument I ermächtigte die Ministerpräsidenten zur Schaffung einer demokratischen Verfassung durch Einberufung einer verfassunggebenden Nationalversammlung. Gedacht war an eine Regierungsform »föderalistischen Typs«. Dokument II beschäftigte sich mit der Möglichkeit, die Ländergrenzen zu ändern, Dokument III behandelte die Probleme eines zu schaffenden Besatzungsstatuts.
Die Ministerpräsidenten hatten angesichts der Teilung Deutschlands große Bedenken, einen vollständigen deutschen Staat zu schaffen, der nicht ganz Deutschland umfaßte. Andererseits waren sie sich darüber einig, daß »so etwas Ähnliches wie eine Regierungsgewalt« (Ehard) auf deutscher Seite unumgänglich war, sollte Deutschland nicht auf längere Sicht ein besetztes Land ohne eigene politische Sprache bleiben. Auf der **Koblenzer Konferenz** (8.–10. Juli 1948) erklärten die Ministerpräsidenten, daß eine deutsche Verfassung zurückgestellt werden sollte, bis die Voraussetzungen für eine gesamtdeutsche Regierung geschaffen wären, schlugen jedoch als Provisorium die Ausarbeitung eines Grundgesetzes für eine einheitliche Verwaltung des Besatzungsgebietes der Westmächte vor, empfahlen eine Überprüfung der Ländergrenzen und machten ausführliche Gegenvorschläge für ein Besatzungsstatut. Weitere Besprechungen mit den Militärgouverneuren brachten ein grundsätzliches Einverständnis.

II. Verfassungskonvent und Parlamentarischer Rat

Am 25. Juli 1948 beriefen die Ministerpräsidenten einen *Sachverständigenausschuß*, der in der Zeit vom 10. bis 23. August 1948 auf der Insel Herrenchiemsee tagte. Die Sachverständigen wollten keine politische Entscheidung treffen. Sie lösten Streitfragen nicht, sondern wichen den Problemen durch synoptische Gegenüberstellungen von Vorschlägen aus. Das Ergebnis der Beratungen war

eine Plattform und Diskussionsgrundlage für die Arbeit des Parlamentarischen Rates.
Am 1. Sepember 1948 trat in Bonn der **Parlamentarische Rat** zusammen, gebildet aus 65 Abgeordneten aller politischen Parteien, die von den Landtagen der elf westdeutschen Länder gewählt worden waren, hinzu kamen fünf Vertreter Berlins als Gäste (27 CDU/CSU; 27 SPD; 5 FDP; 2 Zentrum; 2 DP; 2 KPD). Zum Präsidenten des Parlamentarischen Rates wurde Konrad Adenauer (CDU), zum Vorsitzenden des Hauptausschusses, in dem die wesentliche gesetzesformende Tätigkeit entfaltet wurde, Carlo Schmid (SPD) gewählt. Der Parlamentarische Rat tagte von September 1948 bis Mai 1949 in einer gefahrdrohenden Zeit der Berliner Blockade und der noch ungefestigten neuen Währung und Wirtschaft.
Die **Ausgestaltung des Grundgesetzes** war durch die Leitsätze der drei Besatzungsmächte, die in den Frankfurter Dokumenten vom 1. Juli 1948 niedergelegt waren, begrenzt. Die Leitsätze ließen jedoch genügenden Spielraum. Außerdem richteten die drei Militärgouverneure an den Parlamentarischen Rat im November 1948 ein Memorandum und empfahlen eine stärkere **Berücksichtigung föderalistischer Grundsätze.** Im März 1949, kurz vor der 3. Lesung des Grundgesetzes im Hauptausschuß, überreichten die Militärgouverneure zwei Denkschriften zur Änderung des Entwurfs des Grundgesetzes mit dem Ziel, die vorgesehenen **Kompetenzen des Bundes einzuschränken** bezüglich des Bund-Länder-Verhältnisses, der Bundesgesetzgebung, der Finanzwirtschaft des Bundes, der Unabhängigkeit der Richter, des Beamtenrechts und der Zugehörigkeit Berlins zum Bund. Kompromißvorschläge des Parlamentarischen Rates lehnten die Militärgouverneure zunächst ab. Erst Ende April konnten die Auffassungsverschiedenheiten beigelegt werden.
Die Auffassungen über die **Gestaltung des neuen Staates** gingen insbesondere in Nord- und Süddeutschland sowie innerhalb der großen Parteien weit auseinander:
Der Verfassungskonvent von Herrenchiemsee sah eine Trennung von Bund und Ländern nach amerikanischem Vorbild vor, also mehr einen Staatenbund. Der Parlamentarische Rat entschied sich für die Lösung eines Bundesstaates, die dem Bund weitgehendere Kompetenzen einräumte, so daß das einheitliche deutsche Rechts-, Wirtschafts- und Währungsgebiet erhalten blieb. Die Lösung erfolgte teilweise so, daß für bestimmte Sachgebiete der Bund die ausschließliche Kompetenz, für andere Gebiete der Bund die konkurrierende Kompetenz mit den Ländern erhielt, wieder andere Gebiete den Ländern allein zustanden. Daneben kann der Bund Rahmenvorschriften erlassen, die von den Ländern im einzelnen auszufüllen sind.
Hinsichtlich einer einheitlichen **Bundesfinanzverwaltung** hatte der Verfassungskonvent von Herrenchiemsee keinen einheitlichen Vorschlag machen können, sondern stellte als gleichwertig drei Möglichkeiten nebeneinander: landeseigene Verwaltung, bundeseigene Verwaltung und nach Weisung des Bundes zu führende Landesfinanzverwaltungen. Der Finanz- und Hauptausschuß entschieden sich nach hartnäckigen und umfassenden Debatten mit

knapper Mehrheit für die Bundesfinanzverwaltung. Die Überzeugungskraft des ehemaligen preußischen Finanzministers Dr. Höpker-Aschoff gab hier den letzten Ausschlag. Dieser Entscheidung schloß sich später der Parlamentarische Rat insgesamt an. Diese Lösung konnte aber gegen die »nachdrücklichen Einwendungen der Militärgouverneure« nicht durchgesetzt werden. Der Parlamentarische Rat wählte daher einen Mittelweg. Er sah in Art. 108 Abs. 1 GG eine Bundesfinanzverwaltung für die Steuern vor, die allein dem Bunde zuflossen, und gab der Bundesregierung in Art. 108 Abs. 7 GG für alle Steuern, die der konkurrierenden und ausschließlichen Gesetzgebung unterlagen, das Recht, allgemeine Verwaltungsvorschriften zu erlassen.

III. Annahme des Grundgesetzes

Am 8. Mai 1949 stimmte der Parlamentarische Rat über das Grundgesetz ab; es wurde mit 53 gegen 12 Stimmen angenommen. Bereits am 12. Mai 1949 wurde mit Vorbehalten zu einigen Artikeln die Genehmigung der Besatzungsmächte erteilt. In zehn von elf Landtagen wurde das Grundgesetz ebenfalls angenommen. In Bayern wurde es mit 101 gegen 63 Stimmen bei 9 Enthaltungen abgelehnt. Der bayerische Landtag bejahte jedoch die Zugehörigkeit Bayerns zum Bund mit 97 gegen 6 Stimmen bei 70 Enthaltungen. Das Grundgesetz wurde am 23. Mai 1949 in der Nr. I des Bundesgesetzblattes veröffentlicht und trat am 24. Mai 1949 in Kraft.
Verfassungen sind in der Regel an markanten Wendepunkten der politischen Entwicklung geschaffen worden. Der Entstehungszeitpunkt des Grundgesetzes ist insofern untypisch, als es nicht das Ergebnis eines revolutionären Prozesses oder einer quasirevolutionären Situation ist und nicht unmittelbar auf den Zusammenbruch des nationalsozialistischen Staates folgt, sondern bereits bestimmte Nachkriegsentwicklungen festhält.

IV. Ausfertigungs- und Verkündungsklausel des Grundgesetzes

»Der Parlamentarische Rat hat am 23. Mai 1949 in Bonn am Rh. in öffentlicher Sitzung festgestellt, daß das am 8. Mai des Jahres 1949 vom Parlamentarischen Rat beschlossene Grundgesetz für die Bundesrepublik Deutschland in der Woche vom 16. bis 22. Mai 1949 durch die Volksvertretungen von mehr als zwei Dritteln der beteiligten deutschen Länder angenommen worden ist.
Auf Grund dieser Feststellung hat der Parlamentarische Rat, vertreten durch seinen Präsidenten, das Grundgesetz ausgefertigt und verkündet.
Das Grundgesetz wird hiermit gemäß Artikel 145 Absatz 3 im Bundesgesetzblatt veröffentlicht.«
Zur politischen und rechtlichen Bedeutung der Ausfertigungs- und Verkündungsklausel des Grundgesetzes führte der Präsident des Parlamentarischen Rates, Konrad Adenauer, aus, daß durch die Unterzeichnung bezeugt werde,

»daß das Grundgesetz in der öffentlichen Sitzung des Parlamentarischen Rates vom 8. Mai dieses Jahres mit einer Mehrheit von 53 gegen 12 Stimmen angenommen worden ist« (StenBer. S. 271). Die Ministerpräsidenten und Landtagspräsidenten bezeugten ferner durch ihre Unterschrift, »daß das Grundgesetz in dieser Fassung in mehr als zwei Dritteln der elf Länder der drei Zonen angenommen worden ist«. Die Vertreter Groß-Berlins schließlich bezeugten durch ihre Unterschrift, daß die Stadtverordnetenversammlung von Groß-Berlin in ihrer 14. außerordentlichen Sitzung am 19. Mai 1949 einmütig den folgenden Beschluß gefaßt habe: »Die Stadtverordnetenversammlung von Groß-Berlin bekennt sich zu den Prinzipien und Zielen des vom Parlamentarischen Rat in Bonn am 8. Mai 1949 beschlossenen Grundgesetzes für die Bundesrepublik Deutschland.«

V. Zusammentritt des Bundestages

Am 14. August 1949 folgten die Wahlen zum ersten Deutschen Bundestag. CDU/CSU erreichten 139 Sitze, die SPD kam auf 131, die FDP auf 52, die BP auf 17, die DP auf 17, die KPD auf 15, die WAV auf 12, das Zentrum auf 10, die extreme Rechte auf 5 Sitze. Der Rest verteilte sich auf die Parteilosen und auf die Südschleswigsche Wählervereinigung. Konrad Adenauer wurde der erste Bundeskanzler. Der Bundestag trat erstmals am 7. September 1949 zusammen. Die Bundesversammlung wählte Theodor Heuss zum Bundespräsidenten. Ende September 1949 war die Bildung der wichtigsten obersten Bundesorgane im wesentlichen abgeschlossen. Die Bundesrepublik Deutschland war damit als Staat entstanden.

VI. Das Besatzungsstatut

Mit der Bildung der Bundesorgane trat das am 10. April 1949 von den westlichen Militärgouverneuren erlassene Besatzungsstatut in Kraft, das das Verhältnis zwischen der Bundesrepublik und den Besatzungsmächten regelte. An die Stelle der Militärgouverneure traten die Hohen Kommissare, die zusammen die Hohe Kommission bildeten.

Das Besatzungsstatut enthielt eine **Beschränkung der Souveränität** auf bestimmten vorbehaltenen Gebieten, die die Besatzungsmächte für ihre Sicherheit als erforderlich ansahen (Überwachung kriegswichtiger Produktion, Reparationen, Außenpolitik, Außenhandel, Devisenwirtschaft u. a.). Eine **Revisionsurkunde** vom 6. März 1951 erlaubte u. a. die Errichtung eines Auswärtigen Amtes, die Aufnahme selbständiger diplomatischer Beziehungen und erklärte formell die Aufhebung des Kriegszustandes. Aufgrund dieser Bestimmungen wurde es möglich, daß die Bundesrepublik Mitglied des Europarates, der OECD sowie der UNO-Nebenorganisationen ILO, WHO, FAO und UNICEF wurde. In rascher Folge haben viele Staaten diplomatische Missionen in Bonn

errichtet, und die Bundesrepublik hat selbst in vielen Staaten diplomatische Missionen neu aufgebaut.
Schon vorher, aber mit Nachdruck nach der Verkündung des revidierten Besatzungsstatuts, entbrannte die Diskussion über einen Beitrag zur Verteidigung im Kreise der westlichen Besatzungsmächte, der NATO-Staaten und des Europarates. Das führte schließlich zur Unterzeichnung des **Bonner Vertrages** über die Beziehungen zwischen der Bundesrepublik Deutschland und den drei Mächten am 26. Mai 1952 in Bonn und über die Gründung der **Europäischen Verteidigungsgemeinschaft** (EVG) am 27. Mai 1952 in Paris. Nach der Äußerung des damaligen Bundeskanzlers Konrad Adenauer im Bundesratsausschuß für Auswärtige Angelegenheiten stellte der Bonner Vertrag sowohl einen Vertrag über die Liquidierung des Besatzungsregimes als auch einen Vorfriedensvertrag und weiterhin einen Bündnisvertrag der Bundesrepublik mit den westlichen Großmächten dar. Daß der Vertrag über die Europäische Verteidigungsgemeinschaft nicht in Kraft trat, war nur von sekundärer Bedeutung. Jedenfalls war durch diesen Vertrag das Eis zwischen Deutschland und den westlichen Großmächten endgültig gebrochen und Deutschland als gleichberechtigter Partner in der westlichen Völkergemeinschaft anerkannt.

VII. Der Beitritt der Bundesrepublik zur NATO

Im Jahre 1949 war durch Großbritannien, Frankreich, die Beneluxstaaten, die USA, Kanada, Island, Italien, Dänemark, Norwegen und Portugal der Vertrag über die Nordatlantische Verteidigungsgemeinschaft (NATO) abgeschlossen worden. 1952 waren Griechenland und die Türkei beigetreten.
1955 wurde die Bundesrepublik Deutschland **Mitglied der NATO.** Der knappe und klar verständliche Text des NATO-Vertrages bedarf kaum einer Erläuterung. Die Vertragsverpflichtungen betreffen folgende Punkte:
Art. 1: Friedliche Regelung von Streitfällen und Verzicht auf Gewaltanwendung oder Gewaltandrohung;
Art. 2: Wirtschaftliche Zusammenarbeit zwischen den Vertragspartnern;
Art. 3: Stärkung der Widerstandskraft gegen eine Aggression, und zwar durch Selbsthilfe und gegenseitige Unterstützung;
Art. 4: Konsultation im Falle der Bedrohung einer der Vertragspartner.
Art. 5 enthält die grundlegende Bestimmung gegenseitiger Hilfeleistungen im Falle einer Aggression, indem ausdrücklich Bezug genommen wird auf das in Art. 51 der Charta der Vereinigten Nationen anerkannte Recht der individuellen oder kollektiven Selbstverteidigung.
Art 9, der die Einsetzung eines Rates vorsieht, der für alle die Durchführung des Vertrages betreffenden Fragen zuständig ist, bildet die Grundlage der gesamten Organisation des Nordatlantikvertrages.
Art. 10, der den etwaigen Beitritt anderer europäischer Staaten vorsieht, hat drei neuen Staaten den Beitritt zum Bündnis ermöglicht: Griechenland, der Türkei und der Bundesrepublik Deutschland. Spanien wurde 1982 Mitglied.

G. Die Europäische Union

Im Jahre 1951 begann der Einigungsprozeß Europas mit der Gründung der Europäischen Gemeinschaft für Kohle und Stahl **(EGKS-»Montanunion«)**. Am 25. März 1957 unterzeichneten die sechs Länder Bundesrepublik Deutschland, Frankreich, Italien, Belgien, Luxemburg und die Niederlande die **»Römischen Verträge«,** durch welche die Europäische Wirtschaftsgemeinschaft **(EWG)** und die Europäische Atomgemeinschaft **(EAG-»Euratom«)** geschaffen wurden. Größte Bedeutung hatte dabei die EWG, die grundsätzlich alle Wirtschaftsbeziehungen zwischen den Mitgliedstaaten untereinander und gegenüber Drittstaaten umfaßt. Oberste Ziele waren dabei die Errichtung einer Zollunion und eines Gemeinsamen Marktes. Die Zollunion wurde bis Ende der sechziger Jahre verwirklicht, der Binnenmarkt Anfang 1993 erreicht.

Die drei Europäischen Gemeinschaften **(EG)** erhielten als gemeinsame Organe den Rat, dem Minister der nationalen Regierungen angehören, die Kommission, deren Mitglieder von den Regierungen benannt werden, das Europäische Parlament und den Europäischen Gerichtshof (EuGH). Der Rat entscheidet – hier liegt ein demokratisches Defizit – ohne an das Votum des Parlaments gebunden zu sein.

Zu den sechs Gründerstaaten sind am 1. Januar 1973 Großbritannien, Irland und Dänemark, am 1. Januar 1981 Griechenland und am 1. Januar 1986 Spanien und Portugal hinzugekommen. Am 7. Februar 1992 wurde zwischen den Mitgliedern der Europäischen Gemeinschaften (EG) der Vertrag über die Europäische Union **(EU-Vertrag – »Vertrag von Maastricht«)** ausgehandelt. Durch den Unions-Vertrag gründeten die Vertragsparteien untereinander eine »Europäische Union«. Den drei Europäischen Gemeinschaften werden weitere Aufgaben zugewiesen. Die Beziehungen zwischen den Mitgliedstaaten sowie ihren Völkern sollen kohärent und solidarisch gestaltet werden. Ziel ist es, einen Wirtschafts- und Sozialraum ohne Grenzen zu schaffen, eine Wirtschafts- und Währungsunion (WWU) bis 1999 zu errichten, eine Unionsbürgerschaft einzuführen (mit kommunalem Wahlrecht für EU-Bürger) und den gemeinschaftlichen Besitzstand voll zu wahren und weiterzuentwickeln.

Darüber hinaus werden der EU direkt zwei neue Felder der Zusammenarbeit zugewiesen: die »Gemeinsame Außen- und Sicherheitspolitik« (GASP) und die Innere Sicherheit mit den Bereichen Justiz und Fahndung, die allerdings nur als zwischenstaatliche Zusammenarbeit konzipiert sind. Der EU stehen weiterhin die jeweiligen Minister vor, die nun den Titel »Rat der Europäischen Union« führen. Die Brüsseler Exekutive heißt »Europäische Kommission«. Das Europäische Parlament, das weiterhin im wesentlichen bedauerlicherweise nur Beratungs- und Kontrollaufgaben hat, und der Europäische Gerichtshof bleiben erhalten. Als neues Gemeinschaftsorgan kommt der Rechnungshof hinzu.

Mit dem »Maastrichter Vertrag« wurden vier neue Strukturprinzipien verankert:

- der Föderalismus (»bürgernahe Entscheidungen«),
- die Subsidiarität (keine »Allzuständigkeit« der EU; Vorrang der Entscheidungen auf der Ebene der Mitgliedstaaten, wenn keine ausschließliche Zuständigkeit der EU besteht),
- die Solidarität (Gedanke der gegenseitigen Unterstützung) und
- die Union der Völker Europas (»Staatenbund«).

Der deutsche Gesetzgeber hat dem EU-Vertrag zugestimmt und das GG, insbesondere Art. 23, angepaßt.

Das BVerfG hat den EU-Vertrag gebilligt (BVerfGE 89 155 ff.): Er begründet einen europäischen Staatenverband, der von den Mitgliedstaaten getragen wird und deren nationale Identität achtet; er betrifft die Mitgliedschaft Deutschlands in supranationalen Organisationen, nicht eine Zugehörigkeit zu einem europäischen Staat. Die Aufgabe der Europäischen Union und die zu ihrer Wahrnehmung eingeräumten Befugnisse werden dadurch in einer hinreichend voraussehbaren Weise normiert, daß das Prinzip der begrenzten Einzelermächtigung eingehalten, keine Kompetenz-Kompetenz für die Europäische Union begründet und die Inanspruchnahme weiterer Aufgaben und Befugnisse durch Europäische Union und Europäische Gemeinschaften von Vertragsergänzungen und Vertragsänderungen abhängig gemacht, mithin der zustimmenden Entscheidung der nationalen Parlamente vorbehalten wird. Durch den Umfang der eingeräumten Aufgaben und Befugnisse und die im Vertrag geregelte Form der Willensbildung in der Europäischen Union und den Organen der Europäischen Gemeinschaften werden die Entscheidungs- und Kontrollzuständigkeiten des Deutschen Bundestages noch nicht in einer Weise entleert, die das Demokratieprinzip, soweit es Art. 79 Abs. 3 für unantastbar erklärt, verletzt.

Am 1. Januar 1994 schlossen sich die EU und sechs Nachbarländer (Österreich, Schweden, Finnland, Norwegen, Island und Liechtenstein) zum Europäischen Wirtschaftsraum **(EWR)** zusammen; die Schweizer Bürger lehnten in einem Referendum den Beitritt ab. Es handelt sich um eine Art Freihandelszone, nicht um eine Zollunion. Sichtbarste Veränderung für etwa 370 Millionen Einwohner in den 18 Staaten ist die Möglichkeit der freien Wahl des Arbeitsplatzes innerhalb des EWR. Finnland, Österreich und Schweden sind inzwischen der EU beigetreten; diese besteht nunmehr aus 15 Mitgliedern.

Ende März 1996 begann in Turin die sog. »Maastricht II-Konferenz«, welche die dritte Reform der Gemeinschaft vorbereiten soll. Ihre Ergebnisse sind bisher nicht absehbar.

Vgl. auch Art. 23 und 24.

Organe der Europäischen Union[1]

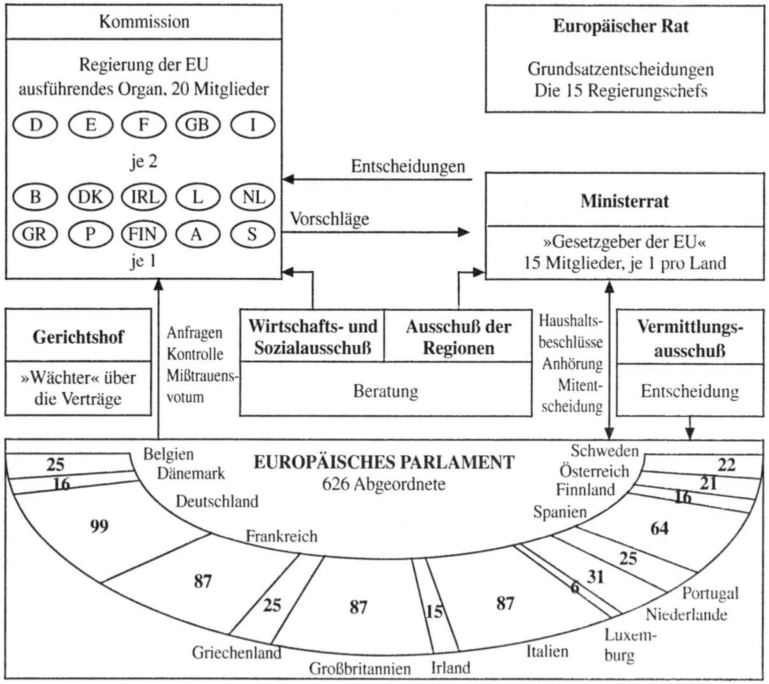

Das Europäische Parlament

ist das demokratische Kontrollorgan der Europäischen Union. Die direkt gewählten Abgeordneten vertreten die Interessen der Bürger der Union gegenüber Rat und Kommission. Seine wichtigsten Befugnisse sind:

Mitentscheidungsrecht

- »Gesetze« der Europäischen Union
- Errichtung des Binnenmarktes
- Anerkennung von Diplomen
- Gesundheitswesen
- Kultur/Forschung
- Zusammenarbeit im Bildungswesen
- Transeuropäische Netze
- Verbraucherschutz
- Aktionsprogramme für den Umweltschutz

Zustimmung

- Erweiterung der EU
- Unionsbürgerrechte
- Internationale Abkommen
- Modalitäten der Europawahlen
- Aufgaben der Europäischen Zentralbank
- Aufgaben der Struktur- und Kohäsionsfonds
- Ernennung des Präsidenten der Kommission
- Verabschiedung des Haushalts

Verfahren der Zusammenarbeit

- Verkehrspolitik
- Umweltpolitik
- Arbeitsschutz
- Zusammenarbeit mit den Entwicklungsländern
- Förderung der beruflichen Bildung
- Durchführung des Sozial- und Regionalfonds

1 aus: Horst Pötzsch, Die deutsche Demokratie, Bonn 1995, S. 126.

H. Die Deutsche Demokratische Republik

I. Die Verfassung von 1949

Nachdem alle Versuche gescheitert waren, einen einzigen deutschen Staat zu gründen (vgl. Einl. F I), wurde am 7. Oktober 1949 mit der Konstituierung der DDR deren erste Verfassung in Kraft gesetzt. Sie wies Strukturelemente eines parlamentarisch-demokratischen Systems mit föderalistischen und rechtsstaatlichen Zügen auf, bekannte sich jedoch zum Prinzip der Gewalteneinheit und dem Blocksystem bei der Regierungsbildung. Beides nutzte die SED, um ihre Macht immer weiter auszubauen. Diese Entwicklung vollzog sich weitgehend außerhalb der Verfassung, zum Teil sogar gegen sie. So wurde bereits am 8. Februar 1950 das Ministerium für Staatssicherheit gebildet, das die Kompetenz erhielt, die Bevölkerung zu überwachen und gegen »Staatsfeinde« einzuschreiten.

II. Die Verfassung von 1968/1974

Die fortschreitende Entwicklung wurde durch die Verabschiedung einer **»sozialistischen Verfassung«** nach einer Volksabstimmung am 6. April 1968 zu einem vorläufigen Abschluß gebracht. Art. 1 legte die führende Rolle der SED sowie den Marxismus-Leninismus als herrschende Ideologie und die Verwirklichung des Sozialismus als politisches Ziel ausdrücklich fest.
Diese »sozialistische Verfassung« wurde mit Wirkung vom 7. Oktober 1974 durch Beschluß der Volkskammer in mehreren Artikeln geändert. Dabei wurden alle Passagen eliminiert, die zuvor noch das Fortbestehen der deutschen Nation und die Perspektive einer künftigen Vereinigung Deutschlands zum Inhalt hatten. Statt dessen wurde festgestellt, daß die DDR »für immer und unwiderruflich« mit der UdSSR verbündet und ein »untrennbarer Bestandteil der sozialistischen Staatengemeinschaft« sei (Art. 6).
Der **demokratische Zentralismus,** der in der Formulierung des Parteistatuts der SED festlegte, »daß alle Beschlüsse der höheren Parteiorgane für die nachgeordneten Organe verbindlich sind, straffe Parteidisziplin zu üben ist und die Minderheit sowie der einzelne sich den Beschlüssen der Mehrheit diszipliniert unterordnet«, war nicht nur das grundlegende Organisationsprinzip der herrschenden Partei, sondern in der Verfassung der DDR auch als »das tragende Prinzip des Staatsaufbaus« (Art. 47) verankert. Für die Staatsorgane galt eine doppelte Unterstellung: Sie waren einerseits in die staatliche Leitungshierarchie eingebunden, andererseits den entsprechenden Parteileitungen untergeordnet. Die Verfassung definierte die **Volkskammer** als »das oberste staatliche Machtorgan«, das über die »Grundfragen der Staatspolitik« befindet (Art. 48). Tatsächlich trat die Volkskammer aber nur zu vier bis fünf Tagungen pro Jahr zusammen und blieb in der politischen Praxis weitgehend ein Ak-

klamationsorgan, das seine Beschlüsse fast ausnahmslos einstimmig faßte. Der **Ministerrat** der DDR bildete die Staatsregierung. In der politischen Praxis der sechziger Jahre weitgehend auf die Funktion eines Wirtschaftskabinetts beschränkt, war er seit den siebziger Jahren für die »einheitliche Durchführung der Staatspolitik« (Art. 76) verantwortlich. Die **»sozialistische Gesetzlichkeit und Rechtssicherheit«** wurde als Bestandteil der einheitlichen Staatsgewalt betrachtet. Richter und Staatsanwälte unterlagen staatlicher Anweisung und Kontrolle und konnten durch die Volksvertretung abberufen werden. Grundlegende Freiheitsrechte, insbesondere die Meinungs- und Pressefreiheit sowie die Versammlungs- und Koalitionsfreiheit (Art. 27–29), waren beschränkt und wurden nur »in Übereinstimmung mit den Grundsätzen und Zielen der Verfassung«, d.h. im Sinne der von der SED bestimmten politischen Grundorientierung, gewährleistet.

III. Die verfassungsrechtliche Lage ab 1989

Nachdem sich im Herbst 1989 eine grundlegende politische Wende in der DDR abzuzeichnen begann, beschloß die Volkskammer am 1. Dezember 1989, die führende Rolle der SED aus der Verfassung zu streichen. Auf der Grundlage des am 20. Februar 1990 verabschiedeten **Wahlgesetzes** fanden am 18. März 1990 die ersten freien Wahlen in der DDR statt, aus denen die CDU mit 40,8 Prozent als deutlicher Sieger hervorging. Als sich die Volkskammer am 5. April 1990 konstituierte, wurde ihr ein Entwurf für eine neue Verfassung übergeben, der von der Arbeitsgruppe Verfassung des Runden Tisches am 12. März verabschiedet worden war. Dieser Entwurf wurde am 26. April 1990 mit knapper Mehrheit abgewiesen. Am 17. Mai verabschiedete die Volkskammer eine neue **Kommunalverfassung** und schuf damit die Grundlage für die Selbstverwaltung der Städte und Gemeinden. Genau einen Monat später wurde beschlossen, den Begriff Sozialismus aus der DDR-Verfassung zu streichen, nachdem schon Ende Mai verfügt worden war, das alte Staatswappen von den offiziellen Gebäuden zu entfernen. Am 22. Juli verabschiedete die Volkskammer das **Ländereinführungsgesetz,** mit dem sie die 1952 aufgelösten Länder Brandenburg, Mecklenburg-Vorpommern, Sachsen, Sachsen-Anhalt und Thüringen wiederherstellte. Mit dem Beitritt der DDR zum Geltungsbereich des Grundgesetzes zum 3. Oktober 1990 war die Existenz der DDR als Ergebnis einer »friedlichen Revolution« beendet.

IV. Die »Deutschland-Theorien«

Die Existenz zweier deutscher Staaten warf die Frage auf, ob »Gesamtdeutschland« überhaupt noch bestehe. Die Bundesrepublik Deutschland vertrat die Auffassung, die Vier Mächte hätten die 1945 übernommene Regierungsgewalt über Gesamtdeutschland nicht aufgegeben; infolgedessen seien die

Bundesrepublik und die DDR nur Teilordnungen. Diese Auffassung hat das BVerfG mit seinem Urteil zum Vertrag über die Grundlagen der Beziehungen zwischen der Bundesrepublik Deutschland und der DDR vom 8. November 1972 im Kern bestätigt (BVerfGE 36, 1 ff.). Demgegenüber vertrat die DDR nachdrücklich die Zwei-Staaten-Theorie, wonach Gesamtdeutschland in die beiden Staaten DDR und Bundesrepublik zerfallen sei.

I. Aufnahme in die Vereinten Nationen

Der Sicherheitsrat der Vereinten Nationen (UNO) hat nach getrennter Prüfung des Antrags der Bundesrepublik Deutschland und der Deutschen Demokratischen Republik empfohlen, beide Staaten in die Vereinten Nationen aufzunehmen. *Am 18. September 1973 wurde die Bundesrepublik Deutschland in der 28. Vollversammlung der Vereinten Nationen im Akklamationsverfahren als 134. Mitglied der Vereinten Nationen aufgenommen.* Die Deutsche Demokratische Republik wurde ebenfalls Mitglied.
Die Beitrittsurkunde hat folgenden Wortlaut: *»Nachdem die in San Franzisko am 26. Juni 1945 aufgelegte Charta der Vereinten Nationen, deren Wortlaut als Anlage beigefügt ist, in gehöriger Gesetzesform die verfassungsmäßige Zustimmung gefunden hat, erkläre ich, daß die Bundesrepublik Deutschland die in der Charta der Vereinten Nationen enthaltenen Verpflichtungen annimmt und sich feierlich verpflichtet, sie zu erfüllen.«*

K. Der Beitritt der DDR zur Bundesrepublik Deutschland

Im Herbst 1989 kam es in der DDR zu dramatischen Veränderungen. Friedliche Demonstrationen der Bevölkerung und die einsetzende Massenflucht zwangen die regierende SED zu immer größeren Zugeständnissen. Die erste friedliche Revolution auf deutschem Boden führte zur Öffnung der Berliner Mauer und der innerdeutschen Grenze. Mit dem Ruf »Wir sind das Volk« wurde die Diktatur der SED zur Aufgabe gezwungen; mit den ersten freien Wahlen im Jahre 1990 fand sie ihr Ende. Die Bundesrepublik und die DDR vereinbarten eine Währungs-, Wirtschafts- und Sozialunion, die im Juli 1990 in Kraft trat. Mit Beschluß der Volkskammer der DDR vom 23. August 1990 erklärte die DDR ihren Beitritt zur Bundesrepublik Deutschland gemäß Art. 23 GG: Am 31. August 1990 kam es zum **Einigungsvertrag** zwischen der Bundesrepublik und der DDR, der die Voraussetzungen und die Folgen des Beitritts der DDR regelt. Er ist »Ausdruck des Wunsches der Menschen in beiden Teilen

Deutschlands, gemeinsam in einem Staat in Freiheit, Demokratie und Rechtsstaatlichkeit zu leben« (Denkschrift zum Einigungsvertrag).
Die Parlamente der Bundesrepublik und der DDR stimmten diesem Vertrag zu. Mit dem Beitritt gehört das bisherige Gebiet der DDR auch zum Geltungsbereich der Verträge über die Gründung der Europäischen Gemeinschaften, wobei teilweise Übergangsregelungen galten. Mit dem Beitritt gilt das Grundgesetz auch im bisherigen Gebiet der DDR, wobei gemäß Art. 143 GG übergangsweise gewisse Einschränkungen vorgesehen waren.
Im Einigungsvertrag wird den gesetzgebenden Körperschaften des vereinten Deutschland empfohlen, sich innerhalb von zwei Jahren mit den im Zusammenhang mit der deutschen Einigung aufgeworfenen Fragen zur Änderung oder Ergänzung des Grundgesetzes zu befassen, insbesondere in bezug auf das Verhältnis zwischen Bund und Ländern, in bezug auf die Möglichkeit einer Neugliederung für den Raum Berlin/Brandenburg abweichend von Art. 29 GG durch Vereinbarung der beteiligten Länder, mit den Überlegungen zur Aufnahme von Staatszielbestimmungen in das Grundgesetz sowie mit der Frage der Anwendung des Art. 146 GG und in deren Rahmen einer Volksabstimmung.
Diese Empfehlung führte im Jahre 1991 dazu, daß Bundestag und Bundesrat eine **Gemeinsame Verfassungskommission** einsetzten, die 1992 ihre Arbeit aufnahm und diese 1993 abschloß. Handlungsbedarf sah die Kommission vor allem bei der Gleichberechtigung von Frauen, dem Behindertenschutz, den Staatszielen Umwelt-, Minderheiten- und Tierschutz, bei den Fragen der Neugliederung der Länder, der Stärkung der Kommunen, der Neuverteilung der Gesetzgebungskompetenzen zugunsten der Länder und der landesspezifischen Sozialpolitik. Im Gesetzgebungsverfahren, in dessen Verlauf der Vermittlungsausschuß angerufen werden mußte, scheiterten die Staatsziele Minderheitenschutz und Tierschutz. Auch die von der Opposition geforderten Staatsziele Arbeit und Wohnen fanden keine Mehrheit. Ebenso wurde die vorgeschlagene Aufforderung zu »mehr Mitmenschlichkeit und Gemeinsinn« nicht in das GG aufgenommen. Die Verfassungsänderungen wurden am 27. Oktober 1994 im Bundesgesetzblatt verkündet.
Diese Verfassungsreform kann nicht befriedigen. Dem Auftrag des Einigungsvertrages wird sie nicht gerecht. Sie ist nichts anderes als eine im Detail verharrende Änderung des GG. Eine umfassende Reform fehlt noch. So bleiben Forderungen nach mehr Beteiligung der Bürger an wichtigen Entscheidungen und nach einer Neuordnung der Parteien ebenso unberücksichtigt wie das Problem ethnischer, kultureller und sprachlicher Minderheiten.
Hauptstadt des vereinigten Deutschland ist **Berlin.** Nach dem »Berlin/Bonn-Gesetz« ist Berlin der Sitz des Deutschen Bundestages und der Bundesregierung, wobei einzelne Bundesministerien in Bonn bleiben können, diese müssen aber gleichzeitig einen Dienstsitz in Berlin haben.

L. Die Charta der Vereinten Nationen (Auszug)

Die Vereinten Nationen sind ein Zusammenschluß von Staaten zur Sicherung des Weltfriedens und zur Förderung der internationalen Zusammenarbeit; ihr Vorläufer war der Völkerbund. Der Schutz der Menschenrechte ist ein besonderes Anliegen dieser Organisation. Hauptorgane sind das Sekretariat, die Vollversammlung, der Sicherheitsrat, der Wirtschafts- und Sozialrat, der Treuhandschaftsrat und der Internationale Gerichtshof. Eng verbunden mit den Vereinten Nationen sind zahlreiche Sonderorganisationen. Die Charta der Vereinten Nationen trat im Jahre 1945 in Kraft. Sie soll hier auszugsweise wiedergegeben werden:

Wir, die Völker der Vereinten Nationen – fest entschlossen,
künftige Geschlechter vor der Geißel des Krieges zu bewahren, die zweimal zu unseren Lebzeiten unsagbares Leid über die Menschheit gebracht hat,
unseren Glauben an die Grundrechte des Menschen, an Würde und Wert der menschlichen Persönlichkeit, an die Gleichberechtigung von Mann und Frau sowie von allen Nationen, ob groß oder klein, erneut zu bekräftigen,
Bedingungen zu schaffen, unter denen Gerechtigkeit und die Achtung vor den Verpflichtungen aus Verträgen und anderen Quellen des Völkerrechts gewahrt werden können,
den sozialen Fortschritt und einen besseren Lebensstandard in größerer Freiheit zu fördern,
und für diese Zwecke
Duldsamkeit zu üben und als gute Nachbarn in Frieden miteinander zu leben,
unsere Kräfte zu vereinen, um den Weltfrieden und die internationale Sicherheit zu wahren,
Grundsätze anzunehmen und Verfahren einzuführen, die gewährleisten, daß Waffengewalt nur noch im gemeinsamen Interesse angewendet wird, und
internationale Einrichtungen in Anspruch zu nehmen, um den wirtschaftlichen und sozialen Fortschritt aller Völker zu fördern –
haben beschlossen, in unserem Bemühen um die Erreichung dieser Ziele zusammenzuwirken.
Dementsprechend haben unsere Regierungen durch ihre in der Stadt San Franzisko versammelten Vertreter, deren Vollmachten vorgelegt und in guter und gehöriger Form befunden wurden, diese Charta der Vereinten Nationen angenommen und errichten hiermit eine internationale Organisation, die den Namen »Vereinte Nationen« führen soll.

Kapitel I: Ziele und Grundsätze

Art. 1

Die Vereinten Nationen setzen sich folgende Ziele:
1. den Weltfrieden und die internationale Sicherheit zu wahren und zu diesem Zweck wirksame Kollektivmaßnahmen zu treffen, um Bedrohungen des Friedens zu verhüten und zu beseitigen, Angriffshandlungen und andere Friedensbrüche zu unterdrücken und internationale Streitigkeiten oder Situationen, die zu einem Friedensbruch führen könnten, durch friedliche Mittel nach den Grundsätzen der Gerechtigkeit und des Völkerrechts zu bereinigen oder beizulegen;
2. freundschaftliche, auf der Achtung vor dem Grundsatz der Gleichberechtigung und Selbstbestimmung der Völker beruhende Beziehungen zwischen den Nationen zu entwickeln und andere geeignete Maßnahmen zur Festigung des Weltfriedens zu treffen;
3. eine internationale Zusammenarbeit herbeizuführen, um internationale Probleme wirtschaftlicher, sozialer, kultureller und humanitärer Art zu lösen und die Achtung vor den Menschenrechten und Grundfreiheiten für alle ohne Unterschied der Rasse, des Geschlechts, der Sprache oder der Religion zu fördern und zu festigen;
4. ein Mittelpunkt zu sein, in dem die Bemühungen der Nationen zur Verwirklichung dieser gemeinsamen Ziele aufeinander abgestimmt werden.

Art. 2

Die Organisation und ihre Mitglieder handeln im Verfolg der im Artikel 1 dargelegten Ziele nach folgenden Grundsätzen:
1. Die Organisation beruht auf dem Grundsatz der souveränen Gleichheit aller ihrer Mitglieder.
2. Alle Mitglieder erfüllen, um ihnen allen die aus der Mitgliedschaft erwachsenden Rechte und Vorteile zu sichern, nach Treu und Glauben die Verpflichtungen, die sie mit dieser Charta übernehmen.
3. Alle Mitglieder legen ihre internationalen Streitigkeiten durch friedliche Mittel so bei, daß der Weltfriede, die internationale Sicherheit und die Gerechtigkeit nicht gefährdet werden.
4. Alle Mitglieder unterlassen in ihren internationalen Beziehungen jede gegen die territoriale Unversehrtheit oder die politische Unabhängigkeit eines Staates gerichtete oder sonst mit den Zielen der Vereinten Nationen unvereinbare Androhung oder Anwendung von Gewalt.
5. Alle Mitglieder leisten den Vereinten Nationen jeglichen Beistand bei jeder Maßnahme, welche die Organisation im Einklang mit dieser Charta ergreift; sie leisten einem Staat, gegen den die Organisation Vorbeugungs- oder Zwangsmaßnahmen ergreift, keinen Beistand.
6. Die Organisation trägt dafür Sorge, daß Staaten, die nicht Mitglieder der Vereinten Nationen sind, insoweit nach diesen Grundsätzen handeln, als dies zur Wahrung des Weltfriedens und der internationalen Sicherheit erforderlich ist.
7. Aus dieser Charta kann eine Befugnis der Vereinten Nationen zum Eingreifen in Angelegenheiten, die ihrem Wesen nach zur inneren Zuständigkeit eines Staates gehören, oder eine Verpflichtung der Mitglieder, solche Angelegenheiten einer Regelung auf Grund dieser Charta zu unterwerfen, nicht abgeleitet werden; die Anwendung von Zwangsmaßnahmen nach Kapitel VII wird durch diesen Grundsatz nicht berührt.

Kapitel VI: Die friedliche Beilegung von Streitigkeiten

Art. 33

(1) Die Parteien einer Streitigkeit, deren Fortdauer geeignet ist, die Wahrung des Weltfriedens und der internationalen Sicherheit zu gefährden, bemühen sich zunächst um eine Beilegung durch Verhandlung, Untersuchung, Vermittlung, Vergleich, Schiedsspruch, gerichtliche Verhandlung, Inanspruchnahme regionaler Einrichtungen oder Abmachungen oder durch andere friedliche Mittel eigener Wahl.
(2) Der Sicherheitsrat fordert die Parteien auf, wenn er dies für notwendig hält, ihre Streitigkeiten durch solche Mittel beizulegen.

Art. 34

Der Sicherheitsrat kann jede Streitigkeit sowie jede Situation, die zu internationalen Reibungen führen oder eine Streitigkeit hervorrufen könnte, untersuchen, um festzustellen, ob die Fortdauer der Streitigkeit oder der Situation die Wahrung des Weltfriedens und der internationalen Sicherheit gefährden könnte.

Art. 35

(1) Jedes Mitglied der Vereinten Nationen kann die Aufmerksamkeit des Sicherheitsrats oder der Generalversammlung auf jede Streitigkeit sowie auf jede Situation der in Artikel 34 bezeichneten Art lenken.
(2) Ein Nichtmitgliedstaat der Vereinten Nationen kann die Aufmerksamkeit des Sicherheitsrats oder der Generalversammlung auf jede Streitigkeit lenken, in der er Partei ist, wenn er im voraus hinsichtlich dieser Streitigkeit die in dieser Charta für eine friedliche Beilegung festgelegten Verpflichtungen annimmt.
(3) Das Verfahren der Generalversammlung in Angelegenheiten, auf die ihre Aufmerksamkeit gemäß diesem Artikel gelenkt wird, bestimmt sich nach den Artikeln 11 und 12.

Art. 36

(1) Der Sicherheitsrat kann in jedem Stadium einer Streitigkeit im Sinne des Artikels 33 oder einer Situation gleicher Art geeignete Verfahren oder Methoden für deren Bereinigung empfehlen.
(2) Der Sicherheitsrat soll alle Verfahren in Betracht ziehen, welche die Parteien zur Beilegung der Streitigkeiten bereits angenommen haben.
(3) Bei seinen Empfehlungen aufgrund dieses Artikels soll der Sicherheitsrat ferner berücksichtigen, daß Rechtsstreitigkeiten im allgemeinen von den Parteien dem Internationalen Gerichtshof im Einklang mit dessen Statut zu unterbreiten sind.

Art. 37

(1) Gelingt es den Parteien einer Streitigkeit der in Artikel 33 bezeichneten Art nicht, diese mit den dort angegebenen Mitteln beizulegen, so legen sie die Streitigkeiten dem Sicherheitsrat vor.
(2) Könnte nach Auffassung des Sicherheitsrats die Fortdauer der Streitigkeit tatsächlich die Wahrung des Weltfriedens und der internationalen Sicherheit gefährden, so beschließt er, ob er nach Artikel 36 tätig werden oder die ihm angemessen erscheinenden Empfehlungen für eine Beteiligung abgeben will.

Art. 38

Unbeschadet der Artikel 33 bis 37 kann der Sicherheitsrat, wenn alle Parteien einer Streitigkeit dies beantragen, Empfehlungen zu deren friedlicher Beilegung an die Streitparteien richten.

M. Die Menschenrechtserklärung der Vereinten Nationen

Im Juni 1946 bildeten die Vereinten Nationen eine Menschenrechtskommission. Sie erarbeitete eine Allgemeine Erklärung der Menschenrechte, die 1948 beschlossen wurde. Diese Erklärung stellt den Versuch dar, den Menschenrechten international zum Durchbruch zu verhelfen. Zu nennen sind weiterhin die Pakte der Vereinten Nationen über bürgerliche und politische Rechte, über wirtschaftliche, soziale und kulturelle Rechte (1966) sowie die Konventionen über das Verbot der Rassendiskriminierung (1966), der Diskriminierung in Beschäftigung und Beruf (1958), im Erziehungswesen (1960) und der Frau (1979) sowie die Konvention zum Schutz der Rechte des Kindes (1989).
Die Schöpfer des Bonner Grundgesetzes waren fest entschlossen, die Bundesrepublik auf das Fundament der Menschenrechte aufzubauen und formulierten wie folgt:
»Die Würde des Menschen ist unantastbar. Sie zu achten und zu schützen ist Verpflichtung aller staatlichen Gewalt. Das Deutsche Volk bekennt sich darum zu unverletzlichen und unveränderlichen Menschenrechten als Grundlage jeder menschlichen Gemeinschaft, des Friedens und der Gerechtigkeit in der Welt...« (Art. 1).
Die Allgemeine Erklärung der Menschenrechte, die von der Generalversammlung der Vereinten Nationen am 10. Dezember 1948 verkündet wurde, hat folgenden Wortlaut:

Präambel

Da die Anerkennung der allen Mitgliedern der menschlichen Familie innewohnenden Würde und ihrer gleichen und unveräußerlichen Rechte die Grundlage der Freiheit, der Gerechtigkeit und des Friedens in der Welt bildet,
da Verkennung und Mißachtung der Menschenrechte zu Akten der Barbarei führten, die das Gewissen der Menschheit tief verletzt haben, und da die Schaffung einer Welt, in der den Menschen, frei von Furcht und Not, Rede- und Glaubensfreiheit zuteil wird, als das höchste Bestreben der Menschheit verkündet worden ist, da es wesentlich ist, die Menschenrechte durch die Herrschaft des Rechtes zu schützen, damit der Mensch nicht zum Aufstand gegen Tyrannei und Unterdrückung als letztem Mittel gezwungen wird,
da es wesentlich ist, die Entwicklung freundschaftlicher Beziehungen zwischen den Nationen zu fördern,
da die Völker der Vereinten Nationen in der Satzung ihren Glauben an die grundlegenden Menschenrechte, an die Würde und den Wert der menschlichen Person und an die Gleichberechtigung von Mann und Frau erneut bekräftigt und beschlossen haben, den sozialen Fortschritt und bessere Lebensbedingungen bei größerer Freiheit zu fördern,
da die Mitgliedstaaten sich verpflichtet haben, in Zusammenarbeit mit den Vereinten Nationen die allgemeine Achtung und Verwirklichung der Menschenrechte und Grundfreiheiten durchzusetzen,
da eine gemeinsame Auffassung über diese Rechte und Freiheiten von größter Wichtigkeit für die volle Erfüllung dieser Verpflichtung ist,
verkündet die Generalversammlung
die vorliegende Allgemeine Erklärung der Menschenrechte als das von allen Völkern und Nationen zu erreichende gemeinsame Ideal, damit jeder einzelne und alle Organe der Gesellschaft sich diese Erklärung stets gegenwärtig halten und sich bemühen, durch Unterricht und Erziehung die Achtung dieser Rechte und Freiheiten zu fördern und durch fortschreitende Maßnahmen im nationalen und internationalen Bereiche ihre allgemeine und tatsächliche Anerkennung und Verwirklichung bei der Bevölkerung sowohl der Mitgliedstaaten wie der ihrer Oberhoheit unterstehenden Gebiete zu gewährleisten.

Art. 1 [Freiheit, Gleichheit, Brüderlichkeit]

Alle Menschen sind frei und gleich an Würde und Rechten geboren. Sie sind mit Vernunft und Gewissen begabt und sollen einander im Geiste der Brüderlichkeit begegnen.

Art. 2 [Verbot der Diskriminierung]

1. Jeder Mensch hat Anspruch auf die in dieser Erklärung verkündeten Rechte und Freiheiten, ohne irgendeine Unterscheidung, wie etwa nach Rasse, Farbe, Geschlecht, Sprache, Religion, politischer und sonstiger Überzeugung, nationaler oder sozialer Herkunft, nach Eigentum, Geburt oder sonstigen Umständen.
2. Weiter darf keine Unterscheidung gemacht werden aufgrund der politischen, rechtlichen oder internationalen Stellung des Landes oder Gebietes, dem eine Person angehört, ohne Rücksicht darauf, ob es unabhängig ist, unter Treuhandschaft steht, keine Selbstregierung besitzt oder irgendeiner anderen Beschränkung seiner Souveränität unterworfen ist.

Art. 3 [Recht auf Leben und Freiheit]

Jeder Mensch hat das Recht auf Leben, Freiheit und Sicherheit der Person.

Art. 4 [Verbot der Sklaverei und des Sklavenhandels]

Niemand darf in Sklaverei oder Leibeigenschaft gehalten werden; Sklaverei und Sklavenhandel sind in allen Formen verboten.

Art. 5 [Verbot der Folter]

Niemand darf der Folter oder grausamer, unmenschlicher oder erniedrigender Behandlung oder Strafe unterworfen werden.

Art. 6 [Anerkennung als Rechtsperson]

Jeder Mensch hat überall Anspruch auf Anerkennung als Rechtsperson.

Art. 7 [Gleichheit vor dem Gesetz]

Alle Menschen sind vor dem Gesetz gleich und haben ohne Unterschied Anspruch auf gleichen Schutz durch das Gesetz. Alle haben Anspruch auf den gleichen Schutz gegen jede unterschiedliche Behandlung, welche die vorliegende Erklärung verletzen würde, und gegen jede Aufreizung zu einer derartigen unterschiedlichen Behandlung.

Art. 8 [Anspruch auf Rechtsschutz]

Jeder Mensch hat Anspruch auf wirksamen Rechtsschutz vor den zuständigen innerstaatlichen Gerichten gegen alle Handlungen, die seine ihm nach der Verfassung oder nach dem Gesetz zustehenden Grundrechte verletzen.

Art. 9 [Schutz vor Verhaftung und Ausweisung]

Niemand darf willkürlich festgenommen, in Haft gehalten oder des Landes verwiesen werden.

Art. 10 [Anspruch auf rechtliches Gehör]

Jeder Mensch hat in voller Gleichberechtigung Anspruch auf ein der Billigkeit entsprechendes und öffentliches Verfahren vor einem unabhängigen und unparteiischen

Gericht, das über seine Rechte und Verpflichtungen oder aber über irgendeine gegen ihn erhobene strafrechtliche Beschuldigung zu entscheiden hat.

Art. 11 [Quivis censetur innocens; nulla poena sine lege]

1. Jeder Mensch, der einer strafbaren Handlung beschuldigt wird, ist so lange als unschuldig anzusehen, bis seine Schuld in einem öffentlichen Verfahren, in dem alle für seine Verteidigung nötigen Voraussetzungen gewährleistet waren, gemäß dem Gesetz nachgewiesen ist.
2. Niemand kann wegen einer Handlung oder Unterlassung verurteilt werden, die im Zeitpunkt, da sie erfolgt, aufgrund des nationalen oder internationalen Rechts nicht strafbar war. Desgleichen kann keine schwerere Strafe verhängt werden als die, welche im Zeitpunkt der Begehung der strafbaren Handlung anwendbar war.

Art. 12 [Freiheitssphäre des einzelnen]

Niemand darf willkürlichen Eingriffen in sein Privatleben, seine Familie, sein Heim oder seinen Briefwechsel noch Angriffen auf seine Ehre und seinen Beruf ausgesetzt werden. Jeder Mensch hat Anspruch auf rechtlichen Schutz gegen derartige Eingriffe oder Anschläge.

Art. 13 [Freizügigkeit und Auswanderungsfreiheit]

1. Jeder Mensch hat das Recht auf Freizügigkeit und freie Wahl seines Wohnsitzes innerhalb eines Staates.
2. Jeder Mensch hat das Recht, jedes Land, einschließlich seines eigenen, zu verlassen sowie in sein Land zurückzukehren.

Art. 14 [Asylrecht]

1. Jeder Mensch hat das Recht, in anderen Ländern vor Verfolgungen Asyl zu suchen und zu genießen.
2. Dieses Recht kann jedoch im Falle seiner Verfolgung wegen nichtpolitischer Verbrechen oder wegen Handlungen, die gegen die Ziele und Grundsätze der Vereinten Nationen verstoßen, nicht in Anspruch genommen werden.

Art. 15 [Recht auf Staatsangehörigkeit]

1. Jeder Mensch hat Anspruch auf Staatsangehörigkeit.
2. Niemandem darf seine Staatsangehörigkeit willkürlich entzogen noch ihm das Recht versagt werden, seine Staatsangehörigkeit zu wechseln.

Art. 16 [Freiheit der Eheschließung, Schutz der Familie]

1. Heiratsfähige Männer und Frauen haben ohne Beschränkung durch Rasse, Staatsbürgerschaft oder Religion das Recht, eine Ehe zu schließen und eine Familie zu gründen. Sie haben bei der Eheschließung, während der Ehe und bei deren Auflösung die gleichen Rechte.
2. Die Ehe darf nur aufgrund der freien und vollen Willenseinigung der zukünftigen Ehegatten geschlossen werden.
3. Die Familie ist die natürliche und grundlegende Einheit der Gesellschaft und hat Anspruch auf Schutz durch Gesellschaft und Staat.

Art. 17 [Gewährleistung des Eigentums]

1. Jeder Mensch hat allein oder in der Gemeinschaft mit anderen Recht auf Eigentum.
2. Niemand darf willkürlich seines Eigentums beraubt werden.

Art. 18 [Gewissens- und Religionsfreiheit]

Jeder Mensch hat Anspruch auf Gedanken-, Gewissens- und Religionsfreiheit; dieses Recht umfaßt die Freiheit, seine Religion oder seine Überzeugung zu wechseln, sowie die Freiheit, seine Religion oder seine Überzeugung allein oder in Gemeinschaft mit anderen, in der Öffentlichkeit oder privat, durch Lehre, Ausübung, Gottesdienst und Vollziehung von Riten zu bekunden.

Art. 19 [Meinungs- und Informationsfreiheit]

Jeder Mensch hat das Recht auf freie Meinungsäußerung; dieses Recht umfaßt die Freiheit, Meinungen unangefochten anzuhängen und Informationen und Ideen mit allen Verständigungsmitteln ohne Rücksicht auf Grenzen zu suchen, zu empfangen und zu verbreiten.

Art. 20 [Versammlungs- und Vereinigungsfreiheit]

1. Jeder Mensch hat das Recht auf Versammlungs- und Vereinigungsfreiheit zu friedlichen Zwecken.
2. Niemand darf gezwungen werden, einer Vereinigung anzugehören.

Art. 21 [Allgemeines, gleiches Wahlrecht]

1. Jeder Mensch hat das Recht, an der Leitung öffentlicher Angelegenheiten seines Landes unmittelbar oder durch frei gewählte Vertreter teilzunehmen.
2. Jeder Mensch hat unter gleichen Bedingungen das Recht auf Zulassung zu öffentlichen Ämtern in seinem Land.

3. Der Wille des Volkes bildet die Grundlage für die Autorität der öffentlichen Gewalt; dieser Wille muß durch periodische und unverfälschte Wahlen mit allgemeinem und gleichem Wahlrecht bei geheimer Stimmabgabe oder in einem gleichwertigen freien Wahlverfahren zum Ausdruck kommen.

Art. 22 [Soziale Sicherheit]

Jeder Mensch hat als Mitglied der Gesellschaft Recht auf soziale Sicherheit; er hat Anspruch darauf, durch innerstaatliche Maßnahmen und internationale Zusammenarbeit unter Berücksichtigung der Organisation und der Hilfsmittel jedes Staates in den Genuß der für seine Würde und die freie Entwicklung seiner Persönlichkeit unentbehrlichen wirtschaftlichen, sozialen und kulturellen Rechte zu gelangen.

Art. 23 [Recht auf Arbeit und gleichen Lohn, Koalitionsfreiheit]

1. Jeder Mensch hat das Recht auf Arbeit, auf freie Berufswahl, auf angemessene und befriedigende Arbeitsbedingungen sowie auf Schutz gegen Arbeitslosigkeit.
2. Alle Menschen haben ohne jede unterschiedliche Behandlung das Recht auf gleichen Lohn für gleiche Arbeit.
3. Jeder Mensch, der arbeitet, hat das Recht auf angemessene und befriedigende Entlohnung, die ihm und seiner Familie eine der menschlichen Würde entsprechende Existenz sichert und die, wenn nötig, durch andere soziale Schutzmaßnahmen zu ergänzen ist.
4. Jeder Mensch hat das Recht, zum Schutz seiner Interessen Berufsvereinigungen zu bilden und solchen beizutreten.

Art. 24 [Erholung und Freizeit]

Jeder Mensch hat Anspruch auf Erholung und Freizeit sowie auf eine vernünftige Begrenzung der Arbeitszeit und auf periodischen, bezahlten Urlaub.

Art. 25 [Soziale Betreuung]

1. Jeder Mensch hat Anspruch auf eine Lebenshaltung, die seine und seiner Familie Gesundheit und Wohlbefinden einschließlich Nahrung, Kleidung, Wohnung, ärztliche Betreuung und der notwendigen Leistungen der sozialen Fürsorge gewährleistet; er hat das Recht auf Sicherheit im Falle von Arbeitslosigkeit, Krankheit, Invalidität, Verwitwung, Alter oder von anderweitigem Verlust seiner Unterhaltsmittel durch unverschuldete Umstände.
2. Mutter und Kind haben Anspruch auf besondere Hilfe und Unterstützung. Alle Kinder, eheliche und uneheliche, genießen den gleichen sozialen Schutz.

Art. 26 [Kulturelle Betreuung, Elternrecht]

1. Jeder Mensch hat das Recht auf Bildung. Der Unterricht muß wenigstens in den Elementar- und Grundschulen unentgeltlich sein. Der Elementarunterricht ist obligatorisch, fachlicher und beruflicher Unterricht soll allgemein zugänglich sein; die höheren Studien sollen allen nach Maßgabe ihrer Fähigkeiten und Leistungen in gleicher Weise offenstehen.
2. Die Ausbildung soll die volle Entfaltung der menschlichen Persönlichkeit und die Stärkung der Achtung der Menschenrechte und Grundfreiheiten zum Ziele haben. Sie soll Verständnis, Duldsamkeit und Freundschaft zwischen allen Nationen und allen rassischen oder religiösen Gruppen fördern und die Tätigkeit der Vereinten Nationen zur Aufrechterhaltung des Friedens begünstigen.
3. In erster Linie haben die Eltern das Recht, die Art der ihren Kindern zuteil werdenden Bildung zu bestimmen.

Art. 27 [Freiheit des Kulturlebens]

1. Jeder Mensch hat das Recht, am kulturellen Leben der Gemeinschaft frei teilzunehmen, sich der Künste zu erfreuen und am wissenschaftlichen Fortschritt und dessen Wohltaten teilzuhaben.
2. Jeder Mensch hat das Recht auf Schutz der moralischen und materiellen Interessen, die sich aus jeder wissenschaftlichen, literarischen oder künstlerischen Produktion ergeben, deren Urheber er ist.

Art. 28 [Angemessene Sozial- und Internationalordnung]

Jeder Mensch hat Anspruch auf eine soziale und internationale Ordnung, in welcher die in der vorliegenden Erklärung angeführten Rechte und Freiheiten voll verwirklicht werden können.

Art. 29 [Grundpflichten]

1. Jeder Mensch hat Pflichten gegenüber der Gemeinschaft, in der allein die freie und volle Entwicklung seiner Persönlichkeit möglich ist.
2. Jeder Mensch ist in Ausübung seiner Rechte und Freiheiten nur den Beschränkungen unterworfen, die das Gesetz ausschließlich zu dem Zwecke vorsieht, um die Anerkennung und Achtung der Rechte und Freiheiten der anderen zu gewährleisten und den gerechten Anforderungen der Moral, der öffentlichen Ordnung und der allgemeinen Wohlfahrt in einer demokratischen Gesellschaft zu genügen.
3. Rechte und Freiheiten dürfen in keinem Fall im Widerspruch zu den Zielen und Grundsätzen der Vereinten Nationen ausgeübt werden.

Art. 30 [Auslegungsregel]

Keine Bestimmung der vorliegenden Erklärung darf so ausgelegt werden, daß sich daraus für einen Staat, eine Gruppe oder eine Person irgendein Recht ergibt, eine Tätigkeit auszuüben oder eine Handlung vorzunehmen, welche auf die Vernichtung der in dieser Erklärung angeführten Rechte und Freiheiten abzielen.

N. Konventionen und Abkommen des Europarates

Der Europarat wurde am 5. Mai 1949 als erster europäischer Zusammenschluß von zehn europäischen Staaten zum Schutz und zur Förderung ihrer Ideale und Grundsätze und im Interesse des wirtschaftlichen und sozialen Fortschritts gegründet. Ziel des Europarates ist der Zusammenschluß aller gleichgesinnten Völker Europas zur Sicherung und weiteren Verwirklichung rechtsstaatlichen und demokratischen Denkens, Wahrung der europäischen Kultur und Förderung des wirtschaftlichen und sozialen Fortschritts. Die Bundesrepublik trat 1951 bei.

Seit seiner Gründung 1949 hat der Europarat über 70 Konventionen und Abkommen abgeschlossen, die sich auf alle Bereiche des Lebens der Völker Europas erstrecken: Menschenrechte, andere Rechtsfragen, soziale Angelegenheiten, öffentliches Gesundheitswesen, Unterrichtswesen und Kultur. Mit der Ratifizierung durch die Mitgliedsländer erhalten die Konventionen und Abkommen für diese verpflichtenden Charakter. Die Ausarbeitung einer Konvention oder eines Abkommens wird vom Ministerkomitee beschlossen. Die Vorarbeiten dazu erstrecken sich gewöhnlich über mehrere Jahre, in denen Regierungssachverständige – hohe Beamte der zuständigen Minister – die Rechtsvorschriften der verschiedenen Länder untersuchen und vergleichen. Abgesehen von einigen grundlegenden Unterschieden der Gesetze und Begriffe sind es oft Fragen der Terminologie, der unterschiedlichen Ausdrucksweise, mit denen sich die Sachverständigen in den Arbeitsgruppen auseinanderzusetzen haben. Das Ergebnis ihrer Beratungen muß von allen annehmbar sein und trotzdem ein gültiges und wirksames Instrument darstellen. Diese rechtlichen Instrumente bilden die Grundlage, auf der das europäische Einigungswerk langsam wächst. Sie sind darüber hinaus flexible Instrumente, die den Geist des Europarats selbst widerspiegeln: Der Europarat wurde als Rahmen für eine internationale Zusammenarbeit geschaffen, der den Möglichkeiten und dem politischen Willen eines jeden der Mitgliedstaaten Rechnung trägt. Es sei darauf hingewiesen, daß einige Konventionen und Abkommen, die nichtpolitischen Charakter haben, auch europäischen Nichtmitgliedstaaten offenstehen und dadurch Vorläufer eines größeren Europas sind. Am 1. März 1995 gehörten dem Europarat 34 Staaten an, darunter 10 aus dem Bereich des ehemaligen Ostblocks. Als 34. Staat ist Anfang 1995 Lettland aufgenommen worden, so daß in den Ländern nunmehr mehr als 500 Millionen Menschen leben.

Tabelle 2: Die deutschen Verfassungen von 1849, 1871, 1919, 1949

Verfassungen	Staatsform	Staatsoberhaupt	Volksvertretung	Ländervertretung	Legislative	Exekutive	Judikative
Reichsverfassung von 1849	Deutsches Reich, Staatenbund Kostitutionelle Monarchie	Kaiser der Deutschen	Volkshaus Reichstag	Staatenhaus Reichstag	Reichstag	Reichsminister	Verfassungsbeschwerde
Reichsverfassung von 1871	Deutsches Reich, Bundesstaat Kostitutionelle Monarchie	Deutscher Kaiser, König von Preußen, Erkaisertum	Reichstag	Bundesrat	Bundesrat und Reichstag	Reichskanzler (8 Staatssekretäre)	–
Reichsverfassung von 1919	Deutsches Reich, Bundesstaat, Republik	Reichspräsident	Reichstag	Reichsrat	Reichstag	Reichskanzler und Reichsminister	Staatsgerichtshof
Grundgesetz von 1949	Bundesrepublik Deutschland, Bundesstaat, Republik	Bundespräsident	Bundestag	Bundesrat	Bundestag	Bundeskanzler und Bundesminister	Bundesverfassungsgericht oberste Gerichtshöfe

2. Teil
Das Grundgesetz für die Bundesrepublik Deutschland vom 23. Mai 1949

I. »Grundgesetz«

Die Wahl der Bezeichnung »Grundgesetz« geht auf die Koblenzer Beschlüsse der Ministerpräsidenten der Länder der drei westlichen Besatzungszonen zurück. Für das Absehen vom Begriff »Verfassung« waren folgende Gründe maßgebend:
1. Das Fehlen völliger Handlungsfreiheit für das ganze deutsche Volk.
2. Das Provisorium und der räumlich und zeitlich vorläufige Charakter der Bundesrepublik sowie des Verfassungswerkes sollten sprachlichen Ausdruck finden.
3. Es bestand die Absicht, die neue Ordnung sachlich auf das Notwendigste zu beschränken.

II. Das Grundgesetz – die Verfassung der Bundesrepublik

Trotz der Absicht einer Beschränkung auf das sachlich Notwendigste, ist das Grundgesetz nach verbreiteter Auffassung eine »extrem verfassungsstaatliche Vollverfassung«.
Eine Überprüfung des Verfassungsrechts des Grundgesetzes auf seine Wesensbestandteile ergibt, wie das Bundesverfassungsgericht in seinem Urteil vom 1. Juli 1953 (BVerfGE 2, 403) ausgeführt hat: »... daß das Verfassungsrecht nicht nur aus den einzelnen Sätzen der geschriebenen Verfassung besteht, sondern auch aus gewissen sie verbindenden, innerlich zusammenhaltenden allgemeinen Grundsätzen und Leitideen, die der Verfassungsgesetzgeber, weil sie das vorverfassungsmäßige Gesamtbild geprägt haben, von dem er ausgegangen ist, nicht in einem besonderen Rechtssatz konkretisiert hat ...«
Diese Leitideen binden auch den Gesetzgeber unmittelbar. Zu ihnen gehört das Rechtsstaatsprinzip, wie es sich aus einer Zusammenschau der Bestimmungen des Art. 20 Abs. 3 über die Bindung der Einzelgewalten und der Art. 1 Abs. 3, 19 Abs. 4 und 28 Abs. 1 Satz 1 sowie aus der Gesamtkonzeption des Grundgesetzes ergibt.

III. »Für die Bundesrepublik Deutschland«

Der neue Name der »Bundesrepublik Deutschland« soll die Staatsform des neuen Staatswesens als Republik und Bundesstaat kennzeichnen.

Entgegen der Anregung von Theodor Heuss, die Überschrift solle lauten »Grundgesetz der Bundesrepublik Deutschland« wurde der Antrag von Carlo Schmid angenommen, das Verfassungswerk »Grundgesetz für die Bundesrepublik Deutschland« zu nennen.

IV. »Deutschland«

»Deutschland« ist heute so wenig wie früher ein staatsrechtlicher, sondern ein geographischer und, davon abgeleitet, ein politisch gebrauchter und heute auch völkerrechtlich vorkommender Begriff. Demzufolge ist früher gesagt worden, es gebe genaugenommen keine »Bundesrepublik Deutschland«, sondern nur eine westdeutsche Bundesrepublik Deutschland.
Die Hinzufügung des Wortes »Deutschland« soll nicht nur ein Bekenntnis zur Einheit Deutschlands sein, sondern auch das gleiche zum Ausdruck bringen, was der Vorspruch der Weimarer Reichsverfassung in die Worte gekleidet hatte: »Von dem Willen beseelt, sein Reich ... zu erneuern und zu festigen.«

V. Die Gliederung des Grundgesetzes

Das Grundgesetz ist die Verfassung der »Bundesrepublik Deutschland«. Die Vermeidung des herkömmlichen Ausdruckes »Verfassung« ist staatsrechtlich nicht relevant. Politisch soll damit der räumlich und zeitlich vorläufige Charakter sowie das Fehlen voller Freiheit zu eigenständiger Verfassungsgebung gekennzeichnet werden (vgl. Art. 146). Das Grundgesetz oder die Verfassung bedeutet und begründet den Vorrang vor allen übrigen Gesetzen und Verordnungen des Staates mit der Maßgabe, daß diese mit der Verfassung nicht in Widerspruch stehen dürfen und die Durchführung der Verfassung zu bewirken haben.
Den einzelnen Abschnitten des Grundgesetzes ist ein Vorspruch, die **Präambel,** vorangestellt. Nach herrschender Lehre ist er **Bestandteil der Verfassung** und nicht, wie früher angenommen wurde, bedeutungslos. Der Inhalt der Präambel bietet grundsätzliche Auslegungsregeln für die bestehende und Richtlinien für die künftige staatliche Gestaltung.

Das Grundgesetz gliedert sich in 14 Abschnitte:

I. Die Grundrechte
II. Der Bund und die Länder
III. Der Bundestag
IV. Der Bundesrat
IVa. Gemeinsamer Ausschuß
V. Der Bundespräsident

Präambel

Im Bewußtsein seiner Verantwortung vor Gott und den Menschen, von dem Willen beseelt, als gleichberechtigtes Glied in einem vereinten Europa dem Frieden der Welt zu dienen, hat sich das Deutsche Volk kraft seiner verfassungsgebenden Gewalt dieses Grundgesetz gegeben.
Die Deutschen in den Ländern Baden-Württemberg, Bayern, Berlin, Brandenburg, Bremen, Hamburg, Hessen, Mecklenburg-Vorpommern, Niedersachsen, Nordrhein-Westfalen, Rheinland-Pfalz, Saarland, Sachsen, Sachsen-Anhalt, Schleswig-Holstein und Thüringen haben in freier Selbstbestimmung die Einheit und Freiheit Deutschlands vollendet. Damit gilt dieses Grundgesetz für das gesamte Deutsche Volk.
1. Die Präambel ist durch den Einigungsvertrag (vgl. Einleitung K) neu gefaßt worden. Sie hatte vorher folgenden Wortlaut:

»Im Bewußtsein seiner Verantwortung vor Gott und den Menschen, von dem Willen beseelt, seine nationale und staatliche Einheit zu wahren und als gleichberechtigtes Glied in einem vereinten Europa dem Frieden der Welt zu dienen, hat das Deutsche Volk in den Ländern Baden, Bayern, Bremen, Hamburg, Hessen, Niedersachsen, Nordrhein-Westfalen, Rheinland-Pfalz, Schleswig-Holstein, Württemberg-Baden und Württemberg-Hohenzollern, um dem staatlichen Leben für eine Übergangszeit eine neue Ordnung zu geben, kraft seiner verfassungsgebenden Gewalt dieses Grundgesetz der Bundesrepublik Deutschland beschlossen. Es hat auch für jene Deutschen gehandelt, denen mitzuwirken versagt war. Das gesamte Deutsche Volk bleibt aufgefordert, in freier Selbstbestimmung die Einheit und Freiheit Deutschlands zu vollenden.«

Der Aufruf, die Einheit und Freiheit Deutschlands in freier Selbstbestimmung zu vollenden, hat sich mit dem Beitritt der DDR zur Bundesrepublik erfüllt. Die Bundesrepublik Deutschland hat damit ihr endgültiges Staatsgebiet gefunden.
2. *»Im Bewußtsein seiner Verantwortung vor Gott und den Menschen«* soll ein **ethisches Fundament** von absoluter Tragfähigkeit bieten. Die Wendung ist auf Vorschlag von Theodor Heuss aufgenommen worden. Es wird betont, daß sich der Verfassunggeber nicht als Träger einer absoluten Volkssouveränität betrachtet.
Mit der Anrufung Gottes ist nicht die Entscheidung für einen christlichen Staat verbunden, sondern die besondere Verantwortung aller Staatsgewalt angesprochen.
3. »Von dem Willen beseelt, als gleichberechtigtes Glied in einem vereinten Europa dem Frieden der Welt zu dienen« stellt klar, daß die Bundesrepublik Deutschland in einem vereinten Europa aufgehen kann.
4. Der Satz *»Hat sich das Deutsche Volk kraft seiner verfassungsgebenden Gewalt dieses Grundgesetz gegeben«,* ist mehr Fiktion als Wirklichkeit. Das deutsche Volk hat bisher nicht direkt über das Grundgesetz abgestimmt. Das nimmt dem Grundgesetz allerdings nicht seine demokratische Legitimität.

I. Die Grundrechte

A. Allgemeines

I. Geschichtliches

1. Der Gedanke, daß es unverzichtbare Freiheitsrechte des einzelnen gibt, ist so alt wie die Geschichte der Unterdrückung des Menschen durch den Menschen. Er wurde in der Antike von Alkidamas ausgesprochen, der erklärte, niemand dürfe zum Sklaven gemacht werden. Im frühen Mittelalter verwandelte er sich indie Idee eines Widerstandsrechts gegen jeden die Macht mißbrauchenden Herrscher (vgl. Anm. VIII zu Art. 20). In den Zeiten der Religionswirren und -kämpfe artikulierte er sich als Forderung nach Glaubensfreiheit.
Diese uralte Spannung zwischen individuellem Freiheitsbedürfnis und staatlichem Herrschaftsanspruch, die besonders in der Zeit des absoluten Staates eine bis dahin unbekannte Verschärfung erfahren hatte, gewann in der Philosophie des 17. und 18. Jahrhunderts mit dem Entstehen eines neuen Menschenbildes eine noch die Gegenwart bestimmende Ausprägung. Seit John Locke (1632–1704) führte die Auffassung von der sittlich begründeten Autonomie und dem Eigenwert des Individuums zur Forderung einer der Staatsgewalt entzogenen Rechts- und Freiheitssphäre für den einzelnen. In dieser Rechts- und Freiheitssphäre allein kann das Individuum sich seiner natürlichen Bestimmung gemäß entfalten. Der im reformatorischen Denken begründeten Forderung nach absoluter Glaubens- und Gewissensfreiheit schloß sich der Ruf nach Freiheit im profanen Bereich an: nach der persönlichen Freiheit insbesondere vor willkürlichen Eingriffen staatlicher Strafgewalt und nach der Freiheit des Eigentums. Diese als sog. **»Naturrecht«** bezeichnete Vorstellung von einer angeborenen Freiheitssphäre des einzelnen (Menschenrechte; vgl. Schiller: »Der Mensch ist frei und wär er in Ketten geboren«) fand ihren Niederschlag in den ersten Verfassungsurkunden. Es ist gesagt worden, die Ethik oder Moral habe die Konzeption eines universellen Rechts, eben des Naturrechts, erzeugt. Das Naturrecht war zunächst das Recht, dem sich der philosophisch Denkende selbst unterwarf, auch wenn ihn das positive Recht nicht dazu verpflichtete: Er will handeln, um zur Verwirklichung des vernünftigen Universalen, der universalen Vernunft beizutragen. Dieser philosophisch denkende Mensch wird also alle, mit denen er zu tun hat, als vernünftige Wesen und demgemäß als gleich behandeln. Unter diesem Aspekt ist auch einer, der vom positiven Recht als Sklave eingestuft werden sollte, der Gleichberechtigte des freien Bürgers.
2. In **England** wurden die Grundfreiheiten des Individuums – wie Schutz vor willkürlichen Verhaftungen, Gleichheit vor dem Gesetz und Anspruch auf den gesetzlichen Richter – in der »Petition of Rights« (1628), der »Habeas-Corpus-Akte« (1679) und der »Bill of Rights« (1689) niedergelegt.

3. In der **Verfassung der Vereinigten Staaten** (1789/90) und der französischen **»Erklärung der Menschen- und Bürgerrechte«** (1789) wurden die Grundrechte zum ersten Male einer breiten Öffentlichkeit ins Bewußtsein gerufen. Insbesondere wirkte die französische Erklärung mit ihren in die Verfassung von 1791 rechtsverbindlich übernommenen Thesen als Fanal eines bald ganz Europa ergreifenden neuen Verständnisses von Staat und Bürger.
Die Prinzipien der französischen Menschenrechtserklärung kehren in den übrigen europäischen Verfassungen in häufig nur geringfügig modifizierter Form nicht nur als Individualgarantien, sondern auch als konstituierende Grundsätze des Staatsaufbaues wieder. Neben dem naturrechtlich begründeten Kreis der Menschenrechte war damit ein zweiter, auf die Mitwirkung des einzelnen an der Ausübung der Staatsgewalt gerichteter Komplex politischer Rechte getreten, deren wichtigstes das Wahlrecht als Urform der **Staatsbürgerrechte** wurde.
4. Beide Gruppen, sowohl die **naturrechtlich begründeten Menschenrechte** wie die **politisch ausgerichteten Staatsbürgerrechte,** bestimmten seit dem Anfang des 19. Jahrhunderts die Grundrechtsteile auch der **Verfassungen in Deutschland,** die Freiheits- und Mitwirkungsrechte nach Maßgabe der von den Volksvertretungen mitbeschlossenen Gesetze gewährleisteten. Die bayerische und badische Verfassung von 1818 enthielten Grundrechtskataloge. 1848 wurden die Grundrechte in den Entwurf der Frankfurter Reichsverfassung aufgenommen. Die WRV enthielt ebenfalls einen Grundrechtsteil, doch waren nicht alle Grundrechtsbestimmungen geltendes Recht. Manche von ihnen wurden als bloße Programmsätze verstanden. Die Notverordnung vom 28. Februar 1933 setzte alle Grundrechte faktisch außer Kraft. Nach dem Zweiten Weltkrieg trat in der gesamten Welt das Bewußtsein des vor- und überstaatlichen Charakters der Grundrechte wieder in den Vordergrund. Die Vereinten Nationen haben sich nach der Präambel und dem Art. 1 ihrer Satzung das Ziel gesetzt, »den Glauben an grundlegende Menschenrechte, an die Würde und den Wert der menschlichen Person . . . zu festigen« und »die Achtung vor den Menschenrechten und Grundfreiheiten für alle ohne Unterschied der Rasse, des Geschlechts, der Sprache oder der Religion zu fördern«. Die am 10. Dezember 1948 beschlossene **»Allgemeine Erklärung der Menschenrechte«** (abgedruckt oben Einl. M) erschöpft sich jedoch in einem die Mitglieder nicht verpflichtenden Grundsatzprogramm für alle Völker und Staaten. Erfolgreicher waren die Bemühungen des Europarats: Die von seinen Mitgliedern am 4. November 1950 in Rom beschlossene **Konvention zum Schutze der Menschenrechte und Grundfreiheiten** (Einl. M) und das **Pariser Zusatzprotokoll** vom 20. März 1952 stellen den ersten Versuch dar, Grundrechte auch völkerrechtlich anzuerkennen. Seit dem 21. Januar 1959 existiert ein Europäischer Gerichtshof für Menschenrechte in Straßburg.

II. Einteilung der Grundrechte

Die Grundrechte gliedern sich in drei Hauptgruppen:

1. Die Freiheits- oder liberalen Grundrechte, die dem einzelnen einen Anspruch auf Unterlassung staatlicher Eingriffe in seine persönliche Rechtssphäre geben. Die Grundrechtsgewährleistungen des Grundgesetzes sind überwiegend liberaler Natur. An der Spitze des Kataloges der Freiheitsrechte steht nach einer Grundsatzerklärung über das Verhältnis Staat-Individuum in Art. 1 Abs. 1 das Recht auf freie **Entfaltung der Persönlichkeit** in Art. 2 Abs. 1. Eng damit verbunden ist das **Recht auf Leben** und körperliche **Unversehrtheit** und auf die **Freiheit der Person** in Art. 2 Abs. 2. Da letzteres aus Gründen des Gemeinschaftsschutzes nicht uneingeschränkt gewährt werden kann, jede Eingriffsmöglichkeit aber zugleich eine Handhabe für Willkürmaßnahmen staatlicher Machthaber bietet, hat das Grundgesetz den Schutz der persönlichen Freiheit den unabhängigen Gerichten anvertraut und dem Individuum damit den institutionellen Schutz durch die klassischen prozessualen Garantien gegen Freiheitsbeschränkungen (sog. Habeas-Corpus-Recht) gewährt (vgl. Art. 101, 103 und 104). Als eine Auswirkung des Rechts auf persönliche Freiheit ist auch die Freizügigkeit nach Art. 11 und Art. 16 zu nennen.

Diesen Rechten auf äußere Freiheit stehen gegenüber die Rechte auf die sog. Freiheit des Innenlebens und seiner Kundgabe. Dazu gehören die **Glaubens-, Gewissens- und Bekenntnisfreiheit** sowie das Recht auf **Kriegsdienstverweigerung** aus Gewissensgründen in Art. 4. Das auch Kriegswaffendienstverweigerungsrecht genannte Grundrecht ist im Grundgesetz erstmals in der Verfassungsgeschichte garantiert. Eng mit Art. 4 ist verbunden das Verhältnis von Staat und Kirche (Art. 140 in Verbindung mit Art. 136 WRV) und das sog. **Elternrecht** in Art. 6 Abs. 2 und Art. 7 Abs. 2. Das Recht auf **Meinungs- und Informationsfreiheit** und der **Freiheit der Berichterstattung durch Rundfunk und Film** dient nicht nur zum Schutz der Individualsphäre, sondern ist zugleich unabdingbare Voraussetzung für das Funktionieren eines auf der freien politischen Willensbildung aller Bürger und ihrer Organisationen beruhenden demokratischen Regierungssystems.

2. Die Staatsbürgerrechte oder politischen Grundrechte erfassen den einzelnen als Staatsbürger und gewährleisten ihm Mitwirkungsbefugnisse im Gemeinwesen; **Recht auf Staatsangehörigkeit,** aktives und passives **Wahlrecht,** Recht auf **Zugang zu öffentlichen Ämtern** u. a.

3. Die Frage, ob Grundrechte Rechte des einzelnen auf staatliche Leistungen **(»Teilhaberechte«)** enthalten, wird in jüngster Zeit häufig diskutiert. Das Problem ist, daß der Gesetzgeber verpflichtet wäre, die Voraussetzungen für die Erfüllung solcher Ansprüche zu schaffen. Das würde das Recht des Parlaments, die politischen Grundentscheidungen selber zu treffen, erheblich einschränken und die rechtsprechende Gewalt mit einer dem Wesen der Gewaltenteilung fremden Machtfülle ausstatten. Dementsprechend hat das BVerfG diese Frage bisher offengelassen, aber ausdrücklich darauf hingewiesen, daß solche Teilhaberechte unter dem Vorbehalt des Möglichen im Sinne dessen stünden, was der einzelne vernünftigerweise von der Gesellschaft beanspruchen kann (BVerfGE 33, 333).

4. Das Grundgesetz beschränkt die Grundrechte im wesentlichen auf die klassischen Menschen- und Bürgerrechte. Rechte, die früher als **soziale Grundrechte** verstanden wurden, wie z. B. die Rechte auf Arbeit, Wohnen oder angemessenen Lebensunterhalt, finden sich in den Verfassungen der neuen Länder als **Staatszielbestimmungen** (vgl. Art. 20 Rdnr. 21).

5. Soweit es sich um Menschenrechte handelt, stehen diese auch den Ausländern zu. Das Grundgesetz hat das bei den einzelnen Grundrechten vor allem dadurch zum Ausdruck gebracht, daß es von »allen Menschen« (Art. 3 Abs. 1) oder »jedem« (Art. 2, 5) spricht. Staatsbürgerliche Grundrechte, die lediglich Deutschen zustehen, finden sich in Art. 8, 9, 11, 12. Dazu gehören aber nicht bloß die deutschen Staatsangehörigen, sondern auch die Flüchtlinge und Vertriebenen im Sinne des Art. 116 Abs. 1.

III. Die Grundrechte als objektive Wertprinzipien

Das Bundesverfassungsgericht versteht die Grundrechte nicht nur als Freiheitsrechte, sondern gleichzeitig als objektive Wertordnung. Gesetzgebung, Verwaltung und Rechtsprechung empfangen von den Grundrechten »Richtlinien und Impulse« (seit BVerfGE 7, 198 ff. – »Lüth-Urteil«).

IV. Die Staatsziele

Von den Grundrechten, welche dem einzelnen einen einklagbaren Anspruch auf Abwehr nicht gerechtfertigter Eingriffe, ja sogar auf Teilhabe geben, sind Staatszielbestimmungen zu unterscheiden. Sie begründen keine unmittelbar verfolgbaren Ansprüche des einzelnen, sondern richten sich an den Gesetzgeber und verpflichten ihn auf ein bestimmtes Programm. Beispiele solcher Staatszielbestimmungen sind das Sozialstaatsprinzip (Art. 20 Abs. 1), das Verbot des Angriffskrieges (Art. 26 Abs. 1) und das Gebot des gesamtwirtschaftlichen Gleichgewichts in der Haushaltswirtschaft (Art. 104 a Abs. 4, 109 Abs. 2, 115 Abs. 1). Mit der Verfassungsreform 1994 wurden als weitere Staatsziele die Förderung der Gleichberechtigung (Art. 3 Abs. 2 Satz 2), der Behindertenschutz (Art. 3 Abs. 3 Satz 2) und der Umweltschutz (Art. 20a) eingeführt.

B. Die einzelnen Grundrechte

Art. 1 [Menschenwürde; Grundrechtsbindung der staatlichen Gewalt]

(1) Die Würde des Menschen ist unantastbar. Sie zu achten und zu schützen ist Verpflichtung aller staatlichen Gewalt.
(2) Das Deutsche Volk bekennt sich darum zu unverletzlichen und unveräußerlichen Menschenrechten als Grundlage jeder menschlichen Gemeinschaft, des Friedens und der Gerechtigkeit in der Welt.
(3) Die nachfolgenden Grundrechte binden Gesetzgebung, vollziehende Gewalt und Rechtsprechung als unmittelbar geltendes Recht.

I. Die Würde des Menschen

1 Art. 1 Abs. 1 enthält ein **Grundrecht.** Die hier garantierte Unantastbarkeit der Würde des Menschen hat ihre geistesgeschichtlichen Wurzeln sowohl in der christlichen Lehre vom Menschen als dem Ebenbild Gottes wie in der vor allem seit Kant geläufigen Idee von der sittlichen Autonomie des Menschen. Nach der Rechtsprechung des BVerfG ist die Würde des Menschen oberster Wert (BVerfGE 6, 32/41). Das Menschenbild des GG ist zwar nicht das eines isolierten souveränen Individuums, dessen Freiheitsraum schrankenlos ist; es hat vielmehr die zwischen dem Individuum und der Gemeinschaft stets bestehende Spannung im Sinne der Gemeinschaftsbezogenheit und -gebundenheit der Person entschieden. Doch soll dadurch der Eigenwert und die Eigenständigkeit des Menschen nicht angetastet werden (BVerfGE 4, 7/15). Der Mensch wird damit als ein Wesen verstanden, das die Fähigkeit zu eigenverantwortlicher Lebensgestaltung besitzt: Sein soziales und privates Verhalten ist durch objektive Gegebenheiten nicht völlig determiniert, sondern wird gleichzeitig durch autonome Entscheidungen mitgetragen, für die er verantwortlich ist.
Wer den Massenmord an Juden in Gaskammern von Konzentrationslagern während des Zweiten Weltkrieges leugnet, macht sich gemäß § 130 StGB **(»Volksverhetzung«)** strafbar. Diese Bestimmung schützt die Menschenwürde. Es ist nicht zu rechtfertigen, Teile der Bevölkerung als minderwertige Wesen zu bezeichnen und zu Feindschaft und Haß gegen sie aufzurufen. Das gilt in besonderem Maße für die hier lebenden Juden nach dem Verfolgungsschicksal der vergangenen Jahrhunderte bis hin zum nationalsozialistischen Völkermord (BGH, NJW 1995, 340 – Fall »Deckert«; vgl. auch Rz. 1 zu Art. 5).

2 Aus der Fähigkeit zu eigenverantwortlicher Lebensgestaltung folgt, daß dem einzelnen die Möglichkeit der **freien Entfaltung der Persönlichkeit** gesichert werden muß (vgl. Art. 2 Abs. 1). Für den politisch-sozialen Bereich ergibt sich daraus, daß der einzelne in möglichst weitem Umfang an Entscheidungen für die Gesamtheit mitwirken soll. Der Staat ist verpflichtet, ihm dazu den Weg zu

öffnen (BVerfGE 5, 85/204 f.). Selbstverwaltung und Demokratie haben hier eine ihrer Wurzeln.

Die Würde des Menschen fordert, daß über die Rechte des Bürgers nicht einfach von der Obrigkeit verfügt wird. Der einzelne ist nicht bloßes Objekt staatlicher Maßnahmen wie noch im Polizeistaat des aufgeklärten Absolutismus, sondern soll vor einer Entscheidung, die seine Rechte betrifft, zu Wort kommen, um Einfluß auf das Verfahren und sein Ergebnis nehmen zu können (BVerfGE 9, 89/95). Ihm ist deshalb das **rechtliche Gehör** zu gewähren (vgl. Art. 103 Abs. 1). 3

Die Würde des Menschen darf von **keiner staatlichen oder kommunalen Instanz angetastet** werden, gleichgültig, ob es sich etwa um die Ableistung des Wehrdienstes, eine Steuerfestsetzung, ein Asylgesuch oder ein Gerichtsverfahren handelt.

Auch im Ermittlungs- und Strafverfahren haben Polizei, Staatsanwaltschaft und Gerichte dieses Grundrecht zu beachten. Dabei darf die Freiheit der Willensentschließung und der Willensbetätigung des Beschuldigten nicht durch Mißhandlung, Ermüdung, körperlichen Eingriff, Verabreichung von Mitteln, Quälerei, Täuschung oder Hypnose beeinträchtigt werden. Zwang ist nur erlaubt, soweit das Strafverfahrensrecht dies zuläßt. Die Drohung mit einer gesetzlich nicht vorgesehenen Maßnahme und das Versprechen eines gesetzlich nicht vorgesehenen Vorteils sind unzulässig. Maßnahmen, die das Erinnerungsvermögen oder die Einsichtsfähigkeit beeinträchtigen, sind nicht gestattet (§ 136 a StPO).

Dagegen kann nur in Ausnahmefällen mit Blick auf die Menschenwürde des einzelnen und das Rechtsstaatsprinzip wegen des Einsatzes eines **Lockspitzels** ein Hindernis für ein Strafverfahren in Betracht kommen (BVerfG, NJW 1995, 651).

Die **Strafe** für begangenes Unrecht (z. B. Diebstahl, Raub, Totschlag, Mord) hat sich an dem Grundsatz zu orientieren »keine Strafe ohne Schuld«, der in Art. 1 Abs. 1 und im Rechtsstaatsprinzip (vgl. Art. 20 Anm. VII) begründet ist und Verfassungsrang hat. Zur Rechtsstaatlichkeit gehört nicht nur die Rechtssicherheit, sondern auch die materielle Gerechtigkeit. Die Idee der Gerechtigkeit fordert, daß Tatbestand (z. B. § 242 StGB: »Wer eine fremde bewegliche Sache einem anderen in der Absicht wegnimmt, dieselbe sich rechtswidrig anzueignen, ...«) und Rechtsfolge (»... wird mit Freiheitsstrafe bis zu 5 Jahren oder mit Geldstrafe bestraft«) in einem sachgerechten Verhältnis zueinander stehen. Die Strafe ist im Gegensatz zur reinen Präventionsmaßnahme dadurch gekennzeichnet daß sie – wenn nicht ausschließlich, so doch auch – auf Repression und Vergeltung für ein rechtlich verbotenes Verhalten abzielt. Mit ihr wird dem Täter ein Rechtsverstoß vorgehalten und zum Vorwurf gemacht. Ein solcher strafrechtlicher Vorwurf aber setzt Vorwerfbarkeit, also strafrechtliche Schuld, voraus. Andernfalls wäre die Strafe eine mit dem Rechtsstaatsprinzip unvereinbare Vergeltung für einen Vorgang, den der Betroffene nicht zu verantworten hat (BVerfGE 20, 323/331).

Jede Strafe muß in einem gerechten Verhältnis zur Schwere der Tat und zum Verschulden des Täters stehen. Das Gebot der Achtung der Menschenwürde bedeutet insbesondere, daß grausame, unmenschliche und erniedrigende Strafen verboten sind. Der Täter darf nicht zum bloßen Objekt der Verbrechensbekämpfung unter Verletzung seines verfassungsrechtlich geschützten sozialen Wert- und Achtungsanspruchs gemacht werden. Die grundlegenden Voraussetzungen individueller und sozialer Existenz des Menschen müssen erhalten bleiben. Der Staat muß auch beim **Vollzug der Strafe** jenes Existenzminimum gewähren, das ein menschenwürdiges Dasein erst ausmacht. Hiermit ist es unvereinbar, wenn der Staat für sich in Anspruch nähme, den Menschen zwangsweise seiner Freiheit zu entkleiden, ohne daß zumindest die Chance besteht, je wieder in Freiheit zu gelangen (BVerfGE 45, 187/228 f.)

Auf dem Boden dieser Überlegungen gelangte das BVerfG zu dem Ergebnis, daß Inhalt und Auswirkungen der **lebenslangen Freiheitsstrafe** (sie ist vor allem bei Mord vorgeschrieben) nicht gegen Art. 1 Abs. 1 verstoßen (BVerfGE 45, 187 ff.). Das Leben jedes Menschen gehöre zu den höchsten Rechtsgütern. Wenn der Gesetzgeber für besonders verwerfliche Verletzungen dieses höchsten Rechtsguts, die mit dem überkommenen Begriff »Mord« umschrieben würden, die schärfste ihm zu Gebote stehende Sanktion verhänge, so könne dies im Ansatzpunkt verfassungsrechtlich nicht beanstandet werden. Ein menschenwürdiger Vollzug der lebenslangen Freiheitsstrafe sei aber nur dann sichergestellt, wenn der Verurteilte, der einen Anspruch auf Resozialisierung habe, eine konkret und grundsätzlich auch realisierbare Chance habe, zu einem späteren Zeitpunkt die Freiheit wiederzugewinnen. Die Begnadigungspraxis trage diesem Umstand Rechnung. Das Rechtsstaatsprinzip gebiete allerdings eine Verrechtlichung dieser Praxis. Andererseits sei es der staatlichen Gemeinschaft in den Ausnahmefällen, in denen der Straftäter weiterhin gefährlich sei, nicht verwehrt, die lebenslange Freiheitsstrafe vollständig zu vollziehen.
Diesen Grundsätzen hat der Gesetzgeber inzwischen Rechnung getragen. Nach § 57 a StGB setzt das Gericht die Vollstreckung des Restes einer lebenslangen Freiheitsstrafe zur Bewährung aus, wenn 15 Jahre der Strafe verbüßt sind, nicht die besondere Schwere der Schuld des Verurteilten die weitere Vollstreckung gebietet, es verantwortet werden kann zu erproben, ob der Verurteilte außerhalb des Strafvollzugs keine Straftaten mehr begehen wird und der Verurteilte einwilligt.
Bei der Diskussion der lebenslangen Freiheitsstrafe darf – wie das BVerfG selbst bemerkt – eines nicht aus den Augen verloren werden: Die Würde des Menschen ist zwar etwas Unverfügbares. Die Erkenntnis dessen, was das Gebot, sie zu achten, erfordert, ist jedoch nicht von der historischen Entwicklung zu trennen. Das Urteil darüber, was der Würde des Menschen entspricht, kann daher nur auf dem jetzigen Stand der Erkenntnis beruhen und keinen Anspruch auf zeitlose Gültigkeit erheben.
Die Diskussion um die gerechte Strafe darf allerdings nicht den Ausgangspunkt aus dem Auge verlieren, daß ein Rechtsstaat sich nur verwirklichen kann, wenn sichergestellt ist, daß Straftäter im Rahmen der geltenden Gesetze auch wirksam verfolgt, abgeurteilt und bestraft werden und daß deshalb eine funktionstüchtige Strafrechtspflege unentbehrlich ist. Rechtsfrieden kann es nur geben, wenn die Bürger nicht das Gefühl haben, daß der Staat an dieser Stelle versagt.
Deshalb steht es den zuständigen Behörden zwar frei, ob sie sich im Falle einer erpresserischen Geiselnahme der Forderung der Entführer, inhaftierte Beschuldigte oder Verurteilte im Austausch gegen den Entführten freizulassen, beugen. Die Verfassung schreibt

ihnen insoweit keine bestimmte Entscheidung vor. Entscheiden sie sich – wie im Fall Peter Lorenz – für die Freilassung der Häftlinge, so bleiben sie aber verfassungsrechtlich verpflichtet, alle zumutbaren Anstrengungen zu unternehmen, um der freigepreßten Personen wieder habhaft zu werden, und sodann das Strafverfahren oder die Strafvollstreckung fortzusetzen (BVerfGE 46, 214 ff.).

Die Würde des Menschen und das Grundrecht auf freie Entfaltung der Persönlichkeit (Art. 2 Abs. 1) sichern dem einzelnen einen unantastbaren Bereich privater Lebensgestaltung, der der Einwirkung der öffentlichen Gewalt entzogen ist. Das verfassungskräftige Gebot der **Achtung der Intimsphäre** verbietet jeden Eingriff in den absolut geschützten Kernbereich privater Lebensgestaltung. Selbst überwiegende Interessen der Allgemeinheit, etwa das Interesse an einer effektiven Strafverfolgung, rechtfertigen nicht Maßnahmen, die diesen Kernbereich verletzen. 4

Ein berühmt gewordener Fall mag hier als Beispiel dienen: Ein Lehrer war wegen Unzucht mit Abhängigen angeklagt. Die Zeugin stellte unter Eid jede sexuelle Beziehung in Abrede. Der Lehrer wurde freigesprochen. Die Zeugin wurde aufgrund ihres Tagebuchs, das gegen ihren Willen verwendet wurde, wenig später wegen Meineids angeklagt und in erster Instanz verurteilt. Entscheidend für die Verurteilung war, daß sie in dem Tagebuch ihre intimen Beziehungen zu dem Lehrer detailliert niedergelegt hatte. Der BGH hat im Revisionsverfahren die Verurteilung aufgehoben, weil der persönliche Lebens- und Geheimnisbereich respektiert werden müsse (vgl. BGH, NJW 1964, 1139). Enthalten Tagebuchaufzeichnungen des Verdächtigen Angaben über die Planung bevorstehender oder Berichte über begangene Straftaten, so gehören sie dem unantastbaren Bereich privater Lebensgestaltung nicht an. Gleichwohl ist hier größtmögliche Zurückhaltung zu wahren. Leisten die Notizen einen wesentlichen Beitrag zur Aufklärung einer der schwersten Straftaten (Mord), so können sie im Strafverfahren verwertet werden (BVerfGE 80, 367 ff.).
Der Angeklagte versuchte aus Enttäuschung über nicht erwiderte Liebe die Zeugin P zu töten. Bei ihm wurde später ein Abschiedsbrief an P gefunden, in dem er seine Selbsttötung ankündigte und grundsätzliche Ausführungen über seine Beziehungen zu P machte. Der BGH hielt die Verwertung für zulässig, weil es um die Frage ging, ob wirklich versuchter Mord oder »nur« Körperverletzung vorlag (NJW 1995, 269).

Der **Sexualbereich** ist Teil der menschlichen Privatsphäre. Das GG sichert dem einzelnen das Recht zu, seine Einstellung zum Geschlechtlichen selbst zu bestimmen. Er kann sein Verhältnis zur Sexualität einrichten und grundsätzlich selbst darüber befinden, ob, in welchen Grenzen und mit welchen Zielen er Einwirkungen Dritter auf diese Einstellung hinnehmen will. Wenn aber das Verhältnis des Menschen zum Geschlechtlichen unter verfassungsrechtlichem Schutz steht, dann muß dieses aus Art. 2 Abs. 1 in Verbindung mit Art. 1 Abs. 1 hergeleitete Recht auch dem einzelnen **Jugendlichen** zustehen. Seine Intimsphäre kann durch die Art und Weise, in der die **Sexualerziehung in der Schule** durchgeführt wird, wesentlich berührt werden. Der Jugendliche ist nicht nur Objekt der elterlichen und staatlichen Erziehung. Er ist vielmehr von vornherein und mit zunehmendem Alter in immer stärkerem Maße eine eigene durch

Art. 2 Abs. 1 in Verbindung mit Art. 1 Abs. 1 geschützte Persönlichkeit. Die Erfahrung lehrt, daß gerade Jugendliche durch pädagogisch falsch angelegte Erziehungsmaßnahmen auf dem Gebiet der Sexualität seelisch verletzt und in ihrer Entwicklung schwer beeinträchtigt werden können (BVerfGE 47, 73 f.). Soweit der Kernbereich der Intimsphäre nicht betroffen ist, braucht der Bürger Eingriffe aber auch nur dann hinzunehmen, wenn diese im überwiegenden Interesse der Allgemeinheit unter strikter Wahrung des Grundsatzes der Verhältnismäßigkeit erfolgen. Zum Bereich der privaten Lebensgestaltung gehört das Recht am eigenen Bild und gesprochenen Wort, erst recht aber das Verfügungsrecht über Darstellungen der Person. Jedermann darf grundsätzlich selbst bestimmen, ob und wieweit andere sein Lebensbild im ganzen oder bestimmte Vorgänge aus seinem Leben öffentlich darstellen. Wenn der einzelne aber als ein in der Gemeinschaft lebender Bürger in Kommunikation mit anderen tritt, können sich Einschränkungen seines ausschließlichen Bestimmungsrechts über seinen Privatbereich ergeben, soweit dieser nicht zum unantastbaren innersten Lebensbereich gehört. Ein solcher Sozialbezug kann bei entsprechender Intensität vor allem Maßnahmen der öffentlichen Gewalt zum Schutze von Allgemeininteressen zulassen, wenn eine entsprechende Abwägung im konkreten Fall ergibt, daß das verfolgte öffentliche Interesse generell und nach der Gestaltung des Falles den Vorrang verdient, der beabsichtigte Eingriff in die Privatsphäre nach Art und Reichweite durch dieses Interesse gefordert wird und in angemessenem Verhältnis zur Bedeutung der Sache steht (BVerfGE 35, 202/220 f.).

Deshalb kann eine **heimlich aufgenommene Tonbandaufnahme,** die nicht den Kernbereich privater Lebensführung betrifft, gegen den Willen des Sprechers in Strafverfahren grundsätzlich dann verwertet werden, wenn überwiegende Interessen der Allgemeinheit dies zwingend gebieten und das schutzwürdige Interesse des Betroffenen an der Nichtverwertung der Aufnahme zurücktreten muß. Das ist der Fall, wenn es sich um eine schwere Straftat (z. B. Tötungsdelikt) handelt und auf das Tonband als Beweismittel zur Überführung oder zur Entlastung des Täters nicht verzichtet werden kann (vgl. BVerfGE 34, 238 ff.).
Der verfassungsrechtliche Schutz der Privatsphäre bezieht sich auch auf die **Patientenkartei des Arztes** und auf die **Klientenkarteien einer öffentlich anerkannten Suchtberatungsstelle.** Auch für deren Beschlagnahme gelten die dargestellten Grundsätze (vgl. BVerfGE 32, 373 ff.; 44, 353 ff.). Der Umstand, daß im Umfeld der Suchtberatungsstelle (nicht etwa durch die Berater!) mit Drogen gehandelt wird, rechtfertigt für sich allein daher noch nicht die Beschlagnahme der Klientenkartei.

Die dargestellten Grundsätze müssen entsprechend beachtet werden, wenn es um Eingriffe in die Privatsphäre im Bereich des Privatrechts geht. So stellt ein Fernseh- oder Hörfunkdokumentarspiel über eine Straftat unter Namensnennung, Abbildung oder Darstellung des Täters regelmäßig einen schweren Eingriff in seine Persönlichkeitssphäre dar. Sie ist daher zwar in Fällen schwerer Kriminalität als aktuelle Berichterstattung zulässig. Ist aber das Strafverfahren längst rechtskräftig abgeschlossen und würde durch eine (erneute) Berichter-

stattung die Resozialisierung des Täters gefährdet, so ist sie unzulässig (BVerfGE 35, 202 ff. – »Lebach-Urteil«).
Wo die Privatsphäre nicht durch ein spezielles Grundrecht (z. B. Recht auf Leben und körperliche Integrität – Art. 2 Abs. 1, Gewissensfreiheit – Art. 4, Schutz des ehelichen Lebensraums – Art. 6, Brief-, Post- und Fernmeldegeheimnis – Art. 10, Unverletzlichkeit der Wohnung – Art. 13) geschützt ist, bildet demnach Art. 1 Abs. 1 in Verbindung mit Art. 2 Abs. 1 die Generalklausel, an der Angriffe auf den privaten Lebensraum gemessen werden müssen. Aus ihr ergibt sich über den Schutz der Intimsphäre hinaus ein **allgemeines Persönlichkeitsrecht,** das die Persönlichkeit nicht nur in einzelnen Bereichen oder Erscheinungsformen, sondern in der ganzen Breite ihrer Existenz umfassend sichert, also auch dort, wo Teilbereiche nicht ausdrücklich durch Gesetz geschützt werden. Hierzu zählen neben dem Schutz der Intimsphäre das Recht auf Ehre, das Recht, über das äußere Erscheinungsbild (Kleidung, Haartracht) grundsätzlich selbst zu bestimmen, das Verbot, in Werbekampagnen den Namen und das Bild eines Betroffenen ohne dessen Einwilligung zu zeigen (vgl. z. B. BGHZ, 35, 363 – »Ginsengwurzel-Urteil«) und der Schutz der Persönlichkeit über den Tod hinaus. Das allgemeine Persönlichkeitsrecht ist im Wege der Rechtsfortbildung von den Gerichten entwickelt worden und wird mit Recht »der kühnste und im Prinzip gelungenste Wurf« der letzten Jahre genannt.
Das allgemeine Persönlichkeitsrecht umfaßt auch die aus dem Gedanken der Selbstbestimmung folgende Befugnis des einzelnen, grundsätzlich selbst zu entscheiden, wann und innerhalb welcher Grenzen persönliche Lebenssachverhalte offenbart werden. Diese Befugnis bedarf unter den Bedingungen der **automatischen Datenverarbeitung** in besonderem Maße des Schutzes. Mit ihnen haben sich in einer bisher unbekannten Weise die Möglichkeiten einer Einsicht- und Einflußnahme erweitert, welche auf das Verhalten des einzelnen schon durch den psychischen Druck öffentlicher Anteilnahme einzuwirken vermögen. Individuelle Selbstbestimmung setzt aber – auch unter den Bedingungen moderner Informationsverarbeitungstechnologien – voraus, daß dem einzelnen Entscheidungsfreiheit über vorzunehmende oder zu unterlassende Handlungen einschließlich der Möglichkeit gegeben ist, sich auch entsprechend dieser Entscheidung tatsächlich zu verhalten. Wer nicht mit hinreichender Sicherheit überschauen kann, welche ihn betreffenden Informationen in bestimmten Bereichen seiner sozialen Umwelt bekannt sind, und wer das Wissen möglicher Kommunikationspartner nicht einigermaßen abzuschätzen vermag, kann in seiner Freiheit wesentlich gehemmt werden, aus eigener Selbstbestimmung zu planen oder zu entscheiden.
Mit dem **Recht auf informationelle Selbstbestimmung** wären eine Gesellschaftsordnung und eine diese ermöglichende Rechtsordnung nicht vereinbar, in der Bürger nicht mehr wissen können, wer was wann und bei welcher Gelegenheit über sie weiß. Wer unsicher ist, ob abweichende Verhaltensweisen jederzeit notiert und als Information dauerhaft gespeichert, verwendet oder weitergegeben werden, wird versuchen, nicht durch solche Verhaltensweisen aufzufallen. Wer damit rechnet, daß etwa die Teilnahme an einer Versammlung

oder einer Bürgerinitiative behördlich registriert wird und daß ihm dadurch Risiken entstehen können, wird möglicherweise auf eine Ausübung seiner entsprechenden Grundrechte verzichten. Dies würde nicht nur die individuellen Entfaltungschancen des einzelnen beeinträchtigen, sondern auch das Gemeinwohl, weil Selbstbestimmung eine elementare Funktionsbedingung eines auf Handlungs- und Mitwirkungsfähigkeit seiner Bürger begründeten freiheitlichen demokratischen Gemeinwesens ist. Hieraus folgt: Freie Entfaltung der Persönlichkeit setzt unter den modernen Bedingungen der Datenverarbeitung den Schutz des einzelnen gegen unbegrenzte Erhebung, Speicherung, Verwendung und Weitergabe seiner persönlichen Daten voraus. Dieser Schutz ist daher von dem Grundrecht des Art. 2 Abs. 1 in Verbindung mit Art. 1 Abs. 1 umfaßt. Das Grundrecht gewährleistet insoweit die Befugnis des einzelnen, grundsätzlich selbst über die Preisgabe und Verwendung seiner persönlichen Daten zu bestimmen (BVerfGE 65, 42 f. – »Volkszählung«).

Das Recht auf informationelle Selbstbestimmung ist allerdings **nicht schrankenlos** gewährleistet. Grundsätzlich muß der Bürger Einschränkungen seines Rechts im überwiegenden Allgemeininteresse hinnehmen. Diese Beschränkungen bedürfen der gesetzlichen Grundlage, aus der sich ihre Voraussetzungen und ihr Umfang klar ergeben. Dabei hat der Gesetzgeber auch den Grundsatz der Verhältnismäßigkeit zu beachten; er hat organisatorische und verfahrensrechtliche Vorkehrungen zu treffen, welche einer Gefahr der Verletzung des Persönlichkeitsrechts entgegenwirken.

Für die Tragweite des Rechts auf informationelle Selbstbestimmung für Eingriffe, durch welche der Staat die **Angabe personenbezogener Daten** vom Bürger verlangt, ist deren Nutzbarkeit und Verwendungsmöglichkeit entscheidend. Diese hängen einerseits von dem Zweck, dem die Erhebung dient, und andererseits von den der Informationstechnologie eigenen Verarbeitungs- und Verknüpfungsmöglichkeiten ab. Dadurch kann ein für sich gesehen belangloses Datum einen neuen Stellenwert bekommen; insoweit gibt es unter den Bedingungen der automatischen Datenverarbeitung kein »belangloses« Datum mehr. Wieweit Informationen sensibel sind, kann hiernach nicht allein davon abhängen, ob sie intime Vorgänge betreffen. Vielmehr bedarf es zur Feststellung der persönlichkeitsrechtlichen Bedeutung eines Datums der Kenntnis seines Verwendungszusammenhangs: Erst wenn Klarheit darüber besteht, zu welchem Zweck Angaben verlangt werden und welche Verknüpfungs- und Verwendungsmöglichkeiten bestehen, läßt sich die Frage einer zulässigen Beschränkung des Rechts auf informationelle Selbstbestimmung beantworten. Dabei ist zu unterscheiden zwischen personenbezogenen Daten, die in individualisierter, nicht anonymisierter Form erhoben und verarbeitet werden, und solchen, die für statistische Zwecke bestimmt sind.

Ein Zwang zur Abgabe personenbezogener Daten setzt voraus, daß der Gesetzgeber den Verwendungszweck bereichsspezifisch und präzise bestimmt und daß die Angaben für diesen Zweck geeignet und erforderlich sind. Damit wäre die Sammlung **nicht anonymisierter Daten** auf Vorrat zu unbestimmten oder noch nicht bestimmbaren Zwecken nicht zu vereinbaren. Auch werden sich alle

Stellen, die zur Erfüllung ihrer Aufgaben personenbezogene Daten sammeln, auf das zum Erreichen des angegebenen Zieles erforderliche Minimum beschränken müssen. Die Verwendung der Daten ist auf den gesetzlich bestimmten Zweck begrenzt. Schon angesichts der Gefahren der automatischen Datenverarbeitung ist ein – amtshilfefester – Schutz gegen Zweckentfremdung durch Weitergabe- und Verwertungsverbote erforderlich. Als weitere verfahrensrechtliche Schutzvorkehrungen sind Aufklärungs-, Auskunfts- und Löschungspflichten wesentlich.
Wegen der für den Bürger bestehenden Undurchsichtigkeit der Speicherung und Verwendung von Daten unter den Bedingungen der automatischen Datenverarbeitung und auch im Interesse eines vorgezogenen Rechtsschutzes durch rechtzeitige Vorkehrungen ist die Beteiligung unabhängiger Datenschutzbeauftragter von erheblicher Bedeutung für einen effektiven Schutz des Rechts auf informationelle Selbstbestimmung (BVerfGE 65, 45 f.).
Die Erhebung und Verarbeitung von **Daten für statistische Zwecke** weisen Besonderheiten auf, die bei der verfassungsrechtlichen Beurteilung nicht außer acht bleiben können. Die Statistik hat erhebliche Bedeutung für eine staatliche Politik, die den Prinzipien und Richtlinien des GG verpflichtet ist. Wenn die ökonomische und soziale Entwicklung nicht als unabänderliches Schicksal hingenommen, sondern als permanente Aufgabe verstanden werden soll, bedarf es einer umfassenden, kontinuierlichen sowie laufend aktualisierten Information über die wirtschaftlichen, ökologischen und sozialen Zusammenhänge. Erst die Kenntnis der relevanten Daten und die Möglichkeit, die durch sie vermittelten Informationen mit Hilfe der Chancen, die eine automatische Datenverarbeitung bietet, für die Statistik zu nutzen, schafft die für eine am Sozialstaatsprinzip orientierte staatliche Politik unentbehrliche Handlungsgrundlage. Dementsprechend hält das BVerfG Datenerhebungen im Rahmen einer **Volkszählung** grundsätzlich für zulässig, wenn das **Statistikgeheimnis** gewahrt wird, die Daten möglichst frühzeitig anonymisiert werden, verbunden mit einem Schutz gegen Deanonymisierung, und die Weitergabe nicht anonymisierter Daten für Zwecke des Verwaltungsvollzugs ausgeschlossen wird (BVerfGE 65, 49 ff.).

Das **Volkszählungsgesetz 1983** entsprach nach dem Urteil des BVerfG im wesentlichen diesen Anforderungen. Verfassungsrechtlich unzulässig war vor allem der vorgesehene Melderegisterabgleich, wonach Angaben der Volkszählung mit den Melderegistern verglichen werden durften (BVerfGE 65, 1 ff.).

In gleicher Intensität wie im Bereich der Offenbarung von persönlichen Lebenssachverhalten wird das Recht auf individuelle Selbstbestimmung berührt, wenn **Eltern ihre minderjährigen Kinder** kraft der ihnen zustehenden gesetzlichen Vertretungsmacht **finanziell verpflichten** können. Wenn der Gesetzgeber diese Möglichkeit vorsieht, dann muß er gleichzeitig dafür Sorge tragen, daß den Kindern, wenn sie volljährig werden, Raum bleibt, um ihr weiteres Leben selbst und ohne unzumutbare Belastungen zu gestalten.

Beispiel: Die Mutter und ihre beiden Töchter hatten von dem Vater ein Handelsgeschäft geerbt, das fortgeführt wurde. Als finanzielle Schwierigkeiten auftraten, gab die Mutter im eigenen Namen, im Namen der Gesellschaft und im Namen der Töchter gegenüber dem Gläubiger ein Schuldanerkenntnis über 851 000,– DM ab. Da nur ein geringer Teil der Schuld beglichen wurde, erhob der Gläubiger Klage gegen die beiden Töchter. Der BGH betrachtete das namens der Töchter abgegebene Schuldanerkenntnis als wirksam. Das BVerfG hat diese Entscheidung aufgehoben (BVerfGE 72, 155 ff.).

Das GG gebietet es, den Personenstand des Menschen dem Geschlecht zuzuordnen, dem er nach seiner physischen und psychischen Konstitution zugehört. Dabei geht unsere Rechtsordnung und unser soziales Leben von dem Prinzip aus, daß jeder Mensch entweder »männlichen« oder »weiblichen« Geschlechts ist. Es ist jedoch wissenschaftlich erwiesen, daß es verschiedene Formen der somatischen Intersexualität gibt. Die besonders bei Transsexuellen auftretende Dissoziation zwischen Morphe und Psyche rechtfertigen einen entsprechenden medizinischen Eingriff und führen dann zwingend zu der Berichtigung des Geschlechtseintrags (BVerfGE 49, 299 f.).
Das allgemeine Persönlichkeitsrecht umfaßt auch das **Recht auf Kenntnis der eigenen Abstammung.** Eine Regelung, welche dem volljährigen Kind die Klärung seiner Abstammung ausnahmslos verwehrte, war daher nichtig (BVerfGE 79, 256 ff.).

5 Materielle Not kann die Würde des Menschen beeinträchtigen, wenn das **Existenzminimum** nicht erreicht wird. Daher ist der einzelne berechtigt, vom Staat Hilfe zu verlangen, wenn er in eine materielle Notlage gerät, die er nicht selbst zu beheben in der Lage ist und die ihn zu einem Dasein unterhalb einer für einen Durchschnittsmenschen noch erträglichen Schwelle zwänge. Dementsprechend soll die Sozialhilfe dem Betroffenen »die Führung eines Lebens ermöglichen, das der Würde des Menschen entspricht« (§ 1 Bundessozialhilfegesetz).

6 Die von dem Gesetzgeber geschaffene Ordnung zwischenmenschlicher Beziehungen darf grundsätzlich niemandem Rechte an der Person eines anderen einräumen, die nicht zugleich pflichtgebunden sind und die Menschenwürde des anderen respektieren. Die Anerkennung der **Elternverantwortung** in Art. 6 Abs. 1 findet daher ihre Rechtfertigung nur darin, daß das Kind des Schutzes und der Hilfe bedarf, um sich zu einer eigenverantwortlichen Persönlichkeit innerhalb der Gemeinschaft zu entwickeln (BVerfGE 24, 119/144). Entsprechendes muß für andere Gewaltverhältnisse gelten, die einer Person das Recht einräumen, das Leben einer anderen Person verbindlich zu gestalten (z.B. Vormund). Diese Rechte sind also nicht Selbstzweck. Sie dienen der Verwirklichung des Wohles schutzbedürftiger Personen. Nur soweit ihre Ausübung diesen Zweck im Auge behält, ist sie rechtmäßig.

II. Das Bekenntnis zu den Menschenrechten

Das Bekenntnis zu den unverletzlichen und unveräußerlichen Menschenrechten in Art. 1 Abs. 2 ist eine Folge der Verfassungsentscheidung für die Würde des Menschen. In ihm kommt gleichzeitig zum Ausdruck, daß das GG von bestimmten **überpositiven Menschenrechten** ausgeht, die selbst dann Geltung besäßen, wenn sie in das GG nicht ausdrücklich aufgenommen worden wären (z. B. Recht auf Leben, freie Meinungsäußerung, Würde des Menschen). 7

Die **»Menschenrechte« sind eine Funktion der »Menschenwürde«.** Die Menschenwürde ist aber tatbestandlich nicht umschrieben, weil sie in erster Linie ein naturrechtlicher Begriff ist, der seine geistesgeschichtliche Wurzel nicht in der Rechtswissenschaft, sondern in Philosophie und Theologie (z. B. dem Dekalog im Alten Testament) hat. Aus theologischer Sicht werden die Grundrechte als eine säkularisierte christliche Ethik definiert. Dies verdeutlichen auch die Worte der Präambel »Verantwortung vor Gott und den Menschen«. Genau wie die »Menschenwürde«, so ist auch der Begriff »Menschenrechte« juristisch kaum greifbar. Das Grundgesetz bietet jedoch einen **Katalog besonderer Menschenrechte.** 8

III. Die Bindungswirkung der Grundrechte

Aus Art. 1 Abs. 3 ergibt sich, daß die **Grundrechte** nicht bloße Programmsätze, sondern **unmittelbar geltendes Recht** sind. Zu ihnen gehören nicht nur die im ersten Abschnitt zusammengefaßten, sondern auch die in den Art. 101, 103 und 104 normierten Grundrechte. 9

Die **Grundrechte binden alle Staatsgewalt** und nicht nur die Exekutive. Auch der Gesetzgeber darf sie bei seiner Tätigkeit nicht außer acht lassen. Insofern enthält das GG gegenüber der WRV eine entscheidende Neuerung: Wenn der Gesetzgeber sich in dem grundrechtsgeschützten Raum bewegt, muß er die Bedeutung des jeweiligen Grundrechts in der sozialen Ordnung zum Ausgangspunkt seiner Regelung nehmen; nicht er bestimmt frei den Inhalt des Grundrechts, sondern umgekehrt kann sich aus dem Gehalt des Grundrechts eine inhaltliche Begrenzung des gesetzgeberischen Ermessens ergeben (BVerfGE 7, 377/403). Das bedeutet, daß nicht dem Gesetz, sondern dem Grundrecht der Vorrang zukommt. Ein Gesetz, das eine Verletzung eines Grundrechts enthält, ist verfassungswidrig und damit nichtig. Seine Nichtigkeit kann nach Verfassungsbeschwerde vom Bundesverfassungsgericht festgestellt werden. 10

Die Grundrechte binden in ihrem sachlichen Geltungsumfang die deutsche öffentliche Gewalt auch, soweit Wirkungen ihrer Betätigung außerhalb des Hoheitsbereichs der Bundesrepublik Deutschland eintreten (BVerfGE 6, 295; 57, 23). **Jedes Gericht hat die Grundrechte zu beachten.**

Außerordentlich problematisch ist, ob auch **supranationale Organisationen** (z. B. die Kommission der Gemeinschaften) an die Grundrechte gebunden sind 11

Sie setzen bereits in manchen Bereichen (z. B. auf dem Agrarsektor) Recht, das für den einzelnen unmittelbar verbindlich ist. Die Frage ist, ob auch diese Rechtssätze an den Verfassungsnormen des jeweiligen Mitgliedstaates, in der Bundesrepublik Deutschland also insbesondere an den Grundrechten, gemessen werden können.
Das BVerfG hatte diese Frage zunächst offengelassen, in seinem »Maastricht-Urteil« (BVerfGE 89, 155 ff.) dann aber festgestellt, auch Akte supranationaler Organisationen (wie der Europäischen Gemeinschaften) unterlägen dem Grundrechtsschutz.

Art. 2 [Allgemeine Handlungsfreiheit; Freiheit der Person; Recht auf Leben]

(1) Jeder hat das Recht auf die freie Entfaltung seiner Persönlichkeit, soweit er nicht die Rechte anderer verletzt und nicht gegen die verfassungsmäßige Ordnung oder das Sittengesetz verstößt.
(2) Jeder hat das Recht auf Leben und körperliche Unversehrtheit. Die Freiheit der Person ist unverletzlich. In diese Rechte darf nur auf Grund eines Gesetzes eingegriffen werden.

I. Die freie Entfaltung der Persönlichkeit

1 Die Formulierung in **Abs. 1 ist mißverständlich.** »Recht auf eigene Persönlichkeit« ist nicht so zu verstehen, daß der Mensch das Recht auf die eigene Persönlichkeit hätte. In solchem Fall könnte man zwei Teile unterscheiden: Der eine Teil des Menschen hätte dieses Recht, der andere bildete das Objekt dieses Rechts. Derjenige, der das Recht hat, ist die Person selbst als Subjekt des Rechtes.

2 Art 2 Abs. 1 hat vor allem die Funktion, die sonst zwischen den einzelnen Grundrechten, die spezielle Formen der Handlungsfreiheit sichern (z. B. Meinungsfreiheit, Freizügigkeit, Berufsfreiheit) auftretenden Lücken zu schließen. Soweit ein besonderer Fall der Handlungsfreiheit durch ein spezielles Grundrecht gewährleistet wird (z. B. die Meinungsfreiheit durch Art. 5 Abs 1), kommt deshalb nicht Art. 2 Abs. 1, sondern ausschließlich dieses spezielle Grundrecht zum Zuge.

3 Zum Schutz der Intimsphäre und zum allgemeinen Persönlichkeitsrecht vgl. Rz. 4 zu Art. 1.

4 Besondere Bedeutung kommt der allgemeinen Handlungsfreiheit auf **wirtschaftlichem Gebiet** zu. Im Grundgesetz findet sich keine Entscheidung für eine bestimmte Wirtschaftsordnung. Seine »wirtschaftspolitische Neutralität« ermöglicht es dem Gesetzgeber, die ihm jeweils sachgemäß erscheinende Wirtschaftspolitik zu verfolgen. Die gegenwärtige Wirtschafts- und Sozialordnung ist keinesfalls die verfassungsrechtlich einzig mögliche (BVerfGE 4, 8/18). Der Gesetzgeber ist nur verpflichtet, die von der Verfassung an jede Wirtschafts-

politik gestellten **Mindestanforderungen** zu beachten: Die Wirtschaftspolitik muß dem Grundrecht der freien Entfaltung der Persönlichkeit einerseits und der in Art. 20 Abs. 1 getroffenen Entscheidung für den Sozialstaat (vgl. Rz. 18ff. zu Art. 20) andererseits gerecht werden. Die allgemeine Handlungsfreiheit hat auf wirtschaftlichem Gebiet folgende Auswirkungen:

a) Es steht jedem frei, ob er sich wirtschaftlich betätigen will **(»Unternehmensfreiheit«)**, insbesondere ob er ein Gewerbe betreiben will oder nicht **(»Gewerbefreiheit«).** Das freie Unternehmertum und die dafür typische freie Unternehmerinitiative dürfen nicht völlig beseitigt werden. Es scheidet auch jedes dirigistische Wirtschaftssystem aus, in dem Privatunternehmen zwar formal am Leben erhalten werden, im übrigen aber staatlicherseits befohlen wird, was produziert werden darf, und zugeteilt wird, was konsumiert werden darf.

b) Die wirtschaftliche Freiheit enthält die **Wettbewerbsfreiheit,** d.h. das Recht jedes Unternehmens oder Unternehmers, mit anderen Unternehmen auf dem Markt in Konkurrenz zu treten. Zwar ist nicht jede wettbewerbsbeschränkende Absprache zwischen den verschiedenen Erzeugern derselben Produkte (»Kartelle«) verboten, doch darf durch sie keinesfalls ein monopolartiges Wirtschaftsgebilde entstehen. Diesem Ziel dienen die Gesetze über den unlauteren Wettbewerb und gegen Wettbewerbsbeschränkungen.

c) Aus der wirtschaftlichen Handlungsfreiheit folgt die **Vertragsfreiheit** (BVerfGE 8, 274/328). Darunter ist die Freiheit des einzelnen zu verstehen, seine Rechtsstellung und die Rechtslage der von ihm beherrschten Rechtsgüter (z. B. Sachen) nach Belieben durch Verträge mit anderen zu ändern: Grundsätzlich kann jedermann Verträge mit einem beliebigen Partner abschließen (»Abschlußfreiheit«) und mit diesem den Inhalt der vertraglichen Regelung frei bestimmen (»Freiheit der inhaltlichen Gestaltung«). Nur auf Gebieten, auf denen eine umfassende Vertragsfreiheit die Gefahr einer großen Rechtsunsicherheit nach sich zöge, darf sie eingeschränkt werden, wobei sich diese Einschränkung meist auf die Freiheit der inhaltlichen Gestaltung bezieht. Solche Einschränkungen kommen vor allem im Sachenrecht, Familienrecht und Erbrecht vor. So sind beispielsweise erbrechtliche Verträge nur möglich, soweit sie vom Gesetz ausdrücklich zugelassen werden, und im Sachenrecht können nur solche Rechte durch Vertrag begründet und übertragen werden, welche die Rechtsordnung vorsieht (z. B. Eigentum, Besitz, Hypothek, Grundschuld).

Diese wirtschaftlichen Freiheiten verlangen aber keineswegs eine einseitig kapitalistisch oder ausschließlich marktwirtschaftlich ausgerichtete Wirtschaftsordnung. Das GG hebt selbst das Sozialstaatsprinzip (Art. 20 Abs. 1) hervor, versteht das Eigentum nicht nur als Freiheitsrecht, sondern auch als Verpflichtung (Art. 14 Abs. 2) und läßt die Überführung von Grund und Boden, von Naturschätzen und Produktionsmitteln in Gemeineigentum zu (Art. 15). Eine Wirtschaftspolitik, die aus übergeordneten Interessen in bestimmten Bereichen das freie Spiel der Kräfte durch lenkende Maßnahmen einschränkt oder gemeinwirtschaftliche Züge annimmt, ist daher verfassungsrechtlich nicht zu beanstanden, soweit dadurch nicht die unternehmerischen Freiheiten in ihrem Kern berührt werden, d. h. nicht private Initiativen auf diesem Sektor untersagt werden.

Durch rechtlich vorgeschriebene Auskunftspflichten kann die Auskunftsperson **5**
in die Konfliktsituation geraten, sich entweder selbst einer strafbaren Handlung

zu bezichtigen oder durch eine Falschaussage gegebenenfalls ein neues Delikt zu begehen oder aber wegen ihres Schweigens Zwangsmitteln ausgesetzt zu werden. Wegen dieser Folgen ist die erzwingbare Auskunftspflicht als Eingriff in die Handlungsfreiheit sowie als Beeinträchtigung des Persönlichkeitsrechts im Sinne des Art. 2 Abs. 1 zu beurteilen. Ein **Zwang zur Selbstbezichtigung** berührt zugleich die Würde des Menschen, dessen Aussage als Mittel gegen ihn selbst verwendet wird.

Zum Schutz gegen unzumutbare Eingriffe und Beeinträchtigungen sieht die geltende Rechtsordnung verschiedene Vorkehrungen vor. Sie kennt kein ausnahmsloses Gebot, daß niemand zu Auskünften oder zu sonstigen Handlungen gezwungen werden darf, durch die er eine von ihm begangene strafbare Handlung offenbart. Vielmehr unterscheiden sich die Regelungen und die darin vorgesehenen Schutzvorkehrungen je nach der Rolle der Auskunftsperson und der Zweckbestimmung der Auskunft. Diese Differenzierung steht mit Art. 2 Abs. 1 jedenfalls insoweit in Einklang, als Art und Umfang des durch dieses Grundrecht gewährleisteten Schutzes auch davon abhängen, ob und inwieweit andere auf die Information der Auskunftsperson angewiesen sind, ob insbesondere die Auskunft Teil eines durch eigenen Willensentschluß übernommenen Pflichtenkreises ist.

Am weitesten reicht der Schutz gegen Selbstbezichtigungen für Zeugen, Prozeßparteien und insbesondere für Beschuldigte im Strafverfahren oder in entsprechenden Verfahren. Soweit für diesen Personenkreis ein Zwang zur Mitwirkung besteht, der zu strafrechtlichen Nachteilen führen kann (Entnahme von Blutproben und Untersuchungen zur Feststellung der Abstammung, Wartepflicht am Unfallort) handelt es sich um passive Duldungs- und Verhaltenspflichten, die im vorliegenden Zusammenhang außer acht bleiben können. Denn sie greifen in die personale Freiheit der Willensentscheidung jedenfalls weniger ein als die Nötigung, durch eigene Äußerungen strafbare Handlungen offenbaren zu müssen. Gegen eine derartige Offenbarungspflicht wird der genannte Personenkreis durchgängig durch Zubilligung eines Schweige- oder Aussageverweigerungsrechts geschützt.

Da Selbstbezichtigungen gerade wegen ihrer strafrechtlichen Auswirkungen einen schwerwiegenden Eingriff darstellen, wurden Schutzvorkehrungen vor allem dort entwickelt, wo die Aussage speziell strafrechtlichen oder ähnlichen Zwecken dient. Demgemäß gehört das **Schweigerecht des Beschuldigten** seit langem zu den anerkannten Grundsätzen des Strafprozesses. Erzwungene Aussagen unterliegen einem strafprozessualen Verwertungsverbot. Ein solches Schweigerecht besteht entsprechend in anderen Verfahren, in denen dem Betroffenen ähnliche Sanktionen wegen seines Verhaltens drohen, etwa im Disziplinarverfahren sowie in berufsgerichtlichen Verfahren. Es ist Ausdruck einer rechtsstaatlichen Grundhaltung, die auf dem Leitgedanken der Achtung der Menschenwürde beruht (BVerfGE 56, 41 ff.). Der Schutz gegen Selbstbezichtigungen gilt auch im **Zivilprozeß** und entsprechenden Verfahren. Die derart gegen einen Zwang zur Selbstbezichtigung geschützten Prozeßparteien und Verfahrensbeteiligten tragen lediglich das Risiko einer für sie ungünstigen Tatsachenwürdigung (BVerfGE 56, 44).

Während das geltende Recht Zeugen, Prozeßparteien und Beschuldigten durchweg ein Schweige- und Aussageverweigerungsrecht für den Fall der Selbstbezichtigung zubilligt, gilt dies nicht in gleicher Weise für Personen, die aus besonderen Rechtsgründen rechtsgeschäftlich oder gesetzlich verpflichtet sind, einem anderen oder einer Behörde die für diese notwendigen Informationen zu erteilen. Hier kollidiert das Interesse des Auskunftspflichtigen mit dem Informationsbedürfnis anderer, deren Belange in unterschiedlicher Weise berücksichtigt werden (BVerfGE 56, 45 m. abw. M.).

Die freie Entfaltung der Persönlichkeit wird allerdings nicht schrankenlos ge- **6**
währleistet. Sie findet ihre Grenzen an den Rechten anderer, der verfassungsmäßigen Ordnung und dem Sittengesetz (sog. »**Schrankentrias**« des Art. 2). Dieser Begrenzung der allgemeinen Handlungsfreiheit liegt als Rechtfertigung die Überlegung zugrunde, daß eine Sozietät nur dann Bestand haben kann, wenn sie das Recht hat, dem einzelnen durch das Setzen verbindlicher Normen ein Mindestmaß an sozialem Verhalten abzuverlangen. Die entscheidende Frage ist deshalb nicht die, **ob** die Handlungsfreiheit des einzelnen eingeschränkt werden darf, sondern **wie weit** sie einer Reglementierung unterworfen werden kann.

Das BVerfG hat hier klare Akzente gesetzt. Es geht davon aus, daß das Grundgesetz die zwischen dem Individuum und der Gemeinschaft bestehende Spannung grundsätzlich im Sinne der Gemeinschaftsbezogenheit und -gebundenheit der Person entschieden hat (BVerfGE 4, 7/15 f.). Im sozialen Bereich ist ständig ein Ausgleich und eine Abwägung der einander entgegenstehenden Rechte nach dem Grade ihrer Schutzwürdigkeit erforderlich. Deshalb muß das, was als Ergebnis einer solchen Abwägung an Beschränkung der freien Entfaltungsmöglichkeit des einzelnen verbleibt, hingenommen werden, mehr aber nicht (BVerfGE 7, 198 ff.). Soweit Beschränkungen zulässig sind, müssen die Mittel des Eingriffs in die Freiheit zur Erreichung des gesetzgeberischen Ziels geeignet sein und dürfen den einzelnen nicht übermäßig belasten (BVerfGE 17, 306/317). Diese Sätze zeigen, daß das BVerfG die Möglichkeit einer Beschränkung der freien Entfaltung der Persönlichkeit sehr einengt. Der Gesetzgeber braucht für jede Einschränkung einen rechtfertigenden Grund:

a) Den wichtigsten Rechtfertigungsgrund bildet die »**verfassungsmäßige Ordnung**«. Darunter versteht das Bundesverfassungsgericht die Gesamtheit der Rechtsnormen, die formell und materiell der Verfassung entsprechen. Die Gesetze müssen insbesondere mit den obersten Grundsätzen der freiheitlichen und demokratischen Grundordnung in Einklang stehen und vor allem dem Rechts- und Sozialstaatsprinzip genügen (BVerfGE 6, 32 f.). Gesetze, die gegen diese Grundsätze verstoßen, gehören nicht zur verfassungsmäßigen Ordnung und sind daher ungeeignet, die freie Entfaltung der Persönlichkeit wirksam einzuschränken.

Die Strafvorschriften des Betäubungsmittelgesetzes sind solche Rechtsnormen. Die hier geregelte Strafbarkeit des unerlaubten Umgangs mit Cannabisprodukten, insbesondere mit Haschisch, ist nach Meinung des BVerfG nicht verfassungswidrig (BVerfGE 90, 145 ff.).

b) Die **Rechte anderer** werden meist schon durch die der verfassungsmäßigen Ordnung entsprechenden Gesetze gesichert, so daß diese Schranke wenig selbständige Bedeutung hat. Anzuerkennen ist nicht jedes beliebige Interesse der Mitmenschen, sondern nur die nach der Gesamtentscheidung des Grundgesetzes schutzwürdigen Interessen (z. B. Recht auf Leben, körperliche Unversehrtheit, Freiheit, Ehre).
c) Das **Sittengesetz** ist zwar eine formal selbständige Schranke, wirkt jedoch in seiner Ausprägung als herrschende Moralvorstellung auf die verfassungsmäßige Ordnung ein, soweit diese den Gesetzgeber beschränkt (BVerfGE 6, 389/434). Ein gegen die **Grundwerte der Ethik** verstoßendes Gesetz gehört nicht zur verfassungsmäßigen Ordnung. Sittengesetz ist die Summe derjenigen Normen, die Allgemeingut der abendländischen Kultur sind, etwa das, was man auch **»Naturrecht«** zu nennen pflegt. Dabei ist freilich zu bedenken, daß das Sittengesetz im weiteren Sinne gegenüber den Grundlagen des Naturrechts größerem Wandel unterworfen ist, so daß nur die elementarsten Grundsätze juristisch relevant sind.

II. Das Recht auf Leben

7 Das Grundrecht auf Leben schützt wie das Recht auf körperliche Unversehrtheit und das Recht auf Freiheit der Person die biologisch-natürlichen Wertvoraussetzungen für die im Grundrechtskatalog genannten geistigen, ideellen, kulturellen und wirtschaftlichen Wertverwirklichungsmöglichkeiten des Menschen.

8 Das in der christlichen Morallehre (kath.) bzw. Ethik (ev.) stets und in der Philosophie ganz überwiegend anerkannte Recht auf Leben wurde unter dem Eindruck der nationalsozialistischen Vernichtungsmaßnahmen in das Grundgesetz aufgenommen. Die Vernichtung »lebensunwerten Lebens«, die »Ausrottung der Juden« und die »Liquidierung von Staatsfeinden« waren die Folgen einer Doktrin, die ethisch und naturwissenschaftlich unhaltbare Qualitätsunterschiede zwischen den verschiedenen »Rassen« lehrte, den Wert des Menschen allein nach dem Grade seiner Nützlichkeit bemaß und in jeder abweichenden Meinung eine Gefährdung des Staates erblickte.

9 **Leben** ist jedes menschliche **Lebendigsein.** Daraus folgt, daß eine sozialwissenschaftliche Bewertung des Lebens danach, ob es schon oder noch eine soziale Funktion hat, unzulässig ist. Wann ein biologisch-physiologisches »Lebendigsein« vorliegt, richtet sich allein nach naturwissenschaftlichen Kriterien. Die Abgrenzung zwischen Leben und Tod ist von entscheidender Bedeutung für die Frage, ob die Transplantation von Organen, deren Entnahme ein Weiterleben unmöglich macht, rechtlich unbedenklich ist. Ist der Spender eines solchen Organs nach naturwissenschaftlicher Auffassung im Zeitpunkt der Entnahme bereits tot, ist sie zulässig. Lebt er nach dieser Auffassung noch, ist sie unzulässig. Unter diesem Aspekt ist die lebhafte Diskussion verständlich, die neuerdings wieder über die ausschlaggebenden Abgrenzungskriterien zwischen Leben und Tod geführt wird.

Dem Gesetzgeber ist es nicht gestattet, Vorschriften zu erlassen, die das Recht auf Leben mißachten. Er kann sogar bestimmen, daß der einzelne nicht einmal selbst über sein Leben verfügen darf. Das deutsche Recht bestraft zwar den Selbstmordversuch nicht, sieht aber in ihm eine Störungslage, die der Staat beseitigen kann (Einschreiten der Polizei, Überwachung in einer Klinik). Es geht davon aus, daß der einzelne kein Verfügungsrecht über sein Leben hat. Dementsprechend kann aus Art. 2 Abs. 2 Satz 1 ein Anspruch auf **aktive Sterbehilfe** durch Dritte nicht hergeleitet werden (VG Karlsruhe, NJW 1988, 1536). Davon zu trennen ist die Frage, ob – wie heute noch überwiegend vertreten – ein solches Verhalten strafbar ist. **10**

Der Staat kann allerdings für bestimmte Personengruppen die Pflicht zum bewußten Einsatz des Lebens für andere statuieren (Polizei, Feuerwehr, Soldaten, Sanitäter). Er kann sie dafür mit den notwendigen Mitteln und Befugnissen ausstatten, insbesondere in bestimmten, eng begrenzten Fällen den Waffengebrauch erlauben. Es wird darauf hingewiesen, daß der Polizei von Rechts wegen die gleichen Gewaltanwendungsbefugnisse zur Verfügung stehen müssen, die der Verbrecher oder Störer unrechtmäßig für sich in Anspruch nimmt. **11**

Nach ganz überwiegender Meinung erfaßt Art. 2 Abs. 2 auch das bereits konzipierte, aber noch nicht geborene menschliche Leben (»nasciturus«). Eine **Schwangerschaftsunterbrechung** war bis in die siebziger Jahre grundsätzlich nicht zulässig. Nur dann, wenn ein **Rechtfertigungsgrund** vorlag, durfte sie vorgenommen werden. Als solcher war allein die »medizinische Indikation« anerkannt, also der Fall, daß die Unterbrechung der Schwangerschaft zur Rettung des Lebens oder der Gesundheit der werdenden Mutter erforderlich ist (sog. »übergesetzlicher Notstand«). Dagegen bildeten die »soziale Indikation« (die wirtschaftliche Situation der Eltern oder der Mutter erlaubt die Versorgung eines weiteren Kindes nicht), die »ethische Indikation« (die Schwangerschaft beruht auf einem verbrecherischen Angriff) und die »eugenische Indikation« (Gefahr kranken Nachwuchses) keine Rechtfertigungsgründe. **12**

Nach langer und zum Teil heftig geführter Diskussion entschied sich der Gesetzgeber 1974 für die sog. »Fristenlösung«. Bis zum dreizehnten Tage nach der Empfängnis war die Unterbrechung der Schwangerschaft für die Schwangere straflos. Der von einem Arzt mit Einwilligung der Schwangeren vorgenommene Abbruch war nicht strafbar, wenn seit der Empfängnis nicht mehr als zwölf Wochen verstrichen waren. Die Schwangere mußte sich allerdings vorher ärztlich beraten lassen. Nach dem Ablauf von zwölf Wochen war der Schwangerschaftsabbruch durch einen Arzt erlaubt, wenn es sich um einen Fall der medizinischen und der eugenischen Indikation handelte. Hierüber entschied eine Gutachterstelle.

Das Bundesverfassungsgericht hat sich gegen die »Fristenlösung« entschieden. Der Lebensschutz der Leibesfrucht genieße grundsätzlich für die gesamte Dauer der Schwangerschaft Vorrang vor dem Selbstbestimmungsrecht der Schwangeren und müsse mit den Mitteln des Strafrechts gewährleistet werden.

Die Fortsetzung der Schwangerschaft sei nur dann unzumutbar, wenn der Abbruch erforderlich sei, um von der Schwangeren eine Gefahr für Leib oder Leben abzuwenden. Andere, ähnlich schwerwiegende außergewöhnliche Belastungen für die Schwangere könne der Gesetzgeber entsprechend werten (BVerfGE 39, 1 ff.).
Der Gesetzgeber hat versucht, dem Urteil des Bundesverfassungsgerichts Rechnung zu tragen. Der Abbruch der Schwangerschaft bleibt straffrei, wenn die Schwangere einwilligt und er unter Berücksichtigung der gegenwärtigen und zukünftigen Lebensverhältnisse der Schwangeren nach ärztlicher Erkenntnis angezeigt ist, um eine Gefahr für das Leben oder die Gefahr einer schwerwiegenden Beeinträchtigung des körperlichen oder seelischen Gesundheitszustandes der Schwangeren abzuwenden und die Gefahr nicht auf andere für sie zumutbare Weise abgewendet werden kann. In diesen Grenzen bleibt auch der Schwangerschaftsabbruch aus ethischer Indikation und aus eugenischer Indikation straflos. Die soziale Indikation ist ebenfalls anerkannt, wenn die Gefahr einer Notlage besteht, die so schwer wiegt, daß von der Schwangeren die Fortsetzung der Schwangerschaft nicht verlangt werden kann, und die Gefahr auch nicht auf andere zumutbare Weise abgewendet werden kann.
Vor dem Eingriff muß sich die Schwangere über öffentliche und private Hilfen, die die Fortsetzung der Schwangerschaft erleichtern, bei einem Berater informieren und von einem Arzt über die ärztlich bedeutsamen Gesichtspunkte aufklären lassen. Außerdem muß ein Arzt feststellen, daß die Voraussetzungen für den Abbruch der Schwangerschaft vorliegen. Dieser darf dann aber den Eingriff nicht vornehmen, sondern muß ihn einem Kollegen überlassen.
Nach der **Wiedervereinigung** sind die Bestimmungen 1993 durch das **Schwangeren- und Familienhilfegesetz** übernommen und teilweise neu gefaßt worden. Das Bundesverfassungsgericht hat wiederum einzelne Regelungen für nichtig erklärt (BVerfGE 88, 203 ff.). Es hält an dem grundsätzlichen Verbot des Schwangerschaftsabbruchs während der gesamten Dauer der Schwangerschaft fest. Der Staat müsse seine Schutzpflicht wirksam erfüllen (sog. »Untermaßverbot«). Das Bundesverfassungsgericht vertritt allerdings nicht mehr den Standpunkt, daß der Schutz des werdenden Lebens mit dem Instrumentarium des Strafrechts zu erfolgen hat, hält aber den Schwangerschaftsabbruch grundsätzlich für rechtswidrig. Es sei ein Konzept erforderlich, das sicherstelle, daß die Schwangere »zielorientiert, aber ergebnisoffen« beraten wird. Das Beratungsverfahren und die staatliche Kontrolle der Beratungsstellen seien zu verschärfen. Die Ärzte müßten sich die Gründe der abbruchwilligen Schwangeren ausführlich darlegen lassen und versuchen, sie zur Umkehr zu bewegen; dies sei durch (neue) Strafnormen sicherzustellen. Aus der Rechtswidrigkeit des Schwangerschaftsabbruchs ergebe sich, daß dafür Sozialversicherungsleistungen grundsätzlich nicht gewährt werden könnten.
In argumentativer Hinsicht vermag das Urteil nicht zu überzeugen. Obwohl im Parlamentarischen Rat in der Frage, ob ungeborenes Leben von Verfassungs wegen genauso geschützt werden müsse wie das Leben nach der Geburt, keine

Einigung erzielt werden konnte und das ungeborene Leben deshalb im Grundgesetz auch nicht erwähnt wird, postuliert das BVerfG wie selbstverständlich, daß ihm dieselben Grundrechte auf Würde des Menschen und Leben zustehen. Es beachtet auch den Umstand nicht genügend, daß jede Regelung des Schwangerschaftsabbruchs die Frage nach dem Bereich unantastbarer Autonomie des Menschen einerseits und staatlicher Normen andererseits aufwirft. Der Gesetzgeber befindet sich hier an der Grenze der Regelungsfähigkeit eines Lebensbereichs. Der Schutz des Ungeborenen durch Beratung der Schwangeren steht damit in Einklang. Die letzte Verantwortung liegt aber bei der Frau. Die Entscheidung bringt überdies eine Regelung zu Fall, welche im Parlament quer durch die Parteien von einer Mehrheit als geeigneter Ausgleich der unterschiedlichen Ausgangslagen in Ost- und Westdeutschland und als fairer Kompromiß angesehen wurde. Sie enthält einen massiven Eingriff in den Bereich der Gesetzgebung, indem sie so tut, als sei nur eine einzige Lösung des Problems möglich, alle anderen aber verfassungswidrig. Würde das BVerfG so in allen Rechtsbereichen argumentieren, so könnte und dürfte es allein die Rechtspolitik bestimmen.
Inzwischen hat der Gesetzgeber seine Regelungen dem Urteil angepaßt. Der Schwangerschaftsabbruch ist nicht strafbar, wenn die Schwangere ihn verlangt, der Abbruch von einem Arzt vorgenommen wird und seit der Empfängnis nicht mehr als zwölf Wochen vergangen sind. Die Schwangere muß aber eine Bescheinigung vorlegen, daß sie sich mindestens drei Tage vor dem Eingriff durch eine anerkannte Beratungsstelle beraten lassen hat. Die Beratung muß sich dabei von dem Bemühen leiten lassen, die Frau zur Fortsetzung der Schwangerschaft zu ermutigen und ihr Perspektiven für ein Leben mit dem Kind zu eröffnen. Der Freistaat Bayern verlangt eine Regelung, welche die Frauen dazu zwingt, die Gründe für den beabsichtigten Schwangerschaftsabbruch offenzulegen.

Wie die staatlichen Stellen ihre Pflicht zu einem effektiven Schutz des Lebens **13**
erfüllen, ist andererseits von ihnen in eigener Verantwortung zu entscheiden. Ihre Freiheit in der Wahl der Mittel kann sich in besonders gelagerten Fällen aber auf die Wahl eines bestimmten Mittels verengen, wenn ein wirksamer Lebensschutz sonst nicht zu erreichen ist. Bei lebensbedrohenden terroristischen Erpressungen ist zu beachten, daß das GG nicht nur eine Schutzpflicht gegenüber dem Entführten, sondern auch gegenüber der Gesamtheit der Bürger statuiert. Deshalb müssen hier die Verantwortlichen flexibel reagieren können. Die Festlegung auf ein bestimmtes Mittel würde das Verhalten des Staates für die Terroristen kalkulierbar machen; ein effektiver Schutz der Bürger würde damit unmöglich (BVerfGE 46, 160 ff.).

III. Das Recht auf körperliche Unversehrtheit

Das Grundrecht auf körperliche Unversehrtheit schließt grundsätzlich jede **14**
staatlich erlaubte Beeinträchtigung der Gesundheit, jede Verunstaltung, jede Zufügung von Schmerzen und die Sterilisierung aus. Doch kann in dieses

Grundrecht aufgrund eines Gesetzes eingegriffen werden. Während dieser »Gesetzesvorbehalt« bei dem Recht auf Leben keine Rolle spielt, weil das Leben seinem Wesen nach unantastbar ist, wird er hier bedeutsam.
Nicht hinreichend geklärt ist bislang die Frage, ob sich die aus Art. 2 Abs. 2 folgende Schutzpflicht ausschließlich auf einen Schutz der körperlichen Unversehrtheit in biologisch-physiologischer Hinsicht beschränkt oder ob sie sich **auch auf den geistig-seelischen Bereich,** also das psychische Wohlbefinden erstreckt oder sogar das soziale Wohlbefinden umfaßt.
Wird der Begriff der körperlichen Unversehrtheit in Art. 2 Abs. 2 mit dem der Gesundheit gleichgesetzt, wie ihn die Weltgesundheitsorganisation in ihrer Satzung vom 22. Juli 1946 definiert hat, dann wären **Fluglärmfolgen** nicht nur wegen somatischer, sondern bereits wegen solcher psychischer und das soziale Wohlbefinden beeinträchtigender Auswirkungen zu bekämpfen, die über die Grenzen des sozial Adäquaten hinausgehen. Denn in der genannten Satzung wird als Gesundheit »der Zustand des vollständigen körperlichen, geistigen und sozialen Wohlbefindens und nicht nur das Freisein von Krankheit und Gebrechen« bezeichnet. Als gesundheitliche Beeinträchtigung in diesem Sinne wäre Fluglärm schon deswegen geeignet, weil er die Kommunikation im weitesten Sinne stört, den Erholungswert des Zuhause herabsetzt, Konzentration und Aufmerksamkeit mindert, Nervosität und Irritiertheitsgefühle verursacht sowie Erschrecken, Verärgerung und Furchtassoziationen auslöst.
Gegen die Zugrundelegung des weiten Gesundheitsbegriffs der Weltgesundheitsorganisation ließe sich allerdings einwenden, es sei – wenn das dem Willen des Verfassungsgesetzgebers entsprochen hätte – schwer erklärlich, daß der Parlamentarische Rat diesen seit 1946 bekannten Begriff nicht übernommen, sondern statt dessen nur die »körperliche Unversehrtheit« grundrechtlich geschützt hat. Andererseits dürfte eine Beschränkung des Schutzes allein auf solche Einwirkungen, die Verletzungen des Körpers darstellen, der Bedeutung dieses Grundrechts jedenfalls dann nicht gerecht werden, wenn es im Lichte des Art. 1 und der darin verbürgten Unantastbarkeit der Menschenwürde ausgelegt wird. Dabei kann dahinstehen, ob eine solche Beschränkung überhaupt mit dem Verständnis des Menschen als einer Einheit von Leib, Seele und Geist und mit der Wechselwirkung zwischen psychischen und physischen Gesundheitsstörungen vereinbar wäre. Verfassungsrechtlich kann nicht außer acht bleiben, daß eine enge Auslegung nicht der Funktion des Grundrechts als Abwehrrecht gegen staatliche Eingriffe etwa durch psychische Folterungen, seelische Quälereien und entsprechende Verhörmethoden entsprechen würde. Da die Einfügung gerade dieses Grundrechts auf Erfahrungen im Dritten Reich beruhte, darf dieser Gesichtspunkt jedenfalls nicht gänzlich vernachlässigt werden. Deshalb werden zumindest solche nichtkörperliche Einwirkungen von Art. 2 Abs. 2 erfaßt, die ihrer Wirkung nach körperlichen Eingriffen gleichzusetzen sind. Das sind jedenfalls solche, die das Befinden einer Person in einer Weise verändern, die der Zufügung von Schmerzen entspricht (BVerfGE 56, 73 ff.).
Selbst wenn aber der in Art. 2 Abs. 2 verwendete Begriff »körperliche Unversehrtheit« im engen Sinn auszulegen wäre, ließe sich die staatliche Schutzpflicht

nicht schon mit der Begründung verneinen, daß der durch den Betrieb von Verkehrsflughäfen entstehende Fluglärm keinerlei somatische Folgen haben könne, sondern sich in einer Beeinträchtigung des psychischen und sozialen Wohlbefindens erschöpfe. Zumindest in Gestalt von Schlafstörungen lassen sich Einwirkungen auf die körperliche Unversehrtheit schwerlich bestreiten (BVerfGE 56, 76).

Wichtig ist vor allem die Frage, inwieweit **zwangsweise medizinische Eingriffe** 15
zulässig sind. Sie spielt insbesondere im Strafverfahren eine Rolle. Gemäß § 81 a StPO darf eine körperliche Untersuchung des Beschuldigten zur Feststellung von Tatsachen angeordnet werden, die für das Verfahren von Bedeutung sind (z.B. Untersuchung der Zurechnungsfähigkeit, Bestimmung des Blutalkoholgehalts). Zu diesem Zweck sind Entnahmen von Blutproben und andere körperliche Eingriffe, die von einem Arzt nach den Regeln der ärztlichen Kunst zu Untersuchungszwecken vorgenommen werden, ohne Einwilligung des Beschuldigten zulässig, wenn kein Nachteil für seine Gesundheit zu fürchten ist. Deshalb ist auch die zwangsweise Veränderung der Haar- oder Barttracht eines Beschuldigten zum Zwecke der Gegenüberstellung von Zeugen zulässig, wenn er zur Tatzeit eine andere Tracht getragen hat (BVerfGE 47, 239 ff.).

Taucht bei der Untersuchung eines Beschuldigten auf seine Zurechnungsfähigkeit der Verdacht auf, daß eine Erkrankung des zentralen Nervensystems vorliegt, so ist eine Entnahme des Liquors (Gehirn- und Rückenmarksflüssigkeit) nur dann zulässig, wenn dieser Eingriff in angemessenem Verhältnis zur Schwere der Tat steht, also nicht eine reine Bagatellsache Gegenstand des Verfahrens ist (BVerfGE 16, 20 ff.). Dies gilt auch für eine Hirnkammerluftfüllung, die überdies nur dann unbedenklich ist, wenn weniger einschneidende Maßnahmen nicht in Betracht kommen (BVerfGE 17, 117 ff.). Dagegen bestehen gegen eine hirnelektrische Untersuchung (Elektroenzephalographie) keine Bedenken; bei ihr wird weder die Kopfhaut verletzt noch dem Schädel Strom zugeführt (BVerfGE 17, 114 f.).

Angesichts der Art und Schwere möglicher Gefahren bei der **friedlichen Nutzung der Kernenergie** ergibt sich eine besondere Schutzpflicht des Gesetzgebers, die es gebietet, rechtliche Regelungen so auszugestalten, daß die Gefahr für Leib und Leben auf ein minimales Maß beschränkt wird. Dabei hat der Gesetzgeber in seine Überlegungen die Frage einzubeziehen, ob eine solche Nutzung politisch und technisch überhaupt noch sinnvoll ist. 16

Zum **Züchtigungsrecht der Lehrer** vgl. Rz. 12 ff. zu Art. 103. 17

IV. Die Freiheit der Person

Das Grundrecht der Freiheit der Person garantiert die körperliche Bewegungsfreiheit und schützt vor ungerechtfertigten Festnahmen, Verhaftungen und Unterbringungen. 18

Die Freiheit der Person kann durch Gesetze eingeschränkt werden. Sie ist jedoch ein so hohes Rechtsgut, daß nur besonders wichtige Gründe einen Eingriff 19 rechtfertigen. Dazu gehören in erster Linie die des Strafrechts und Strafverfahrensrechts. Die dort vorgesehenen Eingriffe dienen dem Schutz der Allgemeinheit. Auch die Anstaltsunterbringung von gemeingefährlichen Geisteskranken dient diesem Ziel. Endlich sind Eingriffe fürsorgerischer Art zulässig, die zum Schutz des Betroffenen erfolgen, wie beispielsweise die Unterbringung eines wegen Geistesschwäche Entmündigten in einer Anstalt zu dem Zweck, ihn daran zu hindern, sich selbst größeren persönlichen oder wirtschaftlichen Schaden zuzufügen. Dagegen ist die zwangsweise Unterbringung eines Erwachsenen, die ausschließlich seine »Besserung« zum Ziele hat (Gewöhnung an geregelte Arbeit, Seßhaftigkeit) nicht möglich; der Staat hat nicht die Aufgabe, seine Bürger zu »bessern« (BVerfGE 22, 180/219).

Auch bei Eingriffen in die Freiheit der Person ist stets der Grundsatz der Verhältnismäßigkeit zu beachten. Er hat besonders für den Fall der Untersuchungshaft Bedeutung. Hier kollidieren die unabweisbaren Bedürfnisse der Strafverfolgung in einem besonderen Maße mit dem Freiheitsanspruch des einzelnen.

20 Der schwerste Fall des Eingriffs in die Freiheit der Person, nämlich ihre völlige Entziehung (z. B. Freiheitsstrafe, Untersuchungshaft, Anstaltsunterbringung), muß richterlich angeordnet werden. Dies bestimmt Art. 104 Abs. 2. Auf die dortigen Ausführungen darf verwiesen werden.

21 Zur Frage der Verfassungsmäßigkeit der lebenslangen Freiheitsstrafe vgl. Art. 1 Rz. 3.

22 Wie die staatlichen Stellen ihre Pflicht zu einem effektiven Schutz des Lebens erfüllen, ist andererseits von ihnen in eigener Verantwortung zu entscheiden. Ihre Freiheit in der Wahl der Mittel kann sich in besonders gelagerten Fällen aber auf die Wahl eines bestimmten Mittels verengen, wenn ein wirksamer Lebensschutz sonst nicht zu erreichen ist. Bei lebensbedrohenden terroristischen Erpressungen ist zu beachten, daß das GG nicht nur eine Schutzpflicht gegenüber dem Entführten, sondern auch gegenüber der Gesamtheit der Bürger statuiert. Deshalb müssen hier die Verantwortlichen flexibel reagieren können. Die Festlegung auf ein bestimmtes Mittel würde das Verhalten des Staates für die Terroristen kalkulierbar machen; ein effektiver Schutz der Bürger würde damit unmöglich (BVerfGE 46, 160 ff.; vgl. auch Rz. 2 zu Art. 1).

Art. 3 [Gleichheit vor dem Gesetz; Gleichberechtigung von Männern und Frauen; Diskriminierungsverbote]

(1) Alle Menschen sind vor dem Gesetz gleich.

(2) Männer und Frauen sind gleichberechtigt. Der Staat fördert die tatsächliche Durchsetzung der Gleichberechtigung von Frauen und Männern und wirkt auf die Beseitigung bestehender Nachteile hin.

(3) Niemand darf wegen seines Geschlechtes, seiner Abstammung, seiner Rasse, seiner Sprache, seiner Heimat und Herkunft, seines Glaubens, seiner religiösen oder politischen Anschauungen benachteiligt oder bevorzugt werden. Niemand darf wegen seiner Behinderung benachteiligt werden.

I. Der allgemeine Gleichheitssatz

Art. 3 Abs. 1 enthält ein Grundrecht. Der allgemeine Gleichheitssatz verpflichtet nicht nur alle staatlichen Gewalten zur gleichen **Anwendung** der Rechtssätze, sondern zwingt auch den Gesetzgeber zu einer an ihm orientierten **Ausgestaltung** des Rechts. Er verbietet ihm, wesentlich Gleiches ungleich zu behandeln, und ist verletzt, wenn sich ein vernünftiger, aus der Natur der Sache ergebender oder sonstwie sachlich einleuchtender Grund für die gesetzliche Differenzierung nicht finden läßt, kurzum, wenn die gesetzliche Bestimmung als **willkürlich** bezeichnet werden muß (BVerfGE 1, 14/52). Von einer Willkür des Gesetzgebers darf man allerdings nicht schon dann sprechen, wenn er im Rahmen seines Ermessens unter mehreren gerechten Lösungen im konkreten Fall nicht die zweckmäßigste, »vernünftigste« oder »gerechteste« gewählt hat, sondern nur dann, wenn sich ein sachgerechter Grund für die getroffene Regelung nicht finden läßt (BVerfGE 4, 144/155). 1

Wann Sachverhalte im wesentlichen gleich sind, läßt sich nicht abstrakt und generell sagen, sondern nur im Einzelfall durch einen Vergleich ermitteln. 2

Der allgemeine Gleichheitssatz bindet auch die **Verwaltung.** Der Gleichheitssatz kann verletzt sein, wenn **dieselbe** Behörde bei Auslegung eines Gesetzes gegenüber der einen Person einen anderen Maßstab anlegt als gegenüber einer anderen Person. Legen dagegen **verschiedene** Behörden denselben Rechtssatz verschieden aus, so ist darin allein noch kein Verstoß gegen den Gleichheitssatz zu erblicken. Es handelt sich aber in der Regel bei einer dieser Entscheidungen um eine unrichtige Rechtsauslegung und -anwendung, die vor Gericht mit Erfolg angegriffen werden kann (BVerfGE 1, 82/85). 3

Der allgemeine Gleichheitssatz gilt auch im Bereich der **rechtsprechenden Gewalt.** Auch hier wird jedoch nicht schon durch jede falsche Rechtsanwendung der Gleichheitssatz tangiert. Man muß berücksichtigen, daß oftmals über die richtige Auslegung einer Vorschrift Streit herrscht oder daß dem Gericht unabsichtliche Fehler unterlaufen können. Ein derartiges Urteil kann zwar erfolgreich mit Rechtsmitteln (Berufung oder Revision) angefochten werden, verstößt aber nicht gegen Art. 3 Abs. 1. Ein solcher Verstoß liegt erst dann vor, wenn die tragenden Gründe der Entscheidung bei Würdigung der das GG beherrschenden Gedanken nicht mehr verständlich sind und sich daher der Schluß aufdrängt, daß die Entscheidung auf sachfremden Erwägungen beruht, also **willkürlich** ist (BVerfGE 4, 1/7). 4

Als Verstoß gegen Art. 3 Abs. 1 hat das BVerfG z. B. gewertet, daß bisher das als Leibesfrucht einer versicherten Mutter geschädigte Kind nicht in die gesetzliche Unfallversicherung einbezogen war (BVerfGE 45, 376 ff.). Die Auslegung des § 7 Abs. 3 BAföG dahin, daß ein Student, der den Abbruch seines bisherigen Studiums nur deswegen geringfügig verzögert, um die Zulassung zu seinem Wunschstudium abzuwarten, keine weitere Förderung mehr erhalten soll, weil kein »wichtiger Grund« vorliege, verstieß gegen Art. 3 Abs. 1, weil sie zu einer Ungleichbehandlung im Vergleich zu anderen Personen führte (BVerfGE 70, 230 ff.). Gegen Art. 3 verstieß auch eine Regelung, nach der 5

Studenten von dem Bezug von Arbeitslosengeld selbst dann ausgeschlossen wurden, wenn sie vorher Beiträge entrichtet haben und der Arbeitsvermittlung zur Verfügung stehen (BVerfGE 74, 9 ff.).

II. Die Gleichberechtigung von Mann und Frau

6 Art. 3 Abs. 2 Satz 1 ist eine Konkretisierung des allgemeinen Gleichheitssatzes für das spezielle Gebiet der rechtlichen Behandlung der beiden Geschlechter. Er hat Grundrechtscharakter. Art. 3 Abs. 2 Satz 1 enthält ein **Differenzierungsverbot,** das sich auf die unterschiedlichen Eigenschaften von Mann und Frau bezieht. Es gilt nur dann, wenn der zu ordnende soziale Lebenstatbestand essentiell vergleichbar ist, d. h. wenn er, vom Geschlecht der Betroffenen abgesehen, wesentliche Elemente umfaßt, die gleich sind. Diese Voraussetzung fehlt nicht nur, wenn gemeinsame Elemente überhaupt nicht vorhanden sind, sie ist auch dann nicht gegeben, wenn der biologische Geschlechtsunterschied den zu regelnden Lebenssachverhalt so entscheidend prägt, daß etwa vergleichbare Elemente daneben völlig zurücktreten (BVerfGE 6, 389/422). Das ist etwa bei der Wehrpflicht für Männer oder dem Mutterschutz und den Arbeitszeitbeschränkungen für Frauen der Fall.
Es ist auch unbedenklich, daß die Bundeswehr für Frauen, die im Sanitätsdienst tätig sind, in bezug auf die Haartracht eine großzügigere Regelung getroffen hat als für männliche Sanitätssoldaten (BVerwG, NJW 1994, 2632).
Ein spezielles Diskriminierungsverbot enthält § 611a BGB. Danach darf der Arbeitgeber einen Arbeitnehmer bei einer Vereinbarung oder einer Maßnahme, insbesondere bei der Begründung eines Arbeitsverhältnisses, beim beruflichen Aufstieg, bei einer Weisung oder einer Kündigung nicht wegen seines Geschlechts benachteiligen. Eine solche unzulässige Benachteiligung stellt in der Regel die Frage nach der Schwangerschaft vor der Einstellung der Arbeitnehmerin dar, gleichgültig, ob sich nur Frauen oder auch Männer um den Arbeitsplatz bewerben (BAG, NJW 1993, 1154). Eine Ausnahme ist aber dann zu machen, wenn der Arbeitsplatz besondere Gefahren für Schwangere mit sich bringt, wie etwa die Arbeit in einem Labor, in dem mit infektiösem Material gearbeitet wird (BAG, NJW 1994, 148).
Der Arbeitgeber darf grundsätzlich einen Arbeitsplatz nicht nur für Männer oder Frauen ausschreiben (§ 611 b BGB) und bei gleicher oder gleichwertiger Arbeit nicht wegen des Geschlechts des Arbeitnehmers eine geringere Vergütung zahlen als bei einem Arbeitnehmer des anderen Geschlechts (§ 612 Abs. 3 BGB). Daß Frauen vor allem bei der Lohnzahlung häufig schlechter gestellt sind als Männer liegt daran, daß sie vielfach gehindert werden, die gleiche Tätigkeit wie Männer auszuüben, und sich auch scheuen, ihre Forderungen durchzusetzen.
Schutzbestimmungen zugunsten der Frauen im Interesse der Mutterschaft sind mit dem Grundsatz der Gleichberechtigung der Geschlechter vereinbar. Es handelt sich um Normen, die in sachlicher Weise auf den biologischen Besonderheiten der Frauen beruhen (vgl. Art. 6 Abs. 4).

Das Bundesverfassungsgericht wendet sich in seiner Rechtsprechung gegen diejenigen, die in der Gleichberechtigung eine »Gleichmacherei« sehen und ihrer Verwirklichung daher skeptisch gegenüberstehen. Von einer Gleichmacherei könne schon deshalb keine Rede sein, weil das Differenzierungsverbot des Art. 3 Abs. 2 Satz 1 nur die Bedeutung haben könne, daß den biologischen Unterschieden grundsätzlich keine rechtliche Bedeutung zukommen dürfe, nicht aber die, daß sie auch keine gesellschaftlichen, soziologischen, psychologischen oder sonstigen Auswirkungen hätten (BVerfGE 3, 225/241). 7

Nach Art. 117 Abs. 1 ist das der Gleichberechtigung entgegenstehende Recht spätestens am 31. März 1953 außer Kraft getreten. Aber erst am 1. Juli 1958 ist das Gleichberechtigungsgesetz in Kraft getreten, das die Beziehungen zwischen Mann und Frau auf dem Gebiete des bürgerlichen Rechts unter dem Gesichtspunkt der Gleichberechtigung neu geregelt hat. 8

Art. 3 Abs. 2 Satz 2 ist durch die Verfassungsreform 1994 in das GG eingefügt worden. Dies beruht auf der Erkenntnis, daß rechtliche Gleichheit noch lange keine faktische Gleichheit bewirken muß. Noch heute ist eine Fülle von Benachteiligungen von Frauen festzustellen. Das Ziel ist es deshalb, der faktischen Gleichberechtigung zu einer stärkeren Durchsetzung zu verhelfen. Durch die Ergänzung des Art. 3 Abs. 2 wird ein Staatsziel normiert, durch das die staatlichen Organe angehalten werden, entsprechende Maßnahmen zu ergreifen. 9

Als eine wirksame Maßnahme zur Förderung der Frauen werden die **»Frauenquoten«** verstanden. Sie sind in Parteien, Gewerkschaften, im öffentlichen Dienst und sogar in der Privatwirtschaft zu finden oder werden dort zumindest diskutiert. Solche Quotenregelungen reichen von bloßen Absichtserklärungen über Zielvorgaben bis hin zu Bestimmungen, welche die paritätische Beteiligung von Frauen vorschreiben. Gemeinsam ist diesen Regelungen, daß sie an das Geschlecht als Unterscheidungsmerkmal anknüpfen, um die Unterrepräsentanz von Frauen vor allem in qualifizierten Positionen zu beheben. Allerdings betrachtet der EuGH eine Bestimmung, welche bei gleicher Qualifikation von Bewerbern unterschiedlichen Geschlechts bei einer Beförderung in Bereichen, in denen die Frauen unterrepräsentiert sind, den weiblichen Bewerbern automatisch den Vorrang einräumt, als Verstoß gegen das Diskriminierungsverbot (NJW 1995, 3109).

III. Der spezielle Gleichheitssatz des Art. 3 Abs. 3

Art. 3 Abs. 3 ist ein echtes Grundrecht, stellt einen Unterfall des allgemeinen Gleichheitssatzes dar und enthält wie Art. 3 Abs. 2 ein Differenzierungsverbot. Dem Gesetzgeber wird untersagt, bestimmte Verschiedenheiten der Menschen durch Verschiedenheit der rechtlichen Ordnung zu berücksichtigen, weil der Verfassungsgeber diese Verschiedenheiten, gemessen an der weitgehenden Gleichheit aller Menschen, als unerheblich für die künftige, von ihm gewollte Rechtsordnung ansah (BVerfGE 10, 59/73). 10

Durch die Verfassungsreform 1994 wurde der **Behindertenschutz** als **Staatsziel** aufgenommen. Der Staat ist aufgerufen, in verstärktem Umfang durch geeignete gesetzgeberische und verwaltungstechnische Maßnahmen auf die Belange Behinderter einzugehen. Dies ist vor allem bei Fragen des Zugangs zu öffentlichen Einrichtungen und der Berufsausübung, aber auch der behindertengerechten Ausgestaltung solcher Einrichtungen und Arbeitsplätze zu beachten. Gleichzeitig gibt Abs. 3 Satz 2 den Behinderten ein **Abwehrrecht.** Welche Probleme hier auftauchen, zeigt sich beispielhaft im Bereich der allgemeinen Schulpflicht: Mag die Sonderschule vielleicht – pädagogisch gesehen – der »bessere« Platz für manchen Behinderten sein, so empfindet dieser doch die Ablehnung der Aufnahme in eine allgemeine Schule als Nachteil.
Die Ausstrahlungen auf zivilrechtliche Rechtsbeziehungen sind indes nicht zu übersehen: Als schadensersatzbegründende Beeinträchtigung des Reisegenusses wird man – wie manche Gerichte das bisher taten – die Anwesenheit von Behinderten grundsätzlich nicht mehr werten dürfen.
Probleme bereitet der Kreis der Berechtigten. Es dürfte wohl nicht jede geringfügige Behinderung ausreichen, sondern nur eine Behinderung von einer gewissen Schwere.

Art. 4 [Glaubens-, Gewissens- und Bekenntnisfreiheit]

(1) Die Freiheit des Glaubens, des Gewissens und die Freiheit des religiösen und weltanschaulichen Bekenntnisses sind unverletzlich.
(2) Die ungestörte Religionsausübung wird gewährleistet.
(3) Niemand darf gegen sein Gewissen zum Kriegsdienst mit der Waffe gezwungen werden. Das Nähere regelt ein Bundesgesetz.

I. Die Glaubens-, Gewissens- und Bekenntnisfreiheit

1 Das Grundgesetz legt durch die Art. 4 Abs. 1, Art. 3 Abs. 3, Art. 33 Abs. 3 sowie durch Art. 140 mit den Art. 136 Abs. 1 und 4, Art. 137 Abs 1 WRV dem Staat eine **weltanschaulich-religiöse Neutralität** auf. Es verwehrt die Einführung staatskirchlicher Rechtsformen und untersagt auch die Privilegierung bestimmter Bekenntnisse (BVerfGE 19, 206/216). Zulässig sind nur Differenzierungen, die durch tatsächliche Verschiedenheiten der einzelnen Religionsgesellschaften bedingt sind.

2 Träger des Grundrechts aus Art. 4 Abs. 1 können nicht nur alle Menschen, sondern auch Religionsgesellschaften und andere juristische Personen sein, deren Zweck die Pflege oder Förderung eines religiösen Bekenntnisses oder die Verkündung des Glaubens ihrer Mitglieder ist (BVerfGE 19, 129/132).
Kinder werden bis zu ihrer Religionsmündigkeit durch ihre Eltern vertreten, die zugleich ein eigenes Recht zur religiösen Erziehung ihrer Kinder aus Art. 4 Abs. 1 in Verbindung mit Art. 6 Abs. 1, 2 haben. Die **Religionsmündigkeit des**

Kindes ist im Gesetz über die religiöse Kindererziehung von 1921 näher geregelt. Das Kind kann ab dem 14. Lebensjahr selber entscheiden, in welchem Bekenntnis es erzogen wird. Vom 12. Lebensjahr an darf es nicht gegen seinen Willen in einem anderen Bekenntnis als zuvor erzogen werden. Allerdings kann das minderjährige Kind in Glaubensfragen, die sich von der allgemeinen Erziehung nur schwer trennen lassen, nicht jeder Einflußnahme der Eltern entzogen werden. Aus der Religionsmündigkeit kann kaum ein Recht des Kindes abgeleitet werden, in religiöse Wohngemeinschaften einzutreten oder etwa allein nach Indien zu fahren.

Was unter **Glauben** zu verstehen ist, kann weder juristisch allgemein noch staatsrechtlich erfaßt werden. Das Recht der Glaubensfreiheit gewährleistet dem einzelnen eine Lebensform, die seiner Überzeugung entspricht. Es ist staatsrechtlich nicht relevant, ob es sich um ein religiöses Bekenntnis oder eine religionsfeindliche oder religionsfreie Weltanschauung handelt. Insofern ist die Glaubensfreiheit mehr als religiöse Toleranz, d. h. bloße Duldung religiöser Bekenntnisse oder religiöser Überzeugungen. Das zeigt sich auch darin, daß sie die Werbung für den eigenen Glauben und die Abwerbung von einem fremden Glauben mitumfaßt (BVerfGE 12, 3 f.). 3

Das BVerfG hatte folgenden Fall zu entscheiden: Der Beschwerdeführer gehörte einer christlichen Sekte an, die einer Bluttransfusion ablehnend gegenübersteht. Seine nach der Geburt des vierten Kindes unter akutem Blutmangel leidende Ehefrau lehnte es ab, sich ärztlichem Rat gemäß in eine Krankenhausbehandlung zu begeben und insbesondere eine Bluttransfusion vornehmen zu lassen. Er unterließ es, seinen Einfluß auf seine Ehefrau im Sinne der ärztlichen Ratschläge geltend zu machen. Eine Heilbehandlung unterblieb; die Ehefrau, die bis zuletzt bei klarem Bewußtsein war, verstarb. Der Beschwerdeführer wurde wegen unterlassener Hilfeleistung verurteilt. Er berief sich auf die Hl. Schrift: »Ist jemand krank, der rufe zu sich die Ältesten der Gemeinde und lasse über sich beten und das Gebet des Glaubens wird dem Kranken helfen.« Das BVerfG hat die Verurteilung aufgehoben.

Sekten, die sich in großem Maße wirtschaftlich betätigen (z. B. Scientology), wird von einigen Gerichten (z. B. BAG) der Schutz des Art. 4 Abs. 1 und 2 verweigert, weil sie in Wirklichkeit Institutionen zur Vermarktung bestimmter Erzeugnisse seien.

Weltanschauung ist eine subjektiv oder intersubjektiv in Gruppen verbindliche Grundkonzeption, die auf Grund bestimmter, als entscheidend aufgefaßter sozialer, kultureller und individueller Faktoren eine Deutung des menschlichen Lebens ohne Zuhilfenahme des Gottesbegriffes versucht. 4

Man muß sich darüber im klaren sein, daß der Begriff »Gewissen« ähnlich wie »Glaube«, juristisch kaum greifbar ist. 5

Von Staatsrechtlern wird das Gewissen als das Bewußtsein des Menschen von der Existenz und verpflichtenden Kraft des Sittengesetzes, als subjektives Bewußtsein vom sittlichen Wert oder Unwert des eigenen Verhaltens verstanden. **Gewissensentscheidung** sei jede ernste sittliche, d. h. an den Kategorien von »Gut« und »Böse« orientierte Entscheidung, die der einzelne in einer bestimmten Lage als für sich bindend und unbedingt verpflichtend innerlich er-

fährt, so daß er gegen sie nicht ohne ernsten Gewissenskonflikt handeln könnte (BVerfGE 12, 45/55).
Die Problematik solcher formalisierender juristischer Definitionen von »Gewissen«, »Gewissensentscheidung«, »Kategorien von ›Gut‹ und ›Böse‹«, »Sittengesetz« wird besonders deutlich im Rahmen der Anerkennungsverfahren für Kriegswaffendienstverweigerer (vgl. unten Rz. 8 ff.).

6 Neben die Glaubens-, Weltanschauungs- und Gewissensfreiheit tritt ergänzend die **Bekenntnisfreiheit.** Sie garantiert die Freiheit, seinen Glauben, seine Weltanschauung oder seine Gewissensentscheidungen kundzugeben oder geheimzuhalten. Niemand darf gezwungen werden, sich öffentlich zu einer bestimmten Religion zu bekennen. Niemand darf gezwungen werden, seine religiösen oder weltanschaulichen Überzeugungen in der Öffentlichkeit zu offenbaren oder vor der Öffentlichkeit zu verschweigen.
Nach einer Entscheidung des BVerfG aus dem Jahre 1995 verstößt die staatliche Anordnung, in den Unterrichtsräumen einer staatlichen Pflichtschule, die keine Bekenntnisschule ist, **Kruzifixe** anzubringen, gegen Art. 4 Abs. 1. Das Kreuz sei ein spezifisches Glaubenssymbol des Christentums und nicht etwa nur Ausdruck der vom Christentum mitgeprägten abendländischen Kultur. Die Freiheit, »kultischen Handlungen« eines Glaubens, den man nicht teilt, fernzubleiben, beziehe sich auch auf die Glaubenssymbole. Damit sei eine vom Staat geschaffene Lage, in der der einzelne ohne Ausweichmöglichkeiten bestimmten Glaubenssymbolen ausgesetzt werde, nicht vereinbar (BVerfGE 93, 1 ff.). Diese Entscheidung hat – wie kaum eine andere des BVerfG – zu aufgeregten und heftigen Diskussionen geführt. Bemerkenswert ist, daß das Schweizer Bundesgericht schon im Jahre 1990 entschieden hat, das staatliche Schulkreuz verletze die religiöse Neutralität und die Glaubensfreiheit (EuGRZ 1991, 89), ohne daß es zu großen Auseinandersetzungen kam.

Es verstößt nicht gegen Art. 4 Abs. 1, wenn Patienten eines städtischen oder staatlichen Krankenhauses bei der Aufnahme gefragt werden, welcher Konfession sie angehören, und gleichzeitig vermerkt ist, daß diese Frage nicht beantwortet zu werden braucht (BVerfGE 46, 266 ff.). Eine gesetzliche Frist (»Überlegungsfrist«), aufgrund deren ein Kirchenaustritt erst einen Monat nach Eingang der Austrittserklärung bei der zuständigen Stelle wirksam wird, ist mit Art. 4 Abs. 1 ebenso unvereinbar wie eine Regelung, die es zuläßt, einen aus der Kirche Ausgetretenen noch bis zum Ende des laufenden Steuerjahres zur Kirchensteuer heranzuziehen (BVerfGE 44, 37 ff.).

Auch **politische Überzeugungen** können, sofern sie das Ergebnis einer bestimmten Weltanschauung sind, unter Art. 4 Abs. 1 fallen. Eine bestimmte **politische Betätigung** genießt aber keinesfalls mehr dessen Schutz, da sie über das bloße Bekenntnis zu einer Weltanschauung hinausgeht. Aus diesem Grunde könnte sich beispielsweise ein extrem eingestellter Politiker, der sich verfassungswidrig betätigt, niemals mit Erfolg auf die verfassungsrechtlich garantierte Freiheit des weltanschaulichen Bekenntnisses berufen.

II. Die ungestörte Religionsausübung

Das in Art. 4 Abs. 2 enthaltene Grundrecht auf ungestörte Ausübung der Religion ist an sich schon im Begriff der **Glaubens- und Bekenntnisfreiheit** enthalten. Diese umfaßt auch die Freiheit des kultischen Handelns und der religionsbezogenen Werbung oder Propaganda. Die besondere Erwähnung in Art. 4 Abs. 2 erklärt sich insbesondere aus der Abwehrhaltung gegenüber den Störungen der Religionsausübung während der nationalsozialistischen Herrschaft und beinhaltet vor allem, daß die religiöse Betätigungsfreiheit in Form und Inhalt, in der Art der Teilnahme und der Art der Ausübung geschützt ist, soweit sie sich im Rahmen übereinstimmender sittlicher Grundanschauungen der heutigen Kulturvölker hält. Zur Religionsausübung gehören jedoch nicht nur kultische Handlungen und die religiösen Bräuche – wie Gottesdienst, Gebete, Empfang von Sakramenten, Prozessionen -, sondern auch die religiöse oder nichtreligiöse Erziehung, freireligiöse oder atheistische Feiern und andere Äußerungen des religiösen und weltanschaulichen Lebens (BVerfGE 24, 236/245 f.). **7**

III. Das Recht auf Kriegsdienstverweigerung

Das Recht auf Kriegsdienstverweigerung ist ein Grundrecht und als solches ein **subjektiv-öffentliches Recht.** **8**

Der Kerngehalt des Grundrechts aus Art. 4 Abs. 3 besteht darin, den Kriegsdienstverweigerer vor dem Zwang zu bewahren, in einer Kriegshandlung einen anderen töten zu müssen, wenn ihm sein Gewissen eine Tötung grundsätzlich und ausnahmslos zwingend verbietet. Darüber hinaus erfaßt Art. 4 Abs. 3 aber auch den **Wehrdienst im Frieden.** Manche sprechen daher statt von Kriegsdienstverweigerung von Kriegswaffendienstverweigerung. **9**

Das Grundrecht der Kriegsdienstverweigerung ist die zwangsläufige Konsequenz aus Art. 4 Abs. 1, der die Unverletzlichkeit des Gewissens und die Freiheit, nach dessen als bindend und unbedingt verpflichtend innerlich erfahrenen Geboten handeln zu dürfen, garantiert. Es stellt der Pflicht, sich an der bewaffneten Landesverteidigung zu beteiligen, eine unüberwindliche Schranke entgegen. Eine als Gewissensentscheidung anerkannte Verweigerung des Waffendienstes kann auch nicht etwa als »irrig«, »falsch« oder »richtig« bewertet werden (BVerfGE 12, 45/54 ff.). **10**

Die Frage aber, wann überhaupt eine Gewissensentscheidung vorliegt, war und ist Gegenstand heftiger Kontroversen. Der Gesetzgeber hatte sich zunächst dafür entschieden, die Prüfung dieser Frage den Wehrersatzbehörden zu überlassen, gegen deren Votum der Betroffene notfalls das (Verwaltungs-)Gericht anrufen konnte. Nicht zuletzt die restriktive Rechtsprechung, nach der nicht einmal der Umstand genügen sollte, daß der Kriegsdienstverweigerer seine Gewissensentscheidung ehrlich, glaubhaft und mit einleuchtenden Gründen vorträgt (vgl. BVerwG DVBl. 1974, 165), bewog die Mehrheit des Bundestages im Jahre 1977, das Wehrpflichtgesetz dahin zu ändern, daß die Prüfung der

Gewissensentscheidung grundsätzlich entfällt. Diese als »Postkartenlösung« kritisierte Änderung hat das BVerfG mit der Begründung für verfassungswidrig erklärt, angesichts des Mißverhältnisses zwischen der Zahl der verfügbaren Ersatzdienstpflichtigen und der Zahl der vorhandenen und besetzbaren Einsatzpläne im zivilen Ersatzdienst liege ein Verstoß gegen die Wehrgerechtigkeit und damit gegen Art. 3 Abs. 1 vor (BVerfGE 48, 127 ff.). Damit hat es den alten Rechtszustand zunächst wieder hergestellt. Diese Entscheidung ist deshalb problematisch, weil die allgemeine Wehrpflicht nach Art. 12 a selbst zur Disposition des Gesetzgebers steht, also nur eines der möglichen Mittel zur Erfüllung des Verfassungsgebotes der Verteidigung darstellt, und im übrigen das von dem BVerfG zu Recht verfolgte Ziel der Wehrgerechtigkeit auch dadurch hätte anvisiert werden können, daß dem Gesetzgeber unter Fristsetzung aufgegeben worden wäre, den zivilen Ersatzdienst so auszubauen, daß das festgestellte Mißverhältnis verschwindet.

Am 28. Februar 1983 ist das Gesetz über die Verweigerung des Kriegsdienstes mit der Waffe aus Gewissensgründen (BGBl. I S. 203) erlassen worden. Über den Antrag auf Anerkennung als Kriegsdienstverweigerer, der zu begründen ist, entscheidet nunmehr das Bundesamt für den Zivildienst. Die Anerkennung erfolgt ohne Anhörung des Betroffenen, wenn der Antrag vollständig ist, die dargelegten Beweggründe das Recht auf Kriegsdienstverweigerung zu begründen geeignet sind und das gesamte Vorbringen keine Zweifel an der Wahrheit der Angaben begründet. Liegen Zweifel vor, entscheidet der Ausschuß für Kriegsdienstverweigerung. Ist der Antrag unbegründet, hat ihn das Bundesamt für Zivildienst abzulehnen. Dieses Gesetz kann kaum befriedigen. Der BVerfG hat es aber im wesentlichen für vereinbar mit dem GG erklärt (BVerfGE 69, 1 ff.).

11 Art. 4 Abs. 3 will diejenigen schützen, die den Kriegsdienst mit der Waffe schlechthin verweigern. Das sind nicht nur die grundsätzlichen (dogmatischen) Pazifisten, sondern auch diejenigen, die den Kriegsdienst hier und jetzt allgemein ablehnen, die Motive dazu aber gerade der gegebenen und historisch-politischen Situation entnehmen. Nicht geschützt ist dagegen die sog. »situationsbedingte« Kriegsdienstverweigerung, bei der die Teilnahme an einem ganz bestimmten Krieg, an Kriegen bestimmter Art, unter bestimmten Bedingungen oder mit bestimmten Waffen verweigert wird. Hier richtet sich die Gewissensentscheidung nicht primär gegen den Kriegsdienst mit der Waffe, sondern gegen die Entschließung der Staatsgewalt, die bewaffnete Macht überhaupt oder mit bestimmten Mitteln zu einem konkreten politischen oder militärischen Zweck einzusetzen (BVerfGE 12, 45/57 f.).

12 Nur der Kriegsdienst **mit der Waffe** kann verweigert werden. Es ist nicht möglich, aus Art. 4 Abs. 1 und der dort garantierten Gewissensfreiheit ein Verbot des Zwangs zum Kriegsdienst ohne Waffe abzuleiten. Art. 4 Abs. 3 enthält eine abschließende Regelung der Kriegsdienstverweigerung. Die Einführung des Ersatzdienstes ist deshalb durch Art. 4 Abs. 3 nicht ausgeschlossen. Art. 12 a enthält dementsprechend ausdrücklich die Ermächtigung einen **Ersatzdienst** zu schaffen. Da zwischen Art. 4 Abs. 3 und Art. 12 a kein Rangunterschied besteht, ist gegenüber der Einberufung zum Ersatzdienst die Berufung auf die Gewissensfreiheit versagt (BVerfGE 19, 135/138).

Art. 5 [Meinungs-, Informations-, Pressefreiheit; Kunst und Wissenschaft]

(1) Jeder hat das Recht, seine Meinung in Wort, Schrift und Bild frei zu äußern und zu verbreiten und sich aus allgemein zugänglichen Quellen ungehindert zu unterrichten. Die Pressefreiheit und die Freiheit der Berichterstattung durch Rundfunk und Film werden gewährleistet. Eine Zensur findet nicht statt.
(2) Diese Rechte finden ihre Schranken in den Vorschriften der allgemeinen Gesetze, den gesetzlichen Bestimmungen zum Schutze der Jugend und in dem Recht der persönlichen Ehre.
(3) Kunst und Wissenschaft, Forschung und Lehre sind frei. Die Freiheit der Lehre entbindet nicht von der Treue zur Verfassung.

I. Allgemeines

Art. 5 gehört wie Art. 4 zu der Gruppe von Grundrechten, welche die Freiheit der Kundgabe von Überzeugungen und Ansichten schützen soll. Er dient der Verwirklichung der **Geistesfreiheit,** die seit der Epoche der Aufklärung zu den Leitideen einer menschenwürdig verfaßten Gesellschaft gezählt wird. Ohne die jedem einzelnen eröffnete Möglichkeit, sich im Streit der Meinungen und Weltanschauungen stets aufs neue frei von Gesinnungsterror oder auch nur indirektem staatlichem Druck für eine selbständige und im wahren Sinn des Wortes eigene Position zu entscheiden, kann eine an dem Achtungsanspruch der menschlichen Persönlichkeit orientierte Staatsordnung nicht bestehen. Aus diesem Grunde ist es nicht zu hoch gegriffen, wenn das Bundesverfassungsgericht das Grundrecht auf freie Meinungsäußerung als unmittelbarsten Ausdruck der menschlichen Persönlichkeit versteht, es als eines der vornehmsten Menschenrechte bezeichnet und zu der Auffassung gelangt, es sei für eine freiheitlich-demokratische Staatsordnung schlechthin konstituierend, weil es erst die ständige geistige Auseinandersetzung, das Lebenselement der Demokratie, ermöglicht (BVerfGE 7, 198/208).

II. Die einzelnen Freiheiten des Art. 5 Abs. 1

Art. 5 Abs. 1 garantiert die Meinungs-, Informations-, Presse-, Berichterstattungs- und Zensurfreiheit.
Unter **Meinungsfreiheit** ist die Freiheit zu verstehen, Meinungen zu haben und zu 1
äußern. Meinungen sind Äußerungen oder Stellungnahmen wertenden Inhalts, gleichviel ob sie rational oder emotional begründet werden. Keine Meinungen sind Tatsachenäußerungen; auch Werbetexte, -bilder oder -sendungen enthalten

keine Meinungen. Eine Meinungsäußerung liegt auch dann vor, wenn sich Elemente der Stellungnahme, des Dafürhaltens oder Meinens mit Elementen einer Tatsachenbehauptung verbinden, der tatsächliche Gehalt gegenüber der Bewertung aber in den Hintergrund tritt (BVerfGE 66, 149 – »Wallraff«).
Tatsachenbehauptungen sind durch Art. 5 Abs. 1 geschützt, wenn sie die Voraussetzung dafür schaffen sollen, sich eine Meinung zu bilden. Der Schutz endet dort, wo sie zur Meinungsbildung nichts beitragen können. Unrichtige Information ist kein schützenswertes Gut. Bewußte oder erwiesen unwahre Tatsachenbehauptungen werden von Art. 5 Abs. 1 S. 1 nicht erfaßt (BVerfGE 85, 15). Eine solche erwiesen unwahre Tatsachenbehauptung ist die Äußerung, es habe im »Dritten Reich« keine Judenverfolgung gegeben (BVerfGE 90, 241; vgl. auch Rz. 1 zu Art. 1).
a) Besondere Bedeutung hat die Meinungsfreiheit im politischen Bereich. Ein Staat, der seine verfassungsrechtliche Ordnung als freiheitlich-demokratisch bezeichnet und sie damit in die große verfassungsgeschichtliche Entwicklung der liberalen rechtsstaatlichen Demokratie einordnet, muß aus diesem Grundrecht ein grundsätzliches Recht der freien politischen Betätigung jedes Staatsbürgers und damit auch die freie Bildung politischer Parteien entwickeln (BVerfGE 5, 35/134; 20, 56/98).
b) Geschützt ist vor allem die **Äußerung** der Meinung. Das liegt daran, daß der Staat dem einzelnen ohnehin nicht wirksam vorschreiben könnte, was er zu denken, wohl aber, was er zu sagen hat. Trotzdem ist auch die private Meinungsbildung jeder mit Zwang oder Druck verbundenen Einflußnahme des Staates entzogen.
c) Die freie Meinungsäußerung beinhaltet das Recht, eine Meinung frei zu verbreiten, d. h. einem zahlenmäßig nicht bestimmten Personenkreis zugänglich zu machen. Wie dies geschieht, ist gleichgültig. Die Aufzählung »in Wort, Schrift oder Bild« ist nicht etwa abschließend, sondern lediglich beispielhaft gemeint.
d) Zur Meinungsfreiheit von Soldaten vgl. Art. 17 a; zur Meinungsfreiheit der Schüler Rz. 24 zu Art. 7.

2 Die **Informationsfreiheit** umfaßt die Freiheit, die Informationsquelle, aus der man sich unterrichten will, auszuwählen.
Problematisch ist die Frage, ob ein Verbot ausländischer Zeitungen oder Zeitschriften zulässig ist. Die Frage ist unter dem Gesichtspunkt zu beurteilen, daß die Rechte des Art. 5 Grundrechte und nicht bloße Bürgerrechte sind. Auch das Bekunden kommunistischer Ansichten und die publizistische Unterstützung politischer Bestrebungen des Kommunismus sind Gebrauch des Art. 5 Abs. 1.
Die Informationsfreiheit ist auf die »allgemein zugänglichen Quellen« beschränkt. Darunter fällt jede Informationsquelle, die ihrem Wesen nach für die Öffentlichkeit bestimmt ist. So besteht z. B. kein Anspruch auf Einblick in fremde Straf- und Ehescheidungsakten.

3 Die **Pressefreiheit** bezieht sich vor allem auf periodisch erscheinende Druckerzeugnisse und dient in erster Linie dazu, die Freiheit der Berichterstattung in der Presse sicherzustellen. Eine freie, nicht von der öffentlichen Gewalt gelenkte Presse ist ein Wesenselement des freiheitlichen Staates.

a) Die Pressefreiheit umfaßt das Recht, die Öffentlichkeit grundsätzlich über alle Tatsachen, die bekannt werden, zu unterrichten (Ausnahmen: z. B. Intimsphäre, militärische Geheimnisse). Die Presse ist zur *wahrheitsgemäßen* Berichterstattung verpflichtet. Sie ist gehalten, Nachrichten und Behauptungen, die sie weitergibt, auf ihren Wahrheitsgehalt zu überprüfen. Wenn auch diese Prüfungs- und Wahrheitspflicht nicht überspannt werden darf, so ist es doch unzulässig, leichtfertig unwahre Nachrichten weiterzugeben. Erst recht darf die Wahrheit nicht bewußt entstellt werden; dies geschieht auch dann, wenn wesentliche Sachverhalte, die der Presse bekannt sind, der Öffentlichkeit unterschlagen werden und daher ein falscher Eindruck entsteht (BVerfGE 12, 113/130).
b) Die Pressefreiheit beinhaltet die Pflicht des Staates, Gefahren abzuwehren, die einem freien Pressewesen aus der Bildung von **Meinungsmonopolen** erwachsen könnten (BVerfGE 20, 162/176). Ein demokratisch verfaßtes Staatswesen lebt von der Vielfalt der Meinungen. Es ist deshalb außerordentlich wichtig, daß möglichst viele Meinungen die Chance haben, vor dem Forum der Öffentlichkeit diskutiert zu werden. Diese Chance würde weitgehend zunichte gemacht, wenn im Zuge der immer stärker werdenden Pressekonzentration nur noch wenige politische Auffassungen in der Presse vertreten wären. Der Gesetzgeber ist aufgerufen, diese Entwicklung sorgfältig zu beobachten und gegebenenfalls regelnd einzugreifen.
c) Der Schutzbereich des Art. 5 Abs. 1 Satz 2 umfaßt auch das **Redaktionsgeheimnis.** Die Vertraulichkeit der gesamten Redaktionsarbeit ist notwendige Bedingung einer freien Presse.
d) Die **rechtswidrige Beschaffung von Informationen** – etwa durch »Einschleichen« in einen Betrieb – wird von der Pressefreiheit nicht geschützt. Dagegen fällt die Verbreitung rechtswidrig erlangter Informationen unter die Pressefreiheit. Bei der Verbreitung solcher Informationen müssen aber die allgemeinen Gesetze (Art. 5 Abs. 2) beachtet werden (BVerfGE 66, 137 – »Wallraff«).

Die Freiheit der **Berichterstattung durch Rundfunk und Film** ist neben der **4**
Pressefreiheit eigens aufgeführt, um der Wichtigkeit dieser gegenüber der Presse mindestens gleich bedeutsamen, unentbehrlichen Massenkommunikationsmittel gerecht zu werden.
Rundfunkfreiheit bildet unter den Bedingungen der modernen Massenkommunikation eine notwendige Ergänzung und Verstärkung der Meinungsfreiheit; sie dient der Aufgabe, freie und umfassende Meinungsbildung durch den Rundfunk zu gewährleisten. Diese Aufgabe bestimmt die Eigenart und die Bedeutung der Rundfunkfreiheit:
Freie individuelle und öffentliche Meinungsbildung durch den Rundfunk verlangt zunächst die Freiheit des Rundfunks von staatlicher Beherrschung und Einflußnahme. Insoweit hat die Rundfunkfreiheit, wie die klassischen Freiheitsrechte, abwehrende Bedeutung. Doch ist damit das, was zu gewährleisten ist, noch nicht sichergestellt. Denn bloße Staatsfreiheit bedeutet noch nicht, daß freie und umfassende Meinungsbildung durch den Rundfunk möglich wird;

dieser Aufgabe läßt sich durch eine lediglich negatorische Gestaltung nicht gerecht werden. Es bedarf dazu vielmehr einer positiven Ordnung, welche sicherstellt, daß die Vielfalt der bestehenden Meinungen im Rundfunk in möglichster Breite und Vollständigkeit Ausdruck findet und daß auf diese Weise umfassende Information geboten wird. Um dies zu erreichen, sind materielle, organisatorische und Verfahrensregelungen erforderlich, die an der Aufgabe der Rundfunkfreiheit orientiert und deshalb geeignet sind zu bewirken, was Art. 5 Abs. 1 gewährleisten will.

Die damit erforderliche rechtliche Ausgestaltung unterliegt dem Vorbehalt des Gesetzes: Die notwendigen Entscheidungen sind wesentliche Entscheidungen, weil sie, abgesehen von der sachlichen Bedeutung des Rundfunks für das individuelle und öffentliche Leben der Gegenwart, im grundrechtsrelevanten Bereich ergehen und wesentlich für die Verwirklichung der Grundrechte sind. Namentlich treffen hier verschiedene Grundrechtspositionen zusammen, die in Kollision miteinander geraten können, einerseits der aus der Informationsfreiheit folgende Anspruch auf umfassende und wahrheitsgemäße Information, andererseits die Freiheit der Meinungsäußerung derjenigen, welche die Programme herstellen oder in den Sendungen zu Wort kommen. Es ist die Sache des Gesetzgebers, solche Kollisionen zum Ausgleich zu bringen (BVerfGE 57, 320 f.).

Dieser Vorbehalt des Gesetzes ist ein (Landes-)Parlamentsvorbehalt: Das zur Gewährleistung der Rundfunkfreiheit Wesentliche muß das Parlament selbst bestimmen, es darf die Entscheidung darüber nicht der Exekutive, etwa in Gestalt einer allgemeinen, die Befugnis zu Auflagen umfassenden Ermächtigung überlassen, auch nicht in der Weise, daß dies zwar nicht ausdrücklich, aber der Sache nach durch nicht hinreichend bestimmte Normierungen geschieht. Ebensowenig darf die Gewährleistung der Rundfunkfreiheit einer Regelung durch Satzung der Veranstalter oder vertraglichen Regelungen anheimgegeben werden (BVerfGE 57, 321).

5 Die Notwendigkeit ausgestaltender gesetzlicher Regelung besteht auch dann, wenn die durch Knappheit der Sendefrequenzen und den hohen finanziellen Aufwand für die Veranstaltung von Rundfunkdarbietungen bedingte Sondersituation des Rundfunks im Zuge der modernen Entwicklung entfällt. Auch in diesem Falle bleibt es bei dem verfassungsrechtlichen Erfordernis gesetzlicher Vorkehrungen zur Gewährleistung der Freiheit des Rundfunks. Zwar können diese in einer Situation der unvermeidlichen Beschränkung auf wenige Träger von Rundfunkveranstaltungen in weiterem Umfang nötig werden und andere Mittel erforderlich machen als in einer Lage, in der diese Beschränkung nicht mehr besteht. Aber es bleibt bei der Notwendigkeit, durch gesetzliche Vorkehrungen für die Gewährleistung der Freiheit des Rundfunks Sorge zu tragen (BVerfGE 57, 322).

Auch bei einem Fortfall der bisherigen Beschränkungen könnte nicht mit hinreichender Sicherheit erwartet werden, daß das Programmangebot in seiner Gesamtheit kraft der Eigengesetzlichkeit des Wettbewerbs den Anforderungen der Rundfunkfreiheit entsprechen werde. Gewiß mag manches dafür sprechen, daß sich dann eine begrenzte Vielfalt einstellen werde, wie sie heute etwa im

Bereich der überregionalen Tageszeitungen besteht. Doch handelt es sich dabei nur um eine Möglichkeit. Während bei der Presse die geschichtliche Entwicklung zu einem gewissen bestehenden Gleichgewicht geführt hat, so daß es heute zur Sicherstellung umfassender Information und Meinungsbildung durch die Presse grundsätzlich genügen mag, Bestehendes zu gewährleisten, kann von einem solchen Zustand auf dem Gebiet des **privaten Rundfunks** zumindest vorerst nicht ausgegangen werden. Demgemäß ist ungewiß, ob bei einer Behebung des bisherigen Mangels in dem »Gesamtprogramm« als Inbegriff aller gesendeten inländischen Programme alle oder wenigstens ein nennenswerter Teil der gesellschaftlichen Gruppen und geistigen Richtungen auch tatsächlich zu Wort kommen, ob mithin ein »Meinungsmarkt« entsteht, auf dem die Vielfalt der Meinungen unverkürzt zum Ausdruck gelangt. Zudem müssen gerade bei einem Medium von der Bedeutung des Rundfunks die Möglichkeiten einer Konzentration von Meinungsmacht und die Gefahr des Mißbrauchs zum Zwecke einseitiger Einflußnahme auf die öffentliche Meinung in Rechnung gestellt werden. Bei dieser Sachlage würde es dem verfassungsrechtlichen Gebot, die Freiheit des Rundfunks zu gewährleisten, nicht gerecht werden, wenn nur staatliche Eingriffe ausgeschlossen würden und der Rundfunk dem freien Spiel der Kräfte überlassen würde; dies um so weniger, als einmal eingetretene Fehlentwicklungen – wenn überhaupt – nur bedingt und nur unter erheblichen Schwierigkeiten rückgängig gemacht werden könnten. Es liegt vielmehr in der Verantwortung des Gesetzgebers, daß ein Gesamtangebot besteht, in dem die für die freiheitliche Demokratie konstitutive Meinungsvielfalt zur Darstellung gelangt. Es muß der Gefahr begegnet werden, daß auf Verbreitung angelegte Meinungen von der öffentlichen Meinungsbildung ausgeschlossen werden und Meinungsträger, die sich im Besitz von Sendefrequenzen und Finanzmitteln befinden, an der öffentlichen Meinungsbildung vorherrschend mitwirken. Dies ist sicher nicht mit letzter Gewißheit möglich; zumindest muß eine hinreichende Wahrscheinlichkeit bestehen, daß sich in dem gesetzlich geordneten Rundfunksystem eine solche gleichgewichtige Vielfalt einstellt (BVerfGE 57, 322 ff.). An dieser Notwendigkeit ändert es auch nichts, wenn die Anforderungen der Rundfunkfreiheit als wenigstens durch die bestehenden öffentlich-rechtlichen Anstalten erfüllt anzusehen sind, so daß – jedenfalls dem Anspruch nach – alle maßgeblichen gesellschaftlichen Gruppen und Richtungen im Rahmen der öffentlich-rechtlichen Programme zu Wort kommen und die Teilnehmer sich umfassend informieren können. Denn eine zusätzliche einseitige Berücksichtigung nur einzelner Meinungsrichtungen im privaten Rundfunk würde das für die Gesamtheit der dem einzelnen Teilnehmer zugänglichen inländischen Programme wesentliche Gleichgewicht des »Zu-Wort-Kommens« der gesellschaftlichen Gruppen stören, wenn nicht aufheben (BVerfGE 57, 324).
Zu den Fragen, welche der Gesetzgeber als wesentliche zu regeln hat, gehört jedenfalls die Entscheidung über die Grundlinien der Rundfunkordnung; die Einführung privaten Rundfunks bedarf mithin einer gesetzlichen Grundlage und der Entscheidung des Parlaments. Das gilt auch für zeitlich und örtlich begrenzte Versuche, weil diese den gleichen Grundrechtsbezug haben wie eine

definitive Regelung. Freilich kommt dem Gesetzgeber insoweit eine erheblich größere Gestaltungsfreiheit zu; denn solche Versuche dienen der Aufgabe, Erfahrungen zu gewinnen (BVerGE 54, 202; 57, 324).
Bei dieser Grundentscheidung kann der Gesetzgeber es nicht bewenden lassen. Es bedarf weiterhin gesetzlicher Bestimmungen, die im Rahmen des zugrunde gelegten Ordnungsmodells sicherstellen, daß der Rundfunk nicht einer oder einzelnen gesellschaftlichen Gruppen ausgeliefert wird und daß die in Betracht kommenden Kräfte im Gesamtprogrammangebot zu Wort kommen können.
Sofern sich der Gesetzgeber für eine »binnenpluralistische« Struktur der Veranstalter, also eine Organisation entscheidet, bei welcher der Einfluß der in Betracht kommenden Kräfte intern, durch Organe der jeweiligen Veranstalter vermittelt wird, bedarf es namentlich einer sachgerechten, der bestehenden Vielfalt prinzipiell Rechnung tragenden Bestimmung und Gewichtung der maßgeblichen gesellschaftlichen Kräfte und der Sicherstellung des effektiven Einflusses desjenigen Organs, in dem diese vertreten sind.
Der Gesetzgeber kann aber auch andere Gestaltungsformen wählen, sofern er durch geeignete Vorkehrungen gewährleistet, daß das Gesamtangebot der inländischen Programme der bestehenden Meinungsvielfalt auch tatsächlich im wesentlichen entspricht. Wenn er dabei Rundfunkfreiheit durch externe (»außenpluralistische«) Vielfalt herstellen und erhalten will, so darf er auch bei dieser Lösung auf Regelungen nicht verzichten; die Gewährleistung der Freiheit bleibt in seiner Verantwortung. Solange eine hinreichende Zahl von Frequenzen nicht zur Verfügung steht, dürfte eine Möglichkeit, dieser Verantwortung gerecht zu werden, in einer Gestaltung liegen, bei welcher mehrere Meinungsträger jeweils zeitlich begrenzt dieselbe Frequenz benutzen können.
Darüber hinaus hat der Gesetzgeber für den Inhalt des Gesamtprogramms Leitgrundsätze verbindlich zu machen, die ein Mindestmaß von inhaltlicher Ausgewogenheit, Sachlichkeit und gegenseitiger Achtung gewährleisten. Bei »binnenpluralistischer« Struktur der Veranstalter gilt diese Anforderung für das Gesamtprogramm jedes einzelnen Veranstalters. Bei einem »außenpluralistischen« Modell obliegt den einzelnen Veranstaltern keine Ausgewogenheit; doch bleiben sie zu sachgemäßer, umfassender und wahrheitsgemäßer Information und einem Mindestmaß an gegenseitiger Achtung verpflichtet. Daneben sind alle Veranstalter an die Schranken des Art. 5 Abs. 2 gebunden. Namentlich für den Jugendschutz wird in den Rundfunkgesetzen Sorge zu tragen sein (BVerfGE 57, 325f.). Diese Grundsätze gelten auch für die Einspeisung herangeführter Programme in **Kabelanlagen** (BVerfGE 73, 199).
Ebenfalls zu den erforderlichen gesetzlichen Regelungen privaten Rundfunks gehört die Normierung einer begrenzten Staatsaufsicht, die – nur – der Aufgabe zu dienen hat, die Einhaltung der zur Gewährleistung der Rundfunkfreiheit ergangenen Bestimmungen sicherzustellen.
Schließlich ist bei jeder Form der gesetzlichen Ordnung des Rundfunks eine vorherige Überprüfung unverzichtbar, ob bei der Aufnahme privater Rundfunkveranstaltungen oder einem Hinzutreten weiterer Veranstalter den dargelegten Anforderungen Genüge getan ist. Sofern sich der Gesetzgeber für eine

Rundfunkorganisation entscheidet, die privaten Rundfunk umfaßt, hat er Zugangsregelungen zu schaffen, die diese Überprüfung, gegebenenfalls die Versagung des Zugangs, sicherstellen und die für die Prüfung und Entscheidung ein rechtsstaatliches Verfahren vorsehen. Ein solches Erlaubnisverfahren darf neben der Überprüfung allgemeiner Voraussetzungen nur der Gewährleistung der Rundfunkfreiheit dienen, um derentwillen es verfassungsrechtlich geboten ist.
Dabei obliegt es dem Gesetzgeber, die Voraussetzungen der Erteilung oder Versagung der Erlaubnis selbst zu bestimmen. Das Recht zur Entscheidung über die Veranstaltung privaten Rundfunks auf die Exekutive zu übertragen, ist ihm durch den Parlamentsvorbehalt verwehrt. Dieser Vorbehalt und das Gewaltenteilungsprinzip gebieten ihm, die der staatlichen Maßnahme offenliegende Rechtssphäre selbst abzugrenzen. Das Gesetz muß die Tätigkeit der Verwaltung inhaltlich normieren und darf sich nicht darauf beschränken, allgemein gehaltene Grundsätze aufzustellen. Gleiches gilt für einen Widerruf der Erlaubnis.
Sofern die zur Verfügung stehenden Verbreitungsmöglichkeiten es nicht erlauben, allen auftretenden Bewerbern den Zugang zur Veranstaltung privater Rundfunksendungen zu eröffnen, müssen in die Zugangsregelungen auch Regeln über die Auswahl der Bewerber aufgenommen werden. Das gebietet der Gleichheitssatz (Art. 3 Abs. 1).
Die Frage, wem eine der knappen Möglichkeiten zur Programmveranstaltung zugute kommen soll, darf daher nicht dem Zufall oder dem freien Spiel der Kräfte anheimgegeben werden. Es genügt auch nicht, die Entscheidung dem ungebundenen Ermessen der Exekutive zu überlassen. Dies wäre mit dem Vorbehalt des Gesetzes unvereinbar. Vielmehr muß der Gesetzgeber selbst die Voraussetzungen bestimmen, unter denen der Zugang zu eröffnen und zu versagen ist, und er muß ein rechtsstaatliches Verfahren bereitstellen, in dem hierüber zu entscheiden ist. Der Aufgabe der Gleichbehandlung läßt sich ohne größere Schwierigkeiten im Rahmen eines Systems gerecht werden, das eine Verteilung von Sendezeiten, notfalls eine anteilige Kürzung ermöglicht. Reicht das nicht aus oder hat sich der Gesetzgeber für ein System entschieden, in dem nur Lizenzen für Vollprogramme an jeweils einen Veranstalter vergeben werden, hat er Auswahlgrundsätze festzulegen, welche eine gleiche Chance der Bewerber gewährleisten (BVerfGE 57, 327).
Die Freiheit des Rundfunks erfordert für die **öffentlich-rechtlichen Anstalten** Gesetze, durch welche die Veranstalter von Sendungen so organisiert werden, daß alle in Betracht kommenden gesellschaftlichen Kräfte in ihren Gremien Einfluß haben und im Gesamtprogramm zu Wort kommen können, und die für ein Gesamtprogramm Leitgrundsätze verbindlich machen, die ein Mindestmaß von inhaltlicher Ausgewogenheit, Sachlichkeit und gegenseitiger Achtung gewährleisten (BVerfGE 12, 205/262). Die Ländergesetze über die Rundfunkanstalten bestimmen dementsprechend, daß in den Organen der Anstalten eine den gesellschaftlich relevanten Kräften entsprechende Sitzverteilung besteht. Dabei werden allerdings nur die organisierten Gesellschaftsgruppen berücksichtigt (Gewerkschaften, Arbeitgeber, Parteien, Kirchen usw.). Auch ist eine

gewisse Schematisierung unausweichlich und die Gefahr einer »Oligarchie der meinungsbildenden Kräfte« (Zippelius) gegeben.
Das GG schließt **Kooperationen** zwischen dem öffentlich-rechtlichen und dem privaten Rundfunk nicht aus. Soweit der Gesetzgeber die Möglichkeit der Zusammenarbeit von Veranstaltungen eröffnet, muß er aber dafür Sorge tragen daß der Programmauftrag des öffentlich-rechtlichen Rundfunks auf diesem Wege nicht von anderen Orientierungen überlagert und schließlich ausgehöhlt wird (BVerfGE 83, 305 f.).
Die **Finanzausstattung** gehört ähnlich wie die Zulassung und die Zuteilung von Übertragungskapazitäten zu den Grundvoraussetzungen des Gebrauchs der Rundfunkfreiheit. Gerade wegen der Abhängigkeit der Programmgestaltung des öffentlich-rechtlichen Rundfunks von der staatlichen Finanzausstattung sind Finanzierungsentscheidungen, namentlich die Festsetzung der Rundfunkgebühr als vorrangiger Einnahmequelle der Rundfunkanstalten ein besonders wirksames Mittel zur indirekten Einflußnahme auf die Erfüllung des Rundfunkauftrags und die Konkurrenzfähigkeit des öffentlich-rechtlichen Rundfunks. Auf seiten der Rundfunkanstalten kann bereits eine drohende Verwendung dieses Mittels zu Anpassungen an vermutete oder erklärte Erwartungen der an der Gebührenentscheidung Beteiligten führen, die der publizistischen Freiheit abträglich wären. Diesen Gefahren für die Rundfunkfreiheit läßt sich nur begegnen, wenn die staatliche Rundfunkfinanzierung strikt an ihren Zweck gebunden wird. Sie soll den öffentlich-rechtlichen Rundfunk in den Stand setzen, die zur Erfüllung seiner Funktion erforderlichen Programme zu verwirklichen und auf diese Weise die Grundversorgung der Bevölkerung mit Rundfunk sicherzustellen. Dagegen darf die Gebührenfestsetzung nicht zu Zwecken der Programmlenkung oder der Medienpolitik benutzt werden. Deshalb darf sich die Überprüfung des Finanzbedarfs nur darauf beziehen, ob sich die Programmentscheidungen im Rahmen des rechtlich unbegrenzten Rundfunkauftrags halten und ob der Finanzbedarf im Einklang mit den Grundsätzen von Wirtschaftlichkeit und Sparsamkeit steht. Dabei müssen die Parlamente die Gebühren nicht selber bestimmen. Der Gesetzgeber kann diese Aufgabe auch einem sachverständigen Gremium übertragen (BVerfGE 90, 60).
Außerordentlich umstritten ist die Frage, ob Filmmaterial, das von Journalisten bei einer gewalttätig verlaufenden Demonstration erstellt wurde, zu Beweiszwecken beschlagnahmt werden kann. Vielfach wird die Meinung vertreten, es müsse § 53 Abs. 1 Nr. 5 StPO entsprechend angewendet werden, der dem Journalisten ein Zeugnisverweigerungsrecht hinsichtlich vertraulicher Mitteilungen durch einen Informanten zubilligt. Dem ist das BVerfG (BVerfGE 77, 65) nicht gefolgt. Es hält die Vorschriften der StPO, die einen Zugriff auf **selbstrecherchiertes Material** ermöglichen, für mit Art. 5 Abs. 1 Satz 2 vereinbar.

6 Durch die **Zensurfreiheit** wird jede Vorzensur verboten. Keine Meinungsäußerung, Publikation oder sonstige Art der Meinungsverbreitung darf von einer staatlichen Genehmigung abhängig gemacht werden.

III. Die Grenzen des Art. 5 Abs. 1

Nach Art. 5 Abs. 2 finden die Freiheitsrechte des Abs. 1 ihre Schranken in den Vorschriften der allgemeinen Gesetze, den gesetzlichen Bestimmungen zum Schutze der Jugend und in dem Recht der persönlichen Ehre.

Als einschränkende allgemeine Gesetze kommen nur Bestimmungen in Betracht, die nicht eine Meinung als solche verbieten, sondern dem Schutz eines Rechtsgutes dienen, dem gegenüber der Meinungsfreiheit ein Vorrang zukommt. Vorrangige Individualrechtsgüter sind beispielsweise das Leben, die Freiheit, die Gesundheit und das Eigentum, aber auch etwa die Kreditwürdigkeit. Der Gesetzgeber ist befugt, Meinungsäußerungen, die diese Rechtsgüter zu verletzen geeignet sind, mit Sanktionen zu belegen (z. B. Volksverhetzung, Aufforderung zu Gewalttätigkeiten, mit Gewalttätigkeiten verbundene Kundgebungen). Als vorrangige Gemeinschaftsgüter kommen vor allem die öffentliche Sicherheit oder Ordnung und die Staatssicherheit in Betracht. Gerade hier ist es aber wichtig, sich vor Augen zu halten, daß eine Einschränkung der freien Meinungsäußerung nur insoweit statthaft ist, als sie erforderlich ist, um eine dringende Gefährdung der Allgemeinheit oder der freiheitlichen Demokratie zu beseitigen oder zu verhindern. 7

Das BVerfG hat § 74 des Betriebsverfassungsgesetzes, der eine parteipolitische Betätigung im Betrieb für den Arbeitgeber und die Betriebsräte untersagt, als zulässige Einschränkung der Meinungsfreiheit gewertet, weil sie den Betriebsfrieden und damit ein wichtiges Rechtsgut schützt (BVerfGE 42, 133 ff.).

Dem Schutze der Jugend dient vor allem das Gesetz über die Verbreitung jugendgefährdender Schriften. Dieses Gesetz unterwirft die Verbreitung von unzüchtigen, verrohend wirkenden, zu Gewalttätigkeit, Verbrechen oder Rassenhaß anreizenden oder den Krieg verherrlichenden Schriften erheblichen Einschränkungen. 8

Eine Meinungsäußerung darf auch nicht die Ehre eines anderen verletzen (Beleidigung, üble Nachrede usw.). Das Recht auf Achtung der Person ist Teil der Menschenwürde (vgl. Art. 1) und geht dem Recht auf freie Meinungsäußerung grundsätzlich vor. 9

Die Äußerung, »Soldaten sind Mörder«, stellt nach Auffassung des BVerfG keine Beleidigung der Bundeswehr dar. Es handele sich um ein Werturteil, das sich auf Soldaten überhaupt beziehe und in seinem Kontext (Flugblatt) gesehen werde müsse (BVerfGE 93, 266 ff.).

IV. Die Freiheit der Wissenschaft und Kunst

Die Freiheit der Wissenschaft, Forschung und Lehre und die Freiheit der Kunst sind durch Gesetze überhaupt nicht einschränkbar. Art. 5 Abs. 2 bezieht sich nur auf Art. 5 Abs. 1, nicht aber auf Art. 5 Abs. 3. Unter **Wissenschaft, Forschung und Lehre** ist die Erarbeitung und Darstellung von Erkenntnissen zu verstehen. 10

11 Problematisch geworden ist in jüngster Vergangenheit die Frage, ob Art. 5 Abs. 3 das Selbstverwaltungsrecht der Hochschulen (Hochschulautonomie) garantiert. Uneingeschränkt gibt es eine jeder staatlichen Einflußnahme sich entziehende Hochschulautonomie nicht. Der institutionelle Mindestbestand der Hochschulselbstverwaltung erstreckt sich im wesentlichen auf die Auswahl der Bewerber für die akademische Lehrtätigkeit und auf die Ergänzung des Lehrkörpers. Wissenschaftsfreiheit und akademische Selbstverwaltung sind nicht identisch. Ein unbeschränktes Recht der akademischen Selbstverwaltung im Sinne voller Verwaltungsautonomie und eines reinen Kooptionsrechts ist den Hochschulen jedenfalls nicht gewährleistet. Eine Garantie der unbeschränkten Hochschulautonomie hat es in keiner Phase der historischen Entwicklung der Universitäten gegeben.

Art. 5 Abs. 3 will daher nur das schützen, was sich in den einzelnen Ländern als unerläßlich für die freie Betätigung der Hochschulen in Wissenschaft, Forschung und Lehre herausgebildet hat. Nur der mit der Forschung und Lehre unmittelbar verbundene Kernbereich der Hochschulverwaltung entzieht sich der staatlichen Reglementierung. Im übrigen ist die Einrichtung und Verwaltung der Hochschulen Sache des Staates.

Der Staat hat allerdings durch geeignete organisatorische Maßnahmen dafür zu sorgen, daß das Grundrecht der freien wissenschaftlichen Betätigung soweit unangetastet bleibt, wie das unter Berücksichtigung der anderen legitimen Aufgaben der Wissenschaftseinrichtungen und der Grundrechte der verschiedenen Beteiligten möglich ist. Dabei ist zu beachten, daß die Garantie der Wissenschaftsfreiheit weder das überlieferte Strukturmodell der deutschen Universität zur Grundlage hat, noch überhaupt eine bestimmte Organisationsform des Wissenschaftsbetriebes vorschreibt. Deshalb ist auch das organisatorische System der »Gruppenuniversität«, das davon ausgeht, daß »die Angelegenheiten der Universität als einer Körperschaft der Lehrenden und Lernenden grundsätzlich in die Beratungs- und Entscheidungskompetenz aller ihrer Mitglieder fallen« (so die Westdeutsche Rektorenkonferenz am 22. Mai 1968), als solches mit Art. 5 Abs. 3 vereinbar. Es muß aber der herausgehobenen Stellung der Hochschullehrer Rechnung tragen. Die Kollegialorgane müssen deshalb nach Auffassung des BVerfG so zusammengesetzt sein, daß bei Entscheidungen, welche unmittelbar die Lehre betreffen, die Gruppe der Hochschullehrer über die Hälfte der Stimmen verfügt, und dieser Gruppe bei Entscheidungen, die unmittelbar Fragen der Forschung oder die Berufung von Hochschullehrern betreffen, sogar ein noch weitergehender Einfluß vorbehalten bleibt (BVerfGE 35, 79ff. – »Hochschulurteil«). Dem »Hochschulurteil« ist grundsätzlich zuzustimmen. Nur die Konsequenz, die es für den Bereich der Forschung und der Berufungsangelegenheiten zieht, befriedigt nicht. Hier überzeugt nicht, daß es verfassungswidrig sein soll, wenn die Gruppe der Hochschullehrer »nur« über 50 Prozent und nicht über mindestens 51 Prozent der Gesamtstimmen verfügt (vgl. auch die abweichende Meinung der Richter Rupp-v. Brünneck und Dr. Simon, a. a. O., S. 148ff.).

Zur Gruppe der Hochschullehrer dürfen die Dozenten dann nicht gerechnet werden, wenn sie sich von den Professoren durch eine uneinheitliche fachliche

Qualifikation und einen anderen fachlichen Aufgabenbereich unterscheiden (BVerfGE 43, 242 ff.; 47, 327 ff.).
Inwieweit die Freiheit des Studiums verfassungsrechtlich geschützt ist, ist noch nicht abschließend geklärt. Der Student ist jedenfalls kein Schüler und nicht bloßes Objekt der Wissenschaftsvermittlung, sondern er soll ein selbständig mitarbeitendes, an der wissenschaftlichen Erörterung beteiligtes Mitglied der Hochschule sein; das Studium an der Universität ist auf aktive Teilnahme am Wissenschaftsprozeß hin angelegt. Zumindest soweit der Student bereit und in der Lage ist, in diesem Sinne an der wissenschaftlichen Lehre teilzunehmen, kann auch ihm das Grundrecht aus Art. 5 Abs. 3 Satz 1 zustehen. Aktive Beteiligung der Studenten an wissenschaftlichen Lehrveranstaltungen kann nur verwirklicht werden, wenn die Studenten – wie dies im Bereich von Seminaren, Kolloquien und Übungen ohnehin zumeist üblich ist – soweit wie möglich in den Ablauf der Lehrveranstaltung einbezogen werden; ein wichtiges, wohl das entscheidende Mittel der studentischen Beteiligung liegt darin, daß Gelegenheit gegeben wird, Fragen zum Thema zu stellen und sich zu den vertretenen Lehrmeinungen zu äußern. Andererseits liegt die Gestaltung der Lehrveranstaltungen grundsätzlich in der Hand des Hochschullehrers. Es gehört zu seiner Lehrfreiheit und zu der durch das Grundrecht des Art. 5 Abs. 3 Satz 1 geschützten verfassungsrechtlichen Position, selbst über Inhalt und Ablauf der Lehrveranstaltung bestimmen zu können. Der Gesetzgeber ist gehalten, durch geeignete organisatorische Maßnahmen sicherzustellen, daß Störungen und Behinderungen der Wissenschaftsfreiheit der Hochschullehrer, auch ihrer Lehrfreiheit, durch Einwirkungen studentischer Gruppen soweit wie möglich ausgeschlossen werden. Dies kann aber nicht bedeuten, daß der Gesetzgeber im Interesse der Lehrfreiheit der Professoren auf die Gewährung der von ihm aus der »Studienfreiheit« abgeleiteten Meinungsäußerungsrechte der Studenten völlig verzichten müßte. Die Wissenschaftsfreiheit sichert dem an der Universität tätigen Hochschullehrer keine Bestimmungsrechte ohne jede Rücksicht auf die anderen Universitätsmitglieder. Auch der Hochschullehrer ist in die Institution der Universität eingebunden und muß sich, bedingt durch das Zusammenwirken mit den anderen Grundrechtsträgern und mit Rücksicht auf den Ausbildungszweck der Universität, Einschränkungen gefallen lassen; die Interessen der verschiedenen Hochschulangehörigen, der Wissenschaftler, ihrer Mitarbeiter und der Studenten sowie der übrigen Bediensteten müssen miteinander abgestimmt und koordiniert werden (BVerfGE 55, 67 ff.).
Art. 5 Abs 3 enthält zunächst eine objektive, das Verhältnis des Bereiches **Kunst** 12
zum Staat regelnde wertentscheidende Grundsatznorm. Zugleich gewährleistet die Bestimmung jedem, der in diesem Bereich tätig ist, ein individuelles Freiheitsrecht.
a) Das Bundesverfassungsgericht bezeichnet als wesentlich die freie schöpferische Gestaltung, in der Eindrücke, Erfahrungen und Erlebnisse des Künstlers durch das Medium einer bestimmten Formensprache zu unmittelbarer Anschauung gebracht werden. Beim künstlerischen Schaffen wirken Intuition, Phantasie und Kunstverstand zusammen; es sei primär nicht Mitteilung, sondern Ausdruck, und zwar unmittelbarer Ausdruck der individuellen Persönlichkeit.

b) Geschützt sind die künstlerische Betätigung und die Darbietung und Verbreitung des Kunstwerks. Die Kunstfreiheit enthält das Verbot, auf Methoden, Inhalte und Tendenzen der künstlerischen Tätigkeit einzuwirken, insbesondere den künstlerischen Gestaltungsraum einzuengen, oder allgemein verbindliche Regeln für diesen Schaffensprozeß vorzuschreiben. Auch der Bereich der »engagierten« Kunst ist durch dieses Verbot geschützt.
c) Der Schutz der Kunstfreiheit ist umfassend gewährleistet. Die Einschränkungen des Art. 5 Abs. 2 gelten hier nicht. Ist ein bestimmtes Produkt Kunst, so ist der Prozeß seiner Herstellung und Verbreitung jeder Reglementierung entzogen. Ist es nicht Kunst, kann der Staat auf diesen Prozeß Einfluß nehmen, ihn sogar stoppen. Die akademisch klingende Frage, was Kunst sei, wird so zu einem brisanten Problem. Sie wird im juristischen Alltag stets dann gestellt, wenn es darum geht, ob ein Druckerzeugnis oder ein Film Pornographie enthält (und die Verbreitung daher unter Umständen strafbar ist) oder Kunst – und damit frei – ist. Erhebliche finanzielle Interessen stehen auf dem Spiel; die Produzenten und Verbreiter von Pornographie nehmen für ihre Erzeugnisse gerne die Freiheit der Kunst in Anspruch, um Verbreitungsverboten oder -einschränkungen zu entgehen. Weist ein Werk aber die der Kunst eigenen Strukturelemente auf, so schließen sich Kunst und Pornographie nicht aus; die Kunstfreiheit hat dann Vorrang (BVerfGE 83, 130 – »Josefine Mutzenbacher«).
Der Bundesgerichtshof hatte darüber zu entscheiden, ob die »Memoiren der Fanny Hill« von John Cleland eine »unzüchtige Schrift« im Sinne des Strafgesetzbuches und ihre Verbreitung daher strafbar sei. Er hat dies verneint und auf die »tiefgreifende und nachhaltige Änderung der allgemeinen Anschauungen über die Toleranzgrenze gegenüber geschlechtsbezogenen Äußerungen« verwiesen. Ob es sich um ein Kunstwerk handele, läßt er jedoch offen (BGHSt 23, 40 ff.).

13 Die Freiheit der Kunst ist zwar umfassend garantiert, gilt aber trotzdem nicht völlig schrankenlos. Die Freiheitsverbürgerung in Art. 5 Abs. 3 Satz 1 geht wie alle Grundrechte vom Menschenbild des Grundgesetzes aus, d. h. vom Menschen als eigenverantwortlicher Persönlichkeit, die sich innerhalb der sozialen Gemeinschaft frei gestaltet. In dieser Sozialbezogenheit liegt die Grenze der Kunstfreiheit. Sie kann allerdings nur von der Verfassung selbst gezogen werden; der einfache Gesetzgeber ist dazu nicht befugt. Ein im Rahmen der Kunstfreiheit auftretender Konflikt ist nach Maßgabe der grundgesetzlichen Wertordnung und unter Berücksichtigung der Einheit dieses Wertsystems durch Verfassungsauslegung zu lösen.

Das BVerfG hatte zu entscheiden, ob der Roman »Mephisto« von Klaus Mann verbreitet werden darf oder nicht. Der Erbe von Gustaf Gründgens hatte vor den ordentlichen Gerichten ein Verbreitungsverbot erwirkt, weil in diesem Schlüsselroman die Hauptfigur erkennbar Gründgens nachgebildet, aber mit für ihn negativen und entstellenden Eigenschaften, insbesondere sexueller Natur, ausgestattet war. Der 1. Senat hat das Verbot der Verbreitung bestätigt, weil hier die Kunstfreiheit mit der als oberstem Wert verstandenen Menschenwürde kollidiere; in diesem Kollisionsfall müsse der Würde des Menschen der Vorzug gegeben werden (BVerfGE 30, 173 ff.).

Wird das Persönlichkeitsrecht durch ein Kunstwerk in Form einer Beleidigung beeinträchtigt, so bedarf es der Klärung, ob diese Beeinträchtigung derart schwerwiegend ist, daß die Freiheit der Kunst zurückzutreten hat; eine geringfügige Beeinträchtigung oder die bloße Möglichkeit einer schwerwiegenden Beeinträchtigung reichen hierzu angesichts der hohen Bedeutung der Kunstfreiheit nicht aus. Läßt sich eine schwerwiegende Beeinträchtigung des Persönlichkeitsrechts zweifelsfrei feststellen, so kann sie aber auch nicht durch die Kunstfreiheit gerechtfertigt werden. Da das Amtsgericht Kempten diese Grundsätze bei der Verurteilung eines Teilnehmers des »anachronistischen Zuges« wegen Beleidigung eines bekannten Politikers nicht beachtet hatte, hob das BVerfG das Urteil auf und wies das Verfahren zur erneuten Verhandlung und Entscheidung an das Amtsgericht zurück (BVerfGE 67, 213 ff.).

Art. 6 [Ehe und Familie; nichteheliche Kinder]

(1) Ehe und Familie stehen unter dem besonderen Schutze der staatlichen Ordnung.
(2) Pflege und Erziehung der Kinder sind das natürliche Recht der Eltern und die zuvörderst ihnen obliegende Pflicht. Über ihre Betätigung wacht die staatliche Gemeinschaft.
(3) Gegen den Willen der Erziehungsberechtigten dürfen Kinder nur auf Grund eines Gesetzes von der Familie getrennt werden, wenn die Erziehungsberechtigten versagen oder wenn die Kinder aus anderen Gründen zu verwahrlosen drohen.
(4) Jede Mutter hat Anspruch auf den Schutz und die Fürsorge der Gemeinschaft.
(5) Den unehelichen Kindern sind durch die Gesetzgebung die gleichen Bedingungen für ihre leibliche und seelische Entwicklung und ihre Stellung in der Gesellschaft zu schaffen wie den ehelichen Kindern.

I. Schutz der Ehe und Familie

Das BVerfG definiert den Begriff »Ehe und Familie« folgendermaßen: 1
»Ehe ist auch für das Grundgesetz die Vereinigung eines Mannes und einer Frau zu einer grundsätzlich unauflöslichen Lebensgemeinschaft, und Familie ist die umfassende Gemeinschaft von Eltern und Kindern, in der den Eltern vor allem Recht und Pflicht zur Pflege und Erziehung der Kinder erwachsen. Dieser Ordnungskern der Institute ist für das allgemeine Rechtsgefühl und Rechtsbewußtsein unantastbar« (BVerfGE 10, 59/66). Zu den Kindern gehören nicht nur die minderjährigen, sondern auch die volljährigen Kinder sowie Stief-, Adoptiv- und Pflegekinder. Wenn das BVerfG die Ehe als eine grundsätzlich unauflösbare Lebensgemeinschaft versteht, so bedeutet das nicht etwa, daß es dem geltenden Scheidungsrecht ablehnend gegenübersteht. Es bringt damit lediglich zum

Ausdruck, daß die Auflösung der Ehe nicht in das freie Belieben des einzelnen gestellt ist, sondern nur bei Vorliegen besonderer, gesetzlich festgestellter Gründe möglich ist.
Der Schutzbereich des Art. 6 Abs. 1 ist nicht auf rein inlandsbezogene Ehen und Familien beschränkt; vielmehr umfaßt er eheliche und familiäre Lebensgemeinschaften unabhängig davon, wo und nach Maßgabe welcher Rechtsordnung sie begründet wurden und ob die Rechtswirkungen des ehelichen oder familiären Bandes nach deutschem oder ausländischem Recht zu beurteilen sind. Dies bedeutet allerdings nicht, daß Lebensgemeinschaften ehelicher und familiärer Art, die, wie beispielsweise Mehrehen, nach Maßgabe ausländischen Rechts eingegangen wurden, und die der Vorstellung des GG von Ehe und Familie fremd sind, ohne weiteres dem Schutzbereich des Art. 6 Abs. 1 unterfielen (BVerfGE 76, 1/41 f.).
Nach Auffassung des BVerfG begründet Art. 6 Abs. 1 für ausländische Ehegatten und Familienmitglieder keinen Anspruch auf Einreise und Aufenthalt zwecks Nachzugs zu ihren im Bundesgebiet lebenden ausländischen Angehörigen. Sie haben jedoch einen Anspruch darauf, daß die zuständigen Behörden und Gerichte über ihr Aufenthaltsbegehren unter Berücksichtigung der ehelichen und familiären Bindungen entscheiden. Das Erfordernis einer dreijährigen Ehebestandszeit als Voraussetzung für den Nachzug überstieg jedenfalls das von den Betroffenen hinzunehmende Maß (BVerfGE 76, 1/48 f.).

2 Der in Art. 6 Abs. 1 statuierte besondere Schutz der Ehe und Familie durch die staatliche Ordnung umschließt zweierlei: positiv die Aufgabe des Staates, Ehe und Familie nicht nur vor Beeinträchtigungen durch andere Kräfte zu bewahren, sondern auch durch geeignete Maßnahmen zu fördern, negativ das Verbot für den Staat selbst, sie zu schädigen oder sonst zu beeinträchtigen (BVerfGE 6, 55/76). Das Verbot, die Ehe zu schädigen, wird heute vor allem auf dem Gebiet des Steuerrechts bedeutsam.

3 Der Schutz der Ehe und Familie garantiert zugleich eine Sphäre privater Lebensgestaltung, die der staatlichen Einwirkung entzogen ist. Hier berührt sich der Schutz der Ehe und Familie mit dem Grundrecht der Würde des Menschen. Das Ehe- und Familienrecht muß beispielsweise so gestaltet sein, daß es den Bürgern die Freiheit läßt, auch in der Ehe und Familie ihren religiösen und weltanschaulichen Verpflichtungen mit allen Konsequenzen nachzuleben (BVerfGE 10, 59/83). In diesen Bereich fällt auch die Entscheidung darüber, ob die Ehefrau sich ausschließlich dem Haushalt widmen oder beruflich tätig sein will: Eine gesetzliche Bestimmung, durch welche die Ehefrau »ins Haus zurückgeholt« würde, wäre verfassungswidrig (BVerfGE 21, 329/353). Dementsprechend bestimmt § 1356 BGB, daß die Ehegatten die Haushaltsführung im gegenseitigen Einvernehmen regeln; ist diese einem von beiden überlassen, so leitet dieser den Haushalt in eigener Verantwortung. Beide Ehegatten sind berechtigt, erwerbstätig zu sein. Dabei haben sie auf die Belange des jeweils anderen Ehegatten und der Familie Rücksicht zu nehmen.

4 Aus Art. 6 Abs. 1 kann nicht gefolgert werden, daß die Ehe die einzig zulässige Form des Zusammenlebens von Mann und Frau ist. Andere Formen des Zusammenlebens sind möglich, stehen aber nicht unter dem besonderen Schutz der staatlichen Ordnung. Es kann jedoch nicht mehr übersehen werden, daß die **nichteheliche Lebensgemeinschaft** zunehmend an Bedeutung gewinnt. Scheitert sie, so fehlen spezielle rechtliche Regelungen, um die dann auftretenden Konflikte zu lösen. Das bedeutet, daß persönliche und wirtschaftliche Leistungen nicht gegeneinander aufgerechnet werden, es sei denn, die Partner hätten ausdrücklich oder stillschweigend einen Gesellschaftsvertrag geschlossen. Ohne einen solchen Vertrag kommt ein Vermögensausgleich nach der Rechtsprechung nur dann in Betracht, wenn beide Partner durch gemeinsame Leistungen zum Erwerb oder zur Erhaltung eines Vermögensgegenstandes beigetragen haben, der zwar im Eigentum eines Partners steht, aber von beiden genutzt werden und nach ihrer Vorstellung beiden gemeinsam gehören sollte.

Beispiel: A und B leben in nichtehelicher Lebensgemeinschaft zusammen. A steuert 40 000,– DM zum Kauf eines Pkw bei, den B allein benutzen soll und auch allein benutzt. Haben sie keinen Gesellschaftsvertrag geschlossen, kann A nach der Trennung nichts zurückverlangen.

Haben die Partner gemeinsame Kinder, ergeben sich weitere Probleme. Aus diesen Gründen wird gefordert, der Gesetzgeber solle auf die nichteheliche Lebensgemeinschaft passende Vorschriften beschließen.

Der im **Scheidungsrecht** durch das 1. Eherechtsreformgesetz bewirkte weitge- **5**
hende **Übergang vom Schuld- zum Zerrüttungsprinzip,** das als einzigen Scheidungsgrund nur noch das Scheitern der Ehe kennt, wurde vielfach als verfassungswidrig angesehen, weil die Ehe grundsätzlich unauflöslich ist. Diese Auffassung teilt das BVerfG nicht: Dem GG liege das Bild der »verweltlichten« bürgerlich-rechtlichen Ehe zugrunde, die zwar grundsätzlich unauflöslich sei, zu der aber auch gehöre, daß die Ehegatten unter den vom Gesetz normierten Voraussetzungen geschieden werden könnten. Bei Scheidungen nach dem Schuldprinzip sei es selten gelungen, die Schuld einwandfrei festzustellen, dafür habe aber das alte Verfahren die Menschenwürde erheblich beeinträchtigt. Das neue Verfahren sei menschlicher, wahrhafter und sachgemäßer (BVerfGE 53, 224 ff.). Allerdings verstieß § 1568 Abs. 2 BGB, wonach die Ehe nach fünfjähriger Trennungszeit ausnahmslos zu scheiden war, gegen Art. 6 Abs. 1, soweit dadurch selbst außergewöhnlichen Härten nicht einmal durch die Aussetzung des Verfahrens begegnet werden konnte (BVerfGE 55, 134 ff.).

Mit dem Übergang auf das Zerrüttungsprinzip hat der Gesetzgeber auch im **6**
Bereich des **Unterhaltsrechts** das Schuldprinzip weitgehend beseitigt. Der bedürftige Ehegatte hat grundsätzlich ohne Rücksicht auf seine Schuld am Scheitern der Ehe Anspruch auf Unterhalt (§§ 1569 ff. BGB). Nur schwerwiegendes und klar bei einem Ehegatten liegendes evidentes Fehlverhalten führt zum Ausschluß des Unterhalts. Soweit der Gesetzgeber auch ein derartiges Verhalten unberücksichtigt lassen wollte, weil der betreffende Ehegatte gemeinsame minderjährige Kinder erzieht (§ 1579 Abs. 2 BGB), hat das BVerfG die entsprechende Vorschrift für verfassungswidrig erklärt (BVerfGE 57, 361 ff.).

7 Mit dem 1. Eherechtsreformgesetz wurde das Institut des **Versorgungsausgleichs** neu eingeführt, um die Altersversorgung des sozial schwächeren Ehepartners – meist der Ehefrau – zu verbessern. Diesem wird die Hälfte des Unterschiedes der beiderseitigen, während der Ehezeit erworbenen Versorgungsanwartschaften übertragen (§ 1587 a Abs. 1 BGB). Diese Regelung verstößt nicht gegen das GG, sondern ist durch Art. 6 Abs. 1 und Art. 3 Abs. 2 legitimiert (BVerfGE 53, 257 ff.). In Fällen, in denen die Übertragung von Anwartschaften sich überhaupt nicht zugunsten der Berechtigten auswirken kann oder in denen einerseits beim Verpflichteten eine spürbare Kürzung der Rentenansprüche erfolgt, ohne daß sich der Erwerb des Versicherungsschutzes für den Berechtigten angemessen auswirkt, darf der Versorgungsausgleich dagegen nicht durchgeführt werden; ist er durchgeführt, muß er rückgängig gemacht werden (BVerfG a. a. O.). Solche Fälle können vor allem auftreten, wenn der Berechtigte vor dem Verpflichteten stirbt, ohne das Rentenalter erreicht zu haben, oder wenn er die Rente nur kurze Zeit bezieht und dann stirbt.
Eine Form des Versorgungsausgleichs, nämlich die der Begründung von Anwartschaften durch eine einmalige Beitragszahlung (§ 1587 b Abs. 3 BGB), war wegen der damit verbundenen hohen Belastung des Verpflichteten äußerst umstritten. Der Gesetzgeber hat sie inzwischen abgeschafft.

II. Das Recht zur Pflege und Erziehung der Kinder

8 Art. 6 Abs. 2 garantiert den Eltern gegenüber dem Staat den **Vorrang** als Erziehungsträger. Dieses Elternrecht enthält als wesensbestimmenden Bestandteil die **Pflicht** zur Pflege und Erziehung der Kinder. Eltern, die sich dieser Verantwortung entziehen, können sich gegenüber staatlichen Eingriffen zum Wohle des Kindes nicht auf ihr Elternrecht berufen (BVerfGE 24, 119/135).

9 Das Recht zur Pflege und Erziehung der Kinder umfaßt die Sorge sowohl für die Person als auch für die vermögensrechtlichen Angelegenheiten des Kindes. Art. 6 Abs. 2 Satz 2 in Verbindung mit Art 2 Abs. 1 und Art 1 Abs. 1 gebieten es, daß der Gesetzgeber auch im **Unterhaltsrecht** getrennt lebender und geschiedener Ehegatten jede Regelung vermeidet, die sich für die Entwicklung der Kinder nachteilig auswirken könnte. Mit der Trennung der Eltern ist für die Kinder ohnehin in der Regel eine Verschlechterung ihrer Lebensverhältnisse verbunden. Einmal ist es die auf den Verlust eines Elternteils folgende seelische Belastung, die sie bewältigen müssen, und zum anderen werden sie zwangsläufig auch von den meist ungünstigen wirtschaftlichen Folgen der Trennung und Scheidung betroffen. Kinder getrennt lebender und geschiedener Ehegatten müssen darauf verzichten, mit ihren Eltern in einer Familiengemeinschaft zusammenzuleben. Die abträglichen Folgen dieses gestörten familiären Zustandes würden erheblich verstärkt, wenn sie zudem auch noch weitgehend die Betreuung durch den Elternteil entbehren müßten, dem sie zugeordnet sind, weil dieser auf eine Erwerbstätigkeit angewiesen wäre. Es entspricht vielmehr dem Wohl des Kindes, wenn es sich auch nach der Trennung seiner Eltern in der

Obhut eines Elternteils weiß, der hinreichend Zeit hat, auf seine Fragen, Wünsche und Nöte einzugehen. Dabei wird die erforderliche Betreuungsintensität im wesentlichen durch das Alter sowie die körperliche und geistige Entwicklung des Kindes bestimmt.

Die staatliche Gemeinschaft ist befugt, die Eltern bei der Ausübung ihrer Er- **10**
ziehungs- und Pflegerechte zu überwachen. Das Vormundschaftsgericht kann geeignete Anordnungen treffen, wenn das geistige oder leibliche Wohl des Kindes dadurch gefährdet wird, daß der Vater oder die Mutter das Recht der Sorge für die Person des Kindes mißbraucht oder das Kind vernachlässigt. Es kann auch eingreifen, wenn die Eltern das Vermögen des Kindes gefährden (§ 1667 BGB).

Die für den Fall der Scheidung vorgesehene Regelung, daß die elterliche Sorge regelmäßig nur einem Elternteil zustehen soll, während der andere nur das Recht behält, mit dem Kind zusammenzukommen, beruht auf dem Gedanken, daß wegen der Trennung der Eltern und der zwischen ihnen bestehenden Spannungen nur einer befugt sein soll, über die Pflege und Erziehung des Kindes zu entscheiden. In den Fällen jedoch, in denen beide Eltern gewillt sind, die gemeinsame Verantwortung für ihr Kind nach der Scheidung weiter zu tragen, bedarf es keiner Schlichtung widerstreitender Interessen der Eltern durch den Staat. Sind beide Elternteile geeignet, für das Kind zu sorgen, so kann das Recht hierzu auch auf beide übertragen werden (BVerfGE 61, 376).

Nach Art. 6 Abs. 3 ist unter den dort aufgeführten Voraussetzungen auch die **11**
völlige **Trennung** des Kindes von den Eltern möglich, wenn ein Gesetz sie zuläßt. Neben dem bereits erwähnten § 1666 BGB kommt hier vor allem das Achte Buch des Sozialgesetzbuchs, das die Kinder- und Jugendhilfe regelt, in Betracht.

Leben die Eltern getrennt oder sind sie geschieden, kann eine Entscheidung über die elterliche Sorge für das Kind in der Regel nur ergehen, wenn das Kind in dem gerichtlichen Verfahren die Möglichkeit erhalten hat, seine persönlichen Beziehungen zu den übrigen Familienmitgliedern erkennbar werden zu lassen. Um dies zu gewährleisten, haben die Familiengerichte im Einzelfall ihre Verfahrensweise unter Berücksichtigung des Alters des einzelnen Kindes, seines Entwicklungsstandes und vor allem seiner häufig durch die Auseinandersetzung zwischen den Eltern besonders angespannten seelischen Verfassung so zu gestalten, daß sie möglichst zuverlässig die Grundlagen einer am Kindeswohl orientierten Entscheidung erkennen können. Welche der vorhandenen verfahrensmäßigen Möglichkeiten sie wählen, ob sie die Kinder einmal oder mehrmals, Geschwister einzeln oder zusammen, an Gerichtsstelle oder in der vertrauten familiären Umgebung, in An- oder Abwesenheit der Eltern und deren Prozeßbevollmächtigten persönlich anhören und ob sie einen Psychologen als Sachverständigen hinzuziehen, muß den Familiengerichten überlassen bleiben. Dem erkennenden Richter muß die Entscheidung darüber vorbehalten sein, welchen Weg er innerhalb der ihm vorgegebenen Verfahrensordnung für geeignet hält, um zu den für seine Entscheidung notwendigen Erkenntnissen zu gelangen. Das Ergebnis und der Erfolg einer persönlichen Anhörung des Kindes durch das Gericht werden allerdings entscheidend davon abhängen, in welchem Maße der Richter die Fähigkeit zur Einfühlung in die besondere psychologische Situation des Kindes besitzt und ob es ihm gelingt, mit dem Kind ins Gespräch zu kommen (BVerfGE 55, 182 ff.).

12 Das Elternrecht gewährt den Eltern ein Abwehrrecht gegen staatliche Eingriffe und läßt Maßnahmen des Staates nur im Rahmen seines »Wächteramtes« zu. Soweit der Gesetzgeber die sich aus Art. 6 Abs. 2 Satz 1 ergebenden Grundrechtspositionen der **nichtehelichen Mutter** und des **nichtehelichen Vaters** auszugleichen hat, ist seine Tätigkeit aber auf die Regelung des Verhältnisses der Eltern untereinander gerichtet, ohne daß der Vorrang des elterlichen Erziehungsrechts gegenüber dem Staat angetastet würde. Er ist daher nicht an die strengen Voraussetzungen gebunden, die für einen Eingriff in das elterliche Erziehungsrecht vorliegen müssen. Es ist weiter wesentlich, daß bei Entscheidungen des Gesetzgebers im Bereich des Art. 6 Abs. 2 das Wohl des Kindes immer den Richtpunkt bildet, so daß bei Interessenkollisionen zwischen Kind und Mutter oder Kind und Vater dem Kind der Vorrang zukommen muß. Soweit ein nichtehelicher Vater an der Entwicklung seines Kindes keinen Anteil nimmt und sich nicht um den Aufbau eines Vater-Kind-Verhältnisses bemüht, kann ihm ein auf Verantwortung gerichtetes Elternrecht aus Art. 6 Abs. 2 nicht zukommen. Ob er seine gesetzlichen Unterhaltsverpflichtungen regelmäßig erfüllt, ist insoweit nicht erheblich. Da die verfassungsmäßige Garantie des Elternrechts in engem Zusammenhang mit der verantwortungsvollen Gestaltung des Eltern-Kind-Verhältnisses gesehen werden muß, kommt auch der Tatsache der Verwandtschaft zwischen dem nichtehelichen Kind und seinem Vater in diesen Fällen im Lichte des Art. 6 Abs. 2 keine entscheidende Bedeutung zu.

Allerdings wird das Bild des nichtehelichen Vaters, der die Kindesmutter nicht heiratet, der seine Vaterschaft bestreitet und kein Interesse an der Entwicklung des Kindes zeigt, den sozialen Gegebenheiten nicht mehr voll gerecht. Die gesellschaftliche Diskriminierung der nichtehelichen Mutter, die sich bewußt für ein Kind entscheiden kann, ist weitgehend abgebaut. Es steht ihr frei, eine Eheschließung oder auch ein Zusammenleben mit dem Kindesvater abzulehnen. Selbst wenn der Vater des Kindes eine Gemeinschaft mit Mutter und Kind wünscht, kann dies an dem entgegenstehenden Willen der Kindesmutter scheitern, weil sie es vorzieht, mit dem Kind allein zu leben. Soweit in diesen Fällen ein **Elternrecht des nichtehelichen Vaters** in Betracht kommt, folgt aus Art. 6 Abs. 2 auch unter diesen Voraussetzungen nicht das verfassungsrechtliche Gebot, den Vater an der elterlichen Sorge für sein nichteheliches Kind zu beteiligen. Bei einem gestörten Verhältnis zwischen dem nichtehelichen Vater und der nichtehelichen Mutter ist der Staat durch das ihm in Art. 6 Abs. 2 Satz 2 übertragene Wächteramt berufen, eine klare sorgerechtliche Regelung im Sinne der Zuordnung des Kindes zu einem Elternteil vorzusehen, damit das Wohl des betroffenen Kindes nicht durch den Streit der Eltern gefährdet wird. Es liegt dabei innerhalb des gesetzgeberischen Gestaltungsraums, daß er bei der Zuteilung der elterlichen Sorge für das nichteheliche Kind der Mutter den

Vorrang gegeben hat (BVerfGE 56, 384). Lebt der nichteheliche Vater mit Kind und Mutter zusammen und sind damit die Voraussetzungen für die Wahrnehmung seiner elterlichen Verantwortung gegeben, kann ihm ein Recht aus Art. 6 Abs. 2 nicht abgesprochen werden.

Über die Bedeutung der Präsenz des Vaters für die Entwicklung des Kindes mögen gesicherte wissenschaftliche Erkenntnisse fehlen. Die Weigerung der Eltern, ihre personalen Beziehungen im Rahmen der Institution Ehe zu verwirklichen, enthebt den Gesetzgeber aber nicht seiner sich aus Art. 6 Abs. 2 ergebenden Verpflichtung, die Lage ihres Kindes möglichst weitgehend an die eines ehelichen Kindes anzupassen. Dabei verlangt es Art. 6 Abs. 2 Satz 1, den persönlichen Einsatz des nichtehelichen Vaters für sein Kind hinreichend zu berücksichtigen. Das geschieht zunächst dadurch, daß der Gesetzgeber nach dem in Art. 6 Abs. 2 enthaltenen Grundsatz der Subsidiarität staatlichen Eingreifens von rechtlichen Reglementierungen des zwischen Vater und Kind bestehenden Lebensverhältnisses absieht. Die Nähe des Vaters zu seinem Kind und das Zusammenleben der Eltern mit ihrem Kind betreffen den Bereich der faktischen personalen Lebensgestaltung und sind insoweit auch ohne Vermittlung durch das Institut der Ehe zu verwirklichen. Ein nichteheliches Kind, das von seinen Eltern betreut wird, die sich für eine freie Partnerschaft entschieden haben, hat Mutter und Vater. Die Bedingungen für seine körperliche und seelische Entwicklung sind während der bestehenden Gemeinschaft seiner Eltern die gleichen wie die eines ehelichen Kindes, das bei seinen Eltern lebt. Der Gesetzgeber braucht bei dieser Gestaltung der Beziehungen der Eltern eines nichtehelichen Kindes zueinander und zu ihrem Kind kein tatsächliches Vaterdefizit des nichtehelichen Kindes auszugleichen. Das gilt auch für den nichtehelichen Vater, der seinem Kind das Vaterleben voll vermittelt und in Übereinstimmung mit der Mutter Vaterverantwortung tragen kann, ohne durch gesetzliche Regelungen daran gehindert zu sein. Es verbleibt allerdings ein rechtliches Defizit; denn der Gesetzgeber versagt dem nichtehelichen Vater selbst dann eine Beteiligung am Sorgerecht, wenn er seine Aufgabe als Vater erfüllt und die Kindesmutter die rechtliche Anerkennung seiner gelebten Vaterschaft wünscht. Dieses Defizit steht indessen in Einklang damit, daß sich die Eltern ihrerseits, gleich aus welchem Grunde, gegen eine rechtsverbindliche Ausgestaltung ihrer Beziehungen entschieden haben. Angesichts dieser Entscheidung blieb der Gesetzgeber innerhalb der Grenzen der ihm obliegenden Gestaltungsbefugnis, wenn er seinerseits von einer näheren rechtlichen Ausgestaltung der Beziehungen zwischen Vater und Kind absah und sich damit begnügte, eine auf das Kindeswohl abgestellte Regelung des Sorgerechts zu treffen (BVerfGE 56, 384 ff.).

Die Eltern eines nichtehelichen Kindes mögen wie die Eltern eines ehelichen Kindes ihre Verbindung als dauernde Gemeinschaft beabsichtigt und versprochen haben; auch sie können aber wie Ehepartner an der Aufgabe, die lebenslange personale Gemeinschaft zu verwirklichen, durch schicksalhafte oder auch zu verantwortende Verstrickungen und Ursachen scheitern. Dadurch, daß sie es ablehnen, ihren Entschluß zur Lebensgemeinschaft in einer bestimmten, vom

Gesetz vorgeschriebenen Form kundzutun, haben sie aber gleichzeitig erreichen wollen, ihre Gemeinschaft ohne Mitwirkung des Staates aufheben zu können. In diese rechtliche Folgenlosigkeit beim Zerbrechen der Verbindung ist ihr Kind einbezogen. So gibt es für das nichteheliche Kind keine Härteklausel, mit der im Interesse des Kindes die Aufrechterhaltung einer gescheiterten Gemeinschaft rechtlich für einen gewissen Zeitraum erreicht werden kann. Es hat auch nicht die Chance, daß seine Eltern innerhalb einer vom Gesetz vorgeschriebenen Mindesttrennungsdauer, die einer Scheidung grundsätzlich vorausgehen soll, ihre Gemeinschaft wiederherstellen. Das nichteheliche Kind muß vielmehr mit der Belastung der jederzeit form- und folgenlos möglichen einseitigen Beendigung der Verbindung seiner Eltern leben. Daraus folgt die besondere Schutzbedürftigkeit auch des nichtehelichen Kindes, das in einer Gemeinschaft mit den Eltern lebt (BVerfGE 56, 386f.). Der Gesetzgeber ist davon ausgegangen, daß es dem Wohl des Kindes am besten diene, wenn es entweder der Familie der Mutter oder der Familie des Vaters fest zugeordnet werde. Diese Erwägung ist verfassungsrechtlich nicht zu beanstanden. Der Gesetzgeber war auch von Verfassungs wegen nicht verpflichtet, im Bereich der elterlichen Sorge differenzierende Regelungen zu schaffen, um den möglichen Formen der personalen Beziehungen der Eltern eines nichtehelichen Kindes Rechnung zu tragen. Er konnte vielmehr davon ausgehen, daß auch glückliche Verbindungen außerhalb einer Ehe scheitern können, und daher die damit regelmäßig für die Entwicklung eines Kindes verbundenen Schädigungen nach Möglichkeit zu mildern versuchen. Während das mit der Eingehung einer Ehe gegenüber dem Partner übernommene Pflichtenverhältnis durch die Aufhebung der häuslichen Gemeinschaft zwar verändert, aber nicht beendet wird, hat eine derartige rechtlich verbindliche personale Verantwortung der Eltern eines nichtehelichen Kindes füreinander nicht einmal im Zeitpunkt ihres Zusammenlebens bestanden. Dem entspricht eine eindeutige gesetzliche Regelung, durch die im Interesse des Kindeswohls vermieden wird, daß ein nichteheliches Kind in den Mittelpunkt eines Streits seiner Eltern nach deren Trennung gerät (BVerfGE 56, 387).
Es ist daher nicht zu beanstanden, daß der Gesetzgeber das nichteheliche Kind der Mutter zugeordnet hat (vgl. § 1705 Satz 1 BGB). Mit der festen Zuordnung des nichtehelichen Kindes zur Mutter wollte der Gesetzgeber den Erkenntnissen von Psychologen und Pädagogen entsprechen, die die ersten Lebensjahre des Kindes als entscheidend für seine Entwicklung halten (BVerfGE 56, 387). Auch ist eine Regelung, durch die der Gesetzgeber es grundsätzlich der Mutter überläßt zu bestimmen, ob und in welchem Umfang der nichteheliche Vater Gelegenheit haben soll, mit seinem Kind zu verkehren, mit Art. 6 Abs. 2 Satz 1 in Verbindung mit Art. 6 Abs. 5 vereinbar (BVerfGE 56, 390 ff.).

III. Der Schutz der Mutter

Nach Art. 6 Abs. 4 hat jede Mutter, auch die werdende, Anspruch auf den Schutz und die Fürsorge der Gemeinschaft. Ob die Mutter verheiratet ist oder nicht, ist belanglos. 13

Der **Mutterschutz** ist vor allem auf dem Gebiet des Arbeitsrechts durchgeführt worden. Der Gesetzgeber hat das Gesetz zum Schutze der erwerbstätigen Mutter (Mutterschutzgesetz) erlassen. Nach diesem Gesetz dürfen Mütter in den letzten sechs Wochen vor der Entbindung und acht Wochen danach nicht beschäftigt werden; sie erhalten ihren vollen Lohn weiter. Die Kündigung ist gegenüber einer schwangeren Frau grundsätzlich unzulässig. Ausführlich ist geregelt, welche Beschäftigungen einer werdenden Mutter nicht zugemutet werden können und wie ihr Arbeitsplatz ausgestaltet sein muß.

IV. Die nichtehelichen Kinder

Art. 6 Abs. 5 enthält sowohl ein Grundrecht des nichtehelichen Kindes, das als eine besondere Ausprägung des Gleichheitssatzes anzusehen ist (BVerfGE 8, 210/221), als auch einen bindenden **Verfassungsauftrag** an den Gesetzgeber. Die in ihm enthaltene Wertentscheidung geht davon aus, daß nichteheliche Kinder nach der mit den Mitteln des Rechts allein nicht behebbaren tatsächlichen und sozialen Situation insgesamt ungünstigere Lebensbedingungen vorfinden als die ehelichen Kinder, und daß sie zudem durch das bei dem Erlaß des Grundgesetzes geltende Recht gegenüber den ehelichen Kindern wesentlich benachteiligt wurden. Diesen Zustand will der Verfassungsgeber beseitigen und zugleich im Rahmen des Möglichen mit den Mitteln des Rechts zum Abbau der gesellschaftlichen Diskriminierung beitragen. Die rechtliche Situation des nichtehelichen Kindes soll, soweit sie für seine leibliche und seelische Entwicklung und seine Stellung in der Gesellschaft von Bedeutung ist, der Situation des ehelichen Kindes möglichst gleichwertig gestaltet werden. Das bedeutet, daß der Gesetzgeber zwar nicht zu einer schematischen Gleichbehandlung der ehelichen und nichtehelichen Kinder auf allen Rechtsgebieten gezwungen ist, die nichtehelichen Kinder aber die **gleichen Chancen** wie die ehelichen Kinder erhalten. 14

Die diskriminierende Regelung des bisherigen § 1589 Abs. 2 BGB, wonach ein nichteheliches Kind und dessen Vater als nicht verwandt galten, wurde inzwischen beseitigt. Die Beschränkung des Unterhaltsanspruchs des nichtehelichen Kindes gegen seinen Vater auf Kinder unter 18 Jahren wurde aufgehoben. Das Erbrecht des nichtehelichen Kindes ist neu geregelt worden. Es erhält zwar auch jetzt kein echtes Erbrecht gegenüber seinem Vater, doch wird ihm ein sog. **»Erbersatzanspruch«** zugestanden: Es hat Anspruch auf Auszahlung des Wertes des Erbteils, der ihm zustehen würde, wenn es ein eheliches Kind wäre. Der Erbersatzanspruch beabsichtigt also die Abfindung des nichtehelichen Kindes auf finanzieller Basis. Dadurch wird seine bisherige erbrechtliche Benachteiligung weitgehend ausgeschaltet; bisher ging es, da es als mit seinem Vater nicht verwandt galt, völlig leer aus. Allerdings billigte der Gesetzgeber dem nichtehelichen Kind einen »Erbersatzanspruch« nur zu, wenn der Vater zu seinen Lebzeiten die Vaterschaft anerkannt hatte oder seine Vaterschaft rechtskräftig festgestellt worden war; sonst hatte es diesen Anspruch nur, wenn bei dem Tode des Vaters bereits ein gerichtliches Verfahren auf Feststellung der Vaterschaft lief (§ 1934c BGB). Diese Regelung hat das BVerfG wegen Verstoßes gegen Art. 6 Abs. 5 für nichtig erklärt, weil damit zahlreiche Kinder ohne stichhaltigen Grund von jeder Beteiligung am Nachlaß ihres Vaters ausgeschlossen wurden (BVerfGE 74, 3 ff.). Inzwischen sind Bestrebungen im Gange, den nichtehelichen Kindern das volle Erbrecht zu gewähren.

Art. 7 [Schulwesen]

(1) Das gesamte Schulwesen steht unter der Aufsicht des Staates.
(2) Die Erziehungsberechtigten haben das Recht, über die Teilnahme des Kindes am Religionsunterricht zu bestimmen.
(3) Der Religionsunterricht ist in den öffentlichen Schulen mit Ausnahme der bekenntnisfreien Schulen ordentliches Lehrfach. Unbeschadet des staatlichen Aufsichtsrechtes wird der Religionsunterricht in Übereinstimmung mit den Grundsätzen der Religionsgemeinschaften erteilt. Kein Lehrer darf gegen seinen Willen verpflichtet werden, Religionsunterricht zu erteilen.
(4) Das Recht zur Errichtung von privaten Schulen wird gewährleistet. Private Schulen als Ersatz für öffentliche Schulen bedürfen der Genehmigung des Staates und unterstehen den Landesgesetzen. Die Genehmigung ist zu erteilen, wenn die privaten Schulen in ihren Lehrzielen und Einrichtungen sowie in der wissenschaftlichen Ausbildung ihrer Lehrkräfte nicht hinter den öffentlichen Schulen zurückstehen und eine Sonderung der Schüler nach den Besitzverhältnissen der Eltern nicht gefördert wird. Die Genehmigung ist zu versagen, wenn die wirtschaftliche und rechtliche Stellung der Lehrkräfte nicht genügend gesichert ist.
(5) Eine private Volksschule ist nur zuzulassen, wenn die Unterrichtsverwaltung ein besonderes pädagogisches Interesse anerkennt oder, auf Antrag von Erziehungsberechtigten, wenn sie als Gemeinschaftsschule, als Bekenntnis- oder Weltanschauungsschule errichtet werden soll und eine öffentliche Volksschule dieser Art in der Gemeinde nicht besteht.
(6) Vorschulen bleiben aufgehoben.

I. Allgemeines

1 Art. 7 legt einige fundamentale Grundsätze für die Regelung des Schulrechts, insbesondere des Religionsunterrichtes und der Privatschulen sowie der Staatsaufsicht fest. Er enthält gleichzeitig wichtige Grundrechte: das Recht der Erziehungsberechtigten, über die Teilnahme des Kindes am Religionsunterricht

zu entscheiden, das Recht des Lehrers, nicht gegen seinen Willen Religionsunterricht erteilen zu müssen, sowie das Recht, Privatschulen zu errichten und zu betreiben.

Wie Schulen im einzelnen ausgestaltet werden müssen, bestimmt Art. 7 nicht. 2
Er stellt lediglich einen Rahmen auf, dessen Ausfüllung Sache der Länder ist, weil das Schulrecht in die ausschließliche Zuständigkeit der Länder fällt.

II. Die Staatsaufsicht über das gesamte Schulwesen

Art. 7 Abs. 1 unterstellt das gesamte Schulwesen der Staatsaufsicht. Darunter 3
fallen sowohl die öffentlichen wie die privaten, die allgemeinbildenden wie die berufsbildenden Schulen.

Der Begriff der Aufsicht des Staates über das Schulwesen findet sich schon in 4
Art. 144 WRV. Er sollte vor allem die Herrschaft des Staates über die Schule unter Ablehnung kirchlicher Ansprüche auf diese Herrschaft sicherstellen (Grundsatz der Weltlichkeit der Schule).

Das Bundesverwaltungsgericht versteht unter Staatsaufsicht den »Inbegriff der 5
staatlichen Herrschaftsrechte über die Schule, nämlich die Gesamtheit der staatlichen Befugnisse zur Organisation, Planung, Leitung und Beaufsichtigung des Schulwesens« (BVerwGE 18, 38/39). Dazu zählt die Entscheidung, welche Schultypen errichtet werden sollen, genauso wie die Festlegung des Unterrichtsstoffes und die Regelung des Prüfungssystems.

Das BVerfG hat sich bislang mehrmals speziell mit dem **Vorbehalt des Ge-** 6
setzes im Schulwesen befaßt (BVerfGE 34, 165 ff.; 41, 251 ff.; 45, 400 ff.; 57, 46 ff.; 58, 257 ff.). In diesen Entscheidungen wird der Grundsatz aufgestellt, daß das Rechtsstaatsprinzip und das Demokratieprinzip des GG den Gesetzgeber verpflichten, die wesentlichen Entscheidungen im Schulwesen selbst zu treffen und nicht der Schulverwaltung zu überlassen. Diese Rechtsprechung hat sich inzwischen im Schulrecht – jedenfalls dem Grundsatz nach – durchgesetzt. Was allerdings als wesentlich anzusehen ist und damit dem Parlamentsvorbehalt unterliegt, ist nach wie vor umstritten (BVerfGE 51, 290; 58, 268).

Bei den vielfältigen Bemühungen um eine Konkretisierung des Vorbehalts des Gesetzes im Schulrecht werden insbesondere zwei Grundrichtungen sichtbar, die gleichzeitig den alten Streit um den Vorbehalt des Gesetzes widerspiegeln: Die einen sind bestrebt, die begonnene rechtsstaatlich gebotene »Vergesetzlichung« des Schulwesens folgerichtig fortzuführen und das bisherige rechtsstaatliche Defizit bei der Regelung des Schulverhältnisses abzubauen. Dem steht das Bemühen anderer gegenüber, die verfassungsrechtlich garantierte Eigenständigkeit der Exekutive zu bewahren und einer zu weiten »Vergesetzlichung« im Interesse der für notwendig erachteten Flexibilität der Kultusverwaltung entgegenzuwirken. Beiden Richtungen ist – wenn auch von unterschiedlichen Ausgangspunkten aus – das Bemühen gemeinsam, praktikable Abgrenzungskriterien für die legislative und exekutive Regelungskompetenz im Schulwesen zu finden. Soweit die Gefahren einer zu weit gehenden Verrechtlichung oder Vergesetzlichung des Schulwesens beschworen werden, insbesondere im Hinblick auf die pädagogische Freiheit des Lehrers, die notwendige Flexibilität der Schule und die drohende Überlastung der Parlamente, geht die Kritik zu einem großen Teil an den tatsächlichen Verhältnissen und rechtlichen Gegebenheiten vorbei. Nicht die durch Art. 20 Abs. 1 und 3 verfassungsrechtlich gebotene gesetzliche Verankerung staatlicher Eingriffe und Leistungen im Schulrecht bewirkt eine unangemessene Einschränkung der grundrechtlichen Freiheiten der Schüler, der Lehrer und der Eltern. Vielmehr führt oft die bis zum Perfektionismus gesteigerte Bürokratisierung und Bevormundung der Schule durch die Kultusverwaltungen zu weitgehend unkontrollierter und im Lichte der Grundrechtsgeltung zweifelhafter Rechtsbeeinträchtigung der Betroffenen (BVerfGE 58, 270f.).

Im Grunde geht es nicht so sehr um die Normierbarkeit an sich, sondern um die Frage der Kompetenz des Gesetzgebers oder der Verwaltung, des Parlaments oder des Kultusministers. Die Antwort auf diese Frage ist aber durch die Grundentscheidungen der Verfassung vorgezeichnet und ermöglicht keinen gesetzesunabhängigen Freiraum der Exekutive unter Berufung auf die angeblich bedrohte pädagogische Freiheit der Schule. Bei der Kritik wird oft auch die Grundrechte sichernde und Freiräume ausgrenzende Funktion von Rechtsvorschriften gerade in bezug auf die pädagogische Freiheit verkannt. Die verfassungsrechtlich gebotenen parlamentarischen Leitentscheidungen führen nicht zu einer Beschränkung, sondern eher zu einer Sicherung des pädagogischen Freiraumes der Lehrerschaft, indem durch konkrete gesetzliche Aussagen eine Vielzahl administrativer Bestimmungen, Detailregelungen und Einzeleingriffe obsolet werden könnte. In Wahrheit geht es darum, daß im Schulwesen rechtsstaatliche Entwicklungen nachgeholt werden mußten und noch nachgeholt werden müssen, die im Kern durch das GG schon 1949 geboten waren. Die Verwirklichung des Vorbehalts des Gesetzes im Schulrecht führt deshalb nur dazu, daß der Gesetzgeber seiner verfassungsmäßigen Pflicht zur Ausgestaltung des Schulverhältnisses nachkommt (BVerfGE 58, 271 f.).

7 Die **organisatorische Gliederung** der Schule und die **strukturellen Festlegungen** des Ausbildungssystems, das inhaltliche und didaktische Programm der Lernvorgänge, das Setzen der Lernziele sowie die Entscheidung darüber, ob und wieweit diese Ziele von dem Schüler erreicht worden sind, gehören zu dem der elterlichen Bestimmung grundsätzlich entzogenen **staatlichen Gestaltungsbereich.** Dabei darf das Wahlrecht der Eltern zwischen den vom Staat zur Verfügung gestellten Schulformen nicht mehr als nötig begrenzt werden. Es gibt aber kein Recht der Eltern, daß der Staat eine bestimmte, ihren Wünschen entsprechende Schulform zur Verfügung stellt. Angesichts der Vielfalt elterlicher Bildungsvorstellungen wäre dies auch gar nicht durchführbar (BVerfGE 45, 400/415). Der Staat muß aber die Verantwortung der Eltern für den Gesamtplan der Erziehung ihrer Kinder achten und für die Vielfalt der Anschauungen in Erziehungsfragen so weit offen sein, wie es sich mit einem geordneten staatlichen Schulsystem verträgt (BVerfGE 34, 165/183).

Der Erziehungs- und Bildungsauftrag des Staates umfaßt auch das Recht der Sexualerziehung in der Schule. Sie muß aber offen sein und allgemein Rücksicht auf das natürliche Erziehungsrecht der Eltern und auf deren religiöse und weltanschauliche Überzeugungen auf diesem Gebiet nehmen, soweit nicht lediglich Fakten vermittelt werden. Einer Zustimmung der Eltern bedarf es jedoch nicht. Sie haben auch kein förmliches Mitbestimmungsrecht (BVerfGE 47, 46 ff.).

III. Das Recht der Erziehungsberechtigten

Nach Art. 7 Abs. 2 haben die Erziehungsberechtigten das Recht, über die Teilnahme des Kindes am Religionsunterricht zu bestimmen. Weder dem Staat noch den Religionsgesellschaften steht ein derartiges Bestimmungsrecht zu. Es handelt sich um eine Folge der in Art. 4 Abs. 1 normierten Religionsfreiheit auf dem Gebiet des Schulwesens. 8

Nach dem Gesetz über die **religiöse Kindererziehung** vom 15. Juli 1921, das weiterhin geltendes Recht ist, gilt das Bestimmungsrecht der Eltern uneingeschränkt allerdings nur bis zum vollendeten 12. Lebensjahr des Kindes. Dann kann es nicht mehr gegen seinen Willen in einem anderen Bekenntnis als bisher erzogen werden, hat also ein (beschränktes) Mitspracherecht. Nach Vollendung des 14. Lebensjahres steht dem Kind die Entscheidung allein zu, die Erziehungsberechtigten sind insoweit ausgeschaltet. 9

Art. 7 überläßt es insbesondere dem (Landes-)Gesetzgeber, den religiös-weltanschaulichen Charakter der öffentlichen Schulen zu bestimmen. Diesem steht es daher grundsätzlich frei, ob er **Bekenntnis-, Weltanschauungs-** oder **Gemeinschaftsschulen** einrichtet. 10

Dagegen gewährleistet Art. 7 die Berücksichtigung des Willens der Erziehungsberechtigten bei den religiösen und weltanschaulichen Schulen nicht. Da es in einer pluralistischen Gesellschaft faktisch unmöglich ist, bei der weltanschaulichen Gestaltung der öffentlichen Pflichtschule allen Elternwünschen voll Rechnung zu tragen, muß der einzelne Abstriche hinnehmen. Es liegt z. B. kein Verfassungsverstoß darin, daß Kinder von Eltern, die jegliches religiöse Element in der Erziehung ablehnen, gezwungen sind, eine christliche Gemeinschaftsschule badischer Überlieferung oder bayerischer Art zu besuchen (vgl. BVerfGE 41, 65 ff.). Es ist aber auch nicht zu beanstanden, daß ein Kind, dessen Eltern eine ausgesprochen religiöse Erziehung wünschen, eine Gemeinschaftsschule besuchen muß, wenn diese Schule in religiös-weltanschaulicher Hinsicht von der nötigen Toleranz gegenüber den verschiedenen Glaubensrichtigungen, aber auch gegenüber Religionsgegnern geprägt ist (vgl. BVerfGE 41, 88 ff.).

IV. Religionsunterricht

Eines der wichtigsten Begegnungsgebiete von Staat und Kirche ist das des öffentlichen Schulwesens.

11 Ein **historischer Rückblick** zeigt seit der Zeit Karls des Großen eine Beherrschung des Unterrichtswesens durch die Kirche in Kloster-, Dom- und Stiftschulen. Auch in den weltlichen Schulen der Städte und den von den Landesfürsten gegründeten Universitäten waren die Lehrer meist Geistliche. Nach der Reformation traten im Schulwesen neben die katholische Kirche die protestantischen Kirchen, der kirchliche Charakter der Schule wurde jedoch nicht in Frage gestellt. Im Zeitalter des Absolutismus begannen die Landesherren mit dem Ausbau ihrer Souveränität auch damit, die Organisation des Schulwesens zu regeln.

Am Ende des 18. Jahrhunderts schließlich beanspruchte der Staat die Erziehung der Jugend als eigene Aufgabe. Mit dem Mißlingen der Paulskirchenbewegung scheiterte auch der Versuch, die Schule von der Kirche reichsgesetzlich zu trennen. Die Reichsverfassung von 1871 überließ die Gesetzgebungskompetenz den Ländern. Die Weimarer Reichsverfassung zog dieses Gebiet weitgehend an das Reich (vgl. Art. 10 Ziffer 2, 144, 146, 149 WRV). Nach dem sog. »2. Weimarer Schulkompromiß« wurde in Art. 146 Abs. 1 WRV die »für alle gemeinsame Grundschule«, die Einheitsschule auch im konfessionellen Sinne als Simultan- oder Gemeinschaftsschule eingeführt. Durch Art. 146 Abs. 2 WRV wird die Bekenntnis- und die Weltanschauungsschule auf Antrag der Erziehungsberechtigten ausnahmsweise zugelassen. Zur Verabschiedung des Art. 146 Abs. 2 WRV kam es nicht, weil die Unterschiede zwischen der Zentrumspartei (Bekenntnisschule) und der Sozialdemokratie (Gemeinschaftsschule) zu groß waren. Es blieb beim status quo in den Ländern.

Von Reichs wegen konnten jedoch das Gesetz betreffend die Grundschulen und Aufhebung der Vorschulen und das Reichsgesetz über die religiöse Kindererziehung verabschiedet werden, das auch die Frage regelt, wer über die Teilnahme des Schulkindes am Religionsunterricht zu entscheiden hat. Das Dritte Reich brachte den Abschluß des Reichskonkordates:

Art. 23 des Reichskonkordats bestimmt:
»Die Beibehaltung und Neueinrichtung katholischer Bekenntnisschulen bleibt gewährleistet. In allen Gemeinden, in denen Eltern oder sonstige Erziehungsberechtigte es beantragen, werden katholische Volksschulen errichtet werden, wenn die Zahl der Schüler unter gebührender Berücksichtigung der örtlichen schulorganisatorischen Verhältnisse einen nach Maßgabe der staatlichen Vorschriften geordneten Schulbetrieb durchführbar erscheinen läßt.«
Weiter bestimmt Art. 24 des Reichskonkordats:
»An allen katholischen Volksschulen werden nur solche Lehrer angestellt, die der katholischen Kirche angehören und Gewähr bieten, den besonderen Erfordernissen der katholischen Bekenntnisschule zu entsprechen.
Im Rahmen der allgemeinen Berufsausbildung der Lehrer werden Einrichtungen geschaffen, die eine Ausbildung katholischer Lehrer entsprechend den besonderen Erfordernissen der katholischen Bekenntnisschule gewährleisten.«

Nach 1945 haben die meisten Länder die Schulfrage in ihren Verfassungen geregelt.

12 Eine für das Staatskirchenrecht wichtige **Unterteilung des öffentlichen Schulwesens** ist die nach religiös-weltanschaulichen sowie konfessionellen Gesichtspunkten. Danach ergeben sich formell drei Hauptschularten:

a) Die Bekenntnis- oder Konfessionsschule,

b) die Gemeinschafts- oder Simultanschule, die entweder

- eine auf allgemein christlicher Grundlage beruhende christliche Gemeinschaftsschule ist, oder
- eine bekenntnisfreie (weltliche bzw. wissenschaftliche) Gemeinschaftsschule, die der ausgesprochen christlichen Grundlage entbehrt und in der ein staatlicher Religionsunterricht nicht erteilt wird (Art. 7 Abs. 3 Satz 1 GG), oder
- eine Mischform, die schlicht als Gemeinschaftsschule bezeichnet wird und nicht allein auf christlicher Grundlage beruht, in der aber staatlicher Religionsunterricht erteilt wird, und schließlich

c) die Weltanschauungsschule.

13 Art. 7 überläßt es dem Gesetzgeber, den religiös-weltanschaulichen Charakter der öffentlichen Schulen zu bestimmen; er hat die angesichts der Pluralität der Gesellschaft unvermeidbaren Spannungen zwischen »negativer« und »positiver« Religionsfreiheit miteinander zum Ausgleich zu bringen. Er kann sich bei seiner Regelung daran orientieren, daß einerseits Art. 7 im Bereich des Schulwesens weltanschaulich-religiöse Einflüsse zuläßt, daß andererseits Art. 4 gebietet, bei der Entscheidung für eine bestimmte Schulform weltanschaulich-religiöse Zwänge soweit wie irgend möglich auszuschalten. Beide Vorschriften sind zusammen zu sehen und in der Interpretation aufeinander abzustimmen, weil erst die »Konkordanz« der in den beiden Artikeln geschützten Rechtsgüter der Entscheidung des GG gerecht wird. Keiner dieser Normen und Grundsätze kommt von vornherein ein Vorrang zu, wenn auch die einzelnen Gesichtspunkte in ihrer Bedeutung und ihrem inneren Gewicht verschieden sind. Eine Lösung läßt sich nur unter Würdigung der kollidierenden Interessen durch Ausgleich und Zuordnung der verfassungsrechtlichen Gesichtspunkte unter Berücksichtigung des grundgesetzlichen Gebots der Toleranz (vgl. auch Art. 3 Abs. 3, Art. 33 Abs. 3) sowie unter Wahrung der Selbständigkeit der Länder auf dem Gebiet der Schulorganisation finden. Dies schließt ein, daß die einzelnen Länder zu verschiedenen Regelungen kommen, weil bei dem zu findenden Mittelweg auch Schultraditionen, die konfessionelle Zusammensetzung der Bevölkerung und ihre mehr oder weniger starke religiöse Verwurzelung berücksichtigt werden können (BVerfGE 41, 50f.).

Der Wille der Erziehungsberechtigten ist für die religiöse und weltanschauliche Gestaltung der öffentlichen Schulen nicht maßgebend. Er ist lediglich zu berücksichtigen, wenn es darum geht, private Bekenntnisschulen zuzulassen.

14 Die Erklärung des Religionsunterrichts zum **ordentlichen Lehrfach** stellt klar, daß seine Erteilung staatliche Aufgabe und Angelegenheit ist; er ist staatlichem Schulrecht und staatlicher Schulaufsicht unterworfen. Seine Einrichtung als

Pflichtfach ist für den Schulträger obligatorisch; der Staat muß gewährleisten, daß er ein Unterrichtsfach mit derselben Stellung und Behandlung wie andere ordentliche Lehrfächer ist. Sein Pflichtfachcharakter entfällt nicht dadurch, daß Art. 7 Abs. 2 ein Recht zur Abmeldung einräumt. Diese Befreiungsmöglichkeit hebt ihn zwar aus den übrigen Pflichtfächern heraus, macht ihn aber nicht zu einem Wahlfach im Sinne der allgemeinen schulrechtlichen Terminologie. Seine Sonderstellung gegenüber anderen Fächern gewinnt der Religionsunterricht aus Art. 7 Abs. 3 Satz 2, der so zu verstehen ist, daß der Unterricht in »konfessioneller Positivität und Gebundenheit« zu erteilen ist. Er ist keine überkonfessionelle vergleichende Betrachtung religiöser Lehren, nicht bloße Morallehre, Sittenunterricht, historisierende und relativierende Religionskunde, Religions- oder Bibelgeschichte. Sein Gegenstand ist vielmehr der Bekenntnisinhalt, nämlich die Glaubenssätze der jeweiligen Religionsgemeinschaft. Diese als bestehende Wahrheiten zu vermitteln, ist seine Aufgabe. Dafür, wie dies zu geschehen hat, sind grundsätzlich die Vorstellungen der Kirchen über Inhalt und Ziel der Lehrveranstaltung maßgeblich. Ändert sich deren Verständnis vom Religionsunterricht, muß der religiös neutrale Staat dies hinnehmen. Er ist jedoch nicht verpflichtet, jede denkbare Definition der Religionsgemeinschaften als verbindlich anzuerkennen. Eine Gestaltung des Unterrichts als allgemeiner Konfessionskunde wäre durch Art. 7 Abs. 3 Satz 1 nicht mehr gedeckt. Andererseits kann das Verlangen, der Unterricht müsse ein »dogmatischer« sein, zumindest heute nicht so verstanden werden, daß er ausschließlich der Verkündigung und Glaubensunterweisung diene. Er wird vielmehr auch als ein auf Wissensvermittlung gerichtetes, an den höheren Schulen sogar wissenschaftliches Fach angesehen, das in die Lehre eines Bekenntnisses einführt, vergleichenden Hinweisen offenbleibt und zugleich Gelegenheit bietet, mit dem Schüler grundsätzliche Lebensfragen zu erörtern (BVerfGE 74, 251 ff.).

15 Es ist den Ländern im Rahmen der durch Art. 7 Abs. 1 gewährleisteten Schulhoheit freigestellt, ob sie in nicht bekenntnisfreien Gemeinschaftsschulen ein freiwilliges, **überkonfessionelles Schulgebet** außerhalb des Religionsunterrichts zulassen. Das Schulgebet war grundsätzlich auch dann verfassungsrechtlich unbedenklich, wenn ein Schüler oder dessen Eltern der Abhaltung des Gebets widersprachen; deren Grundrecht auf negative Bekenntnisfreiheit wurde nicht verletzt, wenn sie frei und ohne Zwänge über die Teilnahme am Gebet entscheiden konnten. Die bei Beachtung des Toleranzgebots regelmäßig vorauszusetzende Freiwilligkeit ist ausnahmsweise nicht gesichert, wenn der Schüler nach den Umständen des Einzelfalles der Teilnahme nicht in zumutbarer Weise ausweichen kann.

16 Eine **Ausnahme von Art. 7 Abs. 3** gilt in einem Lande, in dem am 1. Januar 1949 eine andere landesrechtliche Regelung bestand (Art. 141). Dies war vor allem in Bremen der Fall; deshalb bezeichnet man Art. 141 auch als **»Bremer Klausel«.** In Bremen sind die allgemein bildenden öffentlichen Schulen nach der Landesverfassung (Art. 32) Gemeinschaftsschulen mit bekenntnismäßig nicht gebundenem Unterricht in biblischer Geschichte auf allgemein christlicher Grundlage. Ein Religionsunterricht im Sinne des Art. 7 Abs. 3 findet also dort nicht statt.

Nunmehr beruft sich auch **Brandenburg** auf Art. 141, weil seine Verfassung ebenfalls schon vor dem 1. Januar 1949 eine abweichende Regelung enthalten habe.

V. Die Privatschulen

17 Art. 7 Abs. 4 gewährleistet das Recht, Privatschulen einzurichten und zu betreiben. Darunter versteht man Schulen, die aufgrund privater Initiative errichtet und geführt werden. Man teilt sie ein in Ersatz- und Ergänzungsschulen.

18 Art. 7 Abs. 4 Satz 2 stellt an die **Ersatzschulen** besondere Anforderungen. Damit sind Schulen gemeint, die öffentliche Schulen (z. B. Grundschule, Gymnasium) ersetzen sollen. Solche Schulen bedürfen der Genehmigung des Staates. Sie müssen genehmigt werden, wenn sie in ihren Lehrzielen und Einrichtungen sowie in der wissenschaftlichen Ausbildung ihrer Lehrkräfte nicht hinter den öffentlichen Schulen zurückstehen. Eine Sonderung der Schüler nach den Besitzverhältnissen der Eltern ist nicht erlaubt (vgl. Art. 3). Ergänzungsschulen sind Schulen, deren Bildungsziele andere sind als die der öffentlichen Schulen (z. B. Sing-, Sport- oder Fahrschulen). Sie unterliegen ebenfalls der Staatsaufsicht: Anders als bei den Ersatzschulen bedarf es aber zu ihrer Errichtung keiner Genehmigung.

19 **Konfessionelle Privatschulen** sind statthaft. Sie haben die gleichen Rechte wie jede andere Privatschule und erfahren wie diese staatliche Subventionierung.

20 Der Staat darf sich nicht darauf zurückziehen, die Tätigkeit der privaten Ersatzschulen lediglich zuzulassen. Vielmehr muß er ihnen die Möglichkeit geben, sich ihrer Eigenart entsprechend zu verwirklichen. Ohne Selbstbestimmung im schulischen Wirkungsbereich bleibt das Recht zur Errichtung von privaten Ersatzschulen inhaltslos. Unter den von der Verfassung vorgegebenen Bedingungen ist eine solche Selbstbestimmung ohne staatlichen Beistand nicht möglich. Die Möglichkeit einer Selbstfinanzierung durch die Erhebung annähernd kostendeckender Schulgelder ist den privaten Ersatzschulen durch Art. 7 Abs. 4 Satz 3 Halbsatz 2 praktisch genommen, weil durch sie – auch angesichts der Schuldgeldfreiheit in öffentlichen Schulen – eine »Sonderung der Schüler nach den Besitzverhältnissen der Eltern« zumindest »gefördert« würde. Das GG wollte eine Entwicklung der privaten Ersatzschulen in Richtung auf eine Art von »Standes- oder Plutokratenschulen« vermeiden. Daher reicht es nicht aus, wenn die Schulträger nur in Ausnahmefällen für besonders begabte oder besonders arme Kinder Schulgeldstipendien gewähren, zumal sie diese wiederum nur zu Lasten der anderen Schüler finanzieren könnten (BVerfGE 75, 63). Nur wenn diese grundsätzlich allen Bürgern ohne Rücksicht auf ihre persönlichen finanziellen Verhältnisse offenstehen, kann die in Art. 7 Abs. 4 Satz 1 gewährleistete Freiheit im Schulwesen tatsächlich verwirklicht und von allen Eltern und Schülern gleichberechtigt in Anspruch genommen werden (BVerfGE 75, 65 unter Hinweis auf BVerfGE 27, 200). Soll Art. 7 Abs. 4 Satz 1 nicht zu einem wertlosen Individualgrundrecht auf Gründung existenzunfähiger Ersatzschulen

und zu einer nutzlosen institutionellen Garantie verkümmern, so muß diese Verfassungsnorm zugleich als eine **Verpflichtung des Gesetzgebers** verstanden werden, die **privaten Ersatzschulen zu schützen und zu fördern** (BVerfGE 75, 40/65). Es ist jedoch selbstverständlich, daß jeder Ersatzschulträger eine **angemessene Eigenleistung** erbringen muß und nicht etwa vom allgemeinen unternehmerischen Risiko, insbesondere im Wettbewerb mit anderen privaten Schulen und auch mit vergleichbar ausgestatteten öffentlichen Schulen, freizustellen ist. Zu den angemessenen Eigenleistungen gehören auch die Anfangsfinanzierung und die Investitionskosten (BVerfGE 75, 68).
Aus Art. 7 Abs. 4 Satz 1 folgt aber kein verfassungsunmittelbarer Anspruch auf Gewährung staatlicher Finanzhilfe, gar noch in bestimmter Höhe. Der grundrechtliche Schutzanspruch des einzelnen Ersatzschulträgers ist nur darauf gerichtet, daß der Gesetzgeber diejenigen Grenzen und Bindungen beachtet, die seinem politischen Handlungsspielraum durch die Schutz- und Förderpflicht gesetzt sind. Der gerichtliche Rechtsschutz bezieht sich unter diesen Umständen auf die Prüfung einer Untätigkeit, einer groben Vernachlässigung und eines ersatzlosen Abbaues getroffener Maßnahmen. Das kann allenfalls zur Feststellung der Verfassungswidrigkeit der bestehenden gesetzlichen Regelung führen. Wie einem Verfassungsverstoß abzuhelfen ist, hat der Gesetzgeber zu entscheiden. Der konkrete Leistungsanspruch des einzelnen Ersatzschulträgers wird durch das Gesetz bestimmt (BVerfGE 90, 117).
Wartefristen sind mit der staatlichen Schutz- und Förderpflicht grundsätzlich vereinbar. Sie haben den Zweck, den Einsatz öffentlicher Mittel an einen Erfolgsnachweis zu binden. Die Gestaltungsfreiheit des Gesetzgebers umfaßt auch die Befugnis zu entscheiden, wann er diesen Nachweis als erbracht ansieht. Das darf aber nicht dazu führen, daß die Wartefrist sich als Sperre für die Errichtung neuer Schulen auswirkt (BVerfGE 90, 117). Der Staat darf seine Finanzhilfe von einer hinreichend soliden Existenzbasis der Ersatzschule abhängig machen, die der Gründung Aussicht auf dauerhaften Bestand verleiht (BVerfGE 90, 117). Er darf im Rahmen seiner Gestaltungsfreiheit ferner berücksichtigen, daß öffentliche Mittel effektiv zu verwenden sind. Bei neu gegründeten Schulen ist nicht absehbar, ob sie auf Dauer Bestand haben werden. Der Gesetzgeber darf daher eine Zeitlang abwarten, ehe er zur ständigen Förderung übergeht (BVerfGE 90, 118). Nicht gefordert werden kann aber die Bereitschaft, in dem heute erforderlichen Umfang eigenes Vermögen zur Gründung und zum Betrieb einer privaten Ersatzschule auf Dauer einzusetzen (BVerfGE 90, 118).

VI. Das Verbot von Vorschulen

21 Vorschulen sind Sondereinrichtungen im Rahmen des Grundschulunterrichts für Kinder, die später weiterführende Schulen besuchen wollen. Sie waren bereits durch Art. 147 Abs. 3 WRV verboten. Warum das GG sie erwähnenswert findet, ist nicht ersichtlich.

VII. Das Rechtsverhältnis zwischen Schule und Schüler

Die rechtlichen Beziehungen, die zwischen Schule und Schüler bestehen, versuchte man noch bis vor kurzem mit der Rechtsfigur (oder besser: juristischen Hilfskonstruktion) des sog. **»besonderen Gewaltverhältnisses«** zu umschreiben. Sie war eine Reaktion auf die immer weiter voranschreitende Demokratisierung und erfreute sich als eines der letzten Reservate obrigkeitlichen Denkens schnell einer heute nur noch schwer begreiflichen Beliebtheit, nicht nur unter obrigkeitshörigen Politikern, sondern auch unter ansonsten freiheitlich argumentierenden Rechtslehrern. Das »besondere Gewaltverhältnis«, von dem gesagt wurde, es habe die Funktion, »die Zuchthäusler, die Irren und die Professoren unter einen Begriff zu bringen« (Ehmke), hatte den Sinn, Anordnungen der Verwaltung in dem als ihr »Hausgut« begriffenen Bereich von jeder parlamentarisch-gesetzgeberischen Kontrolle auszunehmen. Gebote und Verbote gegenüber Soldaten, Beamten, Richtern, Gefangenen und Schülern wurden nicht als staatliche Eingriffe gewertet, sondern ausschließlich als Aktualisierung der aufgrund des eingegangenen »Anstaltsverhältnisses« bestehenden Gehorsamspflichten aufgefaßt. Die Betroffenen hatten kaum die Möglichkeit, ihre Grundrechte durchzusetzen, sie waren verwaltungs- und nicht gesetzesunterworfen und konnten die Gerichte nicht um Rechtsschutz angehen. So bildeten sich »rechtsfreie Räume«. 22

Die Lehre vom »besonderen Gewaltverhältnis« wurde in letzter Zeit zunehmend kritisiert. Mit der Entscheidung des Bundesverfassungsgerichts über die Einschränkbarkeit der Grundrechte von Strafgefangenen (BVerfGE 33, 1) ist ihr jeder Boden entzogen worden. Das Bundesverfassungsgericht hat ausgesprochen, daß das »besondere Gewaltverhältnis« nicht mehr zur Rechtfertigung von Eingriffen in Grundrechte der Betroffenen herangezogen werden kann. Vielmehr seien Grundrechtseinschränkungen nur noch unter drei Voraussetzungen möglich: Sie müssen der Erreichung eines »von der Wertordnung des Grundgesetzes gedeckten gemeinschaftsbezogenen Zweckes« dienen, dazu unerläßlich sein und dürfen nur durch oder aufgrund eines Gesetzes, also nicht mehr nur durch bloße Verwaltungsanordnungen, geschehen. Die zur Frage der Einschränkung der Grundrechte von Strafgefangenen ergangene Entscheidung des Bundesverfassungsgerichts hat allgemeine Auswirkungen. Das »besondere Gewaltverhältnis« kann nunmehr auch nicht mehr zur Rechtfertigung von Eingriffen gegenüber Schülern benutzt werden. Der Grundsatz, daß Eingriffe der Verwaltungsbehörden in die Rechts- und Freiheitssphäre des einzelnen einer gesetzlichen Ermächtigung bedürfen (»Vorrang des Gesetzes«), hat Verfassungsrang und gilt auch für das Schulverhältnis. Soweit es sich um Eingriffe in die auch den Schülern zustehenden Grundrechte handelt, genügt es auch nicht, diesen »Allgemeinvorbehalt« zu beachten. Die einzelnen Grundrechte sind zum Teil mit »Spezialvorbehalten« ausgestattet; soweit ein solcher spezieller Gesetzesvorbehalt reicht, kann bei gleichem Sachverhalt nicht auf den generellen Vorbehalt des Gesetzes zurückgegriffen werden.

23 Der verfassungsändernde Gesetzgeber des Bundes hat 1970 das Wahlalter auf das vollendete 18. Lebensjahr herabgesetzt. Auch die Länder haben ihre Verfassungen entsprechend geändert. Am 1. Januar 1975 trat die Regelung in Kraft, daß auch die Volljährigkeit bereits mit der Vollendung des 18. Lebensjahres beginnt. Damit ist ganz klar, daß **Schüler,** die über 18 Jahre alt sind, **Träger von Grundrechten** sind. Es besteht aber Einigkeit darüber, daß auch Minderjährige »grundrechtsmündig« sein können. Hier kann allerdings kein allgemein verbindlicher Lebensabschnitt als Grenze festgelegt werden. Entscheidend ist die jeweilige Sozialreife des betreffenden Schülers. Je nach der Art des in Frage stehenden Grundrechts muß entsprechend differenziert werden. Bei den Freiheitsrechten ist sicher ein niedrigeres Lebensalter ausreichend als bei den sog. »politischen Grundrechten« (z. B. Pressefreiheit in den Schulen).
Der Umstand, daß der Schüler grundsätzlich »grundrechtsmündig« ist, kann für die Frage, ob er über seinen weiteren Bildungsweg nach dem Besuch der »Grundschule« mitentscheiden darf oder doch wenigstens seine Meinung berücksichtigt werden sollte, nicht bedeutungslos sein. Sicher wäre es absolut verfehlt, die Entscheidungskompetenz einseitig von den Eltern auf das Kind zu verlagern. Es aber rechtlich von jeder Mitsprache auszuschließen, ist schwerlich mit einem modernen Grundrechtsverständnis vereinbar. Gerade die in der Praxis auftretenden Konflikte zwischen Eltern und Kind (z. B.: es will neue Sprachen lernen, der Vater besteht aber ultimativ auf Griechisch oder Latein) drängen nach einer Lösung, die etwa so aussehen könnte, daß dann, wenn alle ernstlichen Einigungsbemühungen – auch unter Einschaltung einer Beratungsstelle – fehlschlagen, der Schüler die Möglichkeit eingeräumt erhält, eine Entscheidung des Vormundschaftsrichters herbeizuführen. Das BVerfG geht zwar davon aus, daß die Entscheidung über den weiteren Bildungsweg des Kindes den Eltern als den natürlichen Sachwaltern für die Erziehung des Kindes zusteht (BVerfGE 34, 165/184); ob es damit aber eine Beteiligung des Kindes am Entscheidungsprozeß generell ausgeschlossen sehen will, ist zweifelhaft. Die Äußerung fällt nämlich im Kontext des Verhältnisses Eltern-Staat.

24 Zu den einzelnen **»politischen Grundrechten«** der Schüler ist folgendes zu sagen:
a) Der Schüler besitzt das **Recht der freien Meinungsäußerung** innerhalb und außerhalb der Schule. Er kann seine Meinung auch in politischen Fragen in Wort, Schrift oder Bild frei äußern und verbreiten (Art. 5 Abs. 1). Als Einschränkungen kommen nur die in Art. 5 Abs. 2 genannten Schranken in Betracht (siehe dort).
Die Wahrnehmung dieses Rechts ist nicht davon abhängig, daß die von dem Schüler geäußerte Meinung sachlich zutreffend oder billigenswert ist. Kommunikationsrechte zielen gerade darauf ab, einen allgemeinen Konsens zu ermöglichen; ob er eintritt, ist nicht entscheidend. Die Schule darf deshalb keine inhaltliche Bewertung vornehmen. Sie darf z. B. einen sich gesellschaftskritisch verstehenden Aufsatz nicht deshalb negativ bewerten, weil der Schüler politische oder ethische Überzeugungen äußert, die von der Mehrheit der Gesellschaft nicht geteilt werden. Dagegen ist es zulässig und von dem pädagogischen Auftrag der Schule her sogar erforderlich, daß eine Prüfung darüber stattfindet,

ob Äußerungen des Schülers im Unterricht oder in einem Aufsatz qualitativ den schulischen Leistungsanforderungen genügen. Die Schule kann und muß bewerten, ob die Meinungsbildung des Schülers unkritisch oder wissenschaftlich naiv ist oder auf unreflektierter Übernahme fremder Anschauungen beruht.

Innerhalb der Schule kann die Meinungsäußerungsfreiheit des Schülers allerdings nicht dazu führen, daß ein geregelter Schulbetrieb nicht mehr stattfinden kann. Insoweit bilden die allgemeinen Schulgesetze verfassungsrechtlich nicht zu beanstandende Schranken. Deshalb können die Schüler beispielsweise nicht eine schulische Lehrveranstaltung gegen den Willen des Lehrers in eine Diskussionsstunde umfunktionieren.

Meinungsäußerungen des Schülers außerhalb der Schule unterliegen grundsätzlich keinen schulordnungsrechtlichen Maßnahmen. Das gilt auch für die Teilnahme an politischen Demonstrationen. Für eine Bewertung des Verhaltens des Schülers sind insoweit die Ordnungsbehörden und die Gerichte zuständig. Ebenso verhält es sich mit dem Verteilen von Flugblättern außerhalb des räumlichen Bereichs der Schule.

b) Dem Schüler steht auch die **Pressefreiheit** (Art. 5 Abs. 1) zu. Das ist seit langem anerkannt. Die Schülerpresse unterliegt den allgemeinen landespresserechtlichen Bestimmungen. Die Herausgabe nötigt bei minderjährigen Schülern in zivilrechtlicher Hinsicht vielfach zur Zustimmung der Erziehungsberechtigten (etwa: Erteilung eines Druckauftrags). Einer Genehmigung durch die Schule bedarf es dagegen nicht.

Die Pressefreiheit als eine Freiheit der Berichterstattung unterliegt auch für den Schüler den für jedermann gültigen Beschränkungen des Art. 5 Abs. 2 (siehe dort). In dem so gezogenen Rahmen kann sich die Schülerpresse mit beliebigen politischen und gesellschaftlichen Themen beschäftigen. Eine Zensur findet nicht statt. Vor der Veröffentlichung darf deshalb rechtlich nicht geltend gemacht werden, daß die Meinungsäußerung nachher als unstatthaft zu beurteilen sein wird. Das Risiko, daß dies eintritt, trägt allerdings – genauso wie bei Publikationen von Schulfremden – der Autor. Im räumlichen Bereich der Schule hat diese unter bestimmten, möglichst gesetzlich näher festgelegten Voraussetzungen die Möglichkeit, den Vertrieb von Schülerzeitungen zu reglementieren oder zu untersagen. Niemand – auch der Schüler nicht – hat nämlich aufgrund seiner Pressefreiheit einen grundrechtlich verbürgten Anspruch darauf, Presseerzeugnisse gerade in der Schule vertreiben zu können.

c) Auch das Grundrecht auf **Versammlungsfreiheit** steht dem Schüler zu. Schülerdemonstrationen sind in dem von Art. 8 gedeckten Rahmen gewährleistet.

d) Endlich kann der Schüler auch politischen Gruppen beitreten oder sie bilden **(Vereinigungsfreiheit).**

Der Schule ist es – immer unter der Voraussetzung, daß entsprechende Schul- 25
gesetze in Kraft sind – nicht verwehrt, auf den Schüler durch **Erziehungsmaßnahmen** oder durch **Schulstrafen** einzuwirken. Die Unterscheidung zwischen diesen beiden Maßnahmen ist schwierig, sollte aber wenigstens im rechtlichen Bereich nicht ganz aufgegeben werden. Die Schulstrafe hat ungeachtet ihres

pädagogischen Bezugs mit der Kriminalstrafe immerhin gemein, daß sie in einem formellen Verfahren nach objektiven Maßstäben die schuldhafte Verletzung eines vorher fixierten und in Kraft gesetzten Verbots oder Gebots ahndet. Sie ist damit eine Sanktion auf ein konkretes schuldhaftes Fehlverhalten des Schülers; handelt er schuldlos, kommt sie nicht in Betracht, wohl aber unter Umständen eine reine Erziehungsmaßnahme. Diese braucht auch nicht an ein konkretes Verhalten des Schülers anzuknüpfen: Vielfach hat sie präventiven oder anspornenden Charakter. Vor allem aber greift die Schulstrafe regelmäßig weit intensiver in die Rechtssphäre des Schülers ein als eine Erziehungsmaßnahme. Ihre Verrechtlichung ist unter rechtsstaatlichen Gesichtspunkten daher mehr geboten als die der Erziehungsmaßnahmen.
(Näher zu den einzelnen Schulstrafen Rz. 7 ff. zu Art. 103).

Art. 8 [Versammlungsfreiheit]

(1) Alle Deutschen haben das Recht, sich ohne Anmeldung oder Erlaubnis friedlich und ohne Waffen zu versammeln.
(2) Für Versammlungen unter freiem Himmel kann dieses Recht durch Gesetz oder auf Grund eines Gesetzes beschränkt werden.

1 Art. 8 schützt **Versammlungen und Aufzüge** – im Unterschied zu bloßen Ansammlungen oder Volksbelustigungen – als Ausdruck gemeinschaftlicher, auf Kommunikation angelegter Entfaltung. Dieser Schutz ist nicht auf Veranstaltungen beschränkt, auf denen argumentiert und gestritten wird, sondern umfaßt vielfältige Formen gemeinsamen Verhaltens bis hin zu nichtverbalen Ausdrucksformen. Es gehören auch solche mit Demonstrationscharakter dazu, bei denen die Versammlungsfreiheit zum Zwecke plakativer oder aufsehenerregender Meinungskundgabe in Anspruch genommen wird (BVerfGE 69, 343). Als Abwehrrecht, das auch und vor allem andersdenkenden Minderheiten zugute kommt, gewährleistet Art. 8 den Grundrechtsträgern das Selbstbestimmungsrecht über Ort, Zeitpunkt, Art und Inhalt der Veranstaltung und untersagt zugleich staatlichen Zwang, an einer öffentlichen Versammlung teilzunehmen oder ihr fernzubleiben. Schon in diesem Sinne gebührt dem Grundrecht in einem freiheitlichen Staatswesen ein besonderer Rang; das Recht, sich ungehindert und ohne besondere Erlaubnis mit anderen zu versammeln, galt seit jeher als Zeichen der Freiheit, Unabhängigkeit und Mündigkeit des selbstbewußten Bürgers. In ihrer Geltung für politische Veranstaltungen verkörpert die Freiheitsgarantie aber zugleich eine Grundentscheidung, die in ihrer Bedeutung über den Schutz gegen staatliche Eingriffe in die ungehinderte Persönlichkeitsentfaltung hinausreicht (BVerfGE 69, 343). Die Meinungsfreiheit wird seit langem zu den unentbehrlichen und grundlegenden Funktionselementen eines demokratischen Gemeinwesens gezählt. Sie gilt als unmittelbarster Ausdruck der menschlichen Persönlichkeit und als eines der vornehmsten Menschenrechte überhaupt, welches für eine freiheitliche demokratische

Staatsordnung konstituierend ist; denn sie erst ermöglicht die ständige geistige Auseinandersetzung und den Kampf der Meinungen als Lebenselement dieser Staatsform.

Wird die **Versammlungsfreiheit** als Freiheit zur kollektiven Meinungskundgabe verstanden, kann für sie nichts grundsätzlich anderes gelten. Dem steht nicht entgegen, daß speziell bei **Demonstrationen** das argumentative Moment zurücktritt, welches die Ausübung der Meinungsfreiheit in der Regel kennzeichnet. Indem der Demonstrant seine Meinung in physischer Präsenz, in voller Öffentlichkeit und ohne Zwischenschaltung von Medien kundgibt, entfaltet auch er seine Persönlichkeit in unmittelbarer Weise. In ihrer idealtypischen Ausformung sind Demonstrationen die gemeinsame körperliche Sichtbarmachung von Überzeugungen, wobei die Teilnehmer einerseits in der Gemeinschaft mit anderen eine Vergewisserung dieser Überzeugungen erfahren und andererseits nach außen – schon durch die bloße Anwesenheit, die Art des Auftretens und des Umganges miteinander oder die Wahl des Ortes – im eigentlichen Sinne des Wortes Stellung nehmen und ihren Standpunkt bezeugen. Die Gefahr, daß solche Meinungskundgaben demagogisch mißbraucht und in fragwürdiger Weise emotionalisiert werden können, kann im Bereich der Verfassungsfreiheit ebensowenig maßgebend für die grundsätzliche Einschätzung sein wie auf dem Gebiet der Meinungs- und Pressefreiheit.

Die grundsätzliche Bedeutung der Versammlungsfreiheit wird insbesondere erkennbar, wenn die Eigenart des Willensbildungsprozesses im demokratischen Gemeinwesen berücksichtigt wird. An diesem Prozeß sind die Bürger in unterschiedlichem Maße beteiligt. Große Verbände, finanzstarke Geldgeber oder Massenmedien können beträchtliche Einflüsse ausüben, während sich der Staatsbürger eher als ohnmächtig erlebt. In einer Gesellschaft, in welcher der direkte Zugang zu den Medien und die Chance, sich durch sie zu äußern, auf wenige beschränkt ist, verbleibt dem einzelnen neben seiner organisierten Mitwirkung in Parteien und Verbänden im allgemeinen nur eine kollektive Einflußnahme durch Inanspruchnahme der Versammlungsfreiheit für Demonstrationen. Die ungehinderte Ausübung des Freiheitsrechts wirkt nicht nur dem Bewußtsein politischer Ohnmacht und gefährlichen Tendenzen zur Staatsverdrossenheit entgegen. Sie liegt letztlich auch deshalb im wohlverstandenen Gemeinwohlinteresse, weil sich im Kräfteparallelogramm der politischen Willensbildung im allgemeinen erst dann eine relativ richtige Resultante herausbilden kann, wenn alle Vektoren einigermaßen kräftig entwickelt sind (BVerfGE 69, 343 ff. – »Brokdorf«).

Das Grundrecht der Versammlungsfreiheit steht nicht jedem, sondern nur allen 2
Deutschen zu. Wer Deutscher ist, bestimmt Art. 116. Es handelt sich demnach um ein Bürger-, nicht aber um ein Menschenrecht.

Über Art. 8 hinausgehend, bestimmt allerdings § 1 des Versammlungsgesetzes, daß **»jedermann** das Recht, öffentliche Versammlungen und Aufzüge zu veranstalten und an solchen Veranstaltungen teilzunehmen«, hat. Diese Vorschrift gewährt also auch Fremden Versammlungsfreiheit. Sie haben damit ein Recht, aber kein Grundrecht auf Versammlungsfreiheit.

3 Art. 8 schützt nur die **friedlichen** Versammlungen. Er gibt kein Recht zu gewaltsamen Aktionen. Ein Teilnehmer verhält sich jedenfalls dann unfriedlich, wenn er Gewalttätigkeiten gegen Personen oder Sachen begeht. Auf deren Vermeidung muß eine Rechtsordnung, die nach Überwindung des mittelalterlichen Faustrechts die Ausübung von Gewalt nicht zuletzt im Interesse schwächerer Minderheiten beim Staat monopolisiert hat, strikt bestehen. Das ist die Vorbedingung für die Gewährleistung der Versammlungsfreiheit als Mittel zur aktiven Teilnahme am politischen Prozeß und – wie die Erfahrungen mit den Straßenkämpfen während der Weimarer Republik gezeigt haben – für eine freiheitliche Demokratie auch deshalb unverzichtbar, weil die Abwehr von Gewalttätigkeiten freiheitsbegrenzende Maßnahmen auslöst. Von den Demonstranten kann ein friedliches Verhalten um so mehr erwartet werden, als sie dadurch nur gewinnen können, während sie bei gewalttätigen Konfrontationen am Ende stets der Staatsgewalt unterliegen werden und zugleich die von ihnen verfolgten Ziele verdunkeln (BVerfGE 69, 360).
Allerdings kann der verfassungsrechtliche Begriff der Unfriedlichkeit nicht mit dem von der Rechtsprechung entwickelten weiten Gewaltbegriff des Strafrechts gleichgesetzt werden. Dagegen spricht bereits, daß die Verfassung die Unfriedlichkeit in gleicher Weise wie das Mitführen von Waffen bewertet, also ersichtlich äußerliche Handlungen von einiger Gefährlichkeit wie etwa Gewalttätigkeiten oder aggressive Ausschreitungen gegen Personen oder Sachen meint und die Anwendbarkeit des Grundrechts nicht davon abhängig macht, ob eine Behinderung Dritter gewollt ist oder nur in Kauf genommen wird. Jedenfalls besteht angesichts der weiten Fassung des Gesetzesvorbehaltes in Art. 8 Abs. 2 keine Notwendigkeit, den Begriff der Friedlichkeit eng zu verstehen und damit den Geltungsbereich der Grundrechtsgewährleistung von vornherein derart einzuschränken, daß der Gesetzesvorbehalt weitgehend funktionslos wird. Sofern sich die Teilnehmer auf passive Resistenz beschränken und insoweit friedlich bleiben (»Sitzblockade«), handelt es sich noch um eine Versammlung im Sinne des Art. 8 Abs. 1 (BVerfGE 73, 248f.; vgl. auch Rz. 6).

4 Versammlungen in **geschlossenen Räumen** unterliegen nur der Einschränkung, daß sie friedlich und ohne Waffen stattfinden müssen. Einer Anmeldung bedarf es nicht. Allerdings muß derjenige, der zu einer öffentlichen Versammlung auch in geschlossenen Räumen, auffordert, in der Einladung (z. B. Plakat) seinen Namen angeben. Versammlungen in geschlossenen Räumen können dann verboten werden, wenn der Veranstalter die Ziele einer vom BVerfG verbotenen Partei oder einer verbotenen Vereinigung fördern will, wenn er bewaffneten Teilnehmern Zutritt gewährt, wenn Tatsachen festgestellt werden, aus denen sich ergibt, daß der Veranstalter oder sein Anhang einen gewalttätigen oder aufrührerischen Verlauf der Versammlung anstreben, oder wenn Tatsachen festgestellt sind, aus denen sich ergibt, daß der Veranstalter oder sein Anhang Ansichten vertreten oder Äußerungen dulden werden, die ein Verbrechen oder ein von Amts wegen zu verfolgendes Vergehen zum Gegenstand haben (§§ 1, 5 Versammlungsgesetz). Mit Ausnahme der Förderung der Ziele einer für verfassungswidrig erklärten Partei handelt es sich hier um Fälle, in denen die Ver-

sammlung entweder nicht friedlich oder nicht ohne Waffen stattfindet oder stattfinden soll. Sie wird daher auch nicht durch Art. 8 geschützt.

Für Versammlungen **unter freiem Himmel** kann das Grundrecht der Versammlungsfreiheit eingeschränkt werden. Derartige Einschränkungen enthält das Versammlungsgesetz. Wer die Absicht hat, eine öffentliche Versammlung unter freiem Himmel zu veranstalten, hat dies spätestens 48 Stunden vor der Bekanntgabe der zuständigen Behörde (Polizei, Amt für öffentliche Ordnung) zu melden. Eine Ausnahme gilt nur für **»Spontandemonstrationen«,** d. h. für Versammlungen, die aus einem aktuellen, ganz überraschend auftretenden Anlaß stattfinden und völlig ihren Sinn verlören, wenn sie erst zu einem späterem Zeitpunkt abgehalten werden könnten. Die Polizei kann Versammlungen verbieten oder von bestimmten Auflagen abhängig machen, wenn nach den Umständen die öffentliche Sicherheit oder Ordnung gefährdet ist. Sie kann beispielsweise dem Veranstalter einer Demonstration eine bestimmte Route vorschreiben. Der Leiter eines Aufzugs hat für den ordnungsgemäßen Ablauf zu sorgen, wobei er sich der Hilfe ehrenamtlicher Ordner bedienen kann. Die Teilnehmer sind verpflichtet, die zur Aufrechterhaltung der Ordnung getroffenen Anordnungen des Leiters oder der Ordner zu befolgen (§§ 14ff. Versammlungsgesetz). Innerhalb der um die Gesetzgebungsorgane des Bundes und der Länder gezogenen »Bannmeilen« sind Versammlungen nicht zulässig. 5

Der Gesetzesvorbehalt des Art. 8 Abs. 2 trägt dem Umstand Rechnung, daß für die Ausübung der Versammlungsfreiheit unter freiem Himmel wegen der Berührung mit der Außenwelt ein besonderer, namentlich organisations- und verfahrensrechtlicher Regelungsbedarf besteht, um einerseits die realen Voraussetzungen für die Ausübung zu schaffen, andererseits kollidierende Interessen anderer hinreichend zu wahren. Jedoch hat der Gesetzgeber wie bei der Meinungsfreiheit die in Art. 8 verkörperte verfassungsrechtliche Grundentscheidung zu beachten; er darf die Ausübung der Versammlungsfreiheit nur zum Schutz gleichgewichtiger anderer Rechtsgüter unter strikter Wahrung des Grundsatzes der Verhältnismäßigkeit begrenzen (BVerfGE 69, 348f.).

Steht nicht zu befürchten, daß eine Demonstration im ganzen einen unfriedlichen Verlauf nimmt oder daß der Veranstalter und sein Anhang einen solchen Verlauf anstreben oder zumindest billigen, bleibt für die friedlichen Teilnehmer der von der Verfassung jedem Staatsbürger garantierte Schutz der Versammlungsfreiheit auch dann erhalten, wenn mit Ausschreitungen durch einzelne oder eine Minderheit zu rechnen ist. In einem solchen Fall setzt ein vorbeugendes Verbot der gesamten Veranstaltung strenge Anforderungen an die Gefahrenprognose sowie die vorherige Ausschöpfung aller sinnvoll anwendbaren Mittel voraus, welche den friedlichen Demonstranten eine Grundrechtsverwirklichung ermöglichen (BVerfGE 69, 359ff.)

Auch wenn **»Sitzblockaden«** grundsätzlich unter Art. 8 Abs. 1 fallen, führt dies 6
nach Ansicht des BVerfG nicht dazu, sie als **rechtmäßig** einzustufen. Zu den grundrechtsbeschränkenden und verfassungsrechtlich zulässigen Einschränkungen gehöre es, daß die Versammlung in diesen Fällen wegen Gefährdung der öffentlichen Sicherheit aufgelöst werden dürfe. Behinderungen Dritter, die

von Versammlungen ausgehen, würden durch Art. 8 nur so weit gerechtfertigt, wie sie als sozial-adäquate Nebenfolge mit rechtmäßigen Demonstrationen verbunden seien und sich auch durch zumutbare Auflagen nicht vermeiden ließen. Hieran fehle es, wenn die Behinderung Dritter beabsichtigt sei, um die Aufmerksamkeit für das Demonstrationsanliegen zu erhöhen. Dies berechtige die Polizei zur Auflösung der Versammlung (BVerfGE 73, 249f.).
Das BVerfG hat es auch abgelehnt, »Sitzblockaden« unter dem Gesichtspunkt des **zivilen Ungehorsams** als zulässige Ausübung staatsbürgerlicher Rechte zu bewerten, da sie in Rechte Dritter eingriffen, die ihrerseits unter Verletzung ihres Selbstbestimmungsrechts als Instrument zur Erzwingung öffentlicher Aufmerksamkeit benutzt würden. Entscheidend ist aber wohl folgendes Argument: Zum Wesen des zivilen Ungehorsams gehört nach der Meinung seiner Befürworter die Bereitschaft zu symbolischen Regelverletzungen, er schließt also per definitionem Illegalität mit dem Risiko entsprechender Sanktionen ein als Mittel, auf den öffentlichen Willensbildungsprozeß einzuwirken. Angesichts dieser Zielrichtung erschiene es widersinnig, den Gesichtspunkt des zivilen Ungehorsams als Rechtfertigungsgrund für Gesetzesverletzungen geltend zu machen (BVerfGE 73, 252).
Die entscheidende Frage ist, ob »Sitzblockaden« eine Nötigung darstellen und damit **strafbar** sind. Die Rechtsprechung versteht unter Gewalt im Sinne des § 240 Abs. 1 StGB nicht nur die Einwirkung auf den Körper des Opfers, sondern auch psychischen Zwang gegenüber dem Opfer. Diese zu Recht kritisierte Ausweitung des Gewaltbegriffes erfordert jedenfalls eine strenge Prüfung, ob die Anwendung psychischen Zwangs »verwerflich« im Sinne des § 240 Abs. 2 StGB ist (»Rechtswidrig ist die Tat, wenn die Anwendung der Gewalt ... zu dem erstrebten Zweck als verwerflich anzusehen ist.«).
Die Strafbarkeit von »Sitzblockaden« hat das BVerfG in Übereinstimmung mit dem BGH zunächst bejaht (BVerfGE 73, 252 ff.). Diese Rechtsprechung hat es inzwischen aufgegeben: Die Auslegung des Gewaltbegriffes des § 240 Abs. 1 StGB durch die Strafgerichte verstoße gegen Art. 103 Abs. 2. Die bloße Anwesenheit an einer Stelle, die ein anderer einnehmen oder passieren möchte, könne nicht schon als körperliche Kraftentfaltung auf seiten des Täters verstanden werden. Der Gewaltbegriff verliere so die für eine Strafnorm erforderliche Bestimmtheit (BVerfG NJW 1995, 1141).

7 Es ist nicht gestattet, öffentlich oder in einer Versammlung Uniformen oder gleichartige Kleidungsstücke zu tragen, die eine gemeinsame politische Gesinnung zum Ausdruck bringen sollen (§ 3 Versammlungsgesetz). Der Gesetzgeber will dadurch verhindern, daß wiederum paramilitärische Gruppen entstehen, wie sie gegen Ende der Weimarer Republik das politische Bild bestimmten.

Art. 9 [Vereinigungs-, Koalitionsfreiheit]

(1) Alle Deutschen haben das Recht, Vereine und Gesellschaften zu bilden.
(2) Vereinigungen, deren Zwecke oder deren Tätigkeit den Strafgesetzen zuwiderlaufen oder die sich gegen die verfassungsmäßige Ordnung oder gegen den Gedanken der Völkerverständigung richten, sind verboten.
(3) Das Recht, zur Wahrung und Förderung der Arbeits- und Wirtschaftsbedingungen Vereinigungen zu bilden, ist für jedermann und für alle Berufe gewährleistet. Abreden, die dieses Recht einschränken oder zu behindern suchen, sind nichtig, hierauf gerichtete Maßnahmen sind rechtswidrig. Maßnahmen nach den Artikeln 12a, 35 Abs. 2 und 3, Artikel 87a Abs. 4 und Artikel 91 dürfen sich nicht gegen Arbeitskämpfe richten, die zur Wahrung und Förderung der Arbeits- und Wirtschaftsbedingungen von Vereinigungen im Sinne des Satzes 1 geführt werden.

I. Die allgemeine Vereinigungsfreiheit

Art. 9 Abs. 1 enthält das **Grundrecht der allgemeinen Vereinigungsfreiheit.** 1
a) Nach § 2 des Vereinsgesetzes ist unter einem **Verein** ohne Rücksicht auf die Rechtsform jede Vereinigung zu verstehen, zu der sich eine Mehrheit natürlicher oder juristischer Personen (vgl. zu diesen Begriffen Rz. 3 zu Art. 19) für längere Zeit zu einem gemeinsamen Zweck freiwillig zusammengeschlossen und einer organisierten Willensbildung unterworfen hat. Es fallen also sowohl rechtsfähige wie nichtrechtsfähige Vereine unter den Schutz des Art. 9 Abs. 1. Für politische Parteien gilt die Sonderregelung des Art. 21.
b) Art. 9 Abs. 1 nennt auch die **Gesellschaften.** Das dient der Klarstellung, daß auch die Gesellschaften des bürgerlichen und des Handelsrechts (z. B. OHG, KG, GmbH, AG) den Schutz des Grundrechts der allgemeinen Vereinigungsfreiheit genießen.

Die allgemeine Vereinigungsfreiheit umfaßt die **Gründungsfreiheit,** d. h. die 2
Freiheit der Wahl, ob ein Verein oder eine Gesellschaft gegründet werden soll oder nicht, zu welchem Zeitpunkt die Gründung erfolgen soll, welches Ziel die Vereinigung verfolgen und in welcher Form sie betrieben werden soll. Weiter enthält sie die Freiheit des Bei- und Austritts und das Recht, Satzungen zu erlassen.

Art. 9 Abs. 1 schützt nur die **privatrechtliche** Vereinigungsfreiheit. Eine 3
Zwangsmitgliedschaft in öffentlich-rechtlichen Verbänden ist nicht verfassungswidrig, wenn sie begründet wird, um legitime öffentliche Aufgaben wahrnehmen zu lassen (BVerfGE 10, 89/102). Aus diesem Grunde ist beispielsweise gegen die Zwangsmitgliedschaft der Rechtsanwälte in den Rechtsanwaltskammern oder der Ärzte in den Pflichtversorgungsanstalten für Ärzte nichts einzuwenden.

Das Grundrecht der allgemeinen Vereinigungsfreiheit steht **nur den Deutschen** 4
zu, ist also kein Menschen-, sondern ein Bürgerrecht. Wer Deutscher ist, bestimmt Art. 116.

II. Verbotene Vereinigungen

Art. 9 Abs. 2 bestimmt, daß Vereinigungen verboten sind, die einen der dort genannten Zwecke verfolgen.

5 Den Strafgesetzen laufen Vereinigungen zuwider, deren Zwecke oder deren Tätigkeit darauf gerichtet ist, strafbare Handlungen (z. B. Einbrüche, Raubüberfälle, Attentate) zu begehen (vgl. § 129 StGB).

6 Vereinigungen richten sich nur dann gegen die verfassungsmäßige Ordnung, wenn sie eine militant-aggressive Haltung gegenüber der freiheitlichen Demokratie an den Tag legen und versuchen, sie zu untergraben oder zu beseitigen.

7 Mit dem Gedanken der Völkerverständigung sind Vereinigungen unvereinbar, deren Zweck auf die Störung des Friedens unter den Völkern und Staaten abzielt.

III. Die Koalitionsfreiheit

8 Art. 9 Abs. 3 gewährleistet **jedermann,** also nicht nur allen Deutschen, das Recht, zur Wahrung und Förderung der Wirtschaftsbedingungen Vereinigungen zu bilden (Koalitionsfreiheit). Dieses Recht gilt für alle Berufe, also auch für Soldaten.

9 Die Koalitionsfreiheit bezieht sich vor allem auf die Gründung und den Bestand von Organisationen, die auf die kollektive Gestaltung des Arbeits- und Wirtschaftslebens gerichtet sind. Geschützt werden insbesondere die **Gewerkschaften** und die **Arbeitgeberverbände** sowie die ihnen zustehende **Tarifautonomie,** d. h. das Recht dieser Organisationen, ohne staatliche Einmischung die Lohn- und Arbeitsbedingungen in Tarifverträgen festzulegen.

Zu den **Mindestanforderungen,** die an eine Koalition zu stellen sind, gehört eine Durchsetzungskraft gegenüber dem sozialen Gegenspieler, die sicherstellt, daß dieser wenigstens Verhandlungsangebote nicht übersehen kann. Denn ein angestrebter Interessenausgleich durch Tarifvertrag kann nur dann zustande kommen, wenn eine Arbeitnehmer-Koalition so leistungsfähig ist, daß sich die Arbeitgeberseite veranlaßt sieht, auf Verhandlungen über tarifliche Regelungen der Arbeitsbedingungen einzugehen und zum Abschluß eines Tarifvertrages zu kommen. Eine Koalition ist in diesem Sinne nur leistungsfähig, wenn sie Autorität gegenüber ihrem Gegenspieler und ihren Mitgliedern besitzt. Sie muß auch von ihrem organisatorischen Aufbau her in der Lage sein, die ihr gestellten Aufgaben zu erfüllen. Ohne diese Fähigkeit ist sie von dem guten Willen der anderen Seite abhängig. Durchsetzungsfähigkeit gegenüber dem sozialen Gegenspieler zur Teilnahme an einer sinnvollen Ordnung des Arbeitslebens kann aber nicht bedeuten, daß die Koalition die Chance des vollständigen Sieges haben muß. Es muß nur erwartet werden, daß sie vom Gegner überhaupt ernst genommen wird, so daß die Regelung der Arbeitsbedingungen nicht einem Diktat der einen Seite entspringt, sondern ausgehandelt wird, wobei dann die unterschiedliche Stärke ins Gewicht fällt. Ob

eine solche Durchsetzungsfähigkeit angenommen werden kann, muß bei jeder Koalition nach ihrer konkreten Situation im Einzelfall beurteilt werden (BVerfGE 58, 249).
Es ist nicht Ausdruck einer durch Art. 9 Abs. 3 verfassungsverbürgten Autonomie und kernbereichsgeschützter Betätigungsfreiheit der Koalitionen, daß sie in jedem Fall, losgelöst von den jeweiligen besonderen Gegebenheiten, müßten bestimmen können, ob sie ihre **werbende, informierende und betreuende Tätigkeit** durch betriebsangehörige Gewerkschaftsmitglieder ausüben lassen oder betriebsfremden Beauftragten diese Tätigkeit übertragen und somit selbst ein Zutrittsrecht wahrnehmen. Daß ohne berufsverbandliches Zutrittsrecht für betriebsexterne Gewerkschaftsangehörige die Erhaltung und Sicherung der Koalition gefährdet wäre, das Zutrittsrecht als unerläßlich betrachtet werden müßte und somit durch Art. 9 Abs. 3 postuliert wäre, ist jedenfalls dort, wo die Gewerkschaft bereits in Betrieben und Anstalten durch Mitglieder vertreten ist, mit Sicherheit auszuschließen. Die Koalitionen können sich in diesen Fällen nicht nur den Betriebsangehörigen gegenüber außerbetrieblich uneingeschränkt betätigen; sie können durch ihre zur Belegschaft zählenden Mitglieder auch innerbetrieblich die ihrem Fortbestand dienenden Rechte wahrnehmen. Es bleibt den gewerkschaftlich organisierten Betriebsangehörigen unbenommen, sich – gegebenenfalls nach entsprechender Einführung – innerhalb des Betriebs, am gemeinsamen Arbeitsort, werbend und unterrichtend zu betätigen, in zulässigem Umfang Plakate auszuhängen, Prospekte auszulegen und zu verteilen und mit den Arbeitnehmern zu sprechen. Daß externe Gewerkschaftsbeauftragte möglicherweise infolge größerer Unabhängigkeit, vermehrt zur Verfügung stehender Zeit und etwa besserer Schulung effektivere Gewerkschaftsarbeit zu leisten vermögen, erfordert nicht von Verfassungs wegen ihren Einsatz im Betrieb selbst (BVerfGE 57, 246 f.).
Der Schutzbereich des Art. 9 Abs. 3 ist nicht auf den Bereich des Unerläßlichen beschränkt. Der Gesetzgeber ist gehalten, auf die Koalitionen und ihre Mitglieder Rücksicht zu nehmen. Dem Betätigungsrecht der Koalition dürfen nur solche Schranken gezogen werden, die im konkreten Fall zum Schutz anderer Rechtsgüter, etwa des Betriebsfriedens oder des ungestörten Arbeitsgangs, von der Sache her geboten sind. Händigt ein Mitglied einer Gewerkschaft einem Kollegen während der Arbeitszeit eine Werbebroschüre der Gewerkschaft aus, so ist der Betriebsfrieden in der Regel nicht gestört (BVerfG ZIP 1996, 470).

Bisher wurde überwiegend vertreten, daß das **Streikrecht** nicht dem Schutz des 10
Art. 9 Abs. 3 unterliege, weil die Teilnehmer am Arbeitskampf nicht selbst eine Koalition bildeten, sondern der Arbeitskampf nur die Betätigung einer Koalition sei; Art. 9 Abs. 3 wolle aber nur die »spezifisch koalitionsmäßige Betätigung« schützen, der Streik gehöre dazu nicht. Es ist schon nicht einzusehen, weshalb der Streik, nur weil er verhältnismäßig wenig als Arbeitskampfmittel verwendet wird, keine spezifisch koalitionsmäßige Betätigung sein soll. Er ist jedenfalls ein sehr spezifisches Mittel zur Erreichung arbeitsrechtlicher Ziele. Der Streit, ob Art. 9 Abs. 3 das Streikrecht mitgarantiert oder nicht, dürfte aber

durch die »Notstandsverfassung« beseitigt worden sein. Durch sie wurde Art. 9 Abs. 3 Satz 3 neu eingefügt, der Arbeitskämpfe sogar im Spannungs- und im Verteidigungsfall zuläßt. Diese Regelung zeigt deutlich, daß der Streik der Garantie des Art. 9 Abs. 3 unterliegt.
Unter **Streik** versteht man jede kollektive Arbeitsniederlegung oder -behinderung zu einem bestimmten Zweck. Er muß, um rechtmäßig zu sein, sozialadäquat sein, d. h.: Es muß um die Gestaltung von Arbeitsbedingungen gehen, er muß sich gegen den »sozialen Gegenspieler« richten und das letzte Mittel sein. In der Regel muß er auch von einer Gewerkschaft organisiert und geführt werden. Es sind jedoch Situationen denkbar, in denen dieses Erfordernis entfallen kann. Insbesondere kann der Fall eintreten, daß die Mehrheit der Arbeiter den Streik will, die Gewerkschaft ihn aber zu verhindern sucht. Hier kommt es manchmal zu Spontankoalitionen, die einen »wilden Streik« durchführen. Entgegen der herrschenden Meinung wird man dieser Spontankoalition den Schutz des Art. 9 Abs. 3 nicht versagen können.
Der **politische Streik** erfüllt diese Voraussetzungen nicht und wird durch Art. 9 Abs. 3 nicht geschützt. Er kann im Einzelfall aber dann zulässig sein, wenn er das letzte Mittel ist, um eine demokratische Verfassung oder Regierung gegen einen verfassungsfeindlichen Aufstand zu verteidigen (vgl. den Kapp-Putsch). Hier ergibt sich das Streikrecht aus dem **Widerstandsrecht** (vgl. Rz. 32 ff. zu Art. 20).

11 Art. 9 Abs. 3 Satz 3 sichert das Recht zum Arbeitskampf auch für den Spannungs-, Verteidigungs- oder Katastrophenfall und für den Fall des Art. 87 a Abs. 4. Diese Zusicherung wurde durch die »Notstandsverfassung« eingefügt.

Art. 10 [Brief-, Post- und Fernmeldegeheimnis]

(1) Das Briefgeheimnis sowie das Post- und Fernmeldegeheimnis sind unverletzlich.
(2) Beschränkungen dürfen nur auf Grund eines Gesetzes angeordnet werden. Dient die Beschränkung dem Schutze der freiheitlichen demokratischen Grundordnung oder des Bestandes oder der Sicherung des Bundes oder eines Landes, so kann das Gesetz bestimmen, daß sie dem Betroffenen nicht mitgeteilt wird und daß an die Stelle des Rechtsweges die Nachprüfung durch von der Volksvertretung bestellte Organe und Hilfsorgane tritt.

I. Inhalt des Brief-, Post- und Fernmeldegeheimnisses

1 Das Brief-, Post- und Fernmeldegeheimnis ist gegen jede Überwachung und Kontrolle des Nachrichtenverkehrs durch Organe der öffentlichen Gewalt gerichtet. Seine Ausgestaltung als Grundrecht beruht auf der Erfahrung früherer Jahrhunderte und aus der Zeit der nationalsozialistischen Herrschaft, daß die Brief- und Postkontrolle stets aufs neue als Instrument zur Bespitzelung der als Untertanen verstandenen Bürger verwendet wird.

Das **Briefgeheimnis** schützt die Vertraulichkeit jeder schriftlichen Nachricht gegen Eingriffe der staatlichen Gewalt. Auch Postkarten oder Drucksachen genießen diesen Schutz. 2

Das **Post- und Fernmeldegeheimnis** verpflichtet die Post, dem Bürger die Benutzung postalischer Einrichtungen so zu ermöglichen, daß in jeder Hinsicht die Diskretion gewahrt bleibt. Der Post ist es untersagt, sich selbst Kenntnis von dem Inhalt verschlossener Sendungen zu verschaffen, Mitteilungen über die Art und Weise ihrer Inanspruchnahme an andere staatliche Dienststellen weiterzugeben oder diesen bei dem Versuch behilflich zu sein, davon Kenntnis zu erhalten. Den anderen staatlichen Stellen ist es untersagt, solche Versuche zu unternehmen. 3

Das Brief-, Post- und Fernmeldegeheimnis darf aber durch Gesetze **eingeschränkt** werden (Art. 10 Abs. 2 Satz 1). Wichtig ist hier insbesondere die Strafprozeßordnung. Sie erklärt die Beschlagnahme der an den Beschuldigten gerichteten Briefe und Sendungen auf der Post sowie der an ihn gerichteten Telegramme auf den Telegrafenanstalten für zulässig; dasselbe gilt für Briefe, Sendungen und Telegramme, bei denen Tatsachen vorliegen, aus denen sich schließen läßt, daß sie vom Beschuldigten herrühren oder für ihn bestimmt sind und daß ihr Inhalt für die Untersuchung Bedeutung hat (§ 99 StPO). Die Überwachung und Aufnahme des Fernmeldeverkehrs auf Tonträger darf vor allem dann angeordnet werden, wenn bestimmte Tatsachen den Verdacht begründen, daß jemand als Täter oder Teilnehmer eine der folgenden Straftaten begangen hat: Friedens-, Hoch- oder Landesverrat, Mord, Totschlag, Raub, räuberische Erpressung, Menschenraub, Verschleppung, Kindesentführung, Mädchenhandel, Erpressung (§ 100 a StPO). 4

Diese Maßnahmen kann grundsätzlich nur der Richter anordnen. Bei Gefahr im Verzug ist dazu auch die Staatsanwaltschaft befugt. Ihre Anordnung unterliegt jedoch der nachträglichen richterlichen Überprüfung. Damit ist der Vorschrift des Art. 19 Abs. 4 Rechnung getragen.

II. Die Problematik des Absatzes 2 Satz 2

Art. 10 Abs. 2 Satz 2 ist durch die Notstandsverfassung neu eingefügt worden. 5 In Ausführung des Art. 10 Abs. 2 Satz 2 ist das Gesetz zur Beschränkung des Brief-, Post- und Fernmeldegeheimnisses vom 13. August 1968 ergangen. Essieht vor, daß Beschränkungen dann angeordnet werden können, wenn tatsächliche Anhaltspunkte für den Verdacht bestehen, daß jemand folgende Straftaten begangen hat: Friedens- oder Hochverrat (§§ 80 bis 83 StGB), Gefährdung des demokratischen Rechtsstaates (§§ 84 ff. StGB), Landesverrat oder Gefährdung der äußeren Sicherheit (§§ 94 bis 96, 97 a bis 100 a StGB), oder Straftaten gegen die Landesverteidigung (§§ 109 e bis 109 g StGB).

Die Anordnung der Überwachung ist nur zulässig, wenn die Erforschung des Sachverhalts auf andere Weise aussichtslos oder wesentlich erschwert wäre. Zuständig für den Erlaß der Überwachungsanordnung ist bei Anträgen der

Verfassungsschutzbehörden der Länder die zuständige oberste Landesbehörde, im übrigen ein vom Bundeskanzler beauftragter Bundesminister. Der zuständige Bundesminister unterrichtet monatlich eine Kommission über die von ihm angeordneten Beschränkungen. Diese entscheidet von Amts wegen oder aufgrund von Beschwerden über die Zulässigkeit und Notwendigkeit von Beschränkungsmaßnahmen. Von ihr beanstandete Beschränkungen müssen unverzüglich aufgehoben werden.
Die Kommission besteht aus drei Mitgliedern, von denen eines die Befähigung zum Richteramt haben muß, und ist unabhängig. Sie wird von einem **Gremium** gewählt, das aus fünf Mitgliedern des Bundestages besteht und seinerseits von diesem gewählt wird, und dessen Aufgabe im übrigen darin besteht, über die rechtmäßige Durchführung des »Abhörgesetzes« zu wachen.
Der Rechtsweg gegen die Entscheidungen der Kommission ist ausgeschlossen. Sie wurden früher dem Betroffenen nicht bekannt gemacht.

6 Der durch Art. 10 Abs. 2 Satz 2 ermöglichte und im »Abhörgesetz« vorgesehene **Ausschluß des Rechtsweges** ist auf herbe Kritik gestoßen. Es wurde geltend gemacht, er stehe nicht im Einklang mit dem sich aus dem Rechtsstaatsprinzip (vgl. dazu Rz. 28 ff. zu Art. 20) ergebenden und durch Art. 19 Abs. 4 zu einem »formellen Hauptgrundrecht« erhobenen Grundsatz, daß jeder Akt der öffentlichen Gewalt vor einem unabhängigen Gericht angegriffen werden kann. Art. 10 Abs. 2 Satz 2 sei eine **verfassungswidrige Verfassungsnorm,** d. h. eine Verfassungsbestimmung, die gegen die tragenden Grundsätze des Grundgesetzes verstoße.
Am 15. Dezember 1970 hat das BVerfG entschieden, daß die getroffenen Regelungen grundsätzlich mit dem Grundgesetz vereinbar seien. Art. 10 Abs. 2 Satz 2 könne im Hinblick auf den Grundsatz der Verhältnismäßigkeit so verstanden werden, daß er die nachträgliche Benachrichtigung des Überwachten in den Fällen fordere, in denen eine dadurch eintretende Gefährdung des Zweckes der Überwachungsmaßnahme ausgeschlossen werden könne (BVerfGE 30, 1 ff). Nunmehr schreibt das »Abhörgesetz« vor, daß Maßnahmen nach ihrer Beendigung den Betroffenen mitzuteilen sind, wenn eine Gefährdung des Zwecks der Maßnahme ausgeschlossen werden kann. Mit dieser Mitteilung an den Betroffenen endet die Rechtswegsperre; er kann jetzt die Rechtmäßigkeit der gegen ihn ergriffenen Maßnahme gerichtlich überprüfen lassen.

Art. 11 [Freizügigkeit]

(1) Alle Deutschen genießen Freizügigkeit im ganzen Bundesgebiet.
(2) Dieses Recht darf nur durch Gesetz oder auf Grund eines Gesetzes und nur für die Fälle eingeschränkt werden, in denen eine ausreichende Lebensgrundlage nicht vorhanden ist und der Allgemeinheit daraus besondere Lasten entstehen würden oder in denen es zur Abwehr einer drohenden Gefahr für den Bestand oder die freiheitliche demokratische Grundordnung des Bundes oder eines Landes, zur Bekämpfung von Seuchengefahr, Naturkatastrophen oder

besonders schweren Unglücksfällen, zum Schutze der Jugend vor Verwahrlosung oder um strafbaren Handlungen vorzubeugen, erforderlich ist.

Das Grundrecht der Freizügigkeit steht allen **Deutschen** zu. Es ist also ein Bürger- und kein Menschenrecht. 1

Freizügigkeit bedeutet das Recht, unbehindert durch die deutsche Staatsgewalt an jedem Ort innerhalb des Bundesgebietes Aufenthalt und Wohnsitz zu nehmen oder zu diesem Zweck in das Bundesgebiet einzureisen (BVerfGE 2, 266/273). Dagegen garantiert Art. 11 Abs. 1 nicht die **Ausreisefreiheit.** Diese wird durch Art. 2 Abs. 1 innerhalb der Schranken der verfassungsmäßigen Ordnung gewährleistet (vgl. Rz. 5 zu Art. 2). 2

Einschränkungen sind möglich: 3

a) Gemäß Art. 11 Abs. 2 kann das Grundrecht auf Freizügigkeit eingeschränkt werden, allerdings nur durch **Gesetz** oder aufgrund eines Gesetzes und nur in den aufgeführten Fällen.

b) Eine Einschränkung ist möglich, wenn eine **ausreichende Lebensgrundlage** nicht vorhanden ist und der Allgemeinheit daraus besondere Lasten entstehen würden. Wohnungszwangswirtschaftliche Gesichtspunkte rechtfertigen es aber nicht, das Fehlen einer ausreichenden Lebensgrundlage anzunehmen; eine Wohnungszwangswirtschaft existiert nicht mehr. Maßgebend sind allein Gesichtspunkte fürsorgerechtlicher Art.

Eine Einschränkung ist weiterhin gestattet, soweit dies zur **Abwehr einer drohenden Gefahr** für den Bestand oder die freiheitliche demokratische Grundordnung des Bundes oder eines Landes erforderlich ist. Diese Eingriffmöglichkeit wurde durch die »Notstandsgesetze« neu geschaffen. Gedacht ist vor allem daran, unkontrollierte Einreisen in Gebiete, in denen Unruhen ausgebrochen sind oder der Notstand ausgerufen wurde, für eine begrenzte Zeit zu unterbinden. 4

Eine dritte Möglichkeit der Einschränkung besteht, wenn diese zur Bekämpfung von **Seuchengefahr, Naturkatastrophen oder besonders schweren Unglücksfällen** erforderlich ist. 5

Auch der **Schutz der Jugend** vor Verwahrlosung rechtfertigt die Beschränkung der Freizügigkeit. Aus diesem Grunde dürfen Eltern den Aufenthaltsort ihrer Kinder bestimmen (vgl. §§ 1631 ff. BGB). Das wichtigste Gesetz ist das Jugendhilfegesetz, das in bestimmten Fällen die **Heimerziehung** vorsieht. 6

Endlich kann die Freizügigkeit auch beschnitten werden, um **strafbare Handlungen** zu verhindern. Damit sollen ausschließlich bereits bestrafte Personen erfaßt werden, bei denen die Gefahr weiterer Straftaten besteht. Hier kann das Gericht auf Polizeiaufsicht oder – in schweren Fällen – auf Sicherungsverwahrung erkennen. Die Frage der **Strafvollstreckung** ist kein Problem der Freizügigkeit, sondern der in Art. 2 Abs. 2 garantierten Freiheit der Person. 7

Eine neue Möglichkeit der Einschränkung der Freizügigkeit bringt Art. 17 a Abs. 2: Gesetze, die der Verteidigung einschließlich des Schutzes der Zivilbevölkerung dienen, können bestimmen, daß das Grundrecht der Freizügigkeit eingeschränkt wird. 8

9 Das **Recht der Europäischen Gemeinschaften** sieht folgendes vor: Die Freizügigkeit der Arbeitnehmer und die gewerbliche Niederlassungsfreiheit im Gebiet der Gemeinschaften sind herzustellen. Damit genießen grundsätzlich auch die zum EU-Bereich gehörenden Staatsangehörigen ausländischer Staaten das Recht der Freizügigkeit. Für sie ist es allerdings kein Grundrecht, hat also nicht Verfassungsrang. Überdies besteht es nur »vorbehaltlich der aus Gründen der öffentlichen Ordnung, Sicherheit und Gesundheit gerechtfertigten Bedenken«.

Art. 12 [Berufsfreiheit; Verbot der Zwangsarbeit]

(1) Alle Deutschen haben das Recht, Beruf, Arbeitsplatz und Ausbildungsstätte frei zu wählen. Die Berufsausübung kann durch Gesetz oder auf Grund eines Gesetzes geregelt werden.
(2) Niemand darf zu einer bestimmten Arbeit gezwungen werden, außer im Rahmen einer herkömmlichen allgemeinen, für alle gleichen öffentlichen Dienstleistungspflicht.
(3) Zwangsarbeit ist nur bei einer gerichtlich angeordneten Freiheitsentziehung zulässig.

I. Die Berufsfreiheit

1 Art. 12 garantiert allen **Deutschen** das Recht, Beruf, Arbeitsplatz und Ausbildungsstätte frei zu wählen. Ausländern steht dieses Grundrecht nicht zu. Für diese kann sich das Recht, Beruf oder Ausbildungsstätte in der Bundesrepublik Deutschland frei zu wählen, jedoch aus internationalen Abmachungen, insbesondere aus dem EWG-Vertrag, ergeben. Um ein Grundrecht handelt es sich hier aber nicht.

2 Nach der vom BVerfG in dem »Apothekenurteil« (BVerfGE 7, 377 ff.) entwickelten Auslegung des Art. 12 Abs. 1 enthält diese Bestimmung ein einheitliches **Grundrecht der Berufsfreiheit** in dem Sinne, daß sich der Regelungsvorbehalt des Satzes 2 dem Grunde nach sowohl auf die Berufsausübung als auch auf die Berufswahl erstreckt, allerdings nicht mit gleicher Intensität: Die Freiheit der **Berufsausübung** kann beschränkt werden, soweit vernünftige Erwägungen des Gemeinwohls es zweckmäßig erscheinen lassen, während eine Einschränkung der Freiheit der **Berufswahl** nur in Betracht kommt, wenn es der Schutz besonders wichtiger Gemeinschaftsgüter zwingend erfordert.
Eine Beschränkung der Freiheit der Berufswahl kann also nur in ganz besonders gelagerten Ausnahmefällen vorgenommen werden. Dabei ist zwischen **subjektiven** und **objektiven Zulassungsvoraussetzungen** zu unterscheiden. Erstere sind zum Schutz wichtiger Gemeinschaftsgüter zulässig, letztere nur zur Abwehr nachweisbarer oder höchstwahrscheinlicher Gefahren für ein überragend wichtiges Gemeingut. Subjektive Zulassungsvoraussetzungen liegen vor, wenn die Zulassung zum Beruf vom Besitz bestimmter persönlicher Ei-

genschaften, Fähigkeiten oder Fertigkeiten abhängt; objektive Zulassungsschranken sind gegeben, wenn die Zulassung zum Beruf von Faktoren abhängig gemacht wird, auf die der Bewerber keinen Einfluß hat.

Subjektive Zulassungsschranken sind beispielsweise die erfolgreiche Ablegung einer Prüfung, bisherige Straflosigkeit oder eine Altersgrenze; objektive Zulassungschranke ist z. B. die Begrenzung der Anzahl der zugelassenen Bewerber.

Es sind demnach **drei Stufen** zu unterscheiden (**»Stufentheorie«):** bloße Rege- **3**
lungen der Berufsausübung, Einschränkung der Berufswahl durch subjektive Zulassungsvoraussetzungen und Einschränkung der Berufswahl durch objektive Zulassungsvoraussetzungen. Auf jeder Stufe werden die Anforderungen, die an eine Einschränkung der Berufsfreiheit gestellt werden, höher. Nach der Rechtsprechung des BVerfG muß der Gesetzgeber Einschränkungen jeweils auf der Stufe vornehmen, die den geringsten Eingriff in die Berufsfreiheit mit sich bringen. Er darf erst zur nächsten Stufe übergehen, wenn mit hoher Wahrscheinlichkeit dargetan werden kann, daß die befürchteten Gefahren mit den Mitteln der vorausgehenden Stufe nicht wirksam bekämpft werden können (BVerfGE 7, 377/408).

Als subjektive Zulassungsvoraussetzung stand die an die Vollendung des 70. Lebensjahres geknüpfte Altersgrenze für Hebammen nicht außer Verhältnis zu dem angestrebten Zweck der ordnungsgemäßen Erfüllung der Berufstätigkeit und enthielt keine übermäßige, nicht mehr zumutbare Belastung. Der Schutz der Kinder und Mütter war so wichtig, die Gefahren waren so groß, daß die hohen Anforderungen an die volle körperliche und geistige Leistungsfähigkeit auch durch einschneidende Regelungen der Berufsfreiheit gerechtfertigt waren (BVerfGE 9, 345 ff.).
Das frühere bayer. Apothekengesetz, das eine Beschränkung der Niederlassungsfreiheit für Apotheker und damit eine objektive Zulassungsschranke enthielt, wurde vom BVerfG für verfassungswidrig erklärt, weil die vom Gesetzgeber bei Niederlassungsfreiheit befürchteten Gefahren nicht so wahrscheinlich waren, daß sich damit die Absperrung voll qualifizierter Bewerber von der selbständigen Ausübung des Apothekerberufs hätte stützen lassen (BVerfGE 7, 397 ff.).
Das in § 146 StPO niedergelegte Verbot der Verteidigung mehrerer Beschuldigter durch einen gemeinschaftlichen Verteidiger in demselben Strafverfahren ist eine Regelung der Berufsausübung, die durch übergreifende Belange des Allgemeinwohls gerechtfertigt ist. Anders läßt sich nämlich die Gefahr, daß der Verteidiger in Interessenkollisionen gerät (z. B. die Angeklagten schieben sich gegenseitig die Alleinschuld zu), nicht ausschließen (BVerfGE 39, 156 ff; 45, 272 ff.).

II. Die freie Wahl des Arbeitsplatzes und der Ausbildungsstätte

Das Recht, den **Arbeitsplatz** frei zu wählen, bedeutet, daß der einzelne grund- **4**
sätzlich ohne staatliche Behinderungen den Ort seiner beruflichen Betätigung bestimmen kann. Eingriffe sind nur nach Maßgabe der oben beschriebenen »Stufentheorie« möglich.

5 Die freie Wahl der **Ausbildungsstätte** ist vor allem bei der Zulassung zum Hochschulstudium aktuell geworden. Einschränkungen der Zulassung zum Studium sind zum Zwecke der Berufslenkung nicht statthaft. Doch zwingt eine oftmals beschränkte Aufnahmekapazität der Hochschulen zu Zulassungsbeschränkungen (»numerus clausus«). Sie sind nur zulässig, soweit ohne sie die Funktionsfähigkeit der Hochschulen ernstlich gefährdet wäre. Die Anknüpfung an besondere Leistungsnachweise im Auswahlverfahren ist verfassungsrechtlich nicht zu beanstanden. Es handelt sich um eine subjektive Zulassungsschranke. Eine andere Frage ist, ob die betreffende Hochschule vor Gericht in einem Rechtsstreit jeweils beweisen kann, daß gerade die Aufnahme eines weiteren Bewerbers ihre Funktionsfähigkeit entscheidend beeinträchtigt.
Eine gewisse Erschwerung eines Parallelstudiums in absoluten numerus-clausus-Fächern ist nicht zu beanstanden. Allerdings darf es nicht völlig ausgeschlossen werden. Das Recht auf Zulassung zum Hochschulstudium wird durch das Erststudium nicht verbraucht, sondern umfaßt im Grundsatz auch die Ausbildung für einen weiteren Beruf. Das gilt erst recht für eine einem bestimmten Berufsziel förderliche Doppelqualifikation, wie sie etwa durch ein Parallelstudium von Medizin und Psychologie erreicht werden kann (BVerfGE 45, 393 ff.).
Unabhängig davon gehört es zu den vordringlichsten Aufgaben eines modernen Sozial- und Industriestaates, möglichst vielen – im anzustrebenden Idealfall allen – Bewerbern den Zugang zu den Ausbildungsstätten zu ermöglichen.

III. Die Freiheit von Arbeitszwang

6 Art. 12 Abs. 2 schließt – in Abkehr von der nationalsozialistischen Praxis – grundsätzlich jede zwangsweise Heranziehung zur Arbeit aus. Nach Abs. 3 ist Arbeitszwang nur bei einer gerichtlich angeordneten Freiheitsentziehung möglich. Im übrigen ist die Heranziehung zu einer bestimmten Arbeit nur zulässig, wenn sie im Rahmen einer herkömmlichen, allgemeinen und für alle gleichen öffentlichen Dienstleistungspflicht erfolgt. Eine solche herkömmliche Dienstleistungspflicht ist etwa der Feuerwehrdienst oder die Hand- und Spanndienste in dörflichen Gemeinden.

7 Vom Verbot uneingeschränkt erfaßt werden erzwungene Arbeiten, die in einer die Menschenwürde mißachtenden Weise unter gleichzeitigem Verstoß gegen bestimmte Grundrechte gefordert werden, etwa als **Maßnahme der Arbeitsdisziplin** (Verletzung des Art. 12 Abs. 1; die Durchsetzung der Arbeitsdisziplin bleibt dem Arbeitgeber, gegebenenfalls unter Inanspruchnahme gerichtlichen Rechtsschutzes, vorbehalten), als **Sanktion für die Teilnahme an Streiks** (Verstoß gegen Art. 9 Abs. 3 Satz 2) oder als **Maßnahme rassischer, sozialer, nationaler oder religiöser Diskriminierung** (Verletzung des Art. 3 Abs. 3). Ebenfalls erfaßt wird eine Verpflichtung zur Arbeit, die »ungerecht« oder »bedrückend« ist oder deren Durchführung »unnötig beschwerlich« oder »schikanös« ist (BVerfGE 74, 102/121).

Anderes gilt hingegen von begrenzten Arbeitspflichten, die dem Betroffenen durch einen Richter als Folge einer von ihm begangenen Straftat auferlegt werden. Deshalb ist die im Jugendgerichtsgesetz vorgesehene Möglichkeit, straffällige Jugendliche anzuweisen, bestimmte Arbeitsleistungen zu erbringen, mit dem GG vereinbar (BVerfGE 74, 102 ff.).

Die Verpflichtung zu Dienstleistungen im **Verteidigungsfall** wird in Art. 12 a **8**
behandelt.

Art. 12 a [Wehr- und Dienstpflicht]

(1) Männer können vom vollendeten achtzehnten Lebensjahr an zum Dienst in den Streitkräften, im Bundesgrenzschutz oder in einem Zivilschutzverband verpflichtet werden.

(2) Wer aus Gewissensgründen den Kriegsdienst mit der Waffe verweigert, kann zu einem Ersatzdienst verpflichtet werden. Die Dauer des Ersatzdienstes darf die Dauer des Wehrdienstes nicht übersteigen. Das Nähere regelt ein Gesetz, das die Freiheit der Gewissensentscheidung nicht beeinträchtigen darf und auch eine Möglichkeit des Ersatzdienstes vorsehen muß, die in keinem Zusammenhang mit den Verbänden der Streitkräfte und des Bundesgrenzschutzes steht.

(3) Wehrpflichtige, die nicht zu einem Dienst nach Absatz 1 oder 2 herangezogen sind, können im Verteidigungsfalle durch Gesetz oder auf Grund eines Gesetzes zu zivilen Dienstleistungen für Zwecke der Verteidigung einschließlich des Schutzes der Zivilbevölkerung in Arbeitsverhältnisse verpflichtet werden; Verpflichtungen in öffentlich-rechtliche Dienstverhältnisse sind nur zur Wahrnehmung polizeilicher Aufgaben oder solcher hoheitlichen Aufgaben der öffentlichen Verwaltung, die nur in einem öffentlich-rechtlichen Dienstverhältnis erfüllt werden können, zulässig. Arbeitsverhältnisse nach Satz 1 können bei den Streitkräften, im Bereich ihrer Versorgung sowie bei der öffentlichen Verwaltung begründet werden; Verpflichtungen in Arbeitsverhältnisse im Bereiche der Versorgung der Zivilbevölkerung sind nur zulässig, um ihren lebensnotwendigen Bedarf zu decken oder ihren Schutz sicherzustellen.

(4) Kann im Verteidigungsfalle der Bedarf an zivilen Dienstleistungen im zivilen Sanitäts- und Heilwesen sowie in der ortsfesten militärischen Lazarettorganisation nicht auf freiwilliger Grundlage gedeckt werden, so können Frauen vom vollendeten achtzehnten bis zum vollendeten fünfundfünfzigsten Lebensjahr durch Gesetz oder auf Grund eines Gesetzes zu derartigen Dienstleistungen herangezogen werden. Sie dürfen auf keinen Fall Dienst mit der Waffe leisten.

(5) Für die Zeit vor dem Verteidigungsfalle können Verpflichtungen nach Absatz 3 nur nach Maßgabe des Artikels 80 a Abs. 1 begründet werden. Zur Vorbereitung auf Dienstleistungen nach Absatz 3, für die besondere Kenntnisse oder Fertigkeiten erforderlich sind, kann durch Gesetz oder auf Grund eines Gesetzes die Teilnahme an Ausbildungsveranstaltungen zur Pflicht gemacht werden. Satz 1 findet insoweit keine Anwendung.

(6) Kann im Verteidigungsfalle der Bedarf an Arbeitskräften für die in Absatz 3 Satz 2 genannten Bereiche auf freiwilliger Grundlage nicht gedeckt werden, so kann zur Sicherung dieses Bedarfs die Freiheit der Deutschen, die Ausübung eines Berufs oder den Arbeitsplatz aufzugeben, durch Gesetz oder auf Grund eines Gesetzes eingeschränkt werden. Vor Eintritt des Verteidigungsfalles gilt Absatz 5 Satz 1 entsprechend.

I. Allgemeines

Art. 12 a wurde durch die »Notstandsverfassung« neu in das GG eingefügt. Er regelt die im Zusammenhang mit der Landesverteidigung auf dem Gebiet der Berufsfreiheit auftretenden Probleme und legt fest, wieweit und in welcher Form zur Sicherstellung einer wirksamen Landesverteidigung in die Freiheit der Berufswahl und -ausübung eingegriffen werden darf.

II. Die allgemeine Wehrpflicht

1 Die in Art. 73 Nr. 1 vorausgesetzte Möglichkeit, zur Verteidigung gegen bewaffnete Angriffe Streitkräfte aufzustellen, kann auf der Grundlage der allgemeinen Wehrpflicht oder der einer Freiwilligenarmee erfolgen. Die Wahl zwischen beiden Möglichkeiten ist eine grundlegende staatspolitische Entscheidung. Die allgemeine Wehrpflicht verstößt weder gegen die Menschenwürde noch sonst gegen die Grundlagen unseres verfassungsrechtlichen Wertsystems. Sie besteht heute in vielen freiheitlichen demokratischen Staaten, auch in den dauernd neutralen.

2 Der allgemeinen Wehrpflicht unterliegen Männer vom vollendeten 18. Lebensjahr an. Sie können zum Dienst in den Streitkräften, im Bundesgrenzschutz oder in einem Zivilschutzverband verpflichtet werden.

a) **Das Wehrpflichtgesetz** (WPflG) regelt die näheren Einzelheiten über den Dienst in den Streitkräften, d. h. in der Bundeswehr.

b) Wehrpflichtige können statt zu den Streitkräften auch zum **Bundesgrenzschutz** einberufen werden. Der dort geleistete Dienst wird auf die Wehrpflicht angerechnet.

c) Endlich kann die Wehrpflicht auch in einem **Zivilschutzverband** abgeleistet werden.

III. Der Ersatzdienst

3 Der in Abs. 2 vorgesehene Ersatzdienst ist auf Kriegsdienstverweigerer aus Gewissensgründen beschränkt. Er soll an die Stelle des im Einzelfall rechtmäßig verweigerten Wehrdienstes treten.

Das Gesetz über den zivilen Ersatzdienst regelt die näheren Einzelheiten. Der Ersatzdienst hat die Aufgabe, dem Allgemeinwohl zu dienen. Die Ersatzdienstpflichtigen werden insbesondere zum Dienst im Kranken-, Heil- und Pflegebereich, aber auch in den Bereichen des Umwelt- und Naturschutzes herangezogen. 4
Der Zivildienst dauert gegenwärtig drei Monate länger als der Grundwehrdienst. Dabei legt das Gesetz zugrunde, daß der Wehrdienst nicht nur den Grundwehrdienst, sondern auch den Wehrdienst in der Verfügungsbereitschaft und die Wehrübungen umfaßt. In der zeitlichen Ausgestaltung des Zivildienstes sahen viele einen Verstoß gegen Art. 12 a Abs. 2 Satz 2: Der Gesetzgeber sei verpflichtet, eine konkrete Betrachtung anzustellen und eine Regelung zu treffen, welche die jeweilige Dauer des Zivildienstes davon abhängig mache, wie lange der Wehrdienst jeweils im Durchschnitt **tatsächlich** dauere. Dem folgte die Mehrheit der Mitglieder des Zweiten Senats des BVerfG nicht: Art. 12 a Abs. 2 Satz 2 untersage nur solche Regelungen, nach denen die Dauer des Zivildienstes die rechtlich zulässige Höchstdauer des Wehrdienstes überstiege. Er verpflichte den Gesetzgeber nicht, innerhalb der **rechtlich** zulässigen Höchstdauer des Wehrdienstes eine Zivildienstzeit vorzusehen, die genau der tatsächlichen Dauer des Wehrdienstes entspreche (BVerfGE 69, 28 ff.). Die Richter Mahrenholz und Böckenförde sind dem in ihrer abweichenden Meinung entgegengetreten (BVerfGE 69, 66 ff.): Nach seinem Wortlaut, seinem Zweck und seiner Entstehungsgeschichte verlange Abs. 2 Satz 2 eine typischerweise oder jedenfalls durchschnittlich gleiche tatsächliche Dauer von Wehrdienst und Ersatzdienst.

IV. Weitere Dienstpflichten von Männern

5 Im Verteidigungsfall (dazu näher Rz. 5 ff zu Art. 115 a) treten dadurch, daß viele Wehrpflichtige und Reservisten einberufen werden, in der Wirtschaft und der öffentlichen Verwaltung Personalengpässe auf. Soweit es nicht gelingt, diese Lücken auf dem freien Markt der Arbeitskräfte abzudecken, muß die Ausübung lebenswichtiger Funktionen durch Beschränkung der Berufsfreiheit gesichert werden. Diese Beschränkung der Berufsfreiheit bezieht sich nach Art. 12 a Abs. 3 auf Wehrpflichtige, die nicht zu den Streitkräften eingezogen werden. Sie können zu **zivilen Dienstleistungen** verpflichtet werden, die der Verteidigung, einschließlich des Schutzes der Zivilbevölkerung, dienen. Die Heranziehung erfolgt grundsätzlich durch Verpflichtung in **private Arbeitsverhältnisse,** die den Regeln des normalen Arbeitsrechts unterliegen. Lediglich der Beginn und das Ende des Arbeitsverhältnisses werden durch staatlichen Akt festgelegt. Abweichend davon sind Dienstverpflichtungen in **öffentlich-rechtliche Dienstverhältnisse** möglich, wenn es sich um die Wahrnehmung polizeilicher Aufgaben oder um hoheitliche Aufgaben der öffentlichen Verwaltung handelt, die nur in einem derartigen Dienstverhältnis erfüllt werden können. Dazu zählen insbesondere Tätigkeiten bei Behörden, die hoheitliche

Befugnisse wahrnehmen, wie die Baubehörden, die Gewerbeämter, die Straßenverkehrsbehörden und andere kommunale und staatliche Stellen. Entsprechend dem Recht, Dienstpflichtige zu Dienstverpflichtungen nach Abs. 3 heranzuziehen, kann nach Abs. 6 die Freiheit, einen Beruf oder Arbeitsplatz aufzugeben, eingeschränkt werden.

6 Im einzelnen ergeben sich daher folgende **Verpflichtungsmöglichkeiten:**
a) Verpflichtung in Arbeits- oder Dienstverhältnisse beim zivilen Hilfspersonal der Streitkräfte oder bei Versorgungseinrichtungen der Streitkräfte,
b) Verpflichtung in Arbeits- oder Dienstverhältnisse bei der öffentlichen Verwaltung,
c) Verpflichtung in Arbeitsverhältnisse zur Versorgung der Zivilbevölkerung, jedoch nur, um ihren lebenswichtigen Bedarf zu decken oder ihren Schutz zu sichern. Hier kommt ausschließlich eine Verpflichtung in zivile Arbeitsverhältnisse in Betracht.

7 **Vor Eintritt des Verteidigungsfalles** können derartige Verpflichtungen gemäß Art. 12 a Abs. 5 in Verbindung mit Art. 80 a Abs. 1 nur begründet werden, wenn der Bundestag den **Spannungsfall** feststellt oder der Anwendung mit zwei Dritteln Mehrheit zustimmt (vgl. Rz. 2 ff. zu Art. 80 a). Durch Gesetz kann die Teilnahme an Ausbildungsveranstaltungen zur Pflicht gemacht werden, die der Vorbereitung auf Dienstleistungen nach Abs. 3 dienen und besondere Kenntnisse oder Fähigkeiten erfordern.

8 **Das Streikrecht** bleibt gemäß Art. 9 Abs. 3 Satz 2 unberührt.

V. Die Dienstpflicht von Frauen

9 Die Verwendung von Frauen in der Organisation der kämpfenden Verbände oder ihre Verpflichtung zum Dienst mit der Waffe ist ausgeschlossen. Möglich ist aber eine Dienstverpflichtung nach Art. 12 a Abs. 4 durch Gesetz. Es muß sich um eine Tätigkeit im Bereich der **Gesundheitspflege** (Sanitäts- und Heilwesen) handeln. Auch ist Voraussetzung, daß der auftretende Bedarf nicht auf freiwilliger Grundlage gedeckt werden kann. Die Verwendung in der Nähe von Fronttruppen ist in keinem Fall zulässig (»ortsfeste militärische Lazarettorganisation«).

10 Die Dienstpflicht tritt nur im **Verteidigungsfall** ein.

Art. 13 [Unverletzlichkeit der Wohnung]

(1) Die Wohnung ist unverletzlich.

(2) Durchsuchungen dürfen nur durch den Richter, bei Gefahr im Verzuge auch durch die in den Gesetzen vorgesehenen anderen Organe angeordnet und nur in der dort vorgeschriebenen Form durchgeführt werden.

(3) Eingriffe und Beschränkungen dürfen im übrigen nur zur Abwehr einer gemeinen Gefahr oder einer Lebensgefahr für einzelne Personen, auf Grund

eines Gesetzes auch zur Verhütung dringender Gefahren für die öffentliche Sicherheit und Ordnung, insbesondere zur Behebung der Raumnot, zur Bekämpfung von Seuchengefahr oder zum Schutze gefährdeter Jugendlicher vorgenommen werden.

I. Die Unverletzlichkeit der Wohnung

Wohnung im Sinne des Art. 13 Abs. 1 sind nicht nur die abgeschlossenen Räumlichkeiten eines Gebäudes, die einem einzelnen oder mehreren zum Aufenthalt dienen, sondern jeder abgeschlossene Raum, der für die Dauer oder auch nur vorübergehend zum privaten Aufenthaltsbereich bestimmt wird. Deshalb gehören auch Schiffe, Campingwagen, Zelte, Hotelzimmer und Wochenendhäuser hierher. 1

Geschäftsräume bilden nur dann eine Wohnung, wenn sie nicht der Allgemeinheit zugänglich sind. Gaststätten, Läden usw. genießen also nicht den Schutz des Art. 13 Abs. 1. Auch die Amtsräume der Behörden werden durch Art. 13 nicht erfaßt, weil der Staat sich nicht vor sich selbst schützen kann.

Die Unverletzlichkeit der Wohnung enthält das grundsätzliche Verbot des Eindringens in die Wohnung und des Verweilens in ihr **durch Organe der öffentlichen Gewalt** gegen den Willen des Berechtigten. 2

Träger des Grundrechts ist der jeweilige Inhaber der Wohnung. Das ist im Regelfall der Eigentümer oder Mieter. Aber auch ohne Mietverhältnis kann sich der tatsächliche Bewohner auf das Grundrecht der Unverletzlichkeit der Wohnung berufen. Herrscht beispielsweise Streit darüber, ob der Inhaber die Wohnung berechtigt benutzt, so muß der »wahre« Berechtigte gegen ihn erfolgreich gerichtlich vorgehen und einen Räumungstitel besorgen; erst dann ist die Staatsgewalt berechtigt einzugreifen (hier durch den Gerichtsvollzieher). 3

II. Die Zulässigkeit von Wohnungsdurchsuchungen

Art. 13 Abs. 2 schränkt das Grundrecht der Unverletzlichkeit der Wohnung ein, indem er **Wohnungsdurchsuchungen** in eng begrenztem Umfang zuläßt. Die Durchsuchungen müssen grundsätzlich durch den Richter angeordnet und in dem gesetzlich vorgeschriebenen Verfahren durchgeführt werden. 4

Es muß eine unabhängige, neutrale Prüfung der Voraussetzungen der Durchsuchung erfolgen; andernfalls würde das Grundrecht des potentiell Betroffenen entgegen dem Normzweck des Art. 13 Abs. 2 gerade nicht verstärkt gesichert. Dies folgt aus Art. 13 Abs. 1, wonach die Durchsuchung wohlbegründete Ausnahme zu sein hat. Andererseits ist der Richter wegen der Durchsuchung der Wohnung und nicht zur Nachprüfung des Inhalts bereits vollstreckbarer Maßnahmen eingeschaltet. Es darf daher auch nicht indirekt eine »neue Instanz« geschaffen werden. Aus Art. 13 Abs. 2 folgt hinsichtlich Prüfungsumfang und -maßstab daher nur, daß die sich aus der Verfassung und dem einfachen Recht ergebenden Voraussetzungen der Durchsuchung in richterlicher Unabhängigkeit geprüft werden müssen. Der Richter hat die förmlichen und materiellen Voraussetzungen der Vollstreckungsdurchsuchung sowie den Grundsatz der Verhältnismäßigkeit zu beachten. Der Inhalt des vollstreckbaren Titels unterliegt keiner materiellrechtlichen Überprüfung mehr (BVerfGE 57, 356).

5 Der wichtigste Fall der Wohnungsdurchsuchungen ist die Durchsuchung im **Strafverfahren.** Gemäß § 102 StPO kann bei dem, der als Täter oder Teilnehmer einer strafbaren Handlung oder als Begünstigter oder Hehler verdächtig ist, eine Durchsuchung der Wohnung sowohl zum Zwecke seiner Ergreifung als auch dann vorgenommen werden, wenn zu vermuten ist, daß sie zur Auffindung von Beweismitteln führen werde. Bei anderen Personen sind Durchsuchungen grundsätzlich nur zur Ergreifung des Beschuldigten oder zur Verfolgung von Spuren einer strafbaren Handlung oder zur Beschlagnahme bestimmter Gegenstände zulässig und auch dann nur, wenn Tatsachen vorliegen, aus denen zu schließen ist, daß die gesuchte Person, Spur oder Sache sich in den zu durchsuchenden Räumen befindet (§ 103 Abs. 1 StPO). Zur Nachtzeit dürfen Wohnungen nur bei Verfolgung auf frischer Tat oder bei Gefahr im Verzug oder dann durchsucht werden, wenn es sich um die Wiederergreifung eines entwichenen Gefangenen handelt (§ 104 StPO). In Übereinstimmung mit Art. 13 Abs. 2 dürfen derartige Durchsuchungen nur durch den Richter, bei Gefahr im Verzug auch durch die Staatsanwaltschaft und ihre Hilfsbeamten (nämlich die Polizei) angeordnet werden (§ 105 StPO). Gefahr im Verzug liegt dann vor, wenn der Durchsuchungszweck durch die Einschaltung des Richters und die damit verbundene Verzögerung gefährdet würde. Der Richter muß die Maßnahme jedoch anschließend bestätigen.

Ein Durchsuchungsbefehl, der keinerlei tatsächliche Angaben über den Inhalt des Tatvorwurfs enthält und zudem weder die Art noch den denkbaren Inhalt der Beweismittel, denen die Durchsuchung gilt, erkennen läßt, wird rechtsstaatlichen Anforderungen nicht gerecht, wenn solche Kennzeichnungen nach dem Ergebnis der Ermittlungen ohne weiteres möglich und den Zwecken der Strafverfolgung nicht abträglich sind (BVerfGE 44, 353 ff.):

Diesen Anforderungen genügte z. B. eine richterliche Anordnung, Räume einer Drogenberatungsstelle des Caritasverbandes zu durchsuchen (vgl. hierzu auch Rz. 4 zu Art. 1), nicht (BVerfG a. a. O.).

6 Der Gerichtsvollzieher kann erst dann eine Wohnung nach pfändbaren Gegenständen durchsuchen, wenn er nicht nur einen Vollstreckungstitel hat, sondern die Durchsuchung richterlich genehmigt worden ist (BVerfGE 51, 97 ff.).

III. Weitere zulässige Eingriffe

7 Art. 13 Abs. 3 regelt weitere Fälle, in denen in das Grundrecht der Unverletzlichkeit der Wohnung eingegriffen werden kann. Der erste ist der, daß es eine gemeine Gefahr abzuwehren gilt. Darunter ist eine Gefahr für die Allgemeinheit zu verstehen (Katastrophen, Gasexplosionsgefahr usw.). Der zweite Fall

liegt vor, wenn einzelne Personen in Lebensgefahr schweben (z.B. Brand). Endlich kann auf Grund eines Gesetzes eine Beschränkung zur Verhütung **dringender** Gefahren für die öffentliche Sicherheit und Ordnung vorgenommen werden, wobei insbesondere Maßnahmen zur Bekämpfung der Seuchengefahr und zum Schutze gefährdeter Jugendlicher in Betracht kommen.
Bei reinen **Betriebs- und Geschäftsräumen** wirken die Tätigkeiten des Inhabers notwendig nach außen und können deshalb auch die Interessen anderer und die der Allgemeinheit berühren. Deshalb ist es folgerichtig, daß die mit dem Schutz dieser Interessen beauftragten Behörden diese Tätigkeit an Ort und Stelle kontrollieren und hierzu die Räume betreten dürfen, wenn folgende Voraussetzungen erfüllt sind:
a) Eine besondere gesetzliche Vorschrift muß zum Betreten der Räume ermächtigen;
b) das Betreten der Räume, die Vornahme der Besichtigungen und Prüfungen müssen einem erlaubten Zweck dienen und für dessen Erreichung erforderlich sein;
c) das Gesetz muß den Zweck des Betretens, den Gegenstand und den Umfang der zugelassenen Besichtigung und Prüfung deutlich erkennen lassen;
d) das Betreten der Räume und die Vornahme der Besichtigung und Prüfung ist nur in Zeiten statthaft, zu denen die Räume normalerweise für die jeweilige geschäftliche oder betriebliche Nutzung zur Verfügung stehen (BVerfGE 32, 76f.).

Art. 14 [Eigentum, Erbrecht, Enteignung]

(1) Das Eigentum und das Erbrecht werden gewährleistet. Inhalt und Schranken werden durch die Gesetze bestimmt.
(2) Eigentum verpflichtet. Sein Gebrauch soll zugleich dem Wohle der Allgemeinheit dienen.
(3) Eine Enteignung ist nur zum Wohle der Allgemeinheit zulässig. Sie darf nur durch Gesetz oder auf Grund eines Gesetzes erfolgen, das Art und Ausmaß der Entschädigung regelt. Die Entschädigung ist unter gerechter Abwägung der Interessen der Allgemeinheit und der Beteiligten zu bestimmen. Wegen der Höhe der Entschädigung steht im Streitfalle der Rechtsweg vor den ordentlichen Gerichten offen.

I. Allgemeines

Art. 14 Abs. 1 gewährleistet das Eigentum und das Erbrecht. Er garantiert da- 1
mit diese beiden Rechtsinstitute des Privatrechts und enthält als Grundrecht des einzelnen einen Anspruch gegen den Staat auf Achtung seiner **Eigentums- und Erbrechtsfreiheit.** Weder die Gesetzgebung noch die vollziehende Gewalt, noch die Rechtsprechung dürfen diesen Anspruch verletzen. Die Gesetzgebung kann zwar Inhalt und Schranken des Eigentums und des Erbrechts näher be-

stimmen, doch kann sie beide nicht abschaffen oder in ihrem Kernbereich antasten.
Art. 14 Abs. 1 Satz 2 bildet die Rechtsgrundlage für diejenigen Gesetze, die Inhalt und Grenzen des Eigentums festlegen, also beispielsweise bestimmen, wie Eigentum übertragen wird, welche Rechte der Eigentümer hat und welche Ansprüche durch die Verletzung des Eigentums durch Dritte entstehen oder wer erbberechtigt ist und wie eine letztwillige Verfügung beschaffen sein muß.

II. Eigentum, Enteignung

2 Das Grundgesetz erteilt der liberalistischen Eigentumsauffassung eine deutliche Absage. Zwar verwirft es das Privateigentum nicht, sondern gesteht ihm – wie bereits die Erklärung der Menschen- und Bürgerrechte von 1789 – Grundrechtscharakter zu. Gleichzeitig betont es aber im Anschluß an die Weimarer Reichsverfassung die Sozialfunktion des Eigentums: Das Eigentum berechtigt nicht nur, sondern verpflichtet auch. Wo sozial höherrangige Interessen der Gemeinschaft berührt werden, muß das Recht des einzelnen auf ungeschmälerten und ungestörten Genuß der in seinem Eigentum stehenden Sachen weichen.
Der **Eigentumsbegriff** des Art. 14 ist erheblich weiter als der des bürgerlichen Rechts. Dieses versteht unter Eigentum die umfassende rechtliche Herrschaftsmacht über **Sachen** (demgegenüber versteht es unter Besitz die tatsächliche Herrschaftsmacht über eine Sache), also über körperliche Gegenstände. Nach dieser Definition ist Eigentum an Forderungen, Hypotheken, Grundschulden, Aktien, Gesellschafterrechten u. ä. nicht möglich, weil es sich um keine Sachen handelt. Das bürgerliche Recht spricht hier von dem Inhaber dieser Rechte. Der allgemeine Sprachgebrauch macht diese Unterscheidung nicht. Der Eigentumsbegriff des Art. 14 trägt dem Rechnung und umfaßt **alle privaten vermögenswerten Rechte,** also auch Forderungen, Aktien, Besitz usw. Vermögenswerte Rechte des **öffentlichen** Rechts, insbesondere Geldleistungsansprüche gegen den Staat, die Gemeinden oder Körperschaften des öffentlichen Rechts (z. B. Universitäten) fallen ebenfalls unter diesen Eigentumsbegriff, wenn sie das Äquivalent eigener Leistungen sind, also durch eigenen Arbeits- oder Kapitaleinsatz erlangt wurden.
Art. 14 schützt das Vermögen jedoch nicht gegen die Auferlegung von Geldleistungspflichten durch den Staat oder andere Hoheitsträger. Deshalb verletzen Steuergesetze nicht die Eigentumsgarantie des Art. 14. Einzige Ausnahme ist die sog. »Erdrosselungssteuer«, d. h. eine Steuer, die nicht aus dem Ertrag eines wirtschaftlichen Unternehmens geleistet werden kann, sondern mit ständig wiederkehrenden Eingriffen in die Substanz des Betriebes verbunden ist, so daß dieser schließlich zum Erliegen kommt.
Die **konkrete Reichweite** des Schutzes durch die Eigentumsgarantie ergibt sich erst aus der Bestimmung von Inhalt und Schranken des Eigentums, die nach

Art. 14. Abs. 1 Satz 2 Sache des Gesetzgebers ist. Dieser ist nicht gänzlich frei: Er muß sich am Wohl der Allgemeinheit orientieren, das nicht nur Grund, sondern auch Grenze für die Beschränkung des Eigentümers ist. Zugleich muß das zulässige Ausmaß einer Sozialbindung auch vom Eigentum selbst her bestimmt werden. Die Bestandsgarantie des Art. 14 Abs. 1 Satz 1, der Regelungsauftrag des Art. 14 Abs. 1 Satz 2 und die Sozialpflichtigkeit des Eigentums nach Art. 14 Abs. 2 stehen in einem unlösbaren Zusammenhang. Keiner dieser Faktoren darf über Gebühr verkürzt werden; vielmehr müssen alle zu einem verhältnismäßigen Ausgleich gebracht werden. Im Blick auf den Grundgedanken und den Schutzzweck der Eigentumsgarantie führt das nach der Rechtsprechung des Bundesverfassungsgerichts zu folgender Differenzierung:
Soweit es um die Funktion des Eigentums als Element der Sicherung der persönlichen Freiheit des einzelnen geht, genießt dieses einen besonders ausgeprägten Schutz. Damit hängt es etwa zusammen, wenn an ein Verbot der Veräußerung des Eigentums, also an eine Einschränkung derjenigen Befugnis, die elementarer Bestandteil der Handlungsfreiheit im Bereich der Eigentumsordnung ist, besonders strenge Maßstäbe angelegt werden, und daß die eigene Leistung als besonderer Schutzgrund für die Eigentümerposition anerkannt worden ist. Dagegen ist die Befugnis des Gesetzgebers zur Inhalts- und Schrankenbestimmung um so weiter, je mehr das Eigentumsobjekt in einem sozialen Bezug und einer sozialen Funktion steht. Maßgebend hierfür ist der in Art. 14 Abs. 2 Ausdruck findende Gesichtspunkt, daß Nutzung und Verfügung in diesem Fall nicht lediglich innerhalb der Sphäre des Eigentümers bleiben, sondern Belange anderer Rechtsgenossen berühren, die auf die Nutzung des Eigentumsobjekts angewiesen sind. Unter dieser Voraussetzung umfaßt das grundgesetzliche Gebot einer am Gemeinwohl orientierten Nutzung das Gebot der Rücksichtsnahme auf den Nichteigentümer, der seinerseits der Nutzung des Eigentumsobjekts zu seiner Freiheitssicherung und verantwortlichen Lebensgestaltung bedarf. Auch wenn jedoch das Eigentum insoweit weitergehenden Beschränkungen unterworfen werden kann als in seiner personalen Funktion, fordert die Bestandsgarantie des Art. 14 Abs. 1 Satz 1 in jedem Fall die Erhaltung des Zuordnungsverhältnisses und der Substanz des Eigentums (BVerfGE 42, 263/295).
Diesen Grundsätzen entspricht es, wenn Eigentumsbindungen stets verhältnismäßig sein müssen (BVerfGE 8, 71/80 m. w. N.; st. Rspr.). Die gesetzliche Eigentumsbindung muß von dem geregelten Sachbereich her geboten sein und darf nicht weitergehen als der Schutzzweck reicht, dem die Regelung dient. Insoweit sind dem Gesetzgeber um so engere Grenzen gezogen, je mehr Eigentumsnutzung und -verfügung innerhalb der Eigentümersphäre verbleiben, da dann ein außerhalb dieser liegender Zweck, der eine »verhältnismäßige« Eigentumsbindung rechtfertigen könnte, schwerer aufzufinden sein wird. Insgesamt ist mithin der Gestaltungsbereich des Gesetzgebers bei sozialem Bezug und bei sozialer Funktion des Eigentums im Blick auf dessen Sozialbindung relativ weit; er verengt sich, wenn diese Voraussetzungen nicht oder nur in begrenztem Umfang vorliegen (BVerfGE 42, 263/294).

Unter Beachtung dieser Grundsätze ist die sog. **»erweitere Mitbestimmung«** nicht verfassungswidrig; BVerfG 50, 290 ff. Das Mitbestimmungsgesetz erfaßt vor allem Aktiengesellschaften, Kommanditgesellschaften auf Aktien und Gesellschaften mit beschränkter Haftung, die in der Regel mehr als 2000 Arbeitnehmer beschäftigen, und sieht vor, daß der Aufsichtsrat je zur Hälfte aus Mitgliedern der Anteilseigner, also der Kapitalseite, und der Arbeitnehmer besteht, wobei zu letzteren auch die sog. leitenden Angestellten zu rechnen sind und mindestens einer von ihnen im Aufsichtsrat vertreten sein soll. Beschlüsse des Aufsichtsrats bedürfen der Mehrheit der abgegebenen Stimmen. Da es nahe liegt, daß der Vertreter der leitenden Angestellten in der Regel für einen Kandidaten der Anteilseigner stimmt, werden diese in der Regel den Vorsitzenden des Aufsichtsrats stellen. Bei Abstimmungen, die Stimmengleichheit ergeben, hat er dann zwei Stimmen, so daß er die Vorstellungen der Anteilseigner durchdrücken kann. Das Mitbestimmungsgesetz liegt deshalb deutlich unter der Schwelle der von den Gewerkschaften geforderten »paritätischen Mitbestimmung«, worunter man versteht, daß keine Seite imstande ist, eine von ihr gewünschte Entscheidung ohne Zustimmung der anderen Seite oder doch eines Teils von ihr zu erzwingen.

Art. 14 Abs. 2 normiert die **Sozialpflicht des Eigentums.** Man spricht auch von der »Sozialbindung« oder der »sozial-ethischen Eigentumsbindung«. Gemeint ist damit, daß das Eigentum nicht zum ausschließlichen Nutzen des einzelnen (»Privatnützigkeit«), sondern gleichzeitig auch zum Wohle der Allgemeinheit (»Gemeinnützigkeit«) verwendet werden soll. Natürlich bezieht sich die Sozialgebundenheit des Eigentums nicht mit gleicher Intensität auf alle Gegenstände; Kleidung, Nahrungsmittel, Schmuck, überhaupt alle Gegenstände, die ihrer Art nach vorzugsweise zur Befriedigung persönlicher Bedürfnisse bestimmt sind, unterliegen dieser Bindung weit weniger als Gegenstände, deren Verwendung gleichzeitig Interessen der Allgemeinheit berührt. Das ist etwa bei dem Eigentum an Grund und Boden und an den Produktionsmitteln der Fall.
Die entscheidende Frage im Rahmen des Art. 14 Abs. 2 ist die, ob eine konkrete staatliche Maßnahme gegenüber dem Eigentümer eine bloße entschädigungslose Eigentumsbindung darstellt oder ob in ihr eine entschädigungspflichtige Enteignung nach Abs. 3 liegt.
Bei **Grundstücken** betraf das Nutzungsrecht des Eigentümers von jeher in erster Linie die Oberfläche des Grundstücks, während die Berechtigung, auf die im Erdkörper enthaltenen Stoffe zuzugreifen, stets weitgehenden Einschränkungen unterlag. Selbst die Befugnis, über Grundstücke zu verfügen und diese zu nutzen, ist in mannigfacher Richtung verfassungsmäßigen Beschränkungen unterworfen. Die Möglichkeit, ein Grundstück wirtschaftlich sinnvoll zu verwenden, hängt in aller Regel nicht davon ab, daß dort **Grundwasser** gefördert werden kann oder daß sich der Eigentümer des Grundwassers »erwehren« muß. Aus der verfassungsrechtlichen Garantie des Grundeigentums läßt sich nicht ein Anspruch auf Einräumung gerade derjenigen Nutzungsmöglichkeit herleiten, die dem Eigentümer den größtmöglichen wirtschaftlichen Vorteil verspricht (BVerfGE 58, 345).

Die Enteignung:

a) Die Frage, wann eine Enteignung zulässig ist, regelt Abs. 3. Das Problem, ob eine konkrete Maßnahme des Staates eine **zulässige** Enteignung darstellt, ergibt sich aber erst dann, wenn man zu dem Ergebnis kommt, daß überhaupt eine Enteignung vorliegt. Es gilt deshalb, die echte Enteignung von der bloßen Sozialgebundenheit des Eigentums abzugrenzen. 3

Die seit Inkrafttreten des GG in der Rechtswissenschaft ausgetragenen, zum Teil heftigen Kontroversen um die Kriterien, die zur Abgrenzung der Enteignung von der Sozialpflichtigkeit herangezogen werden müssen, machen deutlich, daß es sich um eine rechtstheoretische Frage von außerordentlicher gesellschaftspolitischer Relevanz handelt. In einer pluralistischen, von Interessengruppen durchzogenen und vom optimalen Funktionieren der wirtschaftlichen Kräfte abhängigen Gesellschaftsordnung herrschen naturgemäß verschiedene Anschauungen über das Wesen und die Funktion des Eigentums und damit über den Umfang seiner Sozialpflichtigkeit. Je liberalistischer das Eigentum verstanden wird, desto enger wird man den Bereich der Sozialpflichtigkeit umschreiben und desto früher wird man einen staatlichen Eingriff in das Eigentum als Enteignung qualifizieren. Je »kollektivistischer« die Eigentumsordnung interpretiert wird, desto weiter wird das Feld möglicher staatlicher Eingriffe in das Eigentum des Bürgers, die dieser unter dem Gesichtspunkt der Sozialpflichtigkeit dulden muß.

Unter Enteignung ist ein **zwangsweiser staatlicher Eingriff** in das Eigentum zu verstehen. Enteignung im Sinne des Art. 14 Abs. 3 ist einmal die sog. »klassische Enteignung«, die im 19. Jahrhundert gesetzlich fixiert wurde. Es handelt sich um die **Übereignung von Grund und Boden** auf den Staat oder ein staatlich begünstigtes Unternehmen durch einen staatlichen Zwangsakt. Wird einem Grundstückseigentümer das Eigentum an dem Grundstück entzogen, weil es für den Straßenbau, für den Bau eines Krankenhauses oder einer Schule oder einer Wasserstaße (z. B. Rhein-Main-Donau-Kanal) benötigt wird, liegt eine solche Enteignung vor.

Der dem Art. 14 Abs. 3 zugrunde liegende Enteignungsbegriff umfaßt aber nicht nur die »klassische Enteignung«. Er geht weiter. Einmal kann nicht nur Grund und Boden, sondern **jedes vermögenswerte Recht** im oben dargestellten Sinn Gegenstand einer Enteignung sein. Zum anderen braucht das Eigentum nicht gänzlich entzogen zu werden: Es genügt bereits, wenn das Grundstück oder das vermögenswerte Recht durch eine staatliche Maßnahme so **belastet** wird, daß es im Vergleich zu gleichartigen Grundstücken oder vermögenswerten Rechten weitgehend an Wert verliert oder der Eigentümer nicht mehr darüber verfügen kann. Nach der Rechtsprechung des BGH ist daher Enteignung jeder zwangsweise staatliche Eingriff in das Eigentum, sei es in Gestalt der völligen Entziehung des Eigentums oder in der seiner Belastung, die die Betroffenen im Vergleich zu anderen besonders trifft und sie zu einem **besonderen,** den übrigen nicht zugemuteten **Opfer** für die Allgemeinheit zwingt.

b) Allein dem parlamentarisch-demokratischen Gesetzgeber ist es nach dem Sinn und Kompetenzgefüge des GG vorbehalten, die eine Enteignung legiti-

mierenden Gemeinwohlaufgaben zu bestimmen und die hierbei erforderlichen Rechtsvorschriften zu erlassen. Weder die staatliche noch die kommunale Verwaltung können anstelle des Gesetzgebers die eine Enteignung rechtfertigenden Gemeinwohlaufgaben bestimmen. Planungsbefugnis und Selbstverwaltungsrecht geben der Gemeinde kein Recht, Enteignungszwecke zu erfinden; sie können lediglich gesetzlich vorgesehene Enteignungszwecke im Einzelfall verwirklichen (BVerfGE 56, 261 f.).
Eine Enteignung ist nur zum Wohl der Allgemeinheit zulässig. Daraus ergibt sich, daß das öffentliche Interesse an der Durchführung der Enteignung das betroffene Einzelinteresse überwinden muß. Nicht jedes öffentliche Interesse kann aber Enteignung rechtfertigen, insbesondere scheiden bloße fiskalische Beweggründe aus. Ein überwiegendes öffentliches Interesse besteht beispielsweise an dem Bau von Krankenhäusern, Schulen, Verkehrswegen, Versorgungsleitungen u. ä. Einer Enteignung bedarf es aber auch hier nur dann, wenn der zwangsweise Eingriff in das Eigentum notwendig ist.
c) Enteignungen dürfen nur durch Gesetz oder auf Grund eines Gesetzes erfolgen. Eine Enteignung durch Gesetz liegt vor, wenn sie unmittelbar durch das Gesetz erfolgt, also kein ausführender Akt mehr nötig ist (z. B. eine Verstaatlichung aller Banken). Auf Grund eines Gesetzes erfolgt die Enteignung dann, wenn es zu ihrer Durchführung erst noch eines ausführenden Aktes der Exekutive bedarf (sog. Verwaltungsakt). Der Fall einer Enteignung unmittelbar durch Gesetz ist selten, den Regelfall bildet die Enteignung auf Grund eines Gesetzes. Wichtige derartige Gesetze sind z. B. das Bundesfernstraßengesetz (Ermächtigung der Exekutive zur Enteignung von Grundstücken zum Zweck des Baus von Bundesfernstraßen) und das Baugesetzbuch (Ermächtigung der Exekutive zur Enteignung von Grundstücken zur Durchsetzung des Bebauungsplans).
Fehlt eine gesetzliche Ermächtigung zur Durchführung einer Enteignung, so ist sie unzulässig.
d) Das betreffende Gesetz muß Art und Ausmaß der Entschädigung regeln (sog. »Junktimklausel«). Gesetze, die diesen Anforderungen nicht genügen, sind nichtig. Die Entschädigung ist unter gerechter Abwägung der Interessen der Allgemeinheit und der Beteiligten zu bestimmen. Sie muß angemessen sein. Das bedeutet einerseits, daß nicht der spekulative Höchstwert zu ersetzen ist, andererseits, daß die Entschädigung auf jeden Fall so zu bemessen ist, daß der erlittene Substanzverlust voll ausgeglichen wird.
e) Wegen der Höhe der Entschädigung steht der Rechtsweg zu den ordentlichen Gerichten offen. Während gegen den Enteignungsakt als solchen die Verwaltungsgerichte angerufen werden können, ist ein Streit um die Höhe der Entschädigung also vor den ordentlichen Gerichten auszutragen. Diese Zweispurigkeit der gerichtlichen Verfahren ist geschichtlich zu erklären und nicht besonders glücklich.

4 Eine *Enteignung zugunsten eines privatrechtlich* organisierten *Unternehmens* ist jedenfalls dann zulässig, wenn einem solchen Unternehmen durch Gesetz oder auf Grund eines Gesetzes die Erfüllung einer dem Gemeinwohl dienenden Aufgabe zugewiesen und zudem sichergestellt ist, daß es zum Nutzen der Allgemeinheit geführt wird (z. B. Unternehmen der Energieversorgung). Hier überlagert die besondere Zielrichtung des Unternehmens dessen privatrechtliche Struktur sowie den auf die Erzielung von Gewinn gerichteten Zweck (BVerfGE 66, 248/257). Eine Enteignung zugunsten Privater, die nur mittelbar dem Gemeinwohl dient und die in erhöhtem Maße der Gefahr des Mißbrauchs zu Lasten des Schwächeren ausgesetzt ist, wirft jedoch besondere verfassungsrechtliche Probleme auf. Gerade hier muß sich die Verantwortung bewähren, welche die Verfassung dem parlamentarisch-demokratischen Gesetzgeber für die Regelung der Eigentumsordnung auferlegt. Dieser hat gesetzlich festzulegen, für welche Vorhaben unter welchen Voraussetzungen und für welche Zwecke eine Enteignung zulässig sein soll. Auch muß gewährleistet sein, daß der im Allgemeininteresse liegende Zweck der Maßnahme erreicht und dauerhaft gesichert wird; nur dann fordert das allgemeine Wohl die Enteignung. Ist bereits der Geschäftsgegenstand des privaten Unternehmens dem allgemein anerkannten Bereich der Daseinsvorsorge zuzuordnen, wie es bei Verkehrs- oder Versorgungsbetrieben der Fall sein kann, genügt es, wenn hinreichende Vorkehrungen dafür getroffen sind, daß die selbstgestellte – öffentliche – Aufgabe ordnungsgemäß erfüllt wird. Kann sich der Nutzen für das allgemeine Wohl demgegenüber nicht aus dem Unternehmensgegenstand selbst, sondern nur als mittelbare Folge der Unternehmenstätigkeit ergeben, reichen solche Vorkehrungen nicht aus. Dann müssen besondere Anforderungen an die gesetzliche Konkretisierung des nur mittelbar erfüllten und daher nicht von vornherein handgreiflichen Enteignungszwecks gestellt werden. Gerade bei dieser Sachlage gebietet Art. 14 Abs. 3 Satz 2 eine so genaue gesetzliche Beschreibung des Enteignungszwecks, daß die Entscheidung über die Zulässigkeit der Enteignung insoweit nicht in die Hand der Verwaltung gegeben wird. Schließlich ist unabdingbar, daß der Gemeinwohlbezug der werbenden Tätigkeit des Unternehmens kein bloßer tatsächlicher Reflex bleibt, sondern auf Dauer garantiert ist. Dazu ist eine gesetzlich vorgesehene effektive rechtliche Bindung des begünstigten Privaten an das Gemeinwohlziel notwendig.

Diesen Anforderungen hielten behördliche Maßnahmen nicht stand, durch die im Wege der Flurbereinigung die Voraussetzungen für den Bau einer Teststrecke einer großen Automobilfirma geschaffen werden sollten. Es war weder eine hinreichende gesetzliche Grundlage für den verfolgten Enteignungszweck vorhanden, noch bestanden Vorschriften, welche die grundlegenden Enteignungsvoraussetzungen und das Verfahren zu ihrer Ermittlung festlegten, noch waren genügende gesetzliche Vorkehrungen zur Sicherung des Enteignungszwecks getroffen worden (BVerfGE 74, 264 ff. – »Boxberg«).

Bereits lange vor Erlaß des GG war in Deutschland anerkannt, daß »der Staat 5
denjenigen, welcher seine besonderen Rechte und Vorteile dem Wohl des gemeinen Wesens aufzuopfern genötigt wird, zu entschädigen gehalten« ist (Einleitung zum Preußischen Allgemeinen Landrecht). Soweit nichtvermögenswerte Güter wie Leben, Gesundheit oder Freiheit durch einen staatlichen Akt verletzt werden (z. B. Impfschaden), ist der Staat entschädigungspflichtig **(Aufopferungsanspruch).** Auch für Sonderopfer des einzelnen, die durch rechtswidrige

unmittelbare Beeinträchtigung vermögenswerter Güter entstehen, muß der Staat eine Entschädigung gewähren **(»enteignungsgleicher Eingriff«).** Ein Beispiel eines derartigen Sonderopfers bilden die Manöverschäden.

III. Das Erbrecht

6 Das Grundgesetz verbietet die Abschaffung der privaten Erbfolge. Es gewährleistet damit das Erbrecht in seiner geschichtlich gewachsenen Form als private Nachfolge in das Vermögen eines Verstorbenen auf Grund Gesetzes (»gesetzlicher Erbe«, z. B. Kinder) oder aufgrund einer Verfügung von Todes wegen (Testament).

Art. 15 [Sozialisierung]

Grund und Boden, Naturschätze und Produktionsmittel können zum Zwecke der Vergesellschaftung durch ein Gesetz, das Art und Ausmaß der Entschädigung regelt, in Gemeineigentum oder in andere Formen der Gemeinwirtschaft überführt werden. Für die Entschädigung gilt Artikel 14 Abs. 3 Satz 3 und 4 entsprechend.

1 Der Gesetzgeber hat bisher von der Möglichkeit der **Vergesellschaftung** noch nicht Gebrauch gemacht. Bei einer florierenden Privatwirtschaft bestand dazu verständlicherweise auch wenig Neigung.

2 Art. 15 eröffnet die Möglichkeit der »Sozialisierung« in den von ihm erfaßten Wirtschaftsbereichen. Die grundsätzliche wirtschaftspolitische Neutralität des Grundgesetzes (vgl. Rz. 4 zu Art. 2) verbietet es, hieraus die Folgerung abzuleiten, die Begriffe der »Sozialisierung« und der »Vergesellschaftung« müßten in dem von der sozialistischen Lehre vertretenen Sinne ausgelegt werden und enthielten das Gebot einer sozialistischen Wirtschafts- oder gar Gesellschaftsform. Die Sozialisierung von Grund und Boden und von bestimmten Produktionsmitteln ist längst nicht mehr das alleinige Vorrecht einer nach sozialistischen Prinzipien aufgebauten Staats- und Gesellschaftsordnung, sondern wird in zunehmendem Maße auch in den parlamentarischen Demokratien des Westens mit ihren privatrechtlich-kapitalistischen Wirtschaftsstrukturen als verfügbares und unter Umständen sogar nötiges Instrument zur Erreichung bestimmter sozialstaatlicher und wirtschaftspolitischer Ziele verstanden. Die von der sozialistischen Lehre unter dem spezifischen Gesichtspunkt der Verwirklichung des Sozialismus entwickelten Formen der Sozialisierung sind deshalb für den deutschen Gesetzgeber nicht verbindlich; er könnte, müßte sie aber nicht zugrunde legen, wenn er sich für eine Sozialisierung einzelner Produktionsmittel oder von Grund und Boden entschiede.

3 Diese Überlegungen werden durch den Wortlaut des Art. 15 gestützt. Hier ist davon die Rede, daß Grund und Boden, Naturschätze und Produktionsmittel

zum Zwecke der Vergesellschaftung in Gemeineigentum oder in andere Formen der Gemeinwirtschaft übergeführt werden können. Das Wort »Verstaatlichung« fällt nicht. Das Gemeineigentum wird auch nicht als die ausschließliche Form der Vergesellschaftung, sondern als Unterfall der Gemeinwirtschaft aufgeführt.

Der Begriff **»Gemeinwirtschaft«** entzieht sich einer präzisen Definition. Mit ihm soll nicht ein grundlegender Unterschied zur Marktwirtschaft postuliert werden. Beide dienen der Bedarfsdeckung und unterscheiden sich nur dadurch, daß die Marktwirtschaft auf der Grundlage des Gewinnstrebens der Händler und Produzenten funktioniert, während die Gemeinwirtschaft das Ziel der Bedarfsdeckung ohne Gewinnstreben verfolgt. Daraus ergibt sich, daß alle privatrechtlichen Organisationsformen, die auf die Förderung des privaten Gewinnstrebens abzielen, für die Gemeinwirtschaft ungeeignet sind. Als Formen der Gemeinwirtschaft eignen sich vor diesem Hintergrund insbesondere die Überführung in Gemeineigentum, die genossenschaftliche Organisation und öffentlich-rechtliche Organisationen, d.h. Wirtschaftsunternehmen, die der Staat oder ein anderer Hoheitsträger (z.B. Gemeinde, Landkreis) nach den Vorschriften des öffentlichen Rechts betreibt.

Die Überführung in Gemeineigentum ist wohl die wichtigste Art der Vergesellschaftung. **Gemeineigentum** ist kollektives Eigentum. Als Träger dieses kollektiven Eigentums kommen der Staat, die Bezirke, die Landkreise, die Gemeinden oder wirtschaftliche Zweckverbände in Betracht. Die **Verstaatlichung,** d.h. die Überführung in das Eigentum des Staates, ist also nur eine der Möglichkeiten, privates Eigentum in Gemeineigentum überzuführen.

Die Unabhängigkeit von sozialistischen Sozialisierungsvorstellungen zeigt sich **4**
daran, daß Art. 15 den Begriff der »Produktionsmittel« einschränkender verwendet als die sozialistische Lehre.

a) Die sozialistische Lehre versteht unter »Produktionsmittel« alle Gegenstände und Instrumente, die mittelbar oder unmittelbar der Produktion dienen. Darunter fallen Fabriken, Rohstoffe, Werkzeuge, Maschinen, aber auch der Grund und Boden. Die Produktionsmittel sind Teil der Produktivkräfte. Zu diesen zählt außer ihnen noch der Mensch.

b) Demgegenüber führt Art. 15 Grund und Boden sowie die Naturschätze neben den Produktionsmitteln als eigene, der Sozialisierung fähige Gegenstände auf und gibt damit zu erkennen, daß ihm ein enger Begriff der Produktionsmittel zugrunde liegt. Die herrschende Lehre versteht deshalb diesen Begriff wörtlich als »Mittel der Produktion« im Gegensatz zu den »Hilfsmitteln der Produktion« und definiert dahingehend, daß »nur die der Gewinnung und Herstellung (einschließlich der Be- und Verarbeitung) wirtschaftlicher Erzeugnisse dienenden Gegenstände und Rechtstitel, und zwar sowohl die der Produktion unmittelbar dienenden Betriebsanlagen (Gebäude, Maschinen, Werkzeuge) als auch die für die Produktion verwandten Betriebsmittel (Rohstoffe, Halbfabrikate) als auch die in der Produktion eingesetzten Urheberrechte (Patente, Warenzeichen)« unter ihn fallen. Er erfaßt also nicht Handels-, Transport- und Dienstleistungsbetriebe, weil hier nichts hergestellt wird.

5 Die Entscheidung, ob und inwieweit eine Sozialisierung angebracht ist, liegt im Ermessen des Gesetzgebers. Es gibt keine Pflicht zur Sozialisierung. Es besteht auch kein Verbot der Reprivatisierung. Deshalb verstieß beispielsweise die Privatisierung des Volkswagenwerks nicht gegen Art. 15 (BVerfGE 12, 354/363). Immerhin sollte der Gesetzgeber die Entwicklung in der modernen Industriegesellschaft unter dem Gesichtspunkt der etwaigen Notwendigkeit der Vergesellschaftung bestimmter Wirtschaftszweige aufmerksam beobachten.

6 Fraglich ist, ob auch die **betriebliche Mitbestimmung** auf Art. 15 gestützt werden könnte. Hier soll die Mitbestimmung des Arbeitnehmers nicht durch die Teilhabe am Eigentum des Unternehmers, sondern durch eine Mitbestimmung in der Unternehmensführung des weiterhin privaten Betriebes erreicht werden. Die betriebliche Mitbestimmung dient demnach dem Ziel einer »sozialen Wirtschaftsdemokratie« und hat damit einen von Art. 15 abweichenden Bezug: Während dieser ein Instrument zur gerechten und sozialen Bedarfsdeckung zur Verfügung stellt, geht es bei der betrieblichen Mitbestimmung um das Problem, wie weit die Entscheidung zur sozialen Demokratie (vgl. Art. 20 Abs. 1) in den wirtschaftlichen Bereich hinein reicht.

7 Die Sozialisierungsmaßnahmen des Art. 15 können nur durch ein Gesetz, das Art und Ausmaß der Entschädigung regelt, erfolgen. Art. 14 Abs. 3 Satz 3 und 4 gilt entsprechend.

Art. 16 [Verbot der Ausbürgerung, Auslieferung]

(1) Die deutsche Staatsangehörigkeit darf nicht entzogen werden. Der Verlust der Staatsangehörigkeit darf nur auf Grund eines Gesetzes und gegen den Willen des Betroffenen nur dann eintreten, wenn der Betroffene dadurch nicht staatenlos wird.
(2) Kein Deutscher darf an das Ausland ausgeliefert werden.

I. Die deutsche Staatsangehörigkeit

1 Art. 16 Abs. 1 regelt nicht den Erwerb der deutschen Staatsangehörigkeit, verbietet aber deren Entzug und läßt ihren Verlust nur unter ganz engen Voraussetzungen zu.

2 Die Voraussetzungen für den **Erwerb** der deutschen Staatsangehörigkeit enthält das Reichs- und Staatsangehörigkeitsgesetz aus dem Jahre 1913 (RuStG), das inzwischen mehrfach geändert wurde.

a) Die Staatsangehörigkeit wird in der Regel mit der **Geburt** erworben, wobei dem Gesetzgeber grundsätzlich zwei Möglichkeiten offenstehen: Entweder er bestimmt, daß sich die Staatsangehörigkeit des Kindes nach der Staatsangehörigkeit der Eltern richtet **(Abstammungsprinzip),** oder er knüpft an den Geburtsort an, also daran, ob das Kind in seinem Staatsgebiet geboren wurde **(Territorialprinzip).** Gilt in einem Staat das Abstammungs-, im anderen aber das Territorialprinzip, so besteht die Möglichkeit einer Doppelstaatsangehörigkeit.

Die Eltern besitzen die Staatsangehörigkeit des Staates A, in dem das Abstammungsprinzip gilt. Ihr während des Aufenthalts in dem Staate B geborenes Kind erhält deshalb die Staatsangehörigkeit des Staates A. Gilt nun im Staate B das Territorialprinzip, so erwirbt es überdies die Staatsangehörigkeit des Staates B (sog. »doppelte Staatsangehörigkeit«).

Das RuStG hat sich für das **Abstammungsprinzip** entschieden. Die deutsche Staatsangehörigkeit erwirbt jeder, der bei ehelicher Geburt von einem Vater, bei nichtehelicher Geburt von einer Mutter mit deutscher Staatsangehörigkeit abstammt. Bei ehelichen Kindern kam es allein auf die Staatsangehörigkeit des Vaters an. Diese Beschränkung auf den Vater ist vom Bundesverfassungsgericht für verfassungswidrig erklärt worden.
Für den seltenen Fall des **Findlings** gilt ausnahmsweise das Territorialprinzip. Hier sind die Eltern unbekannt; die Anknüpfung an deren Staatsangehörigkeit ist daher nicht möglich.
b) Ein weiterer Erwerbsgrund ist die sog. **Legitimation,** d.h. die Heirat der Eltern des nichtehelich geborenen Kindes: Hat nun der Vater die deutsche Staatsangehörigkeit, so erwirbt das Kind bei nichtehelicher Geburt nur die Staatsangehörigkeit der Mutter. Durch die Heirat der Eltern erhält es dann auch die deutsche Staatsangehörigkeit.
c) Fremde Staatsangehörige oder Staatenlose können die deutsche Staatsangehörigkeit durch **Einbürgerung** erwerben. Voraussetzung ist, daß der Antragsteller unbeschränkt geschäftsfähig ist, einen unbescholtenen Lebenswandel geführt hat, an dem Ort seiner Niederlassung eine eigene Wohnung oder Unterkunft gefunden hat und an diesem Orte sich und seine Angehörigen zu ernähren imstande ist (§ 8 RuStG). Ein echter Anspruch auf Einbürgerung besteht allerdings nicht. Es liegt im pflichtgemäßen Ermessen der Einbürgerungsbehörde, ob sie dem Antrag stattgibt oder nicht. Ihre Entscheidung darf nur nicht sachfremd oder willkürlich sein (Art. 3!).
Nach Art. 16 Abs. 1 darf die deutsche Staatsangehörigkeit nicht **entzogen** werden. 3
Darunter fällt jede einseitige Wegnahme der Staatsangehörigkeit durch eine staatliche Hoheitsmaßnahme im Einzelfall. Die Regierung könnte deshalb einen ihr mißliebigen Bürger nicht ausbürgern.
Dagegen ist der **Verlust** der deutschen Staatsangehörigkeit gegen den Willen des 4
Betroffenen aufgrund eines Gesetzes möglich, wenn er dadurch nicht staatenlos wird. Verlust ist der automatische Wegfall der Staatsangehörigkeit in den im Gesetz bestimmten Fällen. Hier ist vor allem § 25 RuStG zu erwähnen, nach dem ein Deutscher, der im Inland weder einen Wohnsitz noch einen dauernden Aufenthalt hat, seine Staatsangehörigkeit mit dem Erwerb einer ausländischen Staatsangehörigkeit verliert, wenn dieser Erwerb auf seinen Antrag hin erfolgt ist.
Die **freiwillige** Aufgabe der Staatsangehörigkeit ist möglich. 5

II. Das Auslieferungsverbot

Art. 16 Abs. 2 Satz 1 enthält das an die öffentliche Gewalt adressierte Verbot, 6
einen Deutschen an das Ausland auszuliefern. Darunter ist jede zwangsweise

Verbringung einer Person in das Ausland zu verstehen, die auf Ersuchen eines anderen Staates erfolgt.
Das Auslieferungsverbot bezieht sich nicht nur auf alle deutschen Staatsangehörigen, sondern auf alle Deutschen. Wer Deutscher ist, bestimmt sich nach Art. 116. Fremde Staatsangehörige und Staatenlose können grundsätzlich ausgeliefert werden, es sei denn, sie genießen Asylrecht.

Art. 16 a [Asylrecht]

(1) Politisch Verfolgte genießen Asylrecht.
(2) Auf Absatz 1 kann sich nicht berufen, wer aus einem Mitgliedstaat der Europäischen Gemeinschaften oder aus einem anderen Drittstaat einreist, in dem die Anwendung des Abkommens über die Rechtsstellung der Flüchtlinge und der Konvention zum Schutze der Menschenrechte und Grundfreiheiten sichergestellt ist. Die Staaten außerhalb der Europäischen Gemeinschaften, auf die die Voraussetzungen des Satzes 1 zutreffen, werden durch Gesetz, das der Zustimmung des Bundesrates bedarf, bestimmt. In den Fällen des Satzes 1 können aufenthaltsbeendende Maßnahmen unabhängig von einem hiergegen eingelegten Rechtsbehelf vollzogen werden.
(3) Durch Gesetz, das der Zustimmung des Bundesrates bedarf, können Staaten bestimmt werden, bei denen auf Grund der Rechtslage, der Rechtsanwendung und der allgemeinen politischen Verhältnisse gewährleistet erscheint, daß dort weder politische Verfolgung noch unmenschliche oder erniedrigende Bestrafung oder Behandlung stattfindet. Es wird vermutet, daß ein Ausländer aus einem solchen Staat nicht verfolgt wird, solange er nicht Tatsachen vorträgt, die die Annahme begründen, daß er entgegen dieser Vermutung politisch verfolgt wird.
(4) Die Vollziehung aufenthaltsbeendender Maßnahmen wird in den Fällen des Absatzes 3 und in anderen Fällen, die offensichtlich unbegründet sind oder als offensichtlich unbegründet gelten, durch das Gericht nur ausgesetzt, wenn ernstliche Zweifel an der Rechtmäßigkeit der Maßnahme bestehen; der Prüfungsumfang kann eingeschränkt werden und verspätetes Vorbringen unberücksichtigt bleiben. Das Nähere ist durch Gesetz zu bestimmen.
(5) Die Absätze 1 bis 4 stehen völkerrechtlichen Verträgen von Mitgliedsstaaten der Europäischen Gemeinschaften untereinander und mit dritten Staaten nicht entgegen, die unter Beachtung der Verpflichtung aus dem Abkommen über die Rechtsstellung der Flüchtlinge und der Konvention zum Schutze der Menschenrechte und Grundfreiheiten, deren Anwendung in den Vertragsstaaten sichergestellt sein muß, Zuständigkeitsregelungen für die Prüfung von Asylbegehren einschließlich der gegenseitigen Anerkennung von Asylentscheidungen treffen.

I. Allgemeines

Art. 16 a ist durch das Gesetz zur Änderung des Grundgesetzes vom 28. Juni 1993 eingefügt worden. Abs. 1 entspricht wörtlich dem gestrichenen Art. 16 Abs. 2 Satz 2. **1**

Art 16 a soll als Instrument dienen, den Zuzug Asylsuchender zu kanalisieren. Ob dies tatsächlich gelingt, bleibt abzuwarten. Jedenfalls hat das BVerfG am 14. Mai 1996 Art. 16 a für verfassungsmäßig erklärt. **2**

II. Das Asylrecht

Das Asylrecht ist religiösen Ursprungs und entwickelte sich als das Recht, an bestimmten, zunächst meist kultischen Orten Schutz vor Verfolgung, auch vor Strafverfolgung, zu suchen. Später wurde die Asylgewährung im Verhältnis der Staaten zueinander üblich. **3**

Im **Völkerrecht** wird das Asylrecht ausschließlich als das Souveränitätsrecht eines Staates gegenüber anderen Staaten verstanden, den von diesen aus irgendeinem Grunde verfolgten Personen, die nicht seine Staatsangehörigkeit besitzen, Schutz und Zuflucht auf seinem Gebiet zu gewähren, sofern keine völkerrechtlichen Beschränkungen – insbesondere Auslieferungsverträge – entgegenstehen. Ein Recht des Asylsuchenden auf Asylgewährung wird dagegen verneint; die Asylgewährung steht grundsätzlich im Belieben des jeweils betroffenen Staates. **4**

Das **Grundgesetz** geht in Art. 16 a Abs. 1 über diese völkerrechtliche Regelung hinaus und gewährt allen politisch Verfolgten ein subjektives **verfassungsmäßiges Recht** auf Asylgewährung. Es handelt sich um ein echtes **Grundrecht.** Die Bundesrepublik ist deswegen gehalten, sich in völkerrechtlichen Verträgen nur in einem Rahmen zu Auslieferungen zu verpflichten, der eine Verletzung dieses Grundrechts ausschließt. Ausgeliefert werden dürfen nur Personen, die nicht politisch verfolgt sind, insbesondere Personen, die wegen krimineller Delikte verfolgt werden. **5**

Asylberechtigt sind »politisch Verfolgte«. Das GG hat den **Begriff des politisch Verfolgten** nicht näher abgegrenzt. Diese Abgrenzung kann auch nicht allein dem lapidaren Wortlaut des Grundrechts entnommen werden. Der Verfassungsgeber knüpfte mit der früheren Vorschrift des Art. 16 Abs. 2 Satz 2 inhaltlich an das völkerrechtliche Institut des Asylrechts an. Mit ihr sollte dasjenige als individuelles subjektives Grundrecht ausgestaltet werden, was zur damaligen Zeit als Asyl und Asylgewährung begriffen wurde; hierhin spiegelte sich das unmittelbare Erlebnis ungezählter Verfolgungs- und Vertreibungsschicksale vor allem auch während der NS-Zeit und nach 1945 wider. Als Grundgedanke des Asylrechts war allgemein anerkannt, daß es – wie im Parlamentarischen Rat gesagt wurde – »dem Ausländer gewährt wird, der in seinem eigenen Land nicht mehr leben kann, weil er durch das politische System seiner Freiheit, seines Lebens oder seiner Güter beraubt wird.« **6**

Diesem Grundgedanken gemäß hat die Rechtspraxis und insbesondere die Rechtsprechung – auch in der Erkenntnis, daß das Adjektiv »politisch« nicht einen abgegrenzten Gegenstandsbereich von Politik, sondern eher eine Eigenschaft bezeichnen soll, die alle Sachbereiche unter bestimmten Umständen jederzeit annehmen können – die nähere inhaltliche Bestimmung und Abgrenzung des Begriffs politisch Verfolgter wiederholt in Anlehnung an den Flüchtlingsbegriff der Genfer Flüchtlingskonvention vom 28. Juni 1951 vorgenommen. Dieser knüpft seinerseits an geschichtlich erfahrene politische Verfolgungen und Verfolgungsschicksale an, die zum Flüchtlingsproblem in Europa geführt hatten, das die Konvention lösen helfen sollte; indem er sich auf die begründete Furcht vor Verfolgung wegen Rasse, Religion, Nationalität, Zugehörigkeit zu einer sozialen Gruppe oder wegen politischer Überzeugung bezieht, benennt er jene menschlichen Eigenschaften und Verhaltensweisen, die nach geschichtlicher Erfahrung die häufigsten und entscheidenden Anknüpfungs- und Bezugspunkte für die Unterdrückung und Verfolgung Andersartiger und Andersdenkender bildeten und auch weiterhin noch bilden (BVerfGE 76, 143/157).
Eine religiöse oder religiös motivierte Verfolgung liegt nicht schon dann vor, wenn die Religionsfreiheit, gemessen an der umfassenden Gewährleistung des Art. 4 Abs. 1 und 2, Eingriffen und Beeinträchtigungen ausgesetzt ist. Vielmehr müssen die Eingriffe und Beeinträchtigungen eine Schwere und Intensität aufweisen, die die Menschenwürde verletzt: Sie müssen ein solches Gewicht haben, daß sie in den elementaren Bereich der sittlichen Person eingreifen, in dem für ein menschenwürdiges Dasein die Selbstbestimmung möglich bleiben muß, sollen nicht die metaphysischen Grundlagen menschlicher Existenz zerstört werden. Politische Verfolgung ist demnach etwa dann gegeben, wenn vom Heimat- oder Aufenthaltsstaat des Verfolgten ergriffene oder ihm zurechenbare Maßnahmen darauf gerichtet sind, die Angehörigen einer religiösen Gruppe, sei es physisch zu vernichten oder mit vergleichbar schweren Sanktionen (etwa Austreibung oder Vorenthaltung elementarer Lebensgrundlagen) zu bedrohen, sei es ihrer religiösen Identität zu berauben, indem ihnen z. B. unter Androhung von Strafen an Leib, Leben oder persönlicher Freiheit eine Verleugnung oder gar Preisgabe tragender Inhalte ihrer Glaubensüberzeugung zugemutet wird oder sie daran gehindert werden, ihren eigenen Glauben, so wie sie ihn verstehen, im privaten Bereich unter sich zu bekennen. Die Religionsausübung im häuslich-privaten Bereich, wie etwa der häusliche Gottesdienst, aber auch die Möglichkeit zum Reden über den eigenen Glauben und zum religiösen Bekenntnis im nachbarschaftlich-kommunikativen Bereich, ferner das Gebet und der Gottesdienst abseits der Öffentlichkeit in persönlicher Gemeinschaft mit anderen Gläubigen dort, wo man sich nach Treu und Glauben unter sich wissen darf, gehören unter dem Gesichtspunkt der Menschenwürde wie nach internationalem Standard zu dem elementaren Bereich, den der Mensch als »religiöses Existenzminimum« zu seinem Leben und Bestehenkönnen als sittliche Person benötigt; sie gehören zu dem unentziehbaren Kern seiner Privatspäre, gehen aber nicht darüber hinaus.
Eine Befugnis des Staates zu Eingriffen in diese religiösen Betätigungsformen könnte nur angenommen werden, sofern etwa die besondere Art und Weise des

Bekenntnisses oder der Glaubensbekundung in erheblich friedensstörender Weise in die Lebenssphäre anderer Bürger hinübergriffe oder mit dem Grundbestand des ordre public nicht vereinbar wäre (z. B. Witwenverbrennungen oder Kindesopfer). Hingegen kann von einer politischen Verfolgung dann noch nicht die Rede sein, wenn die staatlichen Maßnahmen, die in die Religionsfreiheit eingreifen, der Durchsetzung des öffentlichen Friedens unter verschiedenen in ihrem Verhältnis zueinander möglicherweise aggressiv-intoleranten Glaubensrichtungen dienen und zu diesem Zweck etwa einer religiösen Minderheit mit Rücksicht auf eine religiöse Mehrheit untersagt wird, gewisse Bezeichnungen, Merkmale, Symbole oder Bekenntnisformen in der Öffentlichkeit zu verwenden, obschon sie nicht nur für die Mehrheit, sondern auch für die Minderheit identitätsbestimmend sind (BVerfGE 76, 143/156 ff.).
Das Asylrecht umfaßt nach seinem Gewährleistungsinhalt eine (drohende) politische Verfolgung, die durch selbstgeschaffene Nachfluchttatbestände hervorgerufen wird, grundsätzlich nicht. Es setzt von seinem Tatbestand her grundsätzlich den kausalen Zusammenhang zwischen Verfolgung und Flucht voraus. Eine Einschränkung auf **Nachfluchttatbestände** kann nur insoweit in Frage kommen, als sie nach dem Sinn und Zweck der Asylverbürgung, wie sie dem Normierungswillen des Verfassungsgebers entspricht, gefordert ist (BVerfGE 74, 64). Unter diesem Gesichtspunkt läßt sich für sog. **objektive Nachfluchttatbestände,** die durch Vorgänge oder Ereignisse im Heimatland unabhängig von der Person des Asylbewerbers ausgelöst werden, eine Asylrelevanz in Betracht ziehen. Deren Grundlage ist eine Änderung des politischen Regimes im Heimatland (oder der dortigen Strafgesetze o ä.) in der Weise, daß nunmehr dem aus anderen Gründen im Gastland befindlichen Staatsangehörigen für den Fall seiner Rückkehr ins Heimatland Verfolgung droht (z. B. wegen seiner früher dort gezeigten politischen Haltung oder wegen seiner Zugehörigkeit zu einer nunmehr im Heimatstaat verfolgten Gruppe). Bei solchen objektiven Nachfluchttatbeständen fehlt zwar der kausale Zusammenhang zwischen Verfolgung und Flucht, weil eine Flucht im eigentlichen Sinn gar nicht vorliegt. Aber es liefe Sinn und Zweck der Asylgewährleistung und auch ihrer humanitären Intention zuwider, in solchen Fällen die Asylanerkennung zu versagen. Bei **subjektiven Nachfluchttatbeständen,** die der Asylbewerber nach Verlassen des Heimatstaates aus eigenem Entschluß geschaffen hat (sog. selbstgeschaffene Nachfluchttatbestände), kann eine Asylberechtigung in aller Regel nur dann in Betracht gezogen werden, wenn sie sich als Ausdruck und Fortführung einer schon während des Aufenthalts im Heimatstaat vorhandenen und erkennbar bestätigten festen Überzeugung darstellen (BVerfGE74, 51/64 ff.).
Der Begriff des politisch Verfolgten umfaßt grundsätzlich auch politische Verbrecher. Deshalb gehören zum Kreis der politisch Verfolgten auch Personen, die wegen politischer Straftaten (Hoch- und Landesverrat usw.) verfolgt werden. Problematisch sind die sog. »Zusammenhangstaten«. Darunter versteht man kriminelle Delikte (z. B. Mord, Brandstiftung, schwere Körperverletzungen), die im Zusammenhang mit einer politischen Straftat begangen werden. Ein klassisches Beispiel ist das aus politischer Überzeugung begangene Atten-

tat. Während eine Minderheit in der Literatur der Auffassung ist, daß auch in solchen Fällen eine Auslieferung generell ausgeschlossen ist, steht die Mehrheit auf dem Standpunkt, daß sie jedenfalls dann zulässig ist, wenn die Tat ein vorsätzliches Verbrechen gegen das Leben darstellt. Diese Auffassung liegt auch dem Auslieferungsgesetz zugrunde.

7 Das BVerfG hat darauf hingewiesen, daß das Asylrecht auch die wegen unpolitischer Straftaten Verfolgten erfaßt, wenn zu befürchten ist, daß sie im Falle ihrer Auslieferung in ihren Heimatstaat aus politischen Gründen Verfolgungsmaßnahmen mit Gefahr für Leib und Leben oder Beschränkungen ihrer persönlichen Freiheit ausgesetzt sein würden (BVerfGE 15, 249/251). In Auslieferungsverträgen findet sich deshalb häufig die Klausel, daß im Falle der Auslieferung eine Verfolgung wegen politischer Delikte ausgeschlossen ist.

8 Für die Ordnung des Asylverfahrensrechts ist in erster Linie der **Gesetzgeber** verantwortlich. Er darf jede Regelung treffen, die der Bedeutung des Asylrechts gerecht wird und eine zuverlässige und sachgerechte Prüfung von Asylgesuchen ermöglicht. Die gesetzliche Gestaltungsfreiheit findet ihre Grenze in der speziellen Grundrechtsnorm des Art. 16a Abs. 1. Deren Reichweite ist nach der Aufgabe der Asylrechtsgarantie zu bestimmen, die politisch Verfolgten Schutz vor der Zugriffsmöglichkeit des Verfolgerstaates sichern soll. Dieser Gewährleistung genügt eine Verfahrensregelung, die geeignet ist, dem Grundrecht des asylsuchenden Verfolgten zur Geltung zu verhelfen. Die nähere Ausgestaltung dieser Verfahrensregelung einschließlich der Entscheidung, welche Behörde dafür zuständig sein soll, obliegt dem Gesetzgeber. Da es der humanitären Zielsetzung des Asylrechts entspricht, dem Asylbewerber möglichst schnell Klarheit über seine Asylberechtigung zu verschaffen, wäre es grundsätzlich damit vereinbar, für bestimmte Fallgruppen eindeutig aussichtsloser Asylanträge durch Gesetz die Zuständigkeit zur Prüfung und Entscheidung den Ausländerbehörden zu übertragen und diese zu ermächtigen, bei der Ablehnung eines derartigen Asylbegehrens sogleich aufenthaltsbeendende Anordnungen zu erlassen (BVerGE 56, 235 ff.).

Kommt der Gesetzgeber seiner Aufgabe, eine dem Grundrecht auf Asyl angemessene Verfahrensregelung zu treffen, durch die Einführung eines generellen Anerkennungsverfahrens vor einer zentralen Behörde nach, so läßt es sich mit Art. 16a Abs. 1 nicht vereinbaren, daß die Ausländerbehörden ihrerseits gegen Asylsuchende vor Durchführung des Anerkennungsverfahrens aufenthaltsbeendende Maßnahmen ergreifen und dabei Asylbegehren als offensichtlich rechtsmißbräuchlich außer acht lassen (vgl. BVerfGE 56, 238).

III. Sichere Drittstaaten

9 Solche sicheren Drittstaaten sind einmal die Mitglieder der EU. Insoweit enthält Abs. 2 Satz 1 die unwiderlegliche Vermutung der Sicherheit vor Verfolgung in dem betreffenden Mitgliedstaat. Die sonstigen sicheren Drittstaaten werden durch Gesetz bestimmt. Dieses nennt Norwegen, Polen, Schweiz und die Tsche-

chische Republik (Asylverfahrensgesetz 1993). Das BVerfG verlangt in seinem Urteil vom 14. Mai 1996, daß der jeweilige Staat der Genfer Flüchtlingskonvention und der Europäischen Menschenrechtskonvention beigetreten ist.

IV. Sichere Herkunftsstaaten

Sichere Herkunftsstaaten im Sinne des Abs. 3 sind Bulgarien, Polen, Rumänien, **10**
Slowakische Republik und Ungarn. Bei Staatsangehörigen dieser Länder wird vermutet, daß sie nicht verfolgt werden. Sie müssen deshalb Tatsachen oder Beweismittel beibringen, welche diese Vermutung im Einzelfall entkräften können. Aufenthaltsbeendende Maßnahmen können grundsätzlich sofort vollzogen werden (Abs. 4). Bei Einreisen auf dem Luftwege ist das Asylverfahren bereits auf dem Flughafen durchzuführen, soweit dies möglich ist. Das gleiche gilt für Ausländer, die bei der Grenzbehörde auf einem Flughafen um Asyl nachsuchen und sich nicht durch einen gültigen Paß oder Paßersatz ausweisen können. Wird der Asylantrag als offensichtlich unbegründet abgelehnt, kann ein Antrag auf Gewährung von vorläufigem Rechtsschutz nur innerhalb von drei Tagen gestellt werden (Asylverfahrensgesetz 1993); diese Frist will das BVerfG in seinen Entscheidungen vom 14. Mai 1996 auf sieben Tage erweitert sehen.

V. Kriegs- und Bürgerkriegsflüchtlinge

Sie können vorübergehend Schutz in der Bundesrepublik erhalten, wenn sich **11**
der Bund und die Länder hierüber einvernehmlich verständigen.

Art. 17 [Petitionsrecht]

Jedermann hat das Recht, sich einzeln oder in Gemeinschaft mit anderen schriftlich mit Bitten oder Beschwerden an die zuständigen Stellen und an die Volksvertretung zu wenden.

Art. 17 gewährleistet das **Petitionsrecht,** das sich aus dem Recht der mittel- 1
alterlichen Stände entwickelt hat, Wünsche und Beschwerden an den Monarchen zu richten oder weiterzuleiten, und als Recht des einzelnen Bürgers zum erstenmal in der Bill of rights (1689) verankert wurde.

Petition ist jeder, gleich wie genannte, formlose Antrag an eine staatliche Stelle, 2
etwas Bestimmtes zu tun oder zu unterlassen. Sie ist nicht an Fristen gebunden und kann praktisch alle möglichen Vorkommnisse oder Gegebenheiten zum Gegenstand haben. Eingaben, die ausschließlich Mitteilungen, aber keinen Antrag enthalten, sind bloße Meinungsäußerungen. Von der Petition ist auch der förmliche Antrag zu unterscheiden, mit dem der Bürger ein eigenes Recht geltend macht (z. B. Antrag auf Erteilung einer Baugenehmigung, auf Jahreslohnsteuerausgleich usw.).

3 Eine Petition ist nur dann nicht zulässig, wenn sie etwas gesetzlich Verbotenes fordert oder einen beleidigenden, herausfordernden oder erpresserischen Inhalt hat (BVerfGE 2, 225/229).

4 **Das Grundrecht** des Art. 17 verleiht demjenigen, der eine Petition einreicht, ein Recht darauf, daß die angegangene Stelle die Eingabe nicht nur entgegennimmt, sondern auch sachlich prüft und dem Petenten zum mindesten die Art der Erledigung schriftlich mitteilt. Auf eine bloße Empfangsbestätigung darf sich die Antwort nicht beschränken. Eine besondere Begründung braucht der Bescheid aber nicht zu enthalten (BVerfGE 13, 54/90). Die Pflicht der angegangenen Stelle, die Petition sachlich zu prüfen, verhindert, daß sie zu einer bloßen »Papierkorbbeschwerde« wird.

5 Besonders wichtig ist das Recht, sich mit Petitionen an die **Volksvertretungen** (Bundestag, Landtage) zu wenden. Sie haben meist eigene **Petitionsausschüsse** (vgl. Art 45 c), die sich mit den Eingaben eingehend befassen. Soweit sich die Petitionen gegen die Maßnahmen anderer Staatsorgane richten, wird diesen meist Gelegenheit gegeben, sich dazu zu äußern.

6 Das Petitionsrecht steht **jedermann,** also nicht nur allen Deutschen zu. Einen Sonderfall bildet die Institution des **Wehrbeauftragten.** Diese ist in Art. 45 b geregelt.

Art. 17 a [Grundrechtsbeschränkungen im Wehrbereich]

(1) Gesetze über Wehrdienst und Ersatzdienst können bestimmen, daß für die Angehörigen der Streitkräfte und des Ersatzdienstes während der Zeit des Wehr- oder Ersatzdienstes das Grundrecht, seine Meinung in Wort, Schrift und Bild frei zu äußern und zu verbreiten (Artikel 5 Abs. 1 Satz 1 erster Halbsatz), das Grundrecht der Versammlungsfreiheit (Artikel 8) und das Petitionsrecht (Artikel 17), soweit es das Recht gewährt, Bitten oder Beschwerden in Gemeinschaft mit anderen vorzubringen, eingeschränkt werden.

(2) Gesetze, die der Verteidigung einschließlich des Schutzes der Zivilbevölkerung dienen, können bestimmen, daß die Grundrechte der Freizügigkeit (Artikel 11) und der Unverletzlichkeit der Wohnung (Artikel 13) eingeschränkt werden.

1 Art. 17 a bedeutet einen Bruch mit der bisherigen deutschen Militärtradition, der nicht hoch genug veranschlagt werden kann. Die Konzeption der deutschen Armee beruhte in der Vergangenheit darauf, daß der Soldat mit dem Bürger »nichts gemein« hat. Mit seinem Eintritt in die Truppe unterstellte er sich anderen Normen und Wertmaßstäben: Gehorsam, Mut, Pflichterfüllung und Treue waren die Tugenden, denen er zu dienen hatte, als Individuum galt er wenig oder nichts. Als Kompensation entwickelte sich eine elitär-solidarische Gesinnung vor allem im Offizierskorps, die zu jenem verhängnisvollen Denken vom »Staat im Staate« führte, das eine Integration der Reichswehr in die demokratisch-republikanische Struktur der Weimarer Republik verhindert hat.

Demgegenüber liegt dem GG die radikal andere Konzeption vom **Bürger in Uniform** zugrunde. Niemand hat sie klarer beschrieben als Dürig (in Maunz-Dürig-Herzog): Die enumerative Beschränkungsnorm des Art. 17 a »bewirkt gleichzeitig Not und Größe einer Armee, wie sie der Verfassung vorschwebt. Not insofern, als heute weder die Armee als staatliche Institution noch der Soldat als einzelner etwas Besonderes im Verhältnis zu anderen staatlichen Institutionen und anderen Staatsbürgern ist; Not auch insofern, als in der Sicht der Kommandeure eine verteidigungsbereite Mannschaft mit ›entbürgerlichten Nur-Soldaten‹ naturgemäß viel leichter auszubilden ist als mit Menschen, die in die Armee auch die wesentlichen Bestandteile ihrer Bürgerstellung noch mit einbringen. Größe insofern, als hiermit (endlich einmal) der in deutscher Geschichte so unglückliche Dualismus zwischen ›Bürger‹ und ›Soldat‹ und damit auch zwischen ›Staat‹ und ›Armee‹ überwunden werden kann; Größe aber auch in der Sicht der Kommandeure insofern, als sie Bürger voraussetzen können, die eigenverantwortlich wissen, warum sie dienen und im Verteidigungsfall kämpfen.«

Art. 17 a Abs. 1 enthält eine **grundsätzliche Bestandsgarantie** der Grundrechte 2
auch für den Soldaten, indem er abschließend aufzählt, welche Grundrechte – bedingt durch die besonderen Anforderungen einer Streitkraft – eingeschränkt werden können. Es sind dies die Meinungsfreiheit, die Versammlungsfreiheit und die Petitionsfreiheit. Alle anderen Grundrechte stehen dem Soldaten und Ersatzdienst-Leistenden wie jedem Bürger zur Verfügung und dürfen nicht weiter als bei diesem eingeschränkt werden. So verbietet beispielsweise die Menschenwürde das früher so beliebte »Schleifen« von Rekruten, dessen wesentliches Merkmal darin bestand, daß die an sich notwendige Ausbildung (z. B. Gefechtsausbildung) zu dem Zweck mißbraucht wurde, die Rekruten physisch und psychisch »fertigzumachen«, um sie zu reinen Gehorsamsempfängern zu degradieren.

Die in Art. 17 a Abs. 1 aufgeführten Grundrechte dürfen nicht völlig, sondern 3
nur insoweit eingeschränkt werden, als dies zur Durchführung der Aufgaben, die der Bundeswehr und dem Ersatzdienst gestellt sind, notwendig ist.

Wichtig sind vor allem die im Soldatengesetz (SG) festgelegten Einschränkungen des Grundrechts auf Meinungsäußerung. Der Soldat darf zwar im Gespräch mit Kameraden offen seine Meinung äußern; er darf sich aber im Dienste nicht zugunsten oder zuungunsten einer bestimmten politischen Richtung betätigen. Innerhalb der dienstlichen Unterkünfte und Anlagen findet überdies das Recht der freien Meinungsäußerung seine Schranken an den Grundregeln der Kameradschaft. Der Soldat hat sich so zu verhalten, daß die Gemeinsamkeit des Dienstes nicht ernstlich gestört wird, und darf insbesondere nicht als Werber für eine politische Gruppe wirken, indem er Ansprachen hält, Schriften verteilt oder als Vertreter einer politischen Organisation arbeitet (§ 15 SG).

Als durch §15 SG verboten wird das Anbringen von Informationsmaterial am Informationsbrett angesehen, in dem zur Verweigerung des Kriegsdienstes aufgefordert und die Ehre des Kommandeurs oder eines anderen Vorgesetzten herabgesetzt wird.

Als einen Verstoß gegen §15 SG hat die Mehrheit des 2. Senats des BVerfG auch die Unterschriftensammlung für eine Solidaritätsadresse gegen den Bau eines Kernkraftwerkes

in der Truppenunterkunft gewertet, weil auch der Schutzanspruch der anderen Soldaten, sich nicht gegen ihren Willen einer sie bedrängenden Beeinflussung aussetzen lassen zu müssen, berücksichtigt werden müsse (BVerfGE 44, 197 ff.). Abweichend hiervon haben drei der beteiligten Richter herausgestellt, daß entscheidend sei, ob eine ernstliche Störung oder Gefährdung schutzwürdiger Belange der Bundeswehr zu besorgen sei. Nur dann sei eine Disziplinarmaßnahme gerechtfertigt.
Eine rechtmäßige politische Meinungsäußerung eines Soldaten etwa in Form eines Leserbriefes kann nur dann eine Versetzung rechtfertigen, wenn diese dienstliche Belange bereits ernst und nachhaltig stört oder objektive Umstände die Befürchtung begründet erscheinen lassen, daß eine solche Störung unmittelbar bevorsteht (BVerwG NJW 1974, 874).
Wer als Angehöriger einer kommunistischen Splitterpartei die Bundeswehr als »schmarotzende, zerstörende, gegen die Bevölkerung gerichtete Maschine« diffamiert, wird weder durch das Grundrecht auf Meinungsfreiheit noch durch das Parteienprivileg des Art. 21 (vgl. dort. Rz. 3 ff., 10 ff.) geschützt und macht sich wegen verfassungsfeindlicher Einwirkung auf die Streitkräfte nach § 89 StGB strafbar (BVerfGE 47, 130 ff.).

Die Grundrechte aus Art. 5 Abs. 1, Art. 8 Abs. 1 und Art. 9 Abs. 1 und 3 werden durch das Uniformverbot für Soldaten bei politischen Veranstaltungen von vornherein nicht berührt. Weder das Recht der freien Meinungsäußerung noch die Rechte auf Versammlungsfreiheit, Vereinigungsfreiheit und spezifisch koalitionsgemäße Betätigungen umfassen die Befugnis, diese Rechte gerade in Uniform auszuüben (BVerfGE 57, 35 f).

4 Der Soldat hat das Recht, sich gegen Maßnahmen von Vorgesetzten, die er als ungerecht empfindet, zu beschweren. Er kann gegebenenfalls die Gerichte anrufen. Daneben kann er sich an den Wehrbeauftragten (vgl. Art. 45 b) wenden. Er hat also die Möglichkeit, sowohl durch die Gerichte als durch ein vom Parlament eingesetztes Kontrollorgan jeweils klären zu lassen, ob eine gegen ihn getroffene Maßnahme rechtens war.

5 Art. **17 a Abs. 2 gilt** im Gegensatz zu Abs. 1 **für alle Staatsbürger.** Er läßt Einschränkungen der Grundrechte der Freizügigkeit und der Unverletzlichkeit der Wohnung durch Gesetz zu, wenn sie bei einem militärischen Angriff auf die BRD erforderlich sind (z. B. Evakuierungs- und Luftschutzmaßnahmen).

Art. 18 [Verwirkung von Grundrechten]

Wer die Freiheit der Meinungsäußerung, insbesondere die Pressefreiheit (Artikel 5 Abs. 1), die Lehrfreiheit (Artikel 5 Abs. 3), die Versammlungsfreiheit (Artikel 8), die Vereinigungsfreiheit (Artikel 9), das Brief-, Post- und Fernmeldegeheimnis (Artikel 10), das Eigentum (Artikel 14) oder das Asylrecht (Artikel 16 a) zum Kampfe gegen die freiheitliche demokratische Grundordnung mißbraucht, verwirkt diese Grundrechte. Die Verwirkung und ihr Ausmaß werden durch das Bundesverfassungsgericht ausgesprochen.

1 Art. 18 ist ebenso wie Art. 21 Abs. 2 Ausdruck des bewußten verfassungspolitischen Willens zur Lösung des Grenzproblems jeder freiheitlichen Staatsordnung, nämlich der Frage des Verhaltens gegen diejenigen, die diese Ordnung aktiv bekämpfen: Das GG läßt die gegen die freiheitliche demokratische Ordnung gerichteten Meinungsäußerungen nur insoweit zu, als diese dabei nicht gefährdet wird. Für den Mißbrauch des Rechts der freien politischen Betätigung hat es dementsprechend die Möglichkeit von Sanktionen vorgesehen.

Was unter freiheitlicher demokratischer Grundordnung zu verstehen ist, ergibt 2 sich aus den grundlegenden Wertentscheidungen des GG. Sie läßt sich als eine Ordnung bestimmen, die unter Ausschluß jeglicher Willkürherrschaft ein rechtsstaatliches Herrschaftssystem auf der Grundlage der Selbstbestimmung des Volkes nach dem Willen der jeweiligen Mehrheit, der Freiheit und Gleichheit darstellt. Zu den grundlegenden Prinzipien dieser Ordnung sind nach der Rechtsprechung des BVerfG mindestens zu rechnen: die Achtung vor den Menschenrechten, vor allem vor dem Recht der Persönlichkeit auf Leben und freie Entfaltung, die Volkssouveränität, die Gewaltenteilung, die Verantwortlichkeit der Regierung, die Gesetzmäßigkeit der Verwaltung, die Unabhängigkeit der Gerichte, das Mehrparteiensystem und die Chancengleichheit für alle politischen Parteien mit dem Recht auf verfassungsmäßige Bildung und Ausübung einer Opposition (BVerfGE 2, 1/12).

Verwirkt werden können nur die in Art. 18 aufgeführten Grundrechte. Andere 3 Grundrechte können den Gegnern der freiheitlichen Demokratie nicht entzogen werden.

Art. 19 [Einschränkung von Grundrechten; Wesensgehalts-, Rechtswegegarantie]

(1) Soweit nach diesem Grundgesetz ein Grundrecht durch Gesetz oder auf Grund eines Gesetzes eingeschränkt werden kann, muß das Gesetz allgemein und nicht nur für den Einzelfall gelten. Außerdem muß das Gesetz das Grundrecht unter Angabe des Artikels nennen.
(2) In keinem Falle darf ein Grundrecht in seinem Wesensgehalt angetastet werden.
(3) Die Grundrechte gelten auch für inländische juristische Personen, soweit sie ihrem Wesen nach auf diese anwendbar sind.
(4) Wird jemand durch die öffentliche Gewalt in seinen Rechten verletzt, so steht ihm der Rechtsweg offen. Soweit eine andere Zuständigkeit nicht begründet ist, ist der ordentliche Rechtsweg gegeben. Artikel 10 Abs. 2 Satz 2 bleibt unberührt.

I. Die Garantiefunktion

Art. 19 dient vor allem dem Schutz der Grundrechte. Er ist getragen von dem 1 Mißtrauen gegenüber dem Gesetzgeber, daß dieser die verfassungsrechtlich hervorgehobenen Grundrechte des Bürgers im Wege der einfachen Gesetzgebung unzulässig beschränken könnte. Deshalb darf der Gesetzgeber in den Fällen, in denen das Grundgesetz selbst davon ausgeht, daß er bestimmte Grundrechte einschränken kann, diese Einschränkung nur aufgrund eines allgemeinen Gesetzes durchführen. Ein Gesetz, das nur in einem bestimmten Einzelfall ein Grundrecht einschränkt, wäre unzulässig. Das Gesetz muß auch das Grundrecht, das es einschränkt, unter Angabe des Artikels nennen. Die Grundrechtsbeschränkung wird dadurch transparent.

2 Der Wesensgehalt eines Grundrechts darf in keinem Falle angetastet werden. Zum Wesensgehalt der Grundrechte gehört ihre rechtliche Erzwingbarkeit; daher wird er angetastet, wenn ihre Verwirklichung dem Ermessen einer Behörde überlassen wird.

II. Die Grundrechtsfähigkeit juristischer Personen

3 Träger von Grundrechten sind an sich nur die **natürlichen Personen,** d. h. die Menschen, wobei die Menschenrechte für alle, die Bürgerrechte aber ausschließlich für die Deutschen gelten. Art. 19 Abs. 3 erweitert die Geltung der Grundrechte auf die inländischen juristischen Personen, soweit sie ihrem Wesen nach auf diese anwendbar sind. Unter **juristischen Personen** sind rechtlich geregelte soziale Organisationen zu verstehen, die eine eigene allgemeine Rechtsfähigkeit besitzen, also Träger von Rechten und Pflichten sind (z. B. GmbH, AG). Juristische Personen können sich beispielsweise auf die Art. 2 Abs. 1, 3 Abs. 1, 12 Abs. 1 und 14 berufen, nicht dagegen auf Art. 6 Abs. 1.
Für juristische Personen des **öffentlichen Rechts** gelten die Grundrechte grundsätzlich nicht, soweit sie öffentliche Aufgaben wahrnehmen. Nur dann, wenn sie unmittelbar dem durch die Grundrechte geschützten Lebensbereich zuzuordnen sind, können sie sich auf die Grundrechte berufen. Deshalb sind Universitäten und Fakultäten grundrechtsfähig (Art. 5 Abs. 3 Satz 1!), ebenso die öffentlich-rechtlichen Rundfunkanstalten (Art. 5 Abs. 1!). Kirchen und anderen Religionsgemeinschaften werden deshalb Grundrechte zuerkannt, weil sie dem außerstaatlichen Bereich zuzuordnen sind.

III. Die Garantie des Rechtswegs

4 Die Bedeutung des Art. 19 Abs. 4 liegt vornehmlich darin, daß er die »Selbstherrlichkeit« der **vollziehenden Gewalt** im Verhältnis zum Bürger beseitigt; kein Akt der Exekutive, der in Rechte des Bürgers eingreift, kann richterlicher Nachprüfung entzogen werden. Der Rechtsweg im Sinne dieser Bestimmung bedeutet den Weg zu den Gerichten als unabhängigen staatlichen Institutionen. Als Akte der »öffentlichen Gewalt« sind nur Akte der staatlichen, deutschen, an das GG gebundenen öffentlichen Gewalt anzusehen. Akte einer besonderen, durch völkerrechtlichen Vertrag geschaffenen, von der Staatsgewalt der Mitgliedstaaten geschiedenen **öffentlichen Gewalt einer zwischenstaat-**

lichen Einrichtung im Sinne des Art. 24 Abs. 1 fallen hierunter nicht. Ein Organ, das außerhalb des Gefüges der deutschen Staatsorganisation steht, nimmt grundsätzlich nicht deutsche Staatsgewalt wahr (BVerfGE 58, 26f.).
Für Handlungen zwischenstaatlicher Einrichtungen ergibt sich aus Sinn und Zweck der Ermächtigung des Art. 24 Abs. 1, wonach der Bund Hoheitsrechte auf solche Einrichtungen übertragen darf, daß insoweit der Rechtsschutz durch deutsche Gerichte nicht von Verfassungs wegen gewährleistet ist. Diese Verfassungsbestimmung öffnet die deutsche Rechtsordnung derart, daß der ausschließliche Herrschaftsanspruch der Bundesrepublik Deutschland im Geltungsbereich des GG zurückgenommen und der unmittelbaren Geltung und Anwendbarkeit eines Rechts aus anderer Quelle innerhalb des staatlichen Herrschaftsbereichs Raum gelassen wird (BVerfGE 58, 57).
Die Frage, ob der für das Verhalten einer zwischenstaatlichen Einrichtung vorgesehene Rechtsschutz ausreichend ist, betrifft demnach nicht unmittelbar die Gewährleistung des Art. 19 Abs. 4. Bestimmungen, die den Rechtsschutz in bezug auf ein Verhalten der zwischenstaatlichen Einrichtung regeln, sind nicht unmittelbar an dieser Verfassungsbestimmung zu messen, denn sie betreffen nicht den Rechtsschutz gegen die deutsche öffentliche Gewalt. Insoweit käme allenfalls eine Verletzung des Art. 24 Abs. 1 in Betracht. Die Grenzen, die dieser Übertragungsermächtigung von Grundprinzipien von der Verfassung her gezogen sind, könnten aber überschritten sein, wenn bei der Gründung einer zwischenstaatlichen Einrichtung und ihrer rechtlichen und organisatorischen Ausgestaltung dem – schon im Rechtsstaatsprinzip verankerten – Grundprinzip eines wirksamen Rechtsschutzes Abbruch getan wäre (BVerfGE 58, 30).

Art. 19 Abs. 4 Satz 1 enthält ein »formelles Hauptgrundrecht« und ist Ausfluß **5**
des in Art. 20 garantierten Rechtsstaatsprinzips. Art. 19 Abs. 4 garantiert nicht nur das formelle Recht und die theoretische Möglichkeit, die Gerichte anzurufen, sondern auch die **Effektivität des Rechtsschutzes;** der Bürger hat einen substantiellen Anspruch auf eine tatsächlich wirksame gerichtliche Kontrolle durch ein mit zureichender Entscheidungsmacht ausgestattetes Gericht und zwar in allen von der Prozeßordnung zur Verfügung gestellten Instanzen. Der Zugang zu den Gerichten und zu den von den Verfahrensordnungen eingeräumten Instanzen darf nicht in unzumutbarer, aus Sachgründen nicht zu rechtfertigender Weise erschwert werden. Der Bürger ist insbesondere berechtigt, die ihm vom Gesetz eingeräumten **prozessualen Fristen** bis zu ihrer Grenze auszunutzen. Für die Rechtzeitigkeit des Eingangs eines fristwahrenden Schriftstücks ist allein entscheidend, daß es innerhalb der Frist tatsächlich in die Verfügungsgewalt des Gerichts gelangt. Dabei kommt es weder auf das Ende der Dienstzeit noch auf die fristgerechte Entgegennahme durch den zuständigen Bediensteten der Geschäftsstelle an. Etwaige Fristversäumungen, die auf Verzögerungen der Entgegennahme der Sendung durch das Gericht beruhen, dürfen dem Bürger nicht angelastet werden. Gerade in Fristfragen muß für den Rechtssuchenden klar erkennbar sein, was er zu tun hat, um einen Rechtsverlust zu vermeiden. Die Grenze des Zumutbaren ist dann überschritten, wenn auf dem Bürger die Verantwortung für Risiken und Unsicherheiten bei der

Entgegennahme rechtzeitig in den Gewahrsam des Gerichts gelangter fristwahrender Schriftsätze abgewälzt wird und die Ursache hierfür allein in der Sphäre des Gerichts zu finden ist.

6 Satz 2 wurde durch die »Notstandsverfassung« neu eingefügt. Auf die damit zusammenhängende Problematik wurde im Rahmen des Art. 10 bereits eingegangen.

II. Der Bund und die Länder

Art. 20 [Staatsstrukturprinzipien; Widerstandsrecht]

Bundesrepublik Deutschland ist ein demokratischer und sozialer Bun-

Staatsgewalt geht vom Volke aus. Sie wird vom Volke in Wahlen und
ıungen und durch besondere Organe der Gesetzgebung, der voll-
:n Gewalt und der Rechtsprechung ausgeübt.
Gesetzgebung ist an die verfassungsmäßige Ordnung, die vollziehende
ınd die Rechtsprechung sind an Gesetz und Recht gebunden.
en jeden, der es unternimmt, diese Ordnung zu beseitigen, haben alle
en das Recht zum Widerstand, wenn andere Abhilfe nicht möglich ist.

meines

:nthält eine »**Verfassung in Kurzform**«. In ihm sind tragende Grund- 1
seres Staatsaufbaus enthalten, die gemäß Art. 79 Abs. 3 auch nicht im
:r Verfassungsänderung beseitigt werden könnten. Art. 20 entwirft das
r »sozialen Demokratie in den Formen des Rechtsstaats« (BVerfGE 5,
83/198).

Die staatsrechtlichen Aufgaben und Funktionen in der Bundesrepublik sind zwischen dem Bund und den Ländern aufgeteilt. Sowohl der Bund als auch die einzelnen Länder sind Staaten. Wie die Entstehungsgeschichte der Bundesrepublik zeigt, ist die Bundesrepublik zwar nicht durch Verträge der Länder entstanden, es liegt aber ein Zusammenschluß der Länder unter gleichzeitiger Ausscheidung bisheriger Länderaufgaben und deren Zusammenführung zu einer neuen Einheit vor. Weder ist die Bundesgewalt eine von den Ländern abgeleitete Staatsgewalt, noch ist die Staatsgewalt der Länder vom Bund abgeleitet oder delegiert. Die staatsrechtlichen Funktionen sind nach Maßgabe des Grundgesetzes in gegenseitiger Ergänzung auf Bundesgewalt und Ländergewalten verteilt. Der Staatlichkeitscharakter der Länder zeigt sich in deren Kompetenz, sich Landesverfassungen zu geben.

II. Historisches

Nach der antiken Staatsformenlehre, die vor allem Aristoteles entwickelt hat, 2
werden die Staaten danach eingeteilt, wer die Herrschaft ausübt, nämlich ob einer, mehrere oder alle an ihr beteiligt sind, und dementsprechend drei mögliche Grundtypen herausgestellt: die Monarchie (Herrschaft eines einzelnen), die

Aristokratie (Herrschaft weniger, Elite-Herrschaft) und die Herrschaft des Volkes. Diesen drei Grundtypen »guter« Staatsformen korrespondieren ihre »Entartungen«: die Tyrannis, die Oligarchie und die entartete Demokratie. Während in den »guten« Staatsformen der Herrscher oder die Herrschenden zum allgemeinen Besten regieren, dient die Herrschaft in den »entarteten« Staatsformen nur dem Vorteil des Herrschers oder der herrschenden Schicht und hat Willkürcharakter. Die aristotelische Einteilung der Staatsformen ist also gleichzeitig mit einer ethischen Wertung verbunden.

3 Machiavelli ersetzt in seiner Schrift über den Fürsten (1532) die antike Staatsformentypologie durch die Zweiteilung *Monarchie-Republik.* Die Republik wurde im Laufe der Zeit zu dem Inbegriff eines freiheitlichen Staatswesens; durch die Französische Revolution und die ihr folgenden verschiedenen nationalen Freiheits- und Einigungsbestrebungen wurde die Abschaffung der Monarchie in ganz Europa auf die Tagesordnung gesetzt.

4 Das Grundgesetz hat sich **für die Republik** und damit **gegen die Monarchie** entschieden. Dieser Entscheidung liegt die Zweiteilung Machiavellis und nicht die antike Dreiteilung zugrunde. Die Entscheidung für die Republik bedeutet die Ablehnung eines dynastischen Herrschers (König, Kaiser) und die Einführung eines auf Zeit gewählten Staatsoberhauptes (vgl. Art. 54 ff.). Republik heißt: »Nichtmonarchie«. In dem Begriff der Republik, wie ihn das Grundgesetz verwendet, sind keine demokratischen oder freiheitlichen Elemente enthalten. Das ist auch nicht notwendig, weil das Grundgesetz insoweit besondere Entscheidungen trifft.

III. Entscheidung für den Bundesstaat

5 Die Bundesrepublik ist ein **Bundesstaat.** Mit der Bezeichnung »Bundesrepublik« ist die Entscheidung für eine **föderative Republik** bereits getroffen, so daß, strenggenommen, eine Tautologie vorliegt. Die Aussage, daß es sich um einen Bundesstaat handelt, hat nur verdeutlichenden Charakter.

Das föderalistische System der Bundesrepublik ist weitgehend historisch bedingt. Der Deutsche Bund von 1815 war ein Staatenbund, alle wesentlichen Rechte blieben bei den deutschen Einzelstaaten. Das Deutsche Reich von 1871 und seine Verfassung entstanden durch einen Vertrag der Landesfürsten, der den überwiegenden Teil der Staatsgewalt bei den Ländern beließ. Die politische Einheit des Reiches wurde weniger durch die Verfassung als durch die absolut dominierende Stellung Preußens innerhalb des Reiches gewährleistet. Die Weimarer Verfassung von 1919 stärkte die Zentralgewalt erheblich, hielt jedoch am Prinzip des Föderalismus fest. Als nach dem Zweiten Weltkrieg die westlichen Besatzungsmächte den Zusammenschluß ihrer Zonen planten, hielten viele in dem sich abzeichnenden deutschen Freistaat den Föderalismus für überflüssig. Die Anhänger der Tradition des Föderalismus und des Rechts auf Selbstverwaltung der lokalen Einheiten, besonders in Süddeutschland, setzten sich durch, unterstützt von den Siegermächten, die eine starke Zentralgewalt verhindern wollten.

Durch das Prinzip des Föderalismus soll der Einheitsstaat verhindert werden, in 6
dem alle politischen Probleme von einer zentralen Instanz gelöst werden. Im Föderalismus soll die kleinere Einheit Aufgaben, die nur ihren Bereich betreffen, selbst erfüllen.

Die Gegner des Föderalismus verweisen auf die Notwendigkeit zentraler Planung und Entscheidung in der modernen Industriegesellschaft. Die notwendige und wünschenswerte Mobilität dieser Gesellschaft werde durch den Föderalismus beeinträchtigt. Die angeblichen Vorteile seien heute nicht mehr vorhanden: Weder habe das föderalistische System der Weimarer Republik die sog. Machtergreifung Hitlers verhindern können, noch garantiere es eine größere Mitverantwortung des Bürgers.

Ein **Bundesstaat** ist eine **staatsrechtliche** Verbindung mehrerer Staaten, durch 7
welche diese Verbindung selbst Staatscharakter erhält. Er besteht aus dem **Gesamtstaat** (dem »Bund«) und den **Gliedstaaten** (den »Ländern«). Die Länder sind als Glieder des Bundes nicht bloße hochpotentierte Selbstverwaltungskörperschaften, sondern echte Staaten mit eigener – wenn auch gegenständlich beschränkter -, nicht vom Bund abgeleiteter, sondern von ihm anerkannter staatlicher Hoheitsmacht (BVerfGE 1, 34). Im Bundesstaat ist die Staatsgewalt zwischen den Gliedstaaten und dem Gesamtstaat so verteilt, daß keiner sie insgesamt innehat, sondern zwischen ihnen wenigstens annähernd ein Gleichgewicht hergestellt wird.

In dem Gebiet eines Landes übt sowohl das Land als auch der Bund Hoheitsrechte aus. Die Festlegung, welche Hoheitsrechte wem zustehen, also die Aufteilung der Kompetenzen, ist deshalb für eine bundesstaatliche Verfassung besonders wichtig. Das Grundgesetz trifft diese Aufteilung in den Art. 30, 70 ff., 83 ff., 92 ff., 105 ff. (vgl. die dortigen Ausführungen).

Bundesstaaten sind außer der Bundesrepublik beispielsweise die USA und die Schweiz.

a) Im Gegensatz zu dem Bundesstaat zeichnet sich der **Einheitsstaat** dadurch aus, daß nur eine Staatshoheit besteht und das Staatsgebiet in reine Verwaltungsbezirke und Kommunalkörperschaften unterteilt ist und daß die staatliche Vollzugstätigkeit entweder bei den höchsten Exekutivorganen zentriert ist (zentralisierter Einheitsstaat) oder auf die Mittel- und Unterebenen verlagert wird (dezentralisierter Einheitsstaat).

b) Der Bundesstaat muß auch von dem *Staatenbund* unterschieden werden. Ein Staatenbund stellt eine grundsätzlich auf **Völkerrecht** beruhende Verbindung mehrerer Staaten dar, durch die aber kein neuer Staat entsteht und die Hoheitsgewalt der Vertragsstaaten grundsätzlich nicht eingeschränkt wird. Ein Austrittsrecht besteht im Gegensatz zum Bundesstaat. Staatenbünde sind beispielsweise: das britische Commonwealth, die Organisation der Amerikanischen Staaten (OAS), die UN.

c) Endlich ist ein Bundesstaat nicht mit einem *Staatenstaat* zu verwechslen. Darunter versteht man eine *staatenrechtliche* Verbindung mehrerer Staaten in der Form, daß ein Oberstaat über einem Unterstaat (oder mehrere) kraft eines Herrschafts- und Unterwerfungsverhältnisses steht und der Oberstaat den Unterstaat nach außen vertritt, während dieser nach innen selbständig ist. Staatenstaaten sind heute selten. Beispiele (Oberstaat in Klammern): San Marino (Italien), Sikkim (Indien).

8 Aus der Entscheidung für den Bundesstaat folgt der Grundsatz der **Bundestreue:** Es besteht die Rechtspflicht des Bundes und aller seiner Glieder zu »bundestreuem Verhalten«; d. h., alle an dem verfassungsrechtlichen »Bündnis« Beteiligten sind gehalten, dem Wesen dieses Bündnisses entsprechend zusammenzuwirken und zu seiner Festigung und zur Wahrung der wohlverstandenen Belange des Bundes und seiner Glieder beizutragen (BVerfGE 1, 315). So kann beispielsweise ein Land nicht einseitig und ohne Rücksichtnahme auf den Bund und die anderen Länder für seine Beamten eine völlig neue Besoldungsordnung einführen, durch die diese wesentlich besser gestellt werden als die Beamten des Bundes oder der anderen Länder.

9 Zu den staatlichen Aufgaben der Länder, die dem Bund entzogen sind, gehört insbesondere die Befugnis, den eigenen Staatsaufbau und die Organisation des eigenen Staatsapparates selbst zu regeln. Das ergibt sich auch aus Art. 28 GG. Die Entscheidung für den Bundesstaat bedeutet nicht, daß die territoriale Integrität der Länder unantastbar wäre. Länderneugliederungen sind im Rahmen des Art. 29 zulässig (vgl. auch Art. 118, 118 a).

IV. Entscheidung für die Demokratie

10 Die Bundesrepublik ist ein demokratischer Bundesstaat. Diese Entscheidung für die Demokratie bedeutet gleichzeitig eine Ablehnung jeder Art von Monokratie (»Einherrschaft«) und »aristokratischer« Herrschaft.

Wenige Begriffe werden in der politischen Diskussion so häufig und so unterschiedlich verwendet wie der Begriff Demokratie. Es bedarf daher einer genauen Bestimmung, was jeweils mit Demokratie gemeint ist. In der Entwicklung des Demokratiebegriffs lassen sich zwei Tendenzen unterscheiden:

11 Der **formale Demokratiebegriff** sieht die wesentlichen Elemente der Demokratie in der Kontrolle der Macht des Staates durch Gewaltenteilung, der Geltung der Menschenrechte und der Möglichkeit einer Opposition mit Aussicht auf Regierungsübernahme. Die Bindung der Staatsgewalt an den Souverän, das Volk, geschieht durch periodische Wahlen, die der jeweiligen Regierung nur eine »Herrschaft auf Zeit« ermöglichen.

Demgegenüber versteht sich der auf den Inhalt abgestellte Begriff »Demokratie« als eine Lebensordnung, die von Freiheit, Gleichheit und Menschenwürde ausgeht und versucht, den Anspruch auf Herrschaft durch das Volk nicht nur im staatlichen Bereich, sondern in allen gesellschaftlichen Bereichen zu verwirklichen.

12 Dem Begriff der Demokratie ist der Grundsatz immanent, daß das **Volk der primäre Träger der Staatsgewalt** ist. Das verdeutlicht Abs. 2 Satz 1, wonach alle Staatsgewalt vom Volke ausgeht. Damit wird verlangt, daß jede Art der staatlichen Betätigung auf einen Willensentschluß des Volkes zurückführbar und

durch ihn legitimiert sein muß. In einer parlamentarischen Demokratie bilden in erster Linie die Wahlen den allem staatlichen Handeln zugrundeliegenden Legitimationsakt. Sie enthalten jene politischen Grundsatzentscheidungen, aufgrund derer die von der Mehrheit gewählten Volksvertreter konkrete politische Entscheidungen treffen und ausführen können.

Die Demokratie kann **unmittelbar** oder **mittelbar** sein. Eine unmittelbare Demokratie liegt vor, wenn das Volk die Staatsgewalt selbst ausübt, von einer mittelbaren Demokratie spricht man, wenn es durch von ihm gewählte Vertreter an der Bildung des Staatswillens mitwirkt. Die Einführung einer unmittelbaren Demokratie muß in einer modernen Industriegesellschaft mit ihren hohen Bevölkerungszahlen und komplizierten Rechts- und Organisationsproblemen schon an ihrer praktischen Undurchführbarkeit scheitern; sie würde überdies »einer demagogischen Beeinflussung des Volkes die unmittelbarste politische und rechtliche Wirksamkeit« verschaffen. Das Grundgesetz hat sich deshalb für die mittelbare Demokratie entschieden und die Form der parlamentarischen Demokratie gewählt (vgl. Art. 38 ff.). **13**

Zum Wesen der Demokratie gehört die **Herrschaft der Mehrheit,** wobei die Minderheit die rechtliche Chance haben muß, einmal die Mehrheit zu werden. Der Begriff der Mehrheit ist immer auf diejenigen zu beziehen, die zur Antwort auf ein und dieselbe Frage aufgerufen sind (BVerfGE 1, 14/46). **14**

Die Demokratie ist relativ in dem Sinne, daß sie grundsätzlich jeder politischen Auffassung die Führung im Staate zu überlassen bereit ist, die sich die Mehrheit verschaffen kann. Deshalb muß die Möglichkeit der Bildung und effektiven Ausübung einer **Opposition** gegeben sein. Eine Ausnahme gilt nur für Gruppierungen, die darauf ausgerichtet sind, die demokratische Staatsform abzuschaffen. **15**

Die Demokratie ist aber auch relativ in dem Sinn, daß sie weitgehend darauf verzichtet, sich mit bestimmten Schichten, Interessen oder Wertvorstellungen zu identifizieren. Sie ist insoweit eine im Grunde offene und daher notwendigerweise **pluralistische Gesellschaftsordnung.**

Die Demokratie gibt dem einzelnen einen Anspruch auf Mitwirkung am Staate *(»Aktivbürgerschaft«),* z.B. das Recht, in die Volksvertretung gewählt zu werden oder sich in Selbstverwaltungskörperschaften zu betätigen. Es ist jedoch zulässig, für die Ausübung staatlicher Funktionen Mindestvoraussetzungen festzulegen. Deshalb kann sowohl ein gewisses Mindestalter als auch das Fehlen schwererer Vorstrafen gefordert werden. **16**

Aus dem demokratischen Aufbau des Staates ergibt sich nicht gleichzeitig zwingend, daß dieser Staat auch den Anforderungen entspricht, die an einen **Rechtsstaat** zu stellen sind. Erfahrungsgemäß entscheidet sich die Mehrheit nicht immer für das Recht. Auch demokratisch zustande gekommene Mehrheitsentscheidungen können gegen rechtsstaatliche Grundsätze verstoßen. Das Grundgesetz hat sich deshalb ausdrücklich für den Rechtsstaat entschieden. **17**

V. Entscheidung für den Sozialstaat

18 Mit der Entscheidung für den Sozialstaat wird die immer wieder gestellte Forderung nach sozialer Gerechtigkeit zu einem leitenden Prinzip aller staatlichen Maßnahmen erhoben. Die Sozialstaatlichkeit bezeichnet den Inbegriff aller Pflichten des Staates, die Achtung der Menschenwürde (Art. 1 Abs. 1) und das damit unlösbar verbundene Rechtsstaatsprinzip speziell im sozialen Bereich zu verwirklichen.

19 Die **»Sozialstaatsklausel«** des GG fordert nicht die Einrichtung eines totalen Wohlfahrtsstaates; sie impliziert auch nicht die Forderung nach einer ausschließlich staatlich gelenkten und organisierten Wirtschaftsordnung. Sie erstrebt aber die annähernd gleichmäßige Verteilung der Lasten (BVerfGE 5, 85/198). Zwischen dem ebenfalls verfassungsrechtlich geforderten Schutz der persönlichen Freiheit des einzelnen und der Forderung nach einer sozialstaatlichen Ordnung besteht allerdings eine unaufhebbare und grundsätzliche Spannungslage (BVerfGE 10, 354/370). Der Gesetzgeber hat deshalb bei Entscheidungen zwischen diesen beiden verfassungsrechtlichen Grundsätzen einen gewissen Spielraum; seine Entscheidung zugunsten der Freiheit der persönlichen Entfaltung des einzelnen ist jedenfalls dann nicht zu beanstanden, wenn eine andere Lösung durch das Sozialstaatsprinzip nicht unbedingt geboten ist (BVerfGE 18, 257/267).

20 Die Entscheidung für die **Sozialstaatlichkeit** hat ungeachtet des Spannungsverhältnisses zum Grundrecht der freien Entfaltung der Persönlichkeit in vielen Bereichen erhebliche Auswirkungen.

a) Aus dem Sozialstaatsprinzip ergibt sich in Verbindung mit dem Grundrecht der Würde des Menschen ein Anspruch des einzelnen gegen den Staat, für ihn im Falle seiner – verschuldeten oder unverschuldeten – Bedürftigkeit so zu sorgen, daß sein Existenzminimum gesichert ist **(»Fürsorgeanspruch«).** Der Bundesgesetzgeber hat dementsprechend das Bundessozialhilfegesetz erlassen, das die Einzelheiten der Sozialhilfe regelt.

b) Der Staat ist auch verpflichtet, im weiten Bereich der sog. **Daseinsvorsorge** (z.B. Versorgung mit Gas, Wasser, Strom; Bereitstellung öffentlicher Verkehrsmittel; Gesundheitsvorsorge; Schulwesen; Arbeitsvermittlung) Leistungen zugunsten des einzelnen zu erbringen. Er braucht dies allerdings nicht immer kostenlos zu tun, sondern kann dafür eine zumutbare Gegenleistung in Geld fordern.

c) Das Sozialstaatsprinzip beschränkt auch den Grundsatz der Vertragsfreiheit (vgl. Rz. 4 zu Art. 2). Deshalb ist beispielsweise eine gesetzliche Regelung nicht verfassungswidrig, die es ermöglicht, aus gesamtwirtschaftlichen und sozialen Gründen die zum Nutzen des allgemeinen Wohls gebotenen preisrechtlichen Maßnahmen zu treffen (BVerfGE 8, 274/329; 21, 87/91).

d) Die Zwangsversicherung bestimmter Gruppen ist ebenfalls Ausfluß des Sozialstaatsprinzips. Die Vorsorge für Krankheit, Alter, Unfall usw. rechtfertigt die zwangsweise Versicherung des einzelnen, wenn dieser entweder nur teilweise eigene Leistungen dafür einbringt oder sonst mit hoher Wahrscheinlichkeit für den Staat eine derart hohe Belastung einträte, daß er seinen sozialen Verpflichtungen nur noch im beschränkten Umfang nachkommen könnte.

e) Aus dem Sozialstaatsprinzip folgt auch das Gebot einer sozialen Steuerpolitik (BVerfGE 13, 331/347). Die unübersichtliche und manchmal aus sich heraus nicht ganz verständliche Steuergesetzgebung entspricht gegenwärtig dieser Forderung nicht immer. Eine grundsätzliche Steuerreform wurde zwar mehrmals angekündigt, aber immer wieder verschoben.

Das Grundgesetz enthält keinen besonderen Katalog spezifisch sozialer **21**
Grundrechte. Die Verfassungen einzelner Bundesländer gehen hier z. T. über das Grundgesetz hinaus und garantieren:

a) den Schutz der menschlichen Arbeitskraft (Art. 28 *hess. Verf.)*;
b) ein Recht auf Arbeit (Art. 28 *hess. Verf.,* Art. 8 *Bremer Verfassung)*;
c) einen Anspruch auf angemessene Wohnung (Art. 14 *Bremer Verf.)*;
d) ein Recht auf Bildung (Art. 128 *bayer. Verf.;* Art. 27 *Bremer Verf.;* Art. 8 *nordrh.-westf. Verf.;* Art. 31 *rh-pf. Verf.)*

Die Verfassungen der neuen Länder behandeln derartige Rechte als Staatszielbestimmungen. So enthält beispielsweise die Sächsische Verfassung die Rechte auf Arbeit, angemessenen Wohnraum und angemessenen Lebensunterhalt, und die Verfassung von Sachsen-Anhalt enthält u. a. die Rechte auf Schutz von Minderheiten und Schutz der natürlichen Lebensgrundlagen. Letzteres findet sich nunmehr auch in Art. 20a GG.

Einen Katalog sozialer Rechte mit der Qualität einfachen Bundesrechts (nicht Verfassungsrang!) garantiert die **Europäische Sozialcharta** von 1964:

a) das Recht auf Arbeit;
b) das Recht auf gerechte, auf sichere und gesunde Arbeitsbedingungen und auf ein gerechtes Arbeitsentgelt;
c) das Recht auf Kollektivverhandlungen und auf kollektive Arbeitskampfmaßnahmen einschließlich des Streikrechts;
d) das Recht der Kinder und Jugendlichen auf Jugendarbeitsschutz;
e) das Recht der Arbeitnehmerinnen auf Arbeitsschutz;
f) das Recht auf Berufsberatung und auf berufliche Ausbildung;
g) das Recht auf Schutz der Gesundheit;
h) das Recht auf soziale Sicherheit;
i) das Recht auf Fürsorge;
j) das Recht auf Inanspruchnahme sozialer Dienste;
k) das Recht der körperlich, geistig oder seelisch Behinderten auf berufliche Ausbildung sowie auf berufliche und soziale Eingliederung oder Wiedereingliederung;
l) das Recht der Familie auf sozialen, gesetzlichen und wirtschaftlichen Schutz;
m) das Recht der Mütter und Kinder auf sozialen und wirtschaftlichen Schutz, unabhängig vom Bestehen einer Ehe.

VI. Entscheidung für die Gewaltenteilung

22 Art. 20 Abs. 2 Satz 2 fordert die Ausübung der Staatsgewalt durch »besondere Organe der Gesetzgebung, der vollziehenden Gewalt und der Rechtsprechung« und verankert damit den Grundsatz der Gewaltenteilung im GG.

Durch die Gewaltenteilung soll nicht nur eine rein organisatorische »Aufteilung« der Gewalten auf verschiedene Staatsorgane erreicht werden; ihr eigentlicher Sinn liegt in der Verhinderung oder doch der Erschwerung einer **Willkürherrschaft.** Übt nicht nur ein einzelner oder ein einzelnes Staatsorgan die Staatsgewalt aus, sondern sind die staatlichen Aufgaben zwischen mehreren Staatsorganen so verteilt, daß keines legal über die gesamte Staatsgewalt verfügen kann, so verringert sich die Gefahr einer widerrechtlichen Okkupation oder Ausübung der Staatsgewalt entscheidend. Die Gewaltenteilung bezweckt, die Ausübung staatlicher Gewalt in ihren Grundfunktionen organisatorisch und personell zu trennen, auf verschiedene Mächte zu verteilen und in ein System gegenseitiger Hemmung zu bringen.

23 Aristoteles unterschied deskriptiv die beratende Gewalt, den Magistrat und die Rechtsprechung, während John Locke eine Verteilung der Gewalten auf Volk, Parlament, Monarchen und lokale Selbstverwaltung forderte (Two treatises of goverment, 1690). Entgegen einer weitverbreiteten Meinung stammt die heute herrschende Dreiteilung in Legislative, Exekutive und rechtsprechende Gewalt nicht von Montesquieu, sondern taucht zum ersten Male in der Verfassung des Staates Pennsylvania (1776) auf, kehrt dann in der Verfassung der Vereinigten Staaten wieder (1787) und wird von Kant übernommen (Metaphysische Anfangsgründe der Rechtslehre, 1798). Montesquieu unterschied im Prinzip nur die gesetzgebende und die ausführende Gewalt und räumte der Rechtsprechung lediglich einen bescheidenen Platz innerhalb der Exekutive ein (De l'esprit des lois, 1748).

24 Der Ausdruck »Gewaltenteilung« ist nicht ganz unmißverständlich. Die staatliche Gewalt wird nicht geteilt, sondern nur verteilt, sie ist an sich unteilbar und bildet stets eine Einheit. Der Ausdruck »Gewaltenteilung« ist aber im heutigen Sprachgebrauch fest verwurzelt.

25 Die Gewaltenteilung wird dadurch erreicht, daß die drei staatlichen Grundfunktionen verschiedenen Organen zugewiesen werden, so daß keines dieser Organe legal über die gesamte Staatsgewalt verfügen kann **(organisatorische Gewaltenteilung)** und die Amtsträger der einen Gewalt nicht zugleich Amtsträger der anderen Gewalt sein dürfen (personelle Gewaltenteilung; sog. **Inkompatibilität).** So darf beispielsweise ein amtierender Richter nicht zugleich Abgeordneter oder Minister sein, ebensowenig kann ein amtierender Beamter gleichzeitig als Richter oder Abgeordneter fungieren.

Das Prinzip der Gewaltenteilung ist allerdings nicht rigoros durchgeführt, sondern erlaubt gewisse Durchbrechungen. So verstößt es herkömmlicherweise nicht gegen den Grundsatz der Inkompatibilität, wenn ein Abgeordneter gleichzeitig ein Ministeramt innehat. Auch kann die Exekutive Rechtssätze, nämlich Rechtsverordnungen, erlassen, wenn sie durch ein formelles Gesetz dazu ermächtigt wird, obwohl der Erlaß von Rechtsverordnungen materiell eine Gesetzgebungstätigkeit darstellt.

Die Gewaltenteilung will gleichzeitig die getrennten Gewalten in ein System 26
gegenseitiger Abhängigkeit und Hemmung (checks and balances, Bolingbroke) bringen.

a) Vielfach sind Mitwirkungs- und Kontrollrechte einer organisierten Gewalt bei Handlungen einer anderen Gewalt vorgesehen. So kontrolliert das Parlament die Regierung, überprüfen die Gerichte die Akte der Exekutive auf ihre Rechtmäßigkeit und die Akte der Gesetzgebung auf ihre Verfassungsmäßigkeit, muß der Bundespräsident ein Gesetz ausfertigen und verkünden.

Tabelle 3:

Trennung der Staatsgewalt in drei Funktionen
(Gewaltenteilung)

Legislative	Exekutive Aufgaben der Teilgewalten	Judikative
Gesetzgebung	Regierung Verwaltung	Rechtsprechung
Organe der Gesetzgebung:	Organe der Regierung und der Verwaltung:	Organe der Rechtsprechung auf Bundesebene:
Bundestag, Landtage.	Bundesregierung, Länderregierungen, Kreis- und Städte- regierungen mit nachgeordneten Verwaltungen.	Bundesverfassungsgericht Bundesgerichtshof, Bundesverwaltungsgericht, Bundesarbeitsgericht, Bundessozialgericht, Bundesfinanzhof.

b) Überwiegend erfolgt die Bestellung der Amtsträger der einen Gewalt durch Amtsträger einer anderen Gewalt. So werden der Bundeskanzler vom Parlament, die Richter der Bundesgerichte von Richterwahlausschüssen gewählt; so werden die übrigen Richter durch die Exekutive ernannt.

c) Manchmal werden die Aufgaben einer Gewalt nicht einem, sondern mehreren Organen als gemeinsame Aufgabe übertragen. Diese Organe müssen dann zusammenwirken, um eine rechtswirksame Handlung vornehmen zu

können. So können zustimmungsbedürftige Gesetze nicht vom Bundestag allein, sondern nur mit Zustimmung des Bundesrates erlassen werden.
d) Endlich können spezielle Aufgaben einer Gewalt einem rechtlich selbständigen und unabhängigen Organ zur alleinigen Erledigung übertragen werden (z. B. Bundesbank, Bundesrechnungshof).

27 Die Gewaltenteilung gilt in den westlichen Demokratien als Verfassungsgrundsatz. In neuerer Zeit wird aber in Zweifel gestellt, ob unter den gewandelten politischen Verhältnissen das überkommene Modell der Gewaltenteilung im ganzen noch zureicht. Dabei wird darauf hingewiesen, daß in einer modernen parlamentarischen Demokratie die stärkste Partei oder Parteikoalition Regierung und Parlament gleichermaßen beherrscht, so daß der Gewaltenteilungseffekt durch diese Verklammerung zunichte gemacht wird. Nach dieser Auffassung wird die Funktion der Gewaltenbalance in einer pluralistischen Gesellschaft wenigstens in gewissem Umfang durch die gesellschaftlich-politische Balance der einander widerstreitenden und sich wechselseitig beschränkenden und kontrollierenden sozialen und politischen Mächtegruppen übernommen; diese Balance sei freilich labil und prekär.

VII. Entscheidung für den Rechtsstaat

28 Das Grundgesetz enthält zwar keine ausdrückliche Entscheidung für den Rechtsstaat, Art. 20 Abs. 3 bindet aber die drei Gewalten an die Verfassung sowie an Gesetz und Recht; in dieser Bindung kommt der Gedanke eines vornehmlich am Recht orientierten Staates bereits zum Tragen. Das BVerfG hat darauf hingewiesen, daß das Verfassungsrecht nicht nur aus den einzelnen geschriebenen Sätzen der Verfassung besteht, sondern auch aus gewissen sie verbindenden, innerlich zusammenhaltenden allgemeinen Grundsätzen und Leitideen, die der Verfassungsgeber, weil sie bereits das vorverfassungsrechtliche Gesamtbild geprägt haben, nicht zu einem besonderen Verfassungssatz konkretisiert hat, und zählt zu diesen Leitideen auch das **Rechtsstaatsprinzip;** es folgert dieses Prinzip aus einer Zusammenschau der Bestimmungen der Art. 20 Abs. 3, 1 Abs. 3, 19 Abs. 4 und 28 Abs. 1 sowie aus der Gesamtkonzeption des GG (BVerfGE 2, 380/403). Als Verfassungsnormen, in denen das Rechtsstaatsprinzip seinen Ausdruck findet, sind noch anzuführen:
a) Artikel 80: Er normiert und beschränkt die möglichen Ausnahmen vom Primat der Gesetzgebung (Übertragung gesetzgebender Gewalt auf die Exekutive),
b) Artikel 79: Er umschreibt den erhöhten Bestandsschutz der Verfassung gegen nachträgliche Änderungen;
c) Artikel 92 ff: Sie sichern eine unabhängige Rechtsprechung;
d) Artikel 101–104: Sie gewährleisten prozessuale Grundrechte.
Dazu kommen:
e) Einerseits die organisatorischen Einzelregelungen der Verfassung über Staatsorgane und ihre Kompetenzen, durch die die Staatsgewalt von vornherein nur als begrenzte Gewalt konstituiert wird, und

f) andererseits die Grundrechte mit ihren jeweils verschiedenen Gesetzesvorbehalten und der Wesensgehaltsgarantie des *Artikels 19 Abs. 2.*

Das Rechtsstaatsprinzip gehört zu den elementaren Grundsätzen unserer Verfassung. Es enthält zwar keine in allen Einzelheiten bestimmten Gebote und Verbote von Verfassungsrang, sondern einen Verfassungsgrundsatz, welcher der Konkretisierung je nach den sachlichen Gegebenheiten bedarf (BVerfGE 7, 89/92). Aus ihm lassen sich aber eine Reihe wichtiger Folgerungen ziehen, die für jede öffentliche Gewalt verbindlich sind:

a) Im Rechtsstaatsgedanken ist die **Idee der Gerechtigkeit** enthalten 29
(BVerfGE 21, 378/388). Sie fordert als Ziel jedes staatlichen Handelns die Erlangung und Erhaltung der materiellen Gerechtigkeit.

b) Die **Rechtssicherheit** ist ebenso wie die Gerechtigkeit ein wesentlicher Bestandteil des Rechtsstaatsprinzips. Sie hat die Funktion, innerhalb der Gesellschaft den Rechtsfrieden zu sichern. Der einzelne muß wissen, woran er sich halten kann. Aus der Rechtssicherheit ist auch abzuleiten, daß nicht jeder Rechtsstreit ständig erneuert werden kann, sondern Rechtsfrieden eintritt. Aus diesem Grunde besteht das Institut der Rechtskraft gerichtlicher Entscheidungen.

Das Prinzip der Rechtssicherheit kann im Einzelfall in ein gewisses Spannungsverhältnis zu der Forderung nach materieller Gerechtigkeit treten. Hier ist es Sache des Gesetzgebers, das Gewicht, das jedem dieser beiden fundamentalen Grundsätze in einem bestimmten Fall zukommt, abzuwägen und grundsätzlich zu entscheiden, welchem der beiden Prinzipien der Vorrang zu geben ist. So hat sich der Gesetzgeber im Bereich der Rechtsprechung grundsätzlich für das Prinzip der Rechtssicherheit entschieden. Rechtskräftige gerichtliche Entscheidungen können auch dann nicht nochmals angefochten werden, wenn sie unrichtig sind. Er hat der Idee der Gerechtigkeit in diesem Bereich nur dadurch eine gewisse Geltung zu verschaffen versucht, daß er die Wiederaufnahme eines Verfahrens unter ganz bestimmten, eng begrenzten Voraussetzungen zuläßt.

c) Aus dem Rechtsstaatsprinzip ergibt sich weiterhin der **Grundsatz der Verhältnismäßigkeit,** der verlangt, daß der einzelne vor unnötigen Eingriffen der öffentlichen Gewalt bewahrt bleibt. Ist ein solcher Eingriff aber unumgänglich, so muß dafür eine gesetzliche Grundlage bestehen und diese gesetzliche Grundlage muß nach Inhalt, Gegenstand, Zweck und Ausmaß hinreichend bestimmt sein, so daß sie für den Staatsbürger klar erkennbar ist (BVerfGE 9, 137/147). Für die Verwaltung folgt aus dem Grundsatz der Verhältnismäßigkeit, daß sie bei den von ihr aufgrund einer gesetzlichen Ermächtigung vorgenommenen Eingriffen nur diejenigen Mittel anwenden darf, die notwendig sind, um den erstrebten Erfolg zu erreichen, und daß auch das an sich notwendige Mittel dann nicht angewendet werden darf, wenn es außer Verhältnis zu dem angestrebten Erfolg steht.

d) Der Grundsatz des **Vorrangs des Gesetzes** ist Teil des Rechtsstaatsprinzips und wird in Art. 20 Abs. 3 noch besonders herausgestellt. Er besagt, daß der in der Form des Gesetzes geäußerte Staatswille jeder anderen staatlichen Wil-

lensäußerung – nur nicht der Verfassung – vorgeht. Ihm korrespondiert der Grundsatz des **Vorbehalts des Gesetzes,** nach dem die Verwaltung nur dann Eingriffe in die Sphäre des Bürgers durchführen kann, wenn sie dazu durch Gesetz ermächtigt wird.
Beachtet der Gesetzgeber die ihm durch Art. 20 Abs. 3 auferlegte Bindung an die Verfassung nicht, so ist das von ihm unter Verletzung einer Verfassungsnorm erlassene Gesetz nichtig.
e) Der in Art. 20 Abs. 3 enthaltene **Grundsatz der Gesetzmäßigkeit der Verwaltung** bindet die Verwaltung an die Gesetze und verbietet ihr freie, nicht am Gesetz orientierte Ermessensentscheidungen.

30 Im Bereich des **Strafrechts** hat das rechtsstaatliche Prinzip vor allem folgende Auswirkungen:
a) Die angedrohte Strafe muß in einem gerechten Verhältnis zur Schwere der Tat und zu dem Verschulden des Täters stehen; sie darf nach Art und Maß der unter Strafe gestellten Handlung nicht schlechthin unangemessen oder grausam sein (BVerfGE 6, 389/439). Hier kommt der Grundsatz der Verhältnismäßigkeit in besonderem Maße zum Tragen.
b) Jede Strafe setzt **Schuld** voraus (»nulla poena sine culpa«). Handelt ein Täter schuldlos, so scheidet eine Bestrafung aus; bei schweren kriminellen Delikten kommt allenfalls eine Maßnahme der Sicherung oder Besserung in Betracht (z. B. Sicherungsverwahrung, Einweisung in eine Heilanstalt).
c) Jeder Täter gilt so lange als unschuldig, solange ihm die Straftat nicht durch gerichtliches Urteil nachgewiesen ist.
d) Jeder Beschuldigte hat das **Recht auf ein faires Verfahren.** Dieses Recht enthält allerdings keine in allen Einzelheiten bestimmten Gebote und Verbote; es bedarf daher der Konkretisierung je nach den sachlichen Gegebenheiten. Bei der Weite und Unbestimmtheit des Rechtsstaatsprinzips ist dabei mit Behutsamkeit vorzugehen; denn es ist grundsätzlich Sache des Gesetzgebers, zwischen möglichen Alternativen bei der normativen Konkretisierung eines Verfassungsgrundsatzes zu wählen. Erst wenn sich bei Berücksichtigung aller Umstände und nicht zuletzt der im Rechtsstaatsprinzip selbst angelegten Gegenläufigkeiten unzweideutig ergibt, daß rechtsstaatlich unverzichtbare Erfordernisse nicht mehr gewahrt sind, könnten aus diesem selbst konkrete Folgerungen für die Ausgestaltung des Strafverfahrens im Rahmen der vom Gesetzgeber gewählten Grundstruktur des Verfahrens gezogen werden (BVerfGE 57, 275 f.).
Das Gebot einer rechtsstaatlichen, insbesondere auch fairen Verfahrensgestaltung wendet sich nicht nur an die Gerichte, sondern ist auch von **allen anderen staatlichen Organen zu beachten,** die auf den Gang eines Strafverfahrens Einfluß nehmen, demgemäß auch von der Exekutive, soweit sie sich rechtlich gehalten sieht, bestimmte Beweismittel nicht freizugeben. Die **Zurückhaltung von Beweismitteln** kann für die Verteidigung trotz formaler Wahrung aller prozessualen Rechte zu erheblichen Nachteilen führen. Insbesondere kann der Zeuge in der Hauptverhandlung nicht befragt werden. Der persönliche Eindruck von dem Zeugen entfällt. Seine Glaubwürdigkeit kann nicht umfassend beurteilt werden; Gesichtspunkte, die zu Zweifeln Anlaß ge-

ben könnten, bleiben möglicherweise unentdeckt. Es ist zudem möglich, daß Näheres über den Zeugen überhaupt nicht zu erfahren ist, weil Vernehmungsbeamte, die ihn kennen, nicht aussagen dürfen. In derartigen Fällen liefe mithin das Recht des Angeklagten leer, Erkundigungen über den Zeugen einzuholen mit dem Ziel, dessen Glaubwürdigkeit zu erschüttern. Vor der Verfassung hat eine derartige Auswirkung des Verhaltens der Exekutive auf das Strafverfahren nur Bestand, wenn die Einwirkungsmöglichkeiten in einer mit rechtsstaatlichen Grundsätzen übereinstimmenden Weise gehandhabt und der eigenen Beurteilung durch das Gericht nicht weiter entzogen werden, als dies zur Wahrung verfassungsrechtlich geschützter Belange unumgänglich ist. Bewegt sich die Behörde bei ihrer Entscheidung im rechtsstaatlichen Rahmen, dann verletzt andererseits die Wirkung ihrer Entschließung auch nicht die Rechtsstaatlichkeit des Strafverfahrens (BVerfGE 57, 282 f.).

Bei der Entscheidung darüber, ob die in unbestimmten Rechtsbegriffen niedergelegten Voraussetzungen vorliegen, eine Auskunft zu verweigern oder eine Aussagegenehmigung zu versagen, hat die Behörde die von ihr wahrzunehmenden Aufgaben – mögen diese auch noch so bedeutsame Anliegen betreffen – nicht schon als genügende Rechtfertigung zu betrachten, sich der grundsätzlich bestehenden Auskunftspflicht zu entziehen. Der hohe Rang der gerichtlichen Wahrheitsfindung für die Sicherung der Gerechtigkeit und das Gewicht des Freiheitsanspruchs des Beschuldigten gebieten es vielmehr, diese Belange bei ihrer Entscheidung zu berücksichtigen und ihnen genügendes Gewicht zu verleihen. Denn das Staatswohl und die Wahrung öffentlicher Belange erfordern es auch, sowohl die Grundrechte einzelner zu schützen und niemanden einer ungerechtfertigten Verurteilung auszuliefern als auch den Strafanspruch des Staates durchzusetzen. Es liegt indessen auf der Hand, daß es verfassungsmäßig legitime staatliche Aufgaben gibt, die zu ihrer Erfüllung der **Geheimhaltung** bedürfen, ohne daß dagegen verfassungsrechtliche Bedenken zu erheben wären. Die Wahrnehmung derartiger – in ihrer rechtlichen Gebundenheit nicht außerhalb des Rechtsstaats stehender – Aufgaben würde erheblich erschwert und in weiten Teilen unmöglich gemacht, wenn die Aufdekkung geheimhaltungsbedürftiger Vorgänge im Strafverfahren ausnahmslos geboten wäre. Dies gilt insbesondere für Erkenntnisse und Arbeitsweisen der für die innere und äußere Sicherheit der Bundesrepublik Deutschland tätigen Behörden. Auch zur Bekämpfung besonders gefährlicher Kriminalität, wie etwa der Bandenkriminalität und des Rauschgifthandels, können die Strafverfolgungsorgane, wenn sie ihrem Auftrag der rechtstaatlich gebotenen Verfolgung von Straftaten überhaupt gerecht werden sollen, ohne den Einsatz sogenannter **V-Leute** nicht auskommen, deren Identität auch noch nach dem Einsatz gewahrt werden muß (BVerfGE 57, 283 f.).

In der Reihe der Sachverhalte, die einer Auskunftserteilung der Behörde entgegenstehen können, nimmt das Grundrecht auf Leben und körperliche Unversehrtheit einen besonders hohen Rang ein. Art. 2 Abs. 2 Satz 1 in Verbindung mit Art. 1 Abs. 1 Satz 2 verpflichtet den Staat zu einem umfassenden Schutz des menschlichen Lebens und gebietet ihm, sich schützend vor dieses

Leben zu stellen, es insbesondere vor rechtswidrigen Angriffen anderer zu bewahren.
Öffentliche Interessen können es somit auch gebieten, das Wissen um den Aufenthalt eines Zeugen geheimzuhalten und dadurch sein persönliches Erscheinen in der Hauptverhandlung oder eine sonstige gerichtliche Vernehmung zu verhindern, um eine dem Zeugen drohende Lebensgefahr abzuwenden. Ähnliches gilt, wenn die Freiheit des Zeugen als Folge seiner Preisgabe ernstlich gefährdet ist (BVerfGE 57, 284).
Wann im Einzelfall die Versagung einer Auskunft und eine dadurch ausgelöste Beeinträchtigung der Beweiserhebung rechtsstaatlich nicht zu beanstanden ist, läßt sich nicht abstrakt festlegen. Erst bei sorgfältiger Abwägung der im Spannungsfeld stehenden Rechtsgüter und entsprechender Würdigung des gesamten Sachverhalts wird sich ein zutreffendes Urteil finden lassen. Besonders bedeutsam werden dabei regelmäßig die Schwere der Straftat, das Ausmaß der dem Beschuldigten drohenden Nachteile und das Gewicht der einer bestmöglichen Aufklärung entgegenstehenden Umstände sein. Auch den Stellenwert des Beweismittels im Rahmen der Beweislage wird es zu berücksichtigen gelten. Ergibt sich als Ergebnis der Abwägung, daß ein an sich zugängliches, dem Beweisthema sachnäheres Beweismittel in den üblichen prozessualen Formen nicht für die Beweisaufnahme in der Hauptverhandlung zur Verfügung gestellt werden kann, so ist zunächst alles Zumutbare und der Bedeutung der Sache Angemessene zu tun, um die der Heranziehung dieses Beweismittels entgegenstehenden Gründe auszuräumen und zu der Beweisquelle in der unter Wahrung entgegenstehender Belange bestmöglichen Form Zugang zu gewähren, damit die erforderliche Sachaufklärung und die damit verbundenen Rechte der Verfahrensbeteiligten nicht mehr als unvermeidlich beeinträchtigt werden. Die Behörde hat dabei auch zu erwägen, ob nicht bereits bestimmte verfahrensrechtliche Vorkehrungen zur Wahrung ihrer Belange ausreichen. So hat sie in Rechnung zu stellen, daß der Vorsitzende einem Zeugen unter bestimmten Voraussetzungen gestatten kann, seinen Wohnort nicht anzugeben, und daß das Gericht z. B. für die Verhandlung oder einen Teil derselben die Öffentlichkeit ausschließen darf, wenn eine Gefährdung der Staatssicherheit oder der öffentlichen Ordnung zu besorgen ist, wobei der Ausschluß der Öffentlichkeit auch dann gerechtfertigt sein kann, wenn bei wahrheitsgemäßer Aussage eines Zeugen in öffentlicher Verhandlung dem Angeklagten, einem Zeugen oder dessen Informanten eine Gefahr für Leib oder Leben durch andere Personen entsteht. Ein persönlich gefährdeter Zeuge ist auf dem Weg zum Gericht und zurück sowie im Gericht selbst vor Anschlägen auf sein Leben zu schützen, wobei die für die Sicherheit des Zeugen zuständigen Stellen alle der Bedeutung der Beweisaufnahme entsprechenden Anstrengungen zu unternehmen haben, um die Vernehmung des Zeugen in der Hauptverhandlung zu ermöglichen. Das Gericht darf ferner zusichern, daß der gefährdete Zeuge im Falle seiner Identitätsänderung seinen gegenwärtigen Namen nicht anzugeben braucht, wenn nur so eine Vernehmung erreicht werden kann (BVerfGE 57, 285 f.).

Erst wenn derartige Vorkehrungen nicht hinreichen, um das vorhandene sachnähere Beweismittel vollständig in die Hauptverhandlung einführen zu können, kommt ersatzweise ein Rückgriff auf das weniger sachnahe Beweismittel in Frage. Demgemäß wird sich vor der Verwertung einer Niederschrift über eine nichtrichterliche Vernehmung oder einer Urkunde, die von der Beweisperson stammende schriftliche Äußerungen enthält, aufdrängen, den Zeugen zunächst unter besonderen Vorkehrungen durch einen beauftragten oder ersuchten Richter vernehmen zu lassen. Die kommissarische Vernehmung darf notfalls auch unter Ausschluß des Angeklagten und seines Verteidigers stattfinden, wenn anders die einer richterlichen Vernehmung entgegenstehenden Gründe nicht ausgeräumt werden können. Kann ausnahmsweise auch unter diesen Vorkehrungen eine richterliche Vernehmung ohne Beeinträchtigung überwiegender entgegenstehender Belange nicht stattfinden, so ist eine schriftliche Befragung nicht schon von vornherein ausgeschlossen, denn sie bietet zur Aufklärung der Wahrheit unter Umständen weitergehende Möglichkeiten, als wenn auf derartige Informationen überhaupt verzichtet werden müßte (BVerfGE 57, 286 f.).
Das Erfordernis, daß die Behörde ihre Entscheidung an den genannten Grundsätzen auszurichten hat, reicht indessen für sich allein nicht hin, den rechtsstaatlichen Verfahrensgarantien zu genügen. Im Rahmen der grundgesetzlichen Kompetenzverteilung ist es grundsätzlich Aufgabe der den Gerichten übertragenen rechtsprechenden Gewalt (Art. 92), frei von Einwirkungen anderer Staatsorgane selbst darüber zu befinden, welche Beweismittel zur Aufklärung der Sache notwendig sind. Die vom Gericht nicht überprüfbare Entscheidungsmacht einer Behörde, vorhandene Beweismittel nicht zur Verfügung zu stellen, kann sich dazu in Widerspruch stellen. Eine der Abgrenzung der Aufgaben von rechtsprechender und vollziehender Gewalt gerecht werdende Befugnis der Behörde, kraft eigener Entscheidung Beweismittel nicht preiszugeben, kann vor dem Erfordernis einer wirksamen Strafrechtspflege und dem – letztlich auch aus Art. 1 Abs. 1 folgenden – Gebot, die Wahrheit zu ermitteln, deshalb nur dadurch gerechtfertigt werden, daß es unabweisbare, zwingende Sachgründe verbieten, das Gericht selbst darüber entscheiden zu lassen, ob ein bestimmter Beweis erhoben werden kann. Derartige Gründe sind indes bei geheimhaltungsbedürftigen Vorgängen gegeben, bei denen es regelmäßig kein praktikables und zugleich verfassungsrechtlich zulässiges Mittel gibt, eine vollständige Sachprüfung durch das Strafgericht zu ermöglichen. Der Ausweg, das Geheimnis lediglich dem Strafgericht zu offenbaren, bietet sich nicht, weil dies ein Verstoß gegen den in Art. 103 Abs. 1 gesicherten Anspruch auf rechtliches Gehör der Beteiligten begründen würde. Dieser Grundsatz ist unverzichtbar und gehört zum Kern einer rechtsstaatlichen Verfahrensgestaltung. Demgegenüber muß die grundsätzliche Entscheidungsbefugnis des Gerichts eine Einbuße erfahren und aus zwingenden Sachgründen einer verbindlichen Entscheidung durch die Behörde weichen.
Dies bedeutet jedoch nicht, daß die Gerichte unter Ausschluß jeder Überprüfungsmöglichkeit darauf verwiesen wären, die Entscheidung der Behörde

hinzunehmen. Denn die Auskunftspflicht der Behörde, auf deren Erfüllung das Gericht im Rahmen seiner Aufklärungspflicht gegebenenfalls hinzuwirken hat, reicht so weit, wie entgegenstehende Gründe dies noch zulassen, damit dem Gericht die Überprüfung der Rechtmäßigkeit der behördlichen Weigerung mindestens auf offensichtliche Fehler nicht von vornherein verschlossen bleibt. Auch dann, wenn Geheimhaltungsinteressen nur eine unvollständige Auskunft zulassen, ist also die Behörde nicht der Verpflichtung enthoben, die Gründe ihrer Weigerung verständlich zu machen, schon um das Gericht in die Lage zu versetzen, auf die Beseitigung etwaiger Hindernisse hinzuwirken und auf die Bereitstellung des bestmöglichen Beweises zu dringen (BVerfGE 57, 287 f.).
Der Bereich vom Strafgericht nicht vollständig nachprüfbarer Entscheidungsmacht der Exekutive und die darin enthaltene Gefahr unzulässiger Einflußnahme auf die gerichtliche Sachaufklärung sind ferner rechtsstaatlich nur hinnehmbar, wenn auf seiten der Behörde alle Voraussetzungen dafür geschaffen sind, daß die ihr obliegende Abwägung in möglichst sachgerechter Form vorgenommen wird. Damit vertrüge es sich nicht, wenn die Entscheidung über die Weigerung an untergeordneter Stelle gefällt würde. Nachgeordnete Ämter können möglicherweise aufgrund eines engeren Aufgabenbereichs nicht sicher beurteilen, in welches rechte Verhältnis die widerstreitenden Interessen zu setzen sind, zumal sie unter Umständen über ihre eigenen Handlungen Auskunft geben sollen. Dies gilt in besonderem Maße, wenn die Geheimhaltung gerade von der Behörde wahrzunehmenden Interessen dienen soll, deren Überbewertung in solchen Fällen nicht fernliegt. Deshalb ist es geboten, daß die Entscheidung an einer Stelle getroffen wird, die sich von derartigen Fehlerquellen am ehesten freizumachen versteht, weil sie den größten Überblick und auch ein umfassendes Urteilsvermögen hat. Dazu reicht jedenfalls eine Entscheidung durch die oberste Aufsichtsbehörde aus, an deren Spitze ein Regierungsmitglied oder, wenn die Landesregierung in ihrer Gesamtheit oberste Aufsichtsbehörde ist, alle Regierungsmitglieder stehen. Diese wird am sichersten beurteilen können, was das Staatswohl verlangt (BVerfGE 57, 288 f.).
Sind die genannten Voraussetzungen beachtet, so kann im Blick auf die der minderen Beweisqualität Rechnung tragenden verfahrensrechtlichen Sicherungen – vor allem die gebotene vorsichtige Beweiswürdigung – die Zurückhaltung eines Beweismittels durch behördliche Weigerung rechtsstaatlich hingenommen werden. Der Grundsatz der Prozeßfairneß steht einer Verwertung des sachferneren anstelle des sachnäheren Beweismittels zuungunsten des Angeklagten jedoch entgegen, wenn die Behörde den gestellten Anforderungen nicht genügt, insbesondere wenn sie das bessere Beweismittel dem Gericht willkürlich, offensichtlich rechtsfehlerhaft oder ohne Angabe von Gründen vorenthält. Es würde dem Gebot des fairen Verfahrens widersprechen, die Vernehmung des aus den genannten Gründen unerreichbaren Zeugen in der Hauptverhandlung durch die Verlesung der Niederschriften über seine früheren Aussagen vor der Polizei zu ersetzen, ohne daß Gründe geltend gemacht und im Rahmen des Möglichen belegt sind, die das Gericht in den Stand setzen zu prüfen, ob dies unumgänglich ist (BVerfGE 57, 290).

Der **Zeuge vom Hörensagen** ist – als eine Form des »mittelbaren Beweises« – ein nach der Strafprozeßordnung zulässiges Beweismittel, dessen Heranziehung und Bewertung nach den §§ 244 Abs. 2, 261 StPO zu beurteilen ist. Allerdings stellt die nur begrenzte Zuverlässigkeit des Zeugnisses vom Hörensagen besondere Anforderungen an die Beweiswürdigung, da die jedem Personalbeweis anhaftenden Fehlerquellen sich dadurch erheblich verstärken, daß die Qualität des Beweisergebnisses zusätzlich von der Zuverlässigkeit des Beweismittels abhängt. Die Rechtsprechung hat die damit verbundenen Richtigkeitsrisiken, insbesondere beim anonym gebliebenen Gewährsmann, dessen Wissen durch einen Zeugen vom Hörensagen eingeführt wird, nicht übersehen und verlangt, daß der Beweiswert derartiger Bekundungen besonders kritisch zu überprüfen ist. Dabei genügen die Angaben des Gewährsmannes regelmäßig nicht, wenn sie nicht durch andere, nach der Überzeugung des Fachgerichts wichtige Gesichtspunkte bestätigt werden; das Gericht muß sich der Grenzen seiner Überzeugungsbildung stets bewußt sein, sie wahren und dies in den Urteilsgründen zum Ausdruck bringen. Derartige Vorkehrungen genügen – im Zusammenwirken mit den sonstigen rechtsstaatlichen Erfordernissen, einschließlich der auch hier gegebenen Begründungspflicht der Behörde für die Zurückhaltung des unmittelbaren Beweismittels – grundsätzlich den an ein faires Verfahren zu stellenden Anforderungen. Der in aller Schärfe gehandhabte Grundsatz der freien Beweiswürdigung ist – auch im Blick auf das Prinzip »Im Zweifel für den Angeklagten« – regelmäßig ausreichend, um die besonderen Gefahren der beweisrechtlichen Lage aufzufangen; ein Beweisverbot, das den Willen und die Fähigkeit der Gerichte in Zweifel zöge, den genannten Grundsätzen der Beweiswürdigung den zutreffenden Stellenwert einzuräumen, ist von Verfassungs wegen regelmäßig nicht geboten (BVerfGE 57, 292 f.).

Das Recht auf ein faires Verfahren umfaßt auch das **Recht auf Verteidigung.** Der Beschuldigte hat das Recht, auf den Gang und das Ergebnis des Verfahrens Einfluß zu nehmen; hierzu darf er sich eines Anwalts bedienen.

Auch der Richter ist an die Verfassung und die Gesetze gebunden. Er muß sie **31**
seiner Entscheidung zugrunde legen und darf nicht etwa nur nach seinem subjektiven Gerechtigkeitsempfinden judizieren.

VIII. Das Widerstandsrecht

Die **christliche** Lehre entwickelte relativ früh ein aktives Widerstandsrecht des **32**
einzelnen Gläubigen gegen die tyrannische Obrigkeit: Der Herrscher »von Gottes Gnaden« verlor seine Macht kraft göttlichen Rechts, wenn er sie mißbrauchte. Jeder Christ hat das Recht, ja sogar die Pflicht, dabei mitzuwirken, ihn des Amtes zu entheben. Dieser Gedankengang traf sich mit der **germanischen** Auffassung, daß zwischen Herrscher und Untertan ein gegenseitiges Treue- und Abhängigkeitsverhältnis bestehe und beide dem überkommenen Recht unterworfen seien. Verletzte es der Herrscher, so hatte jeder das Recht, ihn abzusetzen.

33 Ausdrücklich anerkannt wird das Widerstandsrecht erstmals in verschiedenen Verfassungen amerikanischer Einzelstaaten. Art. 2 der französischen Erklärung der Menschen- und Bürgerrechte vom 26. August 1779 legte ebenfalls ein Widerstandsrecht fest. In Deutschland wandte man sich im 19. Jahrhundert von dem Gedanken ab, daß es zulässig sei, gegen eine Obrigkeit vorzugehen, die elementare Rechte der Bürger verletzt. Erst die Ereignisse während des Dritten Reiches entfachten eine neue Diskussion.

34 Der Parlamentarische Rat hatte die Aufnahme eines Widerstandsrechts in das GG mit der Begründung abgelehnt, es bestehe die Gefahr, daß es sich als Aufforderung zum Landfriedensbruch auswirkte. In der hektischen Atmosphäre des Kampfes um die »Notstandsgesetze« wurde dann der Gedanke geboren, als Ausgleich für die geplanten Einschränkungen im Falle des Notstands ein Widerstandsrecht in die Verfassung aufzunehmen. So entstand Art. 20 Abs. 4, den man »eine verlegene Zugabe für den verschärft in Pflicht genommenen Bürger« genannt hat.

35 Art. 20 Abs. 4 gibt jedem Deutschen das Recht zum Widerstand, wenn es jemand unternimmt, »diese Ordnung« zu beseitigen. Gemeint ist damit die in den Absätzen 1 bis 3 normierte und durch Art. 79 Abs. 3 jeder Änderung entzogene Ordnung. Demokratie, Sozial-, Bundes- und Rechtsstaatlichkeit sind also die Objekte dieses Rechts; Subjekt ist jeder Bürger. Das Widerstandsrecht schützt seiner Intention nach elementare Grundsätze der Verfassung. Es hat damit eine **Schutzfunktion;** revolutionäre Akte lassen sich nicht mit ihm legitimieren.

36 Höchst fraglich ist, wann ein »Unternehmen« im Sinne des Abs. 4 vorliegt. Fällt schon die Verteilung von Flugblättern, die zum Umsturz auffordern, hierunter? Oder ist erst die Anwendung von Gewalt erfaßt? Art. 20 Abs. 4 ist hier – wie auch sonst – sehr unklar gefaßt und für den einzelnen Bürger kaum praktikabel.

37 Wichtig ist, daß »andere Abhilfe nicht möglich ist«. Das Widerstandsrecht ist Ultima ratio. In normalen Zeiten kann es daher kaum zum Zuge kommen. Solange die demokratischen Einrichtungen, insbesondere die unabhängigen Gerichte, funktionieren, berechtigen auch verfassungswidrige Handlungen einzelner Staatsorgane nicht zur sofortigen Gewaltanwendung. Es ist grundsätzlich Sache der Gerichte, insbesondere des Bundesverfassungsgerichts, über die Einhaltung der Verfassung zu wachen.

38 Als Mittel zum Widerstand kommen insbesondere Ungehorsam und Gewaltanwendung in Betracht. Dabei ist vor allem der politische Streik ein effektives Mittel.

Art. 20 a [Schutz der natürlichen Lebensgrundlagen]

Der Staat schützt auch in Verantwortung für die künftigen Generationen die natürlichen Lebensgrundlagen im Rahmen der verfassungsmäßigen Ordnung durch die Gesetzgebung und nach Maßgabe von Gesetz und Recht durch die vollziehende Gewalt und die Rechtsprechung.

Beim **Umweltschutz** handelt es sich um ein existentielles, langfristiges Interesse des Menschen. Die sich daraus ergebende ökologische Herausforderung an den Staat war noch nicht absehbar, als das GG geschaffen wurde. Bisher hatte die Verfassung den natürlichen Lebensgrundlagen weder durch die Grundrechte noch durch objektiv-rechtliche Prinzipien hinreichend Schutz gewährt. Deshalb ist Art. 20 a durch die Verfassungsreform 1994 in das GG eingefügt worden.
Der Umweltschutz ist nunmehr ein **Staatsziel;** ein Anspruch des einzelnen ergibt sich hieraus nicht. Es handelt sich aber um eine hochrangige, grundlegende Aufgabe des Staates, die den in Art. 20 Abs. 1 genannten Staatszielen und Strukturprinzipien im Rang und Gewicht gleichkommt.
Hervorgehoben wird die »Verantwortung auch für die künftigen Generationen«. Damit wird klargestellt, daß die natürlichen Lebensgrundlagen nicht nur für die lebende Generation, sondern ebenso für die nachfolgenden Generationen von existentieller Bedeutung sind.
Das Staatsziel »Umweltschutz« wird in die »verfassungsmäßige Ordnung« (vgl. Art. 20 Abs. 3) eingeordnet. Es ist damit anderen Verfassungsprinzipien und -rechtsgütern gleichgestellt. Im konkreten Fall sind also die verschiedenen konkurrierenden Verfassungsprinzipien zum Ausgleich zu bringen.
Der Schutz der natürlichen Lebensgrundlagen wird als Gestaltungsauftrag dem Gesetzgeber zugewiesen. Dabei haben Rechtsprechung und Verwaltung mitzuwirken. Indem Art. 20 a das Gewaltenteilungsprinzip umschreibt, setzt er das verfassungspolitische Signal, daß sich das neue Staatsziel in die durch Art. 20 Abs. 3 vorgegebene Grundstruktur einfügen muß.

Art. 21 [Parteien]

(1) Die Parteien wirken bei der politischen Willensbildung des Volkes mit. Ihre Gründung ist frei. Ihre innere Ordnung muß demokratischen Grundsätzen entsprechen. Sie müssen über die Herkunft und Verwendung ihrer Mittel sowie über ihr Vermögen öffentlich Rechenschaft geben.
(2) Parteien, die nach ihren Zielen oder nach dem Verhalten ihrer Anhänger darauf ausgehen, die freiheitliche demokratische Grundordnung zu beeinträchtigen oder zu beseitigen oder den Bestand der Bundesrepublik Deutschland zu gefährden, sind verfassungswidrig. Über die Frage der Verfassungswidrigkeit entscheidet das Bundesverfassungsgericht.
(3) Das Nähere regeln Bundesgesetze.

I. Die Entwicklung und Funktion der Parteien[1]

1 Die Parteien verdanken ihren politischen Aufstieg der im 19. Jahrhundert zuerst langsam und dann immer beschleunigter einsetzenden Wandlung des Gleichheitsbegriffes. Bis dahin hatte man die Gleichheit noch mehr im Sinne jener aristotelischen Gleichheit verstanden, nach der jeder grundsätzlich nach dem ihm zukommenden Maße gemessen werden soll. Die Menschen wurden grundsätzlich entsprechend ihren Anlagen, ihrem Charakter, ihrem Intellekt verschieden behandelt. Es ist diese proportionale oder relative Gleichheit, die dem Liberalismus und damit auch der liberalen Demokratie den ihr eigenen, zugleich aristokratischen Charakter vermittelt hat. Und es war daher von dieser grundsätzlichen Einstellung aus folgerichtig, daß man im 19. Jahrhundert – wenn auch in einer rohen und primitiven Form – in der politischen Sphäre die Menschen weitgehend unterschiedlich behandelte und gewisse Schichten der Bevölkerung von den politischen Rechten ausschloß oder doch nur beschränkt an der politischen Weiterbildung teilnehmen ließ. Nur auf diese Weise kann z. B. auch das Pluralwahlrecht erklärt werden, durch das einzelne Gruppen der Bevölkerung, etwa weil sie einen höheren Bildungsgrad, ein höheres Alter oder ein bestimmtes Einkommen erreicht hatten, eine zusätzliche Stimme erhielten. All dies ist heute nicht mehr möglich. Vielmehr erscheinen die tatsächlich zwischen den Menschen bestehenden Unterschiede letzthin als unwesentlich gegenüber den Eigenschaften, die den Menschen gemeinsam sind. Heute wird den Menschen unbeschadet ihrer sozialen Verschiedenheit und der zwischen ihnen der Abstammung, der Klasse, der Bildung, des Geschlechts, der Rasse oder der nationalen Zugehörigkeit nach bestehenden Unterschiede im wesentlichen ein absolut gleicher Wert beigelegt. Insoweit ist es auch richtig gewesen, das Charakteristikum des modernen Gleichheitsbegriffes in dem Ausschluß jeder sozialen, insbesondere klassenmäßig bestimmten Motivation zu erblicken, die irgendwie zu einer Differenzierung unter den Bürgern führen könnte. Die mit der Wandlung des Gleichheitsbegriffes einhergehende Demokratisierung gewann damit einen radikal-egalitären Charakter.

2 Diese fortschreitende radikal-egalitäre Demokratisierung hat in den modernen Flächenstaaten zu einer großen Machtsteigerung der politischen Parteien geführt. Sie sind es, die die Millionen von politisch mündig gewordenen Aktivbürgern erst organisieren und aktionsfähig machen. Sie schließen die Wähler erst zu politisch aktionsfähigen Gruppen zusammen und erscheinen so als das Sprachrohr, dessen sich das mündig gewordene Volk bedient, um sich artikuliert äußern zu können. Man kann geradezu sagen, daß die moderne Demokratie in den meisten westlichen Staaten mehr oder weniger den Charakter einer **parteienstaatlichen Demokratie** angenommen hat, d. h. einer Demokratie, die auf den Parteien als den politischen Handlungseinheiten aufgebaut ist. Ohne ihre Zwischenschaltung würde das Volk heute einfach nicht in der Lage sein, einen po-

1 Die Darstellung folgt hier G. Leibholz, Der Gestaltwandel der Demokratie im 20. Jahrhundert, in: Die Repräsentation in der Demokratie (Sammlung Göschen, 1973), S. 211 ff., 220 ff.

litischen Einfluß auf das staatliche Geschehen auszuüben und so sich in der politischen Sphäre zu verwirklichen.
Bei dieser parteienstaatlichen Demokratie handelt es sich in Wahrheit um eine Form der Demokratie, die in ihrer grundsätzlichen Struktur von der liberal-repräsentativen parlamentarischen Demokratie verschieden ist. Dies ist verfassungstheoretisch wie verfassungsrechtlich von der größten Bedeutung.
a) Der grundsätzliche verfassungstheoretische Unterschied zwischen dem modernen demokratischen Parteienstaat und der traditionellen, parlamentarisch-repräsentativen Demokratie geht entscheidend darauf zurück, daß der moderne Parteienstaat seinem Wesen wie seiner Form nach nichts anderes als eine rationalisierte Erscheinungsform der plebiszitären Demokratie ist.
b) Hieraus ergibt sich, daß der Volks- oder Gemeinwille in der parteienstaatlichen Demokratie durch die Parteien gebildet wird. Nicht das politische Prinzip der Repräsentation, sondern das Prinzip, das in der plebiszitären Demokratie zur Gemeinwillensbildung führt, führt auch in der parteienstaatlichen Demokratie zur Bildung des Gesamtwillens des Volkes. Wie in der plebiszitären Demokratie der Wille der Mehrheit der Aktivbürgerschaft mit dem jeweiligen Gesamtwillen identifiziert wird, wird in einer funktionierenden parteienstaatlichen Demokratie der Wille der jeweiligen Parteienmehrheit in Regierung und Parlament mit dem Gesamtwillen identifiziert.
c) Der Konsequenz der gekennzeichneten Entwicklung von der parlamentarisch-repräsentativen Demokratie zur parteienstaatlichen Massendemokratie entspricht es, daß in der letzteren das Parlament den ihm früher eigenen ursprünglichen Charakter in zunehmendem Maße verliert und mehr und mehr zu einer Stätte wird, an der sich gebundene Parteibeauftragte treffen, um anderweitig, z.B. in Ausschüssen, Fraktionen oder Parteikonferenzen bereits getroffene Entscheidungen registrieren zu lassen. Die Fraktionen werden so mehr und mehr nicht zufällig aus einer Einrichtung des Parlamentsrechts zu einer Einrichtung des Parteienstaates, der verlangt, daß einer Fraktion nur noch Mitglieder derselben Partei angehören dürfen.
d) Diese Entwicklung hat auch erhebliche Konsequenzen für die verfassungsrechtliche Stellung der Abgeordneten. Diese wird im Rahmen des Art. 38 näher zu erörtern sein (vgl. Rz. 12ff. zu Art. 38).

II. Die verfassungsrechtlich hervorgehobene Rolle der Parteien

Obwohl der Einfluß der Parteien schon in der zweiten Hälfte des 19. Jahrhunderts nicht mehr zu übersehen war, war ihre staatsrechtliche Position zunächst doch schwach. Noch Bismarck konnte es sich leisten, eine große Partei einfach zu verbieten; der daraufhin ausbrechende Konflikt zeigte aber, daß die Parteien im Bewußtsein der Öffentlichkeit schon einen festen Platz hatten. In der Weimarer Republik bestimmten bereits ausschließlich die Parteien die Politik. Die Weimarer Reichsverfassung würdigte die Parteien allerdings keines 3

Wortes. Ihre damalige Vielzahl war im übrigen einer der Gründe für die immer wiederkehrenden Parlaments- und Regierungskrisen.

4 Das GG hebt die Parteien gegenüber anderen Organisationen oder Vereinigungen hervor. Der Zweck des Art. 21 Abs. 1 besteht darin, die in der Weimarer Verfassung zwischen der politischen Wirklichkeit und dem geschriebenen Verfassungsrecht bestehenden Spannungen zu beheben. Der Einbau der Parteien in die Verfassung enthält die Anerkennung, daß die Parteien nicht nur politisch und soziologisch, sondern auch rechtlich relevante Organisationen sind (BVerfGE 1, 208/225 ff.). Sie wurden »in den Rang einer verfassungsrechtlichen Institution« gehoben (BVerfGE 2,1/73) und sind damit in die Reihe der »Integrationsfaktoren« im Staate eingerückt (BVerfGE 5, 85/388).

5 Die hervorgehobene Rolle der Parteien zeigt sich vor allem darin, daß das GG ihre Mitwirkung bei der Willensbildung des Volkes anerkennt und ausschließlich das BVerfG berufen ist, eine Partei zu verbieten. Die Anerkennung der Mitwirkung bei der Willensbildung des Volkes hat zur Konsequenz, daß das Parlament auch von der Verfassung – und nicht nur faktisch – als Parteienparlament verstanden wird. Dies birgt die Gefahr in sich, daß das Parlament eine seiner vornehmsten Aufgaben, nämlich die Kontrolle der Regierung, vernachlässigt. Das der klassischen Gewaltenteilungslehre zugrundeliegende Prinzip droht nämlich zu versagen: Da Regierung und Parlamentsmehrheit eine von einer Partei oder einer Koalition beherrschte und disziplinierte Einheit zur Bewahrung der Macht bilden, ist die Kontrollfunktion des Parlaments von dieser Seite lahmgelegt. Nur eine starke Opposition kann verhindern, daß das parlamentarische Spiel ausschließlich zu einer Demonstration der Macht der herrschenden Partei oder Parteien benutzt wird. Hier liegt eine der Ursachen für das Unbehagen, das manche Beobachter dem »Parteienstaat« gegenüber empfinden.

6 Ungeachtet dessen sind die Parteien ideale Sammelstellen für Interessen, Weltanschauungen und Meinungen. Indem sie ständig gezwungen werden, verschiedene Interessen und Gruppen zu integrieren, bieten sie diesen die Möglichkeit, in der Öffentlichkeit zu Wort und in der Partei zu Einfluß zu kommen.

7 Trotz der verfassungsrechtlich hervorgehobenen Rolle der Parteien haben diese keinen »Alleinvertretungsanspruch«. Es ist nicht zu übersehen, daß andere Vereinigungen, die man unter dem nichtssagenden Begriff der **»Verbände«** zusammenfaßt, ebenfalls an der politischen Willensbildung des Volkes mitwirken. Teilweise handelt es sich um mächtige Interessenvertretungen, z. B. die Gewerkschaften, die Arbeitgeberverbände, die Automobilclubs oder den Deutschen Sportbund. Ihre verfassungsrechtliche Stellung ist weitgehend unklar. Während die Gewerkschaften und Arbeitgeberverbände durch Art. 9 Abs. 3 GG abgesichert werden, ohne daß freilich dort etwas über ihre politische Tätigkeit gesagt wird, fehlen für die meisten Verbände spezielle verfassungsrechtliche Vorschriften. Klar ist nur, daß sie den Schutz des Art. 9 Abs. 1 (Vereinigungsfreiheit) genießen.

Die unbestreitbare Macht der Verbände hat zu dem Schlagwort von der »Herrschaft der Verbände« (Eschenburg) geführt. Sie haben aber zweifellos

eine integrierende Funktion und einen oft unentbehrlichen Sachverstand. Soweit sie direkt auf den politischen Entscheidungsprozeß Einfluß nehmen, ist dies allerdings nicht unproblematisch. Im Gegensatz zu den Abgeordneten fehlt ihnen hierzu der Wählerauftrag. Hier hat es sich bewährt, ihren Einfluß durch die Anhörung im Gesetzgebungsverfahren zu kanalisieren.
Die Mitglieder der Verbände sind oft gleichzeitig Mitglieder einer Partei. Es ist nicht zu leugnen, daß dadurch die Gefahr entsteht, daß die Parteien in den Sog dieser Verbände geraten. Sie wird aber dadurch verringert, daß diese oft entgegengesetzte Interessen haben. Aufgabe der Parteien ist es zudem, »unter Einschmelzung und Ausgleich spezieller Interessen Vorstellungen für die Ordnung und Politik des ganzen Gemeinwesens zu entwickeln« (Ehmke). Sie sind daher darauf angelegt, partikulare Interessen auszugleichen.

Von den politischen Parteien unterscheiden sich die **Bürgerinitiativen.** Oft 8
spontan zur Durchsetzung ganz bestimmter Interessen gegründet, sind sie ihrem Wesen nach nichts anderes als ein organisatorisch labiler Verband. Auch ihnen fehlt die Legitimation durch die Wähler. Ihr Programm ist meist auf die Durchsetzung einiger Punkte beschränkt und läßt vielfach die Orientierung an den Interessen aller Betroffenen vermissen. Als besonders unrühmliche Beispiele sind einige Initiativen zu nennen, die sich zum Ziele gesetzt hatten, die Errichtung von Rehabilitationszentren oder von Heilstätten für psychisch Kranke in den betroffenen Orten zu verhindern.
Der von großen Bürgerinitiativen – etwa denen des Umweltschutzes – ausgehende Rückkopplungseffekt darf allerdings nicht unterschätzt werden. Wichtige Anliegen haben die Parteien aufgegriffen und in ihr allgemeines Konzept zu integrieren versucht. Die Bürgerinitiativen haben so einige politische Prozesse in Gang gesetzt.

III. Der Begriff der Partei

Eine Partei ist eine Vereinigung von Staatsbürgern, die mit Hilfe einer eigenen 9
Organisation in einem bestimmten Sinne Einfluß auf die staatliche Willensbildung nehmen und zu diesem Zweck Vertreter in die Parlamente senden will. Zum Begriff einer Partei gehört also zwingend der Wille der Vereinigung, an Wahlen in Bund oder Ländern teilzunehmen (BVerfGE 24, 260/264). Gruppen, die sich in ihrer Tätigkeit auf die kommunale Ebene beschränken – sog. »Rathausparteien« –, sind keine politischen Parteien im Sinne des Art. 21 (BVerfGE 6, 367/372).

IV. Der Aufbau der Parteien

Die Gründung neuer politischer Parteien ist jederzeit möglich **(»Gründungs-** 10
freiheit«). Die Fünf-Prozent-Klausel des geltenden Wahlrechts (vgl. Rz. 11 zu Art. 38) erschwert allerdings das Aufkommen neuer Parteien. Die Parteien

dürfen sich im politischen Raum frei betätigen **(»Betätigungsfreiheit«).** Da diese Betätigung Geld kostet, wurden im Jahre 1959 erstmals Mittel zur **Parteifinanzierung** im Bundeshaushalt bereitgestellt. Diese Parteifinanzierung durch den Staat – natürlich von den Parteien im Bundestag beschlossen – hat das BVerfG für verfassungswidrig erklärt: Sie sei mit dem demokratischen Grundsatz der freien und offenen Meinungs- und Willensbildung vom Volk zu den Staatsorganen nicht vereinbar. Die Parteien seien trotz ihrer Stellung als Verfassungsinstitutionen frei konkurrierende, aus eigener Kraft wirkende und vom Staat unabhängige Gruppen; dies verbiete es, die dauernde finanzielle Fürsorge für sie zu einer Staatsaufgabe zu machen. Das Gericht hielt es jedoch für zulässig, den Wahlkampf der Parteien aus Haushaltsmitteln zu finanzieren (BVerfGE 20, 56 ff.). Die Parteien haben sich an diesen Strohhalm geklammert und im Parteiengesetz die sog. »Wahlkampfkostenerstattung« verankert (ein bestimmter Betrag pro Wahlberechtigten, Aufteilung nach der bei der vorhergehenden Wahl erhaltenen Stimmen). Da ihr Finanzbedarf dadurch und durch die Mitgliederbeiträge nicht gedeckt wurde, kamen sie auf den Gedanken, die Bereitschaft zu Spenden zu fördern. Spenden für Parteien waren nur in geringem Umfang steuerfrei. Deshalb wurden die Spenden über »Spendenwaschanlagen« (meist staatsbürgerliche Vereinigungen) geleitet. Daraus hat sich die »Spendenaffäre« entwickelt, die den Parteien einen erheblichen Vertrauensverlust eingebracht hat. Inzwischen hat der Gesetzgeber die steuerliche Abzugsfähigkeit von Spenden erweitert. Der Gefahr, daß dadurch bestimmte Parteien einseitig begünstigt werden, versucht er mit dem Instrument des »Chancenausgleichs« zu begegnen, der die unterschiedliche Auswirkung des staatlichen Steuerverzichts zwischen den Parteien nach ihrem Anteil an den Zweitstimmen ausgleichen soll. Diese Regelung hielt das BVerfG zunächst für verfassungsgemäß (BVerfGE 79, 40), inzwischen hat es sie für nichtig erklärt (BVerfGE 85, 264).

11 Im Verhältnis der Parteien zueinander besteht der **Grundsatz der Chancengleichheit.** Er gilt nicht nur im Bereich des Wahlrechts im engeren Sinne, für die Wahlvorbereitung, für den Wettbewerb zur Erlangung von Spenden und die Wahlpropaganda in Funk und Fernsehen, sondern im gesamten »Vorfeld der Wahlen«, also auch für die Erstattung der Wahlkampfkosten. Er verlangt aber nicht, daß die sich aus der unterschiedlichen Größe, Leistungsfähigkeit und politischen Zielsetzung der Parteien ergebenden Unterschiede durch einen hoheitlichen Eingriff ausgeglichen werden.

12 Die **innere Ordnung** der Parteien muß demokratisch sein, d. h. ihr Aufbau muß von unten nach oben erfolgen, die Mitglieder dürfen nicht von der Willensbildung ausgeschlossen sein, und die grundsätzliche Gleichwertigkeit der Mitglieder sowie der Freiheit von Eintritt und Austritt müssen gewährleistet sein. Auch würde es demokratischen Grundsätzen widersprechen, den Parteiführern unbedingten Gehorsam zu versprechen oder ein solches Versprechen abzuverlangen (BVerfGE 2, 1/40). Die Festlegung der Mitglieder auf ein gemeinsames Programm und die Pflicht zu solidarischem Verhalten gegenüber der Partei sind mit Art. 21 Abs. 1 Satz 3 vereinbar.

Fraktion nennt man den Zusammenschluß von Mitgliedern eines Parlaments, die in der Regel, aber nicht notwendig derselben Partei angehören. Die für die moderne Parlamentsarbeit unerläßliche Bildung von Fraktionen ist in den **Geschäftsordnungen der Parlamente** geregelt. Die Fraktionen können Gäste aufnehmen, die aber bei der Feststellung der Fraktionsstärke nicht mitzählen. Erreicht ein Zusammenschluß nicht Fraktionsstärke, so kann er als Gruppe anerkannt werden. **13**

Fraktionszwang bedeutet die Verpflichtung eines Abgeordneten zur Abstimmung im Sinne eines vorher von der Fraktion festgelegten Ergebnisses (vgl. Rz. 12 f. zu Art. 38). **14**

Organisationsschema der Parteien[1]

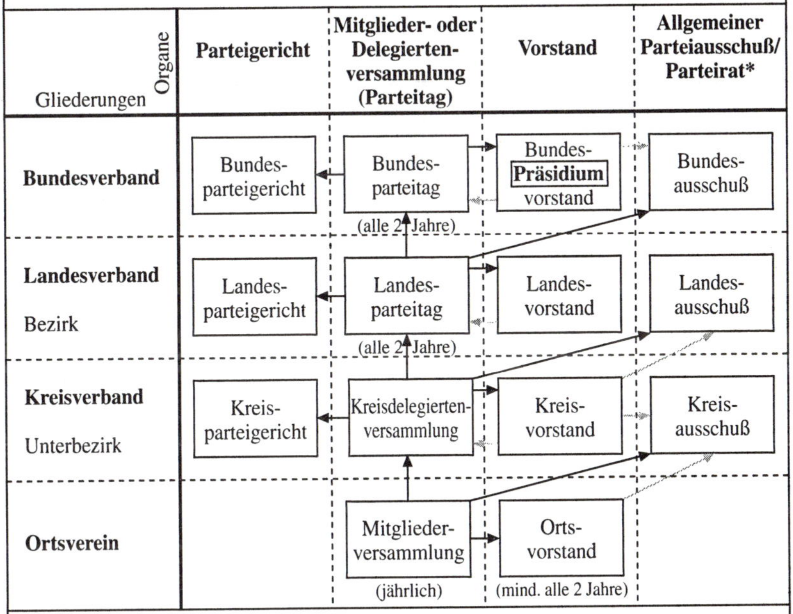

* Zwischen den Parteitagen werden im Parteienausschuß/Parteirat wichtige Grundsatzentscheidungen diskutiert

Quelle: Bodo Zeuner, Innerparteiliche Demokratie, Berlin 1970, S. 53, ergänzt

1 aus: Horst Pötzsch, Die deutsche Demokratie, Bonn 1995, S. 38.

V. Die Opposition

15 Im Grundgesetz wird die Opposition nicht erwähnt. Das BVerfG hat dagegen bei seiner Definition der freiheitlichen demokratischen Grundordnung das Recht auf Bildung und Ausübung von Opposition zum unverzichtbaren Bestandteil der Demokratie erklärt und damit nicht nur die Existenzberechtigung, sondern die Notwendigkeit der Opposition in der Demokratie anerkannt. Das Grundgesetz erwähnt die Opposition nicht, weil nach der klassischen Gewaltenteilungslehre (Montesquieu) das gesamte Parlament das Kontrollorgan der Regierung ist. Dies ist aber nur im präsidialen System (z. B. USA) verwirklicht. Im Bundestag ist wegen der Verflechtung von Regierung und Parlamentsmehrheit praktisch nur die Parlamentsminderheit Opposition.
Die bedeutsame Rolle der Opposition im Mehrparteienstaat des parlamentarischen Systems ist in Art. 23 a Abs. 2 der Hamburgischen Verfassung gesetzlich anerkannt.
Als **außerparlamentarische Opposition** bezeichnen sich politische Gruppierungen in der Bundesrepublik, die insbesondere während der »Großen Koalition« 1966 bis 1969 außerhalb des Parlaments der Regierungspolitik aktiv entgegentraten. Das Recht hierzu ergibt sich aus dem Grundrecht der freien Meinungsäußerung (Art. 5). In der Form ist sie durch die allgemeinen Gesetze begrenzt.

VI. Das Parteienverbot

16 Art. 21 Abs. 2 hat zwei Seiten. Einerseits sichert er den Bestand der Parteien, indem er ausschließlich das BVerfG dazu beruft, über ein Verbot zu entscheiden, also die Exekutive insoweit entmachtet. Andererseits ruft er ins Gedächtnis, daß andere Demokratien – wenigstens formal – auch Parteien dulden, die sich gegen die Verfassung richten (USA, Frankreich, Großbritannien). So gesehen ist er eine Entscheidung für die »streitbare Demokratie«.

17 Bisher wurde eine Rechtspartei (SRP) und eine Linkspartei (KPD) verboten (BVerfGE 2, 1 ff.; 5, 85 ff.). Nach den Feststellungen des BVerfG versuchten beide Parteien, die freiheitliche demokratische Grundordnung zu beeinträchtigen. Hierunter versteht es eine Ordnung, *»die unter Ausschluß jeglicher Gewalt- und Willkürherrschaft eine rechtsstaatliche Herrschaftsordnung auf der Grundlage der Selbstbestimmung des Volkes nach dem Willen der jeweiligen Mehrheit und der Freiheit und Gleichheit darstellt. Zu den grundlegenden Prinzipien dieser Ordnung sind mindestens zu rechnen: die Achtung vor den im Grundgesetz konkretisierten Menschenrechten, vor allem vor dem Recht der Persönlichkeit auf Leben und freie Entfaltung, die Volkssouveränität, die Gewaltenteilung, die Verantwortlichkeit der Regierung, die Gesetzmäßigkeit der Verwaltung, die Unabhängigkeit der Gerichte, das Mehrparteienprinzip und die Chancengleichheit für alle politischen Parteien mit dem Recht auf verfassungsmäßige Bildung und Ausübung einer Opposition«* (BVerfGE 2, 1/12 f.).

Eine Partei ist nicht schon dann verfassungswidrig, wenn sie die obersten Prinzipien einer freiheitlichen demokratischen Grundordnung nicht anerkennt; es muß vielmehr eine aktiv kämpferische, aggressive Haltung gegenüber der bestehenden Ordnung hinzukommen. Sie muß planvoll das Funktionieren dieser Ordnung beeinträchtigen, im weiteren Verlauf diese Ordnung selbst beseitigen wollen (BVerfGE 5, 85/141). **18**

Der Umstand, daß eine bestimmte Partei bisher nicht verboten ist, schützt deren Mitglieder insoweit, als sie sich mit allgemein erlaubten Mitteln für diese Partei einsetzen. Verstoßen sie aber gegen die allgemeinen Strafgesetze, indem sie versuchen, die politischen Ziele der Partei unter Verletzung eines strafrechtlich geschützten Rechtsguts zu verwirklichen, können sie sich nicht mit Erfolg auf das Parteienprivileg berufen (BVerfGE 47, 130 ff.). **19**

Das Parteienprivileg hindert die Rundfunk- und Fernsehanstalten nicht, die Ausstrahlung von Wahlwerbespots politischer Parteien daran zu knüpfen, daß die Sendezeit ausschließlich für die Wahlwerbung genutzt wird und dabei evidente Verstöße gegen die allgemeinen Normen des Strafrechts vermieden werden. Sie dürfen aber die Ausstrahlung nicht davon abhängig machen, daß die Wahlsendung keine verfassungsfeindlichen Äußerungen enthält, vorausgesetzt, daß diese Äußerungen keinen Straftatbestand erfüllen. Das GG nimmt die Gefahr, die in der Tätigkeit der Partei bis zur Feststellung ihrer Verfassungswidrigkeit durch das BVerfG besteht, um der politischen Freiheit willen in Kauf. Die Partei handelt, wenn sie verfassungsfeindliche Ziele propagiert, bis zu ihrem Verbot im Rahmen einer verfassungsmäßig verbürgten Toleranz. Dies haben auch die Rundfunk- und Fernsehanstalten zu respektieren (BVerfGE 47,198 ff.). **20**

Das Parteienprinzip hindert die Bundesregierung nicht, bei der Beantwortung einer parlamentarischen Anfrage ihre Beurteilung der Ziele und der Betätigung einer politischen Partei offenzulegen. Wenn die Bundesregierung im Rahmen ihrer Pflicht, die freiheitliche demokratische Grundordnung zu wahren und zu verteidigen, einerseits berechtigt und gehalten ist, mit dem GG unvereinbare Bestrebungen zu beobachten und die mit ihnen verbundenen Gefahren einzuschätzen, wenn sie andererseits verpflichtet ist, dem Parlament auch über diese Tätigkeit Rede und Antwort zu stehen, so kann es ihr nicht verwehrt werden, im Parlament auf eine diesen Sachbereich betreffende Anfrage von Abgeordneten ihre – freilich rechtlich unverbindliche – Auffassung über die mehr oder minder ausgeprägte Unvereinbarkeit der Ziele und der Bestrebungen einer politischen Partei mit dem GG klar zum Ausdruck zu bringen und zu belegen (BVerfGE 57, 5 f.). **21**

Art. 22 [Bundesflagge]

Die Bundesflagge ist schwarz-rot-gold.

1 Art. 22 bezieht sich zwar seinem Wortlaut nach nur auf die Farben der Bundesflagge; ihm ist aber eine abschließende Regelung über die Bundesfarben überhaupt zu entnehmen.

2 Vor 1806 waren Rot und Weiß die offiziellen Reichsfarben; sie wurden seit dem 16. Jahrhundert allerdings durch die kaiserlichen Farben Schwarz und Gold immer mehr zurückgedrängt. Nach der Auflösung des Hl. Römischen Reiches (1806) wurden die Farben Schwarz-Rot-Gold vor allem für die Jugend zum Symbol der Freiheit (Beseitigung der napoleonischen Fremdherrschaft) und der deutschen Einheit. Angeblich soll das Freikorps der Lützowschen Jäger diese Farben so populär gemacht haben. 1848 wurden sie die amtlichen Farben des faktisch gescheiterten Deutschen Reiches. In bewußter Abkehr von dieser Tradition wurden die Farben Schwarz-Weiß-Rot 1866 zunächst als Handels- und Schiffahrtsfarben, 1871 dann als Farben des deutschen Kaiserreiches eingeführt (zusammengesetzt aus dem Schwarz-Weiß Preußens und dem Rot-Weiß Kurbrandenburgs). Die Republik von Weimar wählte die Farben von 1848; der damit verbundene Flaggenstreit ist ein Beispiel dafür, welche Emotionen nationale Farbsymbole erwecken können.

3 Das GG entschied sich bewußt für die Farben der Freiheit und Einheit und dokumentiert damit die Verbundenheit mit der Frankfurter und Weimarer Verfassung.

Art. 23 [Europäische Union]

(1) Zur Verwirklichung eines vereinten Europas wirkt die Bundesrepublik Deutschland bei der Entwicklung der Europäischen Union mit, die demokratischen, rechtsstaatlichen, sozialen und föderativen Grundsätzen und dem Grundsatz der Subsidiarität verpflichtet ist und einen diesem Grundgesetz im wesentlichen vergleichbaren Grundrechtsschutz gewährleistet. Der Bund kann hierzu durch Gesetz mit Zustimmung des Bundesrates Hoheitsrechte übertragen. Für die Begründung der Europäischen Union sowie für Änderungen ihrer vertraglichen Grundlagen und vergleichbare Regelungen, durch die dieses Grundgesetz seinem Inhalt nach geändert oder ergänzt wird oder solche Änderungen oder Ergänzungen ermöglicht werden, gilt Artikel 79 Abs. 2 und 3.
(2) In Angelegenheiten der Europäischen Union wirken der Bundestag und durch den Bundesrat die Länder mit. Die Bundesregierung hat den Bundestag und den Bundesrat umfassend und zum frühestmöglichen Zeitpunkt zu unterrichten.
(3) Die Bundesregierung gibt dem Bundestag Gelegenheit zur Stellungnahme vor ihrer Mitwirkung an Rechtsetzungsakten der Europäischen Union. Die

Bundesregierung berücksichtigt die Stellungnahmen des Bundestages bei den Verhandlungen. Das Nähere regelt ein Gesetz.
(4) Der Bundesrat ist an der Willensbildung des Bundes zu beteiligen, soweit er an einer entsprechenden innerstaatlichen Maßnahme mitzuwirken hätte oder soweit die Länder innerstaatlich zuständig wären.
(5) Soweit in einem Bereich ausschließlicher Zuständigkeiten des Bundes Interessen der Länder berührt sind oder soweit im übrigen der Bund das Recht zur Gesetzgebung hat, berücksichtigt die Bundesregierung die Stellungnahme des Bundesrates. Wenn im Schwerpunkt Gesetzgebungsbefugnisse der Länder, die Einrichtung ihrer Behörden oder ihre Verwaltungsverfahren betroffen sind, ist bei der Willensbildung des Bundes insoweit die Auffassung des Bundesrates maßgeblich zu berücksichtigen; dabei ist die gesamtstaatliche Verantwortung des Bundes zu wahren. In Angelegenheiten, die zu Ausgabenerhöhungen oder Einnahmeminderungen für den Bund führen können, ist die Zustimmung der Bundesregierung erforderlich.
(6) Wenn im Schwerpunkt ausschließliche Gesetzgebungsbefugnisse der Länder betroffen sind, soll die Wahrnehmung der Rechte, die der Bundesrepublik Deutschland als Mitgliedstaat der Europäischen Union zustehen, vom Bund auf einen vom Bundesrat benannten Vertreter der Länder übertragen werden. Die Wahrnehmung der Rechte erfolgt unter Beteiligung und in Abstimmung mit der Bundesregierung; dabei ist die gesamtstaatliche Verantwortung des Bundes zu wahren.
(7) Das Nähere zu den Absätzen 4 bis 6 regelt ein Gesetz, das der Zustimmung des Bundesrates bedarf.

Art. 23 ist durch das Gesetz vom 21. Dezember 1992 in das GG eingefügt worden. 1

Art. 23 lautete bis zum Jahre 1990: *Dieses Grundgesetz gilt zunächst im Gebiete der Länder Baden, Bayern, Bremen, Groß-Berlin, Hamburg, Hessen, Niedersachsen, Nordrhein-Westfalen, Rheinland-Pfalz, Schleswig-Holstein, Württemberg-Baden und Württemberg-Hohenzollern. In anderen Teilen Deutschlands ist es nach deren Beitritt in Kraft zu setzen.* 2
Diese Bestimmung ist durch den **Einigungsvertrag** (vgl. Einleitung K) aufgehoben worden.

Art. 23 Abs. 1 neuer Fassung enthält die **Staatszielbestimmung** eines vereinten Europas. Damit trägt er dem quantitativen Sprung Rechnung, den die Europäische Union durch den Vertrag von Maastricht getan hat. Damit verbunden ist eine **Struktursicherungsklausel,** nach der die EU demokratischen, rechtsstaatlichen, sozialen und föderativen Grundsätzen verpflichtet sein und einen dem GG vergleichbaren Grundrechtsschutz gewährleisten muß. Außerdem gilt das Prinzip der Subsidiarität, d. h. die EU darf nur tätig werden, soweit Maßnahmen auf der Ebene der einzelnen Mitgliedstaaten nicht ausreichen, um die angestrebten Ziele zu erreichen. 3
Die Sätze 2 und 3 des Abs. 1 regeln die Rahmenbedingungen, unter denen der Bund Hoheitsrechte auf die europäische Ebene übertragen kann.

4 In Abs. 2 werden die Mitwirkungsbefugnisse des Bundestages und der Länder in Angelegenheiten der EU verankert. Dabei wird festgelegt, daß die Länder über das von ihnen gebildete Bundesorgan Bundesrat beteiligt werden.

5 Abs. 3 dient dem Zweck, dem Bundestag tatsächlich eine effektive Mitwirkung zu ermöglichen. Entsprechend enthält Abs. 4 den Leitsatz für die Mitwirkung des Bundesrates.

6 Der Willensbildungsprozeß innerhalb der EU läßt allerdings eine bruchlose Übertragung der innerstaatlichen Kompetenzordnung auf die Willensbildung im Bereich der EU nicht zu. Deshalb sieht Abs. 5 ein System differenzierter Beteiligungsformen vor.

7 Sind schwerpunktmäßig ausschließlich Gesetzgebungsbefugnisse der Länder betroffen, tritt für die Bundesrepublik ein vom Bundesrat benannter Vertreter auf, der Mitglied einer Landesregierung sein muß (Abs. 6).

8 Nach Abs. 7 wird das Nähere zu den Abs. 4 bis 6 durch ein zustimmungsbedürftiges Ausführungsgesetz geregelt. Es handelt sich um das Gesetz über die Zusammenarbeit von Bundesregierung und Deutschem Bundestag in Angelegenheiten der EU und um das Gesetz über die Zusammenarbeit von Bund und Ländern in Angelegenheiten der EU, beide vom 12. März 1993.

9 Vgl. ferner Einl. F VIII.

Art. 24 [Übertragung von Hoheitsrechten auf zwischenstaatliche Einrichtungen]

(1) Der Bund kann durch Gesetz Hoheitsrechte auf zwischenstaatliche Einrichtungen übertragen.
(1 a) Soweit die Länder für die Ausübung der staatlichen Befugnisse und die Erfüllung der staatlichen Aufgaben zuständig sind, können sie mit Zustimmung der Bundesregierung Hoheitsrechte auf grenznachbarschaftliche Einrichtungen übertragen.
(2) Der Bund kann sich zur Wahrung des Friedens einem System gegenseitiger kollektiver Sicherheit einordnen; er wird hierbei in die Beschränkungen seiner Hoheitsrechte einwilligen, die eine friedliche und dauerhafte Ordnung in Europa und zwischen den Völkern der Welt herbeiführen und sichern.
(3) Zur Regelung zwischenstaatlicher Streitigkeiten wird der Bund Vereinbarungen über eine allgemeine, umfassende, obligatorische, internationale Schiedsgerichtsbarkeit beitreten.

I. Allgemeines

1 In Art. 24 bekennt sich das GG zu einer »friedlichen und dauerhaften Ordnung in Europa und zwischen den Völkern der Welt«. Um dieses Ziel erreichen zu können, wird der Bund ausdrücklich ermächtigt, Hoheitsrechte auf zwischenstaatliche Einrichtungen zu übertragen und einem System gegenseitiger kol-

lektiver Sicherheit beizutreten. Die Bundesrepublik wird damit auf eine Friedenspolitik festgelegt, deren Ausgestaltung im einzelnen allerdings naturgemäß den dazu berufenen politischen Organen überlassen bleibt.

II. Die Übertragung von Hoheitsrechten

Indem Abs. 1 den Bund zur Übertragung von Hoheitsrechten auf zwischen- **2**
staatliche Einrichtungen ermächtigt, wird der Zusammenschluß von Staaten und die Schaffung »supranationaler Gemeinschaften« gefördert; als wünschbares Endziel steht dahinter ein vereintes Europa.

Abs. 1 a ist im Jahre 1992 eingefügt worden. Damit soll den Ländern die Mög- **3**
lichkeit eröffnet werden, im Rahmen ihrer Zuständigkeiten Hoheitsrechte auf grenznachbarschaftliche Einrichtungen (z.B. Schulwesen, Polizei, Abfall und Abwasserbeseitigung) zu übertragen. Dabei handelt es sich um regional begrenzte Einrichtungen unterhalb oder außerhalb der Ebene der EU.

Durch die Übertragung von Hoheitsrechten auf eine bestimmte Gemeinschaft, **4**
deren Mitglied die Bundesrepublik ist, wird diese in die Lage versetzt, auf deutschem Boden Handlungen vorzunehmen, die unmittelbare Wirkung für deutsche Bürger haben. Sie kann also in dem ihr eingeräumten Umfang Recht setzen und sprechen sowie Verwaltungsakte erlassen.

Die **Europäische Union** ist eine solche Organisation. Damit ist eine neue öf- **5**
fentliche Gewalt entstanden, die gegenüber der Staatsgewalt der einzelnen Mitgliedstaaten selbständig und unabhängig ist; ihre Akte brauchen von den Mitgliedstaaten weder bestätigt zu werden, noch können sie aufgehoben werden. Der Gründungsvertrag stellt gewissermaßen ihre Verfassung dar.

Rechtsakten des Gemeinschaftsrechts kommt für den Fall eines Widerspruchs zu innerstaatlichem Gesetzesrecht auch vor deutschen Gerichten der Anwendungsvorrang zu. Dieser Anwendungsvorrang gegenüber späterem wie früherem nationalen Gesetzesrecht beruht auf einer ungeschriebenen Norm des primären Gemeinschaftsrechts, der durch die Zustimmungsgesetze zu den Gemeinschaftsverträgen in Verbindung mit Art. 24 Abs. 1 der innerstaatliche Rechtsanwendungsbefehl erteilt worden ist (BVerfGE 75, 244 unter Hinweis auf BVerfGE 31, 173ff.). Art. 24 Abs. 1 enthält die verfassungsrechtliche Ermächtigung für die Billigung dieser Vorrangregel durch den Gesetzgeber und ihre Anwendung durch die rechtsprechende Gewalt im Einzelfall (BVerfGE 75, 223/244).

Damit eine Übertragung von Hoheitsrechten innerstaatlich zu beachten ist, ist **6**
erforderlich, daß sie »durch Gesetz« erfolgt. Dieses verfassungsrechtliche Erfordernis ist strikt auszulegen. Im GG wie in der deutschen staatsrechtlichen Tradition hat die Unterscheidung zwischen den Begriffen »durch Gesetz« und »aufgrund Gesetzes« feste Konturen; die Zustimmung des Gesetzgebers zu einem Übertragungsakt im Sinne des Art. 24 Abs. 1 kann daher nicht durch Rechtsverordnung bewirkt werden. Art. 24 Abs. 1 unterscheidet auch nicht zwischen für Regierungen und Gesetzgeber gewichtigen und anderen Über-

tragungsgegenständen. Die Übertragung von Hoheitsrechten bewirkt einen Eingriff in und eine Veränderung der verfassungsrechtlich festgelegten Zuständigkeitsordnung und damit materiell eine Verfassungsänderung. Hinzu kommt, daß Art. 24 Abs. 1 die Einräumung von Hoheitsrechten an Einrichtungen ermöglicht, deren Rechtsordnung, Willensbildung und Handlungsformen nicht dem GG und damit auch nicht dem bestimmenden Einfluß des deutschen Gesetzgebers unmittelbar unterliegen, die gleichzeitig aber – je nach ihren Kompetenzen – in die deutsche Rechtsordnung hoheitlich mit unmittelbarer Wirkung für die Rechtsunterworfenen einwirken können. Das Gewicht dieser Momente gebietet es, den Gesetzesvorbehalt in Art. 24 Abs. 1 strikt auszulegen. Sein Sinn ist es, einen solchen Vorgang, der das Funktions- und Machtverteilungsgefüge, wie es im GG angelegt ist, verändert, nur mit förmlicher Zustimmung des Gesetzgebers »durch Gesetz« zu gestatten, wenn schon eine förmliche Verfassungsänderung nach Art. 79 nicht gefordert ist (BVerfGE 58, 35 f.). Zum Rechtsschutz gegen Akte zwischenstaatlicher Einrichtungen vgl. Rz. 4 zu Art. 19.

III. Das kollektive Sicherheitssystem

7 Abs. 2 enthält die Möglichkeit der Einordnung in ein kollektives Sicherheitssystem. Er ist damit ein wichtiger Bestandteil der Verteidigungsverfassung. Das Sicherheitssystem muß der Wahrung des Friedens dienen. Auch hier kann der Bund Hoheitsrechte übertragen. Dies geschah mit dem Beitritt in die NATO und der Übertragung des Oberbefehls über die meisten deutschen Streitkräfte auf das Oberkommando der NATO.

Die Erlaubnis, im Rahmen des NATO-Bündnisses **amerikanische nuklear bestückte Raketen** auf dem Gebiet der Bundesrepublik zu **stationieren,** stellt eine Übertragung von Hoheitsrechten dar, soweit das Entscheidungsrecht über den Einsatz dieser Systeme Bestandteil der Stationierung ist. Nach der Auffassung des BVerfG ist diese Übertragung jedoch durch den NATO-Vertrag gedeckt (BVerfGE 68, 1 ff.).

Abs. 2 berechtigt den Bund nicht nur zum Eintritt in ein System gegenseitiger Sicherheit und zur Einwilligung in damit verbundene Beschränkungen seiner Hoheitsrechte. Er bietet vielmehr auch die Grundlage für die Übernahme der mit der Zugehörigkeit zu einem solchen System typischerweise verbundenen Aufgaben und damit auch für den Einsatz der Bundeswehr; Art. 87 a steht dem nicht entgegen (BVerfGE 90, 286 ff.).

Die **Vereinten Nationen** sind ein System gegenseitiger kollektiver Sicherheit im Sinne von Art. 24 Abs. 2. Sie sind darauf angelegt, Streitigkeiten unter ihren Mitgliedern auf friedliche Weise beizulegen und notfalls durch Einsatz von Streitkräften den Friedenszustand wiederherzustellen. Dabei sind die Mitgliedstaaten zu entsprechender Zusammenarbeit verpflichtet. Die Charta der Vereinten Nationen beschränkt die einzelnen Mitglieder in der Wahrnehmung ihrer Hoheitsrechte, insbesondere sind die Beschlüsse des Sicherheitsrates bin-

dend und müssen nach Maßgabe dieser Bindung von den Mitgliedstaaten ausgeführt werden (BVerfGE 90, 349 f.).
Die **NATO** bildet ein Sicherheitssystem, in dem die Mitglieder »ihre Bemühungen für die gemeinsame Verteidigung und für die Erhaltung des Friedens und der Sicherheit ... vereinigen« (Präambel des NATO-Vertrages). Sie verfolgt dieses Ziel gemäß Art. 5 des NATO-Vertrages insbesondere dadurch, daß sie einem Angriff gegen eine der Vertragsparteien eine Bündnisverpflichtung entgegenstellt, nach der jede der Vertragsparteien einen solchen Angriff als gegen alle Vertragspartner gerichtet ansehen wird. Die NATO dient der Wahrung des Friedens auch dadurch, daß die Vertragsparteien sich nach Art. 1 des NATO-Vertrages verpflichten, Streitfälle, an denen sie beteiligt sind, mit friedlichen Mitteln zu lösen. Sie zeichnet sich überdies durch die Ausbildung hochdifferenzierter integrierter militärischer Kommandostrukturen und die Aufstellung gemeinsamer Verbände vor herkömmlichen Militärallianzen aus und bewirkt damit nicht zuletzt, daß die Streitkräfte der Mitgliedstaaten in einer Weise miteinander verflochten werden, die die Sicherheit unter ihnen selbst erhöht. Außerdem begründet Art. 4 des NATO-Vertrages eine Konsultationspflicht für alle Partnerstaaten in Krisenfällen. Damit ist die NATO durch ein friedensicherndes Regelwerk und den Aufbau einer Organisation gekennzeichnet, die es zulassen, sie als System gegenseitiger kollektiver Sicherheit im Sinne des Art. 24 Abs. 2 zu bewerten (BVerfGE 90, 350 f.).
Die Einordnung Deutschlands in ein System gegenseitiger kollektiver Sicherheit bedarf nach Art. 24 Abs. 2 in Verbindung mit Art. 59 Abs. 2 Satz 1 der **Zustimmung des Gesetzgebers.** Dieser Gesetzesvorbehalt überträgt dem Bundestag als Gesetzgebungsorgan ein Mitentscheidungsrecht im Bereich der auswärtigen Angelegenheiten (BVerfGE 90, 351 unter Hinweis auf BVerfGE 68, 84 f.). Hat der Gesetzgeber der Einordnung in ein System gegenseitiger kollektiver Sicherheit zugestimmt, so ergreift diese Zustimmung auch die Eingliederung von Streitkräften in integrierte Verbände des Systems oder eine Beteiligung von Soldaten an militärischen Aktionen des Systems unter dessen militärischem Kommando, soweit Eingliederung oder Beteiligung in Gründungsvertrag oder Satzung, die der Zustimmung unterlegen haben, bereits angelegt sind. Die darin liegende Einwilligung in die Beschränkung von Hoheitsrechten umfaßt auch die Beteiligung deutscher Soldaten an militärischen Unternehmungen auf der Grundlage des Zusammenwirkens von Sicherheitssystemen in deren jeweiligen Rahmen, wenn sich Deutschland mit gesetzlicher Zustimmung diesen Systemen eingeordnet hat (BVerfGE 90, 351). Allerdings ist auch für den konkreten Einsatz die Zustimmung des Bundestags erforderlich.

IV. Die internationale Schiedsgerichtbarkeit

Unter internationaler Schiedsgerichtbarkeit ist jede Art der Streitent- **8**
scheidung durch zwischenstaatliche Instanzen zu verstehen. Wichtigstes Organ

der internationalen Schiedsgerichtbarkeit ist der Internationale Gerichtshof in Den Haag, das Gericht der Vereinten Nationen.

Art. 25 [Völkerrecht und Bundesrecht]

Die allgemeinen Regeln des Völkerrechtes sind Bestandteil des Bundesrechtes. Sie gehen den Gesetzen vor und erzeugen Rechte und Pflichten unmittelbar für die Bewohner des Bundesgebietes.

Auch in Art. 25 kommt der Wille der Verfassung zum Ausdruck, die Bundesrepublik zu einem Mitglied der friedlichen Völkergemeinschaft zu machen. Die allgemeinen Regeln des Völkerrechts sind unmittelbar geltendes Bundesrecht und gehen den Gesetzen, nicht aber der Verfassung vor.
Solche Regeln haben sich vor allem im Verhältnis der Staaten zueinander entwickelt, aber es gibt solche auch als Individualrechte (z. B. Recht auf Leben, Folterverbot, Verfahrensgerechtigkeit).

Art. 26 [Verbot der Vorbereitung eines Angriffskrieges; Kriegswaffenkontrolle]

(1) Handlungen, die geeignet sind und in der Absicht vorgenommen werden, das friedliche Zusammenleben der Völker zu stören, insbesondere die Führung eines Angriffskrieges vorzubereiten, sind verfassungswidrig. Sie sind unter Strafe zu stellen.
(2) Zur Kriegführung bestimmte Waffen dürfen nur mit Genehmigung der Bundesregierung hergestellt, befördert und in Verkehr gebracht werden. Das Nähere regelt ein Bundesgesetz.

I. Die Friedensstaatlichkeit

1 Das GG bekennt sich feierlich zu dem Willen des deutschen Volkes, mit den anderen Völkern friedlich zusammenzuleben (vgl. auch Art. 24 und 25 sowie die Präambel). Art. 26 Abs. 1 erklärt jede Handlung, die geeignet ist, dieses friedliche Zusammenleben zu stören, für verfassungswidrig. Der Angriffskrieg als besonders klarer Fall der Friedensstörung wird eigens hervorgehoben. § 80 StGB bestimmt dementsprechend: Wer einen Angriffskrieg, an dem die Bundesrepublik Deutschland beteiligt sein soll, vorbereitet und dadurch die Gefahr eines Krieges für die Bundesrepublik herbeiführt, wird mit lebenslanger Freiheitsstrafe oder mit Freiheitsstrafe nicht unter 10 Jahren bestraft. Gemäß § 80 a StGB ist auch das Aufstacheln dazu strafbar.

2 Anders als die japanische Verfassung von 1946 verbietet das GG allerdings nicht den Krieg schlechthin. Daß ein **Verteidigungskrieg** nicht verfassungswidrig ist, ergibt schon der Umkehrschluß aus Art. 26 Abs. 1. Darüber hinaus geht das GG in Art. 73 Nr. 1, 87 a Abs. 1 davon aus, daß eine funktionsfähige Landesverteidigung aufgebaut und unterhalten wird. Um sie zu gewährleisten, sieht es in Art. 12 a Abs. 1 die Möglichkeit vor, die allgemeine Wehrpflicht einzuführen.

Das Verbot des Angriffskrieges knüpft an den **Briand-Kellogg-Pakt** vom 27. August 1928 an, der immer noch in Kraft ist und auch die Bundesrepublik Deutschland bindet. Die Vertragspartner erklärten hier, daß sie den Krieg als Lösung internationaler Streitigkeiten verurteilen und auf ihn als Mittel internationaler Politik verzichten. Die Mitglieder der Vereinten Nationen – und damit auch die Bundesrepublik – sind an diesen Pakt überdies durch die Satzung der UNO gebunden. Art. 51 dieser Satzung bestätigt gleichzeitig das »unveräußerliche Recht auf individuelle oder kollektive Selbstverteidigung«.

Bei der **Abgrenzung von Verteidigungs- und Angriffskrieg** gilt der Grundsatz, daß derjenige, der die erste Kriegshandlung, also den ersten Gewaltakt vornimmt, der Angreifer ist. Allerdings gibt es eine Ausnahme. Die erste Gewaltanwendung kann im Einzelfall auch einmal die einzig mögliche Gegenwehr gegen Akte eines fremden Staates sein, der durch Maßnahmen, die noch keine formelle Kriegshandlung darstellen, den sich wehrenden Staat vernichten will. Hilfreich ist es hier, an die im Strafrecht zur Notwehr entwickelten Grundsätze zu denken, insbesondere daran, daß der »angegriffene« Staat nur adäquat, nicht aber überzogen reagieren darf: Ein »Erstschlag« ist danach allenfalls denkbar, wenn jedes andere politische Mittel versagt und die Existenz des Staates unmittelbar bedroht ist.

II. Die Stationierung moderner Massenvernichtungsmittel

Mit der Produktion »moderner« Massenvernichtungsmittel ist eine bisher unbekannte – entsetzliche – Kriegsführung möglich geworden, die auf die Vernichtung ganzer Völker und Länder zielt. Die Politiker stehen in der Verantwortung, alles zu unternehmen, daß der Einsatz dieser Waffensysteme unterbleibt. Die Charta der Vereinten Nationen (Art. 11, 25 und 47) verpflichtet die Mitgliedstaaten zur **Abrüstung und Rüstungskontrolle.** 3

Wichtig sind in diesem Zusammenhang die zwischen den USA und der UdSSR bisher abgeschlossenen Verträge. In dem sog. Breschnew-Nixon-Abkommen vom 29. Mai 1972 wurden Maßnahmen beschlossen, um »die Kriegsgefahr abzuwenden und Bedingungen zu schaffen, die zur Entspannung in der Welt, zur Festigung der allgemeinen Sicherheit und internationalen Zusammenarbeit beitragen«. Beide Parteien gehen »von der gemeinsamen Überzeugung aus, daß es im Kernwaffenzeitalter keine andere Grundlage der Beziehungen zwischen ihnen gibt als die friedliche Koexistenz«. Auf der Basis dieser Vereinbarung kam es zu international bedeutenden Verträgen zwischen beiden Staaten, wie dem Abkommen über die Verhütung eines Nuklearkrieges vom 22. Juli 1973, zur Einschränkung der unterirdischen Kernwaffenversuche vom 3. Juli 1974, über die Verhütung von Zwischenfällen auf und über hoher See vom 25. Mai 1972, der Erforschung und Nutzung des Weltraumes zu friedlichen Zwecken vom 24. Mai 1974, zur friedlichen Nutzung von Kernenergie vom 21. Juni 1973 und der Energiewirtschaft vom 28. Juni 1974. Noch in den Salt-Verträgen wurde ausdrücklich vereinbart, daß eine Herstellung von militärischem Gleichgewicht durch Aufrüstungsmaßnahmen nur zulässig sein soll, wenn sowohl der ungleiche Waffenbereich als auch die Ausgleichsmaßnahme vertraglich festgelegt wird. Die einseitige und kaum nachprüfbare Feststellung von Disparitäten, an die angeblich ausgleichende Rüstungsmaßnahmen geknüpft werden, ist nur als Ultima-ratio-Maßnahme nach Ausschöpfung anderer Möglichkeiten statthaft. Im Jahre 1987 wurde der INF-Vertrag über den Abbau der landesgestützten Mittelstreckenwaffen geschlossen und mit dem START I- und II-Abkommen wichtige Schritte auf dem Wege der Abrüstung gemacht.

4 Die Stationierung amerikanischer Kernwaffen und chemischer Waffen in der Bundesrepublik Deutschland wurde bis vor kurzem unter verfassungsrechtlichen Gesichtspunkten kaum diskutiert. Inzwischen wird die Zulässigkeit dieser Stationierung verschiedentlich in Frage gestellt, weil die Verfügungsgewalt über den Einsatz dieser Waffen beim amerikanischen Präsidenten und nicht bei einer NATO-Instanz liegt und nach dieser Meinung eine Zustimmung des Parlaments zur Stationierung notwendig sei. Die Souveränität der Bundesrepublik sei insoweit durch Verträge nicht eingeschränkt. Wenn das BVerfG schon für die friedliche Nutzung der Kernenergie wegen ihrer weitreichenden Auswirkungen auf den Bürger eine Entscheidung des Gesetzgebers fordere (vgl. BVerfGE 49, 89 ff. – »Kalkar«), müsse dies erst recht für die Stationierung von Massenvernichtungswaffen gelten. Dem ist das BVerfG nicht gefolgt. Es sieht die erforderliche gesetzliche Grundlage in der Zustimmung des Gesetzgebers zum Vertrag über den Aufenthalt ausländischer Streitkräfte in der Bundesrepublik, zum NATO-Truppenstatut und zu dem hierzu vereinbarten Zusatzabkommen (BVerfGE 77, 170 ff.).
An dieser Rechtslage hat sich durch den Vertrag über die abschließende Regelung in bezug auf Deutschland (Zwei-Plus-Vier-Vertrag vom 12. September 1990) grundsätzlich nichts geändert. Gemäß Art. 6 wird das Recht des vereinten Deutschland, Bündnissen mit allen sich daraus ergebenden Rechten und Pflichten anzugehören, von diesem Vertrag nicht berührt. Allerdings ist festgelegt, daß ausländische Atomwaffen oder ihre Träger in dem Gebiet der ehemaligen DDR weder stationiert noch dorthin verlegt werden dürfen (Art. 5 Abs. 3).

III. Das Verbot der Produktion von Kriegswaffen

5 Gemäß Abs. 2, der ein Verbot der Kriegswaffenproduktion mit Genehmigungsvorbehalt enthält, hat der Bundestag das Kriegswaffenkontrollgesetz erlassen, in dem alle Kriegswaffen erschöpfend aufgezählt sind. Auf die Produktion von A-, B- und C-Waffen hat die Bundesrepublik im Protokoll über die

Beendigung der Besatzungszeit (23. 10. 1954) generell verzichtet und dies in Art. 3 des Vertrags über die abschließende Regelung in bezug auf Deutschland (Zwei-Plus-Vier-Vertrag – 12. 9. 1990) bestätigt.

Art. 27 [Handelsflotte]

Alle deutschen Kauffahrteischiffe bilden eine einheitliche Handelsflotte.

Diese Vorschrift hat ähnlich Art. 22 historische Tradition, aber nur geringe aktuelle Bedeutung. Damit wird den Bundesländern untersagt, eigene Handelsflotten zu bilden.

Art. 28 [Verfassungsmäßige Ordnung in den Ländern (Homogenitätsgebot); Gewährleistung der kommunalen Selbstverwaltung]

(1) Die verfassungsmäßige Ordnung in den Ländern muß den Grundsätzen des republikanischen, demokratischen und sozialen Rechtsstaates im Sinne dieses Grundgesetzes entsprechen. In den Ländern, Kreisen und Gemeinden muß das Volk eine Vertretung haben, die aus allgemeinen, unmittelbaren, freien, gleichen und geheimen Wahlen hervorgegangen ist. Bei Wahlen in Kreisen und Gemeinden sind auch Personen, die die Staatsangehörigkeit eines Mitgliedstaates der Europäischen Gemeinschaft besitzen, nach Maßgabe von Recht der Europäischen Gemeinschaft wahlberechtigt und wählbar. In Gemeinden kann an die Stelle einer gewählten Körperschaft die Gemeindeversammlung treten.
(2) Den Gemeinden muß das Recht gewährleistet sein, alle Angelegenheiten der örtlichen Gemeinschaft im Rahmen der Gesetze in eigener Verantwortung zu regeln. Auch die Gemeindeverbände haben im Rahmen ihres gesetzlichen Aufgabenbereiches nach Maßgabe der Gesetze das Recht der Selbstverwaltung. Die Gewährleistung der Selbstverwaltung umfaßt auch die Grundlagen der finanziellen Eigenverantwortung.
(3) Der Bund gewährleistet, daß die verfassungsmäßige Ordnung der Länder den Grundrechten und den Bestimmungen der Absätze 1 und 2 entspricht.

Art. 28 Abs. 1 legt fest, daß die verfassungsmäßige Ordnung der Länder den Grundsätzen des republikanischen, demokratischen und sozialen Rechtsstaats entsprechen muß. Er wiederholt damit praktisch Art. 20 Abs. 1 (siehe dort). **1**
In den Ländern, Kreisen und Gemeinden muß das Volk eine Vertretung haben, die aus allgemeinen, unmittelbaren, freien, gleichen und geheimen Wahlen hervorgegangen ist. Damit werden die in Art. 38 Abs. 1 an eine Bundestagswahl gestellten Anforderungen auch für die Länder und Selbstverwaltungskörperschaften verfassungsrechtlich festgelegt (siehe dort). In Gemeinden kann an die Stelle einer gewählten Körperschaft die Gemeindeversammlung treten. Hier kommt also ausnahmsweise der Gedanke der unmittelbaren Demokratie zum **2**

Zuge. Der innere Grund liegt darin, daß in vielen Fällen die Versammlung aller erwachsenen Gemeindeeinwohner noch ein überschaubares Gremium bildet. Nach Art. 8b Abs. 1 des EG-Vertrages i.d.F. des Unions-Vertrages hat jeder Unions-Bürger mit Wohnsitz in einem Mitgliedstaat, dessen Staatsangehörigkeit er nicht besitzt, in dem Mitgliedstaat, in dem er einen Wohnsitz hat, das aktive und passive Wahlrecht bei Kommunalwahlen. Dementsprechend ist im Jahre 1992 in Abs. 1 Satz 4 angefügt worden.

3 Abs. 2 garantiert das **Selbstverwaltungsrecht der Gemeinden.** Das BVerfG führt dazu aus (BVerfGE 11, 266/274 ff.):

»Die Anfänge der modernen Selbstverwaltung sind unlösbar mit der Steinschen preußischen Städteordnung vom 19. November 1808 verknüpft. Ihr Ziel war es, das bürgerliche Element enger mit dem Staate zu verbinden, den Gegensatz zwischen Obrigkeit und Untertan zu mildern und durch selbstverantwortliche Beteiligung der Bürgerschaft an der öffentlichen Verwaltung in der Kommunalebene den Gemeinsinn und das politische Interesse des einzelnen neu zu beleben und zu kräftigen. Angesichts der Restauration benutzte das aufstrebende liberale Bürgertum die Selbstverwaltung als politische Waffe gegen den Staat und als Mittel, die Staatsaufsicht in diesem Bereich auf die Kontrolle der Gesetzmäßigkeit der Verwaltung zu beschränken. Der immer schärfer zutage tretende Gegensatz zwischen dem monarchischen Obrigkeitsstaat und der fortschreitend sich demokratisierenden Selbstverwaltung verlor erst um die Mitte des 19. Jahrhunderts an Schärfe, als es dem Bürgertum mit der allgemeinen Einführung des Konstitutionalismus gelang, sich einen entscheidenden Einfluß auf das staatliche Geschehen zu sichern.
Mit dem Übergang vom Kaiserreich zur Weimarer Republik wurde der alte politische Gegensatz zwischen Staats- und Kommunalverwaltung durch die Einführung des parlamentarischen Systems in Reich und Ländern und die Ausdehnung der Grundsätze des Reichstagswahlrechts auch auf die Gemeindewahlen (Art. 17 Abs. 2 Satz 1 WRV) weiter eingeebnet. Der Begriff der Selbstverwaltung wurde mehr und mehr zu einem formalen Begriff und in zunehmenden Maße dazu verwendet, den legitimen Bereich der überörtlichen Staatsverwaltung von dem der Lokalverwaltung abzugrenzen.
Die Ausdehnung der Wahlrechtsgrundsätze der allgemeinen, gleichen, unmittelbaren und geheimen Wahl sowie der Grundsätze des Verhältniswahlrechts im Gefolge der fortschreitenden Egalisierung und Demokratisierung des politischen Lebens auf die Gemeindewahlen nahm der kommunalen Verwaltung in steigendem Maße den für das 19. Jahrhundert typischen Charakter der Honoratiorenverwaltung und führte schließlich zu einer Vormachtstellung der politischen Parteien auch in diesem Bereich.
Unter der Herrschaft des nationalsozialistischen Regimes wurde die Selbstverwaltung gleichgeschaltet und damit ihrer Substanz beraubt. Die Einführung des Führerprinzips und die Beschränkung der Zuständigkeiten der Gemeindeverwaltungen auf beratende Funktionen machten die »Selbstverwaltung« zu einer bloßen Verwaltungsform des zentralistisch gesteuerten Einheitsstaates.
Demgegenüber sind Kommunalverfassungsrecht und -wirklichkeit seit dem Zusammenbruch des nationalsozialistischen Regimes unter Anknüpfung an die Tradition der Weimarer Zeit von der Tendenz geprägt, dem Gedanken des Selbstbestimmungsrechts der Gemeindebürger vor allem durch eine Erweiterung der Zuständigkeiten der Kommunalvertretungen wieder in stärkerem Maße zum Durchbruch zu verhelfen.
Kommunale Selbstverwaltung – wie sie heute verstanden wird – bedeutet ihrem Wesen und ihrer Intention nach Aktivierung der Beteiligten für ihre eigenen Angelegenheiten, die die in der örtlichen Gemeinschaft lebendigen Kräfte des Volkes zur eigenverant-

wortlichen Erfüllung öffentlicher Aufgaben der engeren Heimat zusammenschließt mit dem Ziel, das Wohl der Einwohner zu fördern und die geschichtliche und heimatliche Eigenart zu wahren.«

Ob und in welchem Umfang die **Planungshoheit** der Gemeinden zu dem unantastbaren Kernbereich des kommunalen Selbstverwaltungsrechts gehört, hat das BVerfG bisher offengelassen. Einerseits wird darauf verwiesen, daß die Bauleitplanung nicht immer zum historischen Bild der Selbstverwaltung gehört hat, sondern überhaupt erst um die Jahrhundertwende entstanden ist und bis zum Ende des Zweiten Weltkriegs durchweg als polizeirechtliche Aufgabe des Staates angesehen wurde; andererseits wird die zentrale Bedeutung hervorgehoben, die die Bauleitplanung jedenfalls seit dem Ende des Zweiten Weltkriegs für die gesamte gemeindliche Entwicklung besitzt und die die früher das Baurecht beherrschenden baupolizeilichen Gesichtspunkte in den Hintergrund gedrängt hat. Der Bedeutung des Art. 28 Abs. 2 Satz 1 im Verfassungsganzen würde es jedenfalls nicht gerecht, die Reichweite der verfassungsrechtlichen Garantie im Einzelfall jeder beliebigen Willensentscheidung des Gesetzgebers zu überlassen. Vielmehr muß der Gesetzgeber dabei den aus Art. 28 Abs. 2 folgenden Beschränkungen für staatliche Eingriffe unter dem Gesichtspunkt der Verhältnismäßigkeit Rechnung tragen und das aus dem Rechtsstaatsprinzip abzuleitende Willkürverbot im Verhältnis zwischen Hoheitsträgern beachten. Diese Bindung trifft den Bund bei Eingriffen in die Selbstverwaltung einzelner Gemeinden ebenso wie die Länder. Sie erlaubt eine Einschränkung der Planungshoheit einzelner Gemeinden nur, wenn und soweit sich bei der vorzunehmenden Güterabwägung ergibt, daß schutzwürdige überörtliche Interessen diese Einschränkung erfordern (BVerfGE 56, 313f.). Soweit der Bundesgesetzgeber eine Regelungskompetenz besitzt und eine Ermächtigung zum Erlaß einer Rechtsverordnung schafft, hat der Verordnungsgeber den für seine Entscheidung erheblichen Sachverhalt vollständig zu ermitteln und der Verordnung zugrunde zu legen. Diese ihm obliegende Ermittlungspflicht gebietet es, daß die betroffenen Gemeinden ihm ihre Planungsinteressen darlegen können. Er muß sie deshalb anhören. Allerdings schließt das Bundesstaatsprinzip unmittelbare Verhandlungen des Bundes mit einzelnen Gemeinden unter Umgehung des betroffenen Landes aus. Die Rechtsordnung hält für derartige Fälle von Rechtsetzungsakten des Bundes, die in die Planungshoheit einzelner Gemeinden unter Auferlegung von Sonderopfern eingreifen, die Möglichkeit einer unmittelbaren Anhörung dieser Gemeinden durch das Land bereit, das selbst unter Einbeziehung dieser Anhörung zu dem Rechtsetzungsvorhaben Stellung nimmt. 4

Der Bund kann gegenüber diesem verfassungsmäßigen Recht der von einem gesetzgeberischen Einzeleingriff in ihre Planungshoheit betroffenen Gemeinden nicht geltend machen, daß nicht er, sondern nur das jeweilige Land Adressat des Anhörungsanspruchs sei und dessen Verletzung daher die Verfassungsmäßigkeit eines darauf beruhenden Bundesgesetzes nicht berühre. Die im Bundesstaat bestehende Situation, daß der Eingriffsakt allein vom Bund ausgeht, während die damit korrelierende Anhörungsverpflichtung allein das Land erfüllen kann, darf nicht in der Weise zu Lasten der betroffenen Gemeinden gelöst werden, daß weder Bund noch Land sich für die Wahrung der kommunalen Belange im Verordnungsverfahren verantwortlich fühlt. Der Bund darf sich gegenüber der institutionellen Garantie der kommunalen Selbstverwaltung nicht darauf berufen, daß ein Land seine bundesrechtliche Pflicht zur Anhörung der Gemeinden im Rechtsetzungsverfahren des Bundes nicht erfülle und er deshalb genötigt sei, ohne solche Anhörung in den Bereich der Selbstverwaltung einzugreifen. Vielmehr haben im Bundesstaat Bund und Länder die gemeinsame Pflicht zur Wahrung und Herstellung der grundgesetzmäßigen Ordnung in allen Teilen und Ebenen des Gesamtstaates. Soweit der Bund dafür nicht unmittelbar Sorge tragen kann, sondern auf die Mitwirkung der Länder angewiesen ist, sind die Länder aus dem Gesichtspunkt der Pflicht zu bundesfreundlichem Verhalten zu dieser Mitwirkung verpflichtet. Die den Gemeinden aus Art. 28 Abs. 2 Satz 1 zukommenden Rechte richten sich gegen Bund und Länder gleichermaßen, so daß sich auch der Gesetzgeber in Bund und Ländern bei Eingriffen in diese Rechte als Einheit behandeln lassen muß (BVerfGE 56, 322).

5 Abs. 2 Satz 3 wurde im Rahmen der Verfassungsreform 1994 angefügt. Ziel ist es, die Grundlagen der **finanziellen Eigenverantwortlichkeit** der Gemeinden und Gemeindeverbände zu wahren und Einschränkungen zu verhindern. Um eine Finanzausstattungsgarantie des Bundes zugunsten der Kommunen handelt es sich jedoch nicht.

Art. 29 [Neugliederung des Bundesgebietes]

(1) Das Bundesgebiet kann neu gegliedert werden, um zu gewährleisten, daß die Länder nach Größe und Leistungsfähigkeit die ihnen obliegenden Aufgaben wirksam erfüllen können. Dabei sind die landsmannschaftliche Verbundenheit, die geschichtlichen und kulturellen Zusammenhänge, die wirtschaftliche Zweckmäßigkeit sowie die Erfordernisse der Raumordnung und der Landesplanung zu berücksichtigen.

(2) Maßnahmen zur Neugliederung des Bundesgebietes ergehen durch Bundesgesetz, das der Bestätigung durch Volksentscheid bedarf. Die betroffenen Länder sind zu hören.

(3) Der Volksentscheid findet in den Ländern statt, aus deren Gebieten oder Gebietsteilen ein neues oder neu umgrenztes Land gebildet werden soll (betroffene Länder). Abzustimmen ist über die Frage, ob die betroffenen Länder wie bisher bestehenbleiben sollen oder ob das neue oder neu umgrenzte Land gebildet werden soll. Der Volksentscheid für die Bildung eines neuen oder neu umgrenzten Landes kommt zustande, wenn in dessen künftigem Gebiet und insgesamt in den Gebieten oder Gebietsteilen eines betroffenen Landes, deren Landeszugehörigkeit im gleichen Sinne geändert werden soll, jeweils eine Mehrheit der Änderung zustimmt. Er kommt nicht zustande, wenn im Gebiet

eines der betroffenen Länder eine Mehrheit die Änderung ablehnt; die Ablehnung ist jedoch unbeachtlich, wenn in einem Gebietsteil, dessen Zugehörigkeit zu dem betroffenen Land geändert werden soll, eine Mehrheit von zwei Dritteln der Änderung zustimmt, es sei denn, daß im Gesamtgebiet des betroffenen Landes eine Mehrheit von zwei Dritteln die Änderung ablehnt.

(4) Wird in einem zusammenhängenden, abgegrenzten Siedlungs- und Wirtschaftsraum, dessen Teile in mehreren Ländern liegen und der mindestens eine Million Einwohner hat, von einem Zehntel der in ihm zum Bundestag Wahlberechtigten durch Volksbegehren gefordert, daß für diesen Raum eine einheitliche Landeszugehörigkeit herbeigeführt werde, so ist durch Bundesgesetz innerhalb von zwei Jahren entweder zu bestimmen, ob die Landeszugehörigkeit gemäß Absatz 2 geändert wird, oder daß in den betroffenen Ländern eine Volksbefragung stattfindet.

(5) Die Volksbefragung ist darauf gerichtet festzustellen, ob eine in dem Gesetz vorzuschlagende Änderung der Landeszugehörigkeit Zustimmung findet. Das Gesetz kann verschiedene, jedoch nicht mehr als zwei Vorschläge der Volksbefragung vorlegen. Stimmt eine Mehrheit einer vorgeschlagenen Änderung der Landeszugehörigkeit zu, so ist durch Bundesgesetz innerhalb von zwei Jahren zu bestimmen, ob die Landeszugehörigkeit gemäß Absatz 2 geändert wird. Findet ein der Volksbefragung vorgelegter Vorschlag eine den Maßgaben des Absatzes 3 Satz 3 und 4 entsprechende Zustimmung, so ist innerhalb von zwei Jahren nach der Durchführung der Volksbefragung ein Bundesgesetz zur Bildung des vorgeschlagenen Landes zu erlassen, das der Bestätigung durch Volksentscheid nicht mehr bedarf.

(6) Mehrheit im Volksentscheid und in der Volksbefragung ist die Mehrheit der abgegebenen Stimmen, wenn sie mindestens ein Viertel der zum Bundestag Wahlberechtigten umfaßt. Im übrigen wird das Nähere über Volksentscheid, Volksbegehren und Volksbefragung durch ein Bundesgesetz geregelt; dieses kann auch vorsehen, daß Volksbegehren innerhalb eines Zeitraums von fünf Jahren nicht wiederholt werden können.

(7) Sonstige Änderungen des Gebietsbestandes der Länder können durch Staatsverträge der beteiligten Länder oder durch Bundesgesetz mit Zustimmung des Bundesrates erfolgen, wenn das Gebiet, dessen Landeszugehörigkeit geändert werden soll, nicht mehr als 50 000 Einwohner hat. Das Nähere regelt ein Bundesgesetz, das der Zustimmung des Bundesrates und der Mehrheit der Mitglieder des Bundestages bedarf. Es muß die Anhörung der betroffenen Gemeinden und Kreise vorsehen.

(8) Die Länder können eine Neugliederung für das jeweils von ihnen umfaßte Gebiet oder für Teilgebiete abweichend von den Vorschriften der Absätze 2 bis 7 durch Staatsvertrag regeln. Die betroffenen Gemeinden und Kreise sind zu hören. Der Staatsvertrag bedarf der Bestätigung durch Volksentscheid in jedem beteiligten Land. Betrifft der Staatsvertrag Teilgebiete der Länder, kann die Bestätigung auf Volksentscheide in diesen Teilgebieten beschränkt werden; Satz 5 zweiter Halbsatz findet keine Anwendung. Bei einem Volksentscheid entscheidet die Mehrheit der abgegebenen Stimmen, wenn sie mindestens ein

Viertel der zum Bundestag Wahlberechtigten umfaßt; das Nähere regelt ein Bundesgesetz. Der Staatsvertrag bedarf der Zustimmung des Bundestages.

I. Allgemeines

1 Die Problematik des Bundesstaates liegt darin, die Gliedstaaten nach Fläche, Einwohnerzahl und Wirtschaftskraft in ein ausgewogenes Verhältnis zu bringen, um die Überlegenheit einzelner Gliedstaaten zu verhindern. Diese Problematik wird überlagert und erschwert durch die Notwendigkeit, zugleich eine stammesmäßige Gliederung zu beachten. Nach 1945 wurden die Ländergrenzen durch die Besatzungszonen willkürlich, ohne Rücksicht auf landsmannschaftliche Gliederung und wirtschaftliche Leistungsfähigkeit zerschnitten.

II. Der »labile« Bundesstaat

2 Die in Art. 20 Abs. 1 getroffene Entscheidung für den Bundesstaat wird durch Art. 29 nicht etwa relativiert, doch macht diese Vorschrift deutlich, daß territoriale Veränderungen innerhalb des Bundesgebietes nicht ausgeschlossen sind. Es ist zwar nicht möglich, die bundesstaatliche Struktur zu beseitigen und an ihre Stelle irgendeine Form des Einheitsstaates zu setzen, aber die einzelnen Länder der Bundesrepublik sind weder in ihrer Existenz noch in ihrem Gebietsstand gegen Eingriffe und Veränderungen durch die Bundesgewalt geschützt. Es handelt sich demnach um einen **labilen Bundesstaat** (BVerfGE 5, 34/38).

III. Die Möglichkeiten der Neugliederung des Bundesgebietes

3 Art. 29, in dem die Voraussetzungen für eine Neugliederung des Bundesgebietes und das hierfür einzuhaltende Verfahren festgelegt sind, ist durch das Dreiunddreißigste Gesetz zur Änderung des Grundgesetzes vom 23. August 1976 neu gefaßt worden. Während vorher Abs. 1 einen Verfassungsauftrag zur Neugliederung enthielt (»Das Bundesgebiet ist unter Berücksichtigung der landsmannschaftlichen Verbundenheit, der geschichtlichen und kulturellen Zusammenhänge, der wirtschaftlichen Zweckmäßigkeit und des sozialen Gefüges durch Bundesgesetz neu zu gliedern«), liegt es jetzt im pflichtgemäßen Ermessen des Gesetzgebers, ob er die Initiative ergreift (»... kann neu gegliedert werden ...«). Der Grund hierfür liegt nicht zuletzt darin, daß bisher alle – zaghaften – Anläufe zu einer grundlegenden Neugliederung des Bundesgebietes an unüberwindbaren Widerständen unterschiedlichster Art (Parteien, Verbände, Landesregierungen usw.) gescheitert sind. Ungeachtet dessen dürfte die Diskussion darüber, leistungsfähige Bundesstaaten zu schaffen, auch in Zukunft weitergehen.

Art. 29 Abs. 1 hat eine **allgemeine, grundlegende Neugliederung** im Auge, gestattet aber auch – wie Abs. 4 und 7 zeigen – jede sonstige Änderung des Gebietsstandes der Länder, also Einzeländerungen. Die allgemeine Neugliederung soll große, leistungsfähige Länder schaffen. Einen Teil dieser allgemeinen Neugliederung bildete auch die gemäß Art. 118 durch Bundesgesetz vom 4. Mai 1951 vorweggenommene Zusammenfassung der Länder Baden, Württemberg-Baden und Württemberg-Hohenzollern zu dem Land Baden-Württemberg. **4**

Die allgemeine Neugliederung erfolgt durch **Bundesgesetz,** wobei die betroffenen Länder vorher zu hören sind (Abs. 2). Dieses Bundesgesetz bedarf der **Bestätigung durch einen Volksentscheid.** Hier ist noch ein Rest unmittelbarer Demokratie lebendig. **5**

Den Volksentscheid treffen die Bevölkerungen der Länder, aus deren Gebieten oder Gebietsteilen ein neues oder neu umgrenztes Land gebildet werden soll (Abs. 3).

Die Bestätigung durch Volksentscheidung kommt zustande, wenn

a) die *Mehrheit* in dem **künftigen Gebiet** des neuen oder neu zu umgrenzen den Landes **und**

b) die Mehrheit in den Gebieten, deren Landeszugehörigkeit geändert werden soll, **sowie**

c) jeweils die Mehrheit der gesamten Entscheidungsberechtigten in den betroffenen Ländern in deren bisher bestehenden Grenzen dem Bundesgesetz zustimmt. Die Mehrheiten a) und b) sind unverzichtbare Voraussetzungen für den positiven Ausgang des Volksentscheids. Lehnt dagegen eine Mehrheit in einem der betroffenen Länder in seinen bisherigen Grenzen das Gesetz ab, so kommt es trotzdem zustande, wenn die Mehrheit unter b) mindestens zwei Drittel der abgegebenen Stimmen ausmacht, aber auch nur dann, wenn die Ablehnung in dem betroffenen Land unter zwei Dritteln der abgegebenen Stimmen bleibt.

Immer ist erforderlich, daß in den betroffenen Gebieten und Ländern jeweils mindestens ein Viertel der zum Bundestag Wahlberechtigten dem Gesetz zustimmt (Abs. 6). Erreicht die Mehrheit der abgegebenen Stimmen diese Mindestgrenze nicht, ist das Gesetz gescheitert.

Die Bevölkerung kann unter den Voraussetzungen des Abs. 4 aber auch selbst aktiv werden und durch **Volksbegehren** fordern, eine einheitliche Landeszugehörigkeit herbeizuführen, wenn **6**

a) es sich um einen zusammenhängenden, abgegrenzten Siedlungs- und Wirtschaftsraum handelt, dessen Teile in mehreren Ländern liegen und der mindestens eine Million Einwohner hat und

b) mindestens ein Zehntel der zum Bundestag Wahlberechtigten diese Forderung aufstellt.

Kommt das Volksbegehren zustande, so muß innerhalb von zwei Jahren durch Bundesgesetz bestimmt werden, ob die Landeszugehörigkeit gemäß Abs. 2 geändert wird (es geht dann weiter wie oben) oder daß in den betroffenen Ländern eine **Volksbefragung** stattfindet. Ergibt diese Volksbefragung jeweils Mehrheiten, wie sie oben für den Volksentscheid beschrieben worden sind (also die Mehrheiten a und b und c), so muß innerhalb von zwei Jahren ein entsprechendes Bundesgesetz ergehen, ohne daß noch eine Bestätigung durch Volksentscheid herbeigeführt werden muß. Ergibt sich nur insgesamt eine Mehrheit, so muß innerhalb von zwei Jahren ein Bundesgesetz darüber erlassen werden, ob die Landeszugehörigkeit geändert wird. Wird sie in diesem Gesetz geändert, muß ein Volksentscheid folgen.

7 Abs. 7 stellt ein vereinfachtes Verfahren für kleinere Grenzkorrekturen zur Verfügung. Die Verfassungsreform 1994 hob die Höchstzahl der Betroffenen von 10 000 auf 50 000 an.

8 Abs. 8 ist durch die Verfassungsreform 1994 eingefügt worden. Die Wirksamkeit von Neugliederungsmaßnahmen durch Staatsvertrag wird wie die von solchen Maßnahmen durch Bundesgesetz von einer plebiszitären Mitwirkung der betroffenen Bevölkerung abhängig gemacht.

9 Zur Neugliederung der Länder Berlin und Brandenburg vgl. Art. 118a.

Art. 30 [Kompetenzverteilung zwischen Bund und Ländern]

Die Ausübung der staatlichen Befugnisse und die Erfüllung der staatlichen Aufgaben ist Sache der Länder, soweit dieses Grundgesetz keine andere Regelung trifft oder zuläßt.

1 Art. 30 enthält eine **Zuständigkeitsvermutung** zugunsten der Länder: Der Bund kann öffentliche Aufgaben nur wahrnehmen, soweit dies im Grundgesetz ausdrücklich bestimmt ist; im übrigen sind die Länder zuständig.

2 Diese Zuständigkeitsvermutung ist eine Folge der in Art. 20 Abs. 1 getroffenen Entscheidung für den Bundesstaat. Das föderalistische Prinzip verlangt Länder mit eigener, nicht vom Gesamtstaat abgeleiteter Staatsgewalt. Die deutsche Verfassungstradition versteht die Länder als das Ursprüngliche; sie erst ermöglichen den Bundesstaat. Deutlich wird dies bei der Gründung des Deutschen Reiches 1871: Die Länder übertrugen Teile ihrer Zuständigkeit auf das Reich; dieses konnte also bestimmte Aufgaben nur deshalb wahrnehmen, weil die Länder deren Ausübung an das Reich delegiert hatten.

3 Art. 30 enthält einen **allgemeinen,** für alle staatlichen Aufgaben und Befugnisse geltenden Grundsatz. Dieser allgemeine Grundsatz wird durch Art. 70 für die Gesetzgebung, Art. 83 für die Verwaltung und Art. 95 für die Rechtsprechung ergänzt.

Art. 31 [Vorrang des Bundesrechts]

Bundesrecht bricht Landesrecht.

Im mittelalterlichen Reich ging Ortsrecht regionalem Recht und dieses überregionalem Recht (Reichsrecht) vor. Das Reichsrecht hatte nur subsidiäre Bedeutung. Dieser für die rechtliche und politische Einheit Deutschlands hinderliche Satz wurde schon in der Paulskirche und sodann in Art. 13 WRV umgekehrt in »Reichsrecht bricht Landesrecht«. In dieser Form war der Satz vor allem ein politisches Schlagwort und Bekenntnis zur deutschen Einheit. 1
Die gegenwärtige Bedeutung von Art. 31 wird überschätzt: Das Grundgesetz enthält eine genaue Verteilung der Gesetzgebungszuständigkeiten zwischen Bund und Ländern. Art. 31 hat daher nur Bedeutung für die Fälle, in denen Bund und Länder nebeneinander Gesetzgebungskompetenz besitzen (das ist höchst selten, z. B. aber Verfassungsrecht und das Recht des Bundes und der Länder, Grundrechte zu formulieren).

Gemeint ist jedoch nur Bundesrecht, zu dessen Erlaß der Bund berechtigt ist. 2
Welches Recht der Bund setzen kann, ergibt sich insbesondere aus Art. 70 ff., aber auch aus anderen Vorschriften des Grundgesetzes. Ist eine bestimmte Materie im GG nicht dem Bund übertragen worden, bleiben die Länder zu ihrer Regelung zuständig. Dies folgt aus Art. 30.

Bundesrecht sind alle vom Bund erlassenen Gesetze und Verordnungen, aber 3
auch das GG. Es geht dem Landesrecht, das die gleiche Materie behandelt, vor, falls der Bund sie regeln darf. Das Bundesrecht geht in diesem Fall dem Landesrecht stets vor, d. h. eine Bundesverordnung bricht dann sogar eine Landesverfassung!

Bei Meinungsverschiedenheiten oder Zweifeln über die Vereinbarkeit von 4
Landesrecht mit Bundesrecht entscheidet hierüber auf Antrag der Bundesregierung, einer Landesregierung oder eines Drittels der Mitglieder des Bundestags das BVerfG (Art. 92 Abs. 1 Nr. 2).

Art. 32 [Auswärtige Beziehungen]

(1) Die Pflege der Beziehungen zu auswärtigen Staaten ist Sache des Bundes.
(2) Vor dem Abschlusse eines Vertrages, der die besonderen Verhältnisse eines Landes berührt, ist das Land rechtzeitig zu hören.
(3) Soweit die Länder für die Gesetzgebung zuständig sind, können sie mit Zustimmung der Bundesregierung mit auswärtigen Staaten Verträge abschließen.

Diese Vorschrift regelt die Zuständigkeitsverteilung zwischen Bund und Län- 1
dern für die Pflege der Beziehungen zu auswärtigen Staaten. Zuständig ist die Bundesregierung im Zusammenwirken mit dem Bundespräsidenten.

2 Die auswärtigen Angelegenheiten gehören zur ausschließlichen Gesetzgebungszuständigkeit des Bundes (Art. 73 Nr. 1); die Länder sind nur zuständig, wenn der Bund sie durch Gesetz dazu ermächtigt hat (Art. 71).

3 Berührt ein völkerrechtlicher Vertrag, den der Bund mit einem auswärtigen Staat schließen möchte, die Interessen eines Bundeslandes, so muß der Bund das Land vorher dazu hören.

Art. 33 [Staatsbürgerliche Gleichstellung aller Deutschen; öffentlicher Dienst; Berufsbeamtentum]

(1) Jeder Deutsche hat in jedem Lande die gleichen staatsbürgerlichen Rechte und Pflichten.
(2) Jeder Deutsche hat nach seiner Eignung, Befähigung und fachlichen Leistung gleichen Zugang zu jedem öffentlichen Amte.
(3) Der Genuß bürgerlicher und staatsbürgerlicher Rechte, die Zulassung zu öffentlichen Ämtern sowie die im öffentlichen Dienste erworbenen Rechte sind unabhängig von dem religiösen Bekenntnis. Niemandem darf aus seiner Zugehörigkeit oder Nichtzugehörigkeit zu einem Bekenntnisse oder einer Weltanschauung ein Nachteil erwachsen.
(4) Die Ausübung hoheitsrechtlicher Befugnisse ist als ständige Aufgabe in der Regel Angehörigen des öffentlichen Dienstes zu übertragen, die in einem öffentlich-rechtlichen Dienst- und Treueverhältnis stehen.
(5) Das Recht des öffentlichen Dienstes ist unter Berücksichtigung der hergebrachten Grundsätze des Berufsbeamtentums zu regeln.

1 Nach den Ereignissen von 1918 und 1933 erlebte das Beamtentum im Jahre 1945 innerhalb einer Generation die dritte staatliche Umwälzung in Deutschland. Wie 1918 wurden Stimmen laut, die eine Beseitigung des traditionellen Beamtentums forderten. Seine Gegner fanden sich einerseits bei einem Teil der Besatzungsmächte (USA, UdSSR), andererseits in deutschen Kreisen, die etwa in den Verfassungen von Hessen (Art. 29 Abs. 1, 135) und Bremen (Art. 50 Abs. 1) Bestimmungen verankerten, welche die Sonderstellung des Beamten beseitigen und die Rechtsverhältnisse aller Arbeitnehmer der öffentlichen Verwaltung einem einheitlichen Arbeitsrecht unterstellt wissen wollten. Die Beamten selbst mußten schon um der bloßen Existenzbehauptung willen (Art. 131) fordern, daß der Staat an die hergebrachten Grundsätze des Beamtentums anknüpfe. Das Ergebnis war die Wiederholung der in der Weimarer Reichsverfassung vorgezeichneten Lösung: die institutionelle Garantie des Berufsbeamtentums.

2 Art. 33 regelt zwei verschiedene Komplexe: den Zugang zu den öffentlichen Ämtern und den öffentlichen Dienst. Die Abs. 1 bis 3 haben Grundrechtscharakter, die Abs. 4 und 5 enthalten eine Garantie der Institution **»Berufsbeamtentum«**.

Abs. 1 will verhindern, daß sich in der Bundesrepublik »Bürger zweiter Klasse« entwickeln. Er enthält für den speziellen Bereich der staatsbürgerlichen Rechte und Pflichten das Grundrecht jedes Deutschen, genauso wie jeder andere behandelt zu werden, ist also eine Art **Konkretisierung** des **allgemeinen Gleichheitssatzes** (Art. 3) auf diesem besonderen Gebiet. Die staatsbürgerlichen Rechte und Pflichten umfassen die gesamte Beziehung des Bürgers zum Staat; die Palette reicht vom aktiven und passiven Wahlrecht über die Wehrpflicht bis zur Pflicht, Steuern zu zahlen. 3

Der Zugang zu den **öffentlichen Ämtern** steht jedem Deutschen offen, wobei eine Differenzierung nach Eignung, Befähigung und fachlicher Leistung nicht nur zulässig, sondern geboten ist: Art. 33 Abs. 2 will die Besten für die öffentlichen Ämter gewinnen. 4

Abs. 3 hebt besonders hervor, daß niemand wegen seines **religiösen Bekenntnisses oder seiner Weltanschauung** benachteiligt werden darf. Er wiederholt damit die in Art. 4 Abs. 1 garantierte Glaubensfreiheit für den speziellen Bereich der staatsbürgerlichen Rechte und des Zugangs zu den öffentlichen Ämtern. 5

Die Abs. 4 und 5 enthalten eine Garantie des **Berufsbeamtentums.** Die unglücklich gewählte Formulierung des Abs. 3 (»Angehörige ..., die in einem öffentlich-rechtlichen Dienst- und Treueverhältnis stehen«) ist nämlich ausschließlich auf die Beamten bezogen. Sie sind vom GG mit der Wahrnehmung hoheitsrechtlicher Befugnisse betraut, allerdings nur »in der Regel«, d. h. in Ausnahmefällen können auch Nichtbeamte (z. B. Angestellte) solche Funktionen wahrnehmen. 6

Garantiert werden auch die **»hergebrachten Grundsätze des Berufsbeamtentums«.** Hier wird ein »konservierender Zug« deutlich. Zu diesen Grundsätzen gehören insbesondere: die öffentlich-rechtliche Rechtsnatur des Beamtenverhältnisses, seine Dauer auf Lebenszeit, seine Ausgestaltung als Lebens- und Hauptberuf, das Laufbahnprinzip und die Fürsorgepflicht des Dienstherrn, insbesondere seine Pflicht zu angemessener Versorgung der Beamten. 7

Die einschlägigen Gesetze des Bundes und der Länder sehen vor, daß nur der Beamter oder Richter werden darf, der die Gewähr dafür bietet, jederzeit für die freiheitliche demokratische Grundordnung einzutreten. Diese **Verfassungspflicht** ist verfassungsrechtlich vorgegebenes Eignungsmerkmal, das beim Staatsdienst die Funktion erfüllt, die bei anderen Berufen Zuverlässigkeitskriterien erfüllen. Wer sich Bestrebungen anschließt, die freiheitliche demokratische Grundordnung zu diffamieren, zu bekämpfen oder abzuschaffen, kann nicht Beamter dieses Staates sein oder im Namen des Volkes Urteile fällen.

Die entscheidende Frage ist hier freilich die, wann die Verfassungstreuepflicht verletzt ist. Hier gibt es keine Beweislast, weder für den Bewerber, daß er die geforderte Gewähr bietet, noch für die Einstellungsbehörde, daß er diese Gewähr nicht bietet. Um die Praxis zu vereinheitlichen, hatten der Bund und die Länder im Jahr 1972 beschlossen, daß ein Bewerber, der verfassungsfeindliche Ziele verfolgt, nicht in den öffentlichen Dienst eingestellt wird und daß die Zugehörigkeit zu einer Organisation, die verfassungsfeindliche Ziele verfolgt, Zweifel an der Verfassungstreue des Bewerbers begründet, die es rechtfertigen, immer beim Verfassungsschutz anzufragen, ob gegen den betreffenden Bewerber belastendes Material vorliegt (sog. »Regelanfrage«). Das Bundesverfassungsgericht hat hierzu klargestellt, daß sog. »Jugendsünden« nicht verwertet werden dürfen. Es versteht hierunter Verhaltensweisen, die in die Ausbildungs- und Studienzeit eines jungen Menschen fallen, häufig Emotionen in Verbindung mit engagiertem Protest entspringen und Teil von Milieu- und Gruppenreaktionen sind. Nach seiner Ansicht vergiftet die Speicherung solcher Daten für Zwecke der Einstellungsbehörden die politische Atmosphäre, irritiert nicht nur die Betroffenen in ihrem Vertrauen in die Demokratie, diskreditiert den freiheitlichen Staat und steht außer Verhältnis zum »Ertrag« (BVerfGE 39, 334/356 f.).

Die Bundesregierung hat am 17. 1. 1979 für den Bereich der Bundesbeamten und -richter beschlossen, von der »Regelanfrage« abzusehen, und beim Verfassungsschutz nur dann anzufragen, wenn tatsächliche Anhaltspunkte darauf hindeuten, daß der Bewerber nicht die Voraussetzung für die Einstellung in den öffentlichen Dienst erfüllt. Dem sind die Bundesländer gefolgt.

Wegen der in Art. 21 hervorgehobenen Rolle der Parteien ist verschiedentlich behauptet worden, die Mitgliedschaft in einer vom BVerfG nicht verbotenen, verfassungswidrigen Partei dürfe überhaupt nicht zum Nachteil des Bewerbers berücksichtigt werden. Dem kann nicht zugestimmt werden. Es darf keinen Unterschied machen, ob der Bewerber innerhalb oder außerhalb einer Partei die freiheitliche demokratische Grundordnung bekämpft. Der Umstand, daß eine Partei nicht verboten ist, hindert auch nicht, daß die Überzeugung gewonnen und vertreten werden darf, eine bestimmte Partei verfolge Ziele, die mit dem Grundgesetz nicht vereinbar sind. Die Mitgliedschaft in einer derartigen Partei kann daher im Einzelfall als Indiz für die mangelnde Verfassungstreue mit in die Entscheidung einfließen (vgl. BVerfGE 39, 334/357 ff.).

In der Öffentlichkeit ist gelegentlich der Eindruck entstanden, als hätten sich die Ablehnungen von Bewerbern wegen mangelnder Verfassungstreue in auffallender Weise gehäuft. Dieser Eindruck täuscht. Selbst zu Zeiten, als die »Regelanfrage« noch praktiziert wurde, lag die Zahl der abgelehnten Bewerber deutlich unter der Ein-Promille-Grenze. Heute hat sich die Diskussion beruhigt; sie flammte allerdings vorübergehend wieder auf, als es nach der Wiedervereinigung um die Frage ging, ob SED-Mitglieder als Beamte übernommen werden können.

Art. 34 [Haftung bei Amtspflichtverletzungen]

Verletzt jemand in Ausübung eines ihm anvertrauten öffentlichen Amtes die ihm einem Dritten gegenüber obliegende Amtspflicht, so trifft die Verantwortlichkeit grundsätzlich den Staat oder die Körperschaft, in deren Dienst er steht. Bei Vorsatz oder grober Fahrlässigkeit bleibt der Rückgriff vorbehalten. Für den Anspruch auf Schadensersatz und für den Rückgriff darf der ordentliche Rechtsweg nicht ausgeschlossen werden.

I. Die Rechtssystematik der Amtshaftung

Bei der Haftung für Schädigungen durch Maßnahmen der öffentlichen Hand wird zwischen Schädigungen im Rahmen fiskalischen und hoheitlichen Handelns unterschieden. Dabei ist für beide Fälle weiter zu unterscheiden, ob die öffentliche Hand oder der für sie handelnde Bedienstete haftet.

Bei **fiskalischem Handeln** können Schädigungen in Gestalt von **Vertragsverletzungen** auftreten (Nichterfüllung eines mit der öffentlichen Hand nach allgemeinem Vertragsrecht abgeschlossenen Vertrages). Hier haftet die öffentliche Hand nach Vertragsrecht und für ihren Bediensteten nach § 278 BGB, nicht aber haftet der Bedienstete selbst. 1

Ferner können Schädigungen durch **unerlaubte Handlungen** entstehen (z. B. Verletzung der Streupflicht durch den Hausmeister einer Schule). Hier haftet der schädigende Bedienstete unmittelbar nach § 823 BGB, die öffentliche Hand nach § 831 BGB mit der Möglichkeit der Entlastung und, wenn ein schädigender Bediensteter nicht festgestellt werden kann, unmittelbar nach § 823 BGB (Organisationsverschulden).

Hat ein **Organ** (z. B. Landrat) die Schädigung verursacht, haftet die öffentliche Hand nach den §§ 31, 87, 89 BGB.

Hat ein **Beamter** im Sinne des Beamtenrechts die Schädigung verursacht und verschuldet, so haftet er selbst und persönlich nach § 839 BGB (Beamtenhaftung). Diese Eigenhaftung ist für den Geschädigten jedoch mit Nachteilen verbunden, weil der schädigende Beamte kein leistungsfähiger Schuldner ist. 2

Bei **Schädigungen durch hoheitliches Handeln** versucht Art. 34 diese Nachteile zu verhindern. Systematisch wird von § 839 BGB ausgegangen, doch kommt es nicht darauf an, daß gerade ein Beamter gehandelt hat, die Ersatzpflicht tritt vielmehr auch ein bei hoheitlichen Schädigungen durch Angestellte oder Arbeiter. Wesentlich ist, daß Art. 34 die nach § 839 BGB grundsätzlich gegen den Beamten gerichtete Haftung auf den Dienstherrn ablenkt. 3

Mit dem Staatshaftungsgesetz vom 26. 6. 1981 (BGBl. I S. 553) versuchte der Bundesgesetzgeber, die Haftung des Staates zu vereinheitlichen und die Stellung des Bürgers zu verbessern. Dieses Gesetz wurde jedoch vom BVerfG mangels einer Gesetzgebungskompetenz des Bundes für nichtig erklärt. Damit gilt § 839 BGB weiter. 4

II. Hoheitliches Handeln

»Verletzt ein Beamter schuldhaft die ihm einem Dritten gegenüber obliegende Amtspflicht«, so hat er an sich nach § 839 Abs. 1 BGB den entstehenden Schaden zu ersetzen. **Beamter** ist im Rahmen des Art. 34 jeder, dem die Ausübung öffentlicher Gewalt anvertraut ist, ohne Rücksicht auf die von ihm ausgeübte Tätigkeit. Der Beamte muß eine ihm einem Dritten gegenüber **obliegende Amtspflicht** verletzt haben. Der Inhalt der Amtspflichten ergibt sich aus den 5

Gesetzen öffentlich-rechtlicher Art (z. B. Beamtengesetze, Dienst- und Verwaltungsvorschriften).

Beispiel: Die Polizei muß ein Kraftfahrzeug eines von ihr vorläufig festgenommenen Fahrers so sichern, wie dies der Festgenommene normalerweise selbst getan hätte.

Die Amtspflicht muß einem Dritten gegenüber bestehen. Dritter ist jeder, dessen Belange nach der besonderen Natur des Amtsgeschäfts durch dieses berührt werden.

Beispiel: Erteilt ein Beamter eine Auskunft, so muß sie, gleichgültig, ob sie aufgrund einer rechtlichen Verpflichtung oder ob sie freiwillig abgegeben wird, sachgerecht sein.

III. Die Rechtswidrigkeit

6 Die Amtspflichtverletzung ergibt nur dann einen Schadenersatzanspruch, wenn sie rechtswidrig erfolgt ist. Dies spricht § 839 BGB nicht ausdrücklich aus, es ergibt sich aber aus der aus dem Strafrecht stammenden Dogmatik der unerlaubten Handlungen innerhalb des Schuldrechts des BGB. Im allgemeinen wird die Rechtswidrigkeit durch die Tatsache der Amtspflichtverletzung bereits indiziert. Jedoch sind die allgemeinen zivilrechtlichen Rechtfertigungsgründe zu beachten, die eine Rechtswidrigkeit des Handelns ausschließen können (z. B. Notwehr).

IV. Das Verschulden

7 Die Ersatzpflicht tritt nur ein bei vorsätzlicher oder fahrlässiger Amtspflichtverletzung. Unter Vorsatz ist nicht nur zu verstehen die Kenntnis der Tatsachen, aus denen sich der Pflichtverstoß ergibt, sondern auch das Bewußtsein der Pflichtwidrigkeit.

V. Der Schaden

8 Der Schadensbegriff des § 839 BGB zeichnet sich dadurch aus, daß er sich auf Vermögensschäden beschränkt und grundsätzlich nicht auf Herstellung des früheren Zustandes (Naturalrestitution) geht (sonst der Regelfall, § 249 BGB), sondern auf **Geldersatz.** Anspruch auf Schmerzensgeld ist ausgeschlossen.

VI. Anderweitige Ersatzmöglichkeiten

§ 839 Abs. 1 Satz 2 BGB lautet: »Fällt dem Beamten nur Fahrlässigkeit zur Last, so kann er nur dann in Anspruch genommen werden, wenn der Verletzte nicht auf andere Weise Ersatz zu erlangen vermag.« 9

Beispiel: Nach der Rechtsprechung sind Leistungen der Sozialversicherung anderweitige Ersatzmöglichkeiten. Die eigene Haftpflichtversicherung ist dagegen kein anderweitiger Ersatz.

VII. Spruchrichterprivileg

Der Amtshaftungsanspruch entfällt, wenn die **Amtspflichtverletzung bei einem Urteil** in einer Rechtssache geschehen ist. »Urteil in einer Rechtssache« ist nicht eng zu fassen. Es gehören dazu außer der Sachentscheidung selbst alle Maßnahmen, die darauf gerichtet sind, Grundlagen für die Sachentscheidung zu gewinnen. 10

Beispiel: Beweisbeschlüsse.

VIII. Rechtsmittelgebrauch

Der Anspruch kann auch unter bestimmten Voraussetzungen wegfallen, wenn ein **Rechtsmittel** (nicht im technischen Sinn) **unterlassen** wurde. Greift die Staatshaftung nach Art. 34 durch, so trifft sie in der Regel die **Anstellungskörperschaft.** 11

Beispiel: Beim Bau von Bundesfernstraßen in Auftragsverwaltung der Länder treten die Länder als eigene Hoheitsträger mit der Folge eigener Amtspflichten auf.

IX. Der Rückgriff

Bei vorsätzlichen oder grob fahrlässigen Amtspflichtverletzungen kann die Ersatz leistende Anstellungsbehörde beim handelnden Beamten Regreß nehmen. Für die Geltendmachung des Schadensersatzanspruches sowie für den Regreß muß der ordentliche Rechtsweg beschritten werden. 12

Art. 35 [Rechts- und Amtshilfe; Katastrophenhilfe]

(1) Alle Behörden des Bundes und der Länder leisten sich gegenseitige Rechts- und Amtshilfe.
(2) Zur Aufrechterhaltung oder Wiederherstellung der öffentlichen Sicherheit oder Ordnung kann ein Land in Fällen von besonderer Bedeutung Kräfte und Einrichtungen des Bundesgrenzschutzes zur Unterstützung seiner Polizei anfordern, wenn die Polizei ohne diese Unterstützung eine Aufgabe nicht oder nur unter erheblichen Schwierigkeiten erfüllen könnte. Zur Hilfe bei einer Naturkatastrophe oder bei einem besonders schweren Unglücksfall kann ein Land Polizeikräfte anderer Länder, Kräfte und Einrichtungen anderer Verwaltungen sowie des Bundesgrenzschutzes und der Streitkräfte anfordern.
(3) Gefährdet die Naturkatastrophe oder der Unglücksfall das Gebiet mehr als eines Landes, so kann die Bundesregierung, soweit es zur wirksamen Bekämpfung erforderlich ist, den Landesregierungen die Weisung erteilen, Polizeikräfte anderen Ländern zur Verfügung zu stellen, sowie Einheiten des Bundesgrenzschutzes und der Streitkräfte zur Unterstützung der Polizeikräfte einsetzen. Maßnahmen der Bundesregierung nach Satz 1 sind jederzeit auf Verlangen des Bundesrates, im übrigen unverzüglich nach Beseitigung der Gefahr aufzuheben.

I. Rechts- und Amtshilfe

1 In einem gewaltenteiligen Staat werden die öffentlichen Aufgaben von verschiedenen Staatsorganen und Behörden wahrgenommen. Zur Erfüllung dieser Aufgaben benötigt eine Behörde oftmals die Hilfe einer anderen. Das Grundgesetz legt daher die Pflicht der Behörden, einander Amtshilfe zu leisten, ausdrücklich fest.

Beispiel: Die Berufsgenossenschaft benötigt zur Festlegung einer Unfallrente eines bei ihr Versicherten die Akten des Zivilprozesses, in dem die Verantwortlichkeit an dem Unfall geklärt wurde, weil dies einen Einfluß auf die Höhe der Rente haben kann.

II. Katastrophenhilfe

2 Die Zuständigkeit der Polizeibehörden der Länder endet regelmäßig an der Landesgrenze. Bei Naturkatastrophen (z. B. Erdbeben, Deichbrüchen) und schweren Unglücksfällen (z. B. großen Explosionen) kann das betroffene Land jedoch Polizeikräfte anderer Länder in Anspruch nehmen. Darüber hinaus kann es sich auch an den Bundesgrenzschutz, die Bundeswehr und andere Verwaltungen mit der Bitte um Hilfe wenden. Diese sind im Rahmen des Möglichen zur Hilfeleistung verpflichtet.

3 Sind mehrere Bundesländer von einer Naturkatastrophe oder einem schweren Unglücksfall betroffen, so kann die Bundesregierung die Landesregierungen

anweisen, Hilfe zu leisten. Weigert sich ein Land, einer derartigen Weisung nachzukommen, kann Bundeszwang (Art. 37) angewandt werden.

III. Einsatz des Bundesgrenzschutzes

Der Bundesgrenzschutz hatte primär die Aufgabe, die Grenzen der Bundesrepublik zu sichern. Durch Einfügung des Abs. 2 Satz 1 am 28. Juli 1972 ist ihm eine weitere Aufgabe übertragen worden: Er kann auf Anforderung eines Landes hin auf dessen Gebiet »zur Aufrechterhaltung der öffentlichen Sicherheit oder Ordnung« Maßnahmen treffen, d. h. polizeilich tätig werden. Voraussetzung ist allerdings, daß ein Fall von besonderer Bedeutung vorliegt und die Polizei des Landes ohne die Unterstützung durch den Bundesgrenzschutz ihre Aufgabe nicht oder nur unter erheblichen Schwierigkeiten erfüllen könnte. **4**

Art. 36 [Personal der Bundesbehörden]

(1) Bei den obersten Bundesbehörden sind Beamte aus allen Ländern in angemessenem Verhältnis zu verwenden. Die bei den übrigen Bundesbehörden beschäftigten Personen sollen in der Regel aus dem Lande genommen werden, in dem sie tätig sind.
(2) Die Wehrgesetze haben auch die Gliederung des Bundes in Länder und ihre besonderen landsmannschaftlichen Verhältnisse zu berücksichtigen.

Durch Art. 36 wird der Bund verpflichtet, bei der Besetzung oberster Bundesbehörden den Grundsatz der proportionalen föderalen Parität und bei den übrigen Bundesbehörden das Heimatprinzip zu beachten. **1**

Oberste Bundesbehörden sind das Kanzleramt, die Ministerien, die Verwaltungen des Präsidialamtes, des Bundestages und -rates, der Bundesrechnungshof und die Bundesbank. Obere Bundesbehörden (z. B. Statistisches Bundesamt, Umweltbundesamt) sind zwar keine obersten Behörden, doch wendet die Praxis auch auf sie Abs. 1 Satz 1 an. **2**

Für die **übrigen Bundesbehörden** (Mittel- und Unterbehörden wie Hauptzollamt, Arbeitsamt) gilt das Heimatprinzip. **3**

Die Wehrgesetze bestimmen, daß die **Bundeswehr** grundsätzlich die Gliederung der Länder bei ihrer Territorialorganisation (Wehrbereichskommandos und -verwaltung, Kreiswehrersatzämter) zu beachten hat. **4**

Art. 36 gilt nicht für Bundesverfassungsrichter und Richter der obersten Bundesgerichte. **5**

Art. 37 [Bundeszwang]

(1) Wenn ein Land die ihm nach dem Grundgesetze oder einem anderen Bundesgesetze obliegenden Bundespflichten nicht erfüllt, kann die Bundesregierung mit Zustimmung des Bundesrates die notwendigen Maßnahmen treffen, um das Land im Wege des Bundeszwanges zur Erfüllung seiner Pflichten anzuhalten.
(2) Zur Durchführung des Bundeszwanges hat die Bundesregierung oder ihr Beauftragter das Weisungsrecht gegenüber allen Ländern und ihren Behörden.

1 Weigert sich ein Land, seinen ihm gegenüber dem Bund obliegenden Pflichten nachzukommen, so kann der Bund Zwang anwenden **(Bundeszwang).** Der Einsatz der Bundeswehr scheidet dabei aus. Als Mittel kommen z. B. in Betracht: finanzieller Druck, Ausübung des Weisungsrechts nach Abs. 2, Einsatz von Polizeikräften nach Art. 91 Abs. 2, unter Umständen auch Amtsenthebung der Landesregierung. Der Bundesrat muß in jedem Fall der Ausübung des Bundeszwangs zustimmen.

2 Als Pflichtverletzungen, die die Anwendung von Bundeszwang auslösen können, sind z. B. denkbar: Ein Land zieht für den Bund die diesem zustehenden Steuern nicht mehr ein oder liefert sie nicht ab, es weigert sich, an der Planung und am Bau von Bundesfernstraßen weiter mitzuwirken, oder es stellt seine Mitarbeit im Bundesrat ganz ein. Die Bundesregierung oder ihr Beauftragter (Bundeskommissar) hat zur Durchführung des Bundeszwangs ein Weisungsrecht gegenüber allen Ländern und ihren Behörden.
Das BVerfG kann sowohl von dem betroffenen Land als auch von der Bundesregierung angerufen werden, Art. 93 Abs. 1 Nr. 3.

Die Verfassungsorgane[1]

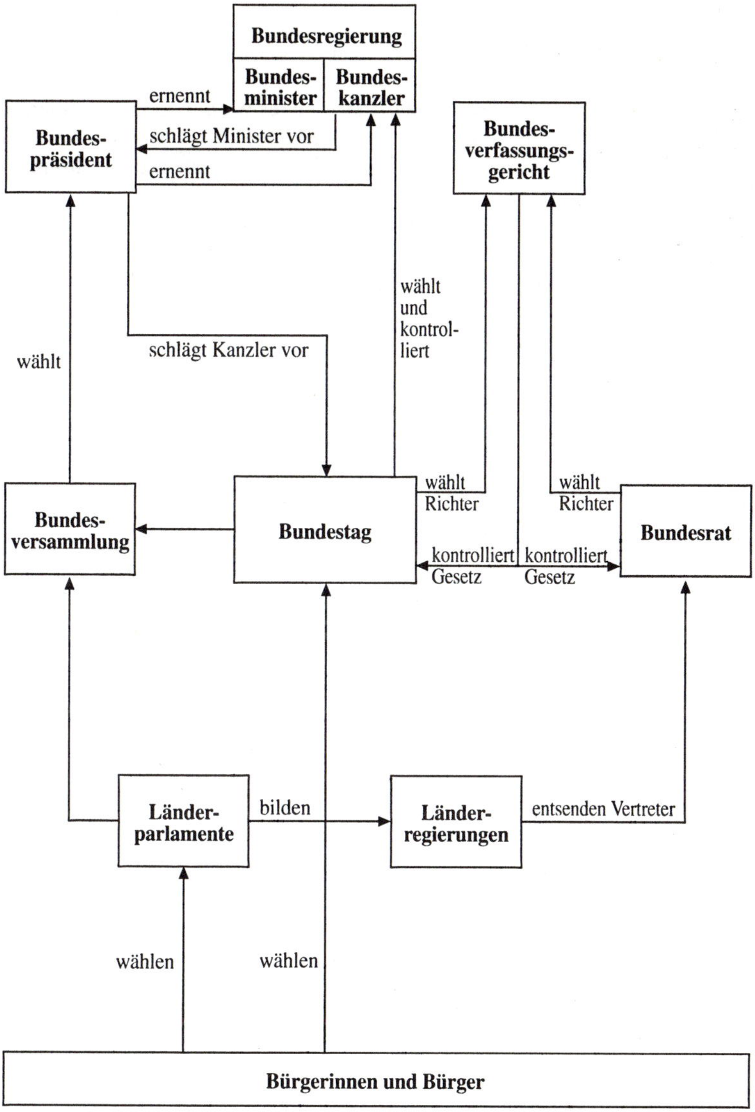

1 aus: Hermann Avenarius, Die Rechtsordnung der Bundesrepublik Deutschland – Eine Einführung, Neuwied 1995, S. 47.

III. Der Bundestag

Art. 38 [Wahlrechtsgrundsätze; Rechtsstellung der Abgeordneten]

(1) Die Abgeordneten des Deutschen Bundestages werden in allgemeiner, unmittelbarer, freier, gleicher und geheimer Wahl gewählt. Sie sind Vertreter des ganzen Volkes, an Aufträge und Weisungen nicht gebunden und nur ihrem Gewissen unterworfen.
(2) Wahlberechtigt ist, wer das achtzehnte Lebensjahr vollendet hat; wählbar ist, wer das Alter erreicht hat, mit dem die Volljährigkeit eintritt.
(3) Das Nähere bestimmt ein Bundesgesetz.

I. Allgemeines

1 Der dritte und die ihm folgenden Abschnitte des GG konkretisieren die in Art. 20 getroffene Entscheidung für die gewaltenteilige Demokratie. Der Bundestag, der Bundesrat, die Bundesversammlung, der Gemeinsame Ausschuß, der Bundespräsident, die Bundesregierung und der Bundeskanzler üben als **Verfassungsorgane** des Bundes die Staatsgewalt aus. Sie müssen dazu unmittelbar (Bundestag) oder mittelbar vom Volke legitimiert sein (Art. 20 Abs. 2). Dementsprechend regeln die Art. 38 ff. die Wahl, die Ausgestaltung und die Aufgaben des Bundesparlaments, das vom GG »Bundestag« genannt wird.

II. Institutionelle Ordnung und Funktion des Bundestags

2 Der Bundestag ist als das deutsche Bundesparlament von keinem anderen Staatsorgan abhängig. Er wählt seinen Präsidenten und gibt sich eine Geschäftsordnung (Art. 40 Abs. 1). Der Präsident übt das Hausrecht und die Polizeigewalt im Gebäude des Bundestags aus (Art. 40 Abs. 2). Polizeikräfte dürfen nur mit seiner Einwilligung im Parlamentsgebäude tätig werden. Seine Mitglieder genießen Immunität und Indemnität (Art. 46). Er bildet die zu seiner Arbeit notwendigen Ausschüsse; insbesondere kann er Untersuchungsausschüsse einsetzen (Art. 44).

3 Folgende wichtige Funktionen des Bundestags sind zu unterscheiden:
a) Die Gesetzgebungsfunktion. Das Parlament hat in einem demokratischen Staat die Aufgabe, die staatliche Ordnung und das Zusammenleben der einzelnen Bürger in der Gemeinschaft durch Gesetze zu regeln. Es ist dazu berufen, weil es direkt vom Volk gewählt wird.
b) Die Wahlfunktion. Der Bundestag wählt den Bundeskanzler (Art. 63), wirkt an der Wahl des Bundespräsidenten mit (Art. 54), wählt durch den Wahlmän-

nerausschuß die Hälfte der Richter des BVerfG (die andere Hälfte wählt der Bundesrat, Art. 94; §§ 3ff. BVerfGG), ist an der Wahl der Bundesrichter beteiligt (Art. 95 Abs. 2) und wählt den Wehrbeauftragten (Art. 45b).
c) Die Kontrollfunktion. Das Parlament soll die Regierung kontrollieren. In der Parteiendemokratie nimmt diese Funktion vor allem die Opposition wahr, weil die Regierungsparteien diese Aufgabe naturgemäß vernachlässigen. Das Parlament kontrolliert die Regierung durch die Möglichkeit des Mißtrauensvotums (Art. 67), durch das Recht, den Haushaltsplan festzustellen und damit das Finanzgebaren der Regierung zu lenken (Art. 110), und durch die Möglichkeit, Anfragen einzubringen oder Untersuchungsausschüsse zu bilden (Art. 44).

III. Die Wahl des Bundestages

In den Mittelpunkt der politischen Auseinandersetzung um das Wahlrecht ist 4
seit Beginn unseres Jahrhunderts die Frage nach den **Wahlsystemen** getreten. Diese Frage ist deshalb so wichtig, weil das jeweilige Wahlsystem die gesamte politische Struktur einer parlamentarischen Demokratie prägt. Das Problem besteht darin, aufgrund von Millionen von Wählerstimmen die im Vergleich dazu verschwindend geringe Anzahl von Sitzen eines Parlaments so zu verteilen, daß diese Sitzverteilung den politischen Willen der Wähler möglichst genau widerspiegelt. Zwei grundsätzlich verschiedene Systeme bieten sich dabei an: die Mehrheitswahl und die Verhältniswahl.

In den Grundtypen des **Mehrheitswahlsystems** wird das gesamte Wahlgebiet 5
zumeist in eine Anzahl von Wahlkreisen eingeteilt, die der Zahl der zu vergebenden Mandate entspricht. Gewählt ist, wer eine Stimmenmehrheit auf sich vereinigt, wobei man die relative Mehrheit (mehr Stimmen als jeder andere) oder die absolute Mehrheit (mehr Stimmen als alle anderen zusammen) genügen lassen kann; im letzteren Fall kommt es zu einem zweiten Wahlgang (»Stichentscheid«), wenn keiner der Kandidaten die erforderliche Mehrheit erreicht.

Zum Reichstag des Norddeutschen Bundes und des Deutschen Reiches bis 1918 wurde nach diesem System gewählt: erster Wahlgang absolute Mehrheit, wurde diese nicht erreicht: zweiter Wahlgang (Stichwahl).

Bei dem reinen **Verhältniswahlrecht** werden die Sitze auf die einzelnen Parteien 6
nach dem Verhältnis der im ganzen Wahlgebiet für sie abgegebenen Stimmen verteilt. Mehrere Systeme sind möglich:

Bei der sog. »freien Liste« ist es dem Wähler gestattet, Namen aus der Liste zu streichen oder die ihm zur Verfügung stehenden Stimmen auf verschiedene Listen zu verteilen (»panaschieren«) oder diese Stimmen einem einzigen Bewerber zu geben (»kumulieren«). Ein Unterfall dieses Systems ist die sog. »begrenzt-offene Liste«, bei der der Wähler auf der Liste einen bestimmten Bewerber ankreuzen und dadurch zugleich diesem und der Partei, der er angehört, die Stimme geben kann. Dadurch kann der Bewerber von einem ungünstigen Listenplatz nach vorne rücken. Die Regel ist allerdings immer noch die sog. »starre« (oder »gebundene«) Liste, auf der die Bewerber und ihre Reihenfolge für den Wähler unabänderlich sind. Die »starre Liste« gilt derzeit auch bei der Bundestagswahl.

7 Es gibt ferner das Verhältniswahlrecht mit beweglicher oder unbeweglicher Mitgliederzahl des zu wählenden Parlaments. Letzteres ist bei der Bundestagswahl der Fall. Das erstere galt bei der Reichstagswahl. Dort erhielt jede Partei einen Sitz für je 60 000 Stimmen. Für die Verhältniswahl bei unbeweglicher Mitgliederzahl sind verschiedene mathematische Verfahren entwickelt worden, um die Sitzverteilung zu berechnen. Weit verbreitet ist das **Höchstzahlverfahren** nach **d'Hondt,** einem belgischen Mathematiker: »Keine Gruppe soll ein Mandat erhalten, solange nicht eine andere auf eine größere Stimmziffer ein Mandat oder ein weiteres Mandat erhalten hat.« Um diesen Grundsatz zu verwirklichen, werden alle auf Listen abgegebenen Stimmen der Reihe nach durch 1, 2, 3, 4, 5, 6 usw. geteilt. Der jeweils höchsten Stimmzahl dieser Teilungsergebnisse wird ein Mandat zugeteilt.

Beispiel: Die Partei A erhält 10 000, die Partei B 8 000, die Partei C 1 600 und die Partei D 1 400 Stimmen. Zu vergeben sind 12 Sitze. Die Sitzverteilung errechnet sich wie folgt

geteilt durch	Partei A	Partei B	Partei C	Partei D
1	10 000 (1)	8 000 (2)	1 600 (11)	1 400
2	5 000 (3)	4 000 (4)	800	700
3	3 333 (5)	2 666 (6)	533	467
4	2 500 (7)	2 000 (8)	400	350
5	2 000 (9)	1 600 (12)	320	280
6	1 666 (10)	1 333	267	233

Die Partei A erhält 6 Sitze, die Partei B 5, die Partei C 1 und die Partei D keinen Sitz.

8 Das Höchstzahlverfahren nach d'Hondt hat allerdings den Nachteil, daß es die kleinen Parteien etwas benachteiligt. Diesen Nachteil vermeidet das **Verfahren der mathematischen Proportion** nach **Hare/Niemeyer,** das von Hare, einem englischen Juristen, entwickelt und von Niemeyer, einem deutschen Mathematiker, verfeinert wurde. Dabei wird die Gesamtzahl der zur Verfügung stehenden Sitze mit den für jede Partei abgegebenen Stimmen vervielfacht und das Produkt anschließend durch die Gesamtzahl aller für die Parteien abgegebenen Stimmen geteilt. Jeder Partei stehen zunächst so viele Sitze zu, wie ganze Zahlen (Zahlen vor dem Komma) auf sie entfallen. Verbleiben noch freie Sitze, werden diese in der Reihenfolge der höchsten Zahlenbruchteile (Zahlen nach dem Komma) an die Parteien verteilt.

Beispiel (wie oben): Hier errechnet sich die Sitzverteilung so:

$$\text{Partei A} \quad \frac{10\,000 \times 12}{21\,000} = 5{,}71$$

$$\text{Partei B} \quad \frac{8\,000 \times 12}{21\,000} = 4{,}57$$

$$\text{Partei C} \quad \frac{1\,600 \times 12}{21\,000} = 0{,}91$$

$$\text{Partei D} \quad \frac{1\,400 \times 12}{21\,000} = 0{,}8$$

Bei dem ersten Rechenschritt entfallen auf die Partei A 5 Sitze und auf die Partei B 4. Bei 12 Sitzen insgesamt sind noch 3 zu verteilen, von denen je einen die Partei C mit dem größten Bruchteil (0,91), die Partei D mit dem zweitgrößten (0,8) und die Partei A (0,71) mit dem drittgrößten Bruchteil erhält. Hier verfügt also die Partei A über 6 Sitze, die Partei B über 4 Sitze, während die Parteien C und D je einen Sitz erhalten.

Die Mehrheitswahl hat den Vorteil, daß sie eine Persönlichkeitswahl ist und damit die Identifikation des Wählers mit seinem Kandidaten ermöglicht. Sie krankt aber an einem erheblichen Nachteil: Die Stimmen, die für den unterlegenen Kandidaten abgegeben werden, sind ohne jeden Erfolgswert, sie sind »Papierkorbstimmen«. Das wäre hinzunehmen, wenn der Unterlegene nur für sich allein stände; in Wirklichkeit kämpft er aber heute nicht nur für sich, sondern gleichzeitig für eine Partei und deren Programm. Der Wähler entscheidet sich oftmals nur für einen Bewerber, weil dieser einer bestimmten Partei angehört. Bei der Mehrheitswahl ist nun der Fall denkbar, daß die Kandidaten einer Partei in allen Wahlkreisen knapp obsiegen, ihre Gegner knapp unterliegen (z. B. 51 % zu 49 %). Im Parlament wäre dann nur eine Partei vertreten, obwohl fast die Hälfte der wahlberechtigten Bevölkerung gegen diese Partei gestimmt hat. Ist dieser Fall auch reichlich akademisch, so macht er doch die Gefahren eines reinen Mehrheitswahlrechts deutlich. Daß immerhin ähnliche Fälle eintreten können, zeigt die Wahl in England 1951: Die Labour Party erhielt 13,9 Mill., die Konservativen 13,7 Mill. Stimmen. Im Parlament dagegen verfügten die Konservativen über 320, die Labour Party über 295 Sitze.

Das Verhältniswahlrecht begann seinen Siegeszug mit dem wachsenden Einfluß der Parteien auf das politische Geschehen. In Deutschland kam es erstmals durch das »Gesetz über die Zusammensetzung des Reichstages und die Verhältniswahl in großen Reichswahlkreisen« vom 24. August 1918 zur Anwendung. In der Weimarer Nationalversammlung war seine Übernahme kaum umstritten. Die Verhältniswahl spiegelt zwar, auch soweit das d'Hondt'sche Verfahren Anwendung findet, den Wählerwillen annähernd genau wider; daß diejenigen Stimmen, die den Berechnungsquotienten nicht erreichen, ausfallen, ist unvermeidlich. Sie birgt jedoch die Gefahr in sich, daß das Parlament sich aus einer Vielzahl von Parteien zusammensetzt und – wie das Beispiel der Weimarer Republik zeigt – dadurch unter Umständen funktionsunfähig wird.

Um zwischen den Vor- und Nachteilen beider Wahlsysteme abwägen zu können, seien folgende Bewertungskriterien genannt: die legitimierende Wirkung des Wahlrechts, seine Gerechtigkeit, die tätige Anteilnahme des Staatsbürgers, Regierungsbildung und Stetigkeit der Regierung, Zahl und Art der Parteien, qualitative Zusammensetzung des Parlaments, Verständlichkeit des Wahlrechts und Kombination von Gruppen und Interessen, Kontinuität und Wahlausgang.

9 Art. 38 Abs. 1 enthält wichtige Grundsätze über die Ausgestaltung der Wahl, aber keine Entscheidung für oder gegen eines der beiden eben dargestellten Wahlsysteme. Vielmehr ist dies Aufgabe des einfachen Gesetzgebers. Dieser hat in dem gemäß Art. 38 Abs. 3 erlassenen **Bundeswahlgesetz** das **Verhältniswahlrecht mit dem Mehrheitswahlrecht kombiniert.** Von den 656 Abgeordneten des Bundestages werden je die Hälfte (also 328) als Direktkandidaten im Wahlkreis und nach Landeslisten gewählt. Jeder Wähler hat zwei Stimmen. Mit den Erststimmen werden die Wahlkreiskandidaten nach den Grundsätzen des relativen Mehrheitswahlrechts gewählt. Aufgrund der Zweitstimmen werden die Sitze berechnet, die jede Partei erhält. Dabei wird die Gesamtzahl der zu vergebenden Sitze (also 656) zugrunde gelegt. Anschließend werden von der so ermittelten Zahl der Sitze für eine Partei die von deren Kandidaten direkt errungenen Sitze abgezogen. Der Rest wird über die Landeslisten besetzt. Bei der Berechnung dieser Listenplätze wurde bis zur Wahl im Jahr 1982 das Verfahren nach d'Hondt zugrunde gelegt. Seit dem Jahre 1985 gilt für die Berechnung das Verfahren **Hare/Niemeyer.** Erhält eine Partei mehr Erst- als Zweitstimmen, kann es zu »**Überhangmandaten**« kommen (§ 6 Abs. 5 BWG).

Auf die Zweitstimme kommt es an[1]

Bei der Bundestagswahl hat jeder Wahlberechtigte zwei Stimmen; sie heißen Erststimme und Zweitstimme

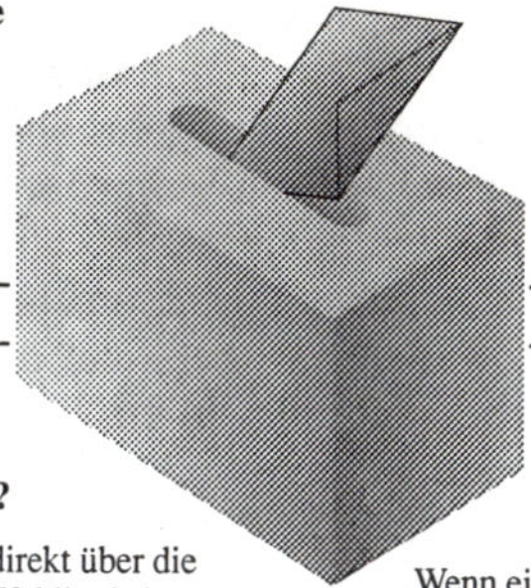

Wahlentscheidend ist nur die Zweitstimme

Denn nach dem Anteil der Parteien an den Zweitstimmen richtet sich ihr Anteil an den 656 Bundestagssitzen.

Was bewirkt die Erststimme?

- Die Wähler können damit direkt über die Person entscheiden, die ihren Wahlkreis im Bundestag vertritt.
- Wahlsieger ist der Kandidat, der die meisten Erststimmen erhält. Er zieht in den Bundestag ein.

Da es 328 Wahlkreise gibt, ist damit erst die Hälfte der 656 Bundestagssitze besetzt.

Wenn eine Partei mehr Wahlkreissieger hat, als ihr Bundestagssitze zustehen, bekommt sie entsprechend zusätzliche Sitze. Dann erhöht sich auch die Gesamtzahl der Bundestagssitze (»Überhangmandate«).

Überhangmandate[1]

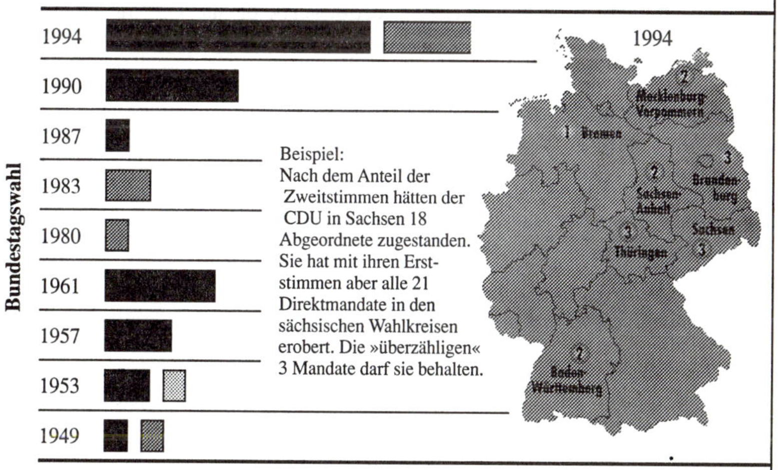

Überhangmandate für ■ CDU ▨ SPD ░ FDP

1 aus: Horst Pötzsch, Die deutsche Demokratie, Bonn 1995, S. 33.

Bis zur deutschen Vereinigung hatte der Bundestag lediglich 496 Mitglieder. Gegenwärtig wird über eine Verkleinerung des Parlaments diskutiert, ohne daß sich bereits erkennen läßt, ob eine solche Lösung durchsetzungsfähig ist.
Der vom Bundesminister des Innern eingesetzte Beirat für Fragen der Wahlrechtsreform hat 1968 die Einführung des relativen Mehrheitswahlrechts in der Form empfohlen, daß alle Abgeordneten in Einerwahlkreisen (d. h. aus jedem Wahlkreis kommt nur ein Abgeordneter ins Parlament) direkt gewählt werden. Dieser Vorschlag hat wohl keine Chance und ist auch politisch bedenklich. Zu den bereits dargelegten Nachteilen des Mehrheitswahlrechts träte noch die Gefahr, daß sich ein reines Zweiparteiensystem entwickeln würde. Hier genügt eine kurze Erinnerung an die Zeit der großen Koalition und an die damals aufkommende »außerparlamentarische Opposition«, um zu erkennen, daß erneut viele Wähler – vor allem Jugendliche – bei einer derartigen Konstellation auf außerparteiliche Gruppen ausweichen würden. Im übrigen zeigt die politische Szene, daß die Tendenz zu einem Mehr und nicht zu einem Weniger an politischen Parteien geht. Ein relatives Mehrheitswahlrecht wäre deshalb derzeit nichts anderes als ein Anachronismus.

10 Die Abgeordneten werden in allgemeiner, unmittelbarer, freier, gleicher und geheimer Wahl gewählt.

a) *Allgemein* ist eine Wahl, wenn grundsätzlich jeder Staatsbürger ohne Ansehen seines Standes, seines Vermögens, seiner Abstammung usw. an ihr aktiv und passiv teilnehmen kann. Ein beschränktes Wahlrecht liegt vor, wenn bestimmte Gruppen von der Wahl ausgeschlossen werden. Zulässig ist die Anknüpfung an ein Mindestalter (s. Abs. 2) und der Ausschluß derjenigen, die entmündigt oder wegen bestimmter entehrender Straftaten verurteilt sind. Zu den traditionellen Begrenzungen der Allgemeinheit der Wahl gehört ferner das Erfordernis der Seßhaftigkeit im Wahlgebiet. Gleichwohl sind auch »Auslandsdeutsche« unter bestimmten Voraussetzungen zur Wahl zugelassen, nämlich dann, wenn sie im öffentlichen Dienst stehen und auf Anordnung ihres Dienstherrn außerhalb der Bundesrepublik leben oder wenn sie in den Gebieten der übrigen Mitgliedstaaten des Europarates leben, sofern sie vorher mindestens drei Monate ununterbrochen in der Bundesrepublik gewohnt haben (§ 12 BWG).
b) *Gleichheit* der Wahl bedeutet, daß jede Stimme gleichen Zählwert und Erfolgswert hat. Abgelehnt werden damit Wahlsysteme wie das frühere preußische Dreiklassenwahlrecht.
c) *Die Freiheit* der Wahl enthält das Verbot, auf den Wahlberechtigten Zwang auszuüben, um ihn zur Stimmenabgabe in eine Richtung zu drängen. Dagegen wäre die Einführung einer Wahlpflicht zulässig, da sie die Entscheidung des Wählers inhaltlich nicht beeinflußt. Politisch gesehen wäre die Wahlpflicht allerdings von zweifelhaftem Wert. Mit den Grundsätzen der Allgemeinheit und Gleichheit der Wahl hängt aufs engste der **Grundsatz der Chancengleichheit der Parteien** zusammen. Dieser Grundsatz gilt für die Wahl selbst, aber auch für ihre Vorbereitung. Er besagt, daß den öffentlichen Stellen jede unterschiedliche Behandlung der Parteien verboten ist, die sich nicht durch einen zwingenden Grund rechtfertigen läßt. Damit ist zugleich jede gegen die Erfolgschancen einzelner Parteien gerichtete diskriminierende Wahlrechtsgestaltung ausgeschlossen. Insbesondere dürfen Parteien, die eine Gefahr für die Demokratie darstellen, nicht etwa durch wahltechnische Mittel – etwa Versagung von Sendezeit in Rundfunk und Fernsehen – ausgeschaltet werden, sondern nur in dem Verfahren nach Art. 21 Abs. 2 Satz 1.

d) Unmittelbarkeit der Wahl bedeutet, daß nicht noch nach der Stimmenabgabe eine Zwischeninstanz (»Wahlmänner«, vgl. USA) nach ihrem Ermessen die letztlich zu bestellenden Personen auswählen darf (BVerfGE 7, 63/58).
e) Eine Wahl ist *geheim,* wenn jeder seine Stimme so abgeben darf, daß niemand nachprüfen kann, wie er sich entschieden hat.

Nach dem Bundeswahlgesetz werden bei der Verteilung der Sitze auf die Landeslisten nur Parteien berücksichtigt, die mindestens 5 Prozent der abgegebenen Zweitstimmen erhalten oder in mindestens drei Wahlkreisen einen Sitz erringen (§ 6 Abs. 6); die Listenstimmen für Parteien, welche diese Voraussetzungen nicht erfüllen, werden bei der Errechnung des Listenergebnisses nicht mitgezählt. Diese **Sperrklausel** hat den Sinn, einer Zersplitterung des Parlaments durch zahlreiche kleine Parteien vorzubeugen und so seine Funktionsfähigkeit zu sichern. Das BVerfG hat diese Sperrklausel für zulässig erklärt (BVerfGE 6, 84/92): Die Wahl hat nicht nur das Ziel, den politischen Willen der Wähler zur Geltung zu bringen, also eine Volksrepräsentation zu schaffen, die ein Spiegelbild der im Volk vorhandenen politischen Meinungen darstellt, sondern sie soll auch ein Parlament als funktionsfähiges Staatsorgan hervorbringen. Würde der Grundsatz der getreuen verhältnismäßigen Abbildung der politischen Meinungsschichtungen im Volk bis zur letzten Konsequenz durchgeführt, so könnte sich eine Aufspaltung der Volksvertretung in viele kleine Gruppen ergeben, die die Mehrheitsbildung erschweren oder verhindern würde. Deshalb darf der Gesetzgeber Differenzierungen in dem Erfolgswert der Stimmen bei der Verhältniswahl vornehmen und demgemäß die politischen Parteien unterschiedlich behandeln, soweit dies zur Sicherung des Charakters der Wahl als eines Integrationsvorgangs bei der politischen Willensbildung des Volkes, im Interesse der Einheitlichkeit des ganzen Wahlsystems und zur Sicherung der mit der Parlamentswahl verfolgten staatspolitischen Ziele unbedingt erforderlich ist. 11

IV. »Auftragsfreie Repräsentation« und »parteienstaatliche Demokratie«

Dem Prinzip der »auftragsfreien Repräsentation«, das sich bereits im 14. Jahrhundert in England nachweisen läßt und das liberale Staatsdenken vor allem des 19. und beginnenden 20. Jahrhunderts beherrschte, liegt der Gedanke zugrunde, daß die Abgeordneten nicht für bestimmte Wähler oder Gruppen, sondern als »Repräsentanten der ganzen Nation« handeln sollen. Auf dieses Prinzip rekurriert Art. 38 Abs. 1, wenn er die Abgeordneten als »Vertreter des ganzen Volkes« begreift, die »an Aufträge und Weisungen nicht gebunden und nur ihrem Gewissen unterworfen« sind. 12

Es ist bereits dargestellt worden, daß sich in den westlichen Parteienstaaten das politische Schwergewicht fortschreitend vom Parlament hin zu den dieses beherrschenden Parteien und zu den Wählern verschoben hat, deren Plebiszit die Parteien unterliegen (vgl. Rz. 1 ff. zu Art. 21). Dies hat Auswirkungen auf die 13

Stellung des einzelnen Abgeordneten, zu denen die »auftragsfreie Repräsentation« in Widerspruch steht. Zu Recht ist deshalb konstatiert worden, daß zwischen der durch Art. 21 hervorgehobenen verfassungsrechtlichen Rolle der Parteien und dem in Art. 38 niedergelegten Prinzip der auftragsfreien Repräsentation ein latentes Spannungsverhältnis besteht. Das Übergewicht erhält dabei nicht nur faktisch, sondern auch verfassungsrechtlich immer mehr das parteienstaatliche Prinzip. Im einzelnen gilt folgendes:[1]

Gesehen unter dem Blickpunkt einer logisch zu Ende gedachten parteienstaatlichen Demokratie können die Parteien den Anspruch erheben, sich auch gegenüber ihren eigenen Mitgliedern durchzusetzen. In einer solchen Demokratie erscheint nämlich der Abgeordnete als grundsätzlich fremdem Willen unterworfen; er kann nicht mehr als Repräsentant, der in Freiheit unter Einsatz seiner Persönlichkeit seine politischen Entscheidungen fällt, angesprochen werden. In dieser Demokratie fehlt dem Abgeordneten im Grunde genommen die letzte Legitimität, eine von den Parteien und Fraktionen abweichende Linie in Fragen von politischer Wichtigkeit zu verfolgen. In ihr sind nicht die Abgeordneten, sondern die Parteien in ihren Entschließungen frei und an Aufträge und Weisungen nicht gebunden.

Letzthin wird so der Abgeordnete in dem modernen Parteienstaat zu einem organisatorisch-technischen Zwischenglied, das nur insoweit unentbehrlich erscheint, als es berufen ist, in Freiheit innerhalb der Partei und Fraktion seinen Einfluß auszuüben und insoweit an der Konstituierung des Parteiwillens oder vom Ganzen aus gesehen an der Bildung des Parteienmehrheitswillens mitzuwirken.

So ist es kein Zufall, daß der Abgeordnete in der parteienstaatlichen Demokratie heute einer Fülle von parteimäßigen Bindungen unterworfen ist, die entscheidend seine Rede und Abstimmung beeinflussen. Hier erhalten das imperative Mandat und der Fraktionszwang, der nicht massiv ausgeübt zu werden braucht, aber doch stark genug sein muß, um die Mitglieder einer Fraktion zu veranlassen, die von der Partei oder Fraktion gefaßten Beschlüsse zu befolgen, verfassungssystematisch ihren Standort und ihre innere Berechtigung. Sie haben letzthin das Ziel, die notwendige Homogenität innerhalb aller Gliederungen der Partei zu sichern.

Dabei kommt es vom Blickpunkt des Parteienstaates auf das Motiv, das den einzelnen Abgeordneten zu seiner Gleichschaltung veranlaßt, nicht an. Es mag sein, daß der Abgeordnete durch die Partei eines besseren belehrt worden ist und daher den Beschluß der Partei oder der Fraktion für als im Interesse des Ganzen liegend hält. Es mag sein, daß er sich innerlich der Partei gegenüber für so gebunden erachtet, daß er in ihrem Interesse seine eigene, an sich für besser gehaltene Meinung zu opfern sich verpflichtet hat. Er mag möglicherweise dieses Opfer auch nur bringen, um auf diese Weise ihm sonst etwa von der Partei drohende Nachteile abzuwenden.

Der Konsequenz dieser Demokratie entspricht es, daß der Abgeordnete auch in zunehmendem Maße für sein etwaiges parteiwidriges Verhalten von der Partei

1 Die Darstellung folgt hier Leibholz, a. a. O. (S. 187).

verantwortlich gemacht wird. Die früher vielfach praktisch gewordene und auch in der Literatur häufig erörterte Frage, ob und wenn ja, inwieweit die Wähler ihre Abgeordneten wegen Nichterfüllung der von ihnen eingegangenen Verpflichtungen verantwortlich machen können, hat in der modernen parteienstaatlichen Demokratie insoweit ihre Bedeutung verloren, als an die Stelle der Wähler die Parteien getreten sind. Als Hüterin des durch die Parteien zum Ausdruck kommenden Volkswillens kann die Partei den Abgeordneten, wenn mildere Mittel, wie z. B. Warnungen, nichts gefruchtet haben, sogar aus ihrer Organisation ausschließen, was praktisch meistens das Ende der politischen Karriere des Abgeordneten bedeutet. Der letzten Konsequenz eines logisch zu Ende gedachten demokratischen Parteienstaates würde sogar eine Bestimmung entsprechen, nach der ein Ausschluß aus der Partei (ebenso wie ein Übertritt von einer Partei zu anderen) zum Verlust des parlamentarischen Mandates führt. Die »Abberufung« ist ein Institut, das im Gegensatz zum repräsentativ-parlamentarischen Demokratismus steht und strukturgesetzlich mit dem modernen massendemokratischen Parteienstaat aufs engste verbunden ist.
Bei dieser Sachlage ist es kein Wunder, daß auch die heutigen Parlamentswahlen sich in ihrem Charakter grundsätzlich zu wandeln begonnen haben. Bei Lichte besehen sind diese nämlich heute überhaupt keine echten Wahlen mehr. Sie tendieren vielmehr in zunehmendem Maße dahin, zu einem rein plebiszitären Akte zu werden, in dem die durch die Parteien zusammengefaßte Aktivbürgerschaft ihren politischen Willen zugunsten der von den Parteien benannten Mandatsbewerber und der von ihnen unterstützten Parteiprogramme kundgibt und über der Parteien Macht und Einfluß in den nächsten vier oder fünf Jahren entschieden wird. Diesem Wandel wird das Bonner Grundgesetz z. B. nicht gerecht, wenn es, wie die meisten anderen Verfassungen, in althergebrachter Weise sagt, daß der Wille des Volkes in »Wahlen« und »Abstimmungen« sich äußert. Die Wahlen sind trotz der antiplebiszitären Haltung des Bonner Grundgesetzes – jedenfalls auf Bundesebene – selbst zu einer Art Abstimmung geworden. Dies wird auch von Politikern und Staatsrechtslehrern in zunehmendem Maße anerkannt. Aus diesem Grunde besteht auch in der heutigen parteien-staatlichen Demokratie für zusätzliche plebiszitäre Einrichtungen, wie z. B. den Volksentscheid oder das Volksbegehren, kaum eine innere Notwendigkeit.
Je konkreter und eindeutiger die plebiszitären politischen Entscheidungen der in Parteien zusammengefaßten Aktivbürgerschaften sind, um so besser wird ein demokratischer Parteienstaat funktionieren. In England haben zum Teil schon im 19. und 20. Jahrhundert die Wahlen in diesem Sinne einen konkret-plebiszitären Charakter gehabt. Mit ihnen treffen die Wähler eine bestimmte Sachentscheidung, der gegenüber die Personenwahl in den Hintergrund tritt.
In den kontinental-westeuropäischen Demokratien, die das englische Zweiparteiensystem nicht kennen, kann naturgemäß die konkret-plebiszitäre Funktion der Wahlen nicht so deutlich in Erscheinung treten. Denn in einem Mehrparteienstaat kann man nicht in der gleichen Weise, wie in einem Zweiparteienstaat, eine »definite issue« zum Gegenstand einer »Wahl« machen, obwohl die Exi-

stenz einer Vielheit von Parteien nicht zwangsläufig plebiszitäre Fragestellungen bei den Wahlen ausschließt. Auch mehren sich in den traditionellen Mehrparteienstaaten die Tendenzen, die die Einführung einer verdeckten und manchmal sogar offenen Blockbildung begünstigen und hierdurch die Voraussetzung dafür schaffen, daß in diesen Staaten mit Hilfe von Wahlen für eine Reihe von Jahren die grundsätzliche Richtung des Regierungskurses festgelegt wird. Dort aber, wo der mehrparteienstaatliche Charakter einer Demokratie heute noch unmittelbar plebiszitäre Entscheidungen durch die Wahlen nicht gestattet, erfüllen diese, jedenfalls soweit die Aktivbürgerschaft in den Parteien organisiert ist oder jene stillschweigend diesen zugerechnet wird, Funktionen statistisch registrierender Art, die in ihrer grundsätzlichen Tendenz ebenfalls aufs engste mit der plebiszitären und nicht der repräsentativen Demokratie verbunden sind.
Sofern heute von einem konkret-plebiszitären Charakter der Wahlen im modernen Parlament gesprochen werden darf, ist es nicht unberechtigt, in einer parteienstaatlichen Demokratie, die nicht durch noch vorhandene Strukturelemente der repräsentativen Demokratie überlagert ist, Fragen von grundsätzlicher Bedeutung, die die Existenz der Nation betreffen, der Aktivbürgerschaft zur Entscheidung zu unterbreiten. In diesem Sinne besteht z. B. in England als eine Konvention die Regel, daß ein radikaler Wechsel in der Politik ohne ein »Mandat« vom Volke grundsätzlich nicht stattfinden darf. Dieser Lehre vom generellen Mandat liegt die Vorstellung zugrunde, daß in einer parteienstaatlichen Demokratie die Parteien als Vollstrecker des Willens der Aktivbürgerschaft erscheinen und Regierung und Parlament nur insoweit politisch zu handeln berechtigt sind, als ihnen in den Wahlen ein durch das Parteiprogramm des näheren umrissener, inhaltlich konkretisierter Auftrag erteilt ist.
Von dieser grundsätzlichen Einstellung aus wird z. B. nicht selten in England das Verhalten von Regierung und Parlamentsmehrheit dann von der jeweiligen Opposition als verfassungswidrig bezeichnet, wenn wichtige politische Entscheidungen von grundsätzlicher Bedeutung getroffen werden sollen, die mit dem erteilten Mandat unvereinbar sind. Auch in Deutschland hat man z. B. bei der Diskussion über die Verfassungsmäßigkeit des Wehrbeitrages wie des Deutschlandvertrages von seiten der Opposition darauf hingewiesen, daß die Wählerschaft durch die Regierung neu hätte befragt werden müssen, weil der Deutsche Bundestag in seiner damaligen Zusammensetzung nicht mehr die Legitimation besessen habe, diese Frage zu entscheiden. Ferner hatte im Zusammenhang mit der atomaren Aufrüstung der Bundeswehr die Opposition eine »Volksbefragung« gefordert, weil es sich hier um eine für Volk und Nation lebenswichtige, neue und bei der letzten Bundestagswahl nicht mitentscheidende Frage gehandelt hatte. Tatsächlich besteht hier im Grundgesetz eine Lücke, die dadurch gefüllt werden könnte, daß man dem Parlament das Selbstauflösungsrecht oder dem Staatsoberhaupt das verfassungsmäßige Recht einräumt, bei einer neuen Frage von grundsätzlicher politischer Wichtigkeit durch erneute Befragung des Volkes diesem die Möglichkeit zu geben, außerhalb des zeitlichen Turnus sich wiederholender »Wahlen« Regierung und Parlament ein neues Mandat zu erteilen.

Der veränderten Funktion, die heute grundsätzlich die Wahlen in der parteienstaatlichen Demokratie erfüllen, entspricht es, daß der einzelne Abgeordnete in zunehmendem Maße nicht mehr, wie in der parlamentarisch-repräsentativen Demokratie, aufgrund seiner Persönlichkeit und seiner besonderen Qualifikation, sondern als Zugehöriger zu einer bestimmten politischen Partei in das Parlament gewählt wird. Die politische Persönlichkeit ist heute nicht mehr die sich den Wählern präsentierende freie repräsentative Persönlichkeit, die im Sinne des 19. Jahrhunderts einen Teil der geistigen Aristokratie der Nation darstellte, sondern im Grunde genommen der »Exponent der politischen Partei«.
Diese Entwicklung mögen manche bedauern; zurückschrauben läßt sie sich nicht. Derjenige Abgeordnete, der von seiner **Gewissensfreiheit** Gebrauch macht und in einer bestimmten Sachfrage gegen seine eigene Fraktion stimmt, verhält sich zwar nicht verfassungswidrig, setzt sich aber der Gefahr der innerparteilichen Isolation aus und beschwört öffentliche Diskussionen über die Geschlossenheit seiner Partei herauf. Abweichendes Stimmverhalten sollte deshalb auf extreme Ausnahmefälle beschränkt bleiben und als allerletztes Mittel verstanden werden. Vordringlich ist es für jeden Abgeordneten, seiner Meinung im Rahmen der Diskussion in der Fraktion Geltung zu verschaffen. Daß abweichendes Stimmverhalten bei geringem Übergewicht der Regierungskoalition gegenüber der Opposition sogar mit einem Regierungswechsel enden könnte, machen manche Beispiele deutlich.
Zu Recht wird allerdings darauf hingewiesen, daß auftragsfreie Repräsentation und Parteigebundenheit erst dann einander völlig ausschließende Gegensätze wären, wenn die Parteien darauf verzichteten, Volksparteien zu sein, und sich in Kader- oder Klassenparteien verwandelten, die nur noch die Ziele ihrer Gruppen kennen (Klaus Stern). Solange sie dies nicht sind, sind auch sie »Vertreter des ganzen Volkes« und aufgerufen, zum Wohle der Allgemeinheit zu handeln. Dies ist der eigentliche Grund, warum die Fraktionen des Bundestages nicht lediglich dazu da sind, Basisbeschlüsse oder oligarchische Vorstandsbeschlüsse ihrer Parteien umzusetzen, sondern bei ihrer Willens- oder Entscheidungsbildung auch die Interessen derer zu beachten haben, die sie nicht gewählt haben. Das imperative Mandat vermöchte die Fraktion allenfalls innerparteilich in dem Sinne zu binden, daß ihre Mitglieder der Partei für ihr Verhalten Rechenschaft schuldig sind. Nach außen wirkt es nicht. In der politischen Praxis des Bundestages sind in diesem Zusammenhang keine Schwierigkeiten aufgetreten.

V. Das Wahlalter

Wählbar ist und wählen kann, wer das 18. Lebensjahr vollendet hat. Dieses Alter ist 1970 neu eingeführt worden, vorher galt das 21. Lebensjahr. **14**

Art. 39 [Wahlperiode; Einberufung der Sitzungen]

(1) Der Bundestag wird auf vier Jahre gewählt. Seine Wahlperiode endet mit dem Zusammentritt eines neuen Bundestages. Die Neuwahl findet frühestens fünfundvierzig, spätestens siebenundvierzig Monate nach Beginn der Wahlperiode statt. Im Falle einer Auflösung des Bundestages findet die Neuwahl innerhalb von sechzig Tagen statt.
(2) Der Bundestag tritt spätestens am dreißigsten Tage nach der Wahl zusammen.
(3) Der Bundestag bestimmt den Schluß und den Wiederbeginn seiner Sitzungen. Der Präsident des Bundestages kann ihn früher einberufen. Er ist hierzu verpflichtet, wenn ein Drittel der Mitglieder, der Bundespräsident oder der Bundeskanzler es verlangen.

1 Es gehört zu den grundlegenden Prinzipien des freiheitlichen Rechtsstaates, daß die Volksvertretungen in regelmäßigen, im voraus bestimmten Abständen durch die Wahlen abgelöst und neu legitimiert werden (BVerfGE 18, 151/154). Die Frist darf nicht zu sehr ausgedehnt werden. Art. 39 setzt – wie schon die WRV – die **Wahlperiode** (oder »Legislaturperiode«) auf vier Jahre fest. Vorher endet sie nur im Falle der Auflösung (vgl. Art. 68).

2 Art. 39 ist durch das Dreiunddreißigste Gesetz zur Änderung des GG vom 23. August 1976 neu gefaßt worden. Die Wahlperiode endet nicht mehr vier Jahre nach dem ersten Zusammentritt, sondern mit dem Zusammentritt des neuen Bundestages, der sich spätestens am dreißigsten Tag nach der Wahl zu versammeln hat. Die Neuwahl darf frühestens fünfundvierzig und muß spätestens siebenundvierzig Monate nach Beginn der letzten Wahlperiode stattfinden. Vorher war lediglich bestimmt, daß sie im letzten Vierteljahr der Wahlperiode durchzuführen war. Durch die jetzt getroffene Regelung konnten der damalige Art. 45 und Art. 49 aufgehoben werden.

3 Ist die Wahlperiode abgelaufen, gilt der Grundsatz der **Diskontinuität.** Die bisherigen Abgeordneten verlieren ihr Mandat, alle nicht-ständigen Einrichtungen des Bundestages sind aufgelöst (z.B. Enquete-Kommissionen), alle Gesetzesvorlagen gelten als erledigt.

4 Der Bundestag bestimmt die Dauer seiner Sitzungen und die sitzungsfreien Zeiten **(Selbstversammlungsrecht).** Einberufen kann ihn auch der Bundestagspräsident; die Dauer der Sitzung legt aber auch dann der Bundestag fest.

Art. 40 [Präsident; Geschäftsordnung]

(1) Der Bundestag wählt seinen Präsidenten, dessen Stellvertreter und die Schriftführer. Er gibt sich eine Geschäftsordnung.
(2) Der Präsident übt das Hausrecht und die Polizeigewalt im Gebäude des Bundestages aus. Ohne seine Genehmigung darf in den Räumen des Bundestages keine Durchsuchung oder Beschlagnahme stattfinden.

Vgl. zunächst Rz. 2 zu Art. 38.

Der Bundestag gibt sich eine **Geschäftsordnung** im Rahmen seiner durch Abs. 1 Satz 2 gewährleisteten Autonomie. Er kann deshalb hier auch das Verfahren für die Abwicklung der Parlamentsgeschäfte regeln und insbesondere frei bestimmen, wann das Parlament beschlußfähig ist. Gegen die bisher angewandte Bestimmung, daß der Bundestag beschlußfähig ist, solange nicht das Gegenteil festgestellt wird, bestehen daher keine verfassungsrechtlichen Bedenken (BVerfGE 44, 308 ff.). Das bedeutet, daß z. B. auch dann ein Gesetz wirksam zustande gekommen ist, wenn nur 30 Abgeordnete anwesend sind und ihm zustimmen, ohne daß einer beantragt hat, die Beschlußunfähigkeit festzustellen, weil nicht mindestens die Hälfte der Mitglieder erschienen ist. Dieses zunächst verblüffende Ergebnis wird verständlich, wenn man berücksichtigt, daß ein solches Verfahren nur bei kontroversen Abstimmungen üblich ist. 1

Wichtige Parlamentsbegriffe, die in der jeweils geltenden Geschäftsordnung definiert werden, seien kurz erläutert: 2

Der **Ältestenrat** ist ein wichtiges Leitungs- und Verständigungsgremium.

Fraktionen sind Vereinigungen von mindestens fünf vom Hundert der Mitglieder des Bundestags, die derselben Partei oder solchen Parteien angehören, die auf Grund gleichgerichteter politischer Ziele in keinem Land miteinander im Wettbewerb stehen.

Ausschüsse werden zur Vorbereitung der Verhandlungen eingesetzt. Sie bereiten die Beschlüsse des Bundestags lediglich vor, haben dadurch aber einen maßgeblichen Einfluß auf den Entscheidungsprozeß, indem sie bestimmte Beschlüsse empfehlen. Jeder Ausschuß muß ein verkleinertes Abbild des Plenums sein, also dessen Zusammensetzung widerspiegeln. Der Bundestag verfügt über eine Vielzahl von Ausschüssen, deren Einrichtung ihm teilweise freisteht, teilweise aber vorgegeben ist (z. B. Ausschüsse für Auswärtiges und Verteidigung – Art. 45 a).

Große Anfragen können von Fraktionen, der Gruppe der PDS und von so vielen Abgeordneten, wie eine Fraktion bilden können, über wichtige politische Probleme an die Bundesregierung gerichtet werden. Die Antwort erfolgt schriftlich und wird im Bundestag debattiert.

Kleine Anfragen können von denselben Antragstellern an die Bundesregierung gerichtet werden. Sie werden schriftlich beantwortet und nicht debattiert.

Art. 41 [Wahlprüfung]

(1) Die Wahlprüfung ist Sache des Bundestages. Er entscheidet auch, ob ein Abgeordneter des Bundestages die Mitgliedschaft verloren hat.

(2) Gegen die Entscheidung des Bundestages ist die Beschwerde an das Bundesverfassungsgericht zulässig.

(3) Das Nähere regelt ein Bundesgesetz.

Das Wahlprüfungsverfahren dient dazu, die ordnungsgemäße Zusammensetzung des Bundestages zu gewährleisten. Es ist Sache des Bundestages. Dieser hat festzustellen, ob bei der Wahl formelle oder sachliche Fehler unterlaufen sind. Stellt er Fehler fest, können sie nur dann zur Ungültigkeit der Wahl (in dem betreffenden Wahlkreis) führen, wenn zumindest die Möglichkeit besteht, daß durch den Wahlfehler das Ergebnis der Wahlen, also die Sitzverteilung im Bundestag, beeinflußt worden ist. Gegen die Entscheidung des Bundestages ist die Beschwerde an das Bundesverfassungsgericht zulässig.

Art. 42 [Verhandlung, Abstimmung]

(1) Der Bundestag verhandelt öffentlich. Auf Antrag eines Zehntels seiner Mitglieder oder auf Antrag der Bundesregierung kann mit Zweidrittelmehrheit die Öffentlichkeit ausgeschlossen werden. Über den Antrag wird in nichtöffentlicher Sitzung entschieden.
(2) Zu einem Beschlusse des Bundestages ist die Mehrheit der abgegebenen Stimmen erforderlich, soweit dieses Grundgesetz nichts anderes bestimmt. Für die vom Bundestage vorzunehmenden Wahlen kann die Geschäftsordnung Ausnahmen zulassen.
(3) Wahrheitsgetreue Berichte über die öffentlichen Sitzungen des Bundestages und seiner Ausschüsse bleiben von jeder Verantwortlichkeit frei.

1 Der **Grundsatz der Öffentlichkeit** der Verhandlungen des Bundestages dient der Publizität und Transparenz seiner Arbeit. Die Öffentlichkeit soll so die Möglichkeit erhalten, sie kontrollieren und auch kritisieren zu können. Er bezieht sich jedoch nur auf das Plenum, nicht auch auf die Ausschüsse; letztere tagen grundsätzlich nichtöffentlich, es sei denn, die Öffentlichkeit wird zugelassen (z. B. bei »Hearings«). Ein Ausschluß der Öffentlichkeit ist nur auf Antrag eines Zehntels der Mitglieder des Bundestages und mit Zweidrittelmehrheit möglich. Hierüber wird in nichtöffentlicher Sitzung entschieden.

2 Das **Mehrheitsprinzip** besagt, daß grundsätzlich die Mehrheit der abgegebenen Stimmen erforderlich ist **(»relative Mehrheit«).** Etwas anderes verlangen z. B. Art. 42 Abs. 1, 61 Abs. 1, 77 Abs. 4 und 79 Abs. 2 GG. Dort ist eine absolute oder relative **Zweidrittelmehrheit** vorgesehen. Mehrheit der Mitglieder des Bundestages **(»absolute Mehrheit«)** verlangen z. B. Art. 29 Abs. 7, 63 Abs. 4, 67 Abs. 1, 68 Abs. 1 und 77 Abs. 4 GG. Darunter ist gemäß Art. 121 GG die Mehrheit der gesetzlichen Mitgliederzahl des Bundestages zu verstehen.
Abs. 2 fordert nur die Mehrheit der abgegebenen Stimmen, nicht die Mehrheit der Stimmen des gesamten Bundestages.

3 Das in Abs. 3 enthaltene **Privileg** für die Berichterstattung soll die ungehinderte Unterrichtung der Öffentlichkeit sicherstellen.

Art. 43 [Anwesenheit der Regierungs- und Bundesratsmitglieder]

(1) Der Bundestag und seine Ausschüsse können die Anwesenheit jedes Mitgliedes der Bundesregierung verlangen.
(2) Die Mitglieder des Bundesrates und der Bundesregierung sowie ihre Beauftragten haben zu allen Sitzungen des Bundestages und seiner Ausschüsse Zutritt. Sie müssen jederzeit gehört werden.

Das »Zitierrecht« des Abs. 1 und das Zutrittsrecht nach Abs. 2 sollen sicherstellen, daß eine ungehinderte Zusammenarbeit zwischen Bundestag, Bundesregierung und Bundesrat stattfinden kann.

Art. 44 [Untersuchungsausschüsse]

(1) Der Bundestag hat das Recht und auf Antrag eines Viertels seiner Mitglieder die Pflicht, einen Untersuchungsausschuß einzusetzen, der in öffentlicher Verhandlung die erforderlichen Beweise erhebt. Die Öffentlichkeit kann ausgeschlossen werden.
(2) Auf Beweiserhebungen finden die Vorschriften über den Strafprozeß sinngemäß Anwendung. Das Brief-, Post- und Fernmeldegeheimnis bleibt unberührt.
(3) Gerichte und Verwaltungsbehörden sind zur Rechts- und Amtshilfe verpflichtet.
(4) Die Beschlüsse der Untersuchungsausschüsse sind der richterlichen Erörterung entzogen. In der Würdigung und Beurteilung des der Untersuchung zugrunde liegenden Sachverhaltes sind die Gerichte frei.

Das **Enqueterecht** des Parlaments, d. h. sein Recht, **Untersuchungsausschüsse** 1
einzusetzen, entspricht alter parlamentarischer Tradition. Sein Ursprungsland ist England.

Die Untersuchungsausschüsse sind Organe des Parlaments und haben die **Auf-** 2
gabe, dessen Arbeit zu fördern und Beschlüsse oder andere Entscheidungen vorzubereiten. Gleichzeitig dienen sie aber auch der Kontrolle der Regierung durch das Parlament und sind eine Waffe der Opposition gegen die Regierungsparteien. In diesem Zusammenhang sind insbesondere die Skandalenqueten zu nennen, zu denen es vor allem kommt, wenn in der Öffentlichkeit gegen einzelne Regierungsmitglieder oder hohe Behördenangehörige der Vorwurf der Korruption erhoben wird.

Die Untersuchungsausschüsse werden **von Fall zu Fall** eingesetzt, wobei der 3
Antrag eines Viertels der Mitglieder des Bundestages ausreicht. Damit ist sichergestellt, daß die Regierungsmehrheit die Bildung des Ausschusses nicht ohne weiteres verhindern kann. Der Verteidigungsausschuß hat die Rechte eines Untersuchungsausschusses (Art 45 a Abs. 2).

4 Die Untersuchungsausschüsse verhandeln **öffentlich,** doch kann die Öffentlichkeit mit einfacher Mehrheit ausgeschlossen werden. Sie können Beweise erheben, insbesondere Zeugen vernehmen. Die Strafprozeßordnung findet sinngemäß Anwendung. Das Brief-, Post- und Fernmeldegeheimnis bleibt unberührt. Die Untersuchungsausschüsse haben auch die Befugnis, die im Strafverfahrensrecht vorgesehenen Möglichkeiten zur zwangsweisen Beschaffung von Beweismitteln zu nutzen, also etwa Beschlagnahmen durch den zuständigen Richter zu beantragen. Dies wird durch den Wortlaut und die Entstehungsgeschichte der Vorschrift der Verfassung bestätigt. Bei der Beweiserhebung zu beachten sind allerdings die Grundrechte, die ihren Trägern insbesondere auch einen Schutz gegen unbegrenzte Erhebung, Speicherung, Verwendung oder Weitergabe der auf sie bezogenen, individualisierten oder individualisierbaren Daten verbürgen, und der Grundsatz der Verhältnismäßigkeit. Hiernach kann der Umfang der zulässigen Beschlagnahme beschränkt sein; ferner können parlamentarische Geheimhaltungsmaßnahmen erforderlich werden (BVerfGE 76, 363/ 382).

Die gerichtlich angeordnete Beschlagnahme von Aufsichtsratsprotokollen der Beteiligungsgesellschaft für Gemeinwirtschaft zur Aufklärung von Mißständen, deren Grund Verstöße des gemeinnützigen Wohnungsbauunternehmens Neue Heimat gegen bundesgesetzliche Regelungen sein sollte, und zur Überprüfung des Verhaltens der Bundesregierung und des Bundestages selbst waren bei Anlegung dieses Maßstabes verfassungsrechtlich nicht zu beanstanden (BVerfGE 76, 382).

Die Untersuchungsausschüsse sind auch berechtigt, gegen den Zeugen, der grundlos das Zeugnis verweigert, **Ordnungsgeld** festzusetzen (§ 70 Abs. 1 StPO) und zur Erzwingung des Zeugnisses die **Anordnung der Haft** beim zuständigen Gericht zu beantragen (§ 70 Abs. 2 StPO). Die Möglichkeit der Erzwingung des Zeugnisses vor dem Untersuchungsausschuß durch Haft ist für eine effektive Untersuchungstätigkeit unentbehrlich.
Sinngemäß anwendbar sind die Vorschriften über das Zeugnisverweigerungsrecht der Angehörigen, der Berufsgeheimnisträger und der Berufshelfer.

5 Die Untersuchungsausschüsse können Tatsachen ermitteln; sie können aber auch eine Wertung des gewonnenen Tatsachenmaterials vornehmen. Derartige Feststellungen sind der richterlichen Erörterung entzogen. Die Gerichte können also den Beschluß des Untersuchungsausschusses als solchen nicht überprüfen. Sie können jedoch in anhängigen Verfahren den zugrundeliegenden Sachverhalt anders feststellen oder beurteilen.

Beispiel: Der Untersuchungsausschuß stellt fest, daß sich der Abgeordnete A in einer bestimmten Angelegenheit nicht korrekt verhalten hat. Diesen Beschluß kann A vor Gericht nicht angreifen. Wirft ihm jedoch eine Zeitung dasselbe vor, kann er sie verklagen. In diesem Verfahren ist das Gericht an die Feststellungen des Untersuchungsausschusses nicht gebunden.

6 Wird ein Untersuchungsausschuß zur Kontrolle der Bundesregierung eingesetzt, erstreckt sich das Beweiserhebungsrecht des Untersuchungsausschusses

auch auf das **Recht auf Vorlage der Akten.** Dieses Recht kann, soweit davon die Bundesregierung betroffen ist, nicht lediglich als Teil des Rechts auf Amtshilfe gedeutet werden, sondern ist Bestandteil des parlamentarischen Kontrollrechts. Auf ein solches Aktenherausgabeverlangen findet die Vorschrift des § 96 StPO sinngemäß, d. h. unter Beachtung des Sinns der parlamentarischen Kontrolle, Anwendung. Hiernach liegt es nicht im – wenn auch pflichtgemäßen – Ermessen der Bundesregierung, gegenüber einem Untersuchungsausschuß, der mögliche Mißstände im Verantwortungsbereich der Regierung aufklären soll, zu bestimmen, was sie als die Aktenherausgabe hinderndes Wohl des Bundes oder eines Landes ansieht. Der Aktenherausgabeanspruch hat Verfassungsrang. Er dient, jedenfalls soweit er im Zusammenhang mit einer Mißstandsenquete geltend gemacht wird, der Kontrollaufgabe des Bundestages gegenüber der Bundesregierung. Diese hat die verfassungsrechtliche Pflicht, die Ausübung des Kontrollrechts des Bundestages in geeigneter Weise zu unterstützen (BVerfGE 67, 133 f.).
Untersuchungsausschüsse des Deutschen Bundestages, deren Mitglieder von den Fraktionen im Verhältnis ihrer Stärke benannt werden, besitzen die erforderliche demokratische Legitimation für eine hoheitliche Tätigkeit nach außen. Der Bundestag kann innerhalb seines Aufgabenbereiches Untersuchungsaufträge zur Aufklärung von Mißständen jedenfalls auch im Bereich solcher privater Unternehmungen – einschließlich der mit ihnen eng, insbesondere konzernmäßig verbundenen – erteilen, die aufgrund »gemeinwirtschaftlicher« Zielsetzung ihrer Tätigkeit in erheblichem Umfang aus staatlichen Mitteln gefördert oder steuerlich begünstigt werden und besonderen rechtlichen Bedingungen unterliegen; dies gilt jedenfalls insoweit, als hieran ein öffentliches Untersuchungsinteresse von hinreichendem Gewicht besteht. Untersuchungsausschüsse haben zur Erfüllung des ihnen vom Bundestag erteilten Auftrages die Befugnis, unter Beachtung der Grundrechte und des Grundsatzes der Verhältnismäßigkeit Beschlagnahmen gegenüber Privaten bei dem zuständigen Gericht zu beantragen. Das Gericht, das die Beschlagnahme anordnet, hat dann sicherzustellen, daß beschlagnahmte Unterlagen, die ersichtlich grundrechtlich bedeutsame Daten enthalten, erst dann im Untersuchungsausschuß erörtert werden, wenn ihre Beweiserheblichkeit im einzelnen und die Frage der Zulässigkeit der Beweiserhebung im Blick auf ausreichende Geheimschutzmaßnahmen geprüft werden. Die Herausgabe der beschlagnahmten Gegenstände unmittelbar an den Untersuchungsausschuß darf nur angeordnet werden, wenn aus grundrechtlicher Sicht hiergegen keine Bedenken bestehen, insbesondere wenn ihre potentielle Beweisbedeutung im Gesamten von vornherein feststeht und nach dem mutmaßlichen Inhalt Geheimschutzmaßnahmen voraussichtlich nicht erforderlich werden oder solche bereits in hinreichendem Umfang getroffen sind (BVerfGE 76, 363 ff. – »Neue Heimat«).

Art. 45 [Ausschuß für Angelegenheiten der Europäischen Union]

Der Bundestag bestellt einen Ausschuß für die Angelegenheiten der Europäischen Union. Er kann ihn ermächtigen, die Rechte des Bundestages gemäß Artikel 23 gegenüber der Bundesregierung wahrzunehmen.

Art. 45 ist durch Gesetz vom 21. Dezember 1992 in das GG eingefügt worden. Der Ausschuß soll den Bundestag in Angelegenheiten der EU stärken. Dabei kann ihn dieser ermächtigen, die Rechte aus Art. 23 gegenüber der Bundesregierung wahrzunehmen, also umfassend und unverzüglich unterrichtet zu werden und eine Stellungnahme, die berücksichtigt wird, abzugeben.

Art. 45 a [Ausschüsse für Auswärtiges und für Verteidigung]

(1) Der Bundestag bestellt einen Ausschuß für auswärtige Angelegenheiten und einen Ausschuß für Verteidigung.
(2) Der Ausschuß für Verteidigung hat auch die Rechte eines Untersuchungsausschusses. Auf Antrag eines Viertels seiner Mitglieder hat er die Pflicht, eine Angelegenheit zum Gegenstand seiner Untersuchung zu machen.
(3) Artikel 44 Abs. 1 findet auf dem Gebiet der Verteidigung keine Anwendung.

Die Ausschüsse für auswärtige Angelegenheiten und für Verteidigung müssen vom Bundestag eingesetzt werden. Weitere Ausschüsse kann er einsetzen. Der Verteidigungsausschuß soll die jederzeitige parlamentarische Kontrolle der Bundeswehr sichern. Deshalb hat er auch die Rechte eines Untersuchungsausschusses. Der Ausschuß für auswärtige Angelegenheiten soll die Kontrolle der Außenpolitik durch den Bundestag gewährleisten.

Art. 45 b [Wehrbeauftragter]

Zum Schutz der Grundrechte und als Hilfsorgan des Bundestages bei der Ausübung der parlamentarischen Kontrolle wird ein Wehrbeauftragter des Bundestages berufen. Das Nähere regelt ein Bundesgesetz.

1 Die Institution des **Wehrbeauftragten,** eingeführt im Jahre 1956, war dem deutschen Verfassungsrecht vorher fremd. Sie findet ihr Vorbild im skandinavischen Recht. Schweden kennt seit 1809 den sog. Ombudsman, der als Beauftragter des schwedischen Reichstags die Exekutive (einschließlich der Armee) überwacht. 1955 führte Schweden für den militärischen Bereich sogar den Militärombudsman ein. Die anderen skandinavischen Länder folgten diesem Beispiel.

2 Der Wehrbeauftragte hat zwei wichtige Aufgaben: Er soll die Grundrechte der Soldaten schützen und als Hilfsorgan des Bundestages diesem bei der Aus-

übung der parlamentarischen Kontrolle über die Bundeswehr helfen. Zur Durchführung dieser Aufgaben hat er ein umfassendes Informationsrecht.
a) Jeder Soldat hat das Recht, sich einzeln und ohne Einhaltung des Dienstweges direkt an den Wehrbeauftragten zu wenden. Er kann dies nicht nur tun, wenn er eine gegen ihn gerichtete Maßnahme als ungerecht empfindet, sondern kann auch allgemeine, mit dem Dienst in der Bundeswehr zusammenhängende Probleme vortragen. Unabhängig von der Möglichkeit, den Wehrbeauftragten zu informieren, kann der Soldat die Gerichte anrufen, wenn er sich durch Maßnahmen seiner Vorgesetzten verletzt fühlt.
b) Der Wehrbeauftragte hat dem Bundestag und dem Verteidigungsausschuß Bericht zu erstatten. Dies geschieht in der Regel einmal jährlich. Mit diesem Bericht soll nicht nur auf bestimmte Mißstände in der Armee aufmerksam gemacht werden, sondern gleichzeitig ein Bild über die »Stimmung« in der Truppe entworfen werden, das ein rechtzeitiges Einschreiten des Gesetzgebers ermöglicht, falls dies notwendig wird.
Der Wehrbeauftragte ist ein **Unterorgan des Bundestages.** Er wird für 5 Jahre **3**
gewählt, kann jedoch vorzeitig abberufen werden. Er ist kein Beamter, steht jedoch in einem öffentlichen Dienstverhältnis. Gewählt wird er vom Bundestag. Das Mindestalter beträgt 35 Jahre.

Art. 45 c [Petitionsausschuß]

(1) Der Bundestag bestellt einen Petitionsausschuß, dem die Behandlung der nach Artikel 17 an den Bundestag gerichteten Bitten und Beschwerden obliegt.
(2) Die Befugnisse des Ausschusses zur Überprüfung von Beschwerden regelt ein Bundesgesetz.

Art. 45 c ist durch das Zweiunddreißigste Gesetz zur Änderung des GG vom 15. Juli 1975 (BGBl. I S. 1901) eingefügt worden. Vgl. auch Art. 17.
Dem Petitionsausschuß obliegt die Behandlung der nach Art. 17 an den Bun- **1**
destag gerichteten Bitten und Beschwerden (Oberbegriff: **Petition).** Die Eingaben müssen also ein bestimmtes Anliegen haben. Mitteilungen oder Meinungsäußerungen werden von Art. 45 c nicht erfaßt.
Mit der **Beschwerde** wird eine konkrete staatliche Maßnahme angegriffen, mit **2**
der **Bitte** ein bestimmtes staatliches Verhalten gewünscht.
Für **Beschwerden** werden die Befugnisse des Ausschusses durch Bundesgesetz, **3**
nämlich das »Gesetz über die Befugnisse des Petitionsausschusses des Deutschen Bundestages« vom 19. Juli 1975, geregelt. Darin wird ihm gegenüber der Bundesregierung, den Bundesbehörden und den bundesunmittelbaren Körperschaften, Anstalten und Stiftungen, soweit diese der Aufsicht der Bundesregierung unterstehen, das Recht auf Aktenvorlage, Auskunft und Zutritt zu deren Einrichtungen eingeräumt. Außerdem hat er das Recht, Petenten, Zeugen und Sachverständige zu hören, kann sie jedoch nicht zwingen zu erscheinen

und auszusagen, und das Recht auf Amtshilfe durch andere Behörden und durch die Gerichte.

Art. 46 [Indemnität und Immunität des Abgeordneten]

(1) Ein Abgeordneter darf zu keiner Zeit wegen seiner Abstimmung oder wegen einer Äußerung, die er im Bundestage oder in einem seiner Ausschüsse getan hat, gerichtlich oder dienstlich verfolgt oder sonst außerhalb des Bundestages zur Verantwortung gezogen werden. Dies gilt nicht für verleumderische Beleidigungen.
(2) Wegen einer mit Strafe bedrohten Handlung darf ein Abgeordneter nur mit Genehmigung des Bundestages zur Verantwortung gezogen oder verhaftet werden, es sei denn, daß er bei Begehung der Tat oder im Laufe des folgenden Tages festgenommen wird.
(3) Die Genehmigung des Bundestages ist ferner bei jeder anderen Beschränkung der persönlichen Freiheit eines Abgeordneten oder zur Einleitung eines Verfahrens gegen einen Abgeordneten gemäß Artikel 18 erforderlich.
(4) Jedes Strafverfahren und jedes Verfahren gemäß Artikel 18 gegen einen Abgeordneten, jede Haft und jede sonstige Beschränkung seiner persönlichen Freiheit sind auf Verlangen des Bundestages auszusetzen.

1 Seit alters her haben Potentaten und herrschende Gruppen immer wieder den Versuch unternommen, ihnen unliebsame Mitglieder politisch einflußreicher Gremien (Senate, Ständeversammlungen, Parlamente oder parlamentsähnliche Institutionen) dadurch auszuschalten, daß man sie in langwierige Gerichts- (vor allem Straf-)verfahren verwickelte. Als Reaktion darauf kam der Gedanke auf, daß Abgeordnete wegen ihrer Abgeordnetentätigkeit nicht belangt und, solange sie Abgeordnete sind, grundsätzlich auch nicht strafrechtlich verfolgt werden können. Dieser Gedanke ist in den heutigen demokratischen Verfassungen überwiegend niedergelegt worden. Art. 46 realisiert ihn, indem er die Mitglieder des Bundestages mit der **»Indemnität«** und der **»Immunität«** ausstattet; für die Abgeordneten in den Länderparlamenten enthalten die Landesverfassungen ähnliche Regelungen.

2 **Indemnität** bedeutet, daß die Abgeordneten für bestimmte Handlungen, die sie in dieser Eigenschaft begehen, nicht – und zwar zu keinem Zeitpunkt – zur Verantwortung gezogen werden dürfen (Abs. 1). Es sind dies Abstimmungen und Äußerungen, die sie im Bundestag oder einem seiner Ausschüsse getan haben. Eine Ausnahme gilt nur für verleumderische Beleidigungen.

3 **Immunität** (Abs. 2 bis 4) bedeutet, daß die Abgeordneten wegen strafbarer Handlungen – auch solcher außerhalb des Parlaments – während ihrer **Amtszeit** nicht verfolgt, auch nicht verhaftet und auch sonst keinerlei Freiheitsbeschränkungen unterworfen werden können. Mit Beendigung ihres Abgeordnetenmandats ist dieses Verfolgungshindernis beseitigt. Die Immunität kann aber schon während ihrer Amtszeit aufgehoben werden, wenn dies der

Bundestag genehmigt. Bei schweren Delikten ist dies regelmäßig der Fall. Für strafbare Handlungen im Straßenverkehr (z.B. Trunkenheitsfahrt) hat sie der Bundestag global aufgehoben. Für Ordnungswidrigkeiten (z.B. Geschwindigkeitsübertretung, falsches Parken usw.) gilt sie überhaupt nicht.
Eine Ausnahme besteht nur, wenn der Abgeordnete auf frischer Tat ertappt oder im Laufe des folgenden Tages festgenommen wurde. Hier ist die Verfolgung auch ohne Genehmigung des Bundestages möglich. Sie ist nur historisch zu verstehen: Wurde ein Mandatsträger »in flagranti« ertappt, schied der Verdacht einer Manipulation weitgehend aus. Heute stellt sie einen Anachronismus dar.
Die Immunität erfaßt alle Freiheitsbeschränkungen (z.B. Straf-, Polizei- und Beugehaft, Aufenthaltsbeschränkungen, zwangsweise Vorführung usw.) und auch die Einleitung eines Verfahrens nach Art. 18.
Bereits eingeleitete Verfahren müssen auf Verlangen des Bundestages ausgesetzt werden (Abs. 4). Dies bezieht sich auch auf Verfahren wegen verleumderischer Beleidigungen und solche Taten, bei denen der Abgeordnete auf frischer Tat ertappt wurde. **4**
Da Art. 46 ausschließlich den Sinn hat, die Funktionsfähigkeit des Parlaments zu sichern, hat der betroffene Abgeordnete kein Recht auf Immunität. Es bleibt allein dem Bundestag überlassen, ob er sie aufhebt oder nicht. Bei der Entscheidung hierüber darf er nicht mitberaten und nicht abstimmen. **5**

Art. 47 [Zeugnisverweigerungsrecht]

Die Abgeordneten sind berechtigt, über Personen, die ihnen in ihrer Eigenschaft als Abgeordnete oder denen sie in dieser Eigenschaft Tatsachen anvertraut haben, sowie über diese Tatsachen selbst das Zeugnis zu verweigern. Soweit dieses Zeugnisverweigerungsrecht reicht, ist die Beschlagnahme von Schriftstücken unzulässig.

Art. 47 legt ein Zeugnisverweigerungsrecht des Abgeordneten über Personen fest, die ihm in seiner Eigenschaft als Parlamentsmitglied bestimmte Tatsachen anvertraut haben; auch über diese Tatsachen selbst braucht er nicht auszusagen. Art. 47 hat den Sinn, die Entscheidungsfreiheit und das Informationsbedürfnis des Abgeordneten zu schützen; er soll nicht dadurch in Verlegenheit gebracht werden können, daß er seine Informationsquelle oder seine Informationen preisgeben muß. Das Zeugnisverweigerungsrecht ist vor allem in gerichtlichen Verfahren von Bedeutung. Soweit es reicht, ist auch die Beschlagnahme von Schriftstücken unzulässig.

Art. 48 [Ansprüche der Abgeordneten; Diäten]

(1) Wer sich um einen Sitz im Bundestage bewirbt, hat Anspruch auf den zur Vorbereitung seiner Wahl erforderlichen Urlaub.

(2) Niemand darf gehindert werden, das Amt eines Abgeordneten zu übernehmen und auszuüben. Eine Kündigung oder Entlassung aus diesem Grunde ist unzulässig.
(3) Die Abgeordneten haben Anspruch auf eine angemessene, ihre Unabhängigkeit sichernde Entschädigung. Sie haben das Recht der freien Benutzung aller staatlichen Verkehrsmittel. Das Nähere regelt ein Bundesgesetz.

1 Die Sorge um die Unabhängigkeit beginnt bereits mit der Kandidatur. Der Staat nimmt sie besonders ernst und gibt seinen Bediensteten, die sich um einen Bundestagssitz bewerben, sechs Wochen Urlaub bei vollem Gehalt. Der Kandidat aus der freien Wirtschaft muß zwar ebenfalls freigestellt, nicht aber weiterbezahlt werden.

2 Abs. 3 verschafft den Abgeordneten »Anspruch auf eine angemessene, ihre Unabhängigkeit sichernde Entschädigung«. Das Bundesverfassungsgericht hat freilich festgestellt, die Aufwandsentschädigung habe mehr und mehr den Charakter eines Gehalts angenommen. Die Tätigkeit des MdB sei zu einem den vollen Einsatz der Arbeitskraft fordernden Beruf geworden; der Abgeordnete könne daher unter diesem Aspekt »heute legitimerweise ein Entgelt beanspruchen, mit dem er seinen und seiner Familie Lebensunterhalt zu bestreiten vermag«.
Ob nun Entschädigung oder Gehalt, damit soll nicht der einzelne Abgeordnete privilegiert, sondern der Freiheitsraum und die Arbeitsfähigkeit des Parlaments insgesamt garantiert werden.

Übersicht über die Berufe der Abgeordneten in den Legislaturperioden seit 1983, 1987 und 1990 in Prozent[1]

Berufe	1983	1987	1990
Regierungsmitglieder u. ehem. Reg.-Mitgl.	14,3	12,7	10,1
Beamte	31,1	32,2	29,3
Angestellte im öffentl. Dienst	2,3	1,7	6,6
Pfarrer(ev.)	0,4	0,0	1,4
Angestellte pol. u. gesellschaftl. Organisationen	13,6	14,0	13,3
Angestellte in der Wirtschaft	8,3	7,9	11,0
Selbständige	12,8	11,0	10,1
freie Berufe	12,5	14,1	13,1
Hausfrauen	1,5	2,1	2,1
Arbeiter	1,9	1,7	1,2
keine Angaben u. a.	1,3	2,7	1,7

Art. 49

(aufgehoben)

1 Vgl. Datenhandbuch des Deutschen Bundestages (1994), S. 274.

IV. Der Bundesrat

Art. 50 [Funktion]

Durch den Bundesrat wirken die Länder bei der Gesetzgebung und Verwaltung des Bundes und in Angelegenheiten der Europäischen Union mit.

Der Bundesrat ist ein **oberstes Bundesorgan,** kein Organ der Länder. Durch ihn 1
wirken die Länder auf Bundesebene bei der Gesetzgebung und Verwaltung des Bundes mit. Er ist im gewaltengeteilten Staat eine Besonderheit: Seine Befugnisse beziehen sich sowohl auf Gesetzgebungs- als auf Verwaltungsangelegenheiten.
Im **Gesetzgebungsverfahren** hat er ein Initiativrecht (Art. 76 Abs. 1). Die Bun- 2
desregierung muß ihre Gesetzentwürfe zunächst dem Bundesrat zur Stellungnahme zuleiten (Art. 76 Abs. 2); erst dann darf sie diese (mit seiner Stellungnahme) im Bundestag einbringen. Er hat bei Zustimmungsgesetzen ein Veto- und bei anderen Gesetzen ein Einspruchsrecht (Art. 77). Im Fall des sog. »Gesetzgebungsnotstands« hat er weitreichende Befugnisse (Art. 81).
Im Bereich der **Verwaltung** bedürfen Rechtsverordnungen auf bestimmten 3
Gebieten seiner Zustimmung (Art. 80 Abs. 2, 119, 129, 130, 132), ebenso Verwaltungsvorschriften (Art. 84 Abs. 2, 85, 108 Abs. 7). Er wirkt in manchen Fällen bei der Bundesaufsicht mit (Art. 84), muß der Anwendung von Bundeszwang zustimmen (Art. 37) und kontrolliert den Einsatz der Polizei im Fall des Art. 91.
Der Bundesrat nimmt dem Bundespräsidenten gemeinsam mit dem Bundestag den Amtseid ab (Art. 56). Sein Präsident ist der Stellvertreter des Bundespräsidenten (Art. 57). Die Hälfte der Bundesverfassungsrichter wird durch ihn gewählt (Art. 94 Abs. 2). Im Verteidigungsfall hat er weitere Rechte (Art. 115 a ff.).
Seine Mitwirkungsrechte sind im Jahre 1992 auf **Angelegenheiten der EU** 4
ausgedehnt worden. Dementsprechend ist auch Art. 52 Abs. 3 a eingefügt worden.

Art. 51 [Zusammensetzung; Stimmenverhältnis]

(1) Der Bundesrat besteht aus Mitgliedern der Regierungen der Länder, die sie bestellen und abberufen. Sie können durch andere Mitglieder ihrer Regierungen vertreten werden.
(2) Jedes Land hat mindestens drei Stimmen, Länder mit mehr als zwei Millionen Einwohnern haben vier, Länder mit mehr als sechs Millionen Einwohnern fünf, Länder mit mehr als sieben Millionen Einwohnern sechs Stimmen.

(3) Jedes Land kann so viele Mitglieder entsenden, wie es Stimmen hat. Die Stimmen eines Landes können nur einheitlich und nur durch anwesende Mitglieder oder deren Vertreter abgegeben werden.

1 Nur **Mitglieder der Regierungen** der Länder können im Bundesrat vertreten sein. Wer ein solches Mitglied ist, bestimmt sich nach dem Recht der Länder. In Bayern, Baden-Württemberg und Sachsen gehören deshalb auch die Staatssekretäre dazu.

2 Die **Stimmenzahl** der einzelnen Bundesländer richtet sich nach deren Einwohnerzahl. Gegenwärtig ist die Verteilung: Baden-Württemberg 6, Bayern 6, Berlin 4, Brandenburg 4, Bremen 3, Hamburg 3, Hessen 5 (seit 1996), Mecklenburg-Vorpommern 3, Niedersachsen 6, Nordrhein-Westfalen 6, Rheinland-Pfalz 4, Saarland 3, Sachsen 4, Sachsen-Anhalt 4, Schleswig-Holstein 4 und Thüringen 4.

Art. 52 [Präsident; Einberufung von Sitzungen; Beschlußfassung]

(1) Der Bundesrat wählt seinen Präsidenten auf ein Jahr.
(2) Der Präsident beruft den Bundesrat ein. Er hat ihn einzuberufen, wenn die Vertreter von mindestens zwei Ländern oder die Bundesregierung es verlangen.
(3) Der Bundesrat faßt seine Beschlüsse mit mindestens der Mehrheit seiner Stimmen. Er gibt sich eine Geschäftsordnung. Er verhandelt öffentlich. Die Öffentlichkeit kann ausgeschlossen werden.
(3a) Für Angelegenheiten der Europäischen Union kann der Bundesrat eine Europakammer bilden, deren Beschlüsse als Beschlüsse des Bundesrates gelten; Artikel 51 Abs. 2 und 3 Satz 2 gilt entsprechend.
(4) Den Ausschüssen des Bundesrates können andere Mitglieder oder Beauftragte der Regierungen der Länder angehören.

1 Aus Abs. 1 ergibt sich die **Autonomie** des Bundesrats: Er wählt seinen Präsidenten selber und gibt sich eine Geschäftsordnung.

2 Nach der Geschäftsordnung erfolgt die Wahl des **Präsidenten** ohne Aussprache. Gewählt ist, wer die Mehrheit der Stimmen erhält. Seine Amtsdauer beträgt ein Jahr. Die Ministerpräsidenten haben sich im sog. »Königsteiner Abkommen« (1950) darauf geeinigt, daß jeweils der Ministerpräsident des Landes mit der nächstgeringeren Einwohnerzahl gewählt wird. Erster Präsident wurde der Ministerpräsident von Nordrhein-Westfalen (1949).

3 Der Präsident beruft den Bundesrat ein. Ein Selbstversammlungsrecht steht diesem nicht zu.

4 Der Bundesrat faßt seine Beschlüsse mit der Mehrheit seiner Stimmen (absolute Mehrheit).

5 Die **Europakammer** soll die Zusammenarbeit mit den anderen Verfassungsorganen im Rahmen des Art. 23 fördern und erleichtern. In Angelegenheiten der EU gelten ihre Beschlüsse als Beschlüsse des Bundesrates.

Art. 53 [Beteiligung der Bundesregierung]

Die Mitglieder der Bundesregierung haben das Recht und auf Verlangen die Pflicht, an den Verhandlungen des Bundesrates und seiner Ausschüsse teilzunehmen. Sie müssen jederzeit gehört werden. Der Bundesrat ist von der Bundesregierung über die Führung der Geschäfte auf dem laufenden zu halten.

Das »Zutritts-« und »Zitierrecht« entspricht Art. 43.

IV a. Gemeinsamer Ausschuß

Art. 53 a [Zusammensetzung; Informationspflicht der Bundesregierung]

(1) Der Gemeinsame Ausschuß besteht zu zwei Dritteln aus Abgeordneten des Bundestages, zu einem Drittel aus Mitgliedern des Bundesrates. Die Abgeordneten werden vom Bundestage entsprechend dem Stärkeverhältnis der Fraktionen bestimmt; sie dürfen nicht der Bundesregierung angehören. Jedes Land wird durch ein von ihm bestelltes Mitglied des Bundesrates vertreten; diese Mitglieder sind nicht an Weisungen gebunden. Die Bildung des Gemeinsamen Ausschusses und sein Verfahren werden durch eine Geschäftsordnung geregelt, die vom Bundestage zu beschließen ist und der Zustimmung des Bundesrates bedarf.

(2) Die Bundesregierung hat den Gemeinsamen Ausschuß über ihre Planungen für den Verteidigungsfall zu unterrichten. Die Rechte des Bundestages und seiner Ausschüsse nach Artikel 43 Abs. 1 bleiben unberührt.

1 Der Gemeinsame Ausschuß ist durch die »Notstandsverfassung« eingeführt worden. Er ist das »Notparlament« der Bundesrepublik Deutschland im **Verteidigungsfall** (vgl. dazu Art. 115 a), wenn dem rechtzeitigen Zusammentritt des Bundestages unüberwindliche Hindernisse entgegenstehen oder dieser nicht beschlußfähig ist. In diesem Fall hat er die Stellung von Bundestag und Bundesrat und nimmt deren Rechte einheitlich wahr (näher dazu Art. 115 e).

2 Der Gemeinsame Ausschuß besteht zu zwei Dritteln aus Abgeordneten des Bundestages, zu einem Drittel aus Mitgliedern des Bundesrates. Da jedes Bundesland durch ein von ihm bestelltes Mitglied des Bundesrates vertreten und die Bundesrepublik Deutschland zur Zeit in 16 Bundesländer aufgeteilt ist, ergibt sich eine derzeitige Mitgliederzahl von 48. Es handelt sich um ein – im Vergleich zum Bundestag – sehr kleines Gremium, das deshalb im Verteidigungsfall funktionsfähig bleiben kann. Gleichzeitig werden aber die Befürchtungen verständlich, die sich mit der im Verteidigungsfall diesem kleinen Kreis überantworteten Machtfülle verbinden.

3 Nach der Geschäftsordnung sind seine Beratungen grundsätzlich nichtöffentlich. Beschlußfähig ist er, wenn mehr als die Hälfte seiner Mitglieder anwesend ist. Außerhalb des Verteidigungsfalles hat der Gemeinsame Ausschuß nur das Recht, von der Bundesregierung über ihre Planungen für den Verteidigungsfall unterrichtet zu werden (Abs. 2).

V. Der Bundespräsident

Art. 54 [Wahl durch die Bundesversammlung]

(1) Der Bundespräsident wird ohne Aussprache von der Bundesversammlung gewählt. Wählbar ist jeder Deutsche, der das Wahlrecht zum Bundestage besitzt und das vierzigste Lebensjahr vollendet hat.
(2) Das Amt des Bundespräsidenten dauert fünf Jahre. Anschließende Wiederwahl ist nur einmal zulässig.
(3) Die Bundesversammlung besteht aus den Mitgliedern des Bundestages und einer gleichen Anzahl von Mitgliedern, die von den Volksvertretungen der Länder nach den Grundsätzen der Verhältniswahl gewählt werden.
(4) Die Bundesversammlung tritt spätestens dreißig Tage vor Ablauf der Amtszeit des Bundespräsidenten, bei vorzeitiger Beendigung spätestens dreißig Tage nach diesem Zeitpunkt zusammen. Sie wird von dem Präsidenten des Bundestages einberufen.
(5) Nach Ablauf der Wahlperiode beginnt die Frist des Absatzes 4 Satz 1 mit dem ersten Zusammentritt des Bundestages.
(6) Gewählt ist, wer die Stimmen der Mehrheit der Mitglieder der Bundesversammlung erhält. Wird diese Mehrheit in zwei Wahlgängen von keinem Bewerber erreicht, so ist gewählt, wer in einem weiteren Wahlgang die meisten Stimmen auf sich vereinigt.
(7) Das Nähere regelt ein Bundesgesetz.

I. Allgemeines

Der »Präsident« ist herkömmlicherweise der »erste Mann« der Republik; er hat 1
in ihr die Stellung des **Staatsoberhauptes** inne. Er muß nicht der mächtigste Mann sein, entscheidend ist vielmehr, mit welchen Befugnissen er im Vergleich zum Chef der Regierung – das GG nennt ihn Bundeskanzler (in anderen Ländern: Ministerpräsident) – ausgestattet ist. In der Weimarer Republik hatte er eine starke Position, die sich vor allem in seinem Recht äußerte, »die zur Wiederherstellung der öffentlichen Sicherheit und Ordnung nötigen Maßnahmen (zu)treffen«, »wenn im Deutschen Reiche die öffentliche Sicherheit und Ordnung erheblich gestört oder gefährdet wird«. In diesem Fall durfte er auch wichtige Grundrechte ganz oder zum Teil außer Kraft setzen. Dieses berüchtigte »Notverordnungsrecht« (Art. 48 Abs. 2 WRV) führte ab 1930 (Wahlsiege der radikalen Parteien) zu einer »Präsidialdiktatur«, die den insbesondere von der NSDAP drohenden Gefahren genauso hilf- und verständnislos gegenüberstand wie mancher parlamentarisch abgesicherte Reichskanzler vorher. Der Reichspräsident wurde direkt vom Volk gewählt; das abstoßende Bild

dieser Wahlkämpfe wird immer wieder beschworen. Seine im Vergleich zu dem Reichstag (4 Jahre) lange Amtszeit (7 Jahre) sollte eine gewisse Kontinuität sichern.

II. Bundespräsident

2 Der Bundespräsident wurde bewußt mit weniger Macht als der Reichspräsident ausgestattet. Bewußt wurde auch seine direkte Wahl durch das Volk nicht beibehalten. Er wird durch die **Bundesversammlung** gewählt; diese Wahl ist deren einzige Funktion. Die Bundesversammlung besteht aus den Mitgliedern des Bundestages und einer gleichen Anzahl von Mitgliedern, die von den Landesparlamenten nach dem Verhältniswahlrecht gewählt werden. Durch diese mittelbare Wahl erhält der Bundespräsident zwar nicht die besondere Autorität eines unmittelbar vom Volk bestellten Staatsorgans, wird aber auch nicht in Wahlkämpfe verwickelt, in denen sein Image als neutrale und ausgleichende politische Macht verlorengehen könnte.

3 Wählbar ist jeder Deutsche, der das vierzigste Lebensjahr vollendet hat. Gewählt ist, wer die Stimmen der Mehrheit der Mitglieder der Bundesversammlung erhält. Die Bundesversammlung besteht daher aus 2 mal 656, also 1312 Mitgliedern. Gewählt ist demnach, wer mindestens 657 Stimmen erhält. Nach dem zweiten Wahlgang genügt die einfache Mehrheit. Die Amtszeit beträgt fünf Jahre. Anschließende Wiederwahl ist nur einmal zulässig.

4 Der Bundespräsident übt die hergebrachten Funktionen eines Staatsoberhauptes aus, nämlich die auswärtige Gewalt, samt der völkerrechtlichen Vertretung (Art. 59), die Ernennung der Beamten und Richter des Bundes und der Offiziere und Unteroffiziere der Bundeswehr (Art. 60 Abs. 1), das Begnadigungsrecht (Art. 60 Abs. 2) und die Ausfertigung und Verkündung der Bundesgesetze (Art. 82 Abs. 1). Er ernennt und entläßt den Bundeskanzler und die Bundesminister (Art. 63, 64, 67), erklärt den Gesetzgebungsnotstand (Art. 81), kann den Bundestag nach Ablehnung des Vertrauensantrages auflösen (Art. 68) und ist berechtigt, in bestimmten Fragen das Bundesverfassungsgericht anzurufen (Art. 93). Die meisten seiner Amtshandlungen bedürfen der Gegenzeichnung durch den Bundeskanzler oder zuständigen Minister (Art. 58). Der Bundespräsident kann aber eine bestimmte Handlung ganz unterlassen; dadurch hat er die Möglichkeit, als »Hüter der Verfassung« aufzutreten.

Über diese Einzelbefugnisse hinaus ist er die **ausgleichende Gewalt** (»pouvoir neutre«), der Schlichter von Gegensätzen und Wahrer der Einheit. Für eine überlegene Persönlichkeit bietet dieses Amt daher beachtliche Einflußmöglichkeiten.

Art. 55 [Unvereinbarkeiten]

(1) Der Bundespräsident darf weder der Regierung noch einer gesetzgebenden Körperschaft des Bundes oder eines Landes angehören.
(2) Der Bundespräsident darf kein anderes besoldetes Amt, kein Gewerbe und keinen Beruf ausüben und weder der Leitung noch dem Aufsichtsrate eines auf Erwerb gerichteten Unternehmens angehören.

Die **Inkompatibilität** (Unvereinbarkeit) des Amtes des Bundespräsidenten mit anderen Ämtern und Tätigkeiten beruht auf den Gedanken der Neutralität und der Interessentrennung. **1**

Die Mitgliedschaft des Bundespräsidenten in einer Partei ist kein Amt im Sinne des Abs. 2. Eine parteipolitische Betätigung wäre aber schlechter politischer Stil, wenn nicht sogar rechtswidrig. **2**

Art. 56 [Amtseid]

Der Bundespräsident leistet bei seinem Amtsantritt vor den versammelten Mitgliedern des Bundestages und des Bundesrates folgenden Eid:
»Ich schwöre, daß ich meine Kraft dem Wohle des deutschen Volkes widmen, seinen Nutzen mehren, Schaden von ihm wenden, das Grundgesetz und die Gesetze des Bundes wahren und verteidigen, meine Pflichten gewissenhaft erfüllen und Gerechtigkeit gegen jedermann üben werde. So wahr mir Gott helfe.«
Der Eid kann auch ohne religiöse Beteuerung geleistet werden.

Die Eidesformel ist identisch mit dem Amtseid, den der Bundeskanzler und die Bundesminister zu leisten haben (Art. 64 Abs. 2). **1**

Da die religiöse Beteuerung weggelassen werden kann, ist der Eideszwang verfassungsgemäß. Dies ergibt sich schon daraus, daß die Übernahme des Amtes auf einem freiwilligen Entschluß beruht (BVerfGE 33, 23). **2**

Art. 57 [Stellvertreter]

Die Befugnisse des Bundespräsidenten werden im Falle seiner Verhinderung oder bei vorzeitiger Erledigung des Amtes durch den Präsidenten des Bundesrates wahrgenommen.

Art. 57 stellt sicher, daß die Amtsgeschäfte auch dann wahrgenommen werden können, wenn der Bundespräsident verhindert ist. **1**

Die Vertretung durch den Präsidenten des Bundesrates soll die bei der Vertretung durch den Regierungschef oder den Präsidenten des höchsten Gerichts möglicherweise auftretenden Rollenkonflikte vermeiden. Gleichzeitig kommt auch hier das föderalistische Element zum tragen. **2**

Art. 58 [Gegenzeichnung]

Anordnungen und Verfügungen des Bundespräsidenten bedürfen zu ihrer Gültigkeit der Gegenzeichnung durch den Bundeskanzler oder durch den zuständigen Bundesminister. Dies gilt nicht für die Ernennung und Entlassung des Bundeskanzlers, die Auflösung des Bundestages gemäß Artikel 63 und das Ersuchen gemäß Artikel 69 Abs. 3.

1 Die **Gegenzeichnung** soll die parlamentarische Verantwortung der Bundesregierung für Anordnungen und Verfügungen des Bundespräsidenten sicherstellen und dient der Einheitlichkeit der Staatsleitung. Mit der Gegenzeichnung werden diese Akte rechtswirksam. Sie steht im politischen Ermessen der Bundesregierung.

2 Die Ernennung und die Entlassung des Bundeskanzlers (Art. 63 Abs. 2 und 4, 67 Abs. 1), die Auflösung des Bundestages (Art. 63 Abs. 4) und die Geschäftsführungsersuchen an den Bundeskanzler oder einen Bundesminister (Art. 69 Abs. 3) sind **gegenzeichnungsfrei.**

Art. 59 [Völkerrechtliche Vertretung des Bundes; Vertragsgesetz]

(1) Der Bundespräsident vertritt den Bund völkerrechtlich. Er schließt im Namen des Bundes die Verträge mit auswärtigen Staaten. Er beglaubigt und empfängt die Gesandten.

(2) Verträge, welche die politischen Beziehungen des Bundes regeln oder sich auf Gegenstände der Bundesgesetzgebung beziehen, bedürfen der Zustimmung oder der Mitwirkung der jeweils für die Bundesgesetzgebung zuständigen Körperschaften in der Form eines Bundesgesetzes. Für Verwaltungsabkommen gelten die Vorschriften über die Bundesverwaltung entsprechend.

1 Geregelt wird hier die **völkerrechtliche Vertretung** der Bundesrepublik. Sie liegt traditionsgemäß beim Staatsoberhaupt.

2 Abs. 2 (»politische Beziehungen«) erfaßt nur Verträge, welche die Existenz des Staates, seine territoriale Integrität, seine Unabhängigkeit, seine Stellung oder sein maßgebliches Gewicht in der Staatengemeinschaft berühren. Dazu gehören namentlich Bündnisse, Garantiepakte, Abkommen über politische Zusammenarbeit, Friedens-, Nichtangriffs-, Neutralitäts- und Abrüstungsverträge (BVerfGE 90, 286 ff. – AWACS). Andere völkerrechtliche Verträge bedürfen der von Abs. 2 geforderten Zustimmung nicht.

Art. 59 a

(aufgehoben)

Art. 60 [Ernennung und Entlassung der Bundesrichter, Bundesbeamten und Soldaten; Begnadigungsrecht]

(1) Der Bundespräsident ernennt und entläßt die Bundesrichter, die Bundesbeamten, die Offiziere und Unteroffiziere, soweit gesetzlich nichts anderes bestimmt ist.
(2) Er übt im Einzelfalle für den Bund das Begnadigungsrecht aus.
(3) Er kann diese Befugnisse auf andere Behörden übertragen.
(4) Die Absätze 2 bis 4 des Artikels 46 finden auf den Bundespräsidenten entsprechende Anwendung.

Im Rahmen des Abs. 1 steht dem Bundespräsidenten das Recht zu, die Vor- **1**
schläge der Bundesregierung auf ihre **Rechtmäßigkeit** zu prüfen. Hält er sie für rechtswidrig, kann er seine Unterschrift verweigern. Ein weitergehendes (sachliches, personelles oder politisches) Prüfungsrecht hat er nicht.
Seine ihm nach Abs. 1 zustehenden Befugnisse kann er auf andere Behörden **2**
übertragen.
Das **Begnadigungsrecht** bezieht sich auf Strafen und Sanktionen mit straf- **3**
ähnlichem Charakter. Es bezieht sich nur auf rechtskräftige Entscheidungen von Bundesinstanzen und räumt ihm ein freies Ermessen ein.
Der Verweis auf Art. 46 Abs. 2 bis 4 sichert dem Bundespräsidenten **Immunität.** **4**
Dieser Schutz wird verstärkt durch die völkerrechtliche Immunität (Exemtion), welche die Verfolgung durch Organe ausländischer Staaten ausschließt.

Art. 61 [Präsidentenanklage vor dem Bundesverfassungsgericht]

(1) Der Bundestag oder der Bundesrat können den Bundespräsidenten wegen vorsätzlicher Verletzung des Grundgesetzes oder eines anderen Bundesgesetzes vor dem Bundesverfassungsgericht anklagen. Der Antrag auf Erhebung der Anklage muß von mindestens einem Viertel der Mitglieder des Bundestages oder einem Viertel der Stimmen des Bundesrates gestellt werden. Der Beschluß auf Erhebung der Anklage bedarf der Mehrheit von zwei Dritteln der Mitglieder des Bundestages oder von zwei Dritteln der Stimmen des Bundesrates. Die Anklage wird von einem Beauftragten der anklagenden Körperschaft vertreten.
(2) Stellt das Bundesverfassungsgericht fest, daß der Bundespräsident einer vorsätzlichen Verletzung des Grundgesetzes oder eines anderen Bundesgesetzes schuldig ist, so kann es ihn des Amtes für verlustig erklären. Durch einstweilige Anordnung kann es nach der Erhebung der Anklage bestimmen, daß er an der Ausübung seines Amtes verhindert ist.

Die **Präsidentenanklage** betont die strikte Bindung des Bundespräsidenten an das Grundgesetz. Trotz der Bezeichnung »Anklage« geht es nicht um ein strafrechtliches, sondern um ein verfassungsrechtliches Verfahren.

VI. Die Bundesregierung

Art. 62 [Zusammensetzung]

Die Bundesregierung besteht aus dem Bundeskanzler und aus den Bundesministern.

1 Unter »**Bundesregierung**« versteht das GG das Kollegium, das sich aus dem Bundeskanzler und den Bundesministern zusammensetzt. **Parlamentarische Staatssekretäre** sind nicht Mitglieder der Bundesregierung. Sie wurden 1967 nach englischem Vorbild geschaffen, müssen Mitglieder des Bundestages sein und sollen die Mitglieder der Bundesregierung unterstützen. Von ihnen sind die **beamteten Staatssekretäre** zu unterscheiden, welche als die höchsten Beamten des jeweiligen Ministeriums grundsätzlich nicht an die Amtszeit des amtierenden Ministers gebunden sind, jedoch vorzeitig in den Ruhestand versetzt werden können. An den **Kabinettssitzungen** nehmen der Bundeskanzler und die Minister sowie der Chef des Bundeskanzleramtes, der parlamentarische Staatssekretär beim Bundeskanzleramt, der Chef des Bundespräsidialamtes, der Bundespressechef, der persönliche Referent des Bundeskanzlers und der Schriftführer teil. Der Kanzler kann jedoch die Teilnahme auf die Mitglieder der Regierung beschränken.

2 Die Bundesregierung ist ein Teil der Exekutive. Ihre Tätigkeit erschöpft sich allerdings nicht darin, den Staat zu **verwalten;** sie leitet vielmehr die Politik des Staates, ist also im Gegensatz zu einer normalen Behörde kein bloßes Verwaltungs-, sondern ein politisches Verfassungsorgan. In ihm nimmt der **Bundeskanzler** kraft seiner **Richtlinienkompetenz** (Art. 65) eine hervorragende Stellung ein. Er wird als einziger vom Parlament gewählt (Art. 63); die Bundesminister werden dagegen ohne Wahl vom Bundespräsidenten auf Vorschlag des Bundeskanzlers ernannt und entlassen. Sie sind also nur mittelbar – nämlich über die Person des Bundeskanzlers – an das Parlament rückgekoppelt. Ihnen kann es auch nicht das Mißtrauen aussprechen; das ist lediglich gegenüber dem Kanzler möglich (vgl. näher Art. 67). Ihr Amt endet mit dem des Kanzlers (Art. 69 Abs. 2). Die Zahl der Minister ist verfassungsmäßig nicht festgelegt. Sie kann von jeder Bundesregierung neu bestimmt werden, wobei bisher die »fünf klassischen Ministerien« (Inneres, Äußeres, Verteidigung, Finanz, Justiz) stets vertreten waren. Eine besondere Stellung nehmen dabei der Finanzminister, der den Haushalt der anderen Ministerien überwacht, und der Verteidigungsminister, der, solange der Verteidigungsfall nicht eintritt, die Befehls- und Kommandogewalt über die Bundeswehr hat (Art. 65 a, 115 b), ein. Der Bundeskanzler und die Minister dürfen kein besoldetes Amt, kein Gewerbe und keinen Beruf oder ähnliche Funktionen ausüben (Art. 66).

3 Die Bundesregierung gestaltet die Politik der Bundesrepublik, ist an der Gesetzgebung beteiligt und hat Verwaltungsaufgaben wahrzunehmen. Sie trifft –

aufgrund der vom Kanzler erlassenen Richtlinien – die **außen- und innenpolitischen Entscheidungen,** hat das Recht zur Gesetzesinitiative (Art. 76 Abs. 1), im Falle des »Gesetzgebungsnotstands« kann sie den Bundestag ausschalten (Art. 81), sie kann Rechtsverordnungen nach Maßgabe des Art. 80 Abs. 1 und Verwaltungsvorschriften erlassen und hat die Aufsicht über die Ausführung von Bundesgesetzen durch die Länder (Art. 84, 85). Außerdem kontrolliert sie die Bundesbehörden.

Art. 63 [Wahl und Ernennung des Bundeskanzlers]

(1) Der Bundeskanzler wird auf Vorschlag des Bundespräsidenten vom Bundestage ohne Aussprache gewählt.
(2) Gewählt ist, wer die Stimmen der Mehrheit der Mitglieder des Bundestages auf sich vereinigt. Der Gewählte ist vom Bundespräsidenten zu ernennen.
(3) Wird der Vorgeschlagene nicht gewählt, so kann der Bundestag binnen vierzehn Tagen nach dem Wahlgange mit mehr als der Hälfte seiner Mitglieder einen Bundeskanzler wählen.
(4) Kommt eine Wahl innerhalb dieser Frist nicht zustande, so findet unverzüglich ein neuer Wahlgang statt, in dem gewählt ist, wer die meisten Stimmen erhält. Vereinigt der Gewählte die Stimmen der Mehrheit der Mitglieder des Bundestages auf sich, so muß der Bundespräsident ihn binnen sieben Tagen nach der Wahl ernennen. Erreicht der Gewählte diese Mehrheit nicht, so hat der Bundespräsident binnen sieben Tagen entweder ihn zu ernennen oder den Bundestag aufzulösen.

Der Bundestag hat nur den **Kanzler** zu wählen (vgl. Rz. 2 zu Art. 62). Dem 1
Bundespräsidenten kommt dabei eine wichtige Rolle zu, muß er doch dem Parlament einen Kandidaten vorschlagen. Er muß sich daher bei den Parteien vergewissern, welcher Bewerber überhaupt Aussicht auf Erfolg hat. Praktisch stehen die konkurrierenden »Kanzlerkandidaten« schon seit dem Wahlkampf fest, da sie bereits zu diesem Zeitpunkt von den Parteien nominiert werden.

Der Kanzler wird **ohne Aussprache** gewählt. Damit soll verhindert werden, daß 2
die Wahl durch endlose Debatten verzögert und das Ansehen des Kanzlers bereits vor seiner Wahl aufgrund der – wahrscheinlich stets sehr heftigen – Diskussion über seine Eignung geschmälert wird.

Im **ersten Wahlgang** muß die **absolute Mehrheit** erreicht werden (vgl. Art. 121). 3
Ist sie erreicht, **muß** der Bundespräsident den Gewählten zum Kanzler ernennen. Ist sie nicht erreicht, ist niemand gewählt, auch nicht derjenige, der (relativ) die meisten Stimmen auf sich vereinigt hat. Nunmehr läuft eine **vierzehntägige Frist,** innerhalb derer beliebig viele Wahlgänge möglich sind. Auch hier ist aber nur derjenige gewählt, der die **absolute Mehrheit** erreicht; »mehr als die Hälfte seiner Mitglieder« (Abs. 3) bedeutet nichts anderes als die »Mehrheit der Mitglieder des Bundestages« (Abs. 2).

4 Nach Ablauf dieser Frist genügt bei einem neuen Wahlgang die **relative Mehrheit** (Abs. 4). Trotzdem ist hier wichtig, ob der Gewählte die absolute oder nur die relative Mehrheit erreicht: Hat er die absolute Mehrheit, **muß** ihn der Bundespräsident ernennen. Hat er nur die relative Mehrheit, so **kann** er ihn entweder ernennen oder den Bundestag auflösen. Dies wird er tun, wenn er zu der Überzeugung kommt, daß der Gewählte mit seiner »Minderheitsregierung« im Parlament keine tragfähigen Mehrheiten für die Verwirklichung seiner Politik zustande bringen wird. Neben dem in Art. 68 geregelten Fall ist dies der einzige, der zur Auflösung des Bundestages führen kann.

5 Das Amt des Kanzlers endet mit dem Zusammentritt eines neuen Bundestages (Art. 69 Abs. 2). Vorher kann er nur durch ein **konstruktives Mißtrauensvotum** gestürzt werden (vgl. Art. 67). Natürlich bleibt es ihm unbenommen, sein Amt niederzulegen. Der Kanzler ernennt einen Bundesminister zu seinem Stellvertreter, dem Vizekanzler (Art. 69 Abs. 1).

Art. 64 [Ernennung und Entlassung der Bundesminister]

(1) Die Bundesminister werden auf Vorschlag des Bundeskanzlers vom Bundespräsidenten ernannt und entlassen.
(2) Der Bundeskanzler und die Bundesminister leisten bei der Amtsübernahme vor dem Bundestage den in Artikel 56 vorgesehenen Eid.

Vgl. hierzu Rz. 1 f. zu Art. 56

Art. 65 [Verantwortungsverteilung in der Bundesregierung; Richtlinienkompetenz des Bundeskanzlers]

Der Bundeskanzler bestimmt die Richtlinien der Politik und trägt dafür die Verantwortung. Innerhalb dieser Richtlinien leitet jeder Bundesminister seinen Geschäftsbereich selbständig und unter eigener Verantwortung. Über Meinungsverschiedenheiten zwischen den Bundesministern entscheidet die Bundesregierung. Der Bundeskanzler leitet ihre Geschäfte nach einer von der Bundesregierung beschlossenen und vom Bundespräsidenten genehmigten Geschäftsordnung.

1 Der Bundeskanzler nimmt innerhalb der Bundesregierung schon dadurch eine besondere Stellung ein, daß er als einziger vom Parlament gewählt wird, das Schicksal der Minister also ausschließlich an sein eigenes geknüpft ist. Darüber hinaus bestimmt er die Richtlinien der Politik, hat also die Richtlinienkompetenz (sog. **Kanzlerprinzip).** Nur innerhalb ihres Geschäftsbereichs leiten die Bundesminister ihre Ministerien selbständig und eigenverantwortlich (Ressortprinzip), wobei sie sich aber nicht in Widerspruch zu den Richtlinien des Kanzlers setzen dürfen. Der Kanzler kann den Ministern im Einzelfall keine

Weisungen erteilen; er kann aber darauf bestehen, daß sie seine allgemeine politische Zielrichtung nicht außer acht lassen. Im äußersten Fall kann er beim Bundespräsidenten ihre Entlassung durchsetzen. Sind sich die Minister untereinander nicht einig (z. B. über ihre Zuständigkeiten), so entscheidet eine Abstimmung der gesamten Bundesregierung. Dieses Kollegialprinzip betrifft ausschließlich die Beziehungen der einzelnen Ressorts untereinander, nicht aber auch die Richtlinien der Politik.

Oftmals ist schwer zu entscheiden, ob eine politische Frage in die Richt- 2
linienkompetenz des Kanzlers oder die Ressortzuständigkeit eines Ministers fällt. Ausschlaggebend ist neben rechtlichen Überlegungen, die nicht immer klare Ergebnisse bringen, das Durchsetzungsvermögen der Beteiligten.

Der Bundeskanzler leitet auch die Geschäfte der Bundesregierung. Er hat ein eigenes **Kanzleramt,** das nicht nur als »Kanzlerbüro« fungiert, sondern die Koordinierungsstelle des Kanzlers für die gesamte Regierungspolitik darstellt.

Art. 65 a [Befehls- und Kommandogewalt über die Streitkräfte]

Der Bundesminister für Verteidigung hat die Befehls- und Kommandogewalt über die Streitkräfte.

Im deutschen Kaiserreich hatte der Kaiser, in der Weimarer Republik der 1
Reichspräsident den **Oberbefehl** über die Streitkräfte. Art. 65 a verlagert die Befehls- und Kommandogewalt auf den zuständigen Minister der Exekutive; nach Art. 115 b geht sie im Verteidigungsfall auf den Bundeskanzler über. Das Recht, Offiziere und Unteroffiziere zu ernennen und zu entlassen, Orden zu verleihen, die Rangabzeichen zu bestimmen und den Verteidigungsfall zu verkünden, bleibt beim Staatsoberhaupt, dem Bundespräsidenten.

Art. 65 a und 115 b tragen der Erkenntnis Rechnung, daß die Streitkräfte Teil 2
der Exekutive sind und nicht etwa eine eigene »vierte Gewalt« bilden. Deshalb müssen sie einem parlamentarisch verantwortlichen Minister und nicht dem Staatsoberhaupt unterstehen; deshalb hat das Parlament auch das Recht, sie zu kontrollieren.

Die Befehls- und Kommandogewalt wird definiert als »oberste Weisungsbe- 3
fugnis gegenüber Personen, die als einsatzbereites, einheitliches Instrument (›als Mannschaft‹) zu fungieren haben.«

Sie umfaßt vor allem die Aufstellung und Gliederung der Verbände, die Ausrüstung der Truppe, die Ausbildung der Soldaten, die militärische Inspektion und die Vorratshaltung.

Selbstverständlich ist der Verteidigungsminister an seinen Etat gebunden und dem Parlament über den Bundeskanzler verantwortlich.

Art. 66 [Unvereinbarkeiten]

Der Bundeskanzler und die Bundesminister dürfen kein anderes besoldetes Amt, kein Gewerbe und keinen Beruf ausüben und weder der Leitung noch ohne Zustimmung des Bundestages dem Aufsichtsrat eines auf Erwerb gerichteten Unternehmens angehören.

Vgl. Rz. 1 f. zu Art. 55.

Art. 67 [Konstruktives Mißtrauensvotum]

(1) Der Bundestag kann dem Bundeskanzler das Mißtrauen nur dadurch aussprechen, daß er mit der Mehrheit seiner Mitglieder einen Nachfolger wählt und den Bundespräsidenten ersucht, den Bundeskanzler zu entlassen. Der Bundespräsident muß dem Ersuchen entsprechen und den Gewählten ernennen.
(2) Zwischen dem Antrage und der Wahl müssen achtundvierzig Stunden liegen.

1 In einer parlamentarischen Demokratie gehört es zu den Selbstverständlichkeiten, daß die Regierung an das **Vertrauen des Parlaments** gebunden ist und aus dem Amt zu scheiden hat, wenn es ihr entzogen wird. Dieses Mißtrauensvotum war in der Weimarer Republik so ausgestaltet, daß dem Kanzler und jedem Minister jederzeit das Mißtrauen ausgesprochen werden konnte; in diesem Falle mußten sie zurücktreten (Art. 54 WRV). Die Regierung konnte also beseitigt werden, ohne daß eine neue, insbesondere ein neuer Kanzler gewählt wurde (»destruktives Mißtrauensvotum«). Die Erfahrungen mit dieser Regelung waren – im Zusammenhang mit der Vielzahl der im Reichstag vertretenen Parteien – denkbar schlecht. Es fanden sich oft Mehrheiten zum Sturz der Regierung, ohne daß Mehrheiten für eine neue in Sicht waren. Dies führte zu sich häufenden Regierungs- und Parlamentskrisen und gegen Ende der Republik zu einer permanenten Anwendung des Art. 48 Abs. 2 WRV. Die parlamentarische Demokratie wurde dadurch in den Augen der Öffentlichkeit zunehmend diskreditiert; der Hang zu radikalen Lösungen verstärkte sich.

2 Um diese Gefahren zu vermeiden, hat man im GG bewußt einen anderen Weg gewählt. Einmal kann nur noch der Bundeskanzler, nicht mehr jeder einzelne Minister, gestürzt werden. Zum anderen – und dies ist ungleich wichtiger – kann das Mißtrauensvotum nur dadurch noch zum Erfolg führen, daß ein neuer Kanzler gewählt wird. Nur im Falle eines erfolgreichen **konstruktiven Mißtrauensvotums** muß der Bundespräsident den alten Kanzler entlassen und den neu gewählten ernennen. Auch an dieser Stelle kommt das Bemühen um eine **stabile parlamentarische Demokratie** zum Ausdruck.

Der Begriff des Mißtrauens in Art. 67 enthält keinen Vorwurf mangelnder Pflichterfüllung an einen Bundeskanzler, sondern besagt nur, daß die Mehrheit

der Abgeordneten nicht mehr gewillt ist, den bisherigen Kanzler oder sein Regierungsprogramm weiterhin parlamentarisch zu unterstützen oder wenigstens zu dulden. Auch der über Art. 67 gewählte Bundeskanzler besitzt wegen der Verfassungsmäßigkeit seiner Wahl die volle demokratische Legitimität. Es wäre im Hinblick auf die Bewahrung des demokratischen Rechtsstaats, den das GG verfaßt hat, ein unverantwortliches Unterfangen, verfassungsmäßige Verfahren mit der Behauptung abzuwerten oder auszuhöhlen, sie erforderten daneben weitere Legitimationen. Nach dem GG bedeutet verfassungsmäßige Legalität zugleich demokratische Legitimität. Eine andere Auffassung rührt an den Sinn des demokratischen Grundprinzips der freien Wahl und des repräsentativen freien Mandats der Abgeordneten im Sinne des Art. 38 Abs. 1 (BVerfGE 62, 38/43).
Die Frist von 48 Stunden dient der Beruhigung der Gemüter und soll neue Verhandlungen unter den Beteiligten ermöglichen. Der Kanzler kann auch von sich aus die Vertrauensfrage stellen. Die möglichen Folgen regelt Art. 68.

Am 27. April 1972 wurde das Instrument des konstruktiven Mißtrauensvotums zum erstenmal im Bundestag eingesetzt. Der Antrag, dem amtierenden Bundeskanzler das Mißtrauen auszusprechen und den Fraktionsführer der CDU/CSU zum neuen Kanzler zu wählen, fand jedoch nicht die erforderliche Mehrheit. Im Jahre 1956 ist im Lande Nordrhein-Westfalen auf dem Wege über das konstruktive Mißtrauensvotum die Regierung Arnold gestürzt worden. 1982 wurde auf diesem Wege die Regierung Schmidt/Genscher durch die Regierung Kohl/Genscher ersetzt (siehe auch Rz. 6 zu Art. 68).

Art. 68 [Vertrauensfrage, Auflösung des Bundestages]

(1) Findet ein Antrag des Bundeskanzlers, ihm das Vertrauen auszusprechen, nicht die Zustimmung der Mehrheit der Mitglieder des Bundestages, so kann der Bundespräsident auf Vorschlag des Bundeskanzlers binnen einundzwanzig Tagen den Bundestag auflösen. Das Recht zur Auflösung erlischt, sobald der Bundestag mit der Mehrheit seiner Mitglieder einen anderen Bundeskanzler wählt.
(2) Zwischen dem Antrage und der Abstimmung müssen achtundvierzig Stunden liegen.

Unabhängig von dem in Art. 67 geregelten konstruktiven Mißtrauensvotum 1
kann der Kanzler selbst prüfen, ob im Parlament noch eine Mehrheit hinter ihm steht, indem er die **Vertrauensfrage** stellt. Findet sein Antrag nicht die Mehrheit der Mitglieder des Bundestages – also die absolute Mehrheit (Art. 121) –, so hat der Kanzler ein Wahlrecht: Er kann dem Bundespräsidenten einmal die Auflösung des Bundestages vorschlagen. Er kann ihm aber auch vorschlagen, den Gesetzgebungsnotstand zu erklären (Art. 81; siehe dort). Endlich kann er sich auch entscheiden, gar nichts zu tun.
Der Bundespräsident ist an die Vorschläge des Bundeskanzlers nicht gebunden. 2
Er greift hier kraft eigener Kompetenz in die Politik ein. Bleibt der Kanzler al-

lerdings völlig untätig, so kann auch er nicht tätig werden, da Art. 68 einen **Vorschlag des Kanzlers** verlangt.

3 Schlägt der Kanzler die Auflösung des Bundestages vor, so hat der Bundespräsident 21 Tage Zeit zur Überlegung. Solange er die Auflösung nicht verfügt hat, kann der Bundestag von der Möglichkeit des konstruktiven Mißtrauensvotums Gebrauch machen; ist es erfolgreich, so wird der Bundestag nicht aufgelöst. Der Bundestag kann auch nach Art. 68 Abs. 1 Satz 2 einen neuen Kanzler wählen. Beide Möglichkeiten sind nahezu identisch, der augenfälligste Unterschied ist der, daß im letzteren Fall – entgegen dem Wortlaut (»anderen«) – der alte Kanzler wiedergewählt werden kann, im Falle des Art. 67 dagegen nicht (dort wird er ja gerade gestürzt). Endlich ist der Kanzler nicht gehindert, die Vertrauensfrage nochmals zu stellen. Hat sie diesmal ein positives Ergebnis (immerhin denkbar), so erlischt das Auflösungsrecht ebenfalls.

4 Tritt keiner dieser Fälle ein und löst der Bundespräsident den Bundestag auf, sind Neuwahlen die Folge. Lehnt er die Auflösung ab, so hat dies keine weiteren Folgen; die Vertrauensfrage bleibt dann ohne greifbare Konsequenzen bis auf die, daß das Ansehen der Regierung stark gemindert ist und sie nun Gefahr läuft, als »Minderheitsregierung« operieren zu müssen. Entsprechendes gilt für den Vorschlag, den Gesetzgebungsnotstand zu verkünden.

5 Nach dem gescheiterten Mißtrauensvotum am 27. April 1972 entwickelte sich im Bundestag ein »Patt«-Zustand, der das Parlament weitgehend lahmlegte. Im Herbst zog Bundeskanzler Brandt die Konsequenz und stellte die Vertrauensfrage. Dies gab den Weg zu den Neuwahlen am 19. November 1972 frei.

6 Die im Herbst 1982 über das konstruktive Mißtrauensvotum gewählte Regierung Kohl/Genscher verfolgte von Anfang an das Ziel, im März 1983 Neuwahlen stattfinden zu lassen. Dementsprechend stellte der Kanzler im Dezember 1982 die Vertrauensfrage. Er erhielt die erforderliche Mehrheit nicht. Der Bundespräsident löste auf Vorschlag des Kanzlers den Bundestag auf und ordnete für März 1983 Neuwahlen an.

Dieses Vorgehen stieß auf teilweise heftige Kritik, wobei vor allem darauf hingewiesen wurde, daß der Weg zu Neuwahlen schon im Herbst 1982 habe beschritten werden können. Mehrere Abgeordnete des Bundestages riefen gemäß Art. 93 Abs. 1 Nr. 1 das BVerfG an. In seiner Entscheidung vom 16. Februar 1983 (BVerfGE 62, 1 ff.) stellt das BVerfG folgende Grundsätze auf:

a) Art. 68 gestattet dem Bundeskanzler nicht, sich zum geeignet erscheinenden Zeitpunkt die Vertrauensfrage mit dem Ziel negativ beantworten zu lassen, die Auflösung des Bundestages und Neuwahlen zu betreiben. Die Auflösung kann auch nicht mit der Behauptung gefordert werden, ein über ein konstruktives Mißtrauensvotum gewählter Kanzler bedürfe neben seiner verfassungsmäßigen Legalität noch einer durch Neuwahlen vermittelten Legitimität. Auch der über Art. 67 gewählte Kanzler besitzt wegen der Verfassungsmäßigkeit seiner Wahl die volle demokratische Legitimität.

b) Der Kanzler darf den Weg über Art. 68 nur beschreiten, wenn es politisch für ihn nicht mehr gewährleistet ist, mit den im Bundestag bestehenden Kräfteverhältnissen weiter zu regieren. Diese Kräfteverhältnisse müssen seine

Handlungsfähigkeit so beeinträchtigen oder lähmen, daß er eine vom stetigen Vertrauen der Mehrheit getragene Politik nicht sinnvoll zu verfolgen vermag.
c) Ob eine Lage vorliegt, die eine vom stetigen Vertrauen der Mehrheit getragene Politik nicht mehr sinnvoll ermöglicht, hat der Bundeskanzler zu prüfen, wenn er beabsichtigt, einen Antrag mit dem Ziel zu stellen, darüber die Auflösung des Bundestages anzustreben.
d) Der Bundespräsident hat bei der Prüfung, ob der Antrag und der Vorschlag des Bundeskanzlers nach Art. 68 mit der Verfassung vereinbar sind, andere Maßstäbe nicht anzulegen; er hat insoweit die Einschätzungs- und Beurteilungskompetenz des Bundeskanzlers zu beachten, wenn nicht eine andere, die Auflösung verwehrende Einschätzung der politischen Lage der Einschätzung des Bundeskanzlers eindeutig vorzuziehen ist.
e) Die Einmütigkeit der im Bundestag vertretenen Parteien, zu Neuwahlen zu gelangen, vermag den Ermessensspielraum des Bundespräsidenten nicht einzuschränken, er kann hierin jedoch einen zusätzlichen Hinweis sehen, daß eine Auflösung des Bundestages zu einem Ergebnis führen werde, das dem Anliegen des Art. 68 näher kommt als eine ablehnende Entscheidung.
Das BVerfG kam in seiner Entscheidung mehrheitlich zu der Überzeugung, daß Bundeskanzler Kohl im Dezember 1982 Anlaß hatte, davon auszugehen, daß aufgrund der außergewöhnlichen Lage, in der sich die Abgeordneten der F. D. P. nach der Beendigung der bisherigen Koalition befanden, eine dauerhafte stabile parlamentarische Mehrheit nicht zustande gebracht werden konnte. In der F. D. P. waren tiefgreifende Richtungskämpfe ausgebrochen. Demgegenüber betont Verfassungsrichter Rinck in seiner abweichenden Meinung, die Auflösung komme nur in Betracht, wenn der Kanzler im Zeitpunkt der Beantwortung der Vertrauensfrage und während der 21-Tage-Frist zur Bildung einer Regierungsmehrheit nicht in der Lage sei. Im Zeitpunkt der Vertrauensfrage habe keine Regierungskrise vorgelegen. Die Auflösung des Bundestages sei daher verfassungswidrig gewesen.

Art. 69 [Stellvertreter des Bundeskanzlers; Amtsdauer der Regierungsmitglieder]

(1) Der Bundeskanzler ernennt einen Bundesminister zu seinem Stellvertreter.
(2) Das Amt des Bundeskanzlers oder eines Bundesministers endigt in jedem Falle mit dem Zusammentritt eines neuen Bundestages, das Amt eines Bundesministers auch mit jeder anderen Erledigung des Amtes des Bundeskanzlers.
(3) Auf Ersuchen des Bundespräsidenten ist der Bundeskanzler, auf Ersuchen des Bundeskanzlers oder des Bundespräsidenten ein Bundesminister verpflichtet, die Geschäfte bis zur Ernennung seines Nachfolgers weiterzuführen.

Vgl. Rz. 2 zu Art. 62.

Ein Gesetz entsteht[1]

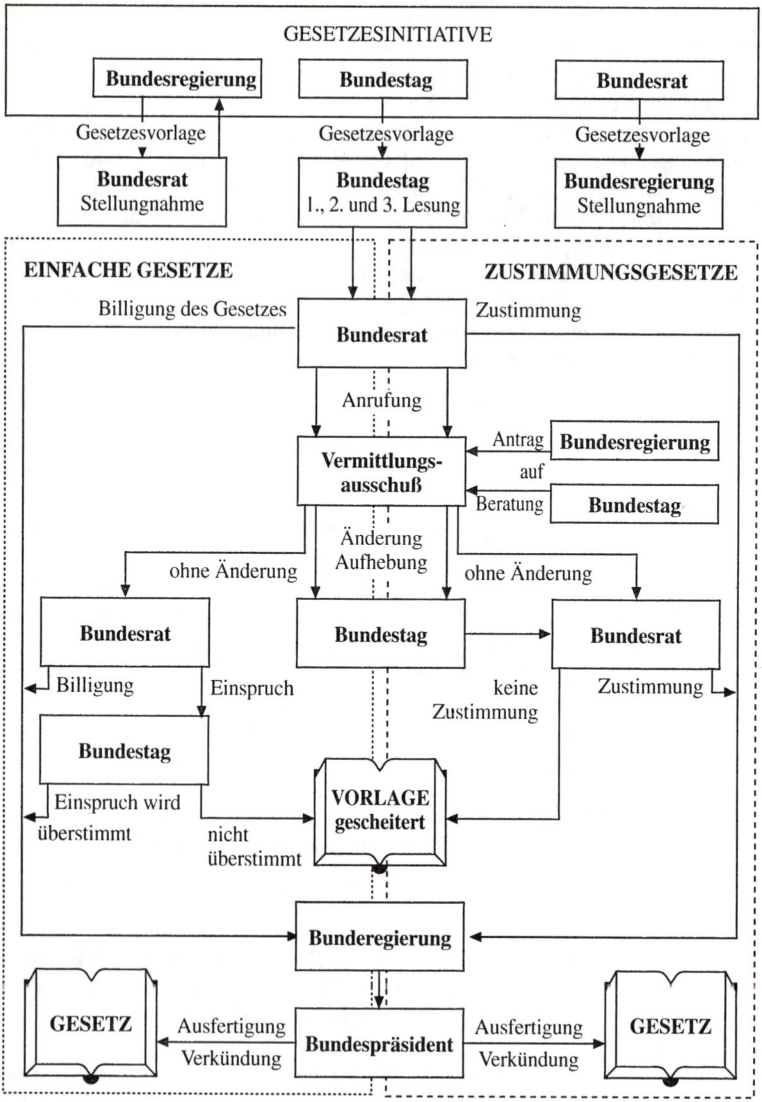

Verfassungsändernde Gesetze erfordern eine Zweidrittel-Mehrheit im Bundestag und im Bundesrat

1 aus: Hermann Avenarius, Die Rechtsordnung der Bundesrepublik Deutschland – Eine Einführung, Neuwied 1995, S. 50.

VII. Die Gesetzgebung des Bundes

Art. 70 [Verteilung der Gesetzgebungskompetenzen zwischen Bund und Ländern]

(1) Die Länder haben das Recht der Gesetzgebung, soweit dieses Grundgesetz nicht dem Bunde Gesetzgebungsbefugnisse verleiht.
(2) Die Abgrenzung der Zuständigkeit zwischen Bund und Ländern bemißt sich nach den Vorschriften dieses Grundgesetzes über die ausschließliche und die konkurrierende Gesetzgebung.

I. Der Begriff der Gesetzgebung

1 In jeder sozialen Gruppe bestehen Ordnungsnormen, die das Verhalten der Mitglieder regeln. Es kann sich um ethische, religiöse, kulturelle oder rechtliche Vorschriften handeln. Letztere stellen das in der Gruppe geltende Recht dar. Dabei stimmen ethische und rechtliche Normen zwar oft, aber nicht immer überein. Unter diesem Recht versteht man den Inbegriff derjenigen Normen, die das menschliche Gemeinschaftsleben bindend regeln. Quellen des Rechts sind das Naturrecht und das positive Recht.

2 Die Rechtsordnung wird in zwei große Komplexe unterteilt: das Privatrecht und das öffentliche Recht. Das **Privatrecht** enthält die Regelung der Rechtsverhältnisse einzelner zu anderen, wobei sie gleichgeordnet sind. Es wird unterteilt in das für alle geltende allgemeine Privatrecht, das vor allem im Bürgerlichen Gesetzbuch geregelt ist, und das für bestimmte Personenkreise oder juristische Personen geltende besondere Privatrecht wie das Handels-, Aktien- und Arbeitsrecht. Unter **öffentlichem Recht** versteht man die Regelung der Rechtsverhältnisse einzelner zu dem Staat oder öffentlichen Verbänden und dieser Verbände untereinander unter dem Gesichtspunkt der Unter- und Überordnung. Das öffentliche Recht zerfällt in das Staatsrecht (Verfassungs- und Verwaltungsrecht; zu letzterem zählen z. B. Polizei-, Gewerbe-, Steuer-, Finanz- und Verkehrsrecht), Völker-, Kirchen-, Straf- und Prozeßrecht.

II. Die Verteilung der Gesetzgebungskompetenz

3 Die Art. 70ff. regeln nun, wer jeweils auf einem bestimmten Rechtsgebiet zu dem Erlaß von formellen Gesetzen befugt ist. Art. 70 Abs. 1 stellt klar, daß die **Länder** die Gesetzgebungszuständigkeit haben, wenn nicht im Grundgesetz eine bestimmte Rechtsmaterie dem Bund zur Regelung zugewiesen worden ist. Soweit dies geschehen ist, werden drei verschiedene Arten der Bundesgesetzgebung unterschieden, nämlich die ausschließliche (Art. 71), konkurrierende

(Art. 72) und die Rahmengesetzgebung (Art. 75). Gleichzeitig wird festgelegt, welche Sachbereiche jeweils von einer dieser Gesetzgebungsarten erfaßt werden.

4 Die **ausschließliche Gesetzgebung des Bundes** schließt die Länder auf den von ihr erfaßten Gebieten von jeder Gesetzgebungstätigkeit aus, soweit sie nicht hierzu ausdrücklich in einem Bundesgesetz ermächtigt werden (Art. 71). Art. 73 zählt die wichtigsten Gebiete auf, deren Regelung ausschließlich dem Bunde obliegt (vor allem auswärtige Angelegenheiten, Verteidigung, Währung, Warenverkehr, Luft- und Eisenbahnverkehr). Daneben sind weitere Bereiche an anderer Stelle des GG der ausschließlichen Gesetzgebung des Bundes zugewiesen worden (vgl. Art. 4 III 2, 21 III, 26 II 2, 29 VI 2, 29 VII, 38 III, 41 III, 45 b 2, 48 III 3, 54 VII, 84 V, 87 I 2, 87 III, 87 b I, 87 b II, 87 d II, 93 II, 94 II, 96 II 3, 98 I, 105 I, 106 IV, 107 I 2, 107 II, 108 I 2, 108 IV, 108 V, 110 II 1, 114 II 3, 115 II, 117 II, 118 2, 131 1, 134 IV, 135 IV, 135 V, 135 VI 2, 135 a).

5 Art. 72 ist durch die Verfassungsreform 1994 neu gefaßt worden. Die **konkurrierende Gesetzgebung des Bundes** besteht darin, daß die Länder in diesem Bereich nur dann Gesetzgebungsbefugnisse haben, wenn der Bund ihn nicht geregelt hat. Bisher verstand man Abs. 1 zum Teil dahin, daß diese Sperrwirkung schon dann eintritt, wenn der Bund auch nur einen Teil der betreffenden Materie gesetzlich erfaßt. Liest man Art. 74, 74 a und 105 Abs. 2, so wird klar, daß dann für die Länder nur wenige konkurrierende Kompetenzen offenblieben. Deshalb heißt es jetzt: »Solange und soweit der Bund von seiner Gesetzgebungskompetenz nicht durch Gesetz Gebrauch gemacht hat.« Hat der Bund nur einen Teil der betreffenden Materie geregelt, so können die Länder in dem nicht erfaßten Teil tätig werden.

6 Bei der **Rahmengesetzgebung** kann der Bund nur einen allgemeinen »Rahmen« ziehen, der auf die Ausfüllung durch die Ländergesetzgebung angelegt sein muß (BVerfGE 8, 193). Zwar brauchen sich Rahmenvorschriften des Bundes nicht auf Normen von grundsätzlicher Bedeutung zu beschränken, sie dürfen aber auch ihre Zweckbestimmung, nur eine Grenze für landesgesetzliche Eigenregelungen zu bilden, nicht überschreiten. Wichtige Sachgebiete, für welche die Rahmenkompetenz des Bundes gilt, sind vor allem die Rechtsverhältnisse der im öffentlichen Dienst stehenden Personen, die allgemeinen Grundsätze des Hochschulwesens, die Bodenverteilung, die Raumordnung, der Wasserhaushalt und das Melde- und Ausweiswesen.

7 Im Bereich der konkurrierenden und der Rahmengesetzgebung hat der Bund nur die Gesetzgebungskompetenz, wenn und soweit die Herstellung gleichwertiger Lebensverhältnisse im Bundesgebiet oder die Wahrung der Rechts- oder Wirtschaftseinheit im gesamtstaatlichen Interesse eine bundesgesetzliche Regelung erforderlich macht (Art. 72 Abs. 2).

8 Für dasjenige Recht, das bereits vor Inkrafttreten des GG galt, bestimmen die Art. 123 ff. näher, ob es als Bundes- oder Landesrecht weiter gilt. Angeknüpft wird an die in Art. 70 ff. getroffene Unterscheidung zwischen ausschließlicher, konkurrierender und Rahmengesetzgebung. Voraussetzung ist stets, daß dieses alte Recht dem Grundgesetz nicht widerspricht (Art. 123).

Art. 71 [Ausschließliche Gesetzgebung des Bundes]

Im Bereiche der ausschließlichen Gesetzgebung des Bundes haben die Länder die Befugnis zur Gesetzgebung nur, wenn und soweit sie hierzu in einem Bundesgesetze ausdrücklich ermächtigt werden.

Vgl. Rz. 4 zu Art. 70.

Art. 72 [Konkurrierende Gesetzgebung]

(1) Im Bereich der konkurrierenden Gesetzgebung haben die Länder die Befugnis zur Gesetzgebung, solange und soweit der Bund von seiner Gesetzgebungszuständigkeit nicht durch Gesetz Gebrauch gemacht hat.
(2) Der Bund hat in diesem Bereich das Gesetzgebungsrecht, wenn und soweit die Herstellung gleichwertiger Lebensverhältnisse im Bundesgebiet oder die Wahrung der Rechts- oder Wirtschaftseinheit im gesamtstaatlichen Interesse eine bundesgesetzliche Regelung erforderlich macht.
(3) Durch Bundesgesetz kann bestimmt werden, daß eine bundesgesetzliche Regelung, für die eine Erforderlichkeit im Sinne des Absatzes 2 nicht mehr besteht, durch Landesrecht ersetzt werden kann.

Vgl. Rz. 5, 7 zu Art. 70.

Art. 73 [Gegenstände der ausschließlichen Gesetzgebung des Bundes]

Der Bund hat die ausschließliche Gesetzgebung über:
1. die auswärtigen Angelegenheiten sowie die Verteidigung einschließlich des Schutzes der Zivilbevölkerung;
2. die Staatsangehörigkeit im Bunde;
3. die Freizügigkeit, das Paßwesen, die Ein- und Auswanderung und die Auslieferung;
4. das Währungs-, Geld- und Münzwesen, Maße und Gewichte sowie die Zeitbestimmung;
5. die Einheit des Zoll- und Handelsgebietes, die Handels- und Schifffahrtsverträge, die Freizügigkeit des Warenverkehrs und den Waren- und Zahlungsverkehr mit dem Auslande einschließlich des Zoll- und Grenzschutzes;
6. den Luftverkehr;
6a. den Verkehr von Eisenbahnen, die ganz oder mehrheitlich im Eigentum des Bundes stehen (Eisenbahnen des Bundes), den Bau, die Unterhaltung und das Betreiben von Schienenwegen der Eisenbahnen des Bundes sowie die Erhebung von Entgelten für die Benutzung dieser Schienenwege;
7. das Postwesen und die Telekommunikation;

8. die Rechtsverhältnisse der im Dienste des Bundes und der bundesunmittelbaren Körperschaften des öffentlichen Rechtes stehenden Personen;

9. den gewerblichen Rechtsschutz, das Urheberrecht und das Verlagsrecht;

10. die Zusammenarbeit des Bundes und der Länder

a) in der Kriminalpolizei,

b) zum Schutze der freiheitlichen demokratischen Grundordnung, des Bestandes und der Sicherheit des Bundes oder eines Landes (Verfassungsschutz) und

c) zum Schutze gegen Bestrebungen im Bundesgebiet, die durch Anwendung von Gewalt oder darauf gerichtete Vorbereitungshandlungen auswärtige Belange der Bundesrepublik Deutschland gefährden,

sowie die Einrichtung eines Bundeskriminalpolizeiamtes und die internationale Verbrechensbekämpfung;

11. die Statistik für Bundeszwecke.

Vgl. Rz. 4 zu Art. 70.
Art. 73 Nr. 10 wurde neugefaßt durch Gesetz vom 28. Juli 1972 (BGBl. I S. 1305). Nr. 6 und 6 a wurden geändert bzw. neu eingeführt durch Gesetz vom 20. Dezember 1993 (BGBl. I S. 2089). Nr. 7 wurde geändert durch Gesetz vom 30. August 1994 (BGBl. I S. 2245).

Art. 74 [Gegenstände der konkurrierenden Gesetzgebung des Bundes]

(1) Die konkurrierende Gesetzgebung erstreckt sich auf folgende Gebiete:

1. das bürgerliche Recht, das Strafrecht und den Strafvollzug, die Gerichtsverfassung, das gerichtliche Verfahren, die Rechtsanwaltschaft, das Notariat und die Rechtsberatung;

2. das Personenstandswesen;

3. das Vereins- und Versammlungsrecht;

4. das Aufenthalts- und Niederlassungsrecht der Ausländer;

4 a. das Waffen- und das Sprengstoffrecht;

5. [aufgehoben]

6. die Angelegenheiten der Flüchtlinge und Vertriebenen;

7. die öffentliche Fürsorge;

8. [aufgehoben]

9. die Kriegsschäden und die Wiedergutmachung;

10. die Versorgung der Kriegsbeschädigten und Kriegshinterbliebenen und die Fürsorge für die ehemaligen Kriegsgefangenen;

10 a. die Kriegsgräber und Gräber anderer Opfer des Krieges und Opfer von Gewaltherrschaft;

11. das Recht der Wirtschaft (Bergbau, Industrie, Energiewirtschaft, Handwerk, Gewerbe, Handel, Bank- und Börsenwesen, privatrechtliches Versicherungswesen);

11 a. die Erzeugung und Nutzung der Kernenergie zu friedlichen Zwecken, die Errichtung und den Betrieb von Anlagen, die diesen Zwecken dienen, den Schutz gegen Gefahren, die bei Freiwerden von Kernenergie oder durch ionisierende Strahlen entstehen, und die Beseitigung radioaktiver Stoffe;

12. das Arbeitsrecht einschließlich der Betriebsverfassung, des Arbeitsschutzes und der Arbeitsvermittlung sowie die Sozialversicherung einschließlich der Arbeitslosenversicherung;

13. die Regelung der Ausbildungsbeihilfen und die Förderung der wissenschaftlichen Forschung;

14. das Recht der Enteignung, soweit sie auf den Sachgebieten der Artikel 73 und 74 in Betracht kommt;

15. die Überführung von Grund und Boden, von Naturschätzen und Produktionsmitteln in Gemeineigentum oder in andere Formen der Gemeinwirtschaft;

16. die Verhütung des Mißbrauchs wirtschaftlicher Machtstellung;

17. die Förderung der land- und forstwirtschaftlichen Erzeugung, die Sicherung der Ernährung, die Ein- und Ausfuhr land- und forstwirtschaftlicher Erzeugnisse, die Hochsee- und Küstenfischerei und den Küstenschutz;

18. den Grundstücksverkehr, das Bodenrecht (ohne das Recht der Erschließungsbeiträge) und das landwirtschaftliche Pachtwesen, das Wohnungswesen, das Siedlungs- und Heimstättenwesen;

19. die Maßnahmen gegen gemeingefährliche und übertragbare Krankheiten bei Menschen und Tieren, die Zulassung zu ärztlichen und anderen Heilberufen und zum Heilgewerbe, den Verkehr mit Arzneien, Heil- und Betäubungsmitteln und Giften;

19 a. die wirtschaftliche Sicherung der Krankenhäuser und die Regelung der Krankenhauspflegesätze;

20. den Schutz beim Verkehr mit Lebens- und Genußmitteln, Bedarfsgegenständen, Futtermitteln und land- und forstwirtschaftlichem Saat- und Pflanzgut, den Schutz der Pflanzen gegen Krankheiten und Schädlinge sowie den Tierschutz;

21. die Hochsee- und Küstenschiffahrt sowie die Seezeichen, die Binnenschiffahrt, den Wetterdienst, die Seewasserstraßen und die dem allgemeinen Verkehr dienenden Binnenwasserstraßen;

22. den Straßenverkehr, das Kraftfahrwesen, den Bau und die Unterhaltung von Landstraßen für den Fernverkehr sowie die Erhebung und Verteilung von Gebühren für die Benutzung öffentlicher Straßen mit Fahrzeugen;

23. die Schienenbahnen, die nicht Eisenbahnen des Bundes sind, mit Ausnahme der Bergbahnen;

24. die Abfallbeseitigung, die Luftreinhaltung und die Lärmbekämpfung;

25. die Staatshaftung;

26. die künstliche Befruchtung beim Menschen, die Untersuchung und die künstliche Veränderung von Erbinformationen sowie Regelungen zur Transplantation von Organen und Geweben.

(2) Gesetze nach Absatz 1 Nr. 25 bedürfen der Zustimmung des Bundesrates.

1 Nummer 10, 10 a, 11 a, 13, 19 a und 22 sind Neufassungen aus den Jahren 1959 bis 1969; seit 1976 ist in Ziffer 4 a neben dem Waffen- auch das Sprengstoffrecht aufgeführt.
Durch die Verfassungsreform 1994 wurde Nr. 5 (Schutz deutschen Kulturgutes gegen Abwanderung) in die Rahmenkompetenz des Bundes überführt, Nr. 8 gestrichen (Staatsangehörigkeit in den Ländern), Nr. 18 neu gefaßt und Nr. 25 und Nr. 26 neu eingefügt. Abs. 2 ist ein Kompromiß zwischen Bund und Ländern.

2 Auf die neu eingefügte Nr. 25 kann nunmehr eine **originäre Staatshaftung** gestützt werden, die nicht – wie § 839 BGB (vgl. dazu Rz. 1 ff. zu Art. 34) – an die persönliche Haftung des Amtswalters anknüpft, sondern eine unmittelbare Haftung öffentlich-rechtlicher Körperschaften für rechtswidriges Handeln begründet, das verschuldensabhängig sein kann, aber nicht muß (sog. »Gefährdungshaftung«). Dabei kann sie auch Unrecht durch den Gesetzgeber erfassen.

3 Die neu eingefügte Nr. 26 erfaßt die **Fortpflanzungsmedizin** (Befruchtung auf künstlichem Weg und »Leihmutterschaft«). **Gentechnik** ist die künstliche Veränderung von Erbinformationen bei Menschen, Tieren und Pflanzen, **Transplantation** die Entnahme von Körperteilen bei toten Menschen zur Übertragung auf andere. Derzeit ist ein Transplantationsgesetz in Vorbereitung.

4 **Im Verteidigungsfall** hat der Bund das Recht der konkurrierenden Gesetzgebung auch auf Sachgebieten, die zur Zuständigkeit der Länder gehören (Art. 115 c).

Vgl. im übrigen Rz. 5 zu Art. 70.

Art. 74 a [Konkurrierende Gesetzgebung des Bundes für die Besoldung und Versorgung im öffentlichen Dienst]

(1) Die konkurrierende Gesetzgebung erstreckt sich ferner auf die Besoldung und Versorgung der Angehörigen des öffentlichen Dienstes, die in einem öffentlich-rechtlichen Dienst- und Treueverhältnis stehen, soweit dem Bund nicht nach Artikel 73 Nr. 8 die ausschließliche Gesetzgebung zusteht.
(2) Bundesgesetze nach Absatz 1 bedürfen der Zustimmung des Bundesrates.
(3) Der Zustimmung des Bundesrates bedürfen auch Bundesgesetze nach Artikel 73 Nr. 8, soweit sie andere Maßstäbe für den Aufbau oder die Bemessung der Besoldung und Versorgung einschließlich der Bewertung der Ämter oder andere Mindest- oder Höchstbeträge vorsehen als Bundesgesetze nach Absatz 1.
(4) Die Absätze 1 und 2 gelten entsprechend für die Besoldung und Versorgung der Landesrichter. Für Gesetze nach Artikel 98 Abs. 1 gilt Absatz 3 entsprechend.

Art. 74 a ist eingefügt durch das 28. Gesetz zur Änderung des Grundgesetzes vom 18. März1971 (BGBl. I S. 206).

Vgl. Rz. 5 zu Art. 70.

Art. 75 [Rahmengesetzgebung des Bundes]

(1) Der Bund hat das Recht, unter den Voraussetzungen des Artikels 72 Rahmenvorschriften für die Gesetzgebung der Länder zu erlassen über:
1. die Rechtsverhältnisse der im öffentlichen Dienste der Länder, Gemeinden und anderen Körperschaften des öffentlichen Rechtes stehenden Personen, soweit Artikel 74a nichts anderes bestimmt;
1a. die allgemeinen Grundsätze des Hochschulwesens;
2. die allgemeinen Rechtsverhältnisse der Presse;
3. das Jagdwesen, den Naturschutz und die Landschaftspflege;
4. die Bodenverteilung, die Raumordnung und den Wasserhaushalt;
5. das Melde- und Ausweiswesen;
6. den Schutz deutschen Kulturgutes gegen Abwanderung ins Ausland.
Artikel 72 Abs. 3 gilt entsprechend.
(2) Rahmenvorschriften dürfen nur in Ausnahmefällen in Einzelheiten gehende oder unmittelbar geltende Regelungen enthalten.
(3) Erläßt der Bund Rahmenvorschriften, so sind die Länder verpflichtet, innerhalb einer durch das Gesetz bestimmten angemessenen Frist die erforderlichen Landesgesetze zu erlassen.

Die Rahmenzuständigkeit ist eine selbständige Bundeskompetenz und führt zu einem Zusammenwirken zwischen Bund und Ländern. Bundesgesetze schaffen einen Rahmen, der durch Landesgesetze im einzelnen ausgefüllt wird. **1**

Art. 75 ist durch die Verfassungsreform 1994 neu gefaßt worden. Im Bereich des Hochschulwesens wurde dem Bund die Rahmenkompetenz für die Organisation und Verwaltung der Hochschulen übertragen. Abs. 2 dient dazu, den Rahmencharakter des Gesetzes zu sichern, und Abs. 3 enthält eine Umsetzungspflicht der Länder. **2**

Nr. 6 ist eingefügt worden am 27. Oktober 1994 (BGBl. I S. 3146). **Kulturgüter** sind wertvoller Kunstbesitz, aber auch sonstige Gegenstände von besonderem historischen, technischen oder wissenschaftlichen Interesse. Ob sie sich in privatem oder öffentlichem Besitz befinden, ist unerheblich. Durch Nr. 6 wird deren **Ausfuhr** beschränkt. **3**

Vgl. im übrigen Rz. 6f. zu Art. 70.

Art. 76 [Einbringung von Gesetzesvorlagen]

(1) Gesetzesvorlagen werden beim Bundestage durch die Bundesregierung, aus der Mitte des Bundestages oder durch den Bundesrat eingebracht.
(2) Vorlagen der Bundesregierung sind zunächst dem Bundesrat zuzuleiten. Der Bundesrat ist berechtigt, innerhalb von sechs Wochen zu diesen Vorlagen Stellung zu nehmen. Verlangt er aus wichtigem Grunde, insbesondere mit Rücksicht auf den Umfang einer Vorlage, eine Fristverlängerung, so beträgt die

Frist neun Wochen. Die Bundesregierung kann eine Vorlage, die sie bei der Zuleitung an den Bundesrat ausnahmsweise als besonders eilbedürftig bezeichnet hat, nach drei Wochen oder, wenn der Bundesrat ein Verlangen nach Satz 3 geäußert hat, nach sechs Wochen dem Bundestag zuleiten, auch wenn die Stellungnahme des Bundesrates noch nicht bei ihr eingegangen ist; sie hat die Stellungnahme des Bundesrates unverzüglich nach Eingang dem Bundestag nachzureichen. Bei Vorlagen zur Änderung dieses Grundgesetzes und zur Übertragung von Hoheitsrechten nach Artikel 23 oder Artikel 24 beträgt die Frist zur Stellungnahme neun Wochen; Satz 4 findet keine Anwendung.
(3) Vorlagen des Bundesrates sind dem Bundestag durch die Bundesregierung innerhalb von sechs Wochen zuzuleiten. Sie soll hierbei ihre Auffassung darlegen. Verlangt sie aus wichtigem Grunde, insbesondere mit Rücksicht auf den Umfang einer Vorlage, eine Fristverlängerung, so beträgt die Frist neun Wochen. Wenn der Bundesrat eine Vorlage ausnahmsweise als besonders eilbedürftig bezeichnet hat, beträgt die Frist drei Wochen oder, wenn die Bundesregierung ein Verlangen nach Satz 3 geäußert hat, sechs Wochen. Bei Vorlagen zur Änderung dieses Grundgesetzes und zur Übertragung von Hoheitsrechten nach Artikel 23 oder Artikel 24 beträgt die Frist neun Wochen; Satz 4 findet keine Anwendung. Der Bundestag hat über die Vorlagen in angemessener Frist zu beraten und Beschluß zu fassen.

I. Allgemeines

1 Für den Fall, daß der Bund zum Erlaß eines bestimmten Gesetzes zuständig ist, regeln die Art. 76 bis 78, wie ein derartiges Gesetz zustande kommt. Art. 76 bestimmt hierbei das Verfahren, das einzuschlagen ist, bis der Bundestag endgültig mit einem Gesetzesentwurf befaßt ist. Art. 77 und 78 beschäftigen sich mit dem Erlaß des eingebrachten Gesetzes durch den Bundestag und mit der Beteiligung des Bundesrates am Zustandekommen dieses Gesetzes. Art. 82 befaßt sich mit der Verkündung und dem Inkrafttreten des vom Bundestag und Bundesrat verabschiedeten Gesetzes.
Art. 76 und 77 sind durch die Verfassungsreform 1994 geändert worden.

II. Gesetzesinitiative

2 Nach Abs. 1 werden Gesetzesentwürfe im Bundestag eingebracht. Berechtigt hierzu ist nicht jedermann, sondern nur die Bundesregierung und der Bundesrat. Außerdem können solche Vorlagen »aus der Mitte des Bundestages« eingebracht werden. Für den letzten Fall bestimmt § 76 GeschOBT, daß dieser Antrag von mindestens soviel Mitgliedern unterschrieben sein soll, wie es einer Fraktionsstärke entspricht.
Aus der Mitte des Parlaments werden – auf den ersten Blick verblüffenderweise – relativ wenig Gesetzesvorlagen eingebracht, obwohl der Bundestag das

eigentliche Legislativorgan ist. Dies erklärt sich jedoch einfach daraus, daß die Bundesregierung, welche die meisten Gesetzesvorlagen einbringt, über einen ausgedehnten und ausgezeichneten Personal- und Sachapparat verfügt (Ministerialbürokratie), mit dem die schwierigen fachlichen und technischen Vorarbeiten für einen Gesetzentwurf weit besser geleistet werden können, als dies den Ausschüssen des Bundestags bei den ihnen zur Verfügung stehenden Hilfsmitteln möglich ist.

Am kürzesten ist der Weg, auf dem ein Gesetzentwurf beim Bundestag eingebracht wird, wenn er aus dessen Mitte stammt. Hier nämlich ist der Bundestag sofort mit dieser Vorlage befaßt. Anders verhält es sich dagegen, wenn die Vorlage von der Bundesregierung oder dem Bundesrat stammt. Vorlagen der Bundesregierung, d. h. vom Kabinett beschlossene Gesetzesentwürfe, sind zunächst dem Bundesrat zuzuleiten. Dieser ist berechtigt, innerhalb von sechs Wochen dazu Stellung zu nehmen; besteht ein wichtiger Grund, so kann er eine Fristverlängerung auf neun Wochen beantragen. Ist die Sache eilbedürftig, so beträgt die Frist drei Wochen; sie verlängert sich auf sechs Wochen, wenn der Bundesrat Fristverlängerung beantragt. Bei Vorlagen zur Änderung des GG oder zur Übertragung von Hoheitsrechten nach Art. 23 oder 24 ist generell eine Frist von neun Wochen vorgesehen. Der Stellungnahme des Bundesrats gehen regelmäßig sehr eingehende Erörterungen in seinen verschiedenen Fachausschüssen voraus, in denen die Vertreter der Länder deren Auffassung zu dem jeweiligen Gesetzesentwurf darlegen. Die mehrheitlich zustande gekommenen Empfehlungen dieser Ausschüsse gehen dann an die Landesregierungen, die nunmehr endgültig darüber entscheiden, wie ihre Vertreter im Bundesrat abstimmen sollen. Die dann vom Bundesrat beschlossene Stellungnahme wird der Bundesregierung zugeleitet, die hierauf den Gesetzentwurf und die Stellungnahme des Bundesrates sowie ihre eigene Erwiderung beim Bundestag einbringt. Erst jetzt ist der Bundestag mit diesem Gesetzentwurf befaßt. 3

Das Initiativrecht des Bundesrats steht diesem nur insgesamt und nicht etwa auch seinen einzelnen Mitgliedern, also auch nicht einem einzelnen Land, zu. Die von ihm vorgelegten Gesetzentwürfe gehen zunächst an die Bundesregierung, die hierzu ihre Stellungnahme abgibt und den Entwurf sowie diese Stellungnahme dem Bundestag innerhalb von sechs Wochen zuleitet. Abs. 3 entspricht hinsichtlich der Frist Abs. 2.

Art. 77 [Gesetzgebungsverfahren]

(1) Die Bundesgesetze werden vom Bundestage beschlossen. Sie sind nach ihrer Annahme durch den Präsidenten des Bundestages unverzüglich dem Bundesrate zuzuleiten.

(2) Der Bundesrat kann binnen drei Wochen nach Eingang des Gesetzesbeschlusses verlangen, daß ein aus Mitgliedern des Bundestages und des Bundesrates für die gemeinsame Beratung von Vorlagen gebildeter Ausschuß ein-

berufen wird. Die Zusammensetzung und das Verfahren dieses Ausschusses regelt eine Geschäftsordnung, die vom Bundestag beschlossen wird und der Zustimmung des Bundesrates bedarf. Die in diesen Ausschuß entsandten Mitglieder des Bundesrates sind nicht an Weisungen gebunden. Ist zu einem Gesetze die Zustimmung des Bundesrates erforderlich, so können auch der Bundestag und die Bundesregierung die Einberufung verlangen. Schlägt der Ausschuß eine Änderung des Gesetzesbeschlusses vor, so hat der Bundestag erneut Beschluß zu fassen.
(2 a) Soweit zu einem Gesetz die Zustimmung des Bundesrates erforderlich ist, hat der Bundesrat, wenn ein Verlangen nach Absatz 2 Satz 1 nicht gestellt oder das Vermittlungsverfahren ohne einen Vorschlag zur Änderung des Gesetzesbeschlusses beendet ist, in angemessener Frist über die Zustimmung Beschluß zu fassen.
(3) Soweit zu einem Gesetze die Zustimmung des Bundesrates nicht erforderlich ist, kann der Bundesrat, wenn das Verfahren nach Absatz 2 beendigt ist, gegen ein vom Bundestage beschlossenes Gesetz binnen zwei Wochen Einspruch einlegen. Die Einspruchsfrist beginnt im Falle des Absatzes 2 letzter Satz mit dem Eingange des vom Bundestage erneut gefaßten Beschlusses, in allen anderen Fällen mit dem Eingange der Mitteilung des Vorsitzenden des in Absatz 2 vorgesehenen Ausschusses, daß das Verfahren vor dem Ausschusse abgeschlossen ist.
(4) Wird der Einspruch mit der Mehrheit der Stimmen des Bundesrates beschlossen, so kann er durch Beschluß der Mehrheit der Mitglieder des Bundestages zurückgewiesen werden. Hat der Bundesrat den Einspruch mit einer Mehrheit von mindestens zwei Dritteln seiner Stimmen beschlossen, so bedarf die Zurückweisung durch den Bundestag einer Mehrheit von zwei Dritteln, mindestens der Mehrheit der Mitglieder des Bundestages.

I. Der Beschluß des Gesetzes durch den Bundestag

1 Ist der Gesetzentwurf im Bundestag eingebracht, so setzt das eigentliche Gesetzgebungsverfahren ein. Dabei können drei Abschnitte unterschieden werden: die Beschlußfassung durch den Bundestag, die Einschaltung des Bundesrates und die Ausfertigung und Verkündung des Gesetzes.

2 Der Bundestag beschäftigt sich mit dem eingebrachten Gesetzentwurf in drei **Lesungen.** Die erste Lesung dient dazu, den Entwurf allgemein zu begründen und eine grundsätzliche Aussprache über Sinn und Zweck des vorgeschlagenen Gesetzes herbeizuführen. Abgestimmt wird in dieser Phase des Gesetzgebungsverfahrens nicht, vielmehr wird der Entwurf zu der Beratung an die zuständigen Ausschüsse verwiesen. Die von diesen Ausschüssen erarbeiteten Empfehlungen bilden die Grundlage für die zweite Lesung. Hier wird über jede Bestimmung des vorgeschlagenen Gesetzes diskutiert und abgestimmt. Änderungsanträge sind möglich. In der darauffolgenden dritten Lesung werden nochmals Grundsatzfragen und eventuelle Änderungsanträge diskutiert, dann

wird zur Schlußabstimmung geschritten. Endet diese mit der erforderlichen Mehrheit für das Gesetz, so wird nunmehr der Bundesrat eingeschaltet, andernfalls ist das Gesetz gescheitert.

II. Einschaltung des Bundesrates

Jedes vom Bundestag beschlossene Gesetz ist dem Bundesrat zuzuleiten. Seine **3** Befugnisse im Gesetzgebungsverfahren richten sich danach, um welche Art von Gesetz es sich handelt. Vier Arten sind hier zu unterscheiden: verfassungsändernde, zustimmungspflichtige, nichtzustimmungspflichtige Gesetze und Gesetze im Gesetzgebungsnotstand. Bei den nichtzustimmungsbedürftigen Gesetzen hat der Bundesrat lediglich ein Einspruchsrecht, während die anderen Gesetze ohne sein Einverständnis nicht zustande kommen können. In diesen Fällen erfüllt der Bundesrat die Funktion einer echten zweiten Kammer.

Der Bundesrat kann bei allen vier möglichen Gesetzesarten verlangen, daß ein **4** aus Mitgliedern des Bundestags und seinen Mitgliedern gebildeter Vermittlungsausschuß einberufen wird. Die Frist hierzu beträgt drei Wochen. Schlägt der Ausschuß eine Änderung des vom Bundestag beschlossenen Gesetzes vor, so muß dieser erneut Beschluß fassen. Bei **Nichtzustimmungsgesetzen** kann der Bundesrat nur noch Einspruch einlegen, wenn der Bundestag das Gesetz erneut beschlossen hat. War der Einspruch mit der Mehrheit der Stimmen des Bundesrats beschlossen worden, so kann er durch den Beschluß der Mitglieder des Bundestags zurückgewiesen werden. Hat der Bundesrat den Einspruch mit einer Mehrheit von mindestens zwei Dritteln seiner Stimmen beschlossen, so bedarf die Zurückweisung durch den Bundestag einer Mehrheit von ebenfalls zwei Dritteln, mindestens aber der Mehrheit der Mitglieder des Bundestags.

Ist zu einem Gesetz die Zustimmung des Bundesrats erforderlich, so kommt dieses Gesetz nur zustande, wenn der Bundesrat das Gesetz gebilligt hat. Der Bundesrat hat hier also ein echtes Vetorecht. Seine fehlende Zustimmung kann nicht, auch nicht durch eine qualifizierte Mehrheit des Bundestags, ersetzt werden.

Zustimmungsgesetze sind nur solche, die nach einer ausdrücklichen Vorschrift im Grundgesetz der Zustimmung durch den Bundesrat bedürfen. Fehlt für einen bestimmten Sachbereich eine derartige Bestimmung im Grundgesetz, so handelt es sich um ein nichtzustimmungsbedürftiges Gesetz. Die Zustimmung des Bundesrats wird z. B. gefordert in Art. 74 a, 87 b Abs. 2, 87 c, 87 d Abs. 2, 104 a Abs. 5, 107 Abs. 1, 108 Abs. 4 und 109 Abs. 3.

Verfassungsändernde Gesetze kommen zustande, wenn ihnen zwei Drittel der **5** Mitglieder des Bundestages zustimmen und sie zwei Drittel der Stimmen des Bundesrats erhalten (Art. 79 Abs. 2).

III. Vermittlungsverfahren

6 Der Vermittlungsausschuß ist aus je sechzehn Mitgliedern des Bundestags und des Bundesrats paritätisch zusammengesetzt. Die Bundesregierung entsendet keine Mitglieder in dieses Gremium, hat aber das Recht und auf Beschluß des Ausschusses die Pflicht, an dessen Sitzungen teilzunehmen. Dieser Ausschuß hat die Aufgabe, zwischen Bundesrat und Bundestag zu vermitteln, wenn diese bei einem bestimmten Gesetz verschiedene Auffassungen vertreten. Seine Mitglieder sind an Weisungen nicht gebunden.
Der Vermittlungsantrag kann sich gegen einzelne Bestimmungen des Entwurfs richten oder aber den gesamten Entwurf erfassen. Der Vermittlungsausschuß legt entweder einen Einigungsvorschlag vor oder stellt fest, daß eine Einigung nicht zu erzielen sei. Spricht er sich für die Änderung des vom Bundestag beschlossenen Gesetzes aus, so muß dieser nochmals entscheiden. Schlägt er dagegen die unveränderte Beibehaltung des Gesetzes vor, so braucht der Bundestag nicht erneut tätig zu werden. Das gleiche gilt, wenn der Ausschuß zu keinem Ergebnis kommt. Der Vermittlungsausschuß, eine im deutschen Verfassungsrecht neue Einrichtung, hat sich ausgezeichnet bewährt. In einer Vielzahl von Fällen ist es ihm gelungen, die divergierenden Meinungen von Bund und Bundesrat auf einen gemeinsamen Nenner zu bringen.

7 Abs. 2a ist durch die Verfassungsreform 1994 eingefügt worden. Bleibt ein Vermittlungsverfahren ergebnislos oder kommt es dazu gar nicht, darf der Bundesrat nicht untätig bleiben. Das war schon bisher anerkannt, wurde aber aus Überlegungen der »Waffengleichheit« in das GG aufgenommen.

Art. 78 [Zustandekommen der Bundesgesetze]

Ein vom Bundestage beschlossenes Gesetz kommt zustande, wenn der Bundesrat zustimmt, den Antrag gemäß Artikel 77 Abs. 2 nicht stellt, innerhalb der Frist des Artikels 77 Abs. 3 keinen Einspruch einlegt oder ihn zurücknimmt oder wenn der Einspruch vom Bundestage überstimmt wird.

Zustimmungsgesetze kommen zustande, wenn ihnen der Bundesrat zustimmt. Nichtzustimmungsbedürftige Gesetze kommen zustande, wenn er innerhalb der Frist des Art. 77 Abs. 3 keinen Einspruch einlegt, oder diesen zurücknimmt, oder wenn der Einspruch vom Bundestag überstimmt wird. Entsprechendes gilt, wenn die Einberufung des Vermittlungsausschusses ergebnislos verlaufen ist oder der Bundestag den dort erarbeiteten Kompromissen nicht folgt.

Art. 79 [Änderung des Grundgesetzes]

(1) Das Grundgesetz kann nur durch ein Gesetz geändert werden, das den Wortlaut des Grundgesetzes ausdrücklich ändert oder ergänzt. Bei völker-

rechtlichen Verträgen, die eine Friedensregelung, die Vorbereitung einer Friedensregelung oder den Abbau einer besatzungsrechtlichen Ordnung zum Gegenstand haben oder der Verteidigung der Bundesrepublik zu dienen bestimmt sind, genügt zur Klarstellung, daß die Bestimmungen des Grundgesetzes dem Abschluß und dem Inkraftsetzen der Verträge nicht entgegenstehen, eine Ergänzung des Wortlautes des Grundgesetzes, die sich auf diese Klarstellung beschränkt.
(2) Ein solches Gesetz bedarf der Zustimmung von zwei Dritteln der Mitglieder des Bundestages und zwei Dritteln der Stimmen des Bundesrates.
(3) Eine Änderung dieses Grundgesetzes, durch welche die Gliederung des Bundes in Länder, die grundsätzliche Mitwirkung der Länder bei der Gesetzgebung oder die in den Artikeln 1 und 20 niedergelegten Grundsätze berührt werden, ist unzulässig.

I. Allgemeines

Art. 79 beschäftigt sich mit der Frage, in welchen Fällen, auf welchem Weg und in welcher Form das Grundgesetz geändert werden kann. Er nennt drei Voraussetzungen für eine derartige Verfassungsänderung: die Zweidrittelmehrheit im Bundestag, die Zweidrittelmehrheit im Bundesrat und die ausdrückliche Änderung oder Ergänzung des Textes des Grundgesetzes. Besonderheiten gelten für bestimmte Kategorien von völkerrechtlichen Verträgen. **1**

II. Verfassungsänderung

In der Weimarer Zeit war es möglich, mit den erforderlichen Mehrheiten die Verfassung zu ändern, ohne dies im Verfassungstext kenntlich zu machen. Man nannte diese Verfassungsänderungen »Verfassungsdurchbrechungen«. Naturgemäß führten diese Verfassungsdurchbrechungen zu einer großen Unübersichtlichkeit. Die Verfassung enthielt nicht mehr alle im Verfassungsrang stehenden Normen; diese waren zum Teil auf die verschiedensten Gesetze verstreut. Um diese Unsicherheit auszuschalten, wurde festgelegt, daß das Grundgesetz nur durch ein Gesetz geändert werden kann, das den Wortlaut des Grundgesetzes ausdrücklich ändert oder ergänzt. **2**
Der Satz »Keine Verfassungsänderung ohne Verfassungstextänderung« wurde durch verfassungsänderndes Gesetz im Jahre 1954 eingeschränkt. Es wurde dem Absatz 1 der jetzige Satz 2 eingefügt. Bei völkerrechtlichen Verträgen, die eine Friedensregelung, die Vorbereitung einer Friedensregelung oder den Abbau einer besatzungsrechtlichen Ordnung zum Gegenstand haben oder der Verteidigung der Bundesrepublik zu dienen bestimmt sind und die möglicherweise gegen geltendes Verfassungsrecht verstoßen, genügt eine Ergänzung des Wortlautes des Grundgesetzes, die sich auf die Klarstellung beschränkt, daß Bestimmungen der Verfassung dem Abschluß und dem Inkrafttreten der Ver-

träge nicht entgegenstehen. Sinn dieser Bestimmung ist es, daß die genannten Verträge gelten sollen, gleichgültig ob sie dem Grundgesetz entsprechen oder nicht. Sie ist damit zu erklären, daß 1954 die Mehrheit des Bundestags zunächst angenommen hatte, die EVG-Verträge seien verfassungsmäßig gewesen und hätten zu ihrer Annahme keiner Grundgesetzänderung bedurft. Später setzte sich die Auffassung durch, daß dazu doch eine Verfassungsänderung nötig gewesen wäre. Um das Gesicht zu wahren, wurde mit der Einfügung des Satzes 2 eine Formulierung gewählt, die auch die ursprüngliche Auffassung der Mehrheit zu decken schien.

Wichtigste Gruppe der in Satz 2 genannten Verträge ist diejenige, die Friedensregelungen zum Gegenstand hat. Darunter sind Verträge zu verstehen, die der Kriegsbeendigung, der Kriegsfolgenbeseitigung und der Kriegsverhinderung dienen.

III. Schranken der Verfassungsänderung

3 Abs. 3 entzieht mehrere verfassungsrechtliche Fundamentalsätze der Disposition der Legislative. Gewisse Institutionen und Verfassungsentscheidungen sind damit nicht mehr abänderbar. Der Kern der geltenden Verfassung wird gewissermaßen »verewigt«. Allerdings wird damit nicht auch schon ein etwaiger künftiger gesamtdeutscher Verfassungsgeber gebunden; Art. 79 Abs. 3 ist nur an den Bundestag und Bundesrat als »Verfassungsgesetzgeber« adressiert, nicht aber an das gesamte deutsche Volk in seiner Eigenschaft als Schöpfer einer künftigen gesamtdeutschen Verfassung.

4 Geschützt wird einmal die föderative Ordnung. Eine Umwandlung des Bundes in einen zentralisierten Einheitsstaat ist auch im Wege einer Grundgesetzänderung nicht möglich. Der Bestand eines konkreten Landes dagegen wird von Abs. 3 nicht geschützt (vgl. Art. 29). Auch die grundsätzliche Mitwirkung der Länder bei der Gesetzgebung darf nicht beseitigt werden. Dazu zählt sowohl die Mitwirkung der Länder bei der Gesetzgebung des Bundes (vgl. Rz. 1 ff. zu Art. 76) als auch die eigenständige Landesgesetzgebung. Die in Art. 1 für unantastbar erklärte Menschenwürde kann ebenfalls durch eine Grundgesetzänderung weder relativiert noch abgeschafft werden. Soweit die übrigen Grundrechte einen auf die Menschenwürde zurückführbaren Kernbereich besitzen, nimmt dieser über Art. 1 an dem besonderen Schutz des Art. 79 Abs. 3 teil.

Endlich werden auch die in Art. 20 niedergelegten Grundsätze jeder Änderung entzogen. Nachdem die Entscheidung für den Bundesstaat in Art. 79 Abs. 3 ausdrücklich erwähnt wird, sind hier außerdem noch zu nennen die Entscheidung für die Republik, die Demokratie, den Sozialstaat, die Gewaltenteilung und den Rechtsstaat.

Art. 80 [Erlaß von Rechtsverordnungen]

(1) Durch Gesetz können die Bundesregierung, ein Bundesminister oder die Landesregierungen ermächtigt werden, Rechtsverordnungen zu erlassen. Dabei müssen Inhalt, Zweck und Ausmaß der erteilten Ermächtigung im Gesetze bestimmt werden. Die Rechtsgrundlage ist in der Verordnung anzugeben. Ist durch Gesetz vorgesehen, daß eine Ermächtigung weiter übertragen werden kann, so bedarf es zur Übertragung der Ermächtigung einer Rechtsverordnung.
(2) Der Zustimmung des Bundesrates bedürfen, vorbehaltlich anderweitiger bundesgesetzlicher Regelung, Rechtsverordnungen der Bundesregierung oder eines Bundesministers über Grundsätze und Gebühren für die Benutzung der Einrichtungen des Postwesens und der Telekommunikation, über die Grundsätze der Erhebung des Entgelts für die Benutzung der Einrichtungen der Eisenbahnen des Bundes, über den Bau und Betrieb der Eisenbahnen, sowie Rechtsverordnungen auf Grund von Bundesgesetzen, die der Zustimmung des Bundesrates bedürfen oder die von den Ländern im Auftrage des Bundes oder als eigene Angelegenheit ausgeführt werden.
(3) Der Bundesrat kann der Bundesregierung Vorlagen für den Erlaß von Rechtsverordnungen zuleiten, die seiner Zustimmung bedürfen.
(4) Soweit durch Bundesgesetz oder auf Grund von Bundesgesetzen Landesregierungen ermächtigt werden, Rechtsverordnungen zu erlassen, sind die Länder zu einer Regelung auch durch Gesetz befugt.

I. Allgemeines

Der in Art. 20 Abs. 2 Satz 2 niedergelegte Grundsatz der Gewaltenteilung for- 1
dert die Ausübung der Staatsgewalt durch besondere Organe der Gesetzgebung, der vollziehenden Gewalt und der Rechtsprechung (vgl. Rz. 22 ff. zu Art. 20). Der Erlaß von Rechtssätzen ist damit an sich ausschließlich den Legislativorganen vorbehalten. Es entspricht jedoch deutscher Staatstradition, daß der Exekutive unter Durchbrechung des Grundsatzes der Gewaltenteilung der Erlaß einer bestimmten Art von Rechtssätzen, den sog. Rechtsverordnungen, gestattet wird. Sie haben gegenüber den förmlichen Gesetzen den Vorteil, daß es zu ihrem Erlaß keines zeitraubenden Verfahrens bedarf und die Exekutive so in die Lage versetzt wird, auf sich ändernde Umstände schnell zu reagieren. Der Grundsatz der Gewaltenteilung und das Rechtsstaatsprinzip fordern aber, daß die Exekutive nur dann Rechtsverordnungen erlassen kann, wenn sie dazu in einem bestimmten Fall durch ein förmliches Gesetz ermächtigt wird. Ohne eine solche Ermächtigung wären die von der Verwaltung erlassenen Rechtsverordnungen nichtig.

II. Die Ermächtigung

2 Nach Abs. 1 Satz 1 können die Bundesregierung, ein Bundesminister oder die Landesregierung durch Gesetz ermächtigt werden, Rechtsverordnungen zu erlassen. Diese Ermächtigung muß nach Inhalt, Zweck und Ausmaß genau bestimmt sein. Art. 80 zwingt so den Gesetzgeber, die für die Ordnung eines Lebensbereichs entscheidenden Rechtssätze selbst zu setzen. Der Bürger soll vor der Exekutive geschützt und der Rechtsprechung die Nachprüfung von Rechtsverordnungen erleichtert werden.
Abs. 2 wurde im Zuge der Verfassungsreformen 1993/94 geändert. Soweit es um das Postwesen, die Telekommunikation und die Eisenbahnen geht, wurde er den neuen Art. 87 e, 87 f angepaßt.

III. Abs. 3 und 4

3 Abs. 3 und 4 sind durch die Verfassungsreform 1994 eingefügt worden. Abs. 3 schafft ein Initiativrecht des Bundesrates für zustimmungsbedürftige Rechtsverordnungen, und Abs. 4 gibt den Ländern das Recht, statt Rechtsverordnungen, zu deren Einführung sie ermächtigt worden sind, Gesetze zu erlassen.

Art. 80 a [Spannungsfall]

(1) Ist in diesem Grundgesetz oder in einem Bundesgesetz über die Verteidigung einschließlich des Schutzes der Zivilbevölkerung bestimmt, daß Rechtsvorschriften nur nach Maßgabe dieses Artikels angewandt werden dürfen, so ist die Anwendung außer im Verteidigungsfalle nur zulässig, wenn der Bundestag den Eintritt des Spannungsfalles festgestellt oder wenn er der Anwendung besonders zugestimmt hat. Die Feststellung des Spannungsfalles und die besondere Zustimmung in den Fällen des Artikels 12 a Abs. 5 Satz 1 und Abs. 6 Satz 2 bedürfen einer Mehrheit von zwei Dritteln der abgegebenen Stimmen.
(2) Maßnahmen auf Grund von Rechtsvorschriften nach Absatz 1 sind aufzuheben, wenn der Bundestag es verlangt.
(3) Abweichend von Absatz 1 ist die Anwendung solcher Rechtsvorschriften auch auf der Grundlage und nach Maßgabe eines Beschlusses zulässig, der von einem internationalen Organ im Rahmen eines Bündnisvertrages mit Zustimmung der Bundesregierung gefaßt wird. Maßnahmen nach diesem Absatz sind aufzuheben, wenn der Bundestag es mit der Mehrheit seiner Mitglieder verlangt.

I. Allgemeines

1 Durch die »Notstandsverfassung« wurde für den Verteidigungsfall, d. h. für den Fall, daß das Bundesgebiet mit Waffengewalt angegriffen wird oder ein solcher

Angriff unmittelbar bevorsteht (Art. 115 a Abs. 1), eine Reihe von Vorschriften erlassen. Bei der Diskussion hierüber wurde im Bundestag die Auffassung vertreten, daß es notwendig werden könnte, schon vor Eintritt des Verteidigungsfalls in Zeiten erhöhter internationaler Spannungen gewisse Maßnahmen zu treffen, die denen im Verteidigungsfall ähneln. Dies führte zur Schöpfung des Art. 80 a. Sie ist weitgehend mißglückt. Mißlich ist an dieser Bestimmung schon, daß sie – im Gegensatz zu den Vorschriften über den Verteidigungsfall – dem Bundesrat keine Mitwirkungsrechte einräumt. Geradezu gefährlich ist die Kreation des »Spannungsfalls«, von dessen Feststellung – wie zu Recht befürchtet wird – eine der früheren Generalmobilmachung ähnliche Wirkung ausgehen könnte. Beruhigend wirkt lediglich, daß Art. 80 a nur auf erhöhte Gefahren von außen, die zumindest auch eine militärische Bedrohung enthalten, und nicht auf innere Krisen Anwendung findet und daß die spektakuläre Feststellung des Spannungsfalls auch umgangen werden kann, weil Art. 80 a noch andere Möglichkeiten bietet.

II. Einzelheiten

Art. 80 a meint – ähnlich wie Art. 115 c für den Verteidigungsfall – Vorschriften, 2
die zwar bereits erlassen sind, aber erst unter den Voraussetzungen des Art. 80 a angewendet werden dürfen. Solche Vorschriften finden sich im GG (Art. 12 a Abs. 4 Satz 1 und Abs. 6 Satz 2, 87 a Abs. 3) und in Bundesgesetzen (§ 2 WirtschaftssicherstellungsG, § 2 ErnährungssicherstellungsG, §§ 2, 15 VerkehrssicherstellungsG).

Diese Vorschriften können nur angewendet werden, wenn neben der in ihnen 3
enthaltenen Verweisung auf Art. 80 a entweder

a) der Verteidigungsfall nach Art. 115 a festgestellt wird oder
b) der Spannungsfall festgestellt wird oder
c) der Bundestag der Anwendung dieser Vorschriften besonders zustimmt oder
d) der »Bündnisfall« nach Abs. 3 eintritt.

Bei der Frage, wann ein **»Spannungsfall«** vorliegt, gehen die Meinungen meist 4
auseinander. Nach Maunz-Dürig-Herzog handelt es sich um eine »Situation, in der die erhebliche Gefahr eines Angriffs auf das Bundesgebiet von außen besteht«. Der Bundestag muß den Eintritt des Spannungsfalls feststellen.

Auch ohne die Feststellung des Spannungsfalls können Gesetze, die auf Art. 80 a 5
verweisen, angewandt werden, wenn der Bundestag ihrer Anwendung ausdrücklich zustimmt **(»Zustimmungsfall«).** Der Vorteil dieser Regelung ist, daß mit ihr viel unauffälliger als mit der Feststellung des Spannungsfalls die notwendigen Maßnahmen getroffen werden können; von der Zustimmung geht für den in Betracht kommenden Angreifer nicht noch eine zusätzliche Reizwirkung aus.

Die Feststellung des Spannungsfalls bedarf stets der Mehrheit von zwei Dritteln 6
der abgegebenen Stimmen. Die besondere Zustimmung (»Zustimmungsfall«) bedarf nur in den Fällen des Art. 12 a Abs. 5 Satz 1 und Abs. 6 Satz 2 (Vor-

schriften über Dienstverpflichtungen) der Zweidrittelmehrheit, ansonsten genügt die einfache Mehrheit.

7 Im »**Bündnisfall**« ist ebenfalls die Anwendung der Vorschriften möglich, die auf Art. 80 a verweisen. Er ist gegeben, wenn ein **internationales Organ** im Rahmen eines bestehenden Bündnisvertrages mit **Zustimmung der Bundesregierung** beschließt, daß diese Vorschriften anzuwenden seien. Daß nur ein Defensivbündnis in Betracht kommt, folgt aus Art. 26 Abs. 1 und 24 Abs. 2. Zur Zeit kann Abs. 3 ausschließlich auf NATO-Beschlüsse Anwendung finden. Er ist überflüssig und mißglückt.

8 Werden Maßnahmen aufgrund von Rechtsvorschriften, die im Spannungsfall in Kraft treten oder deren Anwendung der Bundestag besonders zugestimmt hat, getroffen, so müssen sie wieder aufgehoben werden, wenn der Bundestag es verlangt. Es genügt die Mehrheit der abgegebenen Stimmen. Im »Bündnisfall« bedarf es dazu der Mehrheit der Mitglieder.

Art. 81 [Gesetzgebungsnotstand]

(1) Wird im Falle des Artikels 68 der Bundestag nicht aufgelöst, so kann der Bundespräsident auf Antrag der Bundesregierung mit Zustimmung des Bundesrates für eine Gesetzesvorlage den Gesetzgebungsnotstand erklären, wenn der Bundestag sie ablehnt, obwohl die Bundesregierung sie als dringlich bezeichnet hat. Das gleiche gilt, wenn eine Gesetzesvorlage abgelehnt worden ist, obwohl der Bundeskanzler mit ihr den Antrag des Artikels 68 verbunden hatte.
(2) Lehnt der Bundestag die Gesetzesvorlage nach Erklärung des Gesetzgebungsnotstandes erneut ab oder nimmt er sie in einer für die Bundesregierung als unannehmbar bezeichneten Fassung an, so gilt das Gesetz als zustande gekommen, soweit der Bundesrat ihm zustimmt. Das gleiche gilt, wenn die Vorlage vom Bundestage nicht innerhalb von vier Wochen nach der erneuten Einbringung verabschiedet wird.
(3) Während der Amtszeit eines Bundeskanzlers kann auch jede andere vom Bundestage abgelehnte Gesetzesvorlage innerhalb einer Frist von sechs Monaten nach der ersten Erklärung des Gesetzgebungsnotstandes gemäß Absatz 1 und 2 verabschiedet werden. Nach Ablauf der Frist ist während der Amtszeit des gleichen Bundeskanzlers eine weitere Erklärung des Gesetzgebungsnotstandes unzulässig.
(4) Das Grundgesetz darf durch ein Gesetz, das nach Absatz 2 zustande kommt, weder geändert noch ganz oder teilweise außer Kraft oder außer Anwendung gesetzt werden.

I. Allgemeines

1 Die Weimarer Reichsverfassung stellte dem Reichspräsidenten mit dem »Notverordnungsrecht« des Art. 48 Abs. 2 (vgl. Rz. 1 zu Art. 54) praktisch eine

Blankovollmacht zur Lösung von »Staatskrisen« aus. Es wurde zum juristischen Einfalltor für die Nationalsozialisten: Mit der Notverordnung vom 28. Februar 1933 (»zum Schutz von Volk und Staat«) setzten sie die rechtsstaatlichen Regeln für die Dauer ihrer Herrschaft außer Kraft. Die Väter des GG hüteten sich davor, wiederum derart umfassende Eingriffsbefugnisse der Exekutive für den Fall einer Krise zu schaffen. Immerhin schien auch ihnen ein Ausnahmefall regelungsbedürftig, nämlich der, daß auf die Vertrauensfrage des Kanzlers hin eine **»Regierungskrise«** entsteht. Hier kann der Bundespräsident, muß aber nicht, den Bundestag auflösen. Löst er ihn nicht auf – etwa weil er Neuwahlen wegen schwerer Krisenerscheinungen ablehnt oder weil durch sie eine Änderung der Sitzverteilung nicht zu erwarten ist – und lehnt nunmehr der Bundestag eine von der weiterhin im Amt befindlichen Bundesregierung als dringlich bezeichnete Gesetzesvorlage ab, kann er den Gesetzgebungsnotstand erklären, der es der Bundesregierung ermöglichen soll, wichtige Gesetzesvorlagen notfalls auch ohne Mithilfe durch den Bundestag zu realisieren.

II. Einzelheiten

Wann die Bundesregierung eine Vorlage als dringlich bezeichnen will, steht in ihrem freien Ermessen. Ihre Entscheidung ist nicht nachprüfbar. **2**

Der Gesetzgebungsnotstand wird zwar nur für eine Gesetzesvorlage erklärt, gilt dann aber **sechs Monate** lang auch für jede andere. Er darf nicht verlängert und während der Amtszeit desselben Bundeskanzlers auch nicht erneut erklärt werden. Ist der Gesetzgebungsnotstand erklärt, so hat der Bundestag über die von ihm abgelehnte Vorlage erneut zu entscheiden. Erst wenn er sie nochmals ablehnt oder in einer von der Regierung als unannehmbar bezeichneten Fassung annimmt oder über sie innerhalb von vier Wochen noch nicht entschieden hat, tritt der **Bundesrat** an seine Stelle; dessen Zustimmung genügt nunmehr zum Zustandekommen des Gesetzes. Durch ein solches Gesetz darf indes das GG weder geändert noch ganz oder teilweise außer Kraft oder außer Anwendung gesetzt werden.

Außer durch Fristablauf endet der Gesetzgebungsnotstand durch den Amtsantritt eines neuen Bundeskanzlers oder mit dem Zusammentritt eines neuen Bundestages.

Art. 82 [Ausfertigung, Verkündung und Inkrafttreten von Gesetzen und (Rechts-)Verordnungen]

(1) Die nach den Vorschriften dieses Grundgesetzes zustande gekommenen Gesetze werden vom Bundespräsidenten nach Gegenzeichnung ausgefertigt und im Bundesgesetzblatte verkündet. Rechtsverordnungen werden von der Stelle, die sie erläßt, ausgefertigt und vorbehaltlich anderweitiger gesetzlicher Regelung im Bundesgesetzblatte verkündet.

(2) Jedes Gesetz und jede Rechtsverordnung soll den Tag des Inkrafttretens bestimmen. Fehlt eine solche Bestimmung, so treten sie mit dem vierzehnten Tage nach Ablauf des Tages in Kraft, an dem das Bundesgesetzblatt ausgegeben worden ist.

Die nach den Art. 76, 77 zustande gekommenen Gesetze müssen, ehe sie in Kraft treten können, vom Bundespräsidenten nach Gegenzeichnung durch den Bundeskanzler oder zuständigen Minister (Art. 58) ausgefertigt und verkündet, d.h. unterzeichnet und im Bundesgesetzblatt veröffentlicht werden. Nach überwiegender Meinung kann der Bundespräsident prüfen, ob das Gesetz in verfassungsmäßiger Form zustande gekommen ist und inhaltlich dem GG entspricht. Notfalls kann er die Ausfertigung bis zur Entscheidung über einen dann in Betracht kommenden Organstreit nach Art. 93 Abs. 1 Nr. 1 aussetzen.
Abs. 2 regelt die Frage, wann die erlassenen, ausgefertigten und verkündeten Gesetze in Kraft treten. In der Regel ist dies in ihnen selbst bestimmt. Fehlt eine solche Bestimmung, treten sie 14 Tage nach Ablauf des Verkündigungstages in Kraft.

VIII. Die Ausführung der Bundesgesetze und die Bundesverwaltung

Art. 83 [Verteilung der Kompetenzen zwischen Bund und Ländern]

Die Länder führen die Bundesgesetze als eigene Angelegenheit aus, soweit dieses Grundgesetz nichts anderes bestimmt oder zuläßt.

I. Allgemeines

Der VIII. Abschnitt regelt die Ausführung der Bundesgesetze und die Bundesverwaltung. Nach Art. 30 gehört der Bereich der Verwaltung grundsätzlich zur Zuständigkeit der Länder. Im Gegensatz zur Gesetzgebungskompetenz, wo trotz grundsätzlicher Zuständigkeit der Länder wegen des umfangreichen Ausnahmenkatalogs der Art. 73 ff. das Hauptgewicht tatsächlich beim Bund liegt, ist die Ausübung der Verwaltung **(Verwaltungshoheit)** auch praktisch ganz überwiegend Sache der Länder, weil die vorgesehenen Ausnahmen gering sind. Die Länder sind gehalten, ihre Verwaltung nach Art, Umfang und Leistungsvermögen entsprechend den Anforderungen sachgerechter Erledigung des sich aus der Bundesgesetzgebung ergebenden Aufgabenbestandes einzurichten. Die in Rede stehende Kompetenzaufteilung ist eine wichtige Ausformung des bundesstaatlichen Prinzips und zugleich ein Element zusätzlicher funktionaler Gewaltenteilung. Sie verteilt politische Macht und setzt ihrer Ausübung einen verfassungsrechtlichen Rahmen, der diese Machtverteilung aufrechterhalten und ein Zusammenwirken der verschiedenen Kräfte sowie einen Ausgleich widerstreitender Belange ermöglichen soll (BVerGE 55, 318 ff.). 1

Der Begriff **»Verwaltung«** umfaßt vor allem den Vollzug von Gesetzen, deren »Ausführung«. Organisatorisch wird die Verwaltung durch die Behörden betrieben. Ihr Aufbau ist meist **dreistufig:** Unterbehörde (Landratsamt, Stadtverwaltung einer kreisfreien Stadt), Mittelbehörde (Regierung) und oberste Behörde (Ministerium). Der Bund hat überwiegend oberste Behörden; die Mittel- und Unterbehörden werden von den Ländern gebildet. Diese haben aber für ihre eigenen Angelegenheiten auch oberste Behörden (Staats- oder Landesministerien). Neben den obersten Behörden gibt es noch die in Art. 87 Abs. 3 normierten Oberbebörden (vgl. dort). 2

Es werden folgende **Verwaltungstypen** unterschieden: 3

a) der Landesvollzug von Landesgesetzen (Art. 30). Hier führen die Länder die von ihren Legislativorganen erlassenen Gesetze als eigene Angelegenheit aus,

b) der Landesvollzug von Bundesgesetzen als eigene Angelegenheit (Art. 83, 84),

c) der Landesvollzug von Bundesgesetzen als übertragene Angelegenheit der »Bundesauftragsverwaltung« (Art. 85),

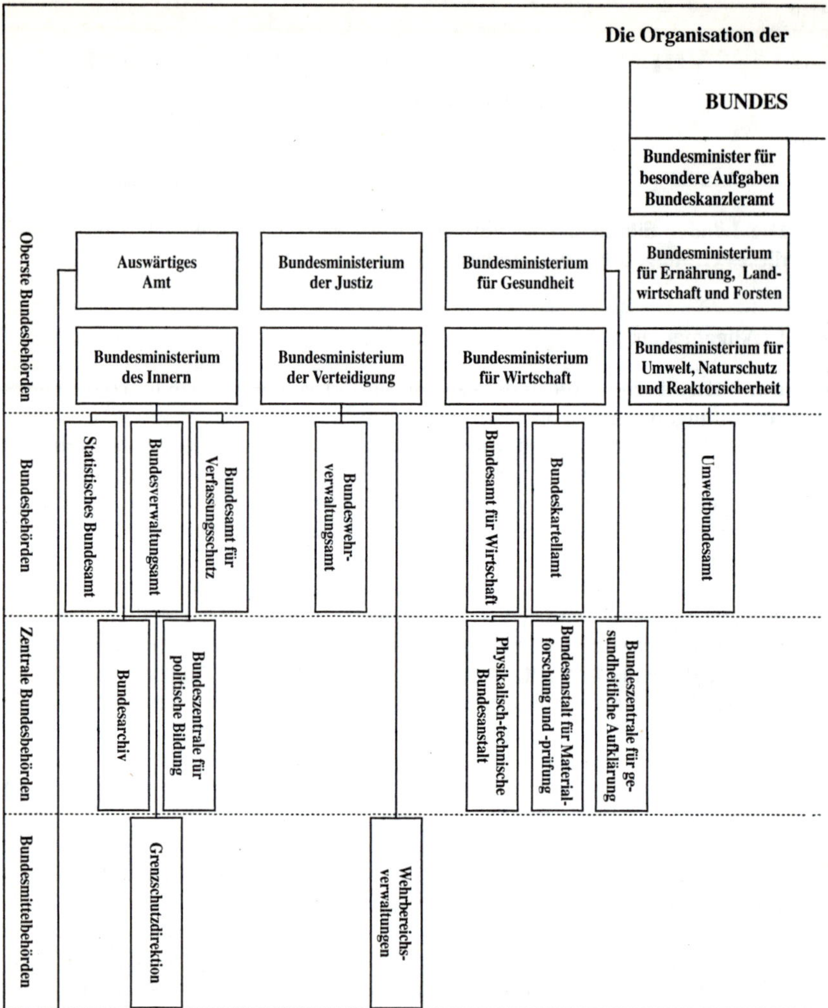

Die Organisation der Bundesverwaltung kann nur beispielhaft dargestellt werden. Nur ein Teil der Behörden unterhalb der Ebene der Bundesministerien konnte aufgenommen werden.

1 aus: Horst Pötzsch, Die deutsche Demokratie, Bonn 1995, S. 90

Bundesverwaltung[1]

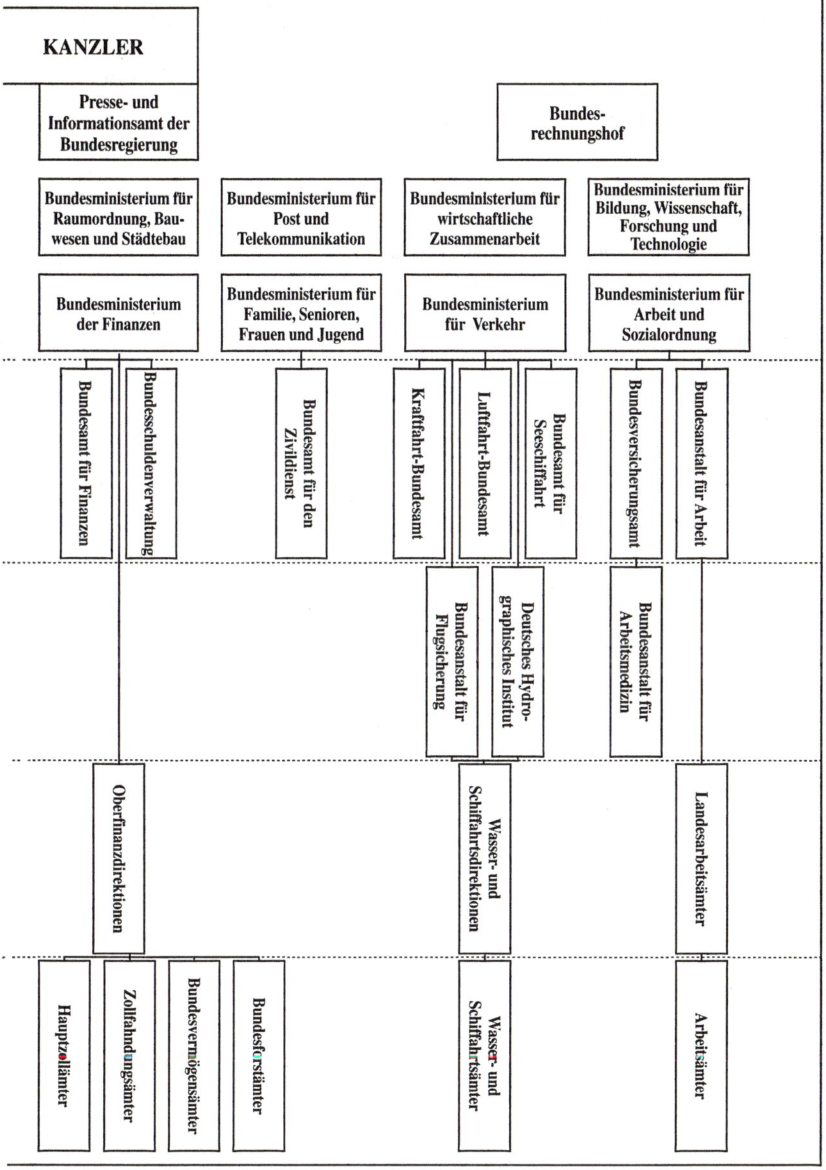

1 aus: Horst Pötzsch, Die deutsche Demolratie, Bonn 1995, S. 90.

d) die Bundesverwaltung von Bundesgesetzen (Art. 86–90).
Die Länder führen also nicht nur die von ihnen selbst erlassenen Gesetze, sondern auch Bundesgesetze aus, wobei sie dies entweder in eigener Regie oder im Auftrag des Bundes (z. B. Autobahnbau) tun.
Im Verteidigungsfall erweitern sich die Zuständigkeiten des Bundes im Bereich der Verwaltung (Art. 115 c Abs. 3).

II. Einzelheiten

4 Daß die Länder die von ihnen selbst erlassenen Gesetze auch ausführen, folgt schon aus Art. 30. Daneben stellt Art. 83 den Grundsatz auf, daß sie auch die Bundesgesetze als eigene Angelegenheiten ausführen. Nur wenn das GG ausdrücklich etwas anderes vorsieht, gilt dieser Grundsatz nicht (vgl. z. B. Art. 87, 87 b, 87 c, 87 d, 89 Abs. 2, 90 Abs. 2, 108).

5 Führen die Länder die Bundesgesetze als eigene Angelegenheit aus, so regeln sie insoweit auch die Einrichtung der Behörden und das Verwaltungsverfahren, soweit nicht Bundesgesetze mit Zustimmung des Bundesrats etwas anderes bestimmen (Art. 84 Abs. 1). Die Bundesregierung hat nach Maßgabe des Art. 84 Abs. 3 ein Aufsichtsrecht, das jedoch auf die Überprüfung der Rechtmäßigkeit des behördlichen Handelns beschränkt ist **(»Rechtsaufsicht«)**. Sie kann mit Zustimmung des Bundesrats allgemeine Rechtsvorschriften erlassen (Art. 84 Abs. 2).

6 Das Zustimmungserfordernis des Art. 84 Abs. 2 soll die Grundentscheidung zugunsten des föderalistischen Staatsaufbaus mit absichern und verhindern, daß »Systemverschiebungen« im bundesstaatlichen Gefüge im Wege der einfachen Gesetzgebung herbeigeführt werden. Zustimmungsbedürftig ist nicht die einzelne Vorschrift über das Verwaltungsverfahren, sondern das Gesetz als Ganzes. Damit wird den Ländern über den Bundesrat eine verstärkte Einflußnahme auch auf den materiell-rechtlichen Teil des Gesetzes ermöglicht.
Ein Gesetz wird aber nicht bereits dadurch zustimmungsbedürftig, daß es die Interessen der Länder in allgemeiner Weise, etwa dadurch berührt, daß es deren Verwaltungshandeln auf einem bestimmten Gebiet auslöst oder beendet. Das Zustimmungserfordernis gilt vielmehr allein für solche Bundesgesetze, die selbst das Verfahren der Landesbehörden regeln, also verbindlich die Art und Weise und die Formen ihrer Tätigkeit zur Ausführung des Gesetzes vorschreiben (BVerGE 55, 319 ff.).

Art. 84 [Ausführung durch die Länder als eigene Angelegenheit; Bundesaufsicht]

(1) Führen die Länder die Bundesgesetze als eigene Angelegenheit aus, so regeln sie die Einrichtung der Behörden und das Verwaltungsverfahren, soweit nicht Bundesgesetze mit Zustimmung des Bundesrates etwas anderes bestimmen.

(2) Die Bundesregierung kann mit Zustimmung des Bundesrates allgemeine Verwaltungsvorschriften erlassen.
(3) Die Bundesregierung übt die Aufsicht darüber aus, daß die Länder die Bundesgesetze dem geltenden Rechte gemäß ausführen. Die Bundesregierung kann zu diesem Zwecke Beauftragte zu den obersten Landesbehörden entsenden, mit deren Zustimmung und, falls diese Zustimmung versagt wird, mit Zustimmung des Bundesrates auch zu den nachgeordneten Behörden.
(4) Werden Mängel, die die Bundesregierung bei der Ausführung der Bundesgesetze in den Ländern festgestellt hat, nicht beseitigt, so beschließt auf Antrag der Bundesregierung oder des Landes der Bundesrat, ob das Land das Recht verletzt hat. Gegen den Beschluß des Bundesrates kann das Bundesverfassungsgericht angerufen werden.
(5) Der Bundesregierung kann durch Bundesgesetz, das der Zustimmung des Bundesrates bedarf, zur Ausführung von Bundesgesetzen die Befugnis verliehen werden, für besondere Fälle Einzelweisungen zu erteilen. Sie sind, außer wenn die Bundesregierung den Fall für dringlich erachtet, an die obersten Landesbehörden zu richten.

Vgl. Rz. 6 zu Art. 83.

Art. 85 [Ausführung durch die Länder im Auftrage des Bundes (Bundesauftragsverwaltung)]

(1) Führen die Länder die Bundesgesetze im Auftrage des Bundes aus, so bleibt die Einrichtung der Behörden Angelegenheit der Länder, soweit nicht Bundesgesetze mit Zustimmung des Bundesrates etwas anderes bestimmen.
(2) Die Bundesregierung kann mit Zustimmung des Bundesrates allgemeine Verwaltungsvorschriften erlassen. Sie kann die einheitliche Ausbildung der Beamten und Angestellten regeln. Die Leiter der Mittelbehörden sind mit ihrem Einvernehmen zu bestellen.
(3) Die Landesbehörden unterstehen den Weisungen der zuständigen obersten Bundesbehörden. Die Weisungen sind, außer wenn die Bundesregierung es für dringlich erachtet, an die obersten Landesbehörden zu richten. Der Vollzug der Weisung ist durch die obersten Landesbehörden sicherzustellen.
(4) Die Bundesaufsicht erstreckt sich auf Gesetzmäßigkeit und Zweckmäßigkeit der Ausführung. Die Bundesregierung kann zu diesem Zwecke Bericht und Vorlage der Akten verlangen und Beauftragte zu allen Behörden entsenden.

Art. 85 regelt den Fall der Bundesauftragsverwaltung (vgl. Rz. 3 zu Art. 83). Sie 1
ist nur in den im GG geregelten Fall zulässig, und zwar im Bereich der Verteidigung (Art. 87 b), der Kernenergie (Art. 87 c), des Luftverkehrs (Art. 87 d), der Fernstraßen- und Autobahnverwaltung (Art. 90), nach Art. 104 a Abs. 3 Satz 2, nach Art. 108 und Art. 120 a. Auch hier bleibt die Einrichtung der Be-

hörden grundsätzlich Sache der Länder, auch hier kann die Bundesregierung mit Zustimmung des Bundesrats allgemeine Verwaltungsvorschriften erlassen.

2 Die Bundesregierung hat hier ein Mitspracherecht bei der Bestellung der Leiter der Mittelbehörden. In der Praxis wichtig sind die Oberfinanzpräsidenten (Art. 108 Abs. 2 Satz 3) und die Leiter der Autobahnbehörden (Art. 90 Abs. 2).

3 Im Rahmen der Auftragsverwaltung hat der Bund ein Weisungsrecht gegenüber den Landesbehörden (Abs. 3). Seine Aufsicht erstreckt sich nicht nur auf die Rechtmäßigkeit des landesbehördlichen Handelns, sondern auch auf dessen Zweckmäßigkeit (»Fachaufsicht«).

Art. 86 [Bundeseigene Verwaltung]

Führt der Bund die Gesetze durch bundeseigene Verwaltung oder durch bundesunmittelbare Körperschaften oder Anstalten des öffentlichen Rechtes aus, so erläßt die Bundesregierung, soweit nicht das Gesetz Besonderes vorschreibt, die allgemeinen Verwaltungsvorschriften. Sie regelt, soweit das Gesetz nichts anderes bestimmt, die Einrichtung der Behörden.

1 Die Durchführung der Bundesgesetze durch Bundesbehörden ist vom Grundgesetz in Art. 30 beschränkt worden. Sie geschieht in zwei Formen:
durch Bundesbehörden mit eigenen (klassisch dreistufigen) Verwaltungsunterbau oder
durch Körperschaften oder Anstalten des öffentlichen Rechts, die für das gesamte Bundesgebiet zuständig sind und z. T. Außenstellen haben.

2 Zu Gegenständen und Voraussetzungen der Bundesverwaltung vgl. Art. 87.

Art. 87 [Gegenstände bundeseigener Verwaltung]

(1) In bundeseigener Verwaltung mit eigenem Verwaltungsunterbau werden geführt der Auswärtige Dienst, die Bundesfinanzverwaltung und nach Maßgabe des Artikels 89 die Verwaltung der Bundeswasserstraßen und der Schiffahrt. Durch Bundesgesetz können Bundesgrenzschutzbehörden, Zentralstellen für das polizeiliche Auskunfts- und Nachrichtenwesen, für die Kriminalpolizei und zur Sammlung von Unterlagen für Zwecke des Verfassungsschutzes und des Schutzes gegen Bestrebungen im Bundesgebiet, die durch Anwendung von Gewalt oder darauf gerichtete Vorbereitungshandlungen auswärtige Belange der Bundesrepublik Deutschland gefährden, eingerichtet werden.
(2) Als bundesunmittelbare Körperschaften des öffentlichen Rechtes werden diejenigen sozialen Versicherungsträger geführt, deren Zuständigkeitsbereich sich über das Gebiet eines Landes hinaus erstreckt. Soziale Versicherungsträger, deren Zuständigkeitsbereich sich über das Gebiet eines Landes, aber nicht über mehr als drei Länder hinaus erstreckt, werden abweichend von Satz 1

als landesunmittelbare Körperschaften des öffentlichen Rechtes geführt, wenn das aufsichtsführende Land durch die beteiligten Länder bestimmt ist.
(3) Außerdem können für Angelegenheiten, für die dem Bunde die Gesetzgebung zusteht, selbständige Bundesoberbehörden und neue bundesunmittelbare Körperschaften und Anstalten des öffentlichen Rechtes durch Bundesgesetz errichtet werden. Erwachsen dem Bunde auf Gebieten, für die ihm die Gesetzgebung zusteht, neue Aufgaben, so können bei dringendem Bedarf bundeseigene Mittel- und Unterbehörden mit Zustimmung des Bundesrates und der Mehrheit der Mitglieder des Bundestages errichtet werden.

Abs. 1 Satz 1 bestimmt, daß in den dort genannten Fällen eine bundeseigene **1**
Verwaltung mit **eigenem Verwaltungsaufbau** geführt werden muß.
Abs. 1 Satz 2 wurde im Juli 1972 in der jetzt geltenden Fassung eingeführt. In den hier genannten Fällen kann der Bund die Behörden und Zentralstellen einrichten.
Für **Sozialversicherungsträger,** deren Zuständigkeitsbereich sich über das Gebiet eines Landes hinaus erstreckt, muß der Bund, soweit er die ihm nach Art. 74 Nr. 12 zustehende konkurrierende Gesetzgebungskompetenz wahrgenommen hat, bundesunmittelbare Körperschaften und Anstalten des öffentlichen Rechts errichten. Für Angelegenheiten, für die dem Bund die Gesetzgebungskompetenz zusteht, kann er selbst **Bundesoberbehörden** und neue bundesunmittelbare Körperschaften und Anstalten des öffentlichen Rechts durch Bundesgesetze errichten.
Beispiele: Bundesanstalt für Arbeit, Bundesamt für Verfassungsschutz, Bundesoberseeamt, Kraftfahrtbundesamt, Deutscher Wetterdienst, Bundesprüfstelle für jugendgefährdende Schriften, Statistisches Bundesamt, Luftfahrtbundesamt, Bundesamt für gewerbliche Wirtschaft, Bundesversicherungsamt, Bundesverwaltungsamt, Bundeskontrollamt und Bundesamt für zivilen Bevölkerungsschutz.
Der durch die Verfassungsreform 1994 neu angefügte Satz 2 des Abs. 2 regelt, daß **2**
soziale Versicherungsträger, die länderüberschreitend tätig sind, unter engen Voraussetzungen als landesunmittelbare Körperschaften geführt werden können.
Unter den in Abs. 3 Satz 2 genannten Voraussetzungen kann der Bund auch **3**
über Abs. 1 Satz 1 und Abs. 2 hinaus bundeseigene Mittel- und Unterbehörden errichten.

Art. 87 a [Aufstellung und Einsatz der Streitkräfte]

(1) Der Bund stellt Streitkräfte zur Verteidigung auf. Ihre zahlenmäßige Stärke und die Grundzüge ihrer Organisation müssen sich aus dem Haushaltsplan ergeben.
(2) Außer zur Verteidigung dürfen die Streitkräfte nur eingesetzt werden, soweit dieses Grundgesetz es ausdrücklich zuläßt.

(3) Die Streitkräfte haben im Verteidigungsfalle und im Spannungsfalle die Befugnis, zivile Objekte zu schützen und Aufgaben der Verkehrsregelung wahrzunehmen, soweit dies zur Erfüllung ihres Verteidigungsauftrages erforderlich ist. Außerdem kann den Streitkräften im Verteidigungsfalle und im Spannungsfalle der Schutz ziviler Objekte auch zur Unterstützung polizeilicher Maßnahmen übertragen werden; die Streitkräfte wirken dabei mit den zuständigen Behörden zusammen.
(4) Zur Abwehr einer drohenden Gefahr für den Bestand oder die freiheitliche demokratische Grundordnung des Bundes oder eines Landes kann die Bundesregierung, wenn die Voraussetzungen des Artikels 91 Abs. 2 vorliegen und die Polizeikräfte sowie der Bundesgrenzschutz nicht ausreichen, Streitkräfte zur Unterstützung der Polizei und des Bundesgrenzschutzes beim Schutze von zivilen Objekten und bei der Bekämpfung organisierter und militärisch bewaffneter Aufständischer einsetzen. Der Einsatz von Streitkräften ist einzustellen, wenn der Bundestag oder der Bundesrat es verlangen.

I. Allgemeines

1 Der jetzige Abs. 1 bildete ursprünglich den gesamten Art. 87 a. Bei der Beratung über die **»Notstandsverfassung«** wurden die Abs. 2 bis 4 an diese Vorschrift angehängt, weil die Bestimmungen über den **Einsatz der Streitkräfte** in einem Artikel zusammengefaßt werden sollten. Sie sind dadurch an einer Stelle plaziert, wo sie kaum jemand vermuten wird: Die zentralen Regelungen über den Einsatz der Streitkräfte im Verteidigungs-, im Spannungs- und im inneren Notstandsfall befinden sich im Abschnitt »Die Ausführung der Bundesgesetze und die Bundesverwaltung«!

II. Aufstellung der Streitkräfte

2 Nur der Bund darf Streitkräfte unterhalten. Sie dürfen nur für die **Verteidigung** aufgestellt werden (vgl. auch Art. 26 Abs. 1). Die Grundlage der Aufstellung bildet der Haushaltsplan (vgl. Art. 110), wobei die zahlenmäßige Stärke und die organisatorischen Grundzüge der Streitkräfte angegeben werden müssen. Dies dient einmal der **Haushaltsklarkeit und -wahrheit,** d. h. der Transparenz der Bundesausgaben auf dem Sektor »Verteidigung«; eine »Schwarze Reichswehr« ist also nicht möglich. Zum anderen wird über das Budgetrecht die **parlamentarische Kontrolle** über die Bundeswehr gesichert. Zur Zeit ist die Bundeswehr in die Teilstreitkräfte Heer, Luftwaffe und Marine sowie in die Territoriale Verteidigung und in Zentrale Militärische Dienststellen gegliedert.

III. Einsatz der Streitkräfte

Die Bundeswehr ist – wie sich aus Abs. 1 und 2 sowie aus Art. 26 ergibt – ein Instrument der Verteidigung. Ihr militärischer Auftrag ist die Abwehr eines bewaffneten Angriffs auf das Bundesgebiet; sie ist für den **Verteidigungsfall** (vgl. Art. 115 a) konzipiert. 3

Ausnahmsweise dürfen die Streitkräfte auch in anderen Fällen eingesetzt werden, und zwar dann, wenn das GG dies zuläßt. Unter Einsatz ist die bewaffnete Aktion zu verstehen, gleichgültig, ob von den Waffen Gebrauch gemacht wird oder nicht. 4

Beispiel: Abschirmung eines Katastrophengebiets gegen störende Massen durch bewaffnete Einheiten.

Rein technische Hilfeleistungen fallen nicht unter Abs. 2. Regelungen im Sinne des Abs. 2 enthalten die Abs. 3 und 4 sowie Art. 35 Abs. 2 und 3 (vgl. dort). Die Streitkräfte können daher in folgenden Fällen eingesetzt werden:
a) zur Hilfe bei Naturkatastrophen oder besonders schweren Unglücksfällen auf Anforderung eines Landes (Art. 35 Abs. 2), oder
b) wenn die Naturkatastrophe oder der Unglücksfall mehr als das Gebiet nur eines Landes gefährdet, auf Anordnung der Bundesregierung (Art. 35 Abs. 2),
c) im Spannungsfall (Art. 87 a Abs. 3) und
d) im Falle des inneren Notstands (Abs. 4).

Im **Spannungsfall** (Art. 80 a) und im **Verteidigungsfall** (Art. 115 a Abs. 1) können die Streitkräfte zivile Objekte schützen und Aufgaben der Verkehrsregelung wahrnehmen, soweit dies zur Erfüllung ihres Verteidigungsauftrags erforderlich ist. Außerdem kann ihnen der Schutz ziviler Objekte auch zur Unterstützung polizeilicher Maßnahmen übertragen werden. 5

Nach Abs. 4 ist der **Einsatz** der Streitkräfte **im Inneren** zulässig, wenn dies zur Abwehr einer drohenden Gefahr für den Bestand oder die freiheitliche demokratische Grundordnung des Bundes oder eines Landes nötig ist, die Polizeikräfte sowie der Bundesgrenzschutz nicht ausreichen und die Voraussetzungen des Art. 91 Abs. 2 vorliegen, d. h. das Land zur Beseitigung der Gefahr nicht selbst in der Lage ist. Die Streitkräfte können in diesen Fällen des **inneren Notstandes** zum Schutz ziviler Objekte und bei der Bekämpfung organisierter und militärisch bewaffneter Aufständischer tätig werden, wenn die **Bundesregierung** ihnen einen entsprechenden Auftrag erteilt. Die Bundeswehr wird also in diesen, allerdings begrenzten Fällen, zu einer Art »Notpolizei«, zum entscheidenden Faktor eines etwaigen Bürgerkrieges oder bürgerkriegsähnlicher Zustände. Diese Regelung war von Anfang an umstritten, weil Fälle denkbar sind, bei denen sich der Einsatz der Streitkräfte nicht umgehen läßt. Abs. 4 beschwört andererseits die Gefahr eines Staatsstreiches unter dem Vorwand innerer Unruhen herauf. Vor allem die Arbeitnehmerseite hat überdies die Befürchtung geäußert, daß Abs. 4 später einmal dazu mißbraucht werden könnte, das in Art. 9 Abs. 3 garantierte Streikrecht in einem bestimmten Zeit- 6 raum außer Kraft zu setzen. Dies alles zeigt, daß es sich um eine äußerst brisante Bestimmung handelt.

7 Auch wenn die Voraussetzungen der Abs. 3 und 4 vorliegen, ist stets noch sorgfältig zu prüfen, ob nicht die Polizei oder der Bundesgrenzschutz oder beide zusammen die Situation allein bewältigen können. Da die Streitkräfte insoweit Aufgaben erfüllen, die eigentlich **Polizeiaufgaben** sind, ist ihr Einsatz subsidiär, d. h., er kommt nur in Betracht, wenn die Polizeiorgane die Lage nicht mehr allein beherrschen.

Art. 87b [Bundeswehrverwaltung]

(1) Die Bundeswehrverwaltung wird in bundeseigener Verwaltung mit eigenem Verwaltungsunterbau geführt. Sie dient den Aufgaben des Personalwesens und der unmittelbaren Deckung des Sachbedarfs der Streitkräfte. Aufgaben der Beschädigtenversorgung und des Bauwesens können der Bundeswehrverwaltung nur durch Bundesgesetz, das der Zustimmung des Bundesrates bedarf, übertragen werden. Der Zustimmung des Bundesrates bedürfen ferner Gesetze, soweit sie die Bundeswehrverwaltung zu Eingriffen in Rechte Dritter ermächtigen; das gilt nicht für Gesetze auf dem Gebiete des Personalwesens.
(2) Im übrigen können Bundesgesetze, die der Verteidigung einschließlich des Wehrersatzwesens und des Schutzes der Zivilbevölkerung dienen, mit Zustimmung des Bundesrates bestimmen, daß sie ganz oder teilweise in bundeseigener Verwaltung mit eigenem Verwaltungsunterbau oder von den Ländern im Auftrage des Bundes ausgeführt werden. Werden solche Gesetze von den Ländern im Auftrage des Bundes ausgeführt, so können sie mit Zustimmung des Bundesrates bestimmen, daß die der Bundesregierung und den zuständigen obersten Bundesbehörden auf Grund des Artikels 85 zustehenden Befugnisse ganz oder teilweise Bundesoberbehörden übertragen werden; dabei kann bestimmt werden, daß diese Behörden beim Erlaß allgemeiner Verwaltungsvorschriften gemäß Artikel 85 Abs. 2 Satz 1 nicht der Zustimmung des Bundesrates bedürfen.

Art. 87 b regelt die Bundeswehrverwaltung. Diese ist nicht Teil der Streitkräfte, sondern eine bundeseigene Verwaltung mit eigenem Verwaltungsunterbau (Kreiswehrersatzämter).

Art. 87c [Verwaltung auf dem Gebiet der Kernenergie]

Gesetze, die auf Grund des Artikels 74 Nr. 11 a ergehen, können mit Zustimmung des Bundesrates bestimmen, daß sie von den Ländern im Auftrage des Bundes ausgeführt werden.

Eingefügt durch das 10. Gesetz zur Änderung des Grundgesetzes (BGBl. 1959 I S. 813).

Art. 87 c regelt primär die Verwaltungskompetenz, gleichzeitig aber auch die grundsätzliche Billigung einer **friedlichen Nutzung der Kernenergie** (BVerfGE 49, 89 ff.). Ihre Zulassung und konkrete Ausgestaltung obliegt dem Gesetzgeber, der dabei auch die von der Kernenergie ausgehenden Gefahren berücksichtigen muß. 1

Atomanlagen bedürfen der Genehmigung. Gemäß § 9 a des **Atomgesetzes** (in der Fassung vom 15. Juli 1985) müssen radioaktive Reststoffe verwertet oder schadlos beseitigt werden. Diese Beseitigung geschieht in einem **Endlager,** für dessen Auswahl und Betrieb der Bund zuständig ist. Die Länder haben Landessammelstellen für die **Zwischenlagerung** der auf ihrem Gebiet anfallenden radioaktiven Abfälle einzurichten, wobei sich mehrere Länder zusammenschließen können. 2

Soweit den Ländern Verwaltungsaufgaben übertragen werden, handeln sie im Auftrage des Bundes. Deshalb unterliegen sie auch dessen **Weisungen.** 3

Nach den §§ 22 bis 24 **Atomgesetz** werden die dort geregelten Verwaltungsaufgaben von den Ländern im Auftrage des Bundes wahrgenommen. Ausnahmen: Ein- und Ausfuhr von Kernbrennstoffen, ihre Überwachung sowie die Genehmigung für die Verwahrung und Beförderung.

Art. 87 d [Luftverkehrsverwaltung]

(1) Die Luftverkehrsverwaltung wird in bundeseigener Verwaltung geführt. Über die öffentlich-rechtliche oder privat-rechtliche Organisationsform wird durch Bundesgesetz entschieden.

(2) Durch Bundesgesetz, das der Zustimmung des Bundesrates bedarf, können Aufgaben der Luftverkehrsverwaltung den Ländern als Auftragsverwaltung übertragen werden.

Eingefügt durch das 11. Gesetz zur Änderung des Grundgesetzes (BGBl. 1961 I S. 65).

Der Bund nimmt Aufgaben der Luftverkehrsverwaltung durch den Bundesminister für Verkehr, das Luftfahrtbundesamt und die Bundesanstalt für Flugsicherung wahr (vgl. **Luftverkehrsgesetz).** 1

Im übrigen wird die Luftverkehrsverwaltung durch die Länder im Auftrage des Bundes durchgeführt.

Abs. 1 Satz 2 ist 1992 eingefügt worden. Damit war vor allem der Weg für die Privatisierung der Flugsicherungsaufgaben offen. 2

Art. 87 e [Verwaltung der Eisenbahnen des Bundes]

(1) Die Eisenbahnverkehrsverwaltung für Eisenbahnen des Bundes wird in bundeseigener Verwaltung geführt. Durch Bundesgesetze können Aufgaben der Eisenbahnverkehrsverwaltung den Ländern als eigene Angelegenheit übertragen werden.
(2) Der Bund nimmt die über den Bereich der Eisenbahnen des Bundes hinausgehenden Aufgaben der Eisenbahnverkehrsverwaltung wahr, die ihm durch Bundesgesetze übertragen werden.
(3) Eisenbahnen des Bundes werden als Wirtschaftsunternehmen in privatrechtlicher Form geführt. Diese stehen im Eigentum des Bundes, soweit die Tätigkeit des Wirtschaftsunternehmens den Bau, die Unterhaltung und das Betreiben von Schienenwegen umfaßt. Die Veräußerung von Anteilen des Bundes an den Unternehmen nach Satz 2 erfolgt auf Grund eines Gesetzes; die Mehrheit der Anteile an diesen Unternehmen verbleibt beim Bund. Das Nähere wird durch Bundesgesetz geregelt.
(4) Der Bund gewährleistet, daß dem Wohl der Allgemeinheit, insbesondere den Verkehrsbedürfnissen, beim Ausbau und Erhalt des Schienennetzes der Eisenbahnen des Bundes sowie bei deren Verkehrsangeboten auf diesem Schienennetz, soweit diese nicht den Schienenpersonennahverkehr betreffen, Rechnung getragen wird. Das Nähere wird durch Bundesgesetz geregelt.
(5) Gesetze auf Grund der Absätze 1 bis 4 bedürfen der Zustimmung des Bundesrates. Der Zustimmung des Bundesrates bedürfen ferner Gesetze, die die Auflösung, die Verschmelzung und die Aufspaltung von Eisenbahnunternehmen des Bundes, die Übertragung von Schienenwegen der Eisenbahnen des Bundes an Dritte sowie die Stillegung von Schienenwegen der Eisenbahnen des Bundes regeln oder Auswirkungen auf den Schienenpersonennahverkehr haben.

1 Art. 87 e ermöglicht die Umgestaltung des bisherigen **Eisenbahnwesens** durch umfassende Organisations- und beschränkte Aufgaben**privatisierung** (vgl. Art. 143 a). Gleichzeitig ermöglicht er eine begrenzte Regionalisierung.

2 Der Führung als Wirtschaftsunternehmen wird am besten die Rechtsform einer **Aktiengesellschaft** gerecht, die inzwischen auch existiert. Der Betrieb ist nach kaufmännischen, wettbewerbsorientierten, also auch auf Gewinnerzielung ausgerichteten Gesichtspunkten auszurichten. Da der Bund das Eigentum behält, soweit es um den Bau, die Unterhaltung und das Betreiben von Schienenwegen geht (Abs. 3 Satz 2), muß er notwendig Anteile an der AG halten. Dabei muß sogar die Mehrheit der Anteile beim Bund bleiben, der die Gemeinwohlbindung sicherstellen soll.

3 Der Bund behält die **Verwaltungshoheit** (Abs. 1). Damit ist die Verwaltung im traditionellen Sinne gemeint, also vor allem planungs- und verkehrsbezogene Entscheidungen.

Art. 87 f [Verwaltung des Postwesens und der Telekommunikation]

(1) Nach Maßgabe eines Bundesgesetzes, das der Zustimmung des Bundesrates bedarf, gewährleistet der Bund im Bereich des Postwesens und der Telekommunikation flächendeckend angemessene und ausreichende Dienstleistungen.
(2) Dienstleistungen im Sinne des Absatzes 1 werden als privatwirtschaftliche Tätigkeiten durch die aus dem Sondervermögen Deutsche Bundespost hervorgegangenen Unternehmen und durch andere private Anbieter erbracht. Hoheitsaufgaben im Bereich des Postwesens und der Telekommunikation werden in bundeseigener Verwaltung ausgeführt.
(3) Unbeschadet des Absatzes 2 Satz 2 führt der Bund in der Rechtsform einer bundesunmittelbaren Anstalt des öffentlichen Rechts einzelne Aufgaben in bezug auf die aus dem Sondervermögen Deutsche Bundespost hervorgegangenen Unternehmen nach Maßgabe eines Bundesgesetzes aus.

Art. 87 f schafft die Voraussetzungen für die umfängliche Organisations- und gegenständlich begrenzte Aufgaben**privatisierung der Post.** Durch die gemäß Art. 143 b Abs. 2 durchgeführte Trennung des Postdienstes (Deutsche Post AG, Deutsche Postbank AG und die Deutsche Telekom AG) wurde dies bereits realisiert. Dabei gewährleistet der Bund flächendeckend angemessene und ausreichende Dienstleistungen. 1

Die privatisierten Dienstleistungen der Post können auch durch »andere private Anbieter« erbracht werden. Damit wird der Weg zum privaten Wettbewerb eröffnet. 2

Hoheitsaufgaben der Post und der Telekommunikation verbleiben dem Bund. Es handelt sich vor allem um die Funkfrequenzverwaltung, die Genehmigung von Funkanlagen und die Vorsorge für den Krisen- und Katastrophenfall. 3

Art. 88 [Bundesbank]

Der Bund errichtet eine Währungs- und Notenbank als Bundesbank. Ihre Aufgaben und Befugnisse können im Rahmen der Europäischen Union der Europäischen Zentralbank übertragen werden, die unabhängig ist und dem vorrangigen Ziel der Sicherung der Preisstabilität verpflichtet.

Die auf Grund dieser Bestimmung errichtete Deutsche Bundesbank ist eine bundesunmittelbare juristische Person des öffentlichen Rechts. Sie hat die Aufgabe, mit Hilfe der ihr übertragenen währungspolitischen Befugnisse den Geldumlauf und die Kreditversorgung der Wirtschaft mit dem Ziel zu regeln, die Währung zu sichern. Außerdem sorgt sie für die bankmäßige Abwicklung des Zahlungsverkehrs im Inland und mit dem Ausland. Sie ist von Weisungen der Bundesregierung unabhängig, aber verpflichtet, unter Wahrung ihrer Auf- 1 gabe deren Wirtschaftspolitik zu unterstützen. Im Blickpunkt der Öffentlichkeit steht die Bundesbank vor allem bei Währungskrisen.

2 Satz 2 ist 1992 eingefügt worden. Der EU-Vertrag sieht für die Zukunft die Errichtung einer Europäischen Zentralbank vor. Diese soll in Frankfurt am Main residieren. In ihrer Unabhängigkeit sieht das BVerfG eine vertretbare Modifikation des Demokratieprinzips im Dienste der Sicherung des in eine Währung gesetzten Einlösungsvertrauens, weil es der in der deutschen Rechtsordnung erprobten und auch aus wissenschaftlicher Sicht bewährten Besonderheit Rechnung trage, daß eine unabhängige Zentralbank den Geldwert eher sichere als Hoheitsorgane, die ihrerseits in ihren Handlungsmöglichkeiten und -mitteln wesentlich von Geldmenge und -wert abhingen und auf die kurzfristige Zustimmung politischer Kreise angewiesen seien (BVerfGE 89, 155 ff.).

Art. 89 [Bundeswasserstraßen]

(1) Der Bund ist Eigentümer der bisherigen Reichswasserstraßen.
(2) Der Bund verwaltet die Bundeswasserstraßen durch eigene Behörden. Er nimmt die über den Bereich eines Landes hinausgehenden staatlichen Aufgaben der Binnenschiffahrt und die Aufgaben der Seeschiffahrt wahr, die ihm durch Gesetz übertragen werden. Er kann die Verwaltung von Bundeswasserstraßen, soweit sie im Gebiete eines Landes liegen, diesem Lande auf Antrag als Auftragsverwaltung übertragen. Berührt eine Wasserstraße das Gebiet mehrerer Länder, so kann der Bund das Land beauftragen, für das die beteiligten Länder es beantragen.
(3) Bei der Verwaltung, dem Ausbau und dem Neubau von Wasserstraßen sind die Bedürfnisse der Landeskultur und der Wasserwirtschaft im Einvernehmen mit den Ländern zu wahren.

Das Eigentumsrecht des Bundes ist **privatrechtlicher Natur.** Dazu gehört das Flußbett und das darüber befindliche Wasser bis zur Uferzone. Über Abs. 2 Satz 1 hinaus gibt das Eigentum dem Bund keine **hoheitlichen Befugnisse.**

Art. 90 [Bundesstraßen und -autobahnen]

(1) Der Bund ist Eigentümer der bisherigen Reichsautobahnen und Reichsstraßen.
(2) Die Länder oder die nach Landesrecht zuständigen Selbstverwaltungskörperschaften verwalten die Bundesautobahnen und sonstigen Bundesstraßen des Fernverkehrs im Auftrage des Bundes.
(3) Auf Antrag eines Landes kann der Bund Bundesautobahnen und sonstige Bundesstraßen des Fernverkehrs, soweit sie im Gebiet dieses Landes liegen, in bundeseigene Verwaltung übernehmen.

Das Bundeseigentum nach Abs. 1 ist ein zivilrechtliches Eigentum, das dem Bund die (durch öffentlich-rechtliche Widmung beschränkten) Rechte aus § 1004 BGB (Ansprüche bei Störung des Eigentums) gibt. Die Bundesstraßenverwaltung wird in **Auftragsverwaltung** geführt.

Art. 91 [Innerer Notstand]

(1) Zur Abwehr einer drohenden Gefahr für den Bestand oder die freiheitliche demokratische Grundordnung des Bundes oder eines Landes kann ein Land Polizeikräfte anderer Länder sowie Kräfte und Einrichtungen anderer Verwaltungen und des Bundesgrenzschutzes anfordern.
(2) Ist das Land, in dem die Gefahr droht, nicht selbst zur Bekämpfung der Gefahr bereit oder in der Lage, so kann die Bundesregierung die Polizei in diesem Lande und die Polizeikräfte anderer Länder ihren Weisungen unterstellen sowie Einheiten des Bundesgrenzschutzes einsetzen. Die Anordnung ist nach Beseitigung der Gefahr, im übrigen jederzeit auf Verlangen des Bundesrates aufzuheben. Erstreckt sich die Gefahr auf das Gebiet mehr als eines Landes, so kann die Bundesregierung, soweit es zur wirksamen Bekämpfung erforderlich ist, den Landesregierungen Weisungen erteilen; Satz 1 und Satz 2 bleiben unberührt.

I. Allgemeines

Während Art. 87a Abs. 4 für den Fall des **inneren Notstandes** subsidiär den Einsatz der Streitkräfte vorsieht, behandelt Art. 91 den Einsatz von Polizeikräften und des Bundesgrenzschutzes in diesem Fall. Nur wenn sie nicht Herr der Lage bleiben können, kommt der Einsatz der Bundeswehr in Betracht. 1

II. Einzelheiten

Voraussetzung für Maßnahmen nach Art. 91 ist, daß eine Gefahr für den Bestand oder die freiheitliche demokratische Grundordnung des Bundes oder eines Landes droht. Die Begriffe »freiheitliche demokratische Grundordnung« und »Bestand« sind wie in Art. 21 Abs. 2 zu verstehen. Ist dies der Fall, so kann ein Land **Polizeikräfte** anderer Länder sowie Kräfte und Einrichtungen anderer Verwaltungen und des **Bundesgrenzschutzes** anfordern. Diese Polizeikräfte dürfen dann auf dem Gebiet des betroffenen Landes im Rahmen ihres polizeilichen Auftrags tätig werden. 2

Wird das betroffene Land nicht mit der ihm drohenden Gefahr fertig oder will es nichts unternehmen, so kann die Bundesregierung eingreifen und die Polizei dieses Landes und anderer Länder ihren Weisungen unterstellen. Überdies kann sie Einheiten des Bundesgrenzschutzes einsetzen. Der Bundesrat hat je- 3 derzeit das Recht zu verlangen, daß diese Maßnahmen aufgehoben werden. Nach der Beseitigung der Gefahr müssen sie auch ohne ein solches Verlangen aufgehoben werden.

4 Wenn mehr als ein Land betroffen ist, so kann die Bundesregierung über die nach Rz. 3 zulässigen Maßnahmen hinaus auch den Landesregierungen – und nicht nur der Polizei des betroffenen Landes – Weisungen erteilen. In diesem Fall erfaßt ihre Weisungsbefugnis also die gesamte Staatsgewalt des Landes.

VIII a. Gemeinschaftsaufgaben

Art. 91 a [Mitwirkung des Bundes bei Gemeinschaftsaufgaben]

(1) Der Bund wirkt auf folgenden Gebieten bei der Erfüllung von Aufgaben der Länder mit, wenn diese Aufgaben für die Gesamtheit bedeutsam sind und die Mitwirkung des Bundes zur Verbesserung der Lebensverhältnisse erforderlich ist (Gemeinschaftsaufgaben):
1. Ausbau und Neubau von Hochschulen einschließlich der Hochschulkliniken,
2. Verbesserung der regionalen Wirtschaftsstruktur,
3. Verbesserung der Agrarstruktur und des Küstenschutzes.

(2) Durch Bundesgesetz mit Zustimmung des Bundesrates werden die Gemeinschaftsaufgaben näher bestimmt. Das Gesetz soll allgemeine Grundsätze für ihre Erfüllung enthalten.

(3) Das Gesetz trifft Bestimmungen über das Verfahren und über Einrichtungen für eine gemeinsame Rahmenplanung. Die Aufnahme eines Vorhabens in die Rahmenplanung bedarf der Zustimmung des Landes, in dessen Gebiet es durchgeführt wird.

(4) Der Bund trägt in den Fällen des Absatzes 1 Nr. 1 und 2 die Hälfte der Ausgaben in jedem Land. In den Fällen des Absatzes 1 Nr. 3 trägt der Bund mindestens die Hälfte; die Beteiligung ist für alle Länder einheitlich festzusetzen. Das Nähere regelt das Gesetz. Die Bereitstellung der Mittel bleibt der Feststellung in den Haushaltsplänen des Bundes und der Länder vorbehalten.

(5) Bundesregierung und Bundesrat sind auf Verlangen über die Durchführung der Gemeinschaftsaufgaben zu unterrichten.

I. Allgemeines

1 Das Grundgesetz ging ursprünglich für die Verwaltung von einem Trennsystem aus. Die strenge **Aufgabenverteilung** gehört zu den Wesensmerkmalen eines rechtsstaatlich verfaßten Bundesstaates. Er ist jedoch nur lebensfähig, wenn seine Teile auf Gebieten, die eine gemeinsame Planung erfordern, zur freiwilligen Zusammenarbeit bereit sind. Diese **freiwillige Kooperation** ist von Verfassungs wegen nicht untersagt und wird zwischen Bund und Ländern seit längerem praktiziert. Sie verlangt Einstimmigkeit aller Beteiligten. Ergebnisse solcher Kooperation sind etwa die **Bund-Länder-Abkommen** über die Errichtung eines Wissenschaftsrates oder eines Bildungsrates sowie das sog. »Königsteiner Abkommen« der Länder, dem später der Bund beigetreten ist, und das jetzt als Abkommen zwischen Bund und Ländern zur Förderung von Wissenschaft und Forschung weitergilt.

In zunehmendem Maße wurde jedoch deutlich, daß die freiwillige Zusammenarbeit auf manchen Gebieten nicht ausreicht, um die anstehenden Probleme, vor allem im Bereich der Zukunftsplanung und der Entwicklung, zu bewältigen. Daher wurde im Zuge der Finanzreform (1969) in das GG der neue Abschnitt über die Gemeinschaftsaufgaben eingefügt.

II. Der Begriff der Gemeinschaftsaufgaben

2 Bei den in Art. 91 a genannten Aufgaben handelt es sich nur um Gegenstände, die an sich in die ausschließliche Landeszuständigkeit fallen, während die in Art. 91 b aufgeführten Sachbereiche teils zum Bund, teils zu den Ländern gehören. Der Begriff der Gemeinschaftsaufgabe wird nur in Art. 91 a verwendet. Er hat hier folgenden Inhalt: Gemeinschaftsaufgabe ist eine nach dem Zuständigkeitskatalog grundsätzlich in die ausschließliche Zuständigkeit der Länder fallende Aufgabe, bei deren Erfüllung Bund und Länder vor allem durch gemeinsame Planung, durch geteilte Kostentragung und durch gegenseitige Unterrichtungspflicht zusammenwirken, wobei die näheren Bestimmungen über die Zusammenarbeit durch zustimmungsbedürftige Bundesgesetze getroffen werden.

3 Art. 91 a nennt vier Gemeinschaftsaufgaben: Ausbau und Neubau von Hochschulen, Verbesserung der regionalen Wirtschaftsstruktur, Verbesserung der Agrarstruktur und Verbesserung des Küstenschutzes. Durch ein Bundesgesetz, das, um der grundsätzlichen Zuständigkeit der Länder gerecht zu werden, der Zustimmung des Bundesrates bedarf, können diese Aufgaben im einzelnen näher bestimmt werden. Die Höhe der **finanziellen Beteiligung** von Bund und Ländern ergibt sich aus Abs. 4.

4 Aufgrund des Art. 91 a sind bisher das Hochschulbauförderungsgesetz vom 1. September 1969 (in der Fassung vom 6. Oktober 1994) – HSchBFG –, das Gesetz über die Gemeinschaftsaufgabe »Verbesserung der regionalen Wirtschaftsstruktur« vom 6. Oktober 1969 (in der Fassung vom 24. Juni 1991) und das Gesetz über die Gemeinschaftsaufgabe »Verbesserung der Agrarstruktur und des Küstenschutzes« vom 3. September 1969 (in der Fassung vom 11. November 1993) ergangen.

Das HSchBFG sei etwas näher betrachtet: Hier wird ein gemeinsamer Planungsausschuß von Bund und Ländern tätig, der einen gemeinsamen Rahmenplan aufstellt. Ihm gehören der Bundeswissenschafts- und der Bundesfinanzminister sowie je ein Mitglied jeder Landesregierung an, wobei der Bund und die Länder die gleichen Stimmen haben; der Bund kann diese nur einheitlich abgeben. Alle Beschlüsse bedürfen einer Dreiviertelmehrheit. Im Rahmenplan wird festgelegt, welche Hochschulen errichtet und welche bestehenden ausgebaut werden sollen.

Art. 91 b [Zusammenwirken bei Bildungsplanung und Forschung]

Bund und Länder können auf Grund von Vereinbarungen bei der Bildungsplanung und bei der Förderung von Einrichtungen und Vorhaben der wissenschaftlichen Forschung von überregionaler Bedeutung zusammenwirken. Die Aufteilung der Kosten wird in der Vereinbarung geregelt.

Über die Gemeinschaftsaufgabe »Ausbau und Neubau von Hochschulen« hinaus können Bund und Länder auf dem Gebiet des Bildungswesens, das nach Art. 75 Nr. 1 a zum Teil Bundesaufgabe ist, und auf dem Gebiet der Forschung zusammenarbeiten. Sie können nämlich Vereinbarungen im Bereich der Bildungsplanung und der Forschung von überregionaler Bedeutung schließen, in denen Art und Weise ihrer Zusammenarbeit und die Verteilung der Kosten geregelt werden.

Organe der Rechtsprechung[1]

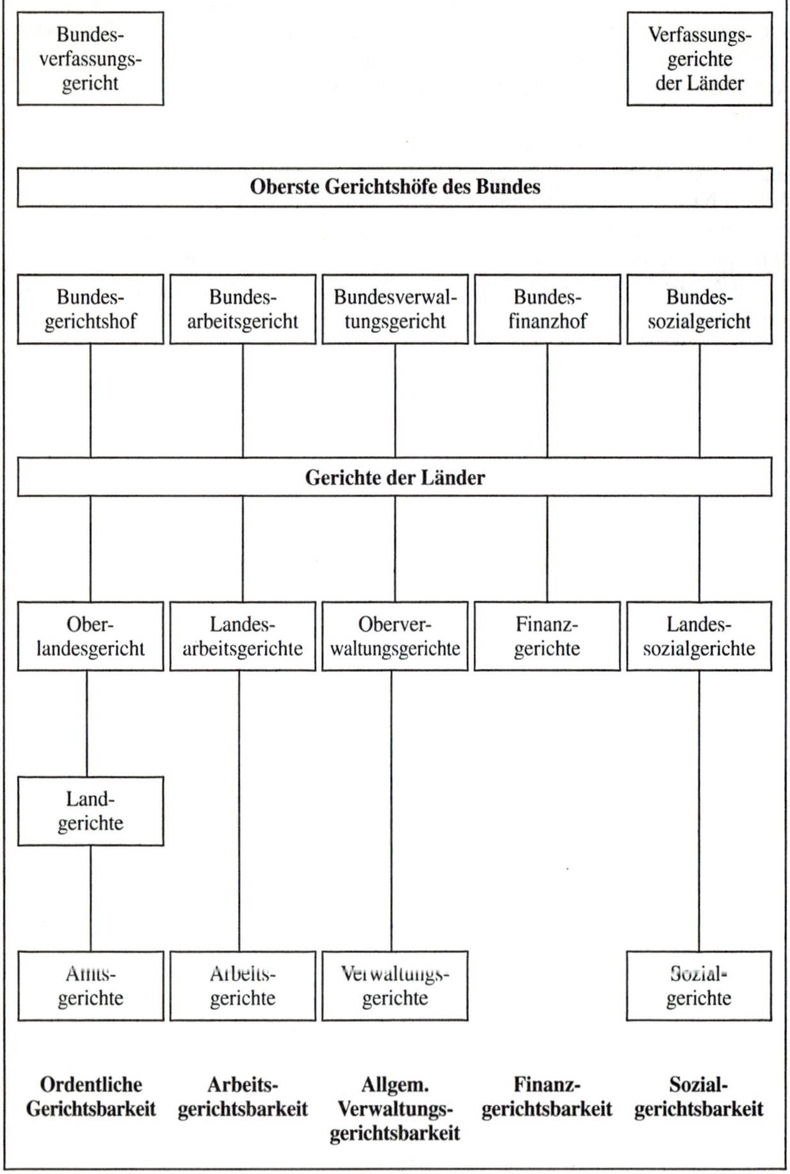

1 aus: Horst Pötzsch, Die deutsche Demokratie, Bonn 1995, S. 109.

IX. Die Rechtsprechung

Art. 92 [Gerichtsorganisation]

Die rechtsprechende Gewalt ist den Richtern anvertraut; sie wird durch das Bundesverfassungsgericht, durch die in diesem Grundgesetze vorgesehenen Bundesgerichte und durch die Gerichte der Länder ausgeübt.

I. Allgemeines

Der IX. Abschnitt beschäftigt sich mit der dritten der in Art. 20 Abs. 3 festgelegten Gewalten, der Rechtsprechung. Dabei regelt er folgende Komplexe: 1
a) die Verteilung der Kompetenz zur Errichtung von Gerichten zwischen Bund und Ländern (Art. 92, 93, 95, 96),
b) das Verhältnis der Rechtsprechung zu den anderen Gewalten (Art. 97, 100),
c) die Gerichtsorganisation, vor allem der Bundesgerichte (Art. 94, 95 Abs. 2, 96 Abs. 2 Satz 4, 98 Abs. 4),
d) das Recht derjenigen, denen die Rechtsprechung anvertraut ist, d.h. das Richterrecht (Art. 97, 98),
e) die Grundzüge des Gerichtsverfahrensrechts (Art. 97 Abs. 1, 100, 101–104) und
f) die Zuständigkeit der Bundesgerichte, vor allem des Bundesverfassungsgerichts (Art. 93, 99).

Nicht geregelt ist in diesem Abschnitt die Frage, ob neben den dort erwähnten 2 Gerichten und Gerichtszweigen auch andere Gerichtsformen zulässig sind, wie sie sich vor allem in der Ehrengerichtsbarkeit (z. B. für Ärzte oder für Rechtsanwälte) und im privaten Bereich (z.B. Schieds- oder Betriebsgerichte) herausgebildet haben. Für den Bereich der Ehrengerichte hat das BVerfG diese Frage bejaht: Art. 92 verlangt nicht, daß die Gerichte der Länder in Form einer unmittelbaren staatlichen Einrichtung zu errichten sind. Auch ein von der Körperschaft des öffentlichen Rechts – wie sie die Landesärztekammer oder Rechtsanwaltskammer darstellen – getragenes besonderes Gericht, dessen Errichtung im Hinblick auf die tatsächlichen und rechtlichen Besonderheiten seines Aufgabenbereichs sachgerecht erscheint, ist mit Art. 92 vereinbar, wenn es ein »staatliches Gericht« ist (BVerfGE 18, 124/253). Hinsichtlich privater »Gerichte« ist zu bemerken, daß deren Errichtung zum Zwecke der Streitschlichtung wohl zulässig ist, ihre Befugnisse aber jedenfalls dort enden, wo das GG ausdrücklich einen Richter verlangt. Deshalb kann ein solches Gericht z. B. keine Freiheitsstrafen verhängen (vgl. Art. 104 Abs. 2). Auch muß es möglich sein, eine Entscheidung eines solchen »Gerichts« von einem staatlichen Gericht überprüfen zu lassen.

II. Einzelheiten

3 Die **rechtsprechende Gewalt** ist den Richtern anvertraut. Was unter Rechtsprechung im einzelnen zu verstehen ist, ist außerordentlich umstritten. Das BVerfG versteht insoweit Art. 92 sowohl als Organisationsnorm als auch als eine Bestimmung, die durch den Begriff »rechtsprechende Gewalt« den Gerichten bestimmte Aufgaben ausschließlich zuweisen will; dazu zählt es z.B. »die traditionellen Kernbereiche der Rechtsprechung« (BVerfGE 22, 49/76 ff.).

4 Dadurch, daß in den Art. 93 bis 96 die Errichtung des BVerfG und bestimmter Bundesgerichte vorgesehen ist, wird gleichzeitig eine Gliederung der Rechtsprechung in verschiedene **Rechtsprechungszweige** erreicht:
a) die **Verfassungsgerichtsbarkeit** (Art. 93, 99,100),
b) die **ordentliche Gerichtsbarkeit** (Art. 95 Abs. 1),
c) die **Verwaltungsgerichtsbarkeit** (Art. 95 Abs. 1),
d) die **Finanzgerichtsbarkeit** (Art. 95 Abs. 1),
e) die **Arbeitsgerichtsbarkeit** (Art. 95 Abs. 1) und
f) die **Sozialgerichtsbarkeit** (Art. 95 Abs. 1).
Richter sind diejenigen Amtsträger, denen die Rechtsprechung anvertraut ist. Sie müssen Volljuristen sein und sind unabhängig, nicht weisungsgebunden, nicht ab- und nicht versetzbar und werden auf Lebenszeit ernannt (vgl. Art. 97). Ihrer Tätigkeit ist wesentlich, daß sie von einem an dem konkreten Fall nicht beteiligten Dritten ausgeübt wird (BVerfGE 3, 331/346). Der Richter ist ein entscheidendes Organ der Rechtspflege. Als weitere Organe sind zu nennen:
a) die **Staatsanwaltschaft,** die als Organ des Staates zur Durchsetzung des staatlichen Strafanspruchs das Anklagemonopol besitzt, dementsprechend aber auch die entlastenden Momente berücksichtigen muß; sie ist hierarchisch aufgebaut,
b) der **Rechtsanwalt,** der als Rechtsbeistand die Rechte der einzelnen im Prozeß oder außergerichtlich sichern soll,
c) der **Notar,** der vor allem für Beurkundungen zuständig ist,
d) der **Rechtspfleger,** der als juristischer Beamter der mittleren Laufbahn vor allem auf dem Gebiet der freiwilligen Gerichtsbarkeit tätig ist, und
e) der **Gerichtsvollzieher,** der ein Zwangsvollstreckungsorgan ist.

5 Die rechtsprechende Gewalt wird durch das Bundesverfassungsgericht, durch die im GG vorgesehenen Bundesgerichte und durch die Gerichte der Länder ausgeübt. Art. 92 wiederholt also die bereits in Art. 30 getroffene Grundsatzentscheidung, daß die Wahrnehmung der staatlichen Aufgaben grundsätzlich Sache der Länder sei, für den Bereich der Rechtsprechung. Das GG läßt in den in Art. 95 genannten Fällen die Errichtung oberster Gerichtshöfe des Bundes und auf den in Art. 96 aufgeführten Gebieten die Errichtung von Bundesgerichten zu. Im übrigen ist die Rechtsprechung Sache der Länder.

Art. 93 [Zuständigkeit des Bundesverfassungsgerichts]

(1) Das Bundesverfassungsgericht entscheidet:
1. über die Auslegung dieses Grundgesetzes aus Anlaß von Streitigkeiten über den Umfang der Rechte und Pflichten eines obersten Bundesorgans oder anderer Beteiligter, die durch dieses Grundgesetz oder in der Geschäftsordnung eines obersten Bundesorgans mit eigenen Rechten ausgestattet sind;
2. bei Meinungsverschiedenheiten oder Zweifeln über die förmliche und sachliche Vereinbarkeit von Bundesrecht oder Landesrecht mit diesem Grundgesetze oder die Vereinbarkeit von Landesrecht mit sonstigem Bundesrechte auf Antrag der Bundesregierung, einer Landesregierung oder eines Drittels der Mitglieder des Bundestages;
2 a. bei Meinungsverschiedenheiten, ob ein Gesetz den Voraussetzungen des Artikels 72 Abs. 2 entspricht, auf Antrag des Bundesrates, einer Landesregierung oder der Volksvertretung eines Landes;
3. bei Meinungsverschiedenheiten über Rechte und Pflichten des Bundes und der Länder, insbesondere bei der Ausführung von Bundesrecht durch die Länder und bei der Ausübung der Bundesaufsicht;
4. in anderen öffentlich-rechtlichen Streitigkeiten zwischen dem Bunde und den Ländern, zwischen verschiedenen Ländern oder innerhalb eines Landes, soweit nicht ein anderer Rechtsweg gegeben ist;
4 a. über Verfassungsbeschwerden, die von jedermann mit der Behauptung erhoben werden können, durch die öffentliche Gewalt in einem seiner Grundrechte oder in einem seiner in Artikel 20 Abs. 4, 33, 38, 101, 103 und 104 enthaltenen Rechte verletzt zu sein;
4 b. über Verfassungsbeschwerden von Gemeinden und Gemeindeverbänden wegen Verletzung des Rechts auf Selbstverwaltung nach Artikel 28 durch ein Gesetz, bei Landesgesetzen jedoch nur, soweit nicht Beschwerde beim Landesverfassungsgericht erhoben werden kann;
5. in den übrigen in diesem Grundgesetze vorgesehenen Fällen.
(2) Das Bundesverfassungsgericht wird ferner in den ihm sonst durch Bundesgesetz zugewiesenen Fällen tätig.

I. Allgemeines

Die umfassende Zuständigkeit des Bundesverfassungsgerichts qualifiziert es als den **»Obersten Hüter der Verfassung«**, d. h. als diejenige Institution, die berufen ist, die Einhaltung der Verfassungsbestimmungen zu überwachen und sie autoritativ auszulegen. Unweigerlich führt dies auch in den Bereich des Politischen. Schon unter der WRV hat der Staatsgerichtshof bemerkt, daß »im Hintergrund jedes Verfassungsstreites eine politische Frage steht, die geeignet ist, sich zur Machtfrage auszuwachsen«. Das BVerfG hat es dementsprechend zwar nicht mit politischen Streitigkeiten, aber doch überwiegend mit politischen Rechts- 1 streitigkeiten zu tun; das Spannungsverhältnis zwischen Recht und Politik wird in dieser Institution sichtbar. Das BVerfG ist oberstes Gericht und unabhängiges **Verfassungsorgan** zugleich (§ 1 BVerfGG).

II. Zusammensetzung

2 Das gemäß Art. 94 Abs. 2 ergangene Gesetz über das Bundesverfassungsgericht (BVerfGG) legt fest, daß es aus zwei Senaten zu je acht Richtern besteht, wobei drei Richter jedes Senats aus der Reihe der Richter an den Obersten Gerichtshöfen des Bundes stammen müssen (§ 2, vgl. auch Art. 94 Abs. 1). Die Richter müssen – wie andere Richter – die Befähigung zum Richteramt besitzen, das 40. Lebensjahr vollendet haben, das passive Wahlrecht besitzen und sich schriftlich bereit erklärt haben, Mitglied des BVerfG zu werden. Sie dürfen weder dem Bundesrat, dem Bundestag, der Bundesregierung noch entsprechenden Organen eines Landes angehören. Ihre Amtszeit dauert zwölf Jahre, eine Wiederwahl ist ausgeschlossen.
Gewählt werden die Richter jedes Senats je zur Hälfte vom Bundestag und vom Bundesrat. Letzterer wählt direkt, dagegen setzt der Bundestag einen Wahlmännerausschuß ein, der aus zwölf Mitgliedern besteht (§§ 5 ff. BVerfGG). Präsident und Stellvertreter werden vom Bundestag und Bundesrat im Wechsel gewählt.

III. Zuständigkeiten des Bundesverfassungsgerichts

3 Die umfassende Zuständigkeit des BVerfG ergibt sich aus Art. 93 Abs. 1 und 2, in Verbindung mit den entsprechenden Bestimmungen des BVerfGG. Es ist vor allem in folgenden Fällen zuständig:
1. Mit dem in Art. 93 Abs. 1 Nr. 1 geregelten **Organstreit** können die obersten Bundesorgane und ihnen gleichgestellte Organe bei Streitigkeiten über ihre Rechte und Pflichten eine Auslegung des GG durch das BVerfG herbeiführen. Parteien des Organstreits können sein der Bundespräsident, der Bundestag, der Bundesrat, die Bundesregierung, ferner die im GG mit eigenen Rechten und Pflichten ausgestatteten Teile dieser Organe, z. B. einzelne Abgeordnete (BVerfGE 10, 4 ff.) und die Fraktionen (BVerfGE 2, 143/159 f.). Politische Parteien können im Organstreit die Verletzung ihres verfassungsrechtlichen Status durch die rechtliche Gestaltung des Wahlverfahrens geltend machen.
Der Organstreit ist ein kontradiktorisches Streitverfahren, bei dem Antragsteller und Antragsgegner in einem verfassungsrechtlichen Rechtsverhältnis zueinander stehen müssen, aus dem sich Rechte und Pflichten ergeben, die sie gegenseitig achten müssen und die zwischen ihnen streitig geworden sind (BVerfGE 20, 18/23 f.).
2. Streitigkeiten zwischen Bund und Ländern über ihre Rechte und Pflichten (Abs. 1 Nr. 3) werden ebenfalls vom BVerfG entschieden.

3. Zur Wahrung der bundesstaatlichen Ordnung hat es ferner zu entscheiden über andere **öffentlich-rechtliche Streitigkeiten** zwischen Bund und Ländern oder zwischen verschiedenen Ländern oder innerhalb eines Landes, soweit nicht ein anderer Rechtsweg gegeben ist (Nr. 4). Die subsidiäre Zuständigkeit für Organstreitigkeiten innerhalb eines Landes soll eine lückenlose gerichtliche Kontrolle aller verfassungsrechtlichen Streitigkeiten im Land gewährleisten. Das BVerfG ist daher nicht nur zuständig, wenn das Landesrecht für Organstreitigkeiten überhaupt keine Zuständigkeiten eines Landesverfassungsgerichts vorsieht, sondern auch dann, wenn es den Kreis der Antragsberechtigten enger zieht als das Bundesrecht.
4. Gewissermaßen als »Landesverfassungsgericht« und nicht nur subsidiär entscheidet das BVerfG **Landesverfassungsstreitigkeiten,** wenn ihm die Entscheidung durch Landesgesetz zugewiesen worden ist (Art. 99), wie dies etwa die Landessatzung für Schleswig-Holstein getan hat.
5. Nach Art. 21 Abs. 2 kann das BVerfG die **Verfassungswidrigkeit von Parteien,** die nach ihren Zielen oder nach dem Verhalten ihrer Anhänger darauf ausgehen, die freiheitliche demokratische Grundordnung zu beeinträchtigen oder zu beseitigen oder den Bestand der Bundesrepublik zu gefährden, feststellen.
6. Weiterhin kann es nach Art. 18 die **Verwirkung von bestimmten Grundrechten** aussprechen.
7. Auch für die **Präsidentenanklage** (Art. 61) und für die **Richteranklage** nach Art. 98 Abs. 2 ist es zuständig.
8. Außerdem obliegt ihm die **Wahlprüfung** und die Entscheidung über den **Mandatsverlust** eines Abgeordneten (Art. 41).
9. Neben den Entscheidungen über Verfassungsbeschwerden ist die **Normenkontrolle** wohl die wichtigste Aufgabe des BVerfG. Hier handelt es sich um ein objektives Verfahren zur Überprüfung der Verfassungsmäßigkeit einer Rechtsvorschrift nach Zustandekommen und Inhalt. Verneint das BVerfG die Verfassungsmäßigkeit der betreffenden Norm, so erklärt es sie für nichtig, d. h. für von Anfang an unwirksam.
Es gibt zwei Arten der Normenkontrolle:
a) Die abstrakte Normenkontrolle ist in Art. 93 Abs. 1 Nr. 2 geregelt. Die dort genannten Bundes- und Landesorgane können, wenn sie ein Gesetz für verfassungswidrig oder Landesrecht für unvereinbar mit Bundesrecht halten, diese Frage dem BVerfG vorlegen.
b) Die konkrete Normenkontrolle (Art. 100) ergibt sich aus dem richterlichen Prüfungsrecht. Die Befugnis, Gesetze auf ihre Vereinbarkeit mit Verfassungsrecht zu überprüfen, steht allen Gerichten zu, aber die verbindliche Entscheidung über die Verfassungswidrigkeit ist dem BVerfG – bei Ländergesetzen auch Landesverfassungsgerichten – vorbehalten. Man spricht von einer dekonzentrierten Prüfungs- und einer konzentrierten Verwerfungskompetenz. Hält ein Gericht ein Gesetz, auf dessen Gültigkeit es bei der zu treffenden Entscheidung ankommt, für verfassungswidrig oder hält es Landesrecht für unvereinbar mit Bundesrecht, so muß es das Verfahren aussetzen und die Entscheidung des

BVerfG einholen. Diese Vorlagepflicht beschränkt sich auf formelle Gesetze, die nach Inkrafttreten des GG erlassen worden sind. Verordnungen und vorkonstitutionelle Gesetze können die Gerichte selbst prüfen und außer acht lassen, wenn sie deren Rechtsgültigkeit verneinen (BVerfGE 1, 184 ff.; 2, 128 ff.).
c) Die Verfassungsreform 1994 hat Abs. 2 a eingefügt. Er versucht, die Justiziabilität der Bedürfnisklausel des Art. 72 Abs. 2 durch die Verankerung einer neuen Verfahrensart zu verbessern.
10. Der Rechtsbehelf, mit dem sich der einzelne Bürger an das BVerfG wenden kann, ist die **Verfassungsbeschwerde,** die früher nur in § 90 ff. BVerfGG geregelt war, seit dem Inkrafttreten der »Notstandsverfassung« aber auch in Art. 93 Abs. 1 Nr. 4 a verankert ist. Jedermann kann sie danach einlegen, wenn er behauptet, er sei durch einen Akt der öffentlichen Gewalt in einem seiner Grundrechte oder in einem seiner in Art. 20 Abs. 4, 33, 38, 101, 103 und 104 enthaltenen Rechte verletzt. Solche Akte der öffentlichen Gewalt sind z. B. Verwaltungsakte, Gerichtsentscheidungen und Gesetze; letztere müssen den Beschwerdeführer allerdings selbst, unmittelbar und gegenwärtig verletzen und nicht erst der Ausführung durch einen Vollzugsakt bedürfen (BVerfGE 1, 97/101).
Sofern ein Rechtsweg zulässig ist – z. B. Anfechtung eines Verwaltungsaktes vor dem Verwaltungsgericht –, kann die Verfassungsbeschwerde grundsätzlich erst eingelegt werden, wenn er (erfolglos) erschöpft ist. Sie muß binnen eines Monats nach Erlaß oder Zustellung der letztinstanzlichen Entscheidung eingelegt sein (§ 93 BVerfGG); bei Gesetzen beträgt die Frist ein Jahr nach ihrem Inkrafttreten.
Verfassungsbeschwerden gegen **Gerichtsentscheidungen** führen nicht etwa dazu, daß das BVerfG nachprüft, ob diese »richtig« oder »falsch« sind, es ist kein »Superrevisionsgericht«. Es hat nur zu prüfen, ob das Gericht Grundrechte des Beschwerdeführers verletzt hat. Ein solcher Verstoß ist nur dann gegeben, wenn das Gericht durch verfahrensrechtliche Maßnahmen verfassungsmäßige Rechte eines Beteiligten beeinträchtigt oder bei seiner Entscheidung willkürlich gehandelt oder bei der Auslegung und Anwendung von Gesetzen Grundrechte außer acht gelassen hat und die Entscheidung hierauf beruht (vgl. BVerfGE 11, 348 f.).
Die beim BVerfG eingegangenen Verfassungsbeschwerden werden durch eine **Kammer,** die aus drei Richtern besteht, **vorgeprüft.** Bei jedem Senat können mehrere Kammern eingerichtet werden. Die Kammer kann es einstimmig ablehnen, eine Verfassungsbeschwerde anzunehmen. Sie kann einer solchen Beschwerde auch einstimmig stattgeben, wenn sie offensichtlich begründet ist, weil das BVerfG die maßgebliche Frage bereits entschieden hat. Im übrigen entscheidet der Senat. Wird einer Verfassungsbeschwerde stattgegeben, so wird der betreffende Akt der öffentlichen Gewalt aufgehoben.
Die Erfolgsquote der Verfassungsbeschwerden ist gering. Sie liegt bei ein bis zwei Prozent, ein auf den ersten Blick überraschendes Ergebnis, das aber verständlich wird, wenn man einerseits die Unzahl von Beschwerden berücksichtigt, die am besonderen Charakter der Verfassungsbeschwerde vorbeigehen, und andererseits sich vor Augen hält, daß in der Mehrzahl der Senats-

entscheidungen grundlegende Fragen judiziert werden, die Bedeutung jeweils für eine Vielzahl von Fällen haben.
Gemeinden und **Gemeindeverbände** können nach Maßgabe des Art. 93 Abs. 1 Nr. 4 b Verfassungsbeschwerde einlegen.

IV. Die Zuständigkeit der Senate

4 Der **Erste Senat** ist zuständig für solche Normenkontrollverfahren und Verfassungsbeschwerden, in denen überwiegend die Verletzung der Art. 1 bis 17 und der Rechte aus Art. 33, 101, 103 und 104 geltend gemacht wird.
Der **Zweite Senat** ist zuständig in den Fällen des Art. 93 Abs. 1 Nr. 1, 3 und 4 sowie in den nicht dem Ersten Senat zugewiesenen Normenkontrollverfahren und Verfassungsbeschwerden. In jedem Fall zuständig ist er hier, wenn es um Bereiche des öffentlichen Dienstes, des Wehr- und Ersatzdienstes, des Straf- und Bußgeldverfahrens sowie des Vollzugs von Untersuchungs- und Strafhaft geht. Außerdem sind ihm ab 1994 die Normenkontrollverfahren und Verfassungsbeschwerden aus den Bereichen Asylrecht, Ausländerrecht, Staatsangehörigkeit und aus Teilbereichen des Zivilrechts zugewiesen.
Das **Plenum,** d. h. die Gesamtheit der Richter, entscheidet, wenn ein Senat in einer Rechtsfrage von der Entscheidung des anderen Senats abweichen will (§ 16 BVerfGG).

V. Belastung des Bundesverfassungsgerichts

5 Die Belastung des BVerfG nimmt von Jahr zu Jahr zu. Immer mehr Bürger suchen im Wege der Verfassungsbeschwerde vor dem BVerfG ihr Recht oder das, was sie für ihr Recht halten. Hinzu kommen in letzter Zeit eine Fülle von Großverfahren (Schwangerschaftsabbruch, Maastricht-Vertrag, Rundfunkrecht, Einsätze der Bundeswehr).

VI. Die Kritik am Bundesverfassungsgericht

6 In jüngster Zeit ist dem BVerfG vorgeworfen worden, daß es seine Kompetenzen überschreite und sich zunehmend in den Bereich der Politik begebe. Angesichts seiner Entscheidung über die Fristenlösung (vgl. Rz. 12 zu Art. 2), zum Hochschulrecht (vgl. Rz. 11 zu Art. 5) oder zur Kriegsdienstverweigerung aus Gewissensgründen (vgl. Rz. 10 zu Art. 4), um nur einige der kritisierten Urteile zu nennen, ist dieser Vorwurf sicher nicht völlig unberechtigt. Es muß aber gleichzeitig daran erinnert werden, daß das BVerfG, soweit es nicht um Verfassungsbeschwerden der Bürger geht, vom Institutionstyp her darauf angelegt ist, daß vor allem die Opposition versucht, mit seiner Hilfe ihre Politik durchzusetzen. Zu allen Zeiten war der Gang der Opposition nach Karlsruhe keine

Seltenheit, und von Regierungsseite war über das Gericht wenig Freundliches zu hören. Die heute wieder diskutierten Vorschläge, die Aufgaben des Gerichts durch Gesetz zu beschränken, sind daher wenig überzeugend. Entscheidend bleibt die fachliche und menschliche Qualität seiner Richter.
Auf der Staatsrechtslehrertagung 1928 in Wien hat Triepel darauf hingewiesen, daß die Art oder Auswahl der Verfassungsrichter bereits eine Vorentscheidung über den Wert der Verfassungsgerichtsbarkeit als Institution treffe. Er hat damit auf einen für jede demokratische Verfassungsgerichtsbarkeit entscheidenden Sachverhalt aufmerksam gemacht und gezeigt, daß der Modus der Berufung von Verfassungsrichtern mehr ist als nur ein verfahrenstechnisches, isolierbares Einzelproblem. Die Väter der Verfassung versuchten mit der Schaffung des Art. 94 Abs. 1 Satz 2 GG nach dieser Einsicht zu handeln, und diesem Umstand dadurch gerecht zu werden, daß sie vier nicht ohne weiteres zu vereinbarende Forderungen bei der Regelung der Richterberufung berücksichtigten. Es handelt sich um die Forderungen nach demokratischer Legitimierung der Richter, nach dem Ausschluß einseitiger Einflüsse bei der Richterwahl, nach hoher richterlicher Qualifikation und nach föderativer Repräsentation. Nur wenn man diese als das »Magisches Viereck der Richterbestellung« bezeichneten Forderungen stets im Auge behält, kann eine sachlich richtige Vorentscheidung für die substantielle Funktionsfähigkeit eines Verfassungsgerichts getroffen werden.
Bei der verfassungsrechtlichen und gesetzlichen Regelung des Berufungsmodus der Richter ist versucht worden, dem soweit wie möglich zu entsprechen. Daß dabei keine perfekte Lösung erreicht werden konnte, liegt in der Natur der Sache. Entweder ist die demokratische Legitimation unantastbar, dann ist das Ringen – auch und gerade das parteipolitische Ringen – um den Einfluß bei der Berufungsprozedur nicht auszuschalten und die Qualifikation gerät in Gefahr, zu kurz zu kommen. Oder der Gruppeneinfluß wird weitgehend ausgeschaltet, dann mangelt es an der demokratischen Legitimation und der föderalistischen Repräsentation. Deshalb hat die Betonung der demokratischen Legitimation in dem vorliegenden Berufungsmodus zur Folge, daß zwar die Gefahr allzu einseitiger Einflüsse bei der Besetzung des BVerfG gebannt wurde, daß aber das Gericht als Ganzes stärker in die Abhängigkeit von Bundestag und Bundesrat als den Kreationsorganen der Richter geraten ist.
Nimmt man das verfassungsrechtliche Prinzip ernst, wonach alle Staatsgewalt vom Volke ausgeht, dann müssen die Verfassungsrichter ihre Amtsgewalt von der Aktivbürgerschaft ableiten. Eine direkte Wahl durch das Volk kommt jedoch nicht in Betracht. Auf keinen Fall darf aber die Wahl den Angehörigen von Institutionen übertragen werden, die selbst nicht demokratisch legitimiert sind. Die Lösung, die das GG gefunden hat – Wahl je zur Hälfte durch den Bundestag und Bundesrat mit Zwang zur Zweidrittelmehrheit – dürfte ein Maximum an demokratischer Legitimation bedeuten. Logisch zwangsläufig führt dabei in einer Parteiendemokratie der Weg der Legitimierung über die Parteien. Wer deshalb die Ausschaltung von Parteieinflüssen bei der der Richterwahl fordert – die Parteien selbst tun dies wohlweislich nicht –, der ist sich über den modernen

demokratischen Parteienstaat und die ihn konstituierenden Strukturmerkmale nicht im klaren.
Daß die Parteien bei der Besetzung der Richterstellen beim BVerfG Einfluß nehmen, ist daher nicht zu beanstanden. Es darf aber nicht übersehen werden, daß mit parteipolitischem Proporzdenken oft allzuschnell verbunden ist ein Verzicht auf Persönlichkeiten, die auf der Basis solider Kenntnisse des Verfassungsrechts und der öffentlichen Angelegenheiten allen Seiten gegenüber kritisch distanziert sind und auch die Fähigkeit zur Selbstkritik haben. Gerade hierin aber liegt die beste Garantie, daß das Gericht seine Grenzen nicht überschreitet. Es sind Anzeichen erkennbar, daß bei einigen Richterwahlen diese Gesichtspunkte nicht genügend berücksichtigt worden sind. Für die unerläßliche Autorität des BVerfG und seiner Entscheidungen wird es darauf ankommen, daß in Zukunft bei den Richterwahlen nicht lediglich Parteifreunde mit eingeübten Loyalitäten berücksichtigt werden, sondern sorgfältiger auf die Qualifikation der Kandidaten Bedacht genommen wird. Auf die Dauer ist eine sorgfältige Richterauswahl die zuverlässigste Gewähr für die verfassungsmäßige Funktion eines so sensiblen und anfälligen Verfassungsorgans, wie es das BVerfG mit seinen weiten Zuständigkeiten darstellt.

Art. 94 [Zusammensetzung und Verfahren des Bundesverfassungsgerichts]

(1) Das Bundesverfassungsgericht besteht aus Bundesrichtern und anderen Mitgliedern. Die Mitglieder des Bundesverfassungsgerichtes werden je zur Hälfte vom Bundestage und vom Bundesrate gewählt. Sie dürfen weder dem Bundestage, dem Bundesrate, der Bundesregierung noch entsprechenden Organen eines Landes angehören.
(2) Ein Bundesgesetz regelt seine Verfassung und das Verfahren und bestimmt, in welchen Fällen seine Entscheidungen Gesetzeskraft haben. Es kann für Verfassungsbeschwerden die vorherige Erschöpfung des Rechtsweges zur Voraussetzung machen und ein besonderes Annahmeverfahren vorsehen.

Vgl. Rz. 2 und 4 zu Art. 93.

Art. 95 [Oberste Gerichtshöfe des Bundes]

(1) Für die Gebiete der ordentlichen, der Verwaltungs-, der Finanz-, der Arbeits- und der Sozialgerichtsbarkeit errichtet der Bund als oberste Gerichtshöfe den Bundesgerichtshof, das Bundesverwaltungsgericht, den Bundesfinanzhof, das Bundesarbeitsgericht und das Bundessozialgericht.
(2) Über die Berufung der Richter dieser Gerichte entscheidet der für das jeweilige Sachgebiet zuständige Bundesminister gemeinsam mit einem Richterwahlausschuß, der aus den für das jeweilige Sachgebiet zuständigen Ministern

der Länder und einer gleichen Anzahl von Mitgliedern besteht, die vom Bundestage gewählt werden.
(3) Zur Wahrung der Einheitlichkeit der Rechtsprechung ist ein Gemeinsamer Senat der in Absatz 1 genannten Gerichte zu bilden. Das Nähere regelt ein Bundesgesetz.

I. Die einzelnen Gerichtsbarkeiten

Indem Abs. 1 für die dort genannten Bereiche die Errichtung oberster Gerichtshöfe des Bundes zuläßt, trifft er gleichzeitig eine Einteilung der Rechtsprechungstätigkeit in einzelne Sachgebiete.

1 Oberster Gerichtshof für den Bereich der **ordentlichen Gerichtsbarkeit** ist der Bundesgerichtshof (BGH), dessen Sitz Karlsruhe ist. Sie umfaßt die Straf- und Zivilsachen sowie die freiwillige Gerichtsbarkeit. Der Instanzenzug zerfällt in Amts-, Land- und Oberlandesgericht (in Bayern außerdem noch das Bayerische Oberste Landesgericht); darüber steht der BGH. In den in Art. 96 genannten Fällen kann der Bund auch Bundesgerichte errichten.
In **Zivilsachen** ist das Amtsgericht für vermögensrechtliche Streitigkeiten bis 10 000,– DM zuständig, das Landgericht für Ansprüche, die diesen Wert übersteigen. Das Oberlandesgericht befindet über Berufungen und Beschwerden gegen untergerichtliche Entscheidungen; der BGH ist als Revisionsinstanz in Zivilsachen bei einer Revisionssumme von über 60 000,– DM anrufbar (Revision: Rechtsmittel, das zur Nachprüfung der angefochtenen Entscheidung nur in rechtlicher Hinsicht führt; Berufung: Rechtsmittel, das auch zur Nachprüfung in tatsächlicher Hinsicht führt), außerdem dann, wenn das OLG die Revision zuläßt.
In **Strafsachen** darf das Amtsgericht, das entweder durch den Einzelrichter oder ein Schöffengericht entscheidet, nicht auf eine höhere Strafe als vier Jahre Freiheitsstrafe und nicht auf Unterbringung in einem psychiatrischen Krankenhaus oder auf Sicherungsverwahrung erkennen. Es ist zuständig, für die Ahndung von Ordnungswidrigkeiten sowie von Verbrechen und Vergehen, wenn nicht insoweit höhere Gerichte zuständig sind. So ist z. B. das bei dem Landgericht errichtete Schwurgericht zuständig für Verbrechen der Unzucht und Notzucht mit Todesfolge, des Mordes, des Totschlags, der Kindestötungen, des schweren Raubes und für bestimmte gemeingefährliche Delikte. Gleichzeitig ist das Landgericht Berufungsinstanz gegen Urteile des Amtsgerichts. Der BGH ist Revisionsinstanz; in Staatsschutzsachen bildet das OLG in bestimmten Fällen die erste Instanz.

2 Die **Verwaltungsgerichtsbarkeit** ist zuständig für alle öffentlich-rechtlichen Streitigkeiten nichtverfassungsrechtlicher Art, soweit diese nicht durch Bundesgesetz einem anderen Gericht ausdrücklich zugewiesen worden sind (§ 40 VwGO). Letzteres ist z. B. für Steuer- und Sozialsachen geschehen. Wichtigste Klagearten im verwaltungsgerichtlichen Verfahren sind die Klage auf Aufhebung eines Verwaltungsaktes (Anfechtungsklage), die Klage auf Verurteilung

zum Erlaß eines abgelehnten oder unterlassenen Verwaltungsaktes (Verpflichtungsklage) sowie die Klage auf Feststellung des Bestehens oder Nichtbestehens eines Rechtsverhältnisses oder der Nichtigkeit eines Verwaltungsaktes (Feststellungsklage).
Erste Instanz ist das Verwaltungsgericht, Berufungsinstanz das Oberverwaltungsgericht (in manchen Ländern auch Verwaltungsgerichtshof genannt), Revisionsinstanz das Bundesverwaltungsgericht (BVerwG; Berlin).

Die **Finanzgerichtsbarkeit** ist vor allem zuständig für öffentlich-rechtliche 3
Streitigkeiten über Abgabenangelegenheiten, soweit die Abgaben der Gesetzgebung des Bundes unterliegen und durch Bundes- oder Landesfinanzbehörden verwaltet werden. Das ist z.B. bei der Lohn-, der Einkommen- oder der Mehrwertsteuer der Fall. Erste Instanz ist das Landesfinanzgericht, Revisionsgericht der Bundesfinanzhof (BFH; München). Hier fehlt also eine Berufungsinstanz.

Die **Sozialgerichtsbarkeit** ist zuständig für öffentlich-rechtliche Streitigkeiten in 4
Angelegenheiten der Sozialversicherung, der Arbeitslosenversicherung und der übrigen Aufgaben der Bundesanstalt für Arbeit. Erste Instanz ist das Sozialgericht, Berufungsinstanz das Landessozialgericht, Revisionsinstanz das Bundessozialgericht (BSozG; Kassel).

Die **Arbeitsgerichtsbarkeit** befaßt sich u.a. mit Streitigkeiten zwischen Tarif- 5
parteien oder zwischen Arbeitnehmern und Arbeitgebern aus dem Arbeitsverhältnis; hinzu kommen Streitigkeiten hinsichtlich bestimmter Fälle des Betriebsverfassungsgesetzes. Erste Instanz sind die Arbeitsgerichte, Berufungsinstanz die Landesarbeitsgerichte und Revisionsinstanz das Bundesarbeitsgericht (BAG; Kassel).

II. Die Richter der obersten Gerichtshöfe

Die Richter des BGH, BVerwG, BFH, BSozG und BAG werden durch einen 6
Richterwahlausschuß gewählt. Dies ist etwas Besonderes, da die Richter der unteren Instanzen in der Regel von dem zuständigen Ressortminister ernannt werden. Bei den Bundesrichtern hat dagegen auch die Legislative ein Mitspracherecht. Der Richterwahlausschuß besteht aus den für das jeweilige Sachgebiet zuständigen Länderministern und der gleichen Anzahl von Mitgliedern des Bundestages. Neben der Wahl durch den Richterwahlausschuß ist Voraussetzung für die Berufung eines Bundesrichters, daß der zuständige Bundesminister – für den BGH also der Bundesjustizminister – dem zustimmt (»gemeinsam«). Ernannt wird er dann durch den Bundespräsidenten (Art. 60 Abs. 1).

III. Der Gemeinsame Senat

Da die einzelnen Gerichtszweige selbständig nebeneinanderstehen, kann es 7
dazu kommen, daß ein und dieselbe Frage unterschiedlich entschieden wird, je nachdem, unter welchem Gesichtspunkt sie sich stellt und welche Gerichtsbar-

keit daher zuständig ist. Um der Gefahr der Zersplitterung der Rechtsprechung zu begegnen und ihre Einheitlichkeit zu wahren, ist ein Gemeinsamer Senat des BGH, BVerwG, BFH, BSozG und BAG gebildet worden. Dieser ist gemäß dem nach Abs. 3 Satz 2 erlassenen Gesetz zuständig, wenn ein oberster Gerichtshof in einer Rechtsfrage von der Entscheidung eines anderen obersten Gerichtshofs abweichen will (z. B. bei einer bestimmten Fristberechnung). Er besteht aus den Präsidenten der obersten Gerichtshöfe, den Vorsitzenden der beteiligten Senate und je einem weiteren Richter der beteiligten Senate.

Art. 96 [Andere Bundesgerichte]

(1) Der Bund kann für Angelegenheiten des gewerblichen Rechtsschutzes ein Bundesgericht errichten.
(2) Der Bund kann Wehrstrafgerichte für die Streitkräfte als Bundesgerichte errichten. Sie können die Strafgerichtsbarkeit nur im Verteidigungsfalle sowie über Angehörige der Streitkräfte ausüben, die in das Ausland entsandt oder an Bord von Kriegsschiffen eingeschifft sind. Das Nähere regelt ein Bundesgesetz. Diese Gerichte gehören zum Geschäftsbereich des Bundesjustizministers. Ihre hauptamtlichen Richter müssen die Befähigung zum Richteramt haben.
(3) Oberster Gerichtshof für die in Absatz 1 und 2 genannten Gerichte ist der Bundesgerichtshof.
(4) Der Bund kann für Personen, die zu ihm in einem öffentlich-rechtlichen Dienstverhältnis stehen, Bundesgerichte zur Entscheidung in Disziplinarverfahren und Beschwerdeverfahren errichten.
(5) Für Strafverfahren auf den Gebieten des Artikels 26 Abs. 1 und des Staatsschutzes kann ein Bundesgesetz mit Zustimmung des Bundesrates vorsehen, daß Gerichte der Länder Gerichtsbarkeit des Bundes ausüben.

1 Art. 92 bestimmt, daß die Rechtsprechung Sache der Länder ist, soweit nicht das GG die Errichtung von Bundesgerichten vorsieht. Das ist für die verschiedenen Gerichtszweige durch die Einrichtung oberster Gerichtshöfe (Art. 95 Abs. 1) geschehen. Außerdem gestattet Art. 96, auf zwei besonderen Gebieten der ordentlichen Gerichtsbarkeit **Bundesgerichte** zu installieren, für die gemäß Abs. 3 der BGH den obersten Gerichtshof bildet.

Auf dem Gebiet des **gewerblichen Rechtsschutzes** ist dies das Bundespatentgericht (München), das für die Entscheidung über Beschwerden gegen Beschlüsse der Prüfungsstellen oder Patentabteilungen des Patentamts sowie über Klagen auf Erklärung der Nichtigkeit oder Zurücknahme von Patenten und auf Erteilung von Zwangslizenzen zuständig ist. Gegen die Beschlüsse der Beschwerdesenate des Bundespatentgerichts in bestimmten Fällen ist die Rechtsbeschwerde, gegen die Urteile der Nichtigkeitssenate die Berufung zum BGH möglich.

Außerdem kann der Bund **Wehrstrafgerichte** errichten, die aber grundsätzlich nur im Verteidigungsfall und nur gegenüber Angehörigen der Streitkräfte in

Aktion treten dürfen. Im Frieden sind sie ausnahmsweise zuständig für Angehörige der Streitkräfte, die in das Ausland entsandt oder an Bord von Kriegsschiffen eingeschifft sind. Als höchstes Wehrstrafgericht ist der BGH berufen (Abs. 3); damit ist zum Ausdruck gebracht, daß eine »zivile« Spitze vorhanden sein muß, welche als übergeordnete Gerichtsinstanz die Entscheidungen der Wehrstrafgerichte kontrollieren kann.
Wehrstrafgerichte sind noch nicht eingerichtet worden, da das entsprechende Ausführungsgesetz bisher nicht erlassen worden ist.

Außerdem kann der Bund für ein besonderes Gebiet der Verwaltungsgerichts- **2**
barkeit, nämlich das der **Disziplinargerichtsbarkeit,** eine eigene »Strafgerichtsbarkeit« mit eigenem Unterbau schaffen, soweit es sich um die Ahndung von Dienstvergehen handelt, die Personen begangen haben, die zu ihm in einem öffentlich-rechtlichen Dienstverhältnis stehen. Erste Instanz ist das Bundesdisziplinargericht (Frankfurt), Rechtsmittelinstanz sind die Disziplinarsenate beim Bundesverwaltungsgericht.

Die Aburteilung von **Staatsschutzdelikten** ist Aufgabe des Bundes, doch kann **3**
dieser – auch auf den Gebieten des Art. 26 – den Ländern durch Bundesgesetz insoweit die Gerichtsbarkeit übertragen. Dies ist weitgehend geschehen. Die Oberlandesgerichte sind nunmehr als erste Instanz z. B. zuständig für Friedens-, Hoch- und Landesverrat, für Straftaten gegen Verfassungsorgane und für Völkermord. Zweite Instanz ist hier der BGH.

Art. 97 [Richterliche Unabhängigkeit]

(1) Die Richter sind unabhängig und nur dem Gesetze unterworfen.
(2) Die hauptamtlich und planmäßig endgültig angestellten Richter können wider ihren Willen nur kraft richterlicher Entscheidung und nur aus Gründen und unter den Formen, welche die Gesetze bestimmen, vor Ablauf ihrer Amtszeit entlassen oder dauernd oder zeitweise ihres Amtes enthoben oder an eine andere Stelle oder in den Ruhestand versetzt werden. Die Gesetzgebung kann Altersgrenzen festsetzen, bei deren Erreichung auf Lebenszeit angestellte Richter in den Ruhestand treten. Bei Veränderung der Einrichtung der Gerichte oder ihrer Bezirke können Richter an ein anderes Gericht versetzt oder aus dem Amte entfernt werden, jedoch nur unter Belassung des vollen Gehaltes.

Die hier garantierte **richterliche Unabhängigkeit,** die den Richter zu einem **1**
spezifischen, mit keinem anderen vergleichbaren Amtsträger macht, gehört zu den tragenden Grundsätzen unseres Verfassungsrechts. Sie soll die rechtsprechende Gewalt gegen Eingriffe der Legislative und Exekutive schützen (BVerfGE 12, 67/71). Zu unterscheiden ist die sachliche (Abs. 1) und die persönliche Unabhängigkeit (Abs. 2). Die sachliche Unabhängigkeit ist nur durch die Bindung an das Gesetz beschränkt; die persönliche unterliegt gewissen sorgfältig formulierten und eng begrenzten Einschränkungen.

2 Die **sachliche Unabhängigkeit,** die den Laienrichtern ebenso zukommt wie den Berufsrichtern (BVerfGE 18, 241/254), bedeutet, daß die Richter im Rahmen der Rechtsprechungstätigkeit an Weisungen nicht gebunden und nur dem Gesetz unterworfen sind (BVerfGE 3, 213/224). Halten sie ein formelles Gesetz, das sie anwenden sollen, für verfassungswidrig, so können sie dies im Wege der Vorlage vom BVerfG klären lassen (Art. 100; vgl. Rz. 3 zu Art. 93). Soweit es sich um Rechtsverordnungen handelt, kann das Gericht sie darauf überprüfen, ob die ihnen zugrunde liegende gesetzliche Ermächtigung den Anforderungen des Art. 80 Abs. 1 entspricht und ob sie sich im Rahmen dieser Ermächtigung halten. Die Bindung an das Gesetz ist also nicht so zu verstehen, daß auch ungültige Gesetze angewendet werden müßten.

3 Die **persönliche Unabhängigkeit,** die sich nur auf die Berufsrichter bezieht, beinhaltet, daß ihnen garantiert sein muß, daß sie vor Ablauf ihrer Amtszeit nur unter den in den Richtergesetzen, die nach Art. 98 erlassen worden sind, festgelegten Voraussetzungen und gegen ihren Willen nur kraft richterlicher Entscheidung abberufen werden können (BVerfGE 14, 56/70). Auch eine dauernde oder zeitweise Amtsenthebung oder Versetzung ist nur unter diesen Voraussetzungen möglich. Eine Ausnahme gilt nur, wenn Gerichte oder ihre Bezirke verändert werden; hier können Richter versetzt oder aus dem Amte entfernt werden, wobei ihnen jedoch das volle Gehalt belassen werden muß.

Art. 98 [Rechtsstellung der Richter in Bund und Ländern]

(1) Die Rechtsstellung der Bundesrichter ist durch besonderes Bundesgesetz zu regeln.

(2) Wenn ein Bundesrichter im Amte oder außerhalb des Amtes gegen die Grundsätze des Grundgesetzes oder gegen die verfassungsmäßige Ordnung eines Landes verstößt, so kann das Bundesverfassungsgericht mit Zweidrittelmehrheit auf Antrag des Bundestages anordnen, daß der Richter in ein anderes Amt oder in den Ruhestand zu versetzen ist. Im Falle eines vorsätzlichen Verstoßes kann auf Entlassung erkannt werden.

(3) Die Rechtsstellung der Richter in den Ländern ist durch besondere Landesgesetze zu regeln. Der Bund kann Rahmenvorschriften erlassen, soweit Artikel 74a Abs. 4 nichts anderes bestimmt.

(4) Die Länder können bestimmen, daß über die Anstellung der Richter in den Ländern der Landesjustizminister gemeinsam mit einem Richterwahlausschuß entscheidet.

(5) Die Länder können für Landesrichter eine Absatz 2 entsprechende Regelung treffen. Geltendes Landesverfassungsrecht bleibt unberührt. Die Entscheidung über eine Richteranklage steht dem Bundesverfassungsgericht zu.

Auch in Art. 98 kommt der besondere Status der Richter zum Ausdruck, wenn für sie besondere Richtergesetze gefordert werden (Abs. 1, Abs. 3). Für Bundesrichter gilt das **Deutsche Richtergesetz,** das gleichzeitig Rahmenvorschriften

für die Landesrichter enthält. Dieses Gesetz bestimmt, daß die Befähigung zum Richteramt durch das Bestehen zweier Prüfungen (erste und zweite juristische Staatsprüfung) erworben wird. Der Richter wird grundsätzlich auf Lebenszeit ernannt. Sein Ausscheiden aus dem Dienst ist z. B. vorgesehen, wenn er zu einer Freiheitsstrafe von mindestens einem Jahr wegen einer vorsätzlichen Tat rechtskräftig verurteilt worden ist.
Die in Abs. 2 vorgesehene Möglichkeit der **Richteranklage** zum BVerfG hat bisher keine Bedeutung erlangt.
Von der in Abs. 4 vorgesehenen Möglichkeit, **Richterwahlausschüsse** einzuführen, haben bisher nur wenige Länder Gebrauch gemacht (z. B. Bremen).

Art. 99 [Entscheidung landesrechtlicher Streitigkeiten durch Bundesgerichte]

Dem Bundesverfassungsgerichte kann durch Landesgesetz die Entscheidung von Verfassungsstreitigkeiten innerhalb eines Landes, den in Artikel 95 Abs. 1 genannten obersten Gerichtshöfen für den letzten Rechtszug die Entscheidung in solchen Sachen zugewiesen werden, bei denen es sich um die Anwendung von Landesrecht handelt.

Vgl. Rz. 3 zu Art. 93.

Art. 100 [Gerichtliche Vorlagen an das Bundesverfassungsgericht (Normenkontrollverfahren)]

(1) Hält ein Gericht ein Gesetz, auf dessen Gültigkeit es bei der Entscheidung ankommt, für verfassungswidrig, so ist das Verfahren auszusetzen und, wenn es sich um die Verletzung der Verfassung eines Landes handelt, die Entscheidung des für Verfassungsstreitigkeiten zuständigen Gerichtes des Landes, wenn es sich um die Verletzung dieses Grundgesetzes handelt, die Entscheidung des Bundesverfassungsgerichtes einzuholen. Dies gilt auch, wenn es sich um die Verletzung dieses Grundgesetzes durch Landesrecht oder um die Unvereinbarkeit eines Landesgesetzes mit einem Bundesgesetze handelt.
(2) Ist in einem Rechtsstreite zweifelhaft, ob eine Regel des Völkerrechtes Bestandteil des Bundesrechtes ist und ob sie unmittelbar Rechte und Pflichten für den Einzelnen erzeugt (Artikel 25), so hat das Gericht die Entscheidung des Bundesverfassungsgerichtes einzuholen.
(3) Will das Verfassungsgericht eines Landes bei der Auslegung des Grundgesetzes von einer Entscheidung des Bundesverfassungsgerichtes oder des Verfassungsgerichtes eines anderen Landes abweichen, so hat das Verfassungsgericht die Entscheidung des Bundesverfassungsgerichtes einzuholen.

Vgl. Rz. 3 zu Art. 93.

Art. 101 [Recht auf den gesetzlichen Richter]

(1) Ausnahmegerichte sind unzulässig. Niemand darf seinem gesetzlichen Richter entzogen werden.
(2) Gerichte für besondere Sachgebiete können nur durch Gesetz errichtet werden.

I. Das Verbot von Ausnahmegerichten

1 Ausnahmegerichte sind Gerichte, die in willkürlicher Abweichung von der gesetzlichen Zuständigkeit besonders gebildet und zur Entscheidung einzelner konkreter und individuell bestimmter Fälle berufen werden (BVerfGE 10, 200/212). Das wäre etwa der Fall, wenn zur Aburteilung eines bestimmten Täters (z. B. eines Mörders) ein besonderer Spruchkörper geschaffen würde. Gerichte für besondere Sachgebiete sind gemäß Abs. 2 dagegen möglich. Solche Gerichte sind z. B. die Ehrengerichtshöfe für Rechtsanwälte.

II. Das Recht auf den gesetzlichen Richter

2 Das Grundrecht auf den gesetzlichen Richter soll ebenso wie die Gewährleistung der Unabhängigkeit der Gerichte (Art. 97) Eingriffe Unbefugter in die Rechtspflege verhindern und das Vertrauen der Rechtsuchenden und der Öffentlichkeit in die Unparteilichkeit der Gerichte schützen; das geschichtlich damit verbundene Verbot von Ausnahmegerichten soll einer Umgehung dieses Gebots entgegenwirken (BVerfGE 4, 412/416).
Gesetzlicher Richter ist der Richter, der durch Gesetz ohne Rücksicht auf konkrete Fälle für ein bestimmtes Sachgebiet oder für einen bestimmten Raum für zuständig erklärt wird. Solche Gesetze sind z. B. das Gerichtsverfassungsgesetz, die Strafprozeßordnung, die Zivilprozeßordnung, die Verwaltungsgerichtsordnung, die Sozialgerichtsordnung und die Finanzgerichtsordnung.
Das Recht auf den gesetzlichen Richter steht jedermann zu, der an einem gerichtlichen Verfahren als Partei oder in ähnlicher Stellung beteiligt ist, gleichgültig, ob es sich um eine juristische (z. B. AG, GmbH) oder natürliche, eine inländische oder ausländische Person handelt.
Der Richter muß in der Lage sein, alle Aufgaben zu erfüllen, zu deren Wahrnehmung er verfahrensrechtlich berufen ist. Dazu benötigt er die Fähigkeit, die in der Hauptverhandlung ablaufenden Vorgänge aufzunehmen. Diese Fähigkeit besitzt ein **taubstummer Richter** nicht. Im Strafverfahren ist hierzu auch ein **blinder Richter** nicht in der Lage, weil hier auch visuelle Eindrücke von maßgebender Bedeutung sind. Beide Richter sind daher nicht gesetzliche Richter (BGH, NJW 1988, 1333).

Art. 102 [Abschaffung der Todesstrafe]

Die Todesstrafe ist abgeschafft.

Art. 102 untersagt dem Bundesgesetzgeber und den Landesgesetzgebern, die Todesstrafe zur Ahndung von Straftaten vorzusehen; der an das GG gebundene deutsche Richter darf sie nicht verhängen, die Exekutive nicht vollstrecken (BVerfGE 18, 112/116).
Die Aufnahme einer Bestimmung über die Abschaffung der Todesstrafe in die Verfassung ist ungewöhnlich. Meist wird dies in dem betreffenden Strafgesetz ausgesprochen. Außer der deutschen enthalten nur einige südamerikanische Verfassungen entsprechende Bestimmungen.

Art. 103 [Anspruch auf rechtliches Gehör; Verbot rückwirkender Strafgesetze und der Doppelbestrafung]

(1) Vor Gericht hat jedermann Anspruch auf rechtliches Gehör.
(2) Eine Tat kann nur bestraft werden, wenn die Strafbarkeit gesetzlich bestimmt war, bevor die Tat begangen wurde.
(3) Niemand darf wegen derselben Tat auf Grund der allgemeinen Strafgesetze mehrmals bestraft werden.

I. Das Grundrecht auf rechtliches Gehör

Der in Art. 103 Abs. 1 zum Grundrecht erhobene Anspruch auf rechtliches 1
Gehör ist eine Folgerung aus der Menschenwürde und dem Rechtsstaatsgedanken für das Gebiet des gerichtlichen Verfahrens. Die Aufgabe der Gerichte, über einen konkreten Lebenssachverhalt ein abschließendes rechtliches Urteil zu fällen, ist ohne Anhörung der Parteien nicht zu lösen. Darüber hinaus soll der einzelne nicht bloßes Objekt der staatlichen Entscheidung sein, sondern davor zu Worte kommen, um Einfluß auf das Verfahren und sein Ergebnis nehmen zu können (BVerfGE 9, 89/95).
Art. 103 Abs. 1 verlangt, daß einer Entscheidung nur solche Tatsachen zugrunde gelegt werden, zu denen die Beteiligten Stellung nehmen konnten. Damit sollen Überraschungsentscheidungen ausgeschlossen werden. So darf beispielsweise das Gericht die Auskunft einer Behörde nicht verwerten, ohne der betroffenen Partei die Möglichkeit gegeben zu haben, sich dazu zu äußern.
Entfernt sich im Strafverfahren der Angeklagte allerdings eigenmächtig oder bleibt er bei der Fortsetzung der unterbrochenen Hauptverhandlung schuldhaft aus, so kann das Gericht gemäß § 231 Abs. 2 StPO weiterverhandeln, wenn er zur Anklage schon vernommen ist und seine weitere Anwesenheit nicht erforderlich erscheint. Hat er sich vorsätzlich und schuldhaft in einen seine Verhandlungsfähigkeit ausschließenden Zustand versetzt und verhindert er da-

durch wissentlich die ordnungsgemäße Durchführung der Hauptverhandlung (z.B. durch einen Hungerstreik), so kann gemäß § 231 a StPO ohne ihn verhandelt werden. Stört er die Hauptverhandlung nachhaltig, kann er auf Zeit von ihr ausgeschlossen werden (§ 231 b StPO). Diese Regelungen, die vor allem in Terroristenprozessen Bedeutung erlangt haben, enthalten keinen Verstoß gegen Art. 103 Abs. 1 (BVerfGE 41, 246 ff.).
Dagegen gehört das gesetzlich angeordnete Gebot, einen Kranken grundsätzlich vor dem Erlaß einer seine Unterbringung betreffenden Anordnung anzuhören, zu den bedeutsamen Verfahrensgarantien, deren Beachtung Art. 103 Abs. 1 fordert und mit grundrechtlichem Schutz versieht. Eine nachträgliche Anhörung vermag einen Verstoß nicht zu heilen (BVerfGE 58, 208 ff.).
In Ausnahmefällen kann allerdings die Sicherung gefährdeter Interessen einen sofortigen Zugriff nötig machen, der eine vorherige Anhörung des Betroffenen ausschließt (z.B. Haftbefehl, Beschlagnahme, Durchsuchung). Hier verlangt der Rechtsstaatsgedanke, daß sich der Betroffene wenigstens nachträglich gegen solche Maßnahmen wehren kann. Auf sein Verlangen muß ihm deshalb in einem Nachverfahren rechtliches Gehör gewährt werden und über die Berechtigung der angegriffenen Maßnahme entschieden werden (BVerfGE 9, 89/96). So kann zwar ein Haftbefehl ohne vorherige Anhörung des Beschuldigten erlassen werden, doch muß er nach Ergreifung unverzüglich dem Richter vorgeführt werden, der ihm Gelegenheit zur Äußerung zu den gegen ihn erhobenen Vorwürfen geben und über die Aufrechterhaltung des Haftbefehls entscheiden muß (vgl. auch die Anmerkungen zu Art. 104).
Art. 103 Abs. 1 regelt nur das rechtliche Gehör vor Gericht. Ob es auch von Verwaltungsbehörden zu beachten ist, ergibt sich aus dieser Verfassungsnorm nicht. Doch verlangt das in Art. 20 normierte Rechtsstaatsprinzip, daß auch in solchen Verfahren rechtliches Gehör gewährt werden muß. Deshalb dürfen Verwaltungsbehörden keine Überraschungsentscheidungen fällen; auch sie müssen dem Betroffenen vor jeder Entscheidung Gelegenheit zur Äußerung geben.

II. Verbot rückwirkender Strafgesetze

2 Art. 103 Abs. 2 ist ebenfalls eine Konkretisierung der Würde des Menschen und des Rechtsstaatsgedankens. Er legt fest, daß niemand für eine Tat strafrechtlich zur Verantwortung gezogen werden kann, wenn sie im Zeitpunkt ihrer Begehung nicht strafbar war. Der Erlaß rückwirkender Strafgesetze, d.h. von Gesetzen, die nicht nur für die Zukunft, sondern auch für die Vergangenheit ein bestimmtes Tun oder Unterlassen unter Strafe stellen, ist verboten.
Ohne ein im Zeitpunkt der Tat geltendes Strafgesetz ist keine Bestrafung möglich (»nullum crimen, nulla poena sine lege«). Auch ein etwa bestehendes Gewohnheitsrecht reicht nicht aus. Das Strafgesetz muß die Tat genau bezeichnen (keine »Gummiparagraphen«) und die Straffolgen festlegen. Es kann nur für die Zukunft zuungunsten des Täters geändert werden. Dagegen ist eine rück-

wirkende Änderung zugunsten des Betroffenen (z. B. Festlegung einer niedrigeren Höchststrafe) möglich.

III. Verbot mehrmaliger Bestrafung derselben Tat

Art. 103 Abs. 3 enthält das Verbot der mehrmaligen Bestrafung wegen derselben Tat (»ne bis in idem«). Damit wird dem schon bestraften oder rechtskräftig freigesprochenen Täter Schutz gegen erneute Verfolgung und Bestrafung wegen derselben Tat gewährt. 3

Durch Art. 103 Abs. 3 wird nur jede weitere strafgerichtliche Entscheidung ausgeschlossen. Andere Entscheidungen – z. B. ehren- oder dienstgerichtliche – sind nicht untersagt.

IV. Die verfassungsrechtliche Zulässigkeit von Erziehungs-, Sicherungs- und Strafmaßnahmen gegenüber Schülern

1. Allgemeines

Die Rechtsfigur des »besonderen Gewaltverhältnisses« zur Beschreibung der 4
zwischen Schule und Schülern bestehenden Rechtsbeziehungen kann nicht mehr verwendet werden. Der Grundsatz, daß Eingriffe der Verwaltungsbehörden in die Rechts- und Freiheitssphäre des einzelnen einer gesetzlichen Ermächtigung bedürfen (»Vorbehalt des Gesetzes«), hat Verfassungsrang und gilt auch für das Schulverhältnis. Soweit es sich um Eingriffe in die auch den Schülern zustehenden Grundrechte handelt, genügt es indes nicht, lediglich diesen »Allgemeinvorbehalt« zu beachten. Die einzelnen Grundrechte sind zum Teil mit »Spezialvorbehalten« ausgestattet; soweit ein solcher spezieller Gesetzesvorbehalt reicht, kann bei gleichem Sachverhalt nicht auf den generellen Vorbehalt des Gesetzes zurückgegriffen werden.

Ein bloßer Rekurs auf die tradierten Begriffe der »Anstaltsgewalt« oder der »Schulgewalt« vermag daher die Verhängung von Schulstrafen, aber auch die schulischen Erziehungs- und Sicherungsmaßnahmen nicht zu rechtfertigen. Auch sie stehen unter dem Vorbehalt des Gesetzes und müssen an den Grundrechten der Schüler gemessen werden.

Sowohl der generelle als auch der spezielle Vorbehalt des Gesetzes können nicht mit dem Argument ausgeschaltet werden, die Erziehungsberechtigten hätten dadurch, daß sie selbst die Aufnahme des Schülers in die Anstalt herbeigeführt haben, die generelle Einwilligung zu schulischen Maßnahmen aller Art, auch zum Erlaß von Schulstrafen, gegeben. Dieser bis vor kurzem noch vor allem im Bereich des Züchtigungsrechts und des Arrestes angestellten Überlegung steht schon entgegen, daß bei keiner öffentlichen Schule von einem völlig freiwillig begründeten Schulverhältnis die Rede sein kann. Daher ist aufgrund des Eintritts in die Schule weder ein Verzicht auf Rechtspositionen,

insbesondere auf Grundrechte des Schülers, konstruierbar, noch kann die freiwillige Übertragung der elterlichen Gewalt auf die Schule unterstellt werden. Hinzu kommt, daß die grundrechtliche Position des Schülers durch seine Eltern nicht »vertreten« werden kann. Ein Beispiel dafür ist die in Art. 1 Abs. 1 GG garantierte Würde des Menschen. Sie wäre etwa verletzt, wenn der Schüler körperlich gezüchtigt würde. Eine etwaige elterliche Einwilligung wäre irrelevant, weil es jedem Amtsträger verboten ist, die Würde des Menschen anzutasten.
Die Verhängung von Erziehungs- und Sicherungsmaßnahmen, die in die Rechtspositionen des Schülers eingreifen, und von Schulstrafen steht, wie jeder Eingriff in den grundrechtlich geschützten Bereich, unter dem rechtsstaatlichen Gebot der Verhältnismäßigkeit des Mittels, das sich im Grunde bereits aus dem Wesen der Grundrechte selbst ergibt: Sie dürfen als Ausdruck des allgemeinen Freiheitsanspruches des Bürgers gegenüber dem Staat von der öffentlichen Gewalt jeweils nur so weit beschränkt werden, als es zum Schutze öffentlicher Interessen unerläßlich ist. Reicht das mildere Mittel aus, darf das schwerere nicht zur Anwendung kommen.

2. Die Abgrenzung von Erziehungsmaßnahmen, Sicherungsmaßnahmen und Schulstrafen

5 Die Schule hat neben der Aufgabe, Wissen zu vermitteln, die Funktion, die Schüler zu erziehen. Dieser Auftrag, ohne die Überzeugung, die personale Entwicklung des Menschen sei – jedenfalls in einem gewissen Umfang – von außen her steuerbar, sinnlos, impliziert die pädagogische Notwendigkeit, den Prozeß der Erziehung in zielgerechter Weise ständig agierend und reagierend zu beeinflussen. Die Erziehungswissenschaft stellt zu diesem Zwecke eine breite Palette von »Erziehungsmaßnahmen« zur Verfügung. Sie sind stets auf die Person als ganze bezogen, auch soweit sie – ausnahmsweise – repressiven Charakter haben. Pädagogisch gerechtfertigt sind sie stets, wenn sie die Persönlichkeitsbildung des Schülers tendenziell positiv beeinflussen oder doch wenigstens zu beeinflussen versuchen. Der Gesichtspunkt der Sozialisation spielt dabei gewiß eine nicht geringe Rolle.
Die Befugnisse der Schule können nicht weitergehen als ihr Auftrag. Aus diesem Grunde müssen auch die Schulstrafen einen pädagogischen Bezug aufweisen; ein Sühne- und Vergeltungsstrafrecht hat in der Schule nichts zu suchen. Die moderne Erziehungswissenschaft weist deshalb die Tendenz auf, auch die Schulstrafen zu den reinen Erziehungsmaßnahmen zu rechnen.
Die Unterscheidung zwischen reinen Erziehungsmaßnahmen und Schulstrafen sollte indes wenigstens im rechtlichen Bereich nicht aufgegeben werden. Die Schulstrafe hat ungeachtet ihres pädagogischen Bezugs mit der Kriminalstrafe immerhin gemein, daß sie in einem formellen Verfahren nach objektivierten Maßstäben die schuldhafte Verletzung eines vorher fixierten Gebotes oder Verbotes ahndet.

Die Schulstrafe ist damit eine Sanktion auf ein konkretes schuldhaftes Fehlverhalten des Schülers; handelte er schuldlos, kommt sie nicht in Betracht, wohl dagegen unter Umständen eine reine Erziehungsmaßnahme. Diese braucht auch nicht an ein konkretes Verhalten des Schülers anzuknüpfen: Vielfach hat sie präventiven oder anspornenden Charakter. Vor allem aber greift die Schulstrafe regelmäßig weit intensiver in die Rechtssphäre des Schülers ein als eine Erziehungsmaßnahme. Ihre Verrechtlichung ist unter rechtsstaatlichen Gesichtspunkten daher weit mehr geboten als die der Erziehungsmaßnahmen.
Die Abgrenzung von Erziehungsmaßnahmen und Schulstrafen ist in erster Linie Sache des Gesetzgebers. Er hat hier einen sehr weiten Spielraum. Es ist aber ein Gebot der Rechtsstaatlichkeit, daß eine solche Abgrenzung überhaupt vorgenommen wird.
Welche Wertung der Gesetzgeber getroffen hat, ist oftmals aus dem von ihm vorgeschlagenen Verfahren zu ersehen. Schreibt er für eine bestimmte repressive Maßnahme etwa die Entscheidung eines Kollegiums oder die Anhörung bestimmter Personen vor, richtet er also ein förmliches Verfahren ein, handelt es sich mit Sicherheit um eine Schulstrafe.
Neben den Erziehungsmaßnahmen und den Schulstrafen stehen die Sicherungsmaßnahmen. Ihrer bedient sich die Schule, um die Erfüllung der ihr zugewiesenen Aufgaben zu gewährleisten. So kann sie etwa einen Schüler, der an einer ansteckenden Krankheit leidet, bis zu seiner Heilung vom Unterricht ausschließen. Diese Maßnahme ist pädagogisch neutral und hat auch keinerlei Strafcharakter; sie ist aber notwendig, um die Fortführung des Unterrichts zu sichern.

3. Die Zulässigkeit von Erziehungsmaßnahmen

Die Erziehungsmaßnahmen stehen, soweit mit ihnen Eingriffe in die Rechtssphäre des Schülers verbunden sind, unter dem Vorbehalt des Gesetzes. Bei der ihnen eigenen Vielfalt einerseits und der meist geringen Eingriffsintensität andererseits genügt hier indes eine Globalermächtigung. Problematisch ist es aber, bei fehlender Ermächtigung von der Funktion der Schule auf die Zulässigkeit von Erziehungsmaßnahmen zu schließen. Dieser Schluß war möglich, solange die Rechtsfigur des »besonderen Gewaltverhältnisses« noch unangetastet war; heute ist er nicht mehr zu rechtfertigen. 6
Ihre Grenze finden sie an dem pädagogischen Auftrag der Schule: Maßnahmen, die über diesen Auftrag hinausgehen, sind auf jeden Fall unzulässig. Zu beachten ist daher, daß neben diesem Auftrag das Erziehungsrecht der Eltern steht, dem allein das außerschulische Verhalten des Schülers unterliegt.

4. Die Zulässigkeit von Schulstrafen

Ehe die wichtigsten Schulstrafen näher erörtert werden, muß die Frage angeschnitten werden, ob sie nicht schon deshalb gesetzlich normiert sein müssen, 7

weil es sich um Maßnahmen mit Strafcharakter handelt. Nach Art. 103 Abs. 2 kann nämlich eine Tat nur bestraft werden, wenn die Strafbarkeit gesetzlich bestimmt war, bevor die Tat begangen wurde.
Aus dem Gebot, daß die Strafbarkeit einer Tat vor deren Begehung »gesetzlich bestimmt« sein muß, folgt, daß eine Verurteilung nur auf Grund eines gültigen Strafgesetzes ergehen kann. Sinn des Art. 103 Abs. 2 ist es vor allem, dem Bürger die Grenze des straffreien Raumes klar vor Augen zu stellen, damit er sein Verhalten daran orientieren kann. Deshalb muß jede Rechtsnorm, an deren Verletzung eine strafrechtliche Sanktion geknüpft ist, von dem dazu berufenen Organ in einem formell geordneten Verfahren erlassen, also auch schriftlich fixiert und veröffentlicht sein und sich im Zeitpunkt der Tat bereits in Geltung befinden.
Art. 103 Abs. 2 erfaßt in erster Linie **Kriminalstrafen** und **Ordnungswidrigkeiten.** Sein Sinn, dem Betroffenen klar vor Augen zu führen, wann er für ein bestimmtes Verhalten mit einer strafrechtlichen Sanktion zu rechnen hat, rechtfertigt es aber, ihn mit der überwiegenden Meinung auch auf die **Disziplinarstrafen** anzuwenden. Disziplinarstrafen dienen zwar vor allem der Reinhaltung des jeweiligen Berufsstandes, haben aber mit den Kriminal- und Ordnungsstrafen gemein, daß ein schuldhaft begangenes Unrecht geahndet werden soll. Sie sind Sanktionen auf konkrete Pflichtwidrigkeiten.
»Schulstrafen« sind allerdings keine Disziplinarstrafen in dem vor allem im Beamtenrecht entwickelten Sinne. Sie haben einen rein pädagogischen Bezug, der jenen fehlt: Sie sind Mittel, um die Persönlichkeitsentwicklung des Schülers zu beeinflussen – ob mit Erfolg, mag hier dahinstehen. Das trifft z. B. auf den Arrest zu. Der mit ihnen gleichzeitig verbundene Unrechtsvorwurf rechtfertigt es aber, sie den Disziplinarstrafen im Rahmen des Art. 103 Abs. 2 gleichzustellen.
Dagegen trifft dies bei Erziehungs- und Sicherungsmaßnahmen nicht zu. Sie können daher nicht unter Art. 103 Abs. 2 subsumiert werden.
Gesetze im Sinne des Art. 103 Abs. 2 sind nicht nur Gesetze im formellen Sinn. Auch Rechtsverordnungen können Strafbestimmungen enthalten, wenn sie im Rahmen von Ermächtigungen ergangen sind, die den verfassungsrechtlichen Anforderungen genügen.
»Schulstrafen« können daher nur verhängt werden, wenn sie »gesetzlich bestimmt« sind. Das bedeutet keineswegs, daß eine umfangreiche kasuistische Regelung nötig wäre. Vielmehr genügt schon eine Bestimmung, aus der sich die möglichen Strafen und ihre Reihenfolge ergeben und in groben Umrissen festgelegt wurde, auf welche »Taten« der Schüler sie Anwendung finden sollten. Wegen der Vielzahl möglicher »Tatgestaltungen« genügt die Anführung auslegungsfähiger unbestimmter Rechtsbegriffe, wie z. B. »Störung des Unterrichts« oder »Nichtbefolgen von Anordnungen des Lehrpersonals«.

8 **Der Verweis** ist als schriftlich erteilter Tadel die mildeste Strafe. In seinen Wirkungen kommt er der mündlich ausgesprochenen Verwarnung sehr nahe, unterscheidet sich aber von ihr durch seine größere Langlebigkeit. Das Verwaltungsgericht Berlin steht auf dem Standpunkt, daß es sich bei ihm um keinen Verwaltungsakt, sondern nur um eine disziplinarische Maßnahme der Schule

»im Rahmen ihrer Anstaltsgewalt« handele. Diese Terminologie ist heute überholt. Auch dem Ergebnis kann man nicht zustimmen. Der Verweis ist eine »Schulstrafe« und greift damit in die Rechtssphäre des Schülers ein. Er muß daher Gelegenheit haben, ihn vor Gericht anzugreifen.
Der Verweis tangiert das Grundrecht auf **freie Entfaltung der Persönlichkeit.** Dieses Grundrecht ist aber nur so weit garantiert, soweit sein Träger nicht die Rechte anderer verletzt und nicht gegen die verfassungsmäßige Ordnung oder das Sittengesetz verstößt (Art. 2 Abs. 1).
Der Schüler ist nicht befugt, Rechte seiner Mitschüler oder der Lehrer unter Inanspruchnahme seines Grundrechts auf freie Entfaltung seiner Persönlichkeit zu verletzen. So findet es z. B. seine Grenze an dem Eigentumsrecht der Mitschüler, der Lehrer oder des Schulträgers oder an dem Anspruch der anderen Schüler auf ordnungsgemäße Unterrichtung. Eine gegen diese Rechte anderer gerichtete Handlung eines Schülers genießt nicht den Schutz des Art. 2 Abs. 1.
Auch darf seine Handlungsweise nicht gegen die verfassungsmäßige Ordnung verstoßen. Hierunter ist jede formell und materiell verfassungsmäßige Rechtsnorm zu verstehen. Wenn also eine Rechtsnorm in einem Schulgesetz den Lehrer ausdrücklich zum Erlaß von Verweisen in bestimmten Fällen ermächtigt, bildet diese Bestimmung als Teil der verfassungsmäßigen Ordnung die Grenze für die Handlungsfreiheit des Schülers.

Anders steht es mit dem **Arrest.** Sein Vollzug greift in das Grundrecht auf 9
Freiheit der Person ein (Art. 2 Abs. 2 Satz 2). Dieses Grundrecht garantiert die körperliche Bewegungsfreiheit. Grundsätzlich darf niemand gegen oder ohne seinen Willen durch die öffentliche Gewalt in einem bestimmten, eng begrenzten Raum festgehalten werden. Gerade das ist aber beim Arrest der Fall. Der Schüler wird in einem Raum der Schule festgehalten, und zwar bis zur Dauer von zwei Stunden. Ob er dort eingesperrt wird oder ob er, falls er sich vor dem Ablauf der Strafzeit entfernen sollte, gewärtigen müßte, vom Schulpersonal gewaltsam zurückgehalten zu werden, ist nicht entscheidend. Denn er wird zumindest durch psychischen Zwang gehindert, während der Arrestzeit den Arrestraum zu verlassen. Das gleiche gilt für das sog. »Nachsitzen«, soweit es sich nicht um eine aus der allgemeinen Schulpflicht zu rechtfertigende rein pädagogische Maßnahme handelt.
In das Recht auf Freiheit der Person darf, soweit eine Freiheitsentziehung im Raum steht, nur aufgrund eines förmlichen Gesetzes eingegriffen werden (Art. 2 Abs. 2 Satz 3, 104 Abs. 1). Der Bayerische Verfassungsgerichtshof hat zu Recht darauf hingewiesen, daß man diesen »Gesetzesvorbehalt« nicht durch ein vermutetes generelles Einverständnis der Erziehungsberechtigten, das den natürlichen Willen des minderjährigen Schülers substituieren könnte, umgehen kann. Die Erziehungsberechtigten erklären sich dadurch, daß sie den Schüler in eine bestimmte Schule schicken, nicht schon auf Jahre hinaus allgemein mit jeder Arreststrafe einverstanden, die gegen ihn, aus welchen Gründen auch immer, verhängt wird.
Das bedeutet, daß ein Arrest nur angeordnet werden kann, wenn er aufgrund einer Rechtsvorschrift ergeht, zu deren Erlaß ein Gesetz in einer den Anforde-

rungen des Art. 80 Abs. 1 bzw. der entsprechenden Normen der Landesverfassungen genügenden Weise ermächtigt oder wenn das Gesetz selbst die Voraussetzungen für seinen Erlaß und seinen Vollzug regelt. Ministerielle Erlasse, Verwaltungsanordnungen oder »Schulordnungen« genügen als solche noch nicht den Anforderungen des Art. 2 Abs. 2 Satz 3. In allen Ländern, in denen diese Voraussetzungen fehlen, ist die Verhängung eines Arrestes schon aus diesem Grunde unzulässig.

Damit ist die mit der Arreststrafe verbundene Problematik noch nicht erschöpft. Da der Vollzug des Arrestes eine echte Freiheitsentziehung darstellt, stellt sich die Frage, ob seine Verhängung nicht richterlich bestätigt werden muß.

Gemäß Art. 104 Abs. 2 Satz 1 entscheidet über die Zulässigkeit und Fortdauer einer Freiheitsentziehung nur der Richter. Eine begrenzte Ausnahme besteht vor allem für polizeiliche Festnahmen. Die Polizei kann auch ohne richterliche Zustimmung Personen festnehmen, allerdings darf sie diese aus eigener Machtvollkommenheit nicht länger als bis zum Ende des Tages nach dem Eingreifen in eigenem Gewahrsam halten (Art. 104 Abs. 2 Satz 3). Im übrigen ist bei jeder nicht auf richterlicher Anordnung beruhenden Freiheitsentziehung unverzüglich eine richterliche Entscheidung herbeizuführen (Art. 104 Abs. 2 Satz 2). Diese Ausnahmen sind nach allgemeinen Grundsätzen eng auszulegen. Aus ihnen kann nicht eine allgemeine Befugnis der Behörden hergeleitet werden, kurzzeitige Freiheitsentziehungen in eigener Regie vorzunehmen. Da sich die Verhängung eines Arrestes nicht mit polizeilichen Maßnahmen vergleichen läßt und ein Richter jederzeit vor der Vollstreckung des Arrestes mit der Sache befaßt werden kann, helfen die in Art. 104 Abs. 2 Sätze 2 und 3 statuierten Ausnahmen nicht weiter.

Übrig bleibt das Argument, der Verfassungsgeber habe durch Art. 104 nichts an der im schulischen Bereich seit jeher in Anspruch genommenen Befugnis, Arreste gegen unbotmäßige Schüler zu verhängen, ändern wollen. Der klare Wortlaut des Art. 104 Abs. 2 steht dieser Auffassung indes entgegen. Bei dieser Sachlage ist für einen Rekurs auf den – überdies kaum feststellbaren – »Willen des Gesetzgebers« kein Raum. Ein Blick auf die Arrestregelung in einem anderen Bereich, nämlich dem des Wehrdisziplinarrechts, zeigt übrigens, daß dort den Anforderungen des Art. 2 Abs. 2 Satz 2 und 104 voll Rechnung getragen worden ist. §§ 22 und 34 Abs. 3 WDO regeln die Zulässigkeit des Disziplinararrestes; § 36 WDO bestimmt, daß er erst verhängt werden darf, nachdem der zuständige Richter zugestimmt hat.

Ergebnis: Die Verhängung eines schulischen Arrestes ist verfassungswidrig, weil – soweit überhaupt gesetzliche Regelungen vorhanden sind – kein Gesetz die Einschaltung eines Richters vorsieht und die Richter tatsächlich auch niemals eingeschaltet werden. Ein solches Gesetz wäre praktisch nur schwer durchführbar; der Arrest scheidet daher als Schulstrafe aus.

10 **Die Androhung der Verweisung von der Schule** kommt – wie die Verweisung selbst – nur bei weiterführenden Schulen in Betracht; von der Grundschule kann ein Schüler nicht verwiesen werden. Sie ist wegen ihres Charakters als einer in einem förmlichen Verfahren geregelten Schulstrafe ein Verwaltungs-

akt. Ein unmittelbarer Grundrechtseingriff ist mit ihr in der Regel nicht verbunden.

Sowohl der leistungsbedingte **Schulausschluß** als auch die **Nichtversetzung** in eine höhere Klasse/Jahrgangsstufe tangieren den Grundrechtsbereich des betroffenen Schülers. Zweifelhaft kann dabei sein, ob der Schutzbereich des Art. 12 Abs. 1 oder der des Art. 2 Abs. 1 berührt wird. Es wird die Auffassung vertreten, daß beide Maßnahmen den Schüler in seiner in Art. 12 Abs. 1 garantierten Freiheit der Berufswahl und der Wahl der Ausbildungsstätte beeinträchtigen. Dabei wird die Einbeziehung des gesamten Ausbildungswesens in den Schutzbereich des Art. 12 Abs. 1 hauptsächlich aus der Gewährleistung der freien Wahl der Ausbildungsstätte in dieser Verfassungsnorm hergeleitet. Bedenken sind jedoch erhoben worden, ob der Ausstrahlungsbereich des Art. 12 Abs. 2 sich auf sämtliche allgemeinbildenden Schulen erstreckt. Dabei wird insbesondere bezweifelt, ob Schulen, die keine berufsspezifische Ausbildung vermitteln, als Ausbildungsstätten im Sinne des Art. 12 Abs. 1 anzusehen sind. Zudem ist fraglich, ob schon die einmalige Nichtversetzung in der Grundschule oder in einer weiterführenden Schule zwangsläufig zur Folge hat, daß der Zugang zu dem erstrebten Beruf erschwert und dadurch die Chance für eine freie Wahl des Berufes geschmälert wird. **11**

Bei Abwägung aller Gesichtspunkte wird man jedenfalls für die allgemeinbildenden weiterführenden Schulen (Gymnasien) zwischen Schulausschluß und bloßer Nichtversetzung in die nächsthöhere Klasse/Jahrgangsstufe differenzieren müssen: Die **zwangsweise Entlassung eines Schülers aus dem Schulverhältnis,** insbesondere wenn sie mit dem Ausschluß vom Besuch einer ganzen Schulart verbunden ist, beeinflußt den weiteren Bildungs- und Lebensweg des Betroffenen und damit seine soziale Rolle. In der Regel wird dadurch der Zugang zu bestimmten Berufen abgeschnitten und die Chance für eine freie Berufswahl geschmälert. Außerdem sprechen gewichtige Gründe dafür, Gymnasien zu den Ausbildungsstätten im Sinne des Art. 12 Abs. 1 zu rechnen. Dies wird verstärkt für das Gymnasium nach der Oberstufenreform zu gelten haben, das eine frühzeitige Spezialisierung im Hinblick auf das zukünftige Berufsziel ermöglicht und nahelegt. Die Entlassung aus dem Gymnasium tangiert somit das Grundrecht des betroffenen Schülers auf freie Berufswahl und freie Wahl der Ausbildungsstätte gemäß Art. 12 Abs. 1 (BVerfGE 58, 273).

Der Verfassungssatz vom Vorbehalt des Gesetzes (Parlamentsvorbehalt) erfordert deshalb, daß der Gesetzgeber die wesentlichen Bestimmungen über die zwangsweise Schulentlassung selbst regelt. Dazu sind zu rechnen: die Voraussetzungen für die zwangsweise Entlassung aus der Schule und den Ausschluß eines Schülers von allen Schulen einer bestimmten Schulart sowie die Zuständigkeit für eine derartige Maßnahme und die Grundsätze des dabei einzuhaltenden Verfahrens (BVerfGE 58, 274 f.).

Anders ist die bloße **Nichtversetzung des Schülers in die nächste Klasse/Jahrgangsstufe** verfassungsrechtlich zu beurteilen. Die freie Wahl der Ausbildungsstätte wird durch sie nicht berührt. Daß die Lebens- und Berufschancen dadurch maßgeblich beeinträchtigt werden, wird man nicht schlechthin annehmen können. Nicht selten liegt eine Nichtversetzung als pädagogische Maßnahme auch im wohlverstandenen Interesse des – aus welchen Gründen auch immer – überforderten Schülers und kann durchaus auch seine weitere Entwicklung und Bildung positiv beeinflussen. Immerhin berührt sie aber die Entfaltung seiner Persönlichkeit und damit sein Grundrecht aus Art. 2 Abs. 1 (BVerfGE 58, 273 ff.). Die Nichtversetzung des Schülers in die nächste Klasse/Jahrgangsstufe (ohne unmittelbare Folge der Schulentlassung) ist eine erheblich weniger einschneidende Maßnahme. Zwar wird die Ausbildungszeit des Betroffenen in aller Regel um ein Jahr verlängert werden; der Schüler verbleibt aber in der Schule und kann weiterhin die gewählte Schulart besuchen. Wie schon erwähnt wurde, kann die Nichtversetzung als pädagogische Maßnahme den künftigen Lebens- und Ausbildungsweg in manchen Fällen positiv beeinflussen. Der Gesetzgeber wäre im übrigen überfordert, müßte er die Voraussetzungen für die Versetzung/Nichtversetzung mit der für die praktische Anwendung notwendigen Bestimmtheit und Klarheit selbst regeln. Das ist angesichts der Vielgestaltigkeit und Vielschichtigkeit der Materie und unter Berücksichtigung der erforderlichen Flexibilität dieser pädagogischen Maßnahmen von Verfassungs wegen nicht zu fordern (BVerfGE 58, 275 f.).

12 Heute ist anerkannt, daß Lehrer die ihnen anvertrauten Schüler *nicht züchtigen* dürfen. In die Gesetze der Bundesländer ist inzwischen ein entsprechendes Verbot aufgenommen worden.

Die körperliche Züchtigung enthält einen Eingriff in das Grundrecht auf körperliche Unversehrtheit (Art. 2 Abs. 2 Satz 1). Dies wird verschiedentlich bestritten. So vertrat der Bundesgerichtshof die Auffassung, dieses Grundrecht erfasse nur »schwerwiegende Eingriffe«, der Ernst des Grundrechts werde in Frage gestellt, wenn man in körperlichen Züchtigungen Eingriffe in die körperliche Unversehrtheit im Sinne des Art. 2 Abs. 2 Satz 1 erblicke. Mit Recht wurde festgestellt, daß diese Argumentation ihrerseits kaum ernst zu nehmen ist. Eine körperliche Züchtigung ist strafrechtlich gesehen eine Körperverletzung und tastet die körperliche Unversehrtheit an. Quantitative Unterschiede zu machen, ist nicht zulässig: Art. 2 Abs. 2 Satz 1 erfaßt **jeden** Eingriff in die körperliche Unversehrtheit, gleichgültig, ob er sich als »leicht« oder »schwerwiegend« qualifizieren läßt.

Ein Eingriff in die körperliche Unversehrtheit ist gemäß Art. 2 Abs. 2 Satz 3 nur aufgrund eines Gesetzes möglich. Der Sinn dieser Vorschrift besteht darin, den Gesetzgeber zu zwingen, in berechenbarer, meßbarer und kontrollierbarer Weise die notwendigen Eingriffe in die genannten Rechtsgüter des Bürgers festzulegen. Daraus ergibt sich, daß nur formelle Gesetze diese Voraussetzungen erfüllen können, daß also der Eingriff durch ein formelles Gesetz in bestimmten Fällen erlaubt werden muß oder daß dieses Gesetz in einer den Anforderungen des Art. 80 Abs. 1 bzw. der entsprechenden Landesverfassungsnormen genügenden Weise zum Erlaß einer Rechtsverordnung ermächtigt.

Nun beruft man sich bei der Prüfung der Frage, ob die von dem Lehrer dem Schüler durch die Züchtigung zugefügte Körperverletzung gerechtfertigt ist, zum Teil darauf, daß insoweit ein Gewohnheitsrecht bestehe. Dieses Gewohnheitsrecht mag früher einmal bestanden haben. Tatsächlich ist die körperliche

Züchtigung inzwischen in den Bundesländern gesetzlich verboten worden. Deshalb ist für ein Gewohnheitsrecht kein Raum mehr.
Der Verfassungsgeber hat außerdem bei jedem einzelnen Grundrecht abgewogen, inwieweit und durch welche Maßnahmen es eingeschränkt werden kann. Er hat daher je nach Eigenart völlig unbeschränkte Grundrechte (z. B. Art. 1 Abs. 1 und 4 Abs. 1) und Grundrechte, in die nur durch Gesetz oder aufgrund eines Gesetzes eingegriffen werden kann, geschaffen. An keiner einzigen Stelle gibt er zu erkennen, daß auch das Gewohnheitsrecht als weitere Grundrechtsschranke selbständige Bedeutung haben soll. Daher ist es verfassungsrechtlich nicht zulässig, das Gewohnheitsrecht als »Gesetzesersatz« zur Rechtfertigung bestimmter Grundrechtseingriffe heranzuziehen.
Im übrigen verstößt die körperliche Züchtigung auch gegen die Menschenwürde (Art. 1 Abs. 1). In einem Kulturstaat, in dem der Eigenpersönlichkeit des einzelnen ein hoher Wert beigemessen wird, hat sie nichts zu suchen. Deshalb würde auch der Versuch scheitern, die körperliche Züchtigung durch den Gesetzgeber legalisieren zu lassen. Ein qualitativer Unterschied zwischen der staatlichen Anordnung, einen Erwachsenen zu prügeln, und der staatlichen Anordnung, einen Schüler zu prügeln, ist nicht feststellbar.

5. Die Zulässigkeit von Sicherungsmaßnahmen

Soweit die Sicherungsmaßnahmen die Rechtssphäre der Schüler überhaupt 13
nicht berühren, sind sie uneingeschränkt zulässig. Im übrigen stehen auch sie unter dem Vorbehalt des Gesetzes. Wie bei den Erziehungsmaßnahmen genügt aber eine Globalermächtigung. Außerdem kann sich die Ermächtigung zu bestimmten Maßnahmen auch aus außerschulischen Normen ergeben, etwa wenn der Schüler an einer ansteckenden Krankheit leidet und daher vom Gemeinschaftsunterricht ausgeschlossen werden muß.

Art. 104 [Rechtsgarantien bei Freiheitsentziehung]

(1) Die Freiheit der Person kann nur auf Grund eines förmlichen Gesetzes und nur unter Beachtung der darin vorgeschriebenen Formen beschränkt werden. Festgehaltene Personen dürfen weder seelisch noch körperlich mißhandelt werden.
(2) Über die Zulässigkeit und Fortdauer einer Freiheitsentziehung hat nur der Richter zu entscheiden. Bei jeder nicht auf richterlicher Anordnung beruhenden Freiheitsentziehung ist unverzüglich eine richterliche Entscheidung herbeizuführen. Die Polizei darf aus eigener Machtvollkommenheit niemanden länger als bis zum Ende des Tages nach dem Ergreifen in eigenem Gewahrsam halten. Das Nähere ist gesetzlich zu regeln.
(3) Jeder wegen des Verdachtes einer strafbaren Handlung vorläufig Festgenommene ist spätestens am Tage nach der Festnahme dem Richter vorzu-

führen, der ihm die Gründe der Festnahme mitzuteilen, ihn zu vernehmen und ihm Gelegenheit zu Einwendungen zu geben hat. Der Richter hat unverzüglich entweder einen mit Gründen versehenen schriftlichen Haftbefehl zu erlassen oder die Freilassung anzuordnen.
(4) Von jeder richterlichen Entscheidung über die Anordnung oder Fortdauer einer Freiheitsentziehung ist unverzüglich ein Angehöriger des Festgehaltenen oder eine Person seines Vertrauens zu benachrichtigen.

1 Art. 104 steht in einem unlösbaren Zusammenhang mit Art. 2 Abs. 2, soweit dieser das Grundrecht auf **Freiheit der Person** enthält. Um jeden staatlichen Willkürakt bei der Entziehung oder Beschränkung der körperlichen Bewegungsfreiheit auszuschließen, legt Art. 104 die Voraussetzungen abschließend fest, unter denen in diese Freiheit eingegriffen werden kann. Eine dieser Verfassungsnorm vergleichbare Bestimmung taucht zum ersten Male in der Habeas-Corpus-Akte (1679) auf; seitdem ist der Schutz der Bewegungsfreiheit vor staatlichen Willkürmaßnahmen Bestandteil jeder rechtsstaatlichen Ordnung.

2 Eine **Freiheitsentziehung** liegt dann vor, wenn jemand gegen oder ohne seinen Willen durch die öffentliche Gewalt an einem bestimmten, eng umgrenzten Raum festgehalten wird. Eine **Freiheitsbeschränkung** ist schon dann gegeben, wenn jemand gegen oder ohne seinen Willen durch die öffentliche Gewalt daran gehindert wird, einen bestimmten, ihm an sich zugänglichen Ort aufzusuchen und sich dort aufzuhalten.
Eine **Freiheitsbeschränkung** ist rechtlich nur dann zulässig, wenn sie durch ein förmliches Gesetz – also eine vom Parlament erlassene Rechtsnorm – für möglich erklärt wird und die in diesem Gesetz vorgeschriebenen Formen beachtet werden.
Handelt es sich um eine **Freiheitsentziehung,** so muß neben einem förmlichen Gesetz, das sie für zulässig erklärt, der **Richter** über ihre konkrete Zulässigkeit und Fortdauer entscheiden (»Richtervorbehalt«). Diese zusätzliche Sicherungsmaßnahme soll verhindern, daß der mit der Freiheitsentziehung verbundene schwere Eingriff in die Freiheit der Person allein von weisungsgebundenen Exekutivorganen abhängt. Der Richter wird als Garant eines rechtsstaatlich einwandfreien Verfahrens beim Entzug der Freiheit eingesetzt.
Wichtige Gesetze, die einen Freiheitsentzug für zulässig erklären, sind vor allem das StGB, die StPO und die landesrechtlichen Vorschriften über die Unterbringung geisteskranker, geistesschwacher, alkohol- oder rauschgiftsüchtiger Personen.

3 Die Einschränkung der Freiheit ist hier stets der strengen Prüfung am **Grundsatz der Verhältnismäßigkeit** zu unterziehen. Dies schließt jedoch einen staatlichen Eingriff nicht aus, der ausschließlich den Zweck verfolgt, einen psychisch Kranken vor sich selbst in Schutz zu nehmen und ihn zu seinem eigenen Wohl in einer geschlossenen Anstalt unterzubringen. Eine derartige Maßnahme ist nicht nur dann zulässig, wenn sie der Schutz der Allgemeinheit verlangt, sondern sie kann sich auch durch den Schutz des Betroffenen rechtfertigen. Zwar steht es unter der Herrschaft des GG in der Regel jedermann frei, Hilfe zurückzu-

weisen, sofern dadurch nicht Rechtsgüter anderer oder der Allgemeinheit in Mitleidenschaft gezogen werden. Nur wenn überwiegende Belange des Gemeinwohls, wie sie mit den Schranken des Art. 2 Abs. 1 bestimmt sind, es zwingend gebieten, muß der Freiheitsanspruch des einzelnen insoweit zurücktreten. Das Gewicht, das dem Freiheitsanspruch gegenüber dem Gemeinwohl zukommt, darf aber nicht losgelöst von den tatsächlichen Möglichkeiten der Fürsorgebedürftigen bestimmt werden, sich frei zu entschließen. Bei **psychischer Erkrankung** wird die Fähigkeit zur Selbstbestimmung häufig erheblich beeinträchtigt sein. In solchen Fällen ist dem Staat fürsorgerisches Eingreifen auch dort erlaubt, wo beim Gesunden Halt geboten ist. Die Erkenntnis, daß es das Recht ermöglichen muß, den Willen des psychisch Kranken durch die bessere Einsicht des für ihn Verantwortlichen zu ersetzen, hat ihren Niederschlag seit jeher in den Vorschriften des bürgerlichen Rechts betreffend die Vormundschaft über geisteskranke Personen gefunden, die trotz ihrer Zuordnung zum Privatrecht auch Elemente öffentlicher Fürsorge enthalten. Zumal unter der Geltung des Sozialstaatsgedankens (Art. 20 Abs. 1, 28) ist kein Grund ersichtlich, der es hindern könnte, die Fürsorge für die Bürger, die hilfsbedürftig sind, weil sie psychisch krank sind, als staatliche Aufgabe auszugestalten. Die Fürsorge der staatlichen Gemeinschaft schließt auch die Befugnis ein, den psychisch Kranken, der infolge seines Krankheitszustandes und der damit verbundenen fehlenden Einsichtsfähigkeit die Schwere seiner Erkrankung und die Notwendigkeit von Behandlungsmaßnahmen nicht zu beurteilen vermag oder trotz einer solchen Erkenntnis sich infolge der Krankheit nicht zu einer Behandlung entschließen kann, zwangsweise in einer geschlossenen Anstalt unterzubringen, wenn sich dies als unumgänglich erweist, um eine drohende gewichtige gesundheitliche Schädigung von dem Kranken abzuwenden. Daß dies nicht ausnahmslos gilt, weil schon im Hinblick auf den Verhältnismäßigkeitsgrundsatz bei weniger gewichtigen Fällen eine derart einschneidende Maßnahme unterbleiben muß und somit auch dem psychisch Kranken in gewissen Grenzen die »Freiheit zur Krankheit« belassen bleibt, drängt sich auf (BVerfGE 58, 226 ff.).

Eine Freiheitsentziehung ist grundsätzlich nur zulässig, wenn der Richter **vorher** über sie entschieden hat. Es gibt jedoch eine Anzahl von Fällen, in denen dies nicht möglich ist (z. B. Festnahme eines Verdächtigen auf frischer Tat). Hier muß **nach** der Festnahme **unverzüglich** die richterliche Entscheidung über die Fortdauer der Freiheitsentziehung eingeholt werden. Die Polizei darf aus eigener Machtvollkommenheit niemanden länger als bis zum Ende des Tages nach dem Ergreifen in Gewahrsam halten. Nur im **Verteidigungsfall** kann durch Bundesgesetz diese Frist abweichend von Art. 104 Abs. 2 und 3 auf bis zu vier Tage verlängert werden (Art. 115 c Abs. 2). 4

Eine spezielle Regelung enthält Art. 104 Abs. 3 für den Fall, daß die Festnahme wegen des **Verdachts einer strafbaren Handlung** erfolgt. Auch hier muß der Festgenommene spätestens am Tage nach seiner Ergreifung dem Richter vorgeführt werden. Dieser muß ihm die Gründe der Festnahme mitteilen, ihn vernehmen und ihm Gelegenheit zu Einwendungen geben. Der Festgenommene 5 muß also dem Richter persönlich gegenübergestellt werden; es genügt z.B. nicht, wenn nur sein Anwalt erscheint. Aufgrund der bisherigen Ermittlungen und der Aussagen des Beschuldigten prüft der Richter, ob die Voraussetzungen für den Erlaß eines **Haftbefehls** vorliegen. Dieser darf nur erlassen werden, wenn der Beschuldigte der Tat dringend verdächtig ist und ein Haftgrund besteht (§ 112 StPO). Haftgründe sind Fluchtgefahr und Verdunkelungsgefahr; bei bestimmten Sittlichkeitsverbrechen, Körperverletzungen und Eigentumsdelikten auch Wiederholungsgefahr. Bei vorsätzlichen Tötungsdelikten bedarf es dieser Voraussetzungen nicht.

Das **Auslieferungsersuchen** als solches bewirkt weder unmittelbar noch mittelbar einen der Bundesrepublik Deutschland zurechenbaren Eingriff in die Freiheit des Betroffenen. Es bewirkt zwar, daß der ersuchte Staat eine Prüfung dahingehend anstellt, ob die vertraglichen oder sonstigen, nach innerstaatlichem Recht zu beachtenden Voraussetzungen der Zulässigkeit einer Auslieferung gegeben sind. Das Ergebnis dieser Prüfung und die Inhaftnahme des Betroffenen stellen indes selbständiges hoheitliches Verhalten eines fremden Staates im Bereich seiner Hoheitsgewalt dar. Es trifft nicht zu, daß das deutsche Auslieferungsersuchen rechtsnotwendig, gewissermaßen automatisch, die Inhaftierung des Betroffenen bewirkt. Die Auslieferung wird vollzogen mit der Überantwortung der betroffenen Person durch die Organe des ersuchten Staates an die Organe des ersuchenden Staates zum Zwecke der Strafverfolgung oder Strafvollstreckung. Eine Inhaftierung der betroffenen Person durch den ersuchten Staat ist hierbei keineswegs rechtlich oder tatsächlich notwendig. Vorbehaltlich besonderer völkerrechtlicher Verpflichtungen ist es eine innerstaatliche Angelegenheit des ersuchten Staates, ob und unter welchen Voraussetzungen er die betroffene Person zum Zwecke der Auslieferung in Haft nimmt (BVerfGE 57, 23 f.).

6 Von jeder richterlichen Entscheidung über die Anordnung oder Fortdauer einer Freiheitsentziehung ist **unverzüglich** ein Angehöriger des Betroffenen oder eine Person seines Vertrauens zu **benachrichtigen.**

7 Eine Regelung, auf welche Art und Weise der Freiheitsentzug **vollzogen** werden soll, enthält Art. 104 nicht. Lediglich das bereits aus Art. 1 Abs. 1 folgende Mißhandlungsverbot ist erwähnt. Nach dem Grundsatz der Verhältnismäßigkeit, der jedes Handeln des Staates beherrscht, das für den Bürger belastenden Charakter hat, dürfen die Einschränkungen jedenfalls nicht weiter gehen, als dies durch Sinn und Zweck des jeweiligen Freiheitsentzugs unbedingt geboten ist.

X. Das Finanzwesen

Art. 104 a [Das Tragen der Ausgaben von Bund und Ländern]

(1) Der Bund und die Länder tragen gesondert die Ausgaben, die sich aus der Wahrnehmung ihrer Aufgaben ergeben, soweit dieses Grundgesetz nichts anderes bestimmt.
(2) Handeln die Länder im Auftrage des Bundes, trägt der Bund die sich daraus ergebenden Ausgaben.
(3) Bundesgesetze, die Geldleistungen gewähren und von den Ländern ausgeführt werden, können bestimmen, daß die Geldleistungen ganz oder zum Teil vom Bund getragen werden. Bestimmt das Gesetz, daß der Bund die Hälfte der Ausgaben oder mehr trägt, wird es im Auftrage des Bundes durchgeführt. Bestimmt das Gesetz, daß die Länder ein Viertel der Ausgaben oder mehr tragen, so bedarf es der Zustimmung des Bundesrates.
(4) Der Bund kann den Ländern Finanzhilfen für besonders bedeutsame Investitionen der Länder und Gemeinden (Gemeindeverbände) gewähren, die zur Abwehr einer Störung des gesamtwirtschaftlichen Gleichgewichts oder zum Ausgleich unterschiedlicher Wirtschaftskraft im Bundesgebiet oder zur Förderung des wirtschaftlichen Wachstums erforderlich sind. Das Nähere, insbesondere die Arten der zu fördernden Investitionen, wird durch Bundesgesetz, das der Zustimmung des Bundesrates bedarf, oder auf Grund des Bundeshaushaltsgesetzes durch Verwaltungsvereinbarung geregelt.
(5) Der Bund und die Länder tragen die bei ihren Behörden entstehenden Verwaltungsausgaben und haften im Verhältnis zueinander für eine ordnungsgemäße Verwaltung. Das Nähere bestimmt ein Bundesgesetz, das der Zustimmung des Bundesrates bedarf.

I. Allgemeines

Der X. Abschnitt des GG ist dem »Finanzwesen« gewidmet. Die Behandlung 1
der mit den öffentlichen Finanzen zusammenhängenden Fragen in einem eigenen Abschnitt macht deutlich, wie wichtig eine funktionierende **»Finanzverfassung«** für einen Staat ist, vor allem für einen Bundesstaat, dessen Lebensfähigkeit nicht zuletzt von einer sachgerechten Aufteilung der Einnahmen und Ausgaben zwischen Bund und Ländern abhängt.
Für die Länder und Gemeinden der ehemaligen DDR gelten Übergangsvorschriften.
Die jetzige Fassung des X. Abschnitts beruht auf der **Finanzreform** von 1969. Im einzelnen werden folgende Fragen geregelt:
a) das Bund-Länder-Verhältnis im Bereich der Finanzwirtschaft, wobei die Gesetzgebungszuständigkeiten (Art. 105), die Verwaltungs- (Art. 108) und die

Rechtsprechungszuständigkeiten (Art. 108 Abs. 6) festgelegt oder zumindest angesprochen werden. Außerdem werden die Ertragshoheit (Art. 106), der Finanzausgleich (Art. 107) und die Haushaltsführung (Art. 109) geregelt.
b) das Verhalten der Bundesorgane im Bereich des ihnen nach Art. 104 a bis 109 zufallenden Teils der Finanzverfassung (Art. 110 bis 115).

2 Der X. Abschnitt bezieht sich nur auf diejenigen öffentlichen Abgaben, die **Steuern** sind, nicht auch auf Gebühren oder Beiträge. Die Begriffe seien kurz erklärt:
a) Öffentliche Abgaben sind diejenigen öffentlich-rechtlichen Leistungsverpflichtungen, die in Geld zu entrichten sind.
b) Steuern sind einmalige oder laufende Geldleistungen, die nicht eine Gegenleistung für eine besondere Leistung darstellen und von einem öffentlich-rechtlichen Gemeinwesen zur Erzielung von Einkünften allen auferlegt werden, bei denen der Tatbestand zutrifft, an den das Gesetz die Leistungspflicht knüpft (§ 1 AO). So knüpft z. B. das Einkommensteuergesetz die Steuerpflicht an die Erzielung fortlaufender Einkünfte. Auch Zölle sind Steuern.
c) Gebühren sind das Entgelt dafür, daß der einzelne eine öffentliche Einrichtung in besonderer Weise tatsächlich für sich in Anspruch nimmt.
d) Beiträge sind das Entgelt dafür, daß der einzelne an den Kosten einer öffentlichen Einrichtung (z. B. Kanalisation) besonders beteiligt erscheint.
Direkte Steuern sind solche, die unmittelbar von denjenigen erhoben werden, die sie wirtschaftlich treffen sollen (z. B. Einkommen-, Körperschaft-, Vermögensteuer). **Indirekte Steuern** werden von einem anderen erhoben als demjenigen, den sie wirtschaftlich treffen sollen (z. B. bei Zöllen, Verkehr-, und vielen Verbrauchsteuern).
Objekt(Real-)steuern lasten auf einzelnen Gegenständen und werden von demjenigen erhoben, dem diese Gegenstände zuzurechnen sind (Grund- und Gewerbesteuer). **Subjekt(Personen-)steuern** sind solche, zu denen einzelne Personen nach bestimmten sachlichen Merkmalen herangezogen werden. Sie werden eingeteilt in Besitz-, Verkehr-, Verbrauchsteuern und Zölle. **Besitzsteuer** ist der Oberbegriff für alle Steuern von Einkommen, Ertrag oder Vermögen (z. B. Einkommen-, Körperschaft-, Vermögen-, Erbschaftsteuer). **Verkehrsteuern** sind Steuern, deren Erhebung an die Vornahme eines Rechtsgeschäfts oder an einen wirtschaftlichen Vorgang anknüpft (z. B. Umsatz-, Beförderungs-, Grunderwerb-, Kapitalverkehr-, Wechsel- und Versicherungsteuer). **Verbrauchsteuern** sind solche, die an das Halten von Sachen oder an deren Übergang aus dem steuerlichen Nexus in den nicht gebundenen Verkehr anknüpfen (z. B. Zucker-, Salz-, Tabak-, Bier-, Getränkesteuer). **Zölle** sind Abgaben, die auf der Warenbewegung über die Zollgrenze lasten.

3 Von den Steuern unterscheiden sich die sog. »**Sonderabgaben**« grundlegend. Mit der Sonderabgabe werden Angehörige bestimmter Gruppen in Anspruch genommen. Die Abgabe dient lediglich der Finanzierung besonderer Aufgaben, zu denen eine Gruppe eine deutlich größere, durch eine objektive Interessenlage geprägte Sachnähe aufweist als die Allgemeinheit und deren Bewältigung in die herausragende Verantwortung dieser Gruppe fällt. Das GG

versagt es dem Gesetzgeber, Sonderabgaben zur Erzielung von Einnahmen für den allgemeinen Finanzbedarf eines öffentlichen Gemeinwesens zu erheben und das Aufkommen aus derartigen Abgaben zur Finanzierung allgemeiner Staatsaufgaben zu verwenden.
Die Sonderabgabe hat gegenüber der Steuer die seltene Ausnahme zu sein. Eine gesellschaftliche Gruppe kann nur dann mit einer Sonderabgabe in Anspruch genommen werden, wenn sie durch eine gemeinsame, in der Rechtsordnung oder in der gesellschaftlichen Wirklichkeit vorgegebene Interessenlage oder durch besondere gemeinsame Gegebenheiten von der Allgemeinheit und anderen Gruppen abgrenzbar ist, wenn es sich also um eine in diesem Sinne homogene Gruppe handelt. Es ist dem Gesetzgeber verwehrt, für eine beabsichtigte Abgabenerhebung beliebig Gruppen nach Gesichtspunkten, die nicht in der Rechts- und Sozialordnung materiell vorgegeben sind, normativ zu bilden.
Ein Beispiel einer zulässigen Sonderabgabe war die Berufsausbildungsabgabe nach dem Ausbildungsplatzförderungsgesetz (vgl. BVerfGE 55, 274 ff.).

II. Einzelheiten

Art. 104 a stellt einige **allgemeine Grundsätze** an die Spitze des X. Abschnitts: **4**
Soweit das GG nichts anderes bestimmt, tragen der Bund und die Länder gesondert die Kosten, die sich aus der Wahrnehmung ihrer Aufgaben ergeben. Die **Ausgabenverantwortung** richtet sich also nach der Verwaltungs- und nicht nach der Gesetzgebungszuständigkeit.
Soweit die Länder Gesetze im **Auftrag des Bundes** ausführen (vgl. Art. 83), trägt dieser die sich daraus ergebenden Sachaufwendungen (nicht auch die Personalkosten).
Für Bundesgesetze, die **Geldleistungen** gewähren (z. B. Wohnungsgeld, Sparprämien), enthält Abs. 3 die Bestimmung, daß diese dann als Auftragsverwaltung durchzuführen sind, wenn der Bund mehr als die Hälfte der Ausgaben trägt. Im übrigen werden sie in landeseigener Verwaltung durchgeführt. Um zu verhindern, daß der Bund den Ländern zuviel Geldleistungen zumutet, bestimmt Abs. 3, daß das betreffende Gesetz der Zustimmung des Bundesrats bedarf, wenn es den Ländern ein Viertel der Ausgaben oder mehr auferlegen will.
Abs. 4 regelt Fragen der **Finanzhilfe,** die der Bund unter den dort genannten Voraussetzungen den Ländern gewähren kann.

Art. 105 [Verteilung der Gesetzgebungskompetenz im Steuerwesen]

(1) Der Bund hat die ausschließliche Gesetzgebung über die Zölle und Finanzmonopole.
(2) Der Bund hat die konkurrierende Gesetzgebung über die übrigen Steuern, wenn ihm das Aufkommen dieser Steuern ganz oder zum Teil zusteht oder die Voraussetzungen des Artikels 72 Abs. 2 vorliegen.
(2 a) Die Länder haben die Befugnis zur Gesetzgebung über die örtlichen Verbrauch- und Aufwandsteuern, solange und soweit sie nicht bundesgesetzlich geregelten Steuern gleichartig sind.
(3) Bundesgesetze über Steuern, deren Aufkommen den Ländern oder den Gemeinden (Gemeindeverbänden) ganz oder zum Teil zufließt, bedürfen der Zustimmung des Bundesrates.

Der Bund hat eine umfassende Gesetzgebungskompetenz auf dem Gebiet der Steuern. Über Zölle und Finanzmonopole – z. B.: das Branntweinmonopol – hat er die ausschließliche, für alle übrigen mit Ausnahme der in Abs. 2 a genannten die konkurrierende Gesetzgebungszuständigkeit (vgl. zu diesen Begriffen Anm. II zu Art. 70). Er hat von dieser Zuständigkeit auch weitgehend Gebrauch gemacht, so daß die Länder nicht mehr viel zu regeln haben.
Für die **örtlichen Verbrauch- und Aufwandsteuern,** d. h. für Steuern, die an örtliche Gegebenheiten anknüpfen, haben die Länder die ausschließliche Gesetzgebungszuständigkeit, allerdings nur, soweit die betreffende Steuer nicht bundesgesetzlich geregelten Steuern gleichartig ist.

Art. 106 [Verteilung des Steueraufkommens]

(1) Der Ertrag der Finanzmonopole und das Aufkommen der folgenden Steuern stehen dem Bund zu:
1. die Zölle,
2. die Verbrauchsteuern, soweit sie nicht nach Absatz 2 den Ländern, nach Absatz 3 Bund und Ländern gemeinsam oder nach Absatz 6 den Gemeinden zustehen,
3. die Straßengüterverkehrsteuer,
4. die Kapitalverkehrsteuern, die Versicherungsteuer und die Wechselsteuer,
5. die einmaligen Vermögensabgaben und die zur Durchführung des Lastenausgleichs erhobenen Ausgleichsabgaben,
6. die Ergänzungsabgabe zur Einkommensteuer und zur Körperschaftsteuer,
7. Abgaben im Rahmen der Europäischen Gemeinschaften.
(2) Das Aufkommen der folgenden Steuern steht den Ländern zu:
1. die Vermögensteuer,
2. die Erbschaftsteuer,
3. die Kraftfahrzeugsteuer,

4. die Verkehrsteuern, soweit sie nicht nach Absatz 1 dem Bund oder nach Absatz 3 Bund und Ländern gemeinsam zustehen,
5. die Biersteuer,
6. die Abgabe von Spielbanken.

(3) Das Aufkommen der Einkommensteuer, der Körperschaftsteuer und der Umsatzsteuer steht dem Bund und den Ländern gemeinsam zu (Gemeinschaftsteuern), soweit das Aufkommen der Einkommensteuer nicht nach Absatz 5 den Gemeinden zugewiesen wird. Am Aufkommen der Einkommensteuer und der Körperschaftsteuer sind der Bund und die Länder je zur Hälfte beteiligt. Die Anteile von Bund und Ländern an der Umsatzsteuer werden durch Bundesgesetz, das der Zustimmung des Bundesrates bedarf, festgesetzt. Bei der Festsetzung ist von folgenden Grundsätzen auszugehen:

1. Im Rahmen der laufenden Einnahmen haben der Bund und die Länder gleichmäßig Anspruch auf Deckung ihrer notwendigen Ausgaben. Dabei ist der Umfang der Ausgaben unter Berücksichtigung einer mehrjährigen Finanzplanung zu ermitteln.
2. Die Deckungsbedürfnisse des Bundes und der Länder sind so aufeinander abzustimmen, daß ein billiger Ausgleich erzielt, eine Überbelastung der Steuerpflichtigen vermieden und die Einheitlichkeit der Lebensverhältnisse im Bundesgebiet gewahrt wird.

Zusätzlich werden in die Festsetzung der Anteile von Bund und Ländern an der Umsatzsteuer Steuermindereinnahmen einbezogen, die den Ländern ab 1. Januar 1996 aus der Berücksichtigung von Kindern im Einkommensteuerrecht entstehen. Das Nähere bestimmt das Bundesgesetz nach Satz 3.

(4) Die Anteile von Bund und Ländern an der Umsatzsteuer sind neu festzusetzen, wenn sich das Verhältnis zwischen den Einnahmen und Ausgaben des Bundes und der Länder wesentlich anders entwickelt; Steuermindereinnahmen, die nach Absatz 3 Satz 5 in die Festsetzung der Umsatzsteueranteile zusätzlich einbezogen werden, bleiben hierbei unberücksichtigt. Werden den Ländern durch Bundesgesetz zusätzliche Ausgaben auferlegt oder Einnahmen entzogen, so kann die Mehrbelastung durch Bundesgesetz, das der Zustimmung des Bundesrates bedarf, auch mit Finanzzuweisungen des Bundes ausgeglichen werden, wenn sie auf einen kurzen Zeitraum begrenzt ist. In dem Gesetz sind die Grundsätze für die Bemessung dieser Finanzzuweisungen und für ihre Verteilung auf die Länder zu bestimmen.

(5) Die Gemeinden erhalten einen Anteil an dem Aufkommen der Einkommensteuer, der von den Ländern an ihre Gemeinden auf der Grundlage der Einkommensteuerleistungen ihrer Einwohner weiterzuleiten ist. Das Nähere bestimmt ein Bundesgesetz, das der Zustimmung des Bundesrates bedarf. Es kann bestimmen, daß die Gemeinden Hebesätze für den Gemeindeanteil festsetzen.

(6) Das Aufkommen der Realsteuern steht den Gemeinden, das Aufkommen der örtlichen Verbrauch- und Aufwandsteuern steht den Gemeinden oder nach Maßgabe der Landesgesetzgebung den Gemeindeverbänden zu. Den Gemeinden ist das Recht einzuräumen, die Hebesätze der Realsteuern im Rahmen der Gesetze festzusetzen. Bestehen in einem Land keine Gemeinden, so steht das

Aufkommen der Realsteuern und der örtlichen Verbrauch- und Aufwandsteuern dem Land zu. Bund und Länder können durch eine Umlage an dem Aufkommen der Gewerbesteuer beteiligt werden. Das Nähere über die Umlage bestimmt ein Bundesgesetz, das der Zustimmung des Bundesrates bedarf. Nach Maßgabe der Landesgesetzgebung können die Realsteuern und der Gemeindeanteil vom Aufkommen der Einkommensteuer als Bemessungsgrundlagen für Umlagen zugrunde gelegt werden.
(7) Von dem Länderanteil am Gesamtaufkommen der Gemeinschaftsteuern fließt den Gemeinden und Gemeindeverbänden insgesamt ein von der Landesgesetzgebung zu bestimmender Hundertsatz zu. Im übrigen bestimmt die Landesgesetzgebung, ob und inwieweit das Aufkommen der Landessteuern den Gemeinden (Gemeindeverbänden) zufließt.
(8) Veranlaßt der Bund in einzelnen Ländern oder Gemeinden (Gemeindeverbänden) besondere Einrichtungen, die diesen Ländern oder Gemeinden (Gemeindeverbänden) unmittelbar Mehrausgaben oder Mindereinnahmen (Sonderbelastungen) verursachen, gewährt der Bund den erforderlichen Ausgleich, wenn und soweit den Ländern oder Gemeinden (Gemeindeverbänden) nicht zugemutet werden kann, die Sonderbelastungen zu tragen. Entschädigungsleistungen Dritter und finanzielle Vorteile, die diesen Ländern oder Gemeinden (Gemeindeverbänden) als Folge der Einrichtungen erwachsen, werden bei dem Ausgleich berücksichtigt.
(9) Als Einnahmen und Ausgaben der Länder im Sinne dieses Artikels gelten auch die Einnahmen und Ausgaben der Gemeinden (Gemeindeverbände).

Abs. 3 Satz 5 und 6 sowie Abs. 4 Satz 1 Halbsatz 2 sind durch Gesetz vom 3. November 1995 (BGBl. I S. 1492) eingefügt worden.

1 Die Frage der **Ertragshoheit** ist für einen föderal verfaßten Staat von entscheidender Bedeutung. Er kann nur funktionieren, wenn sowohl der Bund als auch die Länder über eine ausreichende Finanzausstattung verfügen.

2 Deshalb ordnet Art. 106 ihnen je eigene Einnahmequellen zu. Bestimmte Steuern erhält ausschließlich der **Bund** (Abs. 1), andere Steuern erhalten ausschließlich die **Länder** (Abs. 2). Die aufkommenstärksten Steuern (Einkommen-, Körperschaft- und Umsatzsteuer) werden als Gemeinschaftsteuern ausgestaltet und der Ertrag gemäß Abs. 3 nach dem dort festgelegten Schlüssel verteilt, wobei dieser bei der Umsatzsteuer variabel ist (Festsetzung durch Gesetz; Abs. 4). Dabei sind die durch den ab 1996 geänderten Kinderlastenausgleich entstehenden Mindereinnahmen zu berücksichtigen.

3 Die Verteilung des Umsatzsteuerertrages ist seit jeher heftig umkämpft. Am 1. Januar 1995 betrug z. B. der Bundesanteil 56 Prozent und der Länderanteil 44 Prozent. Vorher standen dem Bund 63 Prozent zu.

4 Art. 106 berücksichtigt auch den Finanzbedarf der **Gemeinden.** Sie erhalten einen Anteil an dem Aufkommen der Einkommensteuer, der durch Gesetz festzulegen ist (Abs. 5). Dieser wird vom Gesamtertrag abgezogen und der Rest je zur Hälfte dem Bund und den Ländern zugewiesen (Abs. 3 Satz 1 und 2). Am 1. Januar 1995 erhielten die Gemeinden 15 Prozent des Ertrags aus der Lohn-

und Einkommensteuer. Im Gegenzug werden Bund und Länder durch eine Umlage an dem Aufkommen der Gewerbesteuer beteiligt (Abs. 6 Satz 4). Die alleinige Ertragshoheit ist den Gemeinden nämlich für die Realsteuern, also auch für die Gewerbesteuer, eingeräumt (Abs. 6 Satz 1). Dasselbe gilt für die örtlichen Verbrauch- und Aufwandsteuern, soweit sie nicht durch Landesgesetz den Gemeindeverbänden zugewiesen sind.

Über den Anteil der Gemeinden an der Einkommensteuer hinaus, haben die **5**
Länder sie am Länderanteil der Gemeinschaftsteuern zu beteiligen (Abs. 7).

Art. 106 a [Finanzausgleich für den Personennahverkehr]

Den Ländern steht ab 1. Januar 1996 für den öffentlichen Personennahverkehr ein Betrag aus dem Steueraufkommen des Bundes zu. Das Nähere regelt ein Bundesgesetz, das der Zustimmung des Bundesrates bedarf. Der Betrag nach Satz 1 bleibt bei der Bemessung der Finanzkraft nach Artikel 107 Abs. 2 unberücksichtigt.

Art. 106 a zieht die Konsequenz aus der Privatisierung des Eisenbahnwesens (vgl. Art. 87 e). Der **Personennahverkehr** ist regionalisiert worden. Das Defizit, das er erbringt (die Kostendeckung betrug vor der Privatisierung maximal 30 Prozent), sollen nunmehr wenigstens zum Teil diejenigen, die den Fortbestand einer bestimmten Regionallinie wünschen, selbst tragen. Um dies zu lindern, sieht Art. 106 a in gewissem Umfang Ausgleichszahlungen des Bundes vor.

Art. 107 [Finanzausgleich]

(1) Das Aufkommen der Landessteuern und der Länderanteile am Aufkommen der Einkommensteuer und der Körperschaftsteuer stehen den einzelnen Ländern insoweit zu, als die Steuern von den Finanzbehörden in ihrem Gebiet vereinnahmt werden (örtliches Aufkommen). Durch Bundesgesetz, das der Zustimmung des Bundesrates bedarf, sind für die Körperschaftsteuer und die Lohnsteuer nähere Bestimmungen über die Abgrenzung sowie über Art und Umfang der Zerlegung des örtlichen Aufkommens zu treffen. Das Gesetz kann auch Bestimmungen über die Abgrenzung sowie über Art und Umfang der Zerlegung des örtlichen Aufkommens treffen. Das Gesetz kann auch Bestimmungen über die Abgrenzung und Zerlegung des örtlichen Aufkommens anderer Steuern treffen. Der Länderanteil am Aufkommen der Umsatzsteuer steht den einzelnen Ländern nach Maßgabe ihrer Einwohnerzahl zu; für einen Teil, höchstens jedoch für ein Viertel dieses Länderanteils, können durch Bundesgesetz, das der Zustimmung des Bundesrates bedarf, Ergänzungsanteile für die Länder vorgesehen werden, deren Einnahmen aus den Landessteuern und aus der Einkommensteuer und der Körperschaftsteuer je Einwohner unter dem Durchschnitt der Länder liegen.

(2) Durch das Gesetz ist sicherzustellen, daß die unterschiedliche Finanzkraft der Länder angemessen ausgeglichen wird; hierbei sind die Finanzkraft und der Finanzbedarf der Gemeinden (Gemeindeverbände) zu berücksichtigen. Die Voraussetzungen für die Ausgleichsansprüche der ausgleichsberechtigten Länder und für die Ausgleichsverbindlichkeiten der ausgleichspflichtigen Länder sowie die Maßstäbe für die Höhe der Ausgleichsleistungen sind in dem Gesetz zu bestimmen. Es kann auch bestimmen, daß der Bund aus seinen Mitteln leistungsschwachen Ländern Zuweisungen zur ergänzenden Deckung ihres allgemeinen Finanzbedarfs (Ergänzungszuweisungen) gewährt.

1 Art. 107 regelt einmal, wie das Steueraufkommen, das Art. 106 den Ländern zuweist, unter diesen zu verteilen ist, und zum anderen, wie sich etwa ergebende Unterschiede der finanziellen Leistungsfähigkeit unter den Ländern auszugleichen sind. Man spricht vom **horizontalen Finanzausgleich.**

2 Für den ersten Fall enthält Abs. 1 umfangreiche rechtstechnische Anweisungen, deren Umsetzung in die Praxis hier nicht näher kommentiert werden kann. Beispielhaft ist darauf hinzuweisen, daß etwa Pendlerströme zu erheblichen Verzerrungen führen können, weil hier der Steuerpflichtige oftmals den Steuerbetrag nicht dort erzielt, wo er ihn nach der Zuständigkeitsordnung der Finanzverwaltung abführen muß (z. B. Hamburg-Umland).

3 Ergibt sich nach der Ermittlung des jedem Land gemäß Art. 106 und 107 Abs. 1 zustehenden Steueraufkommens, daß unangemessen große Unterschiede bestehen, kommt es zu dem **Finanzausgleich** nach Abs. 2. Dabei ist die Finanzkraft anzugleichen, ohne daß die Unterschiede zu nivellieren sind. Verbleiben noch Lücken, kann der Bund **Ergänzungszuweisungen** vornehmen.

Art. 108 [Finanzverwaltung]

(1) Zölle, Finanzmonopole, die bundesgesetzlich geregelten Verbrauchsteuern einschließlich der Einfuhrumsatzsteuer und die Abgaben im Rahmen der Europäischen Gemeinschaften werden durch Bundesfinanzbehörden verwaltet. Der Aufbau dieser Behörden wird durch Bundesgesetz geregelt. Die Leiter der Mittelbehörden sind im Benehmen mit den Landesregierungen zu bestellen.
(2) Die übrigen Steuern werden durch Landesfinanzbehörden verwaltet. Der Aufbau dieser Behörden und die einheitliche Ausbildung der Beamten können durch Bundesgesetz mit Zustimmung des Bundesrates geregelt werden. Die Leiter der Mittelbehörden sind im Einvernehmen mit der Bundesregierung zu bestellen.
(3) Verwalten die Landesfinanzbehörden Steuern, die ganz oder zum Teil dem Bund zufließen, so werden sie im Auftrage des Bundes tätig. Artikel 85 Abs. 3 und 4 gilt mit der Maßgabe, daß an die Stelle der Bundesregierung der Bundesminister der Finanzen tritt.
(4) Durch Bundesgesetz, das der Zustimmung des Bundesrates bedarf, kann bei der Verwaltung von Steuern ein Zusammenwirken von Bundes- und Landesfinanzbehörden sowie für Steuern, die unter Absatz 1 fallen, die Verwaltung

durch Landesfinanzbehörden und für andere Steuern die Verwaltung durch Bundesfinanzbehörden vorgesehen werden, wenn und soweit dadurch der Vollzug der Steuergesetze erheblich verbessert oder erleichtert wird. Für die den Gemeinden (Gemeindeverbänden) allein zufließenden Steuern kann die den Landesfinanzbehörden zustehende Verwaltung durch die Länder ganz oder zum Teil den Gemeinden (Gemeindeverbänden) übertragen werden.
(5) Das von den Bundesfinanzbehörden anzuwendende Verfahren wird durch Bundesgesetz geregelt. Das von den Landesfinanzbehörden und in den Fällen des Absatzes 4 Satz 2 von den Gemeinden (Gemeindeverbänden) anzuwendende Verfahren kann durch Bundesgesetz mit Zustimmung des Bundesrates geregelt werden.
(6) Die Finanzgerichtsbarkeit wird durch Bundesgesetz einheitlich geregelt.
(7) Die Bundesregierung kann allgemeine Verwaltungsvorschriften erlassen, und zwar mit Zustimmung des Bundesrates, soweit die Verwaltung den Landesfinanzbehörden oder Gemeinden (Gemeindeverbänden) obliegt.

Die komplizierte Vorschrift regelt die Verwaltung der Steuern. Diese wird als **1** Bundesverwaltung (Abs. 1), als Landeseigenverwaltung (Abs. 2) und als Landesauftragsverwaltung (Abs. 3) wahrgenommen.
Interessant ist, daß die Leiter der Mittelbehörden (Oberfinanzdirektionen) im **2** Bereich der Bundesverwaltung im Benehmen mit den Landesregierungen (Abs. 1) und im Bereich der Landeseigenverwaltung im Einvernehmen mit der Bundesregierung (Abs. 2) zu bestellen sind. Benehmen heißt Anhörung, Einvernehmen heißt Zustimmung.

Art. 109 [Haushaltswirtschaft in Bund und Ländern]

(1) Bund und Länder sind in ihrer Haushaltswirtschaft selbständig und voneinander unabhängig.
(2) Bund und Länder haben bei ihrer Haushaltswirtschaft den Erfordernissen des gesamtwirtschaftlichen Gleichgewichts Rechnung zu tragen.
(3) Durch Bundesgesetz, das der Zustimmung des Bundesrates bedarf, können für Bund und Länder gemeinsam geltende Grundsätze für das Haushaltsrecht, für eine konjunkturgerechte Haushaltswirtschaft und für eine mehrjährige Finanzplanung aufgestellt werden.
(4) Zur Abwehr einer Störung des gesamtwirtschaftlichen Gleichgewichts können durch Bundesgesetz, das der Zustimmung des Bundesrates bedarf, Vorschriften über
1. **Höchstbeträge, Bedingungen und Zeitfolge der Aufnahme von Krediten durch Gebietskörperschaften und Zweckverbände und**
2. **eine Verpflichtung von Bund und Ländern, unverzinsliche Guthaben bei der Deutschen Bundesbank zu unterhalten (Konjunkturausgleichsrücklagen),**

erlassen werden. Ermächtigungen zum Erlaß von Rechtsverordnungen können nur der Bundesregierung erteilt werden. Die Rechtsverordnungen bedürfen der

Zustimmung des Bundesrates. Sie sind aufzuheben, soweit der Bundestag es verlangt; das Nähere bestimmt das Bundesgesetz.

1 Abs. 1 verwirklicht das föderalistische Prinzip im Finanzwesen. Länder ohne (gegenständlich beschränkte) Finanzhoheit verdienten diesen Namen nicht; sie wären auch nicht lebensfähig.

2 Dem Abs. 2 liegt die Vorstellung zugrunde, der Staat könnte durch finanzpolitische Maßnahmen das gesamtwirtschaftliche Klima beeinflussen. Sie soll durch Abs. 3 abgesichert werden.

3 Abs. 4 ermöglicht es dem Bund, aus gesamtwirtschaftlichen Gründen die Haushaltshoheit der Länder und der Gemeinden in bestimmten Fällen zu durchbrechen.

Art. 110 [Haushaltsplan und Haushaltsgesetz des Bundes]

(1) Alle Einnahmen und Ausgaben des Bundes sind in den Haushaltsplan einzustellen; bei Bundesbetrieben und bei Sondervermögen brauchen nur die Zuführungen oder die Ablieferungen eingestellt zu werden. Der Haushaltsplan ist in Einnahme und Ausgabe auszugleichen.
(2) Der Haushaltsplan wird für ein oder mehrere Rechnungsjahre, nach Jahren getrennt, vor Beginn des ersten Rechnungsjahres durch das Haushaltsgesetz festgestellt. Für Teile des Haushaltsplanes kann vorgesehen werden, daß sie für unterschiedliche Zeiträume, nach Rechnungsjahren getrennt, gelten.
(3) Die Gesetzesvorlage nach Absatz 2 Satz 1 sowie Vorlagen zur Änderung des Haushaltsgesetzes und des Haushaltsplanes werden gleichzeitig mit der Zuleitung an den Bundesrat beim Bundestage eingebracht; der Bundesrat ist berechtigt, innerhalb von sechs Wochen, bei Änderungsvorlagen innerhalb von drei Wochen, zu den Vorlagen Stellung zu nehmen.
(4) In das Haushaltsgesetz dürfen nur Vorschriften aufgenommen werden, die sich auf die Einnahmen und die Ausgaben des Bundes und auf den Zeitraum beziehen, für den das Haushaltsgesetz beschlossen wird. Das Haushaltsgesetz kann vorschreiben, daß die Vorschriften erst mit der Verkündung des nächsten Haushaltsgesetzes oder bei Ermächtigung nach Artikel 115 zu einem späteren Zeitpunkt außer Kraft treten.

1 Art. 110 ist als zentrale Vorschrift das wirtschaftliche Regierungsprogramm des Bundes für die betreffenden Haushaltsjahre. Dadurch, daß der Haushaltsplan als Gesetz ergeht, wird das **Budgetrecht** des Parlaments – von jeher eines der bedeutendsten Rechte dieser Institution – gewahrt.

2 **Haushaltsgrundsätze** sind vor allem: Ausgeglichenheit, Vollständigkeit, Einheit, Wahrheit und Klarheit, Vorherigkeit, Periodizität, Wirtschaftlichkeit und Sparsamkeit.

3 Art. 111 regelt den Fall, daß es nicht gelingt, den Haushaltsplan rechtzeitig zu verabschieden, Art. 112 den, daß überraschend ein zusätzlicher Finanzbedarf

entsteht. Art. 113 schränkt das parlamentarische Budgetrecht ein, wenn das Haushaltsgesetz gegenüber dem Vorschlag der Bundesregierung höhere Ausgaben oder Einnahmeminderungen vorsieht.

Art. 111 [Vorläufige Haushaltswirtschaft]

(1) Ist bis zum Schluß eines Rechnungsjahres der Haushaltsplan für das folgende Jahr nicht durch Gesetz festgestellt, so ist bis zu seinem Inkrafttreten die Bundesregierung ermächtigt, alle Ausgaben zu leisten, die nötig sind,
a) um gesetzlich bestehende Einrichtungen zu erhalten und gesetzlich beschlossene Maßnahmen durchzuführen,
b) um die rechtlich begründeten Verpflichtungen des Bundes zu erfüllen,
c) um Bauten, Beschaffungen und sonstige Leistungen fortzusetzen oder Beihilfen für diese Zwecke weiter zu gewähren, sofern durch den Haushaltsplan eines Vorjahres bereits Beträge bewilligt worden sind.
(2) Soweit nicht auf besonderem Gesetze beruhende Einnahmen aus Steuern, Abgaben und sonstigen Quellen oder die Betriebsmittelrücklage die Ausgaben unter Absatz 1 decken, darf die Bundesregierung die zur Aufrechterhaltung der Wirtschaftsführung erforderlichen Mittel bis zur Höhe eines Viertels der Endsumme des abgelaufenen Haushaltsplanes im Wege des Kredits flüssig machen.

Vgl. Rz. 1 ff. zu Art. 110.

Art. 112 [Über- und außerplanmäßige Ausgaben]

Überplanmäßige und außerplanmäßige Ausgaben bedürfen der Zustimmung des Bundesministers der Finanzen. Sie darf nur im Falle eines unvorhergesehenen und unabweisbaren Bedürfnisses erteilt werden. Näheres kann durch Bundesgesetz bestimmt werden.

Vgl. Rz. 1 ff. zu Art. 110.

Art. 113 [Ausgabenerhöhende und einnahmemindernde Gesetze; Zustimmung der Bundesregierung]

(1) Gesetze, welche die von der Bundesregierung vorgeschlagenen Ausgaben des Haushaltsplanes erhöhen oder neue Ausgaben in sich schließen oder für die Zukunft mit sich bringen, bedürfen der Zustimmung der Bundesregierung. Das gleiche gilt für Gesetze, die Einnahmeminderungen in sich schließen oder für die Zukunft mit sich bringen. Die Bundesregierung kann verlangen, daß der Bundestag die Beschlußfassung über solche Gesetze aussetzt. In diesem Fall hat

die Bundesregierung innerhalb von sechs Wochen dem Bundestage eine Stellungnahme zuzuleiten.
(2) Die Bundesregierung kann innerhalb von vier Wochen, nachdem der Bundestag das Gesetz beschlossen hat, verlangen, daß der Bundestag erneut Beschluß faßt.
(3) Ist das Gesetz nach Artikel 78 zustande gekommen, kann die Bundesregierung ihre Zustimmung nur innerhalb von sechs Wochen und nur dann versagen, wenn sie vorher das Verfahren nach Absatz 1 Satz 3 und 4 oder nach Absatz 2 eingeleitet hat. Nach Ablauf dieser Frist gilt die Zustimmung als erteilt.

Vgl. Rz. 1 ff. zu Art. 110.

Art. 114 [Rechnungslegung, Rechnungsprüfung]

(1) Der Bundesminister der Finanzen hat dem Bundestage und dem Bundesrate über alle Einnahmen und Ausgaben sowie über das Vermögen und die Schulden im Laufe des nächsten Rechnungsjahres zur Entlastung der Bundesregierung Rechnung zu legen.
(2) Der Bundesrechnungshof, dessen Mitglieder richterliche Unabhängigkeit besitzen, prüft die Rechnung sowie die Wirtschaftlichkeit und Ordnungsmäßigkeit der Haushalts- und Wirtschaftsführung. Er hat außer der Bundesregierung unmittelbar dem Bundestage und dem Bundesrate jährlich zu berichten. Im übrigen werden die Befugnisse des Bundesrechnungshofes durch Bundesgesetz geregelt.

1 Bundestag und Bundesrat sind berechtigt und verpflichtet, die **Haushaltsführung** der Bundesregierung zu kontrollieren. Dazu hat der Bundesfinanzminister Rechnung zu legen.

2 Der **Bundesrechnungshof,** dessen Mitglieder richterliche Unabhängigkeit genießen, prüft diese Rechnungslegung, kontrolliert darüber hinaus aber die gesamte Haushalts- und Wirtschaftsführung der Bundesregierung.

Art. 115 [Kreditaufnahme, Grenzen]

(1) Die Aufnahme von Krediten sowie die Übernahme von Bürgschaften, Garantien oder sonstigen Gewährleistungen, die zu Ausgaben in künftigen Rechnungsjahren führen können, bedürfen einer der Höhe nach bestimmten oder bestimmbaren Ermächtigung durch Bundesgesetz. Die Einnahmen aus Krediten dürfen die Summe der im Haushaltsplan veranschlagten Ausgaben für Investitionen nicht überschreiten; Ausnahmen sind nur zulässig zur Abwehr einer Störung des gesamtwirtschaftlichen Gleichgewichts. Das Nähere wird durch Bundesgesetz geregelt.

(2) Für Sondervermögen des Bundes können durch Bundesgesetz Ausnahmen von Absatz 1 zugelassen werden.

Aus Abs. 1 ergibt sich, daß die Aufnahme von Krediten, auch zum Ausgleich des Haushalts, grundsätzlich zulässig ist. Für die Höhe sind die Erfordernisse des gesamtwirtschaftlichen Gleichgewichts und die Summe der veranschlagten Investitionsausgaben maßgebend, letztere deshalb, weil der haushaltswirtschaftliche Vorgriff auf zukünftige Einnahmen jedenfalls dadurch begrenzt sein soll, daß der Kredit nur im Umfang der Ausgaben mit zukunftsbegünstigendem Charakter in Anspruch genommen werden darf (BVerfGE 79, 311/334). **1**

Ist das gesamtwirtschaftliche Gleichgewicht gestört, kann die beschriebene Grenze überschritten werden. **2**

Die Kreditaufnahme bedarf eines Gesetzes. **3**

Die Bedeutung des Abs. 2 ist nach der Privatisierung von Bahn und Post nur noch gering. **4**

X a. Verteidigungsfall

Art. 115 a [Begriff und Feststellung]

(1) Die Feststellung, daß das Bundesgebiet mit Waffengewalt angegriffen wird oder ein solcher Angriff unmittelbar droht (Verteidigungsfall), trifft der Bundestag mit Zustimmung des Bundesrates. Die Feststellung erfolgt auf Antrag der Bundesregierung und bedarf einer Mehrheit von zwei Dritteln der abgegebenen Stimmen, mindestens der Mehrheit der Mitglieder des Bundestages.
(2) Erfordert die Lage unabweisbar ein sofortiges Handeln und stehen einem rechtzeitigen Zusammentritt des Bundestages unüberwindliche Hindernisse entgegen oder ist er nicht beschlußfähig, so trifft der Gemeinsame Ausschuß diese Feststellung mit einer Mehrheit von zwei Dritteln der abgegebenen Stimmen, mindestens der Mehrheit seiner Mitglieder.
(3) Die Feststellung wird vom Bundespräsidenten gemäß Artikel 82 im Bundesgesetzblatte verkündet. Ist dies nicht rechtzeitig möglich, so erfolgt die Verkündung in anderer Weise; sie ist im Bundesgesetzblatte nachzuholen, sobald die Umstände es zulassen.
(4) Wird das Bundesgebiet mit Waffengewalt angegriffen und sind die zuständigen Bundesorgane außerstande, sofort die Feststellung nach Absatz 1 Satz 1 zu treffen, so gilt diese Feststellung als getroffen und als zu dem Zeitpunkt verkündet, in dem der Angriff begonnen hat. Der Bundespräsident gibt diesen Zeitpunkt bekannt, sobald die Umstände es zulassen.
(5) Ist die Feststellung des Verteidigungsfalles verkündet und wird das Bundesgebiet mit Waffengewalt angegriffen, so kann der Bundespräsident völkerrechtliche Erklärungen über das Bestehen des Verteidigungsfalles mit Zustimmung des Bundestages abgeben. Unter den Voraussetzungen des Absatzes 2 tritt an die Stelle des Bundestages der Gemeinsame Ausschuß.

I. Allgemeines

1 Nach der **Weimarer Reichsverfassung** konnte der Reichspräsident ein Land, das die ihm nach der Verfassung oder den Reichsgesetzen obliegenden Pflichten nicht erfüllte, dazu mit Hilfe der bewaffneten Macht anhalten. Außerdem konnte er »die zur Wiederherstellung der öffentlichen Sicherheit und Ordnung nötigen Maßnahmen« treffen, »wenn die öffentliche Sicherheit und Ordnung im Deutschen Reiche erheblich gestört oder gefährdet war« (Art. 48 Abs. 1 und 2). Der häufige Gebrauch dieser weitgehenden **Notstandsbefugnisse** unter Hindenburg sowie die in ihnen enthaltene und genutzte Möglichkeit, auf scheinlegalem Weg ein Parlament für dauernd zu entmachten und eine Diktatur zu errichten, wurden nach 1945 mit als Gründe dafür angeführt, daß die Wei-

marer Republik dem Ansturm der Nationalsozialisten erlegen ist. Dementsprechend bestand keine Neigung, in die neue Verfassung gleiche oder ähnliche Regelungen aufzunehmen.
Mit der Zeit – zuerst bei der CDU/CSU, später auch bei der SPD – machte sich ein Gesinnungswandel bemerkbar. Die Befürworter einer »Notstandsverfassung« wiesen darauf hin, daß die Bundesrepublik im Gegensatz zu den meisten anderen Staaten kaum Möglichkeiten besaß, auf politische Katastrophen, wie einen Angriff von außen, Aufstände im Innern oder auch nur große Naturkatastrophen, in verfassungsrechtlich unbedenklicher Weise zu reagieren; außerdem würden die alliierten Vorbehaltsrechte nach Art. 5 Abs. 2 des Deutschlandvertrages erst erlöschen, wenn eine deutsche Notstandsverfassung Gesetz geworden sei. Die Gegner einer Notstandsgesetzgebung stellten u. a. die Gefahr in den Vordergrund, die damit verbundenen Befugnisse könnten zu einem Staatsstreich mißbraucht werden.

II. Die Geschichte der Notstandsgesetzgebung

Bereits 1958 legte der damalige Bundesinnenminister den Entwurf einer **Notstandsverfassung** vor. Erst während der Regierungszeit der »Großen Koalition« traten die Beratungen jedoch in die entscheidende Phase. Dabei wurden erstmals auch 42 Persönlichkeiten des öffentlichen Lebens (darunter auch Gewerkschaftsvertreter) von den zuständigen Bundestagsausschüssen gehört (Hearings). Hier prallten die kontroversen Ansichten über Sinn und Zweck einer Notstandsverfassung nochmals aufeinander. Am 30. Mai 1968 wurde die im Laufe des Gesetzgebungsverfahrens in entscheidenden Punkten überarbeitete Regierungsvorlage mit 384 : 100 Stimmen im Bundestag verabschiedet; vorhergegangen war eine Welle von Demonstrationen. Der Bundesrat stimmte ebenfalls mit der erforderlichen Mehrheit zu. Am 25. Juni 1968 trat das »17. Gesetz zur Ergänzung des Grundgesetzes« in Kraft. Nach der Erklärung der Westmächte vom 27. Mai 1968 waren damit ihre Vorbehaltsrechte insoweit erloschen. **2**

III. Überblick über den Inhalt der Notstandsverfassung

Die Notstandsverfassung regelt insgesamt 5 Notstandsfälle: **3**
a) Verteidigungsfall (Art. 115 a–115 l),
b) Vorsorge für den Verteidigungsfall (Art. 115 c),
c) Spannungsfall (Art. 80 a, 12 a Abs. 5 und 6, 87 a Abs. 3),
d) Katastrophenfall (Art. 35 Abs. 2 und 3, 11 Abs. 2) und
e) inneren Notstand, der als Zustand der »Gefahr für die freiheitliche demokratische Grundordnung« umschrieben wird (Art. 10 Abs. 2 Satz 2, 11 Abs. 2, 87 a Abs. 4, 91).

Gedeckt durch die entsprechenden Verfassungsnormen sind mehrere »einfache« Notstandsgesetze erlassen worden, von denen vor allem die sog. »Sicherstellungsgesetze« zu nennen sind.

4 Art. 115 a legt fest, wann der Verteidigungsfall gegeben ist und wie er festgestellt wird. An seine Feststellung sind erhebliche Rechtsfolgen geknüpft, vor allem:

a) Nach Art. 12 a Abs. 3 können **Wehrpflichtige** zu zivilen Dienstleistungen für Zwecke der Verteidigung in Arbeitsverhältnisse oder sogar in öffentlich-rechtliche Dienstverhältnisse verpflichtet werden.

b) Nach Art. 12 a Abs. 4 können **Frauen** zu bestimmten zivilen Dienstleistungen herangezogen werden.

c) In das Grundrecht der **Berufsausübung** kann eingegriffen werden.

d) Die **Streitkräfte** können zivile Objekte schützen und Aufgaben der Verkehrsregelung wahrnehmen (Art. 87 a Abs. 3).

e) Die **Strafgerichtsbarkeit** über die Angehörigen der Streitkräfte geht von den allgemeinen Strafgerichten auf die Wehrstrafgerichte über (Art. 96 Abs. 2).

f) Die **Kommandogewalt** geht auf den Bundeskanzler über (Art. 115 b).

h) Der **Gemeinsame Ausschuß** tritt in Aktion (Art. 115 e).

i) Der **Bundesgrenzschutz** kann im ganzen Bundesgebiet eingesetzt werden (Art. 115 f.).

k) Die **Wahlperioden** verlängern sich (Art. 115 h).

IV. Begriff und Feststellung des Verteidigungsfalles

5 Der **Verteidigungsfall** liegt nach der Legaldefinition des Abs. 1 vor, wenn »das Bundesgebiet mit Waffengewalt angegriffen wird oder ein solcher Angriff unmittelbar droht«. Bei dem Angriff muß es sich um einen bewaffneten militärischen Angriff von außen handeln; gleichgültig ist dabei, ob der Gegner die Landesgrenzen überschreitet (Raketenbeschuß!). Das Einschleusen von Sabotagetrupps genügt nicht.

Die Feststellung, daß das Bundesgebiet mit Waffengewalt angegriffen wird, ist im Regelfall sehr leicht zu treffen; schwierig wird es nur, wenn der Angriff im »Sender Gleiwitz«-Stil vorgetäuscht würde. Dagegen erfordert die zu treffende Prognose, ob ein Angriff unmittelbar droht, eine unter Umständen problematische Analyse der politischen und militärischen Lage und der Absichten des Gegners. Es müssen jedenfalls konkrete Gefahrenanzeichen vorliegen, die den Schluß unumgänglich machen, es werde jeden Moment ein Angriff auf das Bundesgebiet beginnen.

6 Die **Feststellung,** daß das Bundesgebiet mit Waffengewalt angegriffen wird oder daß ein solcher Angriff unmittelbar droht, trifft der **Bundestag** mit Zustimmung des **Bundesrats** durch Beschluß auf Antrag der **Bundesregierung;** im Bundestag sind zwei Drittel der abgegebenen Stimmen, mindestens aber die Stimmen der Mehrheit der Mitglieder erforderlich, während im Bundesrat die Mehrheit der Stimmen genügt.

Diese Feststellung wird vom **Bundespräsidenten** gegengezeichnet und im Bundesgesetzblatt verkündet; in besonderen Fällen kann die Verkündung zunächst auch in anderer Weise geschehen (Verlesen im Rundfunk, Anschlag usw.).

Für den Fall, daß das Bundesgebiet entweder mit Waffengewalt angegriffen 7 wird oder ein solcher Angriff unmittelbar droht, der Bundestag aber nicht rechtzeitig zusammentreten kann oder nicht beschlußfähig ist, trifft der **Gemeinsame Ausschuß** die Feststellung des Verteidigungsfalls, wenn die Lage ein sofortiges Handeln unabweisbar erfordert. Auch hier werden zwei Drittel der abgegebenen Stimmen, mindestens aber die Stimmen der Mehrheit der Mitglieder verlangt. Auch hier ist ein Antrag der Bundesregierung nötig. Die Verkündung richtet sich nach Abs. 3.

Bei der Diskussion um die Notstandsgesetze ist diese Regelung auf herbe Kritik gestoßen, da sie nach Meinung vieler die Gefahr eines Staatsstreiches durch ein Zusammengehen von Bundesregierung und Gemeinsamem Ausschuß unter Ausschaltung von Bundestag und Bundesrat in sich birgt.

Wird das Bundesgebiet mit Waffengewalt angegriffen, droht der Angriff also 8 nicht nur, sondern ist er schon im Gange, und sind der Bundestag, der Bundesrat und der Gemeinsame Ausschuß außerstande, sofort den Eintritt des Verteidigungsfalles festzustellen, so gilt diese Feststellung als in dem Zeitpunkt getroffen und verkündet, in dem der Angriff begonnen hat. Der Bundespräsident gibt diesen Zeitpunkt bekannt, sobald die Umstände es zulassen (Abs. 4). Art. 115 a Abs. 4 regelt »den Fall des chaotischen Durcheinanders bei einem laufenden Angriff« und bringt zum Ausdruck, »daß jeder einzelne, an welcher Stelle er auch stehen mag, dann die Verantwortung für sein eigenes ›notstandsgerechtes‹ Verhalten trägt«; er ist ein »zaghafter Versuch, das Unregelbare so weit zu regeln, wie es irgend möglich ist« (Maunz-Dürig-Herzog).

Abs. 5 regelt die Abgabe **völkerrechtlicher Erklärungen,** wobei vor allem die 9 Erklärung gegenüber anderen Staaten wichtig ist, die Bundesrepublik befinde sich im Kriegszustand. Diese Erklärung kann der Bundespräsident abgeben, wenn der Verteidigungsfall festgestellt worden ist und ein militärischer Angriff auf das Bundesgebiet nicht nur droht, sondern stattfindet.

Der festgestellte Verteidigungsfall **kann** durch Beschluß des Bundestages mit 10 Zustimmung des Bundesrates **jederzeit aufgehoben** werden; der Bundespräsident muß diesen Beschluß verkünden. Der Bundesrat kann verlangen, daß der Bundestag hierüber berät und abstimmt. Sind die Voraussetzungen des Verteidigungsfalls nicht mehr gegeben, d. h., wird das Bundesgebiet nicht mehr mit Waffengewalt angegriffen und droht auch ein solcher Angriff nicht mehr, so muß der Verteidigungsfall unverzüglich für beendet erklärt werden (Art. 115 l Abs. 2).

Unter den Voraussetzungen des Art. 115 e Abs. 1 tritt der Gemeinsame Ausschuß auch hier an die Stelle von Bundestag und Bundesrat.

Art. 115 b [Übergang der Befehls- und Kommandogewalt über die Streitkräfte auf den Bundeskanzler]

Mit der Verkündung des Verteidigungsfalles geht die Befehls- und Kommandogewalt über die Streitkräfte auf den Bundeskanzler über.

Der Übergang der Kommandogewalt auf den Bundeskanzler tritt automatisch mit der Verkündung des Verteidigungsfalles ein. Es sollen alle militärischen Befehls- und Kommandobefugnisse ihre Spitze in einer Person finden. Es handelt sich um eine »lex Churchill«, durch die der »starke Mann« in die Lage kommen soll, die Verteidigung des Landes zu leiten.

Art. 115 c [Erweiterte Gesetzgebungskompetenz des Bundes]

(1) Der Bund hat für den Verteidigungsfall das Recht der konkurrierenden Gesetzgebung auch auf den Sachgebieten, die zur Gesetzgebungszuständigkeit der Länder gehören. Diese Gesetze bedürfen der Zustimmung des Bundesrates.
(2) Soweit es die Verhältnisse während des Verteidigungsfalles erfordern, kann durch Bundesgesetz für den Verteidigungsfall
1. **bei Enteignungen abweichend von Artikel 14 Abs. 3 Satz 2 die Entschädigung vorläufig geregelt werden,**
2. **für Freiheitsentziehungen eine von Artikel 104 Abs. 2 Satz 3 und Abs. 3 Satz 1 abweichende Frist, höchstens jedoch eine solche von vier Tagen, für den Fall festgesetzt werden, daß ein Richter nicht innerhalb der für Normalzeiten geltenden Frist tätig werden konnte.**

(3) Soweit es zur Abwehr eines gegenwärtigen oder unmittelbar drohenden Angriffs erforderlich ist, kann für den Verteidigungsfall durch Bundesgesetz mit Zustimmung des Bundesrates die Verwaltung und das Finanzwesen des Bundes und der Länder abweichend von den Abschnitten VIII, VIII a und X geregelt werden, wobei die Lebensfähigkeit der Länder, Gemeinden und Gemeindeverbände, insbesondere auch in finanzieller Hinsicht, zu wahren ist.
(4) Bundesgesetze nach den Absätzen 1 und 2 Nr. 1 dürfen zur Vorbereitung ihres Vollzuges schon vor Eintritt des Verteidigungsfalles angewandt werden.

I. Allgemeines

Art. 115 c erweitert die Befugnisse des Bundes auf den Gebieten der Gesetzgebung, der Verwaltung und des Finanzwesens. Gleichzeitig werden die Grundrechte auf Eigentum und auf richterliche Überprüfung einer Freiheitsentziehung einer gewissen Modifikation unterworfen.

II. Die erweiterten Zuständigkeiten des Bundes

Für den Verteidigungsfall hat der Bund das Recht zur **konkurrierenden Gesetzgebung** (vgl. dazu Rz. 5 zu Art. 70) auch auf den Sachgebieten, die zur Gesetzgebungszuständigkeit der Länder gehören. Diese Gesetze bedürfen aber der Zustimmung des Bundesrats. Die Länder sollen wenigstens über diesen Umweg eine gewisse Kontrolle über die Bundesgesetzgebung ausüben können. Der Bundesrat hat hier – wie bei den normalen Zustimmungsgesetzen – die Funktion einer zweiten Kammer. 1

Die konkurrierende Gesetzgebungskompetenz des Bundes erstreckt sich auf alle Gesetzesmaterien, also auch auf die, für welche die Länder nach der normalen Zuständigkeitsverteilung die ausschließliche Zuständigkeit besitzen; zu denken ist hier in erster Linie an das wichtige Gebiet der öffentlichen Sicherheit und Ordnung.

Der Bund darf von dem ihm hier eingeräumten Recht zur konkurrierenden Gesetzgebung nur Gebrauch machen, wenn die Voraussetzungen des Art. 72 Abs. 2 erfüllt sind. Abs. 1 gilt auch für die Gesetze des Gemeinsamen Ausschusses (Art. 115 e).

Für den Verteidigungsfall kann weiterhin durch Bundesgesetz mit Zustimmung des Bundesrats die **Verwaltung** und das **Finanzwesen** des Bundes und der Länder abweichend von den normalen Verfassungsregelungen normiert werden. Voraussetzung ist allerdings, daß dies zur Abwehr eines gegenwärtigen oder unmittelbar drohenden Angriffs erforderlich ist und daß die Lebensfähigkeit der Länder, Gemeinden und Gemeindeverbände gewahrt wird. Wichtig sind z. B. Änderungen über die Ertragshoheit bei den Steuern und Zuständigkeitsänderungen bei der Verwaltung.

III. Besondere Grundrechtsbeschränkungen für den Verteidigungsfall

Soweit es die Verhältnisse während des Verteidigungsfalls erfordern, kann durch Bundesgesetz für diesen Fall bei **Enteignungen** abweichend von Art. 14 Abs. 3 Satz 2 die **Entschädigung** vorläufig geregelt werden; die endgültige Regelung hat dann nach Beendigung des Verteidigungsfalls zu erfolgen. Es wird also die Ermächtigung ausgesprochen, die in Art. 14 Abs. 3 enthaltene »Junktim-Klausel« (vgl. Rz. 3 zu Art. 14) zu relativieren. Die Erwägung hierbei ist, daß sich im Zustand äußerer Gefahr ein erhöhter Sachbedarf (z. B. an Kraftfahrzeugen) einstellt, der oft nur durch Enteignungen gedeckt werden kann, wobei aber noch unklar ist, auf welche Weise und in welchem Umfang Entschädigungen festgelegt und gezahlt werden können und sollen. 2

Weiterhin dürfen unter den Voraussetzungen des Abs. 2 die in Art. 104 Abs. 2 Satz 3 und Abs. 3 Satz 1 genannten Vorführungsfristen durch Bundesgesetz bis zu vier Tagen für den Fall verlängert werden, daß ein Richter nicht innerhalb der für Normalzeiten geltenden Frist tätig werden konnte.

IV. Die »Vorsorgegesetze«

3 Art. 115 c spricht mehrmals von »Gesetzen **für** den Verteidigungsfall«. Damit sind Gesetze gemeint, die zwar schon vor Eintritt des Verteidigungsfalls beschlossen werden können (nicht müssen), aber erst nach seinem Eintritt in Kraft treten dürfen. Etwas unklar werden solche Gesetze »Vorsorgegesetze« genannt. Hinsichtlich des Inkrafttretens bringt Abs. 4 eine Ausnahme: Gesetze nach den Abs. 1 und 2 Nr. 1 dürfen zur Vorbereitung ihres Vollzugs schon vor Eintritt des Verteidigungsfalls angewandt werden. Damit ist die Anwendung derjenigen Bestimmungen dieser Gesetze gemeint, die deren rein organisatorischen Vollzug regeln. Der Staatsbürger selbst darf in keiner Weise betroffen werden.

Art. 115 d [Abgekürztes Gesetzgebungsverfahren]

(1) Für die Gesetzgebung des Bundes gilt im Verteidigungsfalle abweichend von Artikel 76 Abs. 2, Artikel 77 Abs. 1 Satz 2 und Abs. 2 bis 4, Artikel 78 und Artikel 82 Abs. 1 die Regelung der Absätze 2 und 3.
(2) Gesetzesvorlagen der Bundesregierung, die sie als dringlich bezeichnet, sind gleichzeitig mit der Einbringung beim Bundestage dem Bundesrate zuzuleiten. Bundestag und Bundesrat beraten diese Vorlagen unverzüglich gemeinsam. Soweit zu einem Gesetze die Zustimmung des Bundesrates erforderlich ist, bedarf es zum Zustandekommen des Gesetzes der Zustimmung der Mehrheit seiner Stimmen. Das Nähere regelt eine Geschäftsordnung, die vom Bundestage beschlossen wird und der Zustimmung des Bundesrates bedarf.
(3) Für die Verkündung der Gesetze gilt Artikel 115 a Abs. 3 Satz 2 entsprechend.

I. Allgemeines

1 Im Verteidigungsfall können **Bundesgesetze** auf vier verschiedenen Wegen zustande kommen:
a) auf dem *(normalen)* Weg nach Art. 76 ff.,
b) auf dem Wege des *Gesetzgebungsnotstandes nach Art. 81;* dieser Weg wird allerdings selten sein,
c) im *»beschleunigten Verfahren«* nach Art. 115 d,
d) im *»Notgesetzgebungsverfahren«* nach Art. 115 e.

II. Das beschleunigte Gesetzgebungsverfahren

2 Die Anwendung des Art. 115 d setzt voraus, daß Bundestag und Bundesrat noch funktionsfähig sind. Ansonsten greift Art. 115 e ein.

Art. 115 d dient dem Ziel, im Verteidigungsfall das Gesetzgebungsverfahren in sämtlichen Phasen zu **vereinfachen und zu beschleunigen;** zu diesem Zweck werden die Art. 76 Abs. 2 (Vorlage eines Entwurfs der Bundesregierung erst beim Bundesrat; Sechs- oder Dreiwochenfrist), 77 Abs. 1 Satz 2 (Zuleitung der vom Bundestag beschlossenen Gesetze an den Bundesrat), 77 Abs. 2 bis 4 (Einschaltung des Vermittlungsausschusses, Einspruch des Bundesrats), 78 (Zustandekommen des Gesetzes) und 82 (Verkündung) suspendiert.

An die Stelle des in diesen Bestimmungen vorgesehenen Verfahrens tritt dann, 3
wenn die **Bundesregierung** eine Gesetzesvorlage für **dringlich** bezeichnet, das Verfahren nach Abs. 2. Ob die Bundesregierung eine Vorlage für dringlich bezeichnet oder nicht, liegt in ihrem pflichtgemäßen Ermessen. Das Verfahren verläuft dann so:

Die für dringlich erklärte Gesetzesvorlage wird dem Bundestag und zugleich dem Bundesrat zugeleitet. Beide müssen **gemeinsam** und **unverzüglich,** d. h. ohne schuldhaftes Verzögern, über sie beraten. Damit soll das Vermittlungsverfahren überflüssig gemacht werden. Bei **Zustimmungsgesetzen** bedarf es zum Zustandekommen der Mehrheit der Stimmen des Bundesrats. Für die **Einspruchsgesetze** enthält Abs. 2 keine Regelung. Es ist streitig, ob ergänzend auf die Normalregelung des Art. 77 Abs. 3 und 4 zurückgegriffen werden muß oder ob Bundestag und Bundesrat insoweit als eine einzige Kammer abstimmen, also die Mehrheit der gesamten abgegebenen Stimmen entscheidend ist. Nach der ersten Auffassung muß der Bundestag das Gesetz mit einer dem Art. 77 Abs. 4 entsprechenden Mehrheit verabschieden.

Die in Abs. 2 Satz 4 genannte Geschäftsordnung ist am 23. Juli 1969 (BGBl. I 4
S. 1100) erlassen worden. Sie steht auf dem Standpunkt, daß Bundestag und Bundesrat getrennt abstimmen und der Bundestag ein Gesetz, das der Bundesrat ablehnt, mit der (einfachen) Mehrheit seiner Stimmen bestätigen kann. Bei der Verkündung von Bundesgesetzen gilt Art. 115 a Abs. 3 Satz 2 entsprechend, d. h., ist eine rechtzeitige Verkündung nach Art. 82 nicht möglich, kann sie in anderer Weise erfolgen; sie ist im Bundesgesetzblatt nachzuholen, sobald die Umstände es zulassen. Abs. 3 gilt für alle oben unter I. genannten Gesetzgebungsverfahren.

Art. 115 e [Befugnisse des Gemeinsamen Ausschusses]

(1) Stellt der Gemeinsame Ausschuß im Verteidigungsfalle mit einer Mehrheit von zwei Dritteln der abgegebenen Stimmen, mindestens mit der Mehrheit seiner Mitglieder fest, daß dem rechtzeitigen Zusammentritt des Bundestages unüberwindliche Hindernisse entgegenstehen oder daß dieser nicht beschlußfähig ist, so hat der Gemeinsame Ausschuß die Stellung von Bundestag und Bundesrat und nimmt deren Rechte einheitlich wahr.

(2) Durch ein Gesetz des Gemeinsamen Ausschusses darf das Grundgesetz weder geändert noch ganz oder teilweise außer Kraft oder außer Anwendung gesetzt werden. Zum Erlaß von Gesetzen nach Artikel 23 Abs. 1 Satz 2, Artikel 24 Abs. 1 oder Artikel 29 ist der Gemeinsame Ausschuß nicht befugt.

I. Allgemeines

1 Kann der Bundestag im Verteidigungsfall nicht zusammentreten (z. B. wegen Ausfalls der Verkehrsmittel, Bombardierung usw.), so stellt sich die Frage, wer dann seine Funktion wahrnehmen soll. Art. 115e überträgt sie dem **Gemeinsamen Ausschuß.** Dieser erhält damit eine ungeheuere Machtfülle; er wird zu einem **Notparlament.** Bemerkenswert ist, was Maunz-Dürig-Herzog dazu ausführen: *»Die verfassungspolitische Problematik dieser Institution besteht im wesentlichen darin, daß auf der einen Seite ein solches Notparlament nahezu unumgänglich ist, wenn man nicht in einer viel zu frühen Notstandsphase auf parlamentarische Einflüsse verzichten will, daß es auf der anderen Seite aber Befugnisse erhalten muß und ... erhalten hat, die es verhältnismäßig leicht in den Stand setzen, allein oder im Zusammenwirken mit der Bundesregierung staatsstreichähnliche Übergriffe vorzunehmen.«*
Gemildert wird diese Gefahr lediglich dadurch, daß der Bundestag nach Art. 115l Abs. 1 mit Zustimmung des Bundesrates Gesetze des Gemeinsamen Ausschusses aufheben kann. Dies setzt allerdings voraus, daß er zusammentreten kann.

II. Einzelheiten

2 Der Gemeinsame Ausschuß (vgl. Art. 53a) kann im Verteidigungsfall feststellen, daß dem rechtzeitigen Zusammentritt des Bundestags unüberwindliche Hindernisse entgegenstehen oder daß er nicht beschlußfähig ist. Diese Feststellung bedarf der Mehrheit von zwei Dritten der abgegebenen Stimmen, zumindest aber der Mehrheit der Mitglieder.
Mit der Feststellung nimmt er die Rechte von Bundestag und Bundesrat einheitlich wahr. Wichtig sind hier vor allem das **Gesetzgebungsrecht** und das **Kontrollrecht** gegenüber der Regierung. Einheitlich bedeutet, daß eine Trennung in Mitglieder, die dem Bundestag angehören, und solche, die dem Bundesrat angehören, nicht stattfindet. Es herrscht das reine **Einkammersystem.**

3 Bei der Gesetzgebung ist der Gemeinsame Ausschuß allerdings insoweit beschränkt, als ihm jede Manipulation am Grundgesetz untersagt wird (Abs. 2). Auch einfache Gesetze nach Art. 23, 24 und nach Art. 29 darf er nicht erlassen. Seine Gesetze treten, wenn sie der Bundestag nicht vorher aufhebt (vgl. Art. 115l), spätestens sechs Monate nach Beendigung des Verteidigungsfalls außer Kraft (Art. 115k Abs. 2).
Ein weiteres wichtiges Recht des Gemeinsamen Ausschusses ist die Wahl eines neuen Bundeskanzlers unter den Voraussetzungen des Art. 115h Abs. 2.
Endlich kann der Gemeinsame Ausschuß unter den Voraussetzungen des Art. 115a Abs. 2 sogar den Verteidigungsfall feststellen (vgl. Rz. 7 zu Art. 115a).

Art. 115f [Außerordentliche Befugnisse der Bundesregierung]

(1) Die Bundesregierung kann im Verteidigungsfalle, soweit es die Verhältnisse erfordern,

1. den Bundesgrenzschutz im gesamten Bundesgebiet einsetzen;

2. außer der Bundesverwaltung auch den Landesregierungen und, wenn sie es für dringlich erachtet, den Landesbehörden Weisungen erteilen und diese Befugnis auf von ihr zu bestimmende Mitglieder der Landesregierungen übertragen.

(2) Bundestag, Bundesrat und der Gemeinsame Ausschuß sind unverzüglich von den nach Absatz 1 getroffenen Maßnahmen zu unterrichten.

Durch Art. 115f wird die Verwaltung im Verteidigungsfall beim Bund und hier bei der Bundesregierung konzentriert.
Im Verteidungsfall kann die **Bundesregierung** den **Grenzschutz,** der sonst in der Regel nur an den Staatsgrenzen eingesetzt werden darf, im gesamten Bundesgebiet einsetzen, soweit es die Verhältnisse erfordern.
Außerdem hat sie dann das generelle Recht, außer der Bundesverwaltung auch den **Landesregierungen,** ja sogar den Landesbehörden, Weisungen zu erteilen. Sie kann dieses Recht auch auf bestimmte Mitglieder der Landesregierungen übertragen.
Bundestag, Bundesrat und Gemeinsamer Ausschuß sind von derartigen Maßnahmen unverzüglich zu unterrichten.

Art. 115g [Stellung des Bundesverfassungsgerichts]

Die verfassungsmäßige Stellung und die Erfüllung der verfassungsmäßigen Aufgaben des Bundesverfassungsgerichtes und seiner Richter dürfen nicht beeinträchtigt werden. Das Gesetz über das Bundesverfassungsgericht darf durch ein Gesetz des Gemeinsamen Ausschusses nur insoweit geändert werden, als dies auch nach Auffassung des Bundesverfassungsgerichtes zur Aufrechterhaltung der Funktionsfähigkeit des Gerichtes erforderlich ist. Bis zum Erlaß eines solchen Gesetzes kann das Bundesverfassungsgericht die zur Erhaltung der Arbeitsfähigkeit des Gerichtes erforderlichen Maßnahmen treffen. Beschlüsse nach Satz 2 und Satz 3 faßt das Bundesverfassungsgericht mit der Mehrheit der anwesenden Richter.

Art. 115g soll das unbeeinträchtigte Funktionieren des BVerfG auch im Verteidigungsfall garantieren. Seine verfassungsmäßige Stellung und die Erfüllung seiner verfassungsmäßigen Aufgaben dürfen nicht beeinträchtigt werden. Der Gemeinsame Ausschuß darf das BVerfGG nur insoweit ändern, als dies nach Auffassung des BVerfG zur Aufrechterhaltung seiner Funktionsfähigkeit notwendig ist. Solche Bestimmungen wären etwa die Vorschriften über die Anzahl der Richter pro Senat.

Bis zum Erlaß eines derartigen Gesetzes kann das BVerfG die erforderlichen Maßnahmen selbst treffen, durch die es funktionsfähig bleibt.

Art. 115 h [Wahlperioden und Amtszeiten von Verfassungsorganen]

(1) Während des Verteidigungsfalles ablaufende Wahlperioden des Bundestages oder der Volksvertretungen der Länder enden sechs Monate nach Beendigung des Verteidigungsfalles. Die im Verteidigungsfalle ablaufende Amtszeit des Bundespräsidenten sowie bei vorzeitiger Erledigung seines Amtes die Wahrnehmung seiner Befugnisse durch den Präsidenten des Bundesrates enden neun Monate nach Beendigung des Verteidigungsfalles. Die im Verteidigungsfalle ablaufende Amtszeit eines Mitgliedes des Bundesverfassungsgerichtes endet sechs Monate nach Beendigung des Verteidigungsfalles.
(2) Wird eine Neuwahl des Bundeskanzlers durch den Gemeinsamen Ausschuß erforderlich, so wählt dieser einen neuen Bundeskanzler mit der Mehrheit seiner Mitglieder; der Bundespräsident macht dem Gemeinsamen Ausschuß einen Vorschlag. Der Gemeinsame Ausschuß kann dem Bundeskanzler das Mißtrauen nur dadurch aussprechen, daß er mit der Mehrheit von zwei Dritteln seiner Mitglieder einen Nachfolger wählt.
(3) Für die Dauer des Verteidigungsfalles ist die Auflösung des Bundestages ausgeschlossen.

Art. 115 h soll sicherstellen, daß während des Verteidigungsfalls die Funktionsfähigkeit der einzelnen Verfassungsorgane noch erhalten bleibt.
Während des Verteidigungsfalls können **Wahlen** nur sehr schwer oder gar nicht durchgeführt werden. Deshalb bestimmt Abs. 1, daß die Wahlperioden des Bundestags und der Volksvertretungen der Länder erst sechs Monate nach Beendigung des Verteidigungsfalls enden. Entsprechendes gilt für die während dieser Zeit ablaufenden Amtszeiten von Bundesverfassungsrichtern. Die im Verteidigungsfall ablaufende Amtszeit des Bundespräsidenten endet neun Monate nach Beendigung des Verteidigungsfalls.
Von den in Art. 63 Abs. 4 und Art. 68 vorgesehenen Möglichkeiten, den Bundestag aufzulösen, darf im Verteidigungsfall kein Gebrauch gemacht werden.

Art. 115 i [Befugnisse der Landesregierungen]

(1) Sind die zuständigen Bundesorgane außerstande, die notwendigen Maßnahmen zur Abwehr der Gefahr zu treffen, und erfordert die Lage unabweisbar ein sofortiges selbständiges Handeln in einzelnen Teilen des Bundesgebietes, so sind die Landesregierungen oder die von ihnen bestimmten Behörden oder Beauftragten befugt, für ihren Zuständigkeitsbereich Maßnahmen im Sinne des Artikels 115 f Abs. 1 zu treffen.

(2) Maßnahmen nach Absatz 1 können durch die Bundesregierung, im Verhältnis zu Landesbehörden und nachgeordneten Bundesbehörden auch durch die Ministerpräsidenten der Länder, jederzeit aufgehoben werden.

Im Verteidigungsfall kann es geschehen, daß sämtliche oberste Bundesorgane funktionsunfähig geworden sind oder die Nachrichtenverbindung zwischen der Bundesregierung und den Länderbehörden unterbrochen ist, z. B. weil feindliche Streitkräfte bereits auf einen Teil des Bundesgebiets vorgedrungen sind. Für diesen Fall überträgt Abs. 1 den Landesregierungen die Befugnisse der Bundesregierung nach Art. 115f. Die Landesregierungen können also insbesondere den Bundesgrenzschutz einsetzen.
Abs. 2 sieht eine Aufhebung der aufgrund des Abs. 1 getroffenen Maßnahmen durch die Bundesregierung, im Verhältnis zu den Landesbehörden und nachgeordneten Bundesbehörden durch die Ministerpräsidenten der Länder vor. Sie kann jederzeit erfolgen.

Art. 115k [Geltungsdauer der außerordentlichen Vorschriften]

(1) Für die Dauer ihrer Anwendbarkeit setzen Gesetze nach den Artikeln 115c, 115e und 115g und Rechtsverordnungen, die auf Grund solcher Gesetze ergehen, entgegenstehendes Recht außer Anwendung. Dies gilt nicht gegenüber früherem Recht, das auf Grund der Artikel 115c, 115e und 115g erlassen worden ist.
(2) Gesetze, die der Gemeinsame Ausschuß beschlossen hat, und Rechtsverordnungen, die auf Grund solcher Gesetze ergangen sind, treten spätestens sechs Monate nach Beendigung des Verteidigungsfalles außer Kraft.
(3) Gesetze, die von den Artikeln 91a, 91b, 104a, 106 und 107 abweichende Regelungen enthalten, gelten längstens bis zum Ende des zweiten Rechnungsjahres, das auf die Beendigung des Verteidigungsfalles folgt. Sie können nach Beendigung des Verteidigungsfalles durch Bundesgesetz mit Zustimmung des Bundesrates geändert werden, um zu der Regelung gemäß den Abschnitten VIIIa und X überzuleiten.

Art. 115k regelt das Verhältnis der im und für den Verteidigungsfall erlassenen Rechtsvorschriften zu sonstigem Recht und will sicherstellen, daß sie nicht länger als notwendig angewandt werden können.
Die auf Grund der Art. 115c (erweiterte Gesetzgebungszuständigkeit des Bundes), 115e (Gesetzgebungszuständigkeit des Gemeinsamen Ausschusses) und 115g (Gesetze über das BVerfG) für den Verteidigungsfall erlassenen Gesetze setzen für die Dauer des Verteidigungsfalls entgegenstehendes Recht außer Anwendung, gehen diesem also vor. Wenn die Anwendbarkeit der Verteidigungsgesetze endet, kommt das bisher suspendierte Recht wieder zum Zuge.
Gesetze nach Art. 115c, 115e und 115g, die vor Eintritt des Verteidigungsfalls für diesen erlassen worden sind, können nicht durch neue Gesetze nach diesen

Vorschriften verdrängt werden, die erst im Verteidigungsfall erlassen werden. Dies ist eine eindeutige Absicherung: Den Gesetzen, die der Bundestag in Friedenszeiten nach reiflicher Überlegung für den Verteidigungsfall schon erlassen hat, wird der Vorzug gegeben gegenüber solchen, die erst nach Eintritt des Verteidigungsfalls erlassen werden.
Gesetze des Gemeinsamen Ausschusses treten **spätestens** sechs Monate nach Beendigung des Verteidigungsfalls außer Kraft; entsprechendes gilt für Rechtsverordnungen, die auf Grund solcher Gesetze erlassen wurden.
Gesetze, die von den Art. 91 a, 91 b (Gemeinschaftsaufgaben), 104 a (Ausgabentragung), 106 (Steuerquellen) und 107 (Finanzausgleich) abweichende Regelungen enthalten, gelten **längstens** bis zum Ende des zweiten Rechnungsjahres, das auf die Beendigung des Verteidigungsfalls folgt. Der Bundestag kann mit Zustimmung des Bundesrats Überleitungsvorschriften erlassen, da sich finanzielle und haushaltsrechtliche Maßnahmen meist nicht schnell und ersatzlos beseitigen lassen.

Art. 115 l [Aufhebung von außerordentlichen Gesetzen und Maßnahmen; Beendigung des Verteidigungsfalles; Friedensschluß]

(1) Der Bundestag kann jederzeit mit Zustimmung des Bundesrates Gesetze des Gemeinsamen Ausschusses aufheben. Der Bundesrat kann verlangen, daß der Bundestag hierüber beschließt. Sonstige zur Abwehr der Gefahr getroffene Maßnahmen des Gemeinsamen Ausschusses oder der Bundesregierung sind aufzuheben, wenn der Bundestag und der Bundesrat es beschließen.
(2) Der Bundestag kann mit Zustimmung des Bundesrates jederzeit durch einen vom Bundespräsidenten zu verkündenden Beschluß den Verteidigungsfall für beendet erklären. Der Bundesrat kann verlangen, daß der Bundestag hierüber beschließt. Der Verteidigungsfall ist unverzüglich für beendet zu erklären, wenn die Voraussetzungen für seine Feststellung nicht mehr gegeben sind.
(3) Über den Friedensschluß wird durch Bundesgesetz entschieden.

Der Bundestag kann jederzeit mit Zustimmung des Bundesrats Gesetze des Gemeinsamen Ausschusses aufheben. Auch andere Maßnahmen des Gemeinsamen Ausschusses können auf diese Weise aufgehoben werden.
Der Bundestag kann mit Zustimmung des Bundesrats den **Verteidigungsfall für beendet erklären.** Er muß dies tun, wenn die Voraussetzungen für seine Feststellung nicht mehr gegeben sind. Er kann es selbst dann tun, wenn diese Voraussetzungen noch vorliegen.
Ein **Friedensschluß** bedarf der Zustimmung des Bundestags durch einen entsprechenden Gesetzesbeschluß.

XI. Übergangs- und Schlußbestimmungen

Art. 116 [Begriff »Deutscher«; Wiedereinbürgerung von Verfolgten]

(1) Deutscher im Sinne dieses Grundgesetzes ist vorbehaltlich anderweitiger gesetzlicher Regelung, wer die deutsche Staatsangehörigkeit besitzt oder als Flüchtling oder Vertriebener deutscher Volkszugehörigkeit oder als dessen Ehegatte oder Abkömmling in dem Gebiete des Deutschen Reiches nach dem Stande vom 31. Dezember 1937 Aufnahme gefunden hat.
(2) Frühere deutsche Staatsangehörige, denen zwischen dem 30. Januar 1933 und dem 8. Mai 1945 die Staatsangehörigkeit aus politischen, rassischen oder religiösen Gründen entzogen worden ist, und ihre Abkömmlinge sind auf Antrag wieder einzubürgern. Sie gelten als nicht ausgebürgert, sofern sie nach dem 8. Mai 1945 ihren Wohnsitz in Deutschland genommen haben und nicht einen entgegengesetzten Willen zum Ausdruck gebracht haben.

Der Begriff des Deutschen, der im GG an mehreren Stellen vorkommt (z. B. im Grundrechtskatalog), ist weiter als der des deutschen Staatsangehörigen (vgl. dazu Rz. 1 zu Art. 16). Er umfaßt außer diesem auch die **Flüchtlinge** und **Vertriebenen** deutscher Volkszugehörigkeit sowie deren Ehegatten und Abkömmlinge, soweit sie in dem Gebiet des Deutschen Reiches in den Grenzen, wie sie am 31. Dezember 1937 vorlagen, Aufnahme gefunden haben. 1

Abs. 2 enthält für diejenigen, denen während der Herrschaft der Nationalsozialisten die deutsche Staatsangehörigkeit aus politischen, rassischen oder religiösen Gründen entzogen worden ist, sowie für deren Abkömmlinge einen **Wiedereinbürgerungsanspruch,** wenn sie ihren Wohnsitz im Ausland haben. Leben sie im Inland, so gelten sie als nicht ausgebürgert – es handelt sich um eine sog. Fiktion –, wenn sie nicht eine gegenteilige Erklärung abgaben. 2

Art. 117 [Übergangsregelung für Art. 3 Abs. 2 und Art. 11]

(1) Das dem Artikel 3 Abs. 2 entgegenstehende Recht bleibt bis zu seiner Anpassung an diese Bestimmung des Grundgesetzes in Kraft, jedoch nicht länger als bis zum 31. März 1953.
(2) Gesetze, die das Recht der Freizügigkeit mit Rücksicht auf die gegenwärtige Raumnot einschränken, bleiben bis zu ihrer Aufhebung durch Bundesgesetz in Kraft.

Art. 3 Abs. 2 fordert die **Gleichberechtigung** von Mann und Frau. Art. 117 Abs. 1 ließ es zu, daß Recht, das dieser Forderung entgegenstand, für eine Übergangszeit zunächst fortgalt. Am 31. März 1953 trat es jedoch außer Kraft. Am 18. Juni 1957 erließ der Gesetzgeber dann das Gleichberechtigungsgesetz (vgl. Rz. 8 zu Art. 3). Abs. 2 hat heute keine praktische Bedeutung mehr.

Art. 118 [Neugliederung der Länder im Südwesten]

Die Neugliederung in dem die Länder Baden, Württemberg-Baden und Württemberg-Hohenzollern umfassenden Gebiete kann abweichend von den Vorschriften des Artikels 29 durch Vereinbarung der beteiligten Länder erfolgen. Kommt eine Vereinbarung nicht zustande, so wird die Neugliederung durch Bundesgesetz geregelt, das eine Volksbefragung vorsehen muß.

Die Länder Baden, Württemberg-Baden und Württemberg-Hohenzollern wurden 1951 durch Bundesgesetz zu dem Land Baden-Württemberg zusammengefaßt.

Art. 118 a [Neugliederung der Länder Berlin und Brandenburg]

Die Neugliederung in dem die Länder Berlin und Brandenburg umfassenden Gebiet kann abweichend von den Vorschriften des Artikels 29 unter Beteiligung ihrer Wahlberechtigten durch Vereinbarung beider Länder erfolgen.

1 Art. 118 a ist durch die Verfassungsreform 1994 eingefügt worden. Die Neugliederung der Länder Berlin und Brandenburg soll nicht dem anspruchsvollen Verfahren nach Art. 29 unterliegen. Art. 118 a trägt der historischen Vergangenheit von Berlin und Brandenburg Rechnung.

2 Am 5. Mai 1996 hat zwar in Berlin die Mehrheit für eine Fusion mit Brandenburg gestimmt, in Brandenburg war aber eine klare Mehrheit gegen diese Fusion. Damit ist eine Neugliederung beider Länder gescheitert.

Art. 119 [Verordnungsrecht in Angelegenheiten der Flüchtlinge und Vertriebenen]

In Angelegenheiten der Flüchtlinge und Vertriebenen, insbesondere zu ihrer Verteilung auf die Länder, kann bis zu einer bundesgesetzlichen Regelung die Bundesregierung mit Zustimmung des Bundesrates Verordnungen mit Gesetzeskraft erlassen. Für besondere Fälle kann dabei die Bundesregierung ermächtigt werden, Einzelweisungen zu erteilen. Die Weisungen sind außer bei Gefahr im Verzuge an die obersten Landesbehörden zu richten.

Diese Vorschrift hat heute keine Bedeutung mehr.

Art. 120 [Kriegsfolgelasten, Sozialversicherungszuschüsse des Bundes]

(1) Der Bund trägt die Aufwendungen für Besatzungskosten und die sonstigen inneren und äußeren Kriegsfolgelasten nach näherer Bestimmung von Bundesgesetzen. Soweit diese Kriegsfolgelasten bis zum 1. Oktober 1969 durch Bun-

desgesetze geregelt worden sind, tragen Bund und Länder im Verhältnis zueinander die Aufwendungen nach Maßgabe dieser Bundesgesetze. Soweit Aufwendungen für Kriegsfolgelasten, die in Bundesgesetzen weder geregelt worden sind noch geregelt werden, bis zum 1. Oktober 1965 von den Ländern, Gemeinden (Gemeindeverbänden) oder sonstigen Aufgabenträgern, die Aufgaben von Ländern oder Gemeinden erfüllen, erbracht worden sind, ist der Bund zur Übernahme von Aufwendungen dieser Art auch nach diesem Zeitpunkt nicht verpflichtet. Der Bund trägt die Zuschüsse zu den Lasten der Sozialversicherung mit Einschluß der Arbeitslosenversicherung und der Arbeitslosenhilfe. Die durch diesen Absatz geregelte Verteilung der Kriegsfolgelasten auf Bund und Länder läßt die gesetzliche Regelung von Entschädigungsansprüchen für Kriegsfolgen unberührt.
(2) Die Einnahmen gehen auf den Bund zu demselben Zeitpunkte über, an dem der Bund die Ausgaben übernimmt.

Das Problem der Kriegsfolgelasten verliert mit dem zeitlichen Abstand zum Zweiten Weltkrieg immer mehr an Bedeutung. Abs. 2 ist eine reine Übergangsvorschrift.

Art. 120 a [Durchführung des Lastenausgleichs]

(1) Die Gesetze, die der Durchführung des Lastenausgleichs dienen, können mit Zustimmung des Bundesrates bestimmen, daß sie auf dem Gebiete der Ausgleichsleistungen teils durch den Bund, teils im Auftrage des Bundes durch die Länder ausgeführt werden und daß die der Bundesregierung und den zuständigen obersten Bundesbehörden auf Grund des Artikels 85 insoweit zustehenden Befugnisse ganz oder teilweise dem Bundesausgleichsamt übertragen werden. Das Bundesausgleichsamt bedarf bei Ausübung dieser Befugnisse nicht der Zustimmung des Bundesrates; seine Weisungen sind, abgesehen von den Fällen der Dringlichkeit, an die obersten Landesbehörden (Landesausgleichsämter) zu richten.
(2) Artikel 87 Abs. 3 Satz 2 bleibt unberührt.

Der **Lastenausgleich,** d. h. die Gewährung von Leistungen für Kriegs-, Kriegs- 1
folge- und Nachkriegsschäden, hat auch heute noch Bedeutung, vor allem durch den Zustrom von Anspruchsberechtigten aus dem Osten.
Art. 120 a regelt den Aufbau der Verwaltung, die den Lastenausgleich durch- 2
führt, und erlaubt ausnahmsweise eine Mischverwaltung.

Art. 121 [Begriff »Mehrheit der Mitglieder«]

Mehrheit der Mitglieder des Bundestages und der Bundesversammlung im Sinne dieses Grundgesetzes ist die Mehrheit ihrer gesetzlichen Mitgliederzahl.

Art. 121 bestimmt, was »Mehrheit der Mitglieder« für den Bundestag und die Bundesversammlung bedeutet. Er hat klarstellende Funktion.

Art. 122 [Überleitung bisheriger Gesetzgebungskompetenzen]

(1) Vom Zusammentritt des Bundestages an werden die Gesetze ausschließlich von den in diesem Grundgesetze anerkannten gesetzgebenden Gewalten beschlossen.
(2) Gesetzgebende und bei der Gesetzgebung beratend mitwirkende Körperschaften, deren Zuständigkeit nach Absatz 1 endet, sind mit diesem Zeitpunkt aufgelöst.

Art. 122 bis 125 regeln das Problem der Fortgeltung alten Rechts. Sie haben inzwischen erheblich an Bedeutung verloren. Vgl. auch Rz. 8 zu Art. 70.

Art. 123 [Fortgeltung früheren Rechts und früherer Staatsverträge]

(1) Recht aus der Zeit vor dem Zusammentritt des Bundestages gilt fort, soweit es dem Grundgesetze nicht widerspricht.
(2) Die vom Deutschen Reich abgeschlossenen Staatsverträge, die sich auf Gegenstände beziehen, für die nach diesem Grundgesetze die Landesgesetzgebung zuständig ist, bleiben, wenn sie nach allgemeinen Rechtsgrundsätzen gültig sind und fortgelten, unter Vorbehalt aller Rechte und Einwendungen der Beteiligten in Kraft, bis neue Staatsverträge durch die nach diesem Grundgesetze zuständigen Stellen abgeschlossen werden oder ihre Beendigung auf Grund der in ihnen enthaltenen Bestimmungen anderweitig erfolgt.

Art. 124 [Fortgeltung als Bundesrecht auf dem Gebiet der ausschließlichen Gesetzgebung]

Recht, das Gegenstände der ausschließlichen Gesetzgebung des Bundes betrifft, wird innerhalb seines Geltungsbereiches Bundesrecht.

Art. 125 [Fortgeltung als Bundesrecht auf dem Gebiet der konkurrierenden Gesetzgebung]

Recht, das Gegenstände der konkurrierenden Gesetzgebung des Bundes betrifft, wird innerhalb seines Geltungsbereiches Bundesrecht,
1. **soweit es innerhalb einer oder mehrerer Besatzungszonen einheitlich gilt,**
2. **soweit es sich um Recht handelt, durch das nach dem 8. Mai 1945 früheres Reichsrecht abgeändert worden ist.**

Art. 125 a [Fortgeltung von Bundesrecht nach Änderung von Gesetzgebungskompetenzen]

(1) Recht, das als Bundesrecht erlassen worden ist, aber wegen Änderung des Artikels 74 Abs. 1 oder des Artikels 75 Abs. 1 nicht mehr als Bundesrecht erlassen werden könnte, gilt als Bundesrecht fort. Es kann durch Landesrecht ersetzt werden.
(2) Recht, das auf Grund des Artikels 72 Abs. 2 in der bis zum 15. November 1994 geltenden Fassung erlassen worden ist, gilt als Bundesrecht fort. Durch Bundesgesetz kann bestimmt werden, daß es durch Landesrecht ersetzt werden kann. Entsprechendes gilt für Bundesrecht, das vor diesem Zeitpunkt erlassen worden ist und das nach Artikel 75 Abs. 2 nicht mehr erlassen werden könnte.

Art. 125 a ist durch die Verfassungsreform 1994 eingefügt worden. Er überläßt es den Ländern, ob sie Recht, das wegen der Änderung der Art. 72 ff. nicht mehr als Bundesrecht erlassen werden könnte, beibehalten oder ergänzen wollen.

Art. 126 [Meinungsverschiedenheiten über das Fortgelten von Recht als Bundesrecht]

Meinungsverschiedenheiten über das Fortgelten von Recht als Bundesrecht entscheidet das Bundesverfassungsgericht.

Art. 127 [Recht des Vereinigten Wirtschaftsgebietes]

Die Bundesregierung kann mit Zustimmung der Regierungen der beteiligten Länder Recht der Verwaltung des Vereinigten Wirtschaftsgebietes, soweit es nach Artikel 124 oder 125 als Bundesrecht fortgilt, innerhalb eines Jahres nach Verkündung dieses Grundgesetzes in den Ländern Baden, Groß-Berlin, Rheinland-Pfalz und Württemberg-Hohenzollern in Kraft setzen.

Art. 128 [Fortbestehen von Weisungsrechten]

Soweit fortgeltendes Recht Weisungsrechte im Sinne des Artikels 84 Absatz 5 vorsieht, bleiben sie bis zu einer anderweitigen gesetzlichen Regelung bestehen.

Art. 129 [Fortgeltung von Ermächtigungen]

(1) Soweit in Rechtsvorschriften, die als Bundesrecht fortgelten, eine Ermächtigung zum Erlasse von Rechtsverordnungen oder allgemeinen Verwaltungsvorschriften sowie zur Vornahme von Verwaltungsakten enthalten ist, geht

sie auf die nunmehr sachlich zuständigen Stellen über. In Zweifelsfällen entscheidet die Bundesregierung im Einvernehmen mit dem Bundesrate; die Entscheidung ist zu veröffentlichen.
(2) Soweit in Rechtsvorschriften, die als Landesrecht fortgelten, eine solche Ermächtigung enthalten ist, wird sie von den nach Landesrecht zuständigen Stellen ausgeübt.
(3) Soweit Rechtsvorschriften im Sinne der Absätze 1 und 2 zu ihrer Änderung oder Ergänzung oder zum Erlaß von Rechtsvorschriften an Stelle von Gesetzen ermächtigen, sind diese Ermächtigungen erloschen.
(4) Die Vorschriften der Absätze 1 und 2 gelten entsprechend, soweit in Rechtsvorschriften auf nicht mehr geltende Vorschriften oder nicht mehr bestehende Einrichtungen verwiesen ist.

Art. 130 [Überleitung von Verwaltungs- und Rechtspflegeeinrichtungen]

(1) Verwaltungsorgane und sonstige der öffentlichen Verwaltung oder Rechtspflege dienende Einrichtungen, die nicht auf Landesrecht oder Staatsverträgen zwischen Ländern beruhen, sowie die Betriebsvereinigung der südwestdeutschen Eisenbahnen und der Verwaltungsrat für das Post- und Fernmeldewesen für das französische Besatzungsgebiet unterstehen der Bundesregierung. Diese regelt mit Zustimmung des Bundesrates die Überführung, Auflösung und Abwicklung.
(2) Oberster Disziplinarvorgesetzter der Angehörigen dieser Verwaltungen und Einrichtungen ist der zuständige Bundesminister.
(3) Nicht landesunmittelbare und nicht auf Staatsverträgen zwischen den Ländern beruhende Körperschaften und Anstalten des öffentlichen Rechtes unterstehen der Aufsicht der zuständigen obersten Bundesbehörde.

Art. 131 [Rechtsverhältnisse ehemaliger Angehöriger des öffentlichen Dienstes]

Die Rechtsverhältnisse von Personen einschließlich der Flüchtlinge und Vertriebenen, die am 8. Mai 1945 im öffentlichen Dienste standen, aus anderen als beamten- oder tarifrechtlichen Gründen ausgeschieden sind und bisher nicht oder nicht ihrer früheren Stellung entsprechend verwendet werden, sind durch Bundesgesetz zu regeln. Entsprechendes gilt für Personen einschließlich der Flüchtlinge und Vertriebenen, die am 8. Mai 1945 versorgungsberechtigt waren und aus anderen als beamten- oder tarifrechtlichen Gründen keine oder keine entsprechende Versorgung mehr erhalten. Bis zum Inkrafttreten des Bundesgesetzes können vorbehaltlich anderweitiger landesrechtlicher Regelung Rechtsansprüche nicht geltend gemacht werden.

Art. 131 gilt im Gebiet der früheren DDR vorerst nicht.

Art. 132 [Außerordentliche Aufhebung von Rechten im öffentlichen Dienst]

(1) Beamte und Richter, die im Zeitpunkte des Inkrafttretens dieses Grundgesetzes auf Lebenszeit angestellt sind, können binnen sechs Monaten nach dem ersten Zusammentritt des Bundestages in den Ruhestand oder Wartestand oder in ein Amt mit niedrigerem Diensteinkommen versetzt werden, wenn ihnen die persönliche oder fachliche Eignung für ihr Amt fehlt. Auf Angestellte, die in einem unkündbaren Dienstverhältnis stehen, findet diese Vorschrift entsprechende Anwendung. Bei Angestellten, deren Dienstverhältnis kündbar ist, können über die tarifmäßige Regelung hinausgehende Kündigungsfristen innerhalb der gleichen Frist aufgehoben werden.
(2) Diese Bestimmung findet keine Anwendung auf Angehörige des öffentlichen Dienstes, die von den Vorschriften über die »Befreiung von Nationalsozialismus und Militarismus« nicht betroffen oder die anerkannte Verfolgte des Nationalsozialismus sind, sofern nicht ein wichtiger Grund in ihrer Person vorliegt.
(3) Den Betroffenen steht der Rechtsweg gemäß Artikel 19 Absatz 4 offen.
(4) Das Nähere bestimmt eine Verordnung der Bundesregierung, die der Zustimmung des Bundesrates bedarf.

Art. 133 [Rechtsnachfolge der Verwaltung des Vereinigten Wirtschaftsgebietes]

Der Bund tritt in die Rechte und Pflichten der Verwaltung des Vereinigten Wirtschaftsgebietes ein.

Art. 134 [Rechtsnachfolge in das Reichsvermögen]

(1) Das Vermögen des Reiches wird grundsätzlich Bundesvermögen.
(2) Soweit es nach seiner ursprünglichen Zweckbestimmung überwiegend für Verwaltungsaufgaben bestimmt war, die nach diesem Grundgesetze nicht Verwaltungsaufgaben des Bundes sind, ist es unentgeltlich auf die nunmehr zuständigen Aufgabenträger und, soweit es nach seiner gegenwärtigen, nicht nur vorübergehenden Benutzung Verwaltungsaufgaben dient, die nach diesem Grundgesetze nunmehr von den Ländern zu erfüllen sind, auf die Länder zu übertragen. Der Bund kann auch sonstiges Vermögen den Ländern übertragen.
(3) Vermögen, das dem Reich von den Ländern und Gemeinden (Gemeindeverbänden) unentgeltlich zur Verfügung gestellt wurde, wird wiederum Vermögen der Länder und Gemeinden (Gemeindeverbände), soweit es nicht der Bund für eigene Verwaltungsaufgaben benötigt.
(4) Das Nähere regelt ein Bundesgesetz, das der Zustimmung des Bundesrates bedarf.

Art. 135 [Rechtsnachfolge in das Vermögen früherer Länder und Körperschaften]

(1) Hat sich nach dem 8. Mai 1945 bis zum Inkrafttreten dieses Grundgesetzes die Landeszugehörigkeit eines Gebietes geändert, so steht in diesem Gebiete das Vermögen des Landes, dem das Gebiet angehört hat, dem Lande zu, dem es jetzt angehört.

(2) Das Vermögen nicht mehr bestehender Länder und nicht mehr bestehender anderer Körperschaften und Anstalten des öffentlichen Rechtes geht, soweit es nach seiner ursprünglichen Zweckbestimmung überwiegend für Verwaltungsaufgaben bestimmt war, oder nach seiner gegenwärtigen, nicht nur vorübergehenden Benutzung überwiegend Verwaltungsaufgaben dient, auf das Land oder die Körperschaft oder Anstalt des öffentlichen Rechtes über, die nunmehr diese Aufgaben erfüllen.

(3) Grundvermögen nicht mehr bestehender Länder geht einschließlich des Zubehörs, soweit es nicht bereits zum Vermögen im Sinne des Absatzes 1 gehört, auf das Land über, in dessen Gebiet es belegen ist.

(4) Sofern ein überwiegendes Interesse des Bundes oder das besondere Interesse eines Gebietes es erfordert, kann durch Bundesgesetz eine von den Absätzen 1 bis 3 abweichende Regelung getroffen werden.

(5) Im übrigen wird die Rechtsnachfolge und die Auseinandersetzung, soweit sie nicht bis zum 1. Januar 1952 durch Vereinbarung zwischen den beteiligten Ländern oder Körperschaften oder Anstalten des öffentlichen Rechtes erfolgt, durch Bundesgesetz geregelt, das der Zustimmung des Bundesrates bedarf.

(6) Beteiligungen des ehemaligen Landes Preußen an Unternehmen des privaten Rechtes gehen auf den Bund über. Das Nähere regelt ein Bundesgesetz, das auch Abweichendes bestimmen kann.

(7) Soweit über Vermögen, das einem Lande oder einer Körperschaft oder Anstalt des öffentlichen Rechtes nach den Absätzen 1 bis 3 zufallen würde, von dem danach Berechtigten durch ein Landesgesetz, auf Grund eines Landesgesetzes oder in anderer Weise bei Inkrafttreten des Grundgesetzes verfügt worden war, gilt der Vermögensübergang als vor der Verfügung erfolgt.

Art. 135 a [Verbindlichkeiten des Deutschen Reiches und der ehemaligen DDR]

(1) Durch die in Artikel 134 Abs. 4 und Artikel 135 Abs. 5 vorbehaltene Gesetzgebung des Bundes kann auch bestimmt werden, daß nicht oder nicht in voller Höhe zu erfüllen sind

1. Verbindlichkeiten des Reiches sowie Verbindlichkeiten des ehemaligen Landes Preußen und sonstiger nicht mehr bestehender Körperschaften und Anstalten des öffentlichen Rechts,

2. Verbindlichkeiten des Bundes oder anderer Körperschaften und Anstalten des öffentlichen Rechts, welche mit dem Übergang von Vermögenswerten

nach Artikel 89, 90, 134 und 135 im Zusammenhang stehen, und Verbindlichkeiten dieser Rechtsträger, die auf Maßnahmen der in Nummer 1 bezeichneten Rechtsträger beruhen,

3. Verbindlichkeiten der Länder und Gemeinden (Gemeindeverbände), die aus Maßnahmen entstanden sind, welche diese Rechtsträger vor dem 1. August 1945 zur Durchführung von Anordnungen der Besatzungsmächte oder zur Beseitigung eines kriegsbedingten Notstandes im Rahmen dem Reich obliegender oder vom Reich übertragener Verwaltungsaufgaben getroffen haben.

(2) Absatz 1 findet entsprechende Anwendung auf Verbindlichkeiten der Deutschen Demokratischen Republik oder ihrer Rechtsträger sowie auf Verbindlichkeiten des Bundes oder anderer Körperschaften und Anstalten des öffentlichen Rechts, die mit dem Übergang von Vermögenswerten der Deutschen Demokratischen Republik auf Bund, Länder und Gemeinden im Zusammenhang stehen, und auf Verbindlichkeiten, die auf Maßnahmen der Deutschen Demokratischen Republik oder ihrer Rechtsträger beruhen.

Art. 136 [Erster Zusammentritt des Bundesrates]

(1) Der Bundesrat tritt erstmalig am Tage des ersten Zusammentrittes des Bundestages zusammen.

(2) Bis zur Wahl des ersten Bundespräsidenten werden dessen Befugnisse von dem Präsidenten des Bundesrates ausgeübt. Das Recht der Auflösung des Bundestages steht ihm nicht zu.

Art. 137 [Wählbarkeit von Angehörigen des öffentlichen Dienstes, gesetzliche Beschränkungen]

(1) Die Wählbarkeit von Beamten, Angestellten des öffentlichen Dienstes, Berufssoldaten, freiwilligen Soldaten auf Zeit und Richtern im Bund, in den Ländern und den Gemeinden kann gesetzlich beschränkt werden.

(2) Für die Wahl des ersten Bundestages, der ersten Bundesversammlung und des ersten Bundespräsidenten der Bundesrepublik gilt das vom Parlamentarischen Rat zu beschließende Wahlgesetz.

(3) Die dem Bundesverfassungsgerichte gemäß Artikel 41 Abs. 2 zustehende Befugnis wird bis zu seiner Errichtung von dem Deutschen Obergericht für das Vereinigte Wirtschaftsgebiet wahrgenommen, das nach Maßgabe seiner Verfahrensordnung entscheidet.

Die beschränkte Wählbarkeit der in Abs. 1 aufgeführten Personen bedeutet, daß der Grundsatz der **Inkompatibilität** gilt, also nicht beide Ämter gleichzeitig ausgeübt werden können. Ein Ausschluß vom passiven Wahlrecht ist nicht möglich.

Art. 138 [Süddeutsches Notariat]

Änderungen der Einrichtungen des jetzt bestehenden Notariats in den Ländern Baden, Bayern, Württemberg-Baden und Württemberg-Hohenzollern bedürfen der Zustimmung der Regierungen dieser Länder.

Art. 139 [Fortgeltung von Entnazifizierungsvorschriften]

Die zur »Befreiung des deutschen Volkes vom Nationalsozialismus und Militarismus« erlassenen Rechtsvorschriften werden von den Bestimmungen dieses Grundgesetzes nicht berührt.

Art. 140 [Recht der Religionsgesellschaften; Glaubensfreiheit; Schutz von Sonn- und Feiertagen]

Die Bestimmungen der Artikel 136, 137, 138, 139 und 141 der Deutschen Verfassung vom 11. August 1919 sind Bestandteil dieses Grundgesetzes.

I. Allgemeines

1 Staat und Kirche, oft gleich machtvolle Gebilde, beanspruchen vielfach denselben Menschen einerseits als Staatsbürger, andererseits als Mitglied einer Religionsgesellschaft. Der Ausgleich der beiderseitigen Ansprüche (soweit auch der kirchliche Anspruch im weltlichen Bereich liegt) erfordert eine Lösung von Konfliktsituationen. Obwohl es nicht nur Aufgabe von Recht und Politik ist, den Einflußbereich der Religionsgesellschaften (Kirchen) vom Machtbereich des Staates abzugrenzen, versucht die Verfassung in Art. 140 in Verbindung mit den Art. 136 ff. Weimarer Reichsverfassung (WRV), das Verhältnis von Staat und Kirche zu regeln. Diese Regelungsnormen gehören dem **Staatskirchenrecht** an. **Kirchenrecht** beinhaltet die selbständige Regelung der inneren Angelegenheit der Kirchen (Religionsgesellschaften).

Abweichend vom Herrenchiemseer Entwurf, der keine Vorschriften über das Verhältnis von Staat und Kirche enthielt, hat der Parlamentarische Rat unter Ablehnung einer zum Teil weitergehenden Formulierung angesichts der auftauchenden kirchenpolitischen Gegensätze davon abgesehen, eine neue Regelung des Verhältnisses von Staat und Kirche in das Grundgesetz aufzunehmen und hat sich unter Verzicht einer eigenen Aussage damit begnügt, den Weimarer Kompromiß von 1919 zum Bestandteil der neuen Verfassung von 1949 zu erklären.

Mit der Formulierung »sind Bestandteile dieses Grundgesetzes« wurde die mit der zwischenzeitlichen Entwicklung zusammenhängende Problematik der Weitergeltung der Art. 136 ff. WRV ausgeklammert. Die so übernommene Rechts-

lage muß aus den Artikeln der WRV selbst herausgelesen werden. Als »Bestandteile« des Grundgesetzes sind sie von gleicher Geltungskraft wie die anderen Bestimmungen des Grundgesetzes. Soweit diese Vorschriften unmittelbar vollziehbar sind, erstrecken sich daher die Bundesaufsicht nach Art. 84 und die Kompetenz des BVerfG nach Art. 93 auch auf diese.
Im Gegensatz zur WRV (Art. 10 Nr. 1 WRV) hat der Bund keine **Gesetzgebungskompetenzen** mehr für den kirchenrechtlichen Bereich; soweit die staatliche Gesetzgebung überhaupt Gesetzgebungsbefugnisse hat, kommt hierfür nur Landesgesetzgebung in Betracht.

Beispiel: Kirchensteuergesetze der Länder, aber: Kirchensteuerordnungen der evangelischen Landeskirchen, der katholischen Diözesen und anderer Religionsgesellschaften.

Das **Verhältnis von Staat und Kirche** wird neben Art. 140 in Verbindung mit Art. 136ff. WRV grundlegend bestimmt durch Art. 4, wonach jedermann die Freiheit des Glaubens, des Gewissens und die Freiheit des religiösen und weltanschaulichen Bekenntnisses als Grundrecht garantiert wird. 2
Art. 137 WRV statuiert den Grundsatz der Trennung von Staat und Kirche. Das Verhältnis von Staat und Kirche ist seit dem Urchristentum umstritten. Je nach der Betonung der Sätze des Neuen Testaments (Römer 13: »Jedermann sei untertan der Obrigkeit« und Apostelgeschichte 5, 25: »Du sollst Gott mehr gehorchen als den Menschen«) ergab sich ein Widerstreit zwischen weltlichen und kirchlichen Vorranganspüchen. Nachdem die Kirche noch über das Mittelalter hinaus ein Weisungsrecht gegenüber dem Staat beansprucht hatte, führte die Gleichordnung von Staat und Kirche in den siebziger Jahren des 19. Jahrhunderts zu einem Konflikt in Deutschland (insbesondere in Preußen – sog. »Kulturkampf«), der erst durch den versöhnlicheren Papst Leo XIII. und das Einlenken Bismarcks überwunden wurde. Nachdem 1918 eine Trennung von Staat und Kirche erfolgt war, brachte die nationalsozialistische Zeit Ansätze zu einer Kirchenhoheit des Staates mit verstärkter politischer Einflußnahme auf die Kirchen.
Heute ist das Verhältnis von Staat und Kirche anders zu sehen: Das Recht der Kirchen wird nicht mehr von demjenigen des als »allmächtig« vorgestellten Staates abgeleitet. Es ist vielmehr originär: Der Staat darf daher nicht in ihre inneren Verhältnisse eingreifen.
Die Frage, ob das Kirchenrecht allem staatlichen Recht vorgegeben ist, oder ob das Kirchenrecht wenigstens unter der staatlichen Verfassungsordnung steht, ist umstritten.
Die Kirchen gehen davon aus, daß Art. 140 in Verbindung mit Art. 136ff. WRV kein **Privilegierungstatbestand** ist. Es handelt sich nicht um eine Normierung von Abwehrrechten gegenüber dem Staat. Vielmehr wird die Legitimität der Öffentlichkeitsfunktion (des sog. »Wächteramtes«) anerkannt (vgl. BVerfGE 18, 387). Diese Funktion schließt das Recht ein, in öffentlichen Angelegenheiten Kritik zu üben und Anstöße zu vermitteln.

Beispiele:
1. Durch das 3. Strafrechtsänderungsgesetz wurde 1953 der § 130a StGB, der sog. »Kanzelparagraph«, ersatzlos aufgehoben.
2. Denkschriften der Evangelischen Kirche in Deutschland.

Bemerkenswert ist, daß zwischen den beiden Hauptvertretern evangelischen Kirchentums, der Evangelischen Kirche in Deutschland (EKD; Kirchenbund) und der Vereinigten Evangelisch-Lutherischen Kirche in Deutschland (VELKD; Bundeskirche), und dem Staate (Bund und Länder) jede staatskirchenrechtliche Bindung fehlt.

II. Die Artikel 136 bis 139 und 141 der Weimarer Reichsverfassung

Art. 136 Weimarer Verfassung

(1) Die bürgerlichen und staatsbürgerlichen Rechte und Pflichten werden durch die Ausübung der Religionsfreiheit weder bedingt noch beschränkt.
(2) Der Genuß bürgerlicher und staatsbürgerlicher Rechte sowie die Zulassung zu öffentlichen Ämtern sind unabhängig von dem religiösen Bekenntnis.
(3) Niemand ist verpflichtet, seine religiöse Überzeugung zu offenbaren. Die Behörden haben nur soweit das Recht, nach der Zugehörigkeit zu einer Religionsgesellschaft zu fragen, als davon Rechte und Pflichten abhängen oder eine gesetzlich angeordnete statistische Erhebung dies erfordert.
(4) Niemand darf zu einer kirchlichen Handlung oder Feierlichkeit oder zur Teilnahme an religiösen Übungen oder zur Benutzung einer religiösen Eidesform gezwungen werden.

Art. 136 Abs. 1 und 2 haben keine selbständige Bedeutung, da in ihnen der Inhalt des Art. 33 Abs. 3 wiederholt wird.
Art. 136 Abs. 3 gewährleistet die religiöse Geheimsphäre gegenüber allen Formen der Staatsgewalt, die sog. »negative Bekenntnisfreiheit«.
Die Schutzfunktion dieser Bestimmung erstreckt sich über die organisierte Kirche hinaus auf alle der Kirche zugeordneten Einrichtungen, wenn sie nach kirchlichem Selbstverständnis ihrem Zweck und ihrer Aufgabe entsprechend berufen sind, ein Stück Auftrag der Kirche wahrzunehmen und zu erfüllen. Eine solche Einrichtung ist z. B. auch ein katholisches Krankenhaus. Deshalb richtet sich die Mitbestimmung der dort Beschäftigten nicht nach dem Betriebsverfassungsgesetz (Wahl eines Betriebsrats), sondern kann von der Kirche eigenständig geregelt werden (BVerfGE 46, 73 ff.).
Art. 136 Abs. 4 schützt den Negativstatus des einzelnen im religiösen und weltanschaulichen Bereich. Es handelt sich hierbei um eine Folgerung aus der in Art. 4 ausgesprochenen Garantie der Gewissensfreiheit. Diese Garantie gilt uneingeschränkt für alle Religionsmündigen.

Beispiel: Der elterliche Sorgerechtsinhaber kann nicht durch Verweigerung der Zustimmung zur Eheschließung eines minderjährigen Kindes eine konfessionelle Trauung erzwingen.

Diese Garantie gilt nicht im Verhältnis der Kirchen zu ihren Mitgliedern: Die sog. »Kirchenzucht« gehört grundsätzlich zu den staatlicher Einwirkung entzogenen inneren Angelegenheiten der Kirchen.

Art. 137 Weimarer Verfassung

(1) Es besteht keine Staatskirche.
(2) Die Freiheit der Vereinigung zu Religionsgesellschaften wird gewährleistet. Der Zusammenschluß von Religionsgesellschaften innerhalb des Reichsgebiets unterliegt keinen Beschränkungen.
(3) Jede Religionsgesellschaft ordnet und verwaltet ihre Angelegenheiten selbständig innerhalb der Schranken des für alle geltenden Gesetzes. Sie verleiht ihre Ämter ohne Mitwirkung des Staates oder der bürgerlichen Gemeinde.
(4) Religionsgesellschaften erwerben die Rechtsfähigkeit nach den allgemeinen Vorschriften des bürgerlichen Rechtes.
(5) Die Religionsgesellschaften bleiben Körperschaften des öffentlichen Rechtes, soweit sie solche bisher waren. Anderen Religionsgesellschaften sind auf ihren Antrag gleiche Rechte zu gewähren, wenn sie durch ihre Verfassung und die Zahl ihrer Mitglieder die Gewähr der Dauer bieten. Schließen sich mehrere derartige öffentlich-rechtliche Religionsgesellschaften zu einem Verbande zusammen, so ist auch dieser Verband eine öffentlich-rechtliche Körperschaft.
(6) Die Religionsgesellschaften, welche Körperschaften des öffentlichen Rechtes sind, sind berechtigt, auf Grund der bürgerlichen Steuerlisten nach Maßgabe der landesrechtlichen Bestimmungen Steuern zu erheben.
(7) Den Religionsgesellschaften werden die Vereinigungen gleichgestellt, die sich die gemeinschaftliche Pflege einer Weltanschauung zur Aufgabe machen.
(8) Soweit die Durchführung dieser Bestimmungen eine weitere Regelung erfordert, liegt diese der Landesgesetzgebung ob.

Art. 137 Abs. 1 hat heute seine Bedeutung insofern gewandelt, als es sich hiernach nicht mehr um die Bekundung der liberalem Denken entsprechenden Trennung von Staat und Kirche, sondern auch um eine Dokumentierung der Eigenständigkeit der Kirchen handelt.
Von den Anfängen der Reformation bis zur Revolution 1918 war die Entwicklung des Staatskirchenrechts durch den Begriff des landesherrlichen Kirchenregiments bestimmt. Der Landesherr beanspruchte das Recht, die Konfession seiner Untertanen nach seinem Bekenntnis zu bestimmen (»cuius regio eius religio«). Im 19. Jahrhundert wurde entsprechend der Entwicklung im staatlichen Bereich das landesherrliche Kirchenregiment in der evangelischen Kirche mehr und mehr eingeschränkt und selbständigen Kirchenbehörden, den Konsistorien, übertragen, deren sich der Landesherr bediente. Die Kirchenhoheit übte für den Landesherrn der Kultusminister aus. Kirchliche Selbstverwaltungsorgane (Synoden) erhielten ein Mitwirkungsrecht. Mit der staatlichen Umwälzung 1918 entfiel das landesherrliche Kirchenregiment. Die Kirchengewalt ging auf die Konsistorien über. 1919 bis 1922 gaben sich die Landeskirchen eigene Kirchenverfassungen. Nach der Machtübernahme durch den Nationalsozialismus 1933 forderten die sog. »Deutschen Christen« die Gründung einer nach dem »Führerprinzip« geleiteten Reichskirche, scheiterten aber am Widerstand der »Bekennenden Kirche«.

Nach dem Zusammenbruch 1945 verstärkten sich die Bestrebungen, die evangelischen Kirchen Deutschlands zu vereinigen. Es kam jedoch – hauptsächlich infolge der Unterschiede im Bekenntnis der lutherischen und der übrigen Landeskirchen – nur zu einem organisatorischen Zusammenschluß in der Evangelischen Kirche in Deutschland (EKD). Die lutherischen Kirchen bildeten dagegen einen engeren Zusammenschluß zur Vereinigten Evangelisch-Lutherischen Kirche Deutschlands (VELKD).
In dem Selbstverwaltungs- und Selbstbestimmungsrecht finden auch die aus dem Hausrecht der Anstalten (Art. 13) und aus der Eigentumsgarantie (Art. 14, Art. 140 in Verbindung mit Art. 138 Abs. 2 WRV) sich ergebenden Rechtspositionen und Abwehransprüche ihre Zusammenfassung und Konkretisierung. Ein Zutrittsrecht betriebsfremder Gewerkschaftsangehöriger in den Anstaltsbereich einer kirchlichen Einrichtung könnte nur bejaht werden, wenn das kirchliche Selbstbestimmungsrecht durch ein »für alle geltendes Gesetz« im Sinne von Art. 137 Abs. 3 WRV eine verfassungsrechtlich zulässige Einschränkung erfahren hätte. Art. 9 Abs. 3 stellt kein derartiges Gesetz dar; in ihm ist ein Zutrittsrecht für betriebsfremde Gewerkschaftsbeauftragte nicht festgeschrieben (BVerfGE 57, 245).
Art. 137 Abs. 3 WRV garantiert den Religionsgesellschaften die Freiheit, ihre Angelegenheiten selbständig innerhalb der Schranken des für alle geltenden Gesetzes zu ordnen und zu verwalten. Diese Selbstordnungs- und Selbstverwaltungsgarantie kommt nicht nur den verfaßten Kirchen und deren rechtlich selbständigen Teilen zugute, sondern allen der Kirche in bestimmter Weise zugeordneten Einrichtungen ohne Rücksicht auf ihre Rechtsform, wenn sie nach kirchlichem Selbstverständnis ihrem Zweck oder ihrer Aufgabe entsprechend berufen sind, ein Stück des Auftrags der Kirche wahrzunehmen und zu erfüllen (BVerfGE 70, 162).
Die Verfassungsgarantie des kirchlichen Selbstbestimmungsrechts gewährleistet den Kirchen, darüber zu befinden, welche Dienste es in ihren Einrichtungen geben soll und in welchen Rechtsformen sie wahrzunehmen sind. Die Kirchen sind dabei nicht darauf beschränkt, für den kirchlichen Dienst besondere Gestaltungsformen zu entwickeln; sie können sich auch der jedermann offenstehenden Privatautonomie bedienen, um ein **Dienstverhältnis** zu begründen und zu regeln. Die im Selbstbestimmungsrecht der Kirchen enthaltene Ordnungsbefugnis gilt nicht nur für die kirchliche Ämterorganisation, sondern allgemein für die Ordnung des kirchlichen Dienstes. »Ordnen« und »Verwalten« im Sinne des Art. 137 Abs. 3 Satz 1 WRV meint das Recht der Kirchen, alle eigenen Angelegenheiten gemäß den spezifischen kirchlichen Ordnungsgesichtspunkten, d. h. auf der Grundlage des kirchlichen Selbstverständnisses, rechtlich gestalten zu können. Darunter fällt auch die rechtliche Vorsorge für die Wahrnehmung kirchlicher Dienste durch den Abschluß entsprechender Arbeitsverträge (BVerfGE 70, 164 f.).
In diesem Zusammenhang stellt sich vor allem die Frage der **Loyalitätspflicht von Arbeitnehmern** der Religionsgesellschaften. Das Bundesarbeitsgericht hatte die Kündigung des Arztes eines katholischen Krankenhauses, der sich öffentlich gegen das von der katholischen Kirche vertretene absolute Verbot des Schwangerschaftsabbruches ausgesprochen hatte, ebenso für unwirksam erklärt wie die Kündigung eines kaufmännischen Angestellten eines der katholischen Kirche verbundenen Ordens mit erzieherischen Aufgaben, der aus der katholischen Kirche ausgetreten war. Das BVerfG hat beide Entscheidungen aufgehoben, weil die Arbeitsverhältnisse zu den »eigenen Angelegenheiten« der Kirche gehörten (BVerfGE 70, 138 ff.). Zumindest die Entscheidung im zweiten Fall erscheint bedenklich: Es fragt sich, ob der Austritt eines kaufmännischen Angestellten aus der Kirche, der nicht mit kirchlichen Angelegenheiten befaßt war und der seinen Kirchenaustritt offensichtlich auch nicht publik gemacht hatte, wirklich eine zur Kündigung berechtigende, erhebliche Loyalitätsverletzung ist.

Art. 137 Abs. 6: Das Besteuerungsrecht gehört nicht zu den Interna der Kirchen; es ist vom Staate verliehen.
Art. 137 Abs. 7 stellt den Religionsgesellschaften die Weltanschauungsgemeinschaften gleich.

Art. 138 Weimarer Verfassung

(1) Die auf Gesetz, Vertrag oder besonderen Rechtstiteln beruhenden Staatsleistungen an die Religionsgesellschaften werden durch die Landesgesetzgebung abgelöst. Die Grundsätze hierfür stellt das Reich auf.
(2) Das Eigentum und andere Rechte der Religionsgesellschaften und religiösen Vereine an ihren für Kultus-, Unterrichts- und Wohltätigkeitszwecke bestimmten Anstalten, Stiftungen und sonstigen Vermögen werden gewährleistet.

Der Begriff **»Staatsleistungen«** ist rechtshistorisch zu bestimmen. Neben Geldzahlungen und Naturalleistungen kann auch die Gewährung von Steuerfreiheiten dazugehören.
Art. 138 Abs. 2 sichert neben dem Kirchenvermögen auch die Anerkennung des Dienstes der Kirche als öffentlich anerkannte Funktion. Aller Kirchendienst ist demnach öffentlicher Dienst.

Art. 139 Weimarer Verfassung

Der Sonntag und die staatlich anerkannten Feiertage bleiben als Tage der Arbeitsruhe und der seelischen Erhebung gesetzlich geschützt.

Art. 139 hat nicht nur sozialpolitische Bedeutung, sondern unterstreicht die Stellung, die das Grundgesetz den Kirchen einräumt.

Art. 141 Weimarer Verfassung

Soweit das Bedürfnis nach Gottesdienst und Seelsorge im Heer, in Krankenhäusern, Strafanstalten oder sonstigen öffentlichen Anstalten besteht, sind die Religionsgesellschaften zur Vornahme religiöser Handlungen zuzulassen, wobei jeder Zwang fernzuhalten ist.

Religiöse Propaganda zählt nicht zu den »religiösen Handlungen« nach Art 141. Jedoch muß dieser Begriff aus der Sicht der Kirchen betrachtet werden, so daß missionarische Tätigkeit statthaft ist.

Art. 141 [Religionsunterricht, Bremer Klausel]

Artikel 7 Absatz 3 Satz 1 findet keine Anwendung in einem Lande, in dem am 1. Januar 1949 eine andere landesrechtliche Regelung bestand.

Vgl. Rz. 16 zu Art. 7.

Inzwischen beruft sich auch das Land **Brandenburg** auf diese Verfassungsnorm und hat ein entsprechendes Gesetz erlassen. Dies hat erhebliche politische Kontroversen ausgelöst.

Art. 142 [Grundrechte in Landesverfassungen]

Ungeachtet der Vorschrift des Artikels 31 bleiben Bestimmungen der Landesverfassungen auch insoweit in Kraft, als sie in Übereinstimmung mit den Artikeln 1 bis 18 dieses Grundgesetzes Grundrechte gewährleisten.

Art. 142 a

(aufgehoben)

Art. 143 [Einigungsbedingte Abweichungen vom Grundgesetz]

(1) Recht in dem in Artikel 3 des Einigungsvertrags genannten Gebiet kann längstens bis zum 31. Dezember 1992 von Bestimmungen dieses Grundgesetzes abweichen, soweit und solange infolge der unterschiedlichen Verhältnisse die völlige Anpassung an die grundgesetzliche Ordnung noch nicht erreicht werden kann. Abweichungen dürfen nicht gegen Artikel 19 Abs. 2 verstoßen und müssen mit den in Artikel 79 Abs. 3 genannten Grundsätzen vereinbar sein.
(2) Abweichungen von den Abschnitten II, VIII, VIII a, IX, X und XI sind längstens bis zum 31. Dezember 1995 zulässig.
(3) Unabhängig von Absatz 1 und 2 haben Artikel 41 des Einigungsvertrags und Regelungen zu seiner Durchführung auch insoweit Bestand, als sie vorsehen, daß Eingriffe in das Eigentum auf dem in Artikel 3 dieses Vertrages genannten Gebiet nicht mehr rückgängig gemacht werden.

Art. 143 a [Umwandlung der Bundeseisenbahnen in Wirtschaftsunternehmen]

(1) Der Bund hat die ausschließliche Gesetzgebung über alle Angelegenheiten, die sich aus der Umwandlung der in bundeseigener Verwaltung geführten Bundeseisenbahnen in Wirtschaftsunternehmen ergeben. Artikel 87 e Abs. 5 findet entsprechende Anwendung. Beamte der Bundeseisenbahnen können durch Gesetz unter Wahrung ihrer Rechtsstellung und der Verantwortung des Dienstherrn einer privat-rechtlich organisierten Eisenbahn des Bundes zur Dienstleistung zugewiesen werden.
(2) Gesetze nach Absatz 1 führt der Bund aus.
(3) Die Erfüllung der Aufgaben im Bereich des Schienenpersonennahverkehrs der bisherigen Bundeseisenbahnen ist bis zum 31. Dezember 1995 Sache des

Bundes. Dies gilt auch für die entsprechenden Aufgaben der Eisenbahnverkehrsverwaltung. Das Nähere wird durch Bundesgesetz geregelt, das der Zustimmung des Bundesrates bedarf.

Vgl. Rz. 1 ff. zu Art. 87 e.

Art. 143 b [Umwandlung der Deutschen Bundespost]

(1) Das Sondervermögen Deutsche Bundespost wird nach Maßgabe eines Bundesgesetzes in Unternehmen privater Rechtsform umgewandelt. Der Bund hat die ausschließliche Gesetzgebung über alle sich hieraus ergebenden Angelegenheiten.
(2) Die vor der Umwandlung bestehenden ausschließlichen Rechte des Bundes können durch Bundesgesetz für eine Übergangszeit den aus der Deutschen Bundespost POSTDIENST und der Deutschen Bundespost TELEKOM hervorgegangenen Unternehmen verliehen werden. Die Kapitalmehrheit am Nachfolgeunternehmen der Deutschen Bundespost POSTDIENST darf der Bund frühestens fünf Jahre nach Inkrafttreten des Gesetzes aufgeben. Dazu bedarf es eines Bundesgesetzes mit Zustimmung des Bundesrates.
(3) Die bei der Deutschen Bundespost tätigen Bundesbeamten werden unter Wahrung ihrer Rechtsstellung und der Verantwortung des Dienstherrn bei den privaten Unternehmen beschäftigt. Die Unternehmen üben Dienstherrenbefugnisse aus. Das Nähere bestimmt ein Bundesgesetz.

Vgl. Rz. 1 ff. zu Art. 87 f.

Art. 144 [Annahme des Grundgesetzes]

(1) Dieses Grundgesetz bedarf der Annahme durch die Volksvertretungen in zwei Dritteln der deutschen Länder, in denen es zunächst gelten soll.
(2) Soweit die Anwendung dieses Grundgesetzes in einem der in Artikel 23 aufgeführten Länder oder in einem Teile eines dieser Länder Beschränkungen unterliegt, hat das Land oder der Teil des Landes das Recht, gemäß Artikel 38 Vertreter in den Bundestag und gemäß Artikel 50 Vertreter in den Bundesrat zu entsenden.

Art. 145 [Inkrafttreten des Grundgesetzes]

(1) Der Parlamentarische Rat stellt in öffentlicher Sitzung unter Mitwirkung der Abgeordneten Groß-Berlins die Annahme dieses Grundgesetzes fest, fertigt es aus und verkündet es.
(2) Dieses Grundgesetz tritt mit Ablauf des Tages der Verkündung in Kraft.

(3) Es ist im Bundesgesetzblatte zu veröffentlichen.

Art. 146 [Geltungsdauer des Grundgesetzes]

Dieses Grundgesetz, das nach Vollendung der Einheit und Freiheit Deutschlands für das gesamte deutsche Volk gilt, verliert seine Gültigkeit an dem Tage, an dem eine Verfassung in Kraft tritt, die von dem deutschen Volke in freier Entscheidung beschlossen worden ist.

Vgl. näher Einl. K.

Anhang

Übersicht über Änderungen des Grundgesetzes

Lfd. Nr.	Änderndes Gesetz	Datum	Bundesgesetzblatt I Seite	Geänd. Artikel	Art der Änderung
1.	Strafrechtsänderungsgesetz	30. 8. 1951	739	143	aufgeh.
2.	Gesetz zur Einfügung eines Art. 120 a in das Grundgesetz	14. 8. 1952	445	120 a	eingef.
3.	Gesetz zur Änderung des Art. 107 des Grundgesetzes	20. 4. 1953	130	107	geänd.
4.	Gesetz zur Ergänzung des Grundgesetzes	26. 3. 1954	45	73 Nr. 1, 79 Abs. 1 Satz 2	geänd.
				142 a	eingef.
5.	Zweites Gesetz zur Änderung des Art. 107 des Grundgesetzes	25. 12. 1954	517	107	geänd.
6.	Gesetz zur Änderung und Ergänzung der Finanzverfassung	23. 12. 1955	817	106, 107	geänd.
7.	Gesetz zur Ergänzung des Grundgesetzes	19. 3. 1956	111	1 Abs. 3, 12, 36, 49, 60 Abs. 1, 96 Abs. 3, 137 Abs. 1	geänd.
				17 a, 45 a, 45 b, 59 a, 65 a, 87 a, 87 b, 96 a, 143	eingef.
8.	Gesetz zur Änderung und Ergänzung des Art. 106 des Grundgesetzes	24. 12. 1956	1077	106 Abs. 2, 6–8	geänd.

Lfd. Nr.	Änderndes Gesetz	Datum	Bundesgesetzblatt I Seite	Geänd. Artikel	Art der Änderung
9.	Gesetz zur Einfügung eines Art. 135 a in das Grundgesetz	22. 10. 1957	1745	135 a	eingef.
10.	Gesetz zur Ergänzung des Grundgesetzes	23. 12. 1959	813	74 Nr. 11 a, 87 c	eingef.
11.	Gesetz zur Einfügung eines Artikels über die Luftverkehrsverwaltung in das Grundgesetz	6. 2. 1961	65	87 d	eingef.
12.	Zwölftes Gesetz zur Änderung des Grundgesetzes	6. 3. 1961	141	96 a 96 Abs. 3	geänd. aufgeh.
13.	Dreizehntes Gesetz zur Änderung des Grundgesetzes	16. 6. 1965	513	74 Nr. 10 74 Nr. 10 a	geänd. eingef.
14.	Vierzehntes Gesetz zur Änderung des Grundgesetzes	30. 7. 1965	649	120 Abs. 1	geänd.
15.	Fünfzehntes Gesetz zur Änderung des Grundgesetzes	8. 6. 1967	581	109	geänd.
16.	Sechzehntes Gesetz zur Änderung des Grundgesetzes	18. 6. 1968	657	92, 95, 96 a, Abs. 3 99, 100 96	geänd. aufgeh.
17.	Siebzehntes Gesetz zur Ergänzung des Grundgesetzes	24. 6. 1968	709	10, 11 Abs. 2, 12, 73 Nr. 1, 87 a, 91 9 Abs. 3 Satz 3, 12 a, 19 Abs. 4 Satz 3 20 Abs. 4, 35 Abs. 2 u. 3, 53 a, 80, 115 a – 115 l 59 a, 65 a, Abs. 2, 142 a, 143	geänd. eingef. aufgeh.

Lfd. Nr.	Änderndes Gesetz	Datum	Bundesgesetzblatt I Seite	Geänd. Artikel	Art der Änderung
18.	Achtzehntes Gesetz zur Änderung des Grundgesetzes	15. 11. 1968	1177	76 Abs. 2 Satz 2, 77 Abs. 2 Satz 1 u. Abs. 3	geänd.
19.	Neunzehntes Gesetz zur Änderung des Grundgesetzes	29. 1. 1969	97	93 Abs. 1 Nr. 4a u. 4b, 94 Abs. 2 Satz 2	geänd.
20.	Zwanzigstes Gesetz zur Änderung des Grundgesetzes	12. 5. 1969	357	109 Abs. 3, 110, 112, 113, 114, 115	geänd.
21.	Einundzwanzigstes Gesetz zur Änderung des Grundgesetzes (Finanzreformgesetz)	12. 5. 1969	359	105 Abs. 2, 106, 107, 108, 115c Abs. 3, 115k Abs. 3	geänd.
				91a, 91f, 104a, 105	eingef.
22.	Zweiundzwanzigstes Gesetz zur Änderung des Grundgesetzes	12. 5. 1969	363	74 Nr. 13 u. 22, 96 Abs. 4	geänd.
				74 Nr. 19a, 75 Abs. 1 Nr. 1a, Abs. 2 u. 3	eingef.
23.	Dreiundzwanzigstes Gesetz zur Änderung des Grundgesetzes	17. 7. 1969	817	76 Abs. 3 Satz 1	geänd.
24.	Vierundzwanzigstes Gesetz zur Änderung des Grundgesetzes	28. 7. 1969	985	120 Abs. 1 Satz 2	geänd.
25.	Fünfundzwanzigstes Gesetz zur Änderung des Grundgesetzes	19. 8. 1969	1241	29	geänd.

Lfd. Nr.	Änderndes Gesetz	Datum	Bundesgesetzblatt I Seite	Geänd. Artikel	Art der Änderung
26.	Sechsundzwanzigstes Gesetz zur Änderung des Grundgesetzes	26. 8. 1969	1357	96 Abs. 5	eingef.
27.	Siebenundzwanzigstes Gesetz zur Änderung des Grundgesetzes	31. 7. 1970	1161	38 Abs. 2, 91 a Abs. 1 Nr. 1	geänd.
28.	Achtundzwanzigstes Gesetz zur Änderung des Grundgesetzes (Artikel 74 a GG)	18. 3. 1971	206	75, 98 Abs. 3, 74 a	geänd. eingef.
29.	Neunundzwanzigstes Gesetz zur Änderung des Grundgesetzes	18. 3. 1971	207	74 Nr. 20	geänd.
30.	Dreißigstes Gesetz zur Änderung des Grundgesetzes (Artikel 74 GG – Umweltschutz)	12. 4. 1972	593	74 Nr. 24	eingef.
31.	Einunddreißigstes Gesetz zur Änderung des Grundgesetzes	28. 7. 1972	1305	35 Abs. 2, 73 Nr. 10, 87 Abs. 1 Satz 2 74 Nr. 4 a	geänd. eingef.
32.	Zweiunddreißigstes Gesetz zur Änderung des Grundgesetzes	15. 7. 1975	1901	45 c	eingef.
33.	Dreiunddreißigstes Gesetz zur Änderung des Grundgesetzes	23. 8. 1976	2381	29, 39 Abs. 1 u. 2 45, 45 a Abs. 1 Satz 2, 49	geänd. aufgeh.
34.	Vierunddreißigstes Gesetz zur Änderung des Grundgesetzes	23. 8. 1976	2383	74 Nr. 4 a	geänd.

Lfd. Nr.	Änderndes Gesetz	Datum	Bundesgesetzblatt I Seite	Geänd. Artikel	Art der Änderung
35.	Fünfunddreißigstes Gesetz zur Änderung des Grundgesetzes	21. 12. 1983	1481	21 Abs. 1 Satz 4	geänd.
36.	Zustimmungsgesetz zum Einigungsvertrag	23. 9. 1990	BGBl. II, 885	Präambel, 51 Abs. 2, 146	geänd.
				135 a Abs. 2, 143	eingef.
				23	aufgeh.
37.	Gesetz zur Änderung des Grundgesetzes	14. 7. 1992	1254	87 d Abs. 1 Satz 2	geänd.
38.	Gesetz zur Änderung des Grundgesetzes	21. 12. 1992	2086	50, 115 e Abs. 2 Satz 2	geänd.
				23, 24 Abs. 1 a, 28 Abs. 1 Satz 3, 45, 52 Abs. 3 a, 88 Satz 2	eingef.
39.	Gesetz zur Änderung des Grundgesetzes	28. 6. 1993	1002	18 Satz 1	geänd.
				16 a	eingef.
				16 Abs. 2 Satz 2	aufgeh.
40.	Gesetz zur Änderung des Grundgesetzes	20. 12. 1993	2089	73 Nr. 6, 74 Nr. 23, 80 Abs. 2, 87 Abs. 1 Satz 1	geänd.
				73 Nr. 6 a, 87 e, 106 a, 143 a	eingef.
41.	Gesetz zur Änderung des Grundgesetzes	30. 8. 1994	2245	73 Nr. 7, 80 Abs. 2, 87 Abs. 1 Satz 1	geänd.
				87 f, 143 b	eingef.

Lfd. Nr.	Änderndes Gesetz	Datum	Bundesgesetzblatt I Seite	Geänd. Artikel	Art der Änderung
42.	Gesetz zur Änderung des Grundgesetzes	27. 10. 1994	3146	29 Abs. 7 Satz 1, 72, 74 Abs. 1 Nr. 5, 8, 18, 24, 76 Abs. 2 u. 3	geänd.
				3 Abs. 2 Satz 2, 3 Abs. 3 Satz 3, 20a, 28 Abs. 2 Satz 3, 29 Abs. 8, 74 Abs. 1 Nr. 25 u. 26, 74 Abs. 2, 75 Abs. 1 Nr. 6, 75 Abs. 1 Satz 2, 75 Abs. 2 u. 3, 77 Abs. 2a, 80 Abs. 3 u. 4, 87 Abs. 2 Satz 2, 93 Abs. 1 Nr. 2a, 118a, 125a	eingef.
43.	Gesetz zur Änderung des Grundgesetzes	3. 11. 1995	1492	106 Abs. 3 u. 4	geänd.

Stichwortverzeichnis

Die fettgedruckten Zahlen bezeichnen die Artikel, die mageren Zahlen die Randziffern.

C

D

H

I

J

K

L

R

S

T

U

V

W

Z

Notizen

Notizen

Notizen

Notizen